댐버스터

Enemy Coast Ahead

댐버스터

Enemy Coast Ahead

가이 펜로즈 깁슨 지음 | 이동훈 옮김 | 김연환 감수

책미래

댐 버스터

1판 발행 | 2022년 4월 27일

지은이 | 가이 깁슨
옮긴이 | 이동훈
감　수 | 김연환
주　간 | 정재승
교　정 | 홍영숙
디자인 | 디노디자인
펴낸이 | 배규호
펴낸곳 | 책미래

출판등록 | 제2010-000289호
주　소 | 서울시 마포구 공덕동 463 현대하이엘 1728호
전　화 | 02-3471-8080
팩　스 | 02-6008-1965
이메일 | liveblue@hanmail.net
ISBN 979-11-85134-65-9 03900

‖ 차례 ‖

서문

몇 년 전 필자는 공군 대령 에릭 '윙클' 브라운과 오랜 시간 동안 이야기를 해볼 기회가 있었다. 그는 다른 어떤 조종사들보다도 많은 기종의 항공기를 조종해 본 전설적인 시험비행 조종사였다. 브라운은 비행을 철저히 실용주의적인 관점에서 다루었다. 또한 매우 용감하고 결코 당황하지 않을 것 같은 사람이었다. 우리가 댐 공습 작전에 대해 이야기하던 중 그는 갑자기 이런 말을 꺼냈다.

"나는 가이 깁슨을 몇 번 만난 적이 있어요."

필자는 브라운에게 깁슨에 대해 질문해 보았다.

"음, 그는 내게 이런 질문을 한 적이 있죠. 비행할 때 무서웠던 적이 있었냐고요. 그런 적 없다고 대답해 줬어요. 비행 전에 할 수 있는 모든 준비를 확실히 하고, 자신의 능력과 판단력을 믿는다고 얘기했어요. 그러자 깁슨은 이렇게 말하더군요. '당신은 운이 좋군요. 나는 조종석에 앉을 때마다 무서워 죽겠는데.'"

그래도 깁슨은 정해진 출격 횟수 이상으로 많은 전투 임무를 실시한 조종사다. 그가 폭격기를 조종하여 실전에 출격한 횟수는 공식적으로는 73회다. 폭격기 승무원들의 의무 출격 횟수는 50회였는데, 그 기준보다 23회가 많다. 야간 전투기 조종사로는 더 많은 횟수를 출격했다. 그는 지상 근무자로 발령난 이후에도 계속 실전에 출격했다. 그렇게 왕성하게 비행하지 않았더라면 그는 살아서 종전을 맞이했을지도 모른다. 그는 대체 무엇 때문에 두려움에 맞서 그리도 무모하게 여겨질 만큼 비행을 계속했던 것일까?

그런 부분이 깁슨의 큰 매력일 것이다.

깁슨은 1918년 8월 12일 인도의 심라에서 태어났다. 그의 아버지 알렉산더는 인도 제국 삼림청의 공무원이었으며 어머니보다 열여덟 살이 많았다. 깁슨의 어머니는 19세에 결혼했고, 깁슨을 낳았을 때는 23세였다. 깁슨은 이들 부부의 차남이자 3남매의 막내였다. 다정다감하지 않은 성격의 알렉산더 깁슨은 아내는 물론 아이들과도 정서적으로 거리를 두었다. 가이 깁슨은 6세에 영국 본토 잉글랜드의 기숙학교에 입학했다. 당시 식민지에서 태어난 영국인들에게는 흔한 일로 어머니도 깁슨을 따라 영국으로 갔다. 깁슨 부모님의 결혼생활은 이미 문제가 많았으며, 이후 깁슨은 아버지로부터 영향을 받을 일이 거의 없었다.

영국에 돌아왔지만 깁슨의 어머니는 별로 행복하지 않았다. 식민지에서 특권층의 부인으로 살던 것에 익숙했던 그녀는 영국에 돌아오자 성적 욕구불만에 시달렸고, 술로 마음을 달랬다. 갈수록 우울하고 신경질적이 된 그녀는 슬하 삼남매, 그중에서도 특히 막내 가이에게 필요한 정서적 안정을 제공해 주지 못했다. 아버지는 인도에 머물고, 어머니는 인격 장애에 걸린 상태에서 깁슨 삼남매는 부모의 도움과 애정을 거의 받지 못했다. 깁슨이 14세가 되었을 때, 깁슨의 어머니는 여러 차례의 음주 운전 끝에 결국 교도소에 갔다. 이후 깁슨은 어머니와도 관계를 유지할 일이 거의 없었다. 방학 때면 깁슨 삼남매는 여러 친척들 집을 돌아다니며 지냈는데 주로 지냈던 곳은 콘월의 외할아버지댁이었다. 거기 가면 그나마 정서적으로는 편안했다. 깁슨은 어린 시절에 대해 거의 말을 하지 않았다. 그러나 형인 알릭과 형수인 루스와는 가깝게 지냈다. 그리고 형의 가정에서 정서적 안정을 찾았다. 깁슨의 어머니인 노라는 1939년 크리스마스에 전기 화재로 사망했다. 비슷한 시기에 깁슨은 여덟 살 많은 무용수 이브 무어와 연애를 시작했는데 당시 깁슨의 나이 21세였다. 무어는 깁슨을 처음 만났을 때 아직 학생일 거라고 생각했다. 그러나 깁슨은 매우 진지하게 교제에 임했다. 당시 깁슨이 속한 폭격기 사령부는 막대한 인명 손실을 내고 있었다. 따라서 깁슨은 자신도 얼마 못 가 죽을 수 있다는 것을 알았다. 그래서 매우 열정적으로 무어를 대한 것이었다. 두 사람은 1940년 11월에 결혼했다. 둘이 함께한 시간은 짧았고 둘 사이의 관계가 더 깊어진 것으로 보이는 모습은 별로 없었다. 깁슨은 1942년 4월 중령으로 진급, 처음으로 비행대대장(제106 비행대대)직을 맡게 되면서 장병들의 아내를 영외에 거주케 한다는 원칙을 엄격히 고수했다. 당시 그의 나이 불과 23세로 세 번째 전투 파견 기간의 시작이었다.

깁슨은 세인트 에드워즈 옥스퍼드 공립학교에 진학했다. 전설적인 에이스 파일럿 더글러스 베이더도 이 학교를 나왔다. 그러나 베이더와는 달리 깁슨은 학업과 운동에 별 소질이 없었다. 그는 단체 경기를 하지 않았으며, 잘하는 학과 과목도 없었다. 그런 그의 10대 시절 모습을 보면 그가 훗날 훌륭한 지휘관이자 가장 유명한 폭격기 조종사가 될 거라고 상상하기 어려웠다. 그는 존재감이 없는 것으로 유명할 정도였다.

그는 학교를 졸업한 후 영국 공군에 입대하려 했지만, 신체검사에서 불합격했다. 그러나 비행은 어린 시절부터의 꿈이었다. 깁슨은 신체를 단련하여 재지원, 굳은 의지와 기개를 보여 주어 결국 합격하게 되었다. 그런 굳은 의지와 기개야말로 이후 전시에 그가 잘 보여 준 모습이기도 했다. 그는 1937년 5월 24일 조종 흉장을 수여받았다. 비행 학교에서 그의 성적은 보통 수준이었다. 이후 그는 제83비행대대에 배속되어 폭격기를 조종하게 되었다.

1939년 9월 1일 제2차 세계대전이 발발하던 시점, 그는 그 비행대대에서 쌍발 햄덴 폭격기를 조종하고 있었다. 그날 그는 빌헬름스하펜을 폭격, 첫 전투 임무를 실시했다. 만인의 관심은 영국 전투에서 활약한 전투기 사령부에 쏠려 있었다. 그러나 영국 공군 폭격기 사령부도 1940년 5월과 6월, 그리고 그해 여름 프랑스에서 중요한 역할을 수행했다. 당시는 폭격 전술의 초창기로 항법 지원이 부실했고 폭격 정확도도 낮았다. 이 기간 동안 폭격기 사령부의 인명 손실은 전투기 사령부를 훨씬 뛰어넘었다. 하지만 그것조차도 더 큰 관점에서 보면 사소한 것이었다. 아무튼 깁슨은 이 시기에 야간 전투기 조종사로 90회의 전투를 벌이고 살아남은 후, 폭격기 사령부로 돌아가 두 번째 전투 파견에 나섰다.

깁슨은 젊은 나이에도 불구하고 제106비행대대의 대대장으로 임명되었다. 또한 1939년 당시 폭격기 사령부 예하 제5비행단의 단장을 역임하고 있던 아더 해리스 중장의 눈에 들게 되었다. 1942년 2월 해리스는 폭격기 사령부 사령관으로 임명되었으며, 취임 직후 깁슨을 비롯한 여러 청년 장교들을 대대장으로 임명했다. 해리스는 끈기와 냉정함을 뛰어난 폭격기 조종사의 덕목으로 여겼으며, 깁슨을 그런 덕목을 지닌 조종사로 여겼다. 깁슨은 제106비행대대를 지휘하는 동안 해리스를 결코 실망시키지 않았다. 실제로 깁슨은 힘든 임무 일정을 잘 소화해 냈으며, 독일 본토 폭격에 나서는 부하들에게 강인한 의지를 주입시킨 최고의 지휘관이었다.

그러나 1943년 봄, 깁슨의 비행대대장 임기가 거의 끝나갈 무렵 그의 정신력과 체력은 한계에 달한 것이 분명해졌다. 깁슨의 자서전에는 거론되지 않은, 1943년 1월 17일의 사건을 보면 깁슨이 이미 그때 심하게 탈진한 것을 알 수 있다. 세 번째 전투 파견 기간이 2개월 남은 시점이었다. 1월 16일, 그는 비행대대를 이끌고 베를린을 폭격했다. 그의 항공기에는 리처드 딤블비 기자가 탑승하고 있었다. 착륙 이후 딤블비 기자는 방송에서, 같은 항공기에 탑승했던 6명의 용맹하고 냉정하면서도 뛰어난 기술을 갖춘 승무원들에게 찬사를 보냈다. 그중에서도 기장이던 깁슨에게 더욱 특별한 찬사를 보냈다. 반면 깁슨은 일지에 "큰 전과를 거둔 성공적 비행" 정도로만 간략하게 기록했다.

그 후 1월 17일, 그는 강한 불안 증세를 일으켜 라우스비의 영국 공군 병원에 갔다. 제106비행대대가 위치한 시어스톤은 라우스비에서 서쪽으로 약 20마일(37km) 떨어진 곳이었다. 그러나 깁슨은 이 병원에 가는 빈도가 갈수록 잦아졌다. 그가 이 병원에 찾아가던 이유 중 하나는 간호하사관 매기 노스 중사도 있었다. 그들은 만난 지 얼마 안 되었지만 매우 뜨거운 우정을 쌓아갔다. 그들은 시어스톤의 1942년 12월 초 음산한 밤에 처음 만났다. 그날 깁슨과 기지 사령관 거스 워커 공군 대령은 이륙하는 항공기들을 쌍안경으로 보고 있었다. 그런데 주기되어 있던 제61비행대대의 랭커스터 항공기 한 대의 폭탄 적재함 문이 열리더니 탑재하고 있던 소이탄이 튀어나오고 그중 일부가 점화되었다. 그 랭커스터에는 4,000파운드(1,800kg) 폭탄이 실려 있었다. 워커는 그 폭격기에 타고 있던 승무원들에게 상황을 알려 주고자 차를 타고 달려갔다. 폭격기에서 20야드(18m) 떨어진 곳에 차를 세우고 손을 흔드는 순간 랭커스터에 실려 있던 폭탄이 폭발했다. 깁슨은 다음과 같이 기록했다.

"엄청나게 크고 느린 폭발이 일어났다. 폭발의 파괴력은 2,000피트(600m)까지 퍼져나갔고 그 거대한 랭커스터 폭격기가 흔적도 없이 사라져 버렸다."

깁슨은 워커도 산산조각이 났을 거라고 생각했다. 그러나 워커는 오른팔을 잃고 200피트(60m)를 날아갔지만, 아직 살아 있었다.

라우스비에서 의사 1명과 간호사 2명이 긴급히 도착했다. 그 간호사 중

한 사람이 매기 노스였다. 깁슨은 그들과 함께 중상을 입은 워커의 치료를 도왔다. 다음 날 깁슨은 병원에 입원한 워커를 찾아갔고, 매기 노스와 이야기를 나누었다. 깁슨은 그녀와 이야기하고, 이 병원에서 수많은 화상 환자를 치료했음을 알게 되었다. 깁슨은 노스에게 술을 같이 하자고 권했다. 노스는 머뭇거렸다.

"네, 하지만…"

"하지만 뭐요?"

깁슨이 따져 묻자 그녀는 자신이 중사라는 점을 강조했다. 사병들은 장교와 연애를 포함해 사적인 관계를 가져서는 안 된다는 규칙이 있었다.

그러자 깁슨은 이렇게 말했다.

"그딴 규칙 따윈 집어 치워. 가자고."

필자의 책 《댐버스터즈: 1943년 댐 파괴 작전(Dambusters: The Raid to Smash the Dams), 1943 (Corgi, 2013)》에서는 리처드 모리스의 1차 사료를 근거로, 깁슨이 유부남임에도 매기 노스와 강렬하지만 정신적인 관계를 키워 갔다고 밝혔다. 그는 너무나 오랫동안 큰 책임감과 공포에 혼자 맞서야 했다. 부대에서는 열정을 지니고 지칠 줄 모르는 지휘관 노릇을 해야 했는데, 이처럼 힘들고 복잡한 상황을 벗어날 기회는 오지 않았다. 그의 내면은 엉망이 되어 가고 있었다. 매기 노스 역시 병원에서 폭격기 승무원들의 육체적이고 정신적인 상처를 매일 보아 왔다. 병동에는 지독한 화상, 또는 사지 절단을 당한 장병들이 가득했으며 그녀는 장병들의 고통을 이해하고 있었다. 깁슨은 매기를 통해 대대를 지휘한다는 무거운 책임과 계속되는 죽음의 공포에서 벗어날 수 있었다. 깁슨은 매기를 통해 자아를 찾을 수 있었다. 매기 노스 역시 깁슨에게 주목을 받으면서 동시에 이 복잡한 사람에게 빠져들었다. 깁슨은 어떤 날은 매우 좋은 사람이다가도, 다음 날은 우울하고 상처받기 쉬운 사람이었다.

문제의 1월 17일 저녁, 깁슨은 평소와 마찬가지로 예고 없이 라우스비에 나타났다. 그의 얼굴은 창백했다. 수녀가 노스를 찾아 깁슨에게 뭔가 문제가 있는 것 같다고 알려 주었다.

"예전에도 저런 사람들을 많이 보았어요. 깁슨에게 가 보시는 게 좋겠어요."

노스가 갔을 때 깁슨은 자기 차에 앉아서 앞유리 너머의 풍경을 응시하고 있었다. 그는 불도 붙이지 않은 파이프 담배를 물고 있었다. 통제가 불가능하다는 듯이 몸을 떨고 있었다.

깁슨은 노스에게 말했다.

"안아 줘."

노스는 깁슨의 몸이 떨리지 않을 때까지 안아 주었다.

이렇게 큰 문제가 있었음에도 깁슨은 주어진 임무를 지속적으로 수행해 나갔다. 그해 3월 깁슨은 73회의 폭격 임무를 마치고 제106비행대대에서 이임했다. 그러나 당시 폭격기 사령부 제5비행단장을 맡고 있던 코크란 공군 소장은 그에게 한 번 더 전투 파견을 나갈 것을 요구했다. 그 장면은 깁슨의 책에서는 매우 멋지게 묘사되어 있었다. 당시 그의 마음속에 있던 공포는 책에서 다루어지지 않았다. 깁슨은 너무나도 간절히 휴식을 원했지만, 코크란의 요구를 받아들였다.

이번의 전투 파견은 바로 댐 공습 작전이었다. 새로 편성된 비행대대를 가지고 독일 최대의 댐 3곳을 격파한다는 매우 특이한 작전이었다. 이들 댐은 어뢰의 공격을 막는 방뢰망으로 보호되고 있었으므로, 물 위로 물수제비를 떠서 날아가는 특수한 폭탄이 사용되었다. 이 폭탄에는 '업키프'라는 암호명이 붙었지만 '도약 폭탄'으로 더 잘 알려져 있다.

집슨은 이 하나의 임무를 위해 새로 편성된 비행대대의 대대장으로 부임했다. 집슨은 이 부대원의 인선과 편성, 훈련을 감독하게 되었다. 이 비행대대에는 곧 617이라는 번호가 붙었다. 그가 극복해야 할 일들은 엄청났다. 당시의 영국 폭격기들은 편대대형을 갖추지 않고 18,000피트(5,400m) 이상을 날았다. 그러나 응징(Chastise)이라는 암호명이 붙은 이번 작전에서는 불과 120피트(36m) 상공을 야간 편대비행을 해야 했다. 그리고 '업키프' 폭탄을 댐에 적중시켜 타격을 입히려면, 수면으로부터 정확히 60피트(18m) 고도를 댐과 직각 방향으로 날면서, 최적의 사거리에서 폭탄을 투하해야 했다. 즉 중량 30톤, 날개폭 102피트(31.1m)짜리 거대한 랭커스터 폭격기를 몰고 완전히 새롭고 지극히 어려운 폭격 기술을 구사해야 하는 것이었다. 게다가 '업키프' 폭탄은 투하 시 분당 500회전을 하게 된다. 폭격기의 중량과 회전하는 '업키프' 폭탄의 자이로 효과로 인해 항공기를 제어하기는 매우 어려워진다. 그리고 비행 고도가 매우 낮기 때문에 움직일 수 있는 공간도 매우 좁다. 한 치만 조종간을 잘못 움직여도 폭격기는 추락하게 된다. 게다가 이런 비행을 익숙지 않은 적지에서, 그것도 야간에 해야 한다.

몇 년 전 필자는 응징 작전을 다룬 영화를 촬영하고 있었다. 당시 스위스인 베테랑 조종사를 고용해 이 비행을 비슷하게 재현해 보게 했다. 다만 조건은 좀 더 완화시켰다. 주간에 500피트(150m) 상공을 날게 했다. 또한 항공기도 제어가 훨씬 더 쉬운 쌍발 항공기였다. 그러나 그 조종사는 이 비행이 어렵다고 했다.

"당시와 똑같은 비행을 하려면 최고 수준의 비행 기술이 필요하겠는걸요."

집슨의 새 비행대대에 주어진 훈련 시간은 10주에 불과했다. 특히 집슨의 훈련 시간은 더 짧았다. 그는 걸핏하면 스캠턴 기지로 불려가 상관들을 만나 회의를 하거나, 폭탄의 설계자인 반스 월리스를 만나야 했다. 1943년 3월과 4월, 5월 깁슨의 정신적 및 신체적 상태는 그 이전에 비해 결코 더 나은 상태라고 보기 어려웠다.

사실 그는 엄청난 압박감에 맞서 싸우고 있었다. 그가 주어진 시간 내에 해내야 할 일은 많았고, 상당 부분 모순되고 상충되는 것들도 있었다. 그리고 아직 20대 젊은이였던 그가 짊어져야 할 책임은 너무나도 컸다. 그러면서도 그는 언제나 저돌적이고 의지와 자신감이 넘치는 비행대대장 행세를 해야 했다. 그는 저녁 늦게 말고는 비행 훈련을 할 시간이 없었다. 그래야 부하들과 훈련 강도를 맞출 수 있고, 더 나아가서 실전에서 부하들을 이끌 수 있었다. 그는 결코 타고난 조종사가 아니었다. 다른 사람들과 마찬가지로, 고된 훈련을 통해 이 완전히 새로운 유형의 비행에 익숙해져야 했다.

거기에서 나오는 긴장은 눈에 보이기 시작했다. 그는 갈수록 짜증을 잘 내고 쉽게 성질을 부렸다. 깁슨은 자신의 회고록에서 얼굴에 종기가 생겼다고 했다. 이는 스트레스와 피로의 증상 중 하나였다. 스캠턴 기지의 군의관인 공군 중위 알란 업턴에 따르면, 깁슨이 발이 아프다는 소리도 했다고 한다. 진단 결과 이것은 통풍 때문이었다. 심해질 경우 염증성 관절염으로 진행되는데 이것 역시 스트레스와 피로가 원인이었다. 통풍은 엄청나게 아프다. 그리고 분명 깁슨이 실시하고 있던 비행 훈련으로 인해 더욱 악화되었을 것이다. 랭커스터를 조종하다 보면 발로 방향타 페달을 조작할 일이 많다.

이러한 악조건을 무릅쓰고 깁슨은 특수 개조된 랭커스터들을 이끌고 제1파 공격대를 지휘, 누구보다도 가장 먼저 뫼네 댐을 타격했다. 일단 목표 상공을 한 번 스쳐 지나간 다음, 다시 폭탄을 투하하러 돌아왔다. 이때 독일군의 경계는 최고 상태였다. 독일군의 대공포화가 난무하고, 조금만 실수해도 호수에 추락할 수 있는 상황에서 그가 탄 폭격기의 폭격수는 '업키프' 폭탄을 조준 투하했다. 그러나 이 폭탄은 댐을 격파하지 못했다. 그래도 깁슨은 선회비행을 계속하며 댐 상공을 다섯 번이나 스쳐 날면서 대공포화를 자신의 항공기로 유인했다. 독일군이 후속 항공기들을 쏘지 못하게 하려는 것이었다. 깁슨에 이어 세 번째로 댐 상공을 통과한 항공기는 그의 가장 오래된 절친한 친구인 존 호프굿이 조종하는 항공기였다. 이 항공기는 대공포화에 격추되었다. 항공기는 댐 북쪽의 고지에 추락해 폭발했고, 이때 승무원 중 2명을 제외한 전원이 전사했다. 전사자 중에는 호프굿도 있었다. 깁슨도 이 광경을 보았다. 그러나 그는 죽음의 위험을 무릅쓰고 비행을 계속했다.

뫼네 댐을 향해 투하된 '업키프' 폭탄들 중 네 번째 폭탄이 드디어 결정타를 가해 댐을 격파했다. 그러자 깁슨은 남은 항공기들 중 폭탄을 투하한 항공기들을 귀환시킨 후, 아직 폭탄을 가진 제1파 공격대를 이끌고 다음 표적인 에데르 댐으로 날아갔다. 댐 주변은 안개로 뒤덮여 있었지만 깁슨과 휘하 승무원들은 에데르 댐을 발견해 폭격하는 데 성공했다. 깁슨은 잔여 항공기들을 이끌고 스캠턴으로 돌아오는 데 성공했다. 댐 공습 작전은 대성공으로 끝이 났다.

깁슨은 매우 엄격하고 강인한 지휘관이었다. 그 때문에 인기가 없었다는 것이 그의 후임자 레오나드 체셔의 평이다. 깁슨은 거만하고 예의가 없으며, 권위주의적인 인물로 보일 수도 있었다. 그러나 그는 분명 자신이 받은 훈장에 부끄럽지 않은 인물이었다. 그는 우수비행십자훈장과 우수복무훈장을 2회씩 수여받았으며 댐 공습 작전으로 빅토리아 십자훈장도 수여받았다. 그는 정신 및 신체적인 나약함에도 불구하고 자신의 내면을 깊이 돌아보고 용기와 지도력으로 적에 맞서 싸웠다. 또한 늘 앞장서서 부하 조종사들과 승무원들을 독려하고 보살펴 댐 공습 작전에서 믿어지지 않는 대성공을 얻어 냈다. 이 모든 것을 해냈을 때 그의 나이는 불과 24세였다. 지금 생각해 보면, 그가 이뤄낸 성취는 도저히 믿어지지 않을 정도이다.

댐 공습 작전 이후 그는 지상 근무로 전환되었다. 그는 명령에 따라 홍보 업무를 위해 미국으로 파견되었으나 미국에서의 생활은 원만하지 못하여 과도하게 많은 술을 마시는 생활을 하였다. 그리고 대중의 시선이라는 것이 한편으로는 만족스러우면서도 다른 한편으로는 불만족스러운 것임을 알았다. 그는 마르고 수척하고 피로한 채로 12월에 영국으로 귀국했다. 이후 그가 집필한 것이 본서이다. 한편으로 그는 정치판을 기웃거려도 보고, 참모 교육 과정에 입과하기도 했다. 그리고 해리스 대장에게 다시 전투 임무를 시켜 달라고 요청했다. 이 요청은 허가되지 않았다. 그는 동 커크비에 위치한 영국 공군 제55기지 참모로 발령받아 작전 기획 및 연락업무를 담당하게 되었다. 이 기지에는 3개 비행대대가 주둔하고 있었다.

그리고 깁슨은 비행 없는 기지 근무가 지독한 고문임을 깨달았다. 이 기지에 부임한 지 2주가 지나자 그는 매기 노스를 다시 만나려고 했다. 노스는 결혼해 보그노 레기스의 남해안에 살고 있었다. 둘은 만나기 좋은 위치에 있었다. 그들은 짧은 정신적 로맨스를 꽃피우면서, 환상적인 미래를 꿈꿔 왔다. 늘 햇살이 비치는 곳에 집을 짓고 살면서 영원한 행복을 얻고자 했다. 전쟁이 끝날 때까지 깁슨이 살아남았다면 아마도 허니서클 코티지에 살고자 했던 그들의 꿈은 현실이 되었을지도 모른다. 그는 동 커크비로 돌아와서 며칠 후 노스에게 이런 엽서를 써 보냈다.

"우리가 만난 날은 너무나 즐거웠어요. 당신을 영원히 사랑해요."

얼마 후 그는 다시 비행을 시작했다. 비공식적이었지만 제630비행대대의 랭커스터를 타고 V-1 로켓 발사장을 폭격한 것이다. 그로부터 몇 주 후 그는 코닝스비에 위치한 제54기지 본부로 전보되었다. 여기서 그는 제627비행대대 소속 모스키토를 타고 또 비공식적으로 비행했다. 그 항공기는 인근 우드홀 스파 기지(제617, 627비행대대 주둔)에서 제54기지 본부 참모에 빌려줬던 것이었다. 깁슨은 모스키토 조종 훈련을 충분히 받지 못했다. 그러나 그는 1944년 9월 19일 독일 〈라이트〉 시에 대한 폭격 작전에 폭격 유도기 조종사로 자원했는데, 이는 정말 불필요하고 무익한 결정이었다. 계속 전투 비행을 하겠다는 열망에 사로잡혀 내린 결정이었다. 그리고 그 작전에서 깁슨은 돌아오지 못했다. 구체적인 원인은 앞으로도 영원히 밝혀지지 않을지도 모른다. 항공기의 고장일 수도 있고, 연료 탱크 전환에 실패해서일 수도 있다. 아무튼 깁슨을 태운 모스키토는 네덜란드 스텐베르겐 인근에 추락했고, 그는 물론 동승했던 항법사까지 전사하고 말았다.

그야말로 비극적인 손실이었으나 한편으론 분명 영웅다운 죽음이기도 했다. 그도 결함 많은 인간이었다. 그러나 오히려 그 결함 때문에 그의 성취는 더욱 빛난다. 이 책에는 분명 미흡한 조사를 거쳐 집필된 부분도 있으나 그것은 이 책이 전시 국민 사기 진작용으로 만들어진 책이었기 때문이다. 그러나 주의 깊게 읽어 보면 깁슨이 짧은 생을 살아가면서 느꼈던 공포와 스트레스, 긴장감, 비극을 마주할 수 있다. 이 책은 비범한 인물이었던 깁슨이 남긴 가슴 아픈 유산이다.

제임스 홀랜드, 2019년

공군 중장 해롤드 마틴 경[1]의 특별 서문

가이 깁슨의 전시 회고록이 다시 출간된다니 기쁘다. 그는 170여 회의 실전 임무를 수행한 조종사이다.

아더 해리스 경은 소개글에서 깁슨이 뛰어난 용기와 능력, 지도력으로 영국이 낳은 최고의 공군 조종사 반열에 들었음을 분명히 밝히고 있다.

이 책은 깁슨에게 빅토리아 십자 훈장을 안겨 준 루르 강 댐 공습 작전을 깁슨 본인의 시각으로 관찰하고 기록한 내용이다. 이 작전을 다룬 다른 책들은 많이 있다. 그중에는 아주 좋은 것도 있고 조금 부족한 수준인 것도 있다. 독일 측 기록은 앞뒤가 안 맞고 부정확한 경우가 많다.

이 책은 사실 그대로를 다루고 있다. 깁슨은 반스 윌리스 경과 협력하여 폭탄의 투하 실험에 참가하고, 비행대의 인선과 훈련을 담당했다. 그리고 1943년 5월 16일 나를 포함한 비행대원들을 훌륭하게 이끌었다. 가이는 1944년 9월 19일 〈라이트〉 시 폭격에 폭격 유도기로 참가한 다음 귀환 중에 전사했다. 그가 조종하던 항공기는 네덜란드 스텐베르겐 인근에 추락해 화염에 휩싸였고 네덜란드인들의 도움으로 그의 시신은 추락 지점 근처에 안장되었다. 그는 우리 곁에 없지만 그를 알던 모든 사람들은 영원히 그를 잊지 못할 것이다.

---

1) 1918년생. 바스 훈장 2급, 우수 복무 훈장, 우수 비행 십자 훈장, 공군 십자 훈장 수훈자. 가이 깁슨과 함께 댐 공습 작전에 참가했다. 1988년 타계.

소개의 말

이 책은 영국이 낳은 최강의 전사가 간결하고도 훌륭한 필체로 직접 쓴 자신의 장엄한 이야기이다. 또한 역사 이야기이기도 하다.

가이 깁슨은 어떤 의미에서 볼 때 공군 조종사가 직업인 사람은 아니었다. 그는 그저 비행을 배우고 싶어서 전쟁 전에 공군에 입대했다. 그러나 전쟁이 터지자 그는 전사할 때까지 공군에서 머물게 되었다.

그는 타고난 지도력과 뛰어난 기량과 용기로 일찌감치 지휘관이 되었고, 엄청난 도전에 맞서 매우 큰 성취를 얻었다. 그는 영국 공군의 승리를 위해 분명 누구보다도 큰 공헌을 했다.

그는 어떤 점으로 보나 뛰어난 사람이었으며, 그를 아는 사람이라면 누구나 그를 존경하고 사랑했다.

이 책에서 그는 자신이 본 폭격기 승무원들의 업무에 대해 다루고 있다. 다만 공군이라는 거대 조직 속에서 편대장과 대대장만을 지내봤기 때문에 그 관점이 제한되어 있음은 어쩔 수 없다.

가이 깁슨은 '가짜(Phoney)' 전쟁('가짜' 전쟁이라고 부른 이유는 영국이 제2차 세계대전 초기, 전쟁을 지속시키기 위해 한 일이 없기 때문이다)의 개전 시부터 전사할 때까지 싸웠다. 그가 살아 있는 동안 우리 영국의 승리는 점차 확실해졌다. 그리고 그 승리에 그만큼 크게 공헌한 사람은 없다. 그는 싸움을 멈추지 않았다. 그의 비행을 막으려는 사람들도 많았지만, 그는 그들의 시도에 결코 굴하지 않았다. 물론 그도 '휴식'을 취한 적은 있었다. 그러나 그가 처음으로 받은 '휴식'은 야간 전투기 부대로의 전속이었다. 고도로 숙련된 야간 비행 조종사이던 그는 독일의 〈블리츠(Blitz, 대영 공습)〉를 막는 야간 전투기 조종사들을 훈련시키는 데 큰 역할을 했다. 두 번째 휴식은 내가 강요했다. 나는 깁슨과 맞먹는 또 다른 분야의 전사인 윈스턴 스펜서 처칠에게 건의해, 그를 지방 관저로 초청한 후 미국에 보내도록 했다. 윈스턴 처칠은 깁슨에게 미국의 여러 항공기지를 순회하며 미군 장병들에게 강연할 것을 명령했다. 그리고 그가 세 번째이자 마지막으로 받은 휴식은 소속 비행단 참모직 보임이었다. 그러나 그 직위로 옮겨간 지 불과 며칠 만에 그는 사무실에서 울고 있었다. 사랑하던 승무원들과의 이별, 그리고 더 이상 비행을 할 수 없다는 데서 오는 슬픔 때문이었다.

그 슬픔은 그의 가슴을 크게 아프게 했다.

그는 언제나 나와 직접 연락을 취할 수 있었다. 그리고 그는 물론 그의 소속 비행단장까지 내게 압력을 넣는 바람에, 나는 그를 비행 임무로 복귀시키고 말았다. 그러나 지금 와서 생각해 보면 잘못된 결정이었다.

그는 마지막 임무에서 폭격 유도기 조종사에 자원했다. 폭격 유도기는 폭격 작전에서 가장 중요하면서 가장 위험한 기체다. 작전은 대성공을 거두었다. 그는 무전으로 작전에 성공한 동료들을 격려하면서 그들을 귀환시켰다. 그러나 정작 본인은 돌아오지 못했다.[2]

---

[2] 깁슨은 미국에서 귀국 후 런던 킹스웨이에 위치한 공군성에 보임되었다가, 이후 불스트로드 파크에서 참모 과정을 이수하게 되었다. 그리고 이 기간 동안 그는 본서 대부분의 내용을 집필하였다. 그는 이후 동 커크비의 참모 장교로 보임되었고, 이후 코닝스비 제54기지의 작전장교로 보임되었다. 해리스가 자신이 그를 비행 임무로 복귀시켰다고 적은 것은 잘못된 표현이다. 미국에서 귀국 후 깁슨은 비행 임무를 맡은 적이 없다. 다만 깁슨은 여러 차례의 작전에 조종사가 아닌 승무원으로 참가하기는 했다. 1944년 9월 19일 깁슨은 상관들이 기지를 비운 틈을 타 〈묀헨글라드바흐〉와 〈라이트〉에 대한 폭격 임무에 폭격 유도기 조종사를 자원했다. 그가 탑승했던 모스키토 항공기는 네덜란드 스텐베르겐에 추락했다. 스텐베르겐은 현지어로 벽돌 언덕이라는 뜻이다. 이 사고로 깁슨은 물론, 항법사인 공군 소령 제임스 워윅(우수 비행 십자 훈장 수훈자)이 전사했으며 추락 원인은 확인되지 않았다. 전투 손상, 장비 결함, 모스키토 항공기에 대한 깁슨의 조종 경험 부족 중 하나, 또는 둘 이상이 원인으로 추정되고 있다. 깁슨의 전사 이

이 책을 보면 우리 영국 공군이 전쟁의 마지막 1년 반 동안 적절한 타격 수단과 장비 확보의 어려움으로 인해, 갈수록 어려워지는 전황 속에서 갈수록 작아지는 목표물을 타격하기 어려웠음을 알 수 있다. 한편으로 우리 과학자들이 거둔 위대한 성취도 알 수 있다. 언젠가는 그 주제로 별도의 책이 나오기를 바란다. 우리가 겪었던 난관은 엄청났다. 그러나 우리는 극복하고야 말았다. 그리고 거기에 가이 깁슨보다 더 큰 공헌을 한 사람은 없다.

이 책에는 파티와 음주에 대한 내용이 나와 있다. 그 점을 가지고 비판을 할 사람도 있을 것이다. 필요 이상으로 높은 도덕적 기준을 내세우며 비난할 사람도 있을 것이다. 거기에 대해 사과를 하고픈 마음은 없다. 모두 필자가 승인한 행동들이다. 그리고 이 책에 나오는 음주는 주로 약알콜 맥주(알콜 도수 0.5% 이하)로 한 것이다.

우리 폭격기 승무원들이 가장 꽃다운 나이에 감당할 수 없이 힘든 환경에서 목숨을 걸고 임무에 임했던 점을 기억하라. 그들도 알고 있었던 것처럼 그들은 늘 죽음의 위험에 노출되어 있었다. 그것도 별로 유쾌하지 않은 형태의 죽음이었다. 그리고 그들은 자신들이 처한 상황이 어리석고 부주의하며 이기적인 구세대의 산물임도 잘 알고 있었다. 그 구세대는 이미 제1차 세계대전을 겪었으면서도 제2차 세계대전을 막기 위해, 또는 대비하기 위해 한 일이 거의 없다.

그러니 폭격기 승무원들은 남은 삶이 냉소적으로 보일 때마다, 어떤 큰 임무를 수행하기 전마다, 그 임무를 성공적으로 마무리하고 살아 돌아왔을 때마다 파티를 벌였다. 먹고 마시며 즐거운 분위기를 꽃피워 나갔다.

후 70년 이상이 지난 현재 정확한 사고 원인을 밝히는 것은 불가능해 보인다.

다음번에 출격해서 죽을 수도 있기 때문이었다. 그런 그들을 전쟁터로 보내서 수만 명씩이나 죽게 한 구세대에게, 폭격기 승무원들을 비판할 자격은 없다.

발할라(Valhalla)[3]가 있다면 가이 깁슨과 그의 전우들이 그곳에 가 있기를 바란다. 언제까지나 상석에서 파티를 즐기기를 바란다.

아더 해리스[4]

---

3) 북유럽 및 서유럽의 신화에 나오는 궁전으로 '전사자(戰死者)의 큰 집' 또는 '기쁨의 집'이라는 뜻이다.
4) 1892년생. 1914년 영국 육군 입대. 1918년 공군으로 전군. 제2차 세계대전에서는 제5비행단장과 폭격기 사령부 사령관을 역임. 1946년 전역. 최종 계급 공군 원수. 1984년 타계.

추천사

항공우주 시대를 이끌어 나갈 지혜를 주는 고전

오늘날 세계에서 제일 강력한 항공 전력을 보유한 군대는 미군이다. 그러한 미군조차 제2차 세계대전 당시에는 독립된 공군 없이 전쟁을 치렀다. 육군과 해군, 해병대에 예속된 항공부대만으로 항공전을 벌였던 것이다. 미 공군이 창설된 것은 제2차 세계대전이 종전된 이후인 1947년이 되어서였다.

그렇다면 세계에서 최초로 현대적이고 독립된 공군을 창설한 나라는 어디인가? 다름 아닌 영국이다. 1918년 4월 1일 창설된 영국 공군은 제1차 세계대전 종전 당시 세계 최대, 최강의 공군이었다. 최전성기의 영국 해군이 다른 모든 나라의 해군에 영향을 준 것과 마찬가지로, 영국 공군 역시 전 세계 공군들에 지대한 영향을 주었다. 항공용어를 예를 들자면, 공군의 비행대대를 의미하는 영어 단어 squadron이나, 적기 발견을 의미하는 tally ho 등의 용어는 모두 영국 공군에서 나온 것이다.

제2차 세계대전에서도 영국 공군의 활약은 대단했다. 히틀러가 프랑스를 패망시킨 1940년 6월부터, 이듬해 소련과 미국이 참전할 때까지 유럽에서 히틀러의 나치 독일에 맞서 싸우던 연합국은 영국이 유일했다. 그 시기에 영국 공군의 전투기 부대는 영국 전투를 통해 히틀러의 영국 본토 정복 야망을 꺾었다. 폭격기 부대 역시 개전 시부터 대독 전략 폭격을 시작, 미군의 참전 이전 독일 본토에서 유일하게 싸우는 연합군으로서 독일의 전쟁수행능력을 약화시키는 데 크게 기여했다.

그러나 군축론이 우세하던 전간기에 영국은 운영 유지에 큰돈이 들어가는 폭격기 부대에 마음껏 투자할 수 없었다. 결국 영국 공군 폭격기 부대는 한동안 부족한 인원과 장비로 막강한 독일에 맞서야 했다. 그 대가는 폭격기 승무원들의 생명으로 치를 수밖에 없었다. 대전 중 전사한 영국 공군 폭격기 승무원의 수는 무려 55,000명. 미 육군항공대 폭격기 승무원의 전사자 수보다도 많다.

그럼에도 불구하고 영국 공군 폭격기 부대는 부단한 전술 전기 연마와 새로운 장비 개발을 통해 전투력을 키워 나갔다. 대전 중반 이후 그들은 각종 어려운 임무들을 성공리에 수행하면서 항공전사에 이름을 남겼다. 특히 개전 시부터 전투에 참가하고, 1943년 5월 루르 강 수력발전소 타격 작전인 '응징' 작전을 총지휘한 가이 깁슨 중령의 회고록인 이 책은, 영국 공군 폭격기 부대가 제2차 세계대전이라는 고난에 맞서 승리한 역사를 내부자의 시선으로 다룬 걸작이다.

이 책은 항공전의 지극히 다양한 측면을 생생하게 보여 주고 있다. 목숨을 걸고 전투 임무에 나서는 승무원들의 희로애락, 부대 간의 알력, 공군을 바라보는 민간인들과 전쟁 지휘부의 시선, 당시 영국인들의 생활상과 사고방식은 물론, 강적 독일에 맞서 승리를 얻어내기 위한 치열한 전술전략 및 장비 개발까지 지극히 자세히 묘사되어 있다.

이 책의 번역은 월간항공 기자를 역임하고 다양한 항공분야 서적을 번역한 역자와, 전투기 조종사 출신의 감수자에 의해 정성스럽게 이루어졌다. 현역 공군 장병들은 물론 항공공학, 전쟁사에 대해 알고 싶어 하는 모든 이들에게 놓칠 수 없는 한 권이 될 것이다.

혹자는 이 책을 과거 프로펠러 항공기가 나오는 시대에 뒤처진 무용담으로만 여길지도 모른다. 그러나 이 책이 나온 지 약 80년의 시간이 흘렀지만, 전쟁에서 항공력의 가치와 중요성은 여전히 중요하다. 그리고 그 전쟁을 치르는 인간은 더더욱 변하지 않았다.

이 땅에 두 번 다시 전쟁이 일어나서는 안 된다. 하지만 만약 전쟁이 다시 일어난다면, 이 책 속의 영국 공군과 같이 고통을 무릅쓰고라도 끝내 승리해야 한다. 이 책은 그 승리가 어떻게 얻어졌는지를 피 흘리지 않고도 깨닫게 해 줄 것이다.

제4차 산업혁명으로 인해 항공우주력의 중요성은 더욱 커지고 있다. 우리가 역사를 배우고 고전을 읽는 이유는 불확실하고 험난한 시대를 헤쳐나갈 지혜를 얻기 위해서다. 전쟁 및 항공문학의 고전인 이 책을 통해 우리 모두 항공우주력의 지혜를 얻기를 기원한다.

임상민(《전투기의 이해》 저자)

서문 겸 헌사

지난 4년간의 전쟁에 대해 이 책을 쓰면서, 나는 자료나 일기를 참조할 수 없었다. 나는 일기를 써 본 적이 없다. 내가 1944년에 폭격기 사령부 및 전투기 사령부의 공중 근무자들에 대한 책을 쓰리라고는 상상도 해본 적이 없기 때문이다.[5]

그동안 내가 죽지 않고 살아 있는 것은 엄청난 행운의 결과이며 그 사실을 군이 또 설명할 필요는 없을 것이다. 여기에 이의를 제기할 사람은 뭘 모르는 이들 빼고는 거의 없을 것이다. 그러나 필자가 이 책에서 함께 근무하고 있는 사람들에 대해 다루지 않았거나, 그들이 한 적이 없는 말을 했다고 적었다면 미리 용서를 구하고 싶다. 기억은 유통기한이 짧으며 그것을 비난한다고 해서 달라지는 사실도 없다. 이 책의 집필 목적은 1939년 당시에는 갓난아이나 다름없던 우리 공군 폭격기 사령부가, 오늘날 거인으로 성장한 과정을 묘사하는 것이다.

폭격기 사령부는 부대 규모는 물론 폭탄 투하 능력, 폭격 정확성 면에서 엄청난 발전을 이루었다. 이제 최고 수준으로 여겨질 정도의 능력을 갖춘 폭격기 사령부는 어떠한 기상 상태나 적의 저항에도 하룻밤 사이에 적의 산업 지대 전체를 지도상에서 지워 버릴 수 있게 되었다.

---

5) 말은 이렇게 했지만 깁슨은 비행대대 작전 기록서를 참조해 일자와 이름을 책에 적었을 가능성이 높다. 깁슨이 지휘하던 제106비행대대에서 복무한 존 시어비의 증언에 따르면, 그는 1944년 폭격기 사령부에서 본서의 원고를 봤다고 한다. 그리고 비행대대 작전 기록서에서 인용한 것이 확실한 부분도 보았다고 한다. 깁슨은 제617비행대대 부관에게도 집필에 필요한 자료를 요청했다.

우리 영국 공군 폭격기 사령부는 제3제국을 붕괴시키기 위해 미군 주간 폭격대와 힘을 합쳐 싸우고 있다. 그들의 전쟁은 인류 역사상 가장 가혹한 전쟁임을 잊어서는 안 된다. 공습 1회당 아군의 손실률은 10%를 넘는 적이 거의 없었으며 이 정도면 얼핏 봐서는 그리 혹독하지 않아 보인다. 그러나 이런 공습을 60번은 해야 한다. 그리고 25개 승무조로 구성된 1개 비행대대에서, 3개월 이상 살아남는 사람은 많지 않다. 폭격기 승무원들도 이러한 사실을 잘 알고 있다. 그럼에도 불구하고 이들은 크나큰 의무감으로 작전에 임했고, 독일 본토에 대한 전략 폭격의 고삐를 한 치도 늦추지 않았다. 그들은 독일 본토를 전쟁터로 만들고 있는, 영국군에서 유일하게 공세적 임무를 수행하는 부대라는 점을 자랑스럽게 여겼다. 폭격기 승무원들은 용감했다. 용감하지 않은 자라면 해낼 수 없는 일을 하고 있기 때문이었다.

지상 근무자들의 헌신도 잊어서는 안 된다. 그들은 매우 어려운 여건 속에서도 지치지 않고 항공기를 출격시킬 수 있게 해 주었다. 비행대대와 비행단, WAAF(Woman's Auxiliary Air Force, 공군 여성 보조 부대), 사무원, 경제전쟁성, 공군성 폭격 작전 지도부, 아더 해리스 대장과 그의 참모진의 노고에도 감사드린다. 그리고 누구보다도 가장 큰 공헌을 한 과학자들과 MAP(Minister of Aircraft Production, 항공기 생산성)의 드러나지 않는 곳에서 일한 근무자들을 결코 잊어서는 안 된다.

이 책이 출간될 시점에도 유럽 전선의 전황은 계속 바뀌고 새로운 지명과 인명이 우리 신문의 1면을 장식할 것이다. 또한 중폭격기의 임무도 전략적인 것에서 전술적인 것으로 바뀔 수 있다. 그래도 1940년부터 1943년 사이의 암흑기에 영국 본토에서 출격했던 우리 폭격기들의 업적을 잊어서는 안 된다. 그들은 적국 본토에서 싸우는 유일한 영국군이었으며 전황을 바꾸는 데 가장 큰 공헌을 했다. 폭격기 부대는 막강한 힘으로 유럽에 평화를 되찾아올 것이다. 그리고 그 후에는 일본의 노란 하늘을 수천 대의 영미 폭격기가 뒤덮어, 그 엔진 소리만으로도 일본인들을 두려움에 떨게 하고 더욱 크고 강력한 블록버스터 폭탄과 기관포로 일본인들의 간담을 서늘하게 할 것이다.

이런 책을 쓰는 일은 쉽지 않은 일이다. 이 책에는 다양한 사람들이 연관되어 있으며 누구보다도 독일에 맞서 싸운 공군 장병들의 부인과 애인, 어머니들을 언급하지 않을 수 없다.

평화와 전쟁은 매우 다르다. 그러나 우리 폭격기 승무원들은 두 분위기가 공존하는 곳에서 살고 있다. 우리 폭격기 승무원들은 임무가 없을 때는 사생활을 누리면서 즐겁게 산다. 아내의 손을 잡고 길을 걸으면서 즐거운 시간을 보내다가도 임무가 있으면 바로 전쟁터로 뛰어든다. 임무 한 번에는 여러 시간이 걸리고 그 시간 동안은 사랑하는 사람들과 이별이며 임무에서 죽으면 영원한 이별이 될 수도 있다. 물론 해군과 민간 상선의 승조원들은 집을 떠나 오대양을 헤매면서 셀 수 없이 많은 위험에 시달려 왔다. 지금도 그들은 매일같이 적의 급강하 폭격과 어뢰 공격, 기타 전쟁의 고난을 당하고 있다. 그러나 그들이 바다에서 겪는 고난을 고향에 알려 주는 텔레비전 같은 매체가 없었기 때문에 고향에 있는 사람들은 승조원들에 대해 걱정하지 않았다. 그들이 겪는 고난을 알 수도 없고, 알려고 하지도 않았기 때문이다. 최전선에 서 있는 육군 병사들 역시 매일같이 사선을 넘나들며 제대로 씻거나 면도도 하지 못하고, 전우의 시체를 넘으며 진격하지만 그들의 모습은 고향의 애인들에게는 전달되지 않았다. 육군 병사들의 주변인들 역시 그들이 전쟁터에서 뭘 하는지 알 수 없었다.

그러나 우리 폭격기 승무원들의 전쟁은 그와는 사뭇 다르다. 고요하고 선선한, 꽃이 만발한 평화로운 영국의 봄날을 즐기다가도, 갑자기 4발 중폭격기에 탑승해야 한다. 그러고 나서 불과 몇 시간 후에는 작렬하는 대공포화를 무릅쓰며 표적 상공에 가 있는 것이다.

폭격기 승무원들을 기다리는 용감한 이 주변인들은 이런 질문들을 끈덕지게 계속했다.

"그이가 무사하길 바랍니다. 대체 언제 돌아오나요?"

폭격기 승무원들의 주변인들에게는 그들이 돌아오기를 기다리는 시간은 두렵고 끔찍한 시간이다. 그래서 나는 이 책을 그들에게 바치고 싶다. 폭격기 승무원들의 아내와 누이, 형제와 애인, 그리고 어머니들에게 말이다. 그러나 그들이 거절할 것도 잘 알고 있다. 그들은 용감한 사람들이며 다른 모든 용감한 사람들이 그러하듯이, 그들 역시 정중하게 거절하며 이 책을 전사들에게 바치기를 요구할 것이다.

그래서 나는 이 책을 돌아오지 못한 불운한 이들에게 바치고자 한다. 그들은 조국과 인류의 자유를 위해 모든 것을 다 바쳤다. 그들을 결코, 결코 잊어서는 안 된다.

가이 깁슨

제1장
출격하라

　보름달이 밝게 뜬 밤이었다. 이 평화로운 잉글랜드 시골 위에는 촉촉하고 상쾌한 안개가 끝없이 깔려, 모든 것의 색을 지우고 있었다. 그러나 링컨셔 주는 원래 색채가 별로 없던 곳이었다. 링컨셔 주의 주도인 링컨 시는 고요했으며 많은 폭격기 승무원들은 그 도시를 잘 알고 있다. 평범한 사람들이 많이 사는 곳인 이 도시의 사람들은 공군에 매우 익숙해져, 이제는 공군이 주둔한다는 것을 잊을 정도였다. 링컨 시가 자랑하는 대성당은 언덕 위에 우뚝 서 있어, 몇 마일 떨어져서도 보이는 확실한 표지물(landmark) 노릇을 해 주고 있다. 평평한 펜랜드에는 작은 마을이 여러 곳 있고, 마을 사람들은 평화롭게 잠들어 있다. 동 앵글리안 해안의 요새인 이곳은 사람들에게는 단순하면서도 살기 좋은 삶의 터전이었다. 마지막까지 깨어 있던 농부가 잠든 지도 오랜 시간이 지났다. 마을 펍(pub: 영국식 술집 - 역자주)의 불도 오래 전에 꺼졌고, 몇 시간 전에 사람들로 붐비며 시끌벅적하던 술집도 이제는 조용하다. 적기의 모습은 전혀 보이지 않는 평화로운 풍경이었다. 이 마을의 풍경은 100여 년째 이 모습 그대로였다. 그러나 오늘밤은 뭔가 조금 다른데, 133명의 젊은 폭격기 승무원들이 이 마을의 상공을 날고 있기 때문이다. 나도 그중의 한 명이었다. 이제 뭔가 엄청난 일이 일어날 것이다.

　우리는 불과 100피트(30m)의 낮은 고도로 날고 있었으며, 항공기 간격은 밀집된 대형을 유지하고 있었다. 문외한이 보기에는 그저 멋지기만 한 광경이었을 것이다. 크고 강력한 랭커스터 폭격기들이 뛰어난 기량을 지닌 승무원들의 손에 몸을 맡기고 정밀한 편대 비행을 하고 있었으니 말이다. 우리 발아래로는 시속 200마일(370km)로 잉글랜드의 나무, 밭, 교회들이 스쳐 지나가고 있었다.

우리는 오래 기다려 왔던 여행을 떠나는 중이었다. 매우 세밀하게 계획되고, 준비된 여행이었다. 이 여행에서 실시할 임무가 성공할 경우 우리 군에 엄청난 이점이 있을 것으로 예상됨에 따라 우리 모두는 임무 성공을 위해 모든 것을 바쳐 왔다. 그 임무란 바로 독일의 댐을 파괴하는 것이었다.

달빛을 받으며 지면 바로 위를 날고 있는 랭커스터의 조종실 안을 본 적이 있는 사람이라면, 내가 말하고자 하는 것을 표현하기가 쉽지 않다는 것을 알 것이다. 좌측의 정조종사 좌석은 주변부보다 튀어나와 있고, 편안한 패드와 팔걸이가 달려 있다. 그는 조종은 왼손으로 하고, 오른손으로는 자이로 등 여러 가지 기기를 재설정한다. 그러나 항공기가 일단 적지 안으로 들어가거나 상황이 어려워질 때면 대부분의 조종사들은 기기 재설정에 양손을 모두 사용한다. 랭커스터 항공기를 조종하려면 강인함이 필요하였다.[6]

정조종사 앞에는 계기판이 있다. 폭격기 조종사들이 맹목비행 패널이라고 부르는 스페리 패널에 붉은 등이 들어오면 기계 장비의 재조정이 필요

---

6) 랭커스터의 조종은 4발 중폭격기 치고는 그나마 쉬운 편이다. 그러나 고속 및 선회 시에는 조종이 둔해지는 특성이 있었다. '업키프' 특수 폭탄을 탑재하기 위해 개조된 항공기들의 조종 특성은 수평직선 비행 및 완만 선회 시에는 일반 랭커스터와 별 차이가 없었다. 그러나 별도의 동력 보조 장치가 없이, 조종계통과 조종면이 직결되어 있기 때문에 6시간의 저공비행 동안 조종사의 체력만으로 항공기를 조종해야 했다. 자동 조종장치도 있기는 했지만 적지 상공이나 저공에서는 보통 쓰지 않았다. 깁슨의 기록에 따르면 북해 상공에서 자동 조종장치를 써 본 적은 있다고 한다.

하다는 뜻이며 조종사는 그 내용에 맞춰 항공기관사에게 작업을 지시한다. 폭격기 조종사는 모든 것을 다 알아야 한다. 조종석 앞 유리에 김이 끼면 글리콜 펌프를 써야 한다. 연료계에 녹색 등이 들어오면, 항공기관사에게 모든 엔진이 충분한 연료를 공급받을 수 있도록 특정 탭을 돌리라고 지시 해야 한다. 전 승무원들의 업무를 알아야 하며, 상황에 따라서는 그들의 임무를 대신할 수도 있어야 한다. 항공기관사는 조종사의 단짝으로, 조종사의 뒷좌석에 앉아 항상 엔진 계기를 주시한다. 대부분의 항공기관사는 폭격기 사령부의 지상 정비사 출신으로, 공중 근무에 지원한 인물들이다. 그들 역시 엄청난 일들을 해낸다.[7]

조종실 내부는 따뜻하기 때문에 조종사와 항공기관사의 복장은 매우 얇은 편이다. 필요악처럼 여겨지는 산소마스크는 제대로 착용되지 않고 얼굴 한쪽에만 걸려 있다. 적지 상공에서는 항상 산소마스크를 제대로 착용하는 데 그것은 우선 산소가 필요하기도 하지만 조종사가 조종간에서 손을 떼고 마이크로폰을 입 앞에 갖다 댈 시간이 없기 때문이다. 그 결과 6시간 동안 비행을 하고 나면 산소마스크가 닿는 얼굴의 살이 튼다. 이런 의문을 품어 본 적이 한 두 번이 아니다.

"왜 우리 군은 미군처럼 성대 마이크를 지급해 주지 않는 거지?"

정면에는 두 개의 커다란 계기판이 있다. 아마도 그 계기판에서 가장 중요한 것은 반복 나침반(compass)일 것이다. 이 나침반은 항공기 뒤에 있는

---

7) 항공기관사 보직은 1942년에 생겼다. 숙련된 부조종사 손실을 줄이기 위해서였다. 항공기관사는 엔진, 연료, 오일, 냉각체계의 상태를 점검하고, 지상 근무자들과 협력해 항공기의 감항성을 파악하며, 비행 중 항공기의 응급 수리를 해내고 기관총 부사수 역할도 해낼 수 있도록 교육받는다. 항공기관사는 처음에는 기존 지상 근무자들 중에서 지원을 받아 세인트 어던의 제4기술학교에서 교육시켰다. 그러나 이후 인력 수요가 커짐에 따라, 공군 신병이나 민간인 항공기관사 중에서도 지원자를 받기 시작했다.

임무 직전의 가이 깁슨(영국 국방성 항공(공군) 역사과)

본체에 의해 작동된다.[8] 조종사의 시선은 속도계(Air Speed Indicator)로부터 가상수평선으로, 이어서 달의 위치를 보고, 지상의 지형지물 참조점을 확인하는데, 멈추지 않고 빠르게 이러한 절차를 반복한다. 출격에서 복귀한 조종사의 눈이 시뻘겋게 충혈되어 있는 것도 무리는 아니다.[9]

---

8) 반복 나침반은 거리 측정기(Distant Reading, DR)로도 불렸다. 이 장비는 랭커스터 폭격기 후방 출입구 근처에 있는 주 제어 유닛에 의해 작동된다. 본체가 그곳에 있는 것은 폭탄 등 철을 많이 함유한 장비들과 최대한 거리를 두기 위해서다. 이 장비는 통합형 자성 자이로 기기이다. 일반적인 자성 나침반과는 달리, 이 장비는 항법사, 조종사, 폭격수에게 자북이 아닌 진북을 알려 준다.

9) 이만한 고도에서 비행하는 조종사는 앞유리에 날아와서 쌓이는 곤충 등 이물질을, 멀리서 다가오는 지리상의 물체와 구분할 수 있어야 한다. 그러려면 고개를 조금씩 양옆으로 계속 움직이면 되는데, 그렇게 하면 앞유리에 들러붙은 이물질은 움직이지만 멀리 있는 물체는 움직이지

그러면 그림이 그려질 것이다. 부드러운 달빛을 받는 조종실 안에 두 젊은이가 말없이 앉아 있으며 그들은 아직 턱수염도 나지 않은 젊은이들이다. 세상 경험은 얼마 없지만 완벽한 비행 기술을 갖추었다. 소속 비행대대에 대한 자부심이 뛰어나고 임무를 성공한 후 항공기를 무사히 귀환시키겠다는 의지가 충만하다. 항공기를 스쳐가는 바람 소리와 멀린 엔진 4대의 우렁찬 소음 말고는 아무 소리도 들리지 않는다.

허치가 난방기를 껐는데도 내가 탄 랭커스터 기내는 매우 따뜻하다. 나는 셔츠 위에 바로 구명조끼를 입었다. 공교롭게도 내가 입은 구명조끼는 독일 공군의 것으로 1940년에 격추당한 독일 조종사가 입던 것이다. 대대원 전원이 탐내는 물건이다. 항공기의 창문이 열려 있고 차가운 바람이 불어들어 오면서 엄청난 소음까지 몰고 온다. 나는 항공기관사 풀포드에게 있는 힘껏 소리를 질렀다.

"제발 창문 좀 닫아."

그러나 별로 잘한 짓이 아닐지도 모른다는 생각이 들었다. 항공기가 추락할 경우 창문은 주요 탈출구 중 하나가 되기 때문이다. 그리고 귀환하면 기체 정비사 로프티에게 맛있는 딸기를 줘야겠다는 생각도 했다.

런던 출신의 풀포드는 살짝 멍청하기도 하지만 믿음직스럽고 성실한 사람이다. 그는 힘을 쓰며 끙끙거렸지만 결국 창문을 닫았고 열린 창문으로 바람이 들어오며 전해 오던 소음이 멎자 정적이 찾아왔다. 물론 상대적인 정적이었지만 말이다.[10] 나는 테리에게 물었다.

않는 것처럼 보인다. 이러한 구분 작업의 부담을 덜기 위해서 대부분 조종사들은 전방과 좌측을, 항공기관사들은 전방과 우측을 주시했다.

10) 존 풀포드는 실은 런던 출신이 아니라 헐 출신이었다. 깁슨이 그 사실을 정확히 몰랐던 것은, 예전에 풀포드와 함께 비행한 적이 없기 때문이었을지도 모른다. 풀포드는 제97비행대대 출신이었다.

"항법사. 우리의 현재 위치는 어디지?"

"항구까지 1마일(1.85km) 남은 것 같습니다. 확인해 보겠습니다. 스팸, 자네 생각은 어때?"

스팸은 폭격수였다. 그리고 그가 대답하는 데는 시간이 조금 필요했는데, 낙하산 하네스를 벗고 지도 있는 자리까지 가서 지도를 보고 나서 얘기를 하기 때문이다. 지도는 마치 화장실 휴지처럼 말려 있다. 그러나 지도의 모양이 어떻건 간에, 정확하게 지도를 읽는 것은 매우 중요한 일이다. 스팸과 테리가 그 일을 잘 해야 우리가 표적에 가서 타격할 수 있기 때문이다.

"테리, 자네 말이 맞아. 항구에서 1마일 떨어져 있어. 킹스 린으로 가는 철길이 보이는군."

오스트레일리아인인 스팸은 최고의 폭격수였지만 독도법 실력은 폭격 실력에 한참 미치지 못했다. 그래서 테리는 내 어깨 너머로 스팸이 제대로 하는지를 항상 확인한 후 자기 위치로 들어가 신속히 계산을 해냈다. 그러고 나서 테리는 내게 항공기 기수를 우측으로 3도 돌리라고 지시했다. 방향타 페달에 약간 힘을 가하자 거대한 랭커스터의 뭉툭한 기수가 남쪽으로 아주 살짝 고개를 틀었다. 그러자 내 랭커스터 양옆에서 편대 비행 중이던 요기들도 똑같이 방향 전환을 했다.

잠시 후 테리가 또 말했다.

"해안까지 10분 남았습니다. 해안에 가면 항로를 잘 확인할 수 있습니다. 야머스를 지나가게 됩니다."

둘 다 계급이 공군 중위인 테리와 스팸은 정말 훌륭한 승무원들이었다. 본명이 태럼인 그는 캐나다 캘거리 출신으로 부드러운 캐나다 억양으로 말하며 교육을 잘 받았다. 멋진 애인도 있다. 태럼의 애인은 아일랜드 출신의 WAAF(Women's Auxiliary Air Force, 공군 여성 보조 부대) 대원으로, 이름

은 팻이다. 아마도 테리야말로 대대에서 가장 뛰어난 항법사일 것이다. 35
회를 출격한 테리는 자신이 할 일을 매우 잘 알고 있다. 나는 테리가 이성
을 잃고 흥분하는 것을 결코 본 적이 없는데, 가끔씩은 스팸과 함께 항공기
위치를 놓고 논쟁을 벌이기도 했다. 스팸의 본명은 스패포드로,
DFM(Distinguished Flying Medal) 수훈자이다. 오스트레일리아 멜버른 출신
의 대단한 친구로 나와 함께 많은 파티를 했다. 폭격에 관한 한 대대 기록
보유자다. 방금 전 그는 이 정도 저공이라면 낙하산 하네스를 풀어놔도 괜
찮지 않느냐고 물었는데 이 고도에서는 뭐가 잘못돼도 사실상 탈출 기회
가 없기 때문이다. 이는 그가 비행에 대해 지니고 있는 사고방식을 보여 준
다. 그에게 비행이란 커다란 한 판의 도박이었으며 그는 제대로 돈을 걸 줄
알았다. 스팸은 테리보다 비행 경험이 좀 더 많았으며 40여 회를 출격했다.
과거에는 제50비행대대의 일류 조종사들과 함께 비행했다. 그가 우리 비행
대대로 전속되어 나와 처음 비행을 했을 때, 좀 신경이 곤두선 것을 알았
다. 그러나 그는 몇 번 비행을 해 보더니 곧 익숙해졌다. 둘 다 출신지의 사
투리를 구사했으며 나 역시 남부 잉글랜드식 사투리를 구사했다. 우리는
비행 중에 상대방의 말을 잘 알아들을 수 있었고, 의사소통이 안 되어 짜증
을 내 본 적이 없었다. 어찌 되었든 좋은 일이었다.

후방 기관총 사수석에는 트레브가 앉아 있다. 나는 그곳이 폭격기에서
제일 불편한 자리라고 생각한다. 그도 처음에는 셔츠 차림이었으나 나중에
는 낡고 두툼한 원피스식 비행복을 입었다. 그 옷이 따뜻해서가 아니라 특
유의 냄새가 좋아서였다. 많은 공습에 사용된 옷은 특유의 냄새가 난다. 나
쁘지 않은 그 냄새를 통해, 기내의 모든 사람들은 누가 탔는지도 알 수 있
고, 탑승자가 숙련자라는 사실도 알 수 있다. 승무원의 아내나 어머니들에
게는 그 옷을 바로 세탁해 버리는 게 옳은 방식이지만 남자들에게는 이것

이 옳은 방식이다. 내가 보기에는 옷의 냄새가 강할수록 승무원들이 더 좋아했다.

트레브의 본명은 공군 대위 앨저넌 트레버 로퍼다. DFM 수훈자다. 그는 좋은 가정 출신으로 다재다능하였으며 28세였다. 잉글랜드 출신이고 이튼 고교와 옥스퍼드 대학교를 나왔다. 출격 회수는 65회. 그는 공군이 체질인 인물이었다. 밤이 되면 친구들과 함께 나갔다가 술이 떡이 되어서 복귀하다가도, 아침에는 늘 정해진 시간에 기상해 업무를 보는 인물이었다. 그가 DFM을 받은 이유는 작년에 그를 격추시키려던 적기 2대를 격추했기 때문이었다. 그의 아내는 스케그니스에 살고 있으며 며칠 후면 아이를 낳을 예정이다. 트레브는 그 생각에 사로잡혀 있을 것 같았고 오늘따라 눈에 띄게 말이 없었다. 여태까지도 아무 말도 하지 않았다. 아마 그의 생각도 나와 같을 것이다. 이번이 살아서 잉글랜드를 보는 마지막 순간이 아닐까?[11]

앞쪽의 통신사석에는 허치가 앉아 있는데 그는 나와 함께 40회를 출격했으며, 그동안 털끝 하나 다치지 않았다. 마치 말처럼 용감한, 작지만 강한 잉글랜드인이었다. 그는 비행 때마다 거의 매번 멀미를 일으켰지만, 아무일도 없다는 듯이 주어진 임무를 해내곤 했다. 그 역시 보스턴에 애인이 있었다. 전방 기관총 사수석을 맡은 캐나다 토론토 출신의 짐 디어링은 경험

---

11) 리처드 트레버 로퍼 역시 깁슨 항공기의 새 승무원이었다. 화끈하고 강인한 인물이었던 그는 사실 이튼 고교도 옥스퍼드 대학도 나오지 않았으며, 그의 출신 학교는 웰링턴 대학이었다. 전쟁 전 그는 영국 육군 포병대에서 소위로 2년을 복무하고 1937년에 전역했다. 이후 비계공으로 일하다가 1939년 RAFVR(Royal Air Force Volunteer Reserve, 영국 공군 의용 예비군)에 입대했다. 그가 DFM을 받은 것은 1941년 12월이었다. 당시 제50비행대대의 통신사 겸 기관총수였던 그의 훈장증에는 적기를 2대 격추했다는 말은 없다. 대신 그가 통신사로 뛰어난 기량을 보였다는 말이 적혀 있다. 깁슨은 사병들과의 관계가 그리 친밀하지 않았다. 그 점은 전방 기관총수인 조지 디어링 원사를 가리켜 "처음으로 폭격 임무에 나서는 경험 없는(원고에는 '멍청한'이라고까지 적혀 있었다) 인물"로 묘사한 데서도 드러난다. 그러나 실제로 디어링은 제103비행대대에서 1회의 전투 파견을 완료했으며, 이후 한동안 교관으로 근무하다가 제617비행대대에 전속되었다.

이 없었으며, 사격 실력이 그리 좋지 않았다. 그런 그를 데리고 임무에 나가는 건 좀 위험했다. 그러나 원래 데리고 있던 기관총 사수 중 한 명이 몸에 이상을 일으켰고, 디어링 외에는 대체 승무원이 없었다.

편안한 조종석에 몸을 푹 파묻자, 독일 어딘가로 날아가는 이 폭격기 안에 7명이 타고 있다는 생각을 지울 수 없었다. 모두 아내 또는 애인이 있는 몸이다. 그리고 모두가 알다시피 우리 발밑의 집에는 잠들어 있는 사람들이 있다. 잉글랜드의 풍경은 평화롭게 보였으나 이 전쟁은 아직 끝나지 않았다. 특히 우리 폭격기 승무원들은 인류 역사상 가장 처절한 전쟁을 치르고 있다. 물론 나도 떠들썩한 유흥을 즐기기도 했지만 폭격기 승무원으로 살아가려면 어쩔 수 없는 일이었다. 먼저 떠나간 전우들이 내 기억 속에만 살아 있다는 것, 공군성과 대대 회관 전사자 명단 속에서만 그들의 이름을 볼 수 있다는 것을 생각하면 나는 새삼 소름이 끼쳤다. 조종석 등받이에 몸을 기대고 긴장을 풀면서 그런 생각들을 떨쳐버리려 애썼다. 그리고 항로 조절에만 신경 썼다. 갑자기 저 멀리 지평선 너머에 은박지처럼 반짝이는 북해가 보였다. 북해를 보니 별로 기분이 좋지 않았다. 우리가 잘못된 방향으로 가고 있을지도 모른다는 증거였기 때문이다. 제발 우리가 가는 길이 틀리지 않기만을 바랐다.

그리고 테리의 말이 들려왔다.

"전방에 야머스가 보인다."

"확인했다."

"항구도 보인다."

"야머스인 게 확실한가?"

"분명히 확실하다."

"좋다. 기수 방향을 110도로 변경한다."

"110도 확인."

"확인."

이제 우리가 탄 폭격기의 기수는 네덜란드 해안을 향했다. 바다는 저수지처럼 고요했다. 물결을 찾아보기 어려웠다. 우리는 독일군의 레이더를 피하기 위해 고도를 50피트(15m)로 낮추었다. 나는 〈조지〉(George. 제2차 세계대전 당시의 영국군 음성 기호로 G를 나타낸다. 그리고 깁슨이 탄 항공기의 코드레터는 AJ-G였다. 이 때문에 깁슨은 끝자리 G를 나타내는 음성 기호인 〈조지〉를 애기의 이름으로 부르고 있다. - 역자주)의 자동 조종 장치를 작동시켜 보았다. 그러나 자동 조종 장치는 고장이 나 있었다. 공교롭게도 자동 조종 장치를 작동시키려 하자 기수가 아래쪽으로 강하하기 시작했다. 나는 즉각 수동으로 기수를 다시 끌어 올렸다. 내 왼쪽에 날던 항공기에서 붉은 신호등을 비추었다. 마치 "너 지금 뭐 하고 있냐?"라고 묻는 것 같았다. 나는 항공기의 자세를 안정시켰다. 그러나 담배에 불을 붙이려다가 항공기를 다시 바다에 처박을 뻔했다. 다른 대원들은 내가 미쳤다고 생각했을 것이다. 결국 나는 풀포드에게 담뱃불을 붙여달라고 지시했다. 그날 밤은 내 양편에서 날고 있는 항공기들이 똑똑히 보일 정도로 정말 밝았다. 내 오른편에는 존 호프굿이 탑승한 〈마더〉(Mother, 제2차 세계대전 당시의 영국군 음성 기호로 M을 나타낸다. - 역자주) 기가 날고 있다. 잉글랜드 출신의 덩치 큰 사나이로, 부대에서는 〈호피〉라는 별칭으로 통했는데 그는 세계에서 제일 뛰어난 인물 중 하나였다. 그는 항공기와 비행에 모든 것을 건 인물로 우리와 함께 술을 마신 적도 많았다. 물론 독일 폭격 임무에도 다수 참가해 큰 전과도 올렸다. 그는 대담했고 비행을 사랑했으며 그의 비행 실력은 엄청난 경험이 없이는 도달할 수 없는 예술의 경지였다. 내가 이전에 있던 비행대대에서 그는 휴양을 거부하고, 나와 함께 50회의 공습에 참가했다. 그는 또한 편대 비행의 달인이었다. 그가 탄 거대한 랭커스터는 내 항공기로 부터 불과 수 피트 거리에 있으면서, 항상 일정한 대형을 유지했다. 이번 공습을 연습하기 위해 우리는 켄트의 맨스턴에 갔다. 그곳에서 우리는 옆 항공기의 꼬리날개 위에 주날개가 겹칠 정도로 매우 정밀한 편대 비행을 선보여 맨스턴 기지의 모두를 놀라게 했다. 전투기 조종사들도 그 비행을 자신들이 본 것 중 최고의 편대 비행으로 인정할 정도였다. 나는 우리 대대 최고의 조종사로 주저 없이 호피를 꼽는다.

내 왼편에서 마치 호송대의 함선처럼 알디스 램프로 발광 신호를 보내는 항공기의 조종사는 미키 마틴이다. 그는 오스트레일리아 출신으로 무수히 많은 비행에 참가했다. 그는 호피보다는 좀 더 화끈한 성격이었다. 그리고 위험한 비행을 즐기는 타입이었는데, 예를 들어 베를린이나 함부르크를 폭격하고 귀환한다면, 그는 동료들과 함께 22,000피트(6,600m) 고도로 날지 않는다. 대신 네덜란드, 벨기에, 프랑스를 거쳐 저공비행을 하면서 눈에 보이는 모든 독일군 표적에 기총 소사를 하는 쪽을 선호한다. 그건 그와 휘하 승무원들이 좋아하는 오락이었다. 그러나 오늘밤은 얘기가 다르다. 그 역시 동료들과 철저히 편대 비행을 해야 했다. 그렇지 않으면 이번 작전은 성공하기 어렵기 때문이었다. 그래서 그도 호피와 완벽히 같은 고도를 유지하며 날고 있었다. 그는 여러 차례 고도를 낮추었고, 나는 그가 수면에 충돌할까 두려웠다. 그러나 그는 그래도 항공기 고도가 30피트(9m) 미만이 되지 않는다는 것을 알고 있었다. 우리 뒤에는 다른 편대원들이 따르고 있다. 미국 출신의 멜빈 영이 빌 아스텔, 데이빗 몰트비를 이끌고 있었다. 그 뒤에는 또 헨리 모즐리가 데이브 섀넌과 레스 나이트를 이끌고 있다. 데이브와 레스는 오스트레일리아 출신이다. 나를 포함해 이들 9명의 조종사가 편대의 항공기를 조종하였으며 우리는 강력한 팀이었다.

이만큼 평온한 바다는 본 적이 없었다. 미키는 그의 항공기의 그림자가 항공기와 거의 겹쳐질 정도로 점점 고도를 낮추었다. 북쪽 하늘은 빛나고 있었는데 야간 폭격기 조종사들에게는 악몽 같은 상황이었다. 과학자들이 북극광이라고 부르는 이 현상은 우리를 노리는 적 야간 전투기들에게는 최적의 조건이었다. 지금은 여름인데 북극광은 여름에는 사라지지 않는다. 어두운 시간은 제한되어 있으므로, 그 시간을 이용하려면 가급적 빨리 움직여야 했다.

우리를 제외하면 현재 비행 중인 본토 주둔 영국 공군기는 없다. 극소수의 사람을 제외하면 우리가 현재 작전 중임을 아는 사람은 없으며 그들조차도 우리의 목적지를 모른다.

그러나 여기서 200여 마일 떨어진 곳에는 독일군이 있다. 그들은 제도실에서 레이더 화면을 보고 있다. 그러다가 거기 뭔가 이상한 게 뜨면 바로 경계경보를 울려 댈 것이다. 고도를 낮출수록 레이더에 탐지될 확률도 낮출 수 있다. 그러나 설령 폭탄창 문이 수면을 긁을 정도로 낮게 비행한다고 해도, 표적으로부터 30마일(55km) 거리 내로 들어오면 적에게 결국 발각되고 말 것이다. 그러면 적들의 대공포는 사격 준비를 갖추게 되고 적의 야간 전투기도 출격할 것이다. 적 관측대의 작전실에서는 야단법석이 날 것이다. 그리고 모래주머니를 댄 대공포 포상에서 밤을 새고 있던 〈훈〉족(Hun, 독일인의 멸칭 - 역자주)과 〈퀴즐링(Quisling, 노르웨이의 친독 정치가 비드쿤 크비슬링의 이름을 영어식으로 읽은 것으로, 독일 점령지 내의 현지인 친독 부역자를 뜻함 - 역자주)〉들은 우리 랭커스터의 엔진 소리를 확인하기 위해 귀를 쫑긋 세우고 있을 것이다.

허치는 마틴이 보내는 발광 신호를 해독하고 있었다.

"허치, 마틴이 지금 뭐라 하는 거야?"

"우리가 어젯밤에 술을 너무 많이 마신 것 같다고 하는군요."

"이렇게 답신해 줘. '제대로 봤군. 오늘밤에는 더욱 화끈한, 사상 최대의 파티를 벌일 거야.'"

그러자 허치는 내 지시대로 발광 신호를 분주히 보냈다.

얼마 안 가 해상에 소규모 호송대가 보였다. 그들은 발광 신호로 질문어(質問語)를 보내 왔다. 우리도 신속히 답어(答語)를 발광 신호로 발신했다. 그렇지 않으면 대공포화를 얻어맞게 되니까 말이다. 그러자 그들은 평소대로 "멋진 사냥을 하게!"라는 내용의 발광 신호를 보냈다. 알디스 램프를 잘 다루고, 술을 마시지 않은 허치는 이런 답신을 날렸다.

"우리는 오늘밤 진탕 마시러 갈 거다."

뒤편으로 잉글랜드가 작아져 가자, 말이 없던 테리는 G박스를 이용해 우리의 대지 속도를 계산했다. G박스는 특수 항법 장비로 항공기의 위치를 나타내 준다.[12] 그는 갑자기 이렇게 말했다.

"기장님. 오늘밤에는 바람이 없어서 편류(drift) 현상은 없습니다. 그러나 앞으로도 계속 점검은 해야 돼요. 낙하산 조명탄(flame float)을 투하하겠습니다."

그리고 나서 그는 트레브에게 이렇게 말했다.

"편류가 감지됩니까?"

잠시 후 트레브의 목소리가 들려왔다.

"편류는 없습니다. 우리 뒤 10마일(18.5km) 지점에 낙하산 조명탄이 보

---

12) 랭커스터 폭격기에는 항법 장비가 2개 있다. 첫 번째는 API(Air Position Indicator: 공중 위치 지시계)다. 이 장비는 항공기의 지도상 좌표, 즉 위도와 경도를 자동차의 주행거리계 같은 시현기에 나타낸다. G박스는 무선 항법 장비다. 3개의 지상 전파 송신국이 전파 펄스를 발신, 루르 강까지 눈에 보이지 않는 모눈을 만들어 낸다. 항공기의 G박스는 이 펄스를 수신해 음극선관 스크린에 출력한다. 그러면 항법사가 특수 G차트 위에 항공기의 위치를 표시할 수 있다. 1943년부터 독일은 이 시스템에 대해 전파 방해를 활발히 실시했다.

입니다. 제 기관총 너머로 바로 보입니다."

테리는 매우 만족하며 계산을 계속했다. 그리고 그는 감정을 싣지 않은 어투로 이렇게 말했다.

"우리 대지 속도는 시속 203.5마일(376.9km)입니다. 그러면 정확히 1시간 10분 30초 후에 표적에 도달하게 됩니다. 예정 시각에 맞춰 적 해안을 넘어야 합니다. 지금 항공기 기수방향은 1도가 틀렸습니다."

항법사들은 조종사들이 언제나 매우 정확하게 항공기를 조종할 걸로 생각한다. 나는 스스로에게 미소를 지어 보이며 뒤를 돌아보았다. 항법사들은 항법사 나름의 조합이 있는데 그 조합은 공군 내에서 가장 힘이 센 조직이라고 생각한다. 항공기 기장뿐 아니라 비행대대까지 좌지우지할 정도니 말이다. 나는 항법사들은 그런 대우를 받을 자격이 있다고 생각한다. 항법은 어려운 일이지만 4년간의 전쟁을 치르면서 항법사들은 항법의 노하우를 확립했다. 아마도 영국 공군 폭격기 사령부의 야간 항법사들이야말로 그 정확성 면에서 세계 최고일 것이다. 제대로 항법 계산을 못 해내면 목숨이 날아가는 운명이니 말이다.

이제 1시간만 가면 독일 땅으로, 거기 들어가면 대공포탄이 날아올 것이다. 그 전까지 남은 1시간은 평화다. 이런 생각이 들었다. 우리 공격대 대원 133명에게는 지옥에 뛰어들기 전 1시간이 남아 있다. 살아 돌아오지 못하는 이도 있겠지만 물론 나는 아닐 것이다. 나는 임무에 나설 때 살아서 돌아오지 못할 거라고 생각한 적이 없다. 그렇다고 133명 전원이 다 돌아오기를 바라는 것도 무리다. 그러나 돌아오지 못할 불운한 자는 대체 누구인가? 그들은 무슨 생각을 하고 있었을까?

그들은 임무에 대해 생각했을까? 항공기 기수방향 변경에 대해 생각했을까? 멜빈 영이 조종하는 항공기의 후방 기관총 사수는 무슨 생각을 했을

가이 깁슨 중령(오른쪽)이 통신사 R. 허치슨의 도움을 받아 낙하산 하네스를 착용하고 있다.(CH9682, 제국전쟁박물관)

까? 그는 이 임무에서 돌아오지 못했다. 헨리 모즐리가 조종하는 항공기의 폭격수는 무슨 생각을 했을까? 그 역시 이번 임무에서 돌아오지 못했다.[13] 호피의 항공기의 후방 기관총 사수는 무슨 생각을 했을까? 그는 삶에 대해 어떤 생각을 하고 있을까? 그는 이 임무에서 80피트(24m) 고도에서 낙하산 탈출을 시도했다. 그는 기적적으로 목숨을 건졌지만 포로수용소에 수감되었다. 호피 항공기의 후방 기관총 사수와 폭격수는 이 임무에서 발생한

---

13) 원서에는 영과 모즐리의 이름이 잘못 적혀 있다. A편대장이던 공군 소령 멜빈의 정확한 이름 표기는 Melvyn이 아니라 Melvin이다. 원서에는 또한 B편대장이던 공군 소령 모즐리(Maudslay)의 이름이 모드(Maude)로 잘못 표기되었다. 깁슨은 이 두 장교와 업무상 친밀한 관계였다. 이 때문에 이는 편집 부실로 인한 착오로 보인다.

유일한 전쟁포로다.[14] 그 외에 돌아오지 못한 이들은 모두 죽었다. 이제 1시간만 가면, 1시간만 더 생각하고 있으면, 1시간만 더 직선으로 날아가면, 우리는 밤하늘을 화려하게 수놓는 적 대공포화의 탄막 속으로 뛰어들어야 한다. 그 외에도 많은 것들이 생각났다. 아내, 내게 비행을 배웠던 조종학생들, 어젯밤 죽은 내 반려견, 이번 공습을 실현시킨 과학자들 등이었다. 나는 대체 여기서 뭘 하고 있는 건가? 어떻게 여기에 있을까? 왜 아직까지 죽지 않고 살아 있을 만큼 운이 좋았나? 하는 의문도 들었다. 그리고 전쟁의 첫 며칠간도 떠올렸다. 평시에는 공군의 플레이보이들에 불과했던 우리는, 그 이후 4년 동안 매일같이 저승사자를 마주대하는 신세가 되었다.

---

14) 응징 작전에서 손실된 항공기의 승무원 중 생존한 인원은 2명이 아니라 3명이다. 공군 대위 호프굿이 조종하던 항공기는 뫼네 댐을 타격한 이후 폭발했다. 이 항공기의 후방 기관총수 오스트레일리아 공군 소위 안토니 버처(후방 기관총 사수)는 폭발 충격으로 항공기를 이탈, 등에 부상을 입었으나 생존했다. 같은 항공기의 폭격수인 캐나다 공군 상사 존 프레이저는 고도 500피트(150m) 이하에서 낙하산 탈출에 성공했다. 나머지 한 명의 생존자는 공군 소위 오틀리가 조종하던 항공기의 상부 기관총 사수인 공군 상사 프레드 티스다. 오틀리의 항공기는 함 인근에서 대공포화에 격추당했다. 이 항공기가 폭발할 때 티스가 타고 있던 총좌는 충격으로 떨어져 나갔다. 이때 티스는 큰 절상과 화상을 입었으나 생존했다.

제2장
평화와 전쟁

1939년 8월 31일은 정말 더운 날이었다. 나는 초가을 햇살로 살을 태우고 싶어 작은 보트를 타고 수영복 차림으로 앉아 찢어진 천 조각을 꿰매 맞추고 있었다. 몇 년 전 소년단 시절에도 매우 어려웠던 일이었다. 햇살은 눈부셨고 바다는 흐릿한 파란색으로 물들어 있었다.

보트의 뒤쪽에는 쿠션 속에 앤이 앉아 자고 있었다. 앤은 금발머리의 아름다운 여자였다. 앤의 무릎 위에는 고양이 〈윈디〉가 앉아 그르렁거리고 있었다. 나는 수영이나 비행을 할 때면 이 고양이를 가급적 데려갔다. 아마 그 고양이는 세계에서 가장 많은 비행 시간을 보유한 고양이일 것이다. 나는 앤과 〈윈디〉를 번갈아 바라보며 많은 것들을 생각했다. 해안까지는 수백 야드 정도 거리였다. 파도 소리가 희미하게 들려왔다. 오늘은 파도가 그리 거칠지 않았다. 해상에 묘박을 해 놓은 우리 배도 아주 조금씩만 흔들릴 뿐이었다. 앤은 아름다웠지만 뱃멀미를 쉽게 하는 체질이었기에 그녀에게 딱 알맞은 해상 상태였다.

이렇게 조용하고 더운 날에는 소리가 잘 전달된다. 몽크스톤 해안에서 모래성을 쌓고, 수영을 즐기며 재미있게 노는 아이들의 소리도 잘 들려왔다.[15] 기억하기로는, 한 무리의 아이들이 공들여 만든 모래성을 지키기 위

---

15) 깁슨은 해상 세일링을 좋아했다. 콘월 포트레벤의 외가에서 보낸 어린 시절의 영향 때문이다. 깁슨은 1918년 8월 12일 인도 심라에서 출생했고, 1922년 부모님의 사이가 나빠지면서 잉

해 다급히 방파제를 쌓고 있었다. 그러나 만조가 되고, 파도가 계속 몰아치면 그 방파제도 무너져 버릴 것이다. 방파제에 더 큰 파도가 몰아쳐 작은 틈이 생기면 물이 새게 된다. 방어에 빈틈이 생기는 것이다. 삽을 든 아이들은 신속하고 열성적으로 그 틈을 메우려 했다. 그러나 결국 매우 큰 파도가 해안을 덮쳐 모든 것을 다 무너뜨려 버리고 말았다. 소리치던 아이들의 수영복도 홀딱 젖어 버리고 말았다. 그제야 그 아이들은 모래성 놀이를 그만두고 점심을 먹으러 움직였다.

그 작은 풍경조차도 무척 소중하다는 생각을 떨쳐 버릴 수 없었다. 얼핏 전쟁은 먼 미래의 일처럼 느껴지기도 했다. 그러나 불길한 소식들이 너무 많이 들려오고 있었다. 독일이 폴란드에 최후통첩을 보냈고, 폴란드는 이를 거부했다. 그러자 독일 정부는 독일-소련 불가침 조약을 체결하는 것으로 응수했다.

나는 폴란드가 독일에 맞서 회랑(Corridor) 지대를 지켜낼 수 있다고 여기지 않았다. 폴란드는 아직 기병대를 운용하였으나 독일은 전차 부대가 있었다. 폴란드는 공군 전력도 변변찮았다. 약간의 구식 항공기만 있을 뿐이었다. 반면 독일 공군 원수 괴링은 오래전부터 전 세계에 막강한 독일 공군의 전력을 과시해 왔다. 독일이 폴란드를 침공한다면 우리 영국도 그 전쟁에 참전할 수밖에 없을 것이다. 그 이후에는 어떤 일이 벌어질까?

영국은 전쟁 준비가 되어 있지 않았다. 지난 주 나는 하계 본토 방어 훈련에 참가했다. 우리는 가상 적기 역할을 맡아 네덜란드 방면에서 런던으로 접근, 모의 폭격을 2회 시도했다. 두 번 모두 영국 전투기는 보이지 않았

글랜드로 왔다. 1930년대 후반 깁슨의 아버지는 펨브로크셔 선더스푸트에 주택을 구입했다. 깁슨은 전쟁 전 그 집에서 영외 생활을 보내곤 했다. 그러나 본문에서 다루고 있는 1939년 8월의 시점에는 하숙을 하고 있었다.

다. 그러자 우리는 150마일(278km)을 더 날아갔다. 애빙던의 잉글랜드 공군 사령부를 모의 폭격하기 위해서였다. 훈련을 끝내고 착륙한 우리는 훈련 성과를 자랑했다. 그러나 육군은 우리 항공기가 영불해협을 건널 때 대공포에 맞아 격추된 걸로 간주해야 한다고 주장했다. 물론 그건 방공포병 친구들의 근거 없는 희망적 사고에 불과했다. 그러나 꽤 신경 쓰이기는 했다. 왜냐하면 후크 반 홀란드 상공에서 실제로 대공포 사격을 당했기 때문이다. 우리 전대의 편대장이 너무 완만하게 선회를 하는 바람에 우리 비행대대의 좌측 방향에서 비행하던 항공기들이 네덜란드 영공을 침범하게 되었다. 나는 그때 처음으로 실탄 사격을 당했는데 그 대공포 사격은 일견 시시해 보였다. 하늘에서 검은색 연기가 펑펑 터질 뿐이었다. 그러나 무시하기에는 꽤 아름다운 장면이기도 했다. 그리고 어찌되었건 우방국 대공포에서 사격하는 것이었다. 고도는 정확했지만 우리 항공기들에서 꽤 먼 곳에서 터지고 있었다.[16]

1939년 8월 말의 상황은 좋지 않았다. 그러나 최악이던 1938년에 비하면 한결 낫다고 생각했다. 1938년에 우리 공군에는 햄덴(Hampden) 폭격기가 없었다. 당시 우리 공군이 운용하던 폭격기는 제1차 세계대전에 사용되던 호커 하인드(Hawker Hind) 폭격기였다. 최고 속도는 시속 185노트(343km). 폭탄 탑재량은 500파운드(227kg), 항속거리는 200마일(370km)

---

16) 1939년도 연례 방공 훈련은 그해 8월 8일부터 11일까지 진행되었으며, 참가 항공기 수는 1,300여 대였다. 깁슨의 제83비행대대는 북해에 위치해 있는 가상 적국인 〈이스트랜드〉 국의 항공기 역을 맡았다. 이들은 가상 국가 〈웨스트랜드〉 국의 표적들(사우샘프턴, 런던, 미들랜즈)을 모의 폭격하는 임무를 맡았다. 〈플라이트(Flight, 현 플라이트 인터내셔널Flight International)〉 지에서는 이 훈련에 대해 이렇게 보도했다. "전투기는 공중전에서 폭격기를 압도한다는 것이 이 훈련에서 입증되었다." 그 잡지에서는 그 점이 무척이나 다행스럽다는 논평도 했다. 그러나 또한 이런 논평도 덧붙였다. "우리 공군이 뛰어난 실력과 의지를 갖춘 폭격기 승무원들을 앞세워 적국에 대한 반격에 나설 때에도, 적국 역시 매우 철저한 방어 태세를 갖추고 있다고 간주해야 할 것이다."

에 불과했다. 그 점을 감안하면 올해의 상태는 분명 작년보다는 나았다. 1938년 링컨셔에는 이런 농담이 입소문으로 퍼졌는데, 폭격기 승무원들은 전쟁 준비를 완벽히 마쳤으며, 체임벌린과 히틀러는 세계 민주주의 수호를 위해 노력하고 있다는 것이었다. 우리 항공기의 기관총에는 총탄이 장전되었고, 연료통도 가득 채웠으며 항공기에는 새 위장 도색도 칠해졌다. 그러나 폭탄은 단 한 발도 없었는데 폭탄 지원을 요청하면 3주나 지나서야 도착했다.

어쨌든, 그런 생각을 해봤자 도움 되는 건 없었다. 그리고 1939년 8월 31일은 나의 휴일이었으며 나는 잠에 빠져들었다. 등에 내리쬐는 뜨거운 햇살과, 뱃전에 부딪치는 잔잔한 파도 외에는 아무것도 신경쓰지 않았다. 그 순간만큼은 나는 전쟁과 아무 상관없는 사람이었다.

갑자기 우리 배가 흔들렸다. 그리고 나를 불러 깨우는 사람 목소리가 들렸다.

"가이, 해변에 전보가 와 있어요."

그 사람은 이 동네 의사의 아들이었다. 세일링을 무척이나 좋아하는 친구였다. 전보? 무슨 일 일까? 나는 1~2개월 전 장거리 항법사 자격 시험을 봤다. 그 전보는 대대 부관이 그 시험의 당락 여부를 알리기 위해 보낸 것인지도 몰랐다.

"알려 줘서 고마워, 존."

이렇게 말했지만 의사의 아들은 이미 휴일을 즐기러 한참 멀어져 간 상태였다.

해변에 부모님의 자랑인 한 소년이 있었다. 그 아이 부모님에 대해서는 나도 약간 알고 있었다. 수영을 어느 정도 할 줄 알았던 그 아이는 이번이야말로 10살짜리 연적인 빌보다 자신이 더 뛰어남을 여자친구 앞에서 과시할 기회라고 생각했을 것이다. 그래서 그는 전보 용지를 입에 물고 따스한 물속으로 뛰어들어 내게 헤엄쳐 온 것이다. 내가 그를 보고 있자 마침 깨어낸 앤도 그 아이를 보았다. 그 아이는 마치 게처럼 헤엄쳤다. 영법은 사이드 스트로크와 브레스트 스트로크를 혼합한 것이었다. 헤엄치면서 하이에나 같은 소리를 냈다. 전보 용지는 젖어들었다. 그 아이가 우리 배에 가까이 왔을 때, 나는 그게 축하 전보는 아닐 것을 알고 있었다. 그 아이가 뱃전에 도달했다. 그 아이는 내가 채 손을 내밀기도 전에 전보를 내놓고 몸을 돌려 다시 해변으로 헤엄쳐 갔기 때문에 우리 배에 태워 보지는 못했다.

나는 그 전보 용지를 보았다. 잉크가 번지고 있었다. 그러나 우리 동네 우체국 주소로 발송된 것은 알아볼 수 있었다. 왜냐하면 나는 이곳에서 딱히 집을 구하지 않고, 대신 하루에 4실링 6펜스씩을 내고 톰슨 부인 댁에서 하숙을 하고 있었기 때문이다. 공군 중위 월급에 걸맞은 방값이었다. 전보에는 〈긴급〉이라는 말이 들어가 있었다. 이 동네 집배원의 딸과도 나는 안면이 있었다. 아마 이 동네 호프집에서 본 것 같다. 그 아이는 이 〈긴급〉이라는 문자를 보고 냉큼 자전거를 타고 이걸 해변으로 가져왔다. 앤의 목소리가 적막을 깼다.

"그거 안 열어 봐?"

나는 여전히 시험 생각을 하면서, 봉투를 뜯어 소리 내어 읽었다. 그 내용은 지극히 직설적이었다.

"즉각 부대로 복귀하라."

그로부터 2시간 후 나는 짐을 완전히 쌌다. 〈윈디〉는 톰슨 부인에게 맡겨 놓았다. 다녀오면 윈디가 나를 알아보지 못할 것은 각오하고 있었다. 그러고 나서 많은 사람들과 작별 인사를 나누었다. 지난 여름 묵었던 크로포드 집안 사람들과 작별 인사를 할 때는 서로 눈물도 흘렸다. 나는 전쟁 영화 속에서 전선으로 가는 전쟁 영웅이 된 것 같은 느낌이 들었다. 앤에게도 작별 인사를 했다. 루스 윈저 보웬에게도 작별 인사를 했다. 루스와는 올 초여름 다툼이 있었지만, 떠나기 전에 화해했다. 나는 루스와 싸움 전날 밤 데이트를 했지만, 그녀는 그러고 나서 다른 남자 친구를 만나 버렸다. 그 외에도 육군에 입대한 지 얼마 안 되는 데스몬드도 만났다. 그 외에도 많은 사람들을 만났지만, 그들의 이름을 다 기억하지는 못한다.

그러고 나서 프레디 빌비가 〈앨비스〉 차를 몰고 왔다. 프레디는 옥스퍼드 대학에서 생물학을 공부하다가 막 여기 온 참이었다. 23세의 금발 미남자이던 그는 내 좋은 친구였다. 그의 〈앨비스〉는 1928년형 고물차였다. 내가 마을을 떠날 때 나를 잘 알던 어부와 농부들도 손을 흔들며 작별 인사를 건넸다. 그 낡은 자동차의 우렁찬 엔진 소리를 내가 들은 것도 그날로 마지막이 되었다.

차를 타고 도로를 달리는 동안 마주치는 다른 차들 역시 잔뜩 긴장된 분위기를 풍겼다. 우리는 아무 말도 하지 않았다. 카마던에서 우리는 차를 세우고 이른 저녁을 먹었다. 식당 〈보아스 헤드〉에서 매우 큰 스테이크를 먹고, 맥주로 소화를 시켰다. 그러고 나서 브레콘 계곡을 지나 헤리포드를 거쳐 거기서 고속도로를 타고 스트래트포드 온 에이본으로 갔다. 우리는 도중에 여러 차례 길을 잃었다.

전쟁이 임박했다는 징후는 확연했다. 주유소에 기름을 사러 온 사람들이 긴 줄을 지어 늘어서 있는 것도 그중 하나였다. 전쟁이 나면 기름이 배급제로 보급될 것임은 모두가 알고 있었다. 짐과 식구들을 가득 싣고 고향으로 가는 차량들도 여러 차례 볼 수 있었다. 어차피 전쟁이 터지면 아이들은 시골로 소개될 수밖에 없기 때문이다.

계속 달리고 있는 동안 내 머릿속은 복잡하고 뭔가 지루하고 울적했다.

묘한 공허감도 느꼈다. 이번에는 진짜로 전쟁이 터질 수 있다는 것을 느꼈기 때문이다. 프레디가 적막을 깨고 입을 열었다.

"가이, 너도 알겠지만, 지금 참 분위기가 이상해. 이제 며칠 후면 우리 둘은 어디서 뭘 하고 있을까? 어제만 해도 칵테일 파티를 기다리고 있었는데 말야. 지금 우리는 어디로 가고 있는걸까? 물론 너라고 알 방법은 딱히 없겠지만."

"물론 나도 모르지. 나도 전쟁이 나는 건 두려워. 그렇지만 전쟁이 진짜로 벌어지면 우리 비행대대는 프랑스에 근접지원을 하러 갈 거야. 그리고 앞으로의 일에 대해 충분히 생각하거나 신경쓸 수 있을 만큼 오래 살 수 있을지도 의문이야."

하지만 한 가지는 확신할 수 있었다. 그래서 나는 프레디에게 이렇게 말했다.

"그렇지만 전쟁이 나면 너의 의료 경험은 분명 쓸모가 있을 거야."

"그럼. 나는 준비되어 있어. 나는 옥스퍼드 대학을 졸업했고 의학 학위도 있다고. 켄트의 전방 의무대(advance dressing station)에 배속될 것 같아. 전투가 격화되면 전방 의무대는 프랑스로 이동하겠지. 엄청나게 잔인한 싸움이 될 것 같아."

나는 스스로에게 미소 지었다. 이상주의자인 의사 프레디는 생명을 구할 것이다. 그러나 현실주의자인 나는 생명을 죽일 것이다. 이 두 가지 임무는 그 성격이 매우 다르지만 둘 다 전쟁 수행을 위해 반드시 필요하다. 차창 밖으로 스쳐가는 풍경을 보며 앞으로 벌어질 일들, 내년 이맘때까지 겪을 일들을 상상했다.

나는 나치를 매우 혐오했다. 어쩌다가 독일의 보통 사람들은 세계정복 야망에 불타는 그 악당들에게 권력을 주었는가? 왜 그 권력을 다시 빼앗지 않았는가? 나치의 신조는 무자비, 오만, 잔혹함이었다. 나치는 라인란트, 오스트리아, 체코슬로바키아, 아비시니아, 알바니아 등을 시작으로 많은 나라들을 침략했다. 어릴 적 해변에 나름 큰 모래성을 짓고 놀았던 생각이 났다. 그 모습이나 지금의 세계 정세나 다를 바가 없었다. 바다에 몰려오는 밀물은 나치즘이다. 해변에 지어진 모래성은 자유다. 그리고 그 모래성을 쌓는 어린 아이는 민주주의다. 자유라는 모래성은 거침없이 몰려오는 나치즘의 밀물을 막기에는 너무나도 허약해 보인다. 그러나 해변에서 수수방관하고 있던 아이들이 모두 힘을 합쳐 밀물이 몰려오기 전에 돌과 시멘트 등으로 제때 제대로 모래성을 짓는다면, 그 모래성은 밀물을 막아 낼 수 있을 것이다. 썰물이 될 때까지 지켜낼 수 있을 것이다. 세계인의 자유가 위기에 처한 지금, 모든 나라들은 이념과 언어에 상관없이 단결해야 한다. 그리고 침략자들이 꺾을 수 없는 막강한 군사력을 동원해야 한다.

미국은 이번 전쟁을 '유럽 전쟁'이라고 부르며 참전을 거부하고 있었다. 소련 역시 독일과 불가침 조약을 맺었다. 나머지 우호적 중립국들 역시 이 전쟁에 참전을 단호히 거부하고 있었다. 독일에 맞설 나라는 프랑스와 영국만 남은 걸로 보였다.

나는 공군에 장기 복무할 생각이 없었다. 내가 1936년에 공군에 입대한 것은 그저 비행을 배우고 싶어서였다. 그리고 1939년 4월 나는 전역을 계획했다. 돈이 많이 벌리는 직업인 시험비행조종사가 되기 위해서였다. 그러나 무솔리니가 알바니아를 침공해 내 계획을 망쳐 놓았다. 이제는 히틀러가 올해 내 여름휴가를 망쳐 놓았다. 그리고 앞으로 여러 해 동안의 여름휴가도 함께 말이다.

영국은 분명 전쟁 준비가 되어 있지 않았다. 영국 해군은 독일을 해상봉쇄하면 6개월 만에 무릎을 꿇게 할 수 있다고 주장했으며 또한 영국에는 공군도 있다. 그러나 실상은 어떤가? 우리 공군의 폭격기 숫자는 매우 적었다. 그 대부분이 웰링턴과 햄덴 폭격기였다. 심지어 구닥다리 휘틀리(Whitley) 폭격기도 있었다. 이 폭격기들의 폭탄 탑재 능력은 다들 형편없었으며 목표까지 잘 찾아갈 수 있는 조종사도 비교적 소수였다. 당시 영국 공군의 항법 능력은 그리 좋지 않았기 때문이다. 전투기 부대 역시 글래디에이터(Gladiator)와 허리케인 마크 I(Mark I Hurricane)이 주류였고, 스피트파이어(Spitfire)는 아직 1개 대대만 있었다. 1939년 당시에는 타이푼(Typoon)과 랭커스터(Lancaster)는 아직 도면상에만 존재했다.

비행 학교의 수는 소수였고, 그나마 모두 독일 폭격기의 항속거리 내에 있었다. 제국 항공 교육 계획은 아직 실행되지 않고 있었다. 이런 가운데 전투가 벌어지고, 사람들이 죽어 가면 어떻게 될 것인가? 공군은 최후의 1인이 전사할 때까지 점점 줄어들어만 갈 것인가? 아직도 영국 공군에 복무하고 있는 제1차 세계대전 참전 조종사들의 증언에 따르면, 당시 폭격기 승무원의 평균 수명은 비행 시간으로 따졌을 때 10시간 정도였다고 한다. 그런 식으로 싸운다면 미래는 없다. 전쟁 첫날 독일 공군이 우리 마을과 공장에 폭탄을 떨어뜨리면 어떻게 될 것인가? 영국에는 대공포 전력이라고 할 만한 게 없었다. 1939년 여름 나는 어느 육군 준장으로부터 훈련 참관 초청을 받았다. 마노비어에서 대공포로 무인항공기 〈퀸 비〉를 격추하는 훈련이었다.[17] 아무튼 가 보았다. 고도 5,000피트(1,500m) 상공으로 복엽 무인기가 왔다 갔다 하고 있었고, 육군 대공포 사수들은 그걸 격추하려고 2시간 동안 수백 발의 포탄을 쏴 댔다. 그러나 그들의 사격 실력은 형편없었

---

17) 드 하빌랜드 사에서 제작한 〈퀸 비〉는 대공포 사격 훈련 표적기로 제작된 저가형 무인 항공기다. 〈타이거 모스〉 항공기를 무선 조종 방식으로 개조한 것이다. 자동 착륙 장치가 있어 무선 조종 신호가 잡히지 않아도 안전하게 수상 착수, 회수가 가능하다.

다. 단 한 발의 포탄도 무인항공기에 명중하지 않았다. 하지만 그 무인항공기도 착륙 과정 중 너무 높은 곳에서 활공을 시도한 탓에 결국 한쪽 날개를 아래로 하고 해상에 추락하고 말았다. 어느 육군 장교가 공군 장교를 보며 이런 말을 했던 게 기억난다.

"뭐, 아무튼 무인항공기를 떨어뜨리기는 했군. 그렇지?"

그리고 그 무인항공기를 인양해 수리해서 내일의 훈련에 또 쓸 수 있도록 하는 게 그 공군 장교의 일이었고 말이다.

육군의 상태도 한심하기는 마찬가지였다. 전차도, 현대식 병기도, 잘 훈련된 장병도 턱없이 모자랐다. 민간인들은 또 어떤가. 우리 공군이 적군의 야간 폭격기 요격 방법을 연구하기 위해 런던 상공을 비행할 때면 시끄러워서 잠을 못 자겠다고 짜증이나 부리지 않았던가! 민간인들은 우리 공군 조종사들을 메이페어의 플레이보이라고 부를 정도였다. 국방에 대한 지독한 무관심과 근거 없는 자신감은 대영제국을 쓰러뜨리지는 못하더라도, 무릎 꿇게 하기에는 충분할 지경이었다. 그것은 부패한 영국 정부, 즉 너무 오래 집권하고 있던 예스맨들과 유화주의자들만의 잘못이 아니었다. 그들에게 표를 준 모든 이들의 잘못이었다. "군축을 계획하지 않았더라면 선거에서 졌을 것"이라고 말한 볼드윈에게 표를 준 모든 이들의 잘못이었단 말이다.

공군은 1936년부터 규모를 키워 나가기 시작했으나 그 속도는 매우 느렸다. 그리고 1939년의 영국 공군은 1938년에 비해 규모가 그다지 크지 않았다.

뮌헨 회담은 정치 쇼에 불과했다. 그러나 체임벌린이 거기서 한 일이 옳았는지 틀렸는지를 누가 판단할 수 있겠는가? 확실한 것은 다행히도 영국은 1938년에 전쟁을 하지 않았다는 점이다.

그렇다면 우리의 우방국인 프랑스는 어떠한가? 올해 7월 영국 공군은 마르세이유, 파리, 리용으로 비행하면서 우리의 존재를 알렸다. 그러나 하늘에서 본 프랑스 공군 기지에는 단 한 대의 비행기도 보이지 않았다. 프랑스 비행기들은 대체 어디에 있는가? 프랑스 공군은 어디에 있는가? 아는 사람은 전혀 없는 것 같았다. 게다가 프랑스 정부 내에서도 상당히 손발이 안 맞고 있었다.

강대국인 영국과 프랑스가 왜 이리 저자세로 나서고 있는가? 아마 지난 역사 때문일 것이다. 지난 전쟁에서 두 나라의 젊은이들은 거의 씨가 마르다시피 했다. 그 때문에 지금 이 두 나라는 또 전쟁을 할 엄두를 못 내고 있는 것이다. 하지만 전쟁이 날 경우에도 싸움은 지금 이 세대의 젊은이들 몫이다. 만약 다음 전쟁에서 이길 가능성이 있다면(사실 그럴 가능성은 매우 낮다고 보지만 말이다), 우리나라의 젊은이들은 아이들을 지키기 위해 국가의 부름을 받고 싸워야 할 것이다.

나는 제1차 세계대전에 관한 책을 여러 권 읽었다. 지난 전쟁은 많은 생명을 앗아가고 혼란과 고통, 파괴를 낳았다. 또한 인플레이션, 공갈단, 벼락부자 등 새로운 형태의 악도 낳은 것도 알게 되었다. 이번 전쟁에서는 그렇지 않기를 바랐다. 그리고 만약 그런 악당들이 생겨난다면, 가혹한 처벌을 받기를 바랐다.

우리 차가 우드스톡 로를 통해, 나의 모교 세인트 에드워즈를 지나 옥스퍼드 대학으로 들어가자 내 생각의 흐름은 끊겼다. 프레디가 펍 앞에 〈앨비스〉 차를 세우고 우리는 한잔 하러 들어갔다. 맥주가 몇 잔 돈 후, 그곳에 있던 사람들과 친구가 되었다. 그들은 모두 한 배를 탄 신세였다. 어떤 사람은 옥스퍼드 대학 비행대대에 간다고 했다. 어떤 사람들은 육군 부대로 복귀 중이라고 했다. 어떤 사람들은 해군 부대의 소집을 기다린다고 했다.

맥주 캔이 12개 정도 비워지고 나서 한결 좋아진 기분으로 저녁을 먹으러 갔다. 시간은 매우 늦었고 우리는 몹시 배가 고팠다. 그래서 1928년산 버건디 같은 좋은 술도 들이켰다. 그러나 그 자리에는 보기 싫은 사람들이 있었다. 술에 취한 장발의 계집애 같은 사내들이 야한 차림새의 여자들과 어울리고 있었다. 그들의 꼬락서니를 보니 기분이 영 좋지 않았다. 그래서 프레디에게 저 친구들이 대학생이냐고 물어 보았다. 그러자 프레디는 최상의 답변을 했다.

"절대 아냐! 저 녀석들은 대학생 흉내나 내고 다니는 가짜라고."

술이 몇 잔 더 들어가고 나서, 나는 프레디의 배웅을 받으며 기차에 올랐다. 자칫하면 기차 바닥에 쓰러질 뻔했다.

"프레디, 잘 가. 행운을 비네."

"가이, 자네도 잘 가. 언제 다시 만날지는 모르지만, 그때까지 잘 지내길 바라."

그리고 나서 기차는 북쪽으로 출발했다.

참 기묘한 여행이었다. 기차에도 등화관제가 실시되어 있었다. 차내는 어디론가 가는 군인과 민간인들로 입추의 여지가 없었다. 여러 역을 지나고 사람들의 고함 소리와 우유 캔들이 부딪치는 소리도 들려왔다. 내 숙취도 점점 심해졌다. 내가 링컨에 도착한 것은 오전 4시였다. 한동안의 실랑이 끝에 나는 서류 몇 장에 서명을 하고, 스캠턴 기지로 가는 군용차를 얻어 타게 되었다. 스캠턴 기지의 별명은 〈서니 스캠턴〉이었다. 링컨셔에 있는 그곳에는 해가 별로 나지 않기 때문이었다. 이 기지는 제1차 세계대전 때부터 있던 오래되었지만 깨끗한 폭격기 기지였다. 이 기지의 문으로 들어가자 이곳의 건물 창문에도 모두 등화관제가 되어 있고, 기지 내의 가로등들도 모두 꺼져 있는 것을 알 수 있었다.

장교 회관에는 불길한 느낌을 주는 푸른 등이 켜져 있었다. 한 번에 눈치 채기는 어려웠지만, 이 기지에는 등화관제용 커튼이 충분치가 않았다. 장교 회관에서 아침식사를 한 다음, 숙소로 가려고 하는데 갑자기 장교들이 들어왔다. 보통 영국 공군 장교 회관에는 오전 6시에 사람이 없다. 그러나 오늘은 달랐다. 이 친구들은 해가 뜨자마자 바로 일어나 있었다. 이들의 태도는 변함없었다. 나를 반갑게 맞아 주었다.

"잘 왔네, 기보!"

"휴가는 즐거웠나요? 중위님?"

"여전히 삭아 보이는구먼. 이제 와서 전쟁 해야지, 그지?"

그러나 잠시 후, 그날 새벽 독일이 폴란드를 침공했다는 뉴스가 나오자 모두가 말이 없어졌다. 나는 잠을 자기 위해 숙소로 갔다.

그 이후 이틀 동안은 정신없이 지나갔다. 양군에서 모두 엄청난 규모의 활동을 했다. 우리 기지를 포함해 영국 북부의 모든 폭격기 기지는 벌통을 쑤신 듯 난리가 났다. 찌는 듯한 더위 속, 기지 경계선 도로 위를 트랙터가 폭탄 트레일러를 잔뜩 매단 채 굴러다녔다. 어떤 사람들은 햄덴 폭격기들을 적의 폭격으로부터 비교적 안전한 곳으로 분산 배치하기도 했다. 기지 경비대는 모래주머니로 보강된 대공포 포상을 공군 기지 전체에 세웠으나, 대공포는 그리 많지 않았다. 화생방 담당관들은 노란색 생화학 물질 탐지기를 적소에 배치했다. 이 탐지기는 언제나 나를 놀라게 했다. 원래 노란색이던 이 탐지기는 독가스에 접촉하면 빨간색으로 변한다. 그러나 제대로 작동하지 않을 때도 많았다. 그것 말고도 갈고리에 매달린 치즈 모양의 탐지기도 있었다. 그 장비에 대해서는 나는 잘 알지 못했다. 그러나 그 '치즈'는 맨날 사라져 있었다. 아마 이 동네 새들이 물고 가 버리는 모양이었다.

기지의 수송부 차량들은 기지 전체에 흩어져 있었다. 기지 사령관 관사 뒷마당에 항공기 유조차가 서 있는 것도 이상한 일이 아니었다. 그리고 누구도 기지 밖으로 떠날 수 없었다.

기지 본부 지하 깊은 곳에는 작전실이 있었다. 이 작전실은 엄중한 통제 구역이었다. 작전실의 문은 0.5인치(12.7mm) 두께의 거대한 철문이었다. 문 앞에는 소총을 든 공군 병사 2명이 앉아서 초병 근무를 서고 있었다. 이들은 신분증 검사를 실시했다. 그리고 기지 주임 준위 같은 거물이라도 이들의 신분증 검사에 통과하지 못하면 들어갈 수 없었다. 안에 들어가면 어둡고 푸른 조명 아래 WAAF 대원들과 사무원들이 돌아다니면서 지도 작업을 하고 있었다. 지도를 다양한 모양으로 자르고 붙이고 말고 접고 있었다. 그 지도들 중에는 네덜란드, 프랑스, 지크프리트선, 심지어 베를린 지도도 있었다.

작전실의 또 다른 구석에서는 두 장교가 표적 지도를 정리하고 있었다. 지나가다가 빌헬름스하펜의 사진이 벽에 붙어 있는 게 눈에 들어왔다. 작전실 한가운데에는 커다란 책상이 있고, 그 뒤에 기지 사령관이 앉아 있었다. 그의 표정은 매우 지쳐 보였다. 그럴 만한 이유가 있었다. 그의 앞에는 엄청난 크기의 서류 파일 더미가 있었다. 서류 파일에는 〈전쟁 계획 제1단계〉, 〈전쟁 계획 제2단계〉 등의 이름이 적힌 라벨이 붙어 있었다. 이 모든 것들은 오직 총동원 시 또는 전시에만 실행하는 문서들이었다.[18] 그는 이 모든 것들을 한꺼번에 처리할 만한 지능이 없었다. 그리고 앞으로 일이 매

---

18) 1937년 12월 공군성은 폭격기 사령부에 전쟁 계획을 수립할 것을 지시했다. 독일에 대한 주간 정밀 폭격이 가능하며, 이를 야간 폭격으로 보완한다는 것이 그 전제였다. 이로써 만들어진 16개의 서부 공군(Western Air: WA) 계획에서는 주요 목표물들과 그 우선순위를 명시했고, 매우 다양한 시나리오를 다루고 있었다. 그러나 1939년 9월이 되면 폭격기 사령부의 훈련과 장비 수준으로는 주간에 적 영토로 진입할 수 없으며, 야간에도 표적은커녕 표적 인근까지 갈 수도 없다는 것이 분명해졌다.

우 고단해질 것도 알아챘다. 이 보기 드문 사건에 직면한 그의 둥근 얼굴은 잔뜩 찌푸려져 있었다. 찌푸려지다 못해 어두워 보일 지경이었다. 복무 기간 대부분을 벽에 지도를 거는 데 소모해 온 젊은 공군 병사가 WAAF 대원에게 뭐라고 귓속말을 하자 그 WAAF 대원은 킥킥거리고 웃었는데, 그 웃음소리를 듣자 기지 사령관의 얼굴은 더욱 어두워졌다.

격납고에서는 항공기 엔진 덮개의 패인 자국을 두들겨 펴는 금속음이 울려 퍼졌다. 모든 격납고에서 소음이 들려왔지만 정비사들이 목 쉰 소리로 부르는 흘러간 사랑 노래가 들려오기도 했다. 〈치피(Chiefy)〉라고 불리는 원사들이 들어오면 그 노래 소리도 멈추었지만 말이다.

이곳의 모든 일은 이제 벌집을 쑤셔 놓은 듯 혼란스럽게 돌아가고 있었다.

그러나 항공기 승무원들은 거기서 예외였다. 우리는 비행대대 회관 앞의 잔디밭에 눕거나 앉아서 하루 종일 시간을 보냈다. 햇살은 뜨거웠고 대부분의 승무원들은 비행 장구를 벗어 아무렇게나 던져 놓았다. 우리는 공식적으로는 대기 중이었다. 무엇을 위해 대기 중인지는 몰랐다. 그러나 언젠가 어딘가를 폭격할 거라고는 확신했다. 대화의 주제는 자유로웠으며 여자에 대해서도 이야기했고 파티에 대해서도 이야기했다. 그러나 단 하나 금기시되는 주제가 있었는데 바로 전쟁이었다. 우리 모두는 베를린 주재 영국 대사가 히틀러에게 폴란드를 침공한 독일군을 철수할 것을 요구하는 최후 통첩을 보냈음을 들어 알고 있었다. 아직 희망은 있었다. 나는 우리가 너무 일찍 소환된 것 같다는 말을 승무원들에게 장황하게 해댔다. 실제로 히틀러는 그해 9월 13일 뉘른베르크 전당대회까지 대영제국을 폭격하지 않았다.

누구도 기지 밖으로 나갈 수 없었기 때문에, 영내에서 야간에 과음을 하는 사람들이 있었다. 그런 상황에서 뻔히 예상할 수 있듯이, 우리 비행대대는 같은 기지를 사용하는 경쟁 비행대대인 제49비행대대와 지독한 패싸움을 벌였고, 모든 장병들이 술에 취해 잠에 들었다. 지금까지 기억나는 당시의 풍경은 만화경처럼 파편적인 것들뿐이다. 낙하산을 손닿는 곳에 두지 않은 승무원에게 고함을 지르던 비행대대장의 모습, 라디오 주변에 모여 불안한 표정으로 정시 뉴스 방송을 듣던 사람들, 서둘러 만들어진 음식을 입 안에 급히 털어 넣고 붐비는 트럭을 타고 격납고로 돌아가던 사람들의 모습 같은 것들 말이다. 어떤 불쌍한 친구는 트럭에서 뒤로 떨어져 다리가 부러지고 말았다. 그는 이 전쟁에서 발생한 우리 부대의 전사상자 제1호가 되었다. 축음기 레코드들, 더위, 평소보다 훨씬 커진 신문의 표제 중에는 〈올해에는 전쟁 안 된다〉 같은 것도 있었다. 참 기억에 오래 남는 표제였다. 오랫동안 내 당번병으로 근무한 크로스비는 매일 아침 4시에 나를 깨우러 와서 음울한 낮은 목소리로 이렇게 말했다.

"차(茶)를 준비했습니다. 오늘 뉴스는 어제보다도 훨씬 더 나쁩니다. 목욕도 준비할까요?"

온 세상이 미쳐가고 있었다. 이 모든 것이 악몽이고, 내일 아침에 일어나면 깨어날 것 같은 느낌이 들었다.

그리고 9월 3일, A편대원들은 편대장실에 모여 있었다. 우리들은 NAAFI(Navy, Army and Air Force Institutes, 영국 육해공군 군인회) 여성 직원이 가져온 아침 차를 막 다 마신 상태였다. 방 안은 담배 연기가 자욱했다. 편대장인 오스카 브리지먼은 모자를 뒤통수에 걸쳐 쓰고, 발은 탁자에 올려놓은 채 언제라도 뒤로 넘어갈 듯한 자세로 의자에 등을 기대고 앉아 있었다. 그는 대단한 인물이었다. 성질이 급했지만 비행 솜씨는 누구보다도 뛰어났다. 나는 그보다 더욱 뛰어난 편대장이 있으리라고 생각해 본 적이 없었다. 우리 편대원 전원은 기꺼이 그를 따랐다. 그 방에 있던 나머지 사람들은 키크고 적절한 유머 감각을 갖춘 수영 챔피언 잭 키노크와 1937년에 우리 부대에 전입한 두 오스트레일리아인인 뮬리건과 로스(부대에서는 각각 별칭인 〈뮬〉과 〈로시〉로 불렸다)가 있었다. 뮬과 로시는 거의 항상 붙어 다녔다. 때때로 오랫동안 격렬한 토론을 벌이기도 했는데, 다른 모든 편대원들은 그 모습을 재미있어 했다. 그 외에도 이안 헤이든도 있었다. 잉글랜드 출신인 그는 〈델〉이라는 아름다운 아내를 두고 있었다. 이안은 델에게 푹 빠진 나머지 매일 밤 퇴근하자마자 둘의 집이 있는 링컨으로 부리나케 달려가곤 했다. 그는 요 며칠 동안 귀가하지 못했기 때문에 기분이 좀 좋지 않은 상태였다. 실보라는 친구는 키 크고 싱겁지만 좋은 녀석이었다. 지독한 곤경에 처해 본 적이 있었다. "깊은 물은 소리가 없다."는 속담이 있는데, 이 친구에게 딱 들어맞았다. 7월 말 어느 날 나는 아버지와 점심을 먹기 위해 런던으로 가면서 차에 실보를 태우고 갔다. 실보를 마블 아치에 내려 주면서 돈이 얼마나 있는지 물어 보았다. 그러자 2실링 6펜스뿐이라는 답이 돌아왔다. 4시간 후 그를 데리러 갔는데 그는 손에 든 봉지에서 버찌를 꺼내 먹고 있었다. 그는 그동안 있었던 일을 말해 주었다. 그는 나와 헤어지고 나서 점심식사를 해결하고, 어떤 여자의 아파트에서 머물다가, 남은 돈으로 이 버찌를 샀다는 것이다. 런던에 아는 사람 하나 없는 그가 말이다. 정말 대단한 녀석이었다!

그리고 피트케언 힐도 있었다. 그는 우리 편대의 유일한 '진짜배기' 공군 장교였다. 그는 할튼에서 소년 시절을 보냈다. 다른 스코틀랜드 출신들이 흔히 그렇듯이 솔직하고 꾸밈없는 인물이었다. 운동 실력도 뛰어나 영국 공군 럭비 대표팀 선수로도 활약했다. 그 외의 다른 A 편대원들의 이름을 나는 굳이 언급할 필요를 느끼지 못한다. 그러나 그들 역시 우리 편대원들이었다. 우리 A 편대원들은 스스로를 자랑스러워 했다. 비행에서건 파티에서건 B 편대보다 A편대가 더 먼저 거명되기 때문일 것이다.

갑자기 문이 열리면서 〈치피〉 랭포드 원사가 들어왔다.

"모든 항공기의 점검 준비가 완료되었습니다."

"알겠습니다."

오스카는 그렇게 답하며 탁자에 걸쳤던 발을 내려놓았다. 랭포드 원사는 답을 받자마자 방을 나갔다. 랭포드 원사 역시 훌륭한 전우였다. 우리 편대 항공기 정비 총책임자였다. 그는 여러 해 동안 이렇게 늘상 항공기 점검 준비가 완료되었다고 보고하러 왔다. 아마 오늘까지도 그러고 있을 것이다.

지상 근무자들에 대해서도 할말이 아주 많다. 그들은 매우 적은 급료만 받고도 힘든 일을 해내는 훌륭한 친구들이었다. 그들을 움직이는 것은 비행대대의 소속원이라는 자부심이 전부였다.

오스카가 벨그레이브 주교에 대한 오행속요(limerick)를 막 외우기 시작한 찰나 갑자기 문이 벌컥 열리더니 크래피가 들어왔다. 크래피 키트슨은 곧 아이를 낳을 사람처럼 보였다. 물론 그렇지는 않았다. 그는 아무 말 없이 창가로 다가가 라디오를 켰다. 우리는 아무 말 없이, 라디오에서 나오는 체임벌린의 엄숙한 목소리를 들었다. 영국과 독일이 전쟁 상태에 돌입했다는 내용이었다. 이제 희망은 사라졌다. 전쟁이 시작된 것이었다. 누구도 섣사리 말을 꺼내지 못했다. 오스카는 담배 연기를 천천히 들이쉬었다가 코로 뿜어내었다. 그러고 나서 그는 조금 묘하기까지 한 느린 말투로 입을 열었다.

"좋아. 친구들. 결국 이렇게 되었어. 모두 나가서 항공기를 점검하는 게 좋겠어. 30분 후에 여기 다시 집합하라고. 그러면 아마 다음 할 일이 또 생기겠지."

나는 밖으로 나가 〈찰리(Charlie, 알파벳 C를 나타내는 영국군의 음성 기호)〉기를 찾았다. 늘 있던 분산 위치에 있었다. 〈찰리〉기는 내 항공기였다. 그러나 상태는 별로 좋지 않았다. 이륙 시에는 오른쪽으로 너무 심하게 기울었고, 체공 중에는 왼쪽 날개가 아래로 처졌다. 가끔씩 엔진 한 개가 알아서 꺼지기도 했다. 하지만 그런 것들은 중요하지 않았다. 우리는 그 항공기를 사랑했다. 어찌되었든 우리 것이었으니까 말이다. 당시 이 항공기에는 승무원 정원이 다 차있지 않았다. 당시 내 대체 조종사는 서머셋셔 출신의 잭 워너였다. 그리고 통신사로는 맥코믹이 타고 있었다. 그는 애칭인 맥으로 많이 불렸다. 오래된 애기를 점검하는 데는 시간이 많이 걸리지 않았다. 지상 근무자들은 자신들의 일을 훌륭하게 해 주었고, 항공기의 상태는 이상이 없었다.[19]

회관에 가자 축음기 음악 소리는 들리지 않고, 대신 BBC 라디오 방송이 신경 거슬리게 들려왔다. 우리는 신속히 점심식사를 했다. 우리의 식사를 방해한 것은 다음과 같은 스피커 방송이었다.

"전 승무원, 즉시 강당에 집합하라. 이상."

바로 독일로 출격하라거나, 독일 공군이 우리 기지를 폭격하러 날아오고 있다는 말이 나올 줄 알았다. 그러나 기지 사령관인 공군 대령 에메트가 한

---

19) 햄덴 폭격기에는 승무원 4명이 탄다. 이 중 관측수는 항법사와 폭격수 역할을 겸한다. 관측수는 〈퍼스펙스〉 투명 아크릴 수지로 만들어진 항공기 기수에 탑승하며, 이 위치는 조종석보다도 앞이다. 통신사 겸 기관총 사수는 항공기 후상방에 탑승한다. 그 외에도 항공기 후하방의 기관총수석에 추가로 기관총 사수 1명이 더 탄다. 이 시기의 후하방 기관총 사수는 보통 지상 근무자 출신으로 충원했다. 햄덴 폭격기의 기관총 사수가 되면 비행이라는 모험을 할 수 있고, 비행 수당이 주어진다. 또한 군복 소매에 날개 달린 총탄 모양의 구릿빛 휘장을 달 수 있다. 그런 부분들 때문에 기관총 사수로 지원하는 지상 근무자들이 있었다.

말은 훈시였다. 훈시는 길지 않았다. 남아프리카 출신의 그는 덩치가 크고 마음이 따뜻한 사람이었다. 그의 손가락은 바나나처럼 생겼다. 그는 또한 미식가였다. 지금 와서 생각해 보면 그도 당시에는 충분한 정보가 없었던 것 같다. 그는 매우 간결한 표현으로 전쟁이 시작되었음을 알렸다. 그리고 기지의 전 장병이 어떠한 임무가 주어지더라도 총력을 다해 자신과 폭격기 사령부를 돕기를 바란다고 밝혔다. 우리는 표준 계획에 따라 움직이게 될 것 같다고도 말했다. 최대역량(기회가 되는 대로 최대한의 공습 실시)으로 2주 근무한 다음 지속역량(최대 역량의 절반 정도로만 공습 실시)으로 1주 근무, 이후 1주 휴식하는 것이 그 표준 계획이었다. 그는 독일 공군의 실력은 그리 뛰어나지 않으며, 폴란드 전투에서 상당한 손실을 입었을 것이라고 얘기했다. 그의 훈시가 끝나자 우리는 점심을 먹기 위해 돌아갔다. 우리는 그날 하루 종일 대기했으나, 두려운 명령은 오지 않았다. 그날 밤 바 (bar)는 텅 비어 있었다. 장병들은 편지를 썼다.

다음 날 로시와 나는 둘이서 A편대 사무실로 갔다. 다른 편대원들이 어디 있는지는 몰랐다. 포장도로에서 크리켓을 즐기겠거니 싶었다. 갑자기 레오나드 스네이스가 들어왔다. 그는 비행대대장이었으며, 공군 내에서 유명인이었다. 고속 비행 레이스인 슈나이더배 대회 우승자였다. 또한 전우로서도 훌륭한 인물이었다. 덩치는 작고, 쥐처럼 생긴 얼굴에는 늘 슬픔이 드리워져 있었다. 그러나 그 역시 영국 공군 럭비 대표팀 선수였고 1/4마일(400m) 달리기 기록도 가지고 있었다. 그는 만능 선수였다. 그러나 머리 회전은 빠르지 못했다. 그런 레오나드의 단점을 건드리지 않는 것이 좋았다. 그는 오늘 여기 럭비 얘기를 하러 온 것이 아니었다.

그는 평소와는 다른 기묘한 목소리로 말했다.

"우리는 공습을 실시할 것이다."

로시와 나는 아무 말도 하지 않았다.

"항공기는 6대가 투입된다. A편대에서 3대, B편대에서 3대다. 표적은 어디 있는지 아직 모른다. 아마도 대함 공격이 될 것 같다. 독일 전함을 폭격할 것 같다. 폭탄 장착량은 항공기당 500파운드(227kg) 폭탄 4발이다. 지연신관은 11.5초로 설정한다. 이 때문에 초저공으로 비행할 수 있다. B편대 항공기 3대는 공군 대위 콜리어가 지휘한다. 자네 두 사람은 나를 따르라. 이륙시간은 1530시이다."

작은 종이에 내 이름을 적는 그의 모습을 보던 내 기분은 뭐라고 형용하기 어려웠다. 불과 며칠 전만 해도 나는 일광욕을 하면서 아무것도 신경쓰지 않고, 사소한 것들을 추구하면서 인생을 즐기고 있었다. 그런데 지금은 갑자기 전쟁 속에 던져져 버렸다. 그리고 아마도 예전의 삶으로는 다시는 돌아갈 수 없을 것 같았다. 로시의 기분도 비슷한 것 같았다. 그는 아무 말도 하지 않았다. 그러나 그의 표정에 모든 것이 다 드러나 있었다.

순식간에 모든 것이 다 진행되었다. 승무원들이 집합하고 항공기에 폭탄이 탑재되었다. 그리고 승무원들은 브리핑을 받으러 갔다. 사실 브리핑이라고 부르기도 민망한 수준이었다. 탁자를 둘러싸고 모여 기지 사령관의 작전 설명을 듣는 정도였으니 말이다.

"귀관들은 킬 운하의 입구에 있는 쉴리히 로의 독일 포켓 전함들을 폭격하게 된다. 만약 그곳에 독일 전함이 없다면, 마린호프의 탄약고를 폭격하라. 그러나 민가나 민간 시설은 어떤 일이 있어도 폭격해서는 안 된다. 민간 시설을 폭격할 경우 심각한 악영향이 발생할 것이다. 기상은 나쁘다. 초저공으로 접근할 수밖에 없다. 그리고 해당 지역에는 여러 개의 기구가 있다고 한다. 그러나 기구들은 구름 속에 떠 있기 때문에 보이지 않을 것이다. 표적 상공에 오래 머무르지 말라. 작전 계획대로 진행할 수 없다고 판단되면 바로 귀환하라."

 이런 현명한 말을 한 스네이스는 계획의 대강을 빠르게 설명했다. 우리는 편대를 지어 이륙할 것이었다. 내 항공기는 편대 우측에, 로시는 좌측에서 비행할 것이었다. 그리고 독일 전함 〈폰 쉐어〉 함에 가까이 가면 항공기 간의 거리를 500야드(450m)로 벌리고, 3대의 항공기가 각각 다른 방향에서 군함에 접근, 폭격할 것이었다. 군함의 장갑 갑판이 폭탄을 튕겨 내면 어떡하냐는 질문이 나왔다. 그러자 기지 무장 장교는 군함의 상부구조물을 조준하면 된다고 답했다. 그러면 항공기가 표적 상공을 안전하게 통과한 후에 폭발하게 된다는 것이었다. 그다음에는 전직 교사였던 기지 정보 장교인 공군 대위 피트가 발언했다. 그의 말에 따르면 독일 포켓 전함에는 대공 기관총이 다수 실려 있다고 했다. 그리고 그는 항공교범 3000(Air Publication 3000: 영국 항공력 교리서)의 내용을 인용해, 대공포화를 피하기 최적인 공격 고도는 약 3,000피트(900m)라고 말했다. 이 고도는 중대공포의 사거리 이내이지만 대공 기관총의 사거리 밖이었다. 그 역시 어떠한 경우에도 독일의 민간 시설을 폭격해서는 안 된다고 말했다.

 이후 또 다른 사람이 폭탄을 탑재하고 이륙하는 방법에 대해 알려 주었다. 우리 중 이전에 폭탄을 싣고 이륙해 본 사람은 아무도 없었다. 심지어 총 2000파운드(900kg)의 폭탄을 실은 폭격기가 과연 뜰 수나 있는지조차 의심스러웠다. 아무튼 그 방법은 항공기 후미가 뜨면 후미 트림탭(trimming tab)을 작동시키면 된다는 것이었다. 아직 항공기가 이륙하지 못했는데 활주로 끝이 가까워지면 조종간을 있는 힘껏 뒤로 잡아당기라고도 교육받았다. 그러면 비상 상황에서 추가 양력을 얻을 수 있다는 것이었다. 이 모든 이야기는 좋은 정보처럼 들렸다. 뭘 아는 사람이 아무도 없으니 말이다. 그러나 지금 와서 생각해 보면 당시 우리는 정말 엄청나게 무식했다. 특히 그 이후 수천 대의 햄덴 폭격기가 비행 시간이 불과 몇 시간밖에 안 되는 조종사들에 의해 훨씬 더 무거운 폭탄을 탑재한 채 이륙했다는 점을 염두에 둔다면 말이다.

낭비할 시간이 많지 않았다. 우리는 승무원 대기실로 달려가 작전 준비를 했다. 비행장까지 태워다 줄 버스에 오르기 전, 작은 윌리가 마지막 조언을 주었다. 어떠한 경우에도 허가 없이 편대를 해체해서는 안 된다는 것이었다. 항상 뭉쳐서 편대로 움직여야 했다. 이때의 시각은 1430시였다.

차를 타고 항공기로 이동하려는데 작전실에서 새로운 지시가 들어왔다.

"출격이 1600시로 연기되었다."

승무원들에게는 기운 빠지는 소리였다. 모두가 열의가 충만했기 때문이다. 1시간을 더 기다리느니 빨리 날아오르고 싶어 했다. 우리는 햇빛을 받으며 누워서 담배를 피웠다. 말은 그리 많이 하지 않았다. 그리고 몇 시간 후 닥칠 실전에서, 우리가 알지 못하던 어떤 일이 생길지를 상상했다.

1530시가 되자 또 다른 메시지가 도착했다. 출격이 1700시로 연기되었다는 것이었다. 이번에 승무원들은 전령을 향해 마구 욕을 쏟아 냈다. 이제 승무원들은 매우 민감해져 있었다. 내 손도 어쩔 수 없을 정도로 심하게 떨리고 있었다. 모두가 화장실에 가고 싶어 했다. 대부분의 승무원들은 시간당 네 번이나 화장실에 갔다.

결국 우리는 차량에 탑승해 항공기로 향하게 되었다. 이번 출격에 참가하지 않는 승무원들이 알아서 주위에 와서 서 있었다. 이런 상황을 겪어 본 사람이 없기 때문에 그들은 적당한 할말을 찾지 못했다. 그러다가 결국 그들은 빠르게 작별 인사를 건넸다. 누군가는 이런 말도 했다.

"즐거운 시간 보내. 꼭 다시 만나자고."

조종석에 오르던 내 귀에 지상 근무자 태피가 이렇게 말했다.

"행운을 빕니다. 독일 놈들에게 뜨거운 맛 좀 보여주세요."

나는 대답 대신 어설픈 미소를 지었다. 상대의 말이 확실히 들리지 않을 때 쓰는 미소였다. 그러나 그는 경력이 오래된 기체 정비사였다. 그는 문제가 있을 때 뭐가 잘못되었는지를 잘 알고 있었다. 그는 내 어깨 위에 안전 하네스를 걸쳐 주며 재미있는 말을 했다.

공군 중령 가이 깁슨(존 라베츠)

"걱정하지 마세요. 잘 될 겁니다. 대위님은 언제나 살아 돌아오실 겁니다."

적어도 현재까지는 그의 말은 옳았다.

우리는 5분 동안 엔진을 공회전시킨 다음, 줄지어 유도로로 향했다. 그리고 조지 러월이 이끄는 49명의 승무원들이 이륙하기를 기다렸다. 조지가 제5비행단에서 제일 먼저 독일을 폭격하러 이륙하는 조종사가 되겠다고 괜한 고집을 부렸기 때문이다.

우리는 그가 이끄는 항공기들이 하나씩 이륙하는 모습을 지켜보았다. 일부 항공기들은 좀 심하게 흔들리기도 했으나 다들 이륙에 별 문제는 없어 보였다. 그들이 모두 이륙 후 월리의 항공기가 이륙했고, 그 뒤를 따라 로

시의 항공기가 이륙했다. 두 항공기가 이륙하면서 일으킨 흙먼지가 한참 동안 시야를 가려 놓았다.

이제 내 마음은 평온했고, 앞으로 닥칠 일에 대한 준비가 되었다. 브레이크 레버를 굳게 잡고 두 스로틀(throttle) 레버를 최대한 밀었다. 그다음 브레이크 레버를 풀자 낡은 햄덴 폭격기는 활주를 하면서 서서히 후미를 들기 시작했다. 그리고 약 30초 후 하늘로 떠올라 독일로 가는 길에 올랐다.

항공기가 무척 무겁게 느껴졌다. 그건 의심의 여지가 없었다. 공중에서 집결해 속도를 내기까지 시간이 많이 걸렸다. 선회는 둔했고, 자꾸 기체가 미끄러지는 느낌이었다. 그러나 시간이 좀 흐른 후 나는 윌리 스네이스를 따라잡는 데 성공했고, 링컨 성당 상공에서 항로를 잡았다. 잭 워너의 목소리가 작게 들려왔다.

"이상 무. 기수 방향 자기 나침반 080도. 속도 160노트(시속 296km)"

그러나 기체 아래로 스쳐 지나가는 논밭을 보자 딴 생각이 잔뜩 몰려왔다.

이제 영국을 떠나 독일로 가서 전쟁을 한다는 사실이 믿어지지 않았다. 정말 상상도 못 하던 일이었다. 우리는 이런 상황을 상정한 모의 폭격을 엄청나게 많이 실시했다. 그러나 그런 훈련에서 돌아오지 못하는 사람은 없었다. 훈련이 끝나면 늘 회관에 가서 맥주를 마실 걸로 확신했다. 하지만 이제는 얘기가 달랐다. 기체 아래에 보이는 논밭은 너무나도 아름다워 보였다. 링컨셔도 아름다워 보였다. 그곳을 떠나고 싶지 않을 지경이었다. 지금이라도 돌아가고 싶었다. 비행 중인 낡은 〈찰리〉 기가 고장이 나서 돌아갈 수 있었으면 싶었다. 그러나 그런 일은 없었다. 오늘따라 〈찰리〉 기의 엔진은 재봉틀 마냥 좋은 소리를 내며 잘 돌아갔다. 저 멀리 해안이 눈에 들어오기 시작했다. 순식간에 우리는 스케그니스의 버틀린 휴일 캠프 상공에 들어갔다. 불과 2개월 전에 내가 다른 편대원들과 함께 즐겁게 이틀간 지냈던 곳이었다. 그러나 그 캠프는 순식간에 지나갔다. 그리고 이제 2시간 만 더 날아가면 독일이었다.

시간은 천천히 흘러갔다. 우리는 1,000피트(300m) 정도의 저공으로 비행했다. 우리 발아래의 파도는 이제껏 본 어떤 파도보다도 더 무섭게 느껴졌다. 물론 기분 탓이었겠지만 말이다.

작은 윌리는 앞을 똑바로 보고 있었다. 나는 그가 항로 유지에 집중할 거라고 생각했다. 나는 고개를 좌우로 계속 기웃거렸다. 그래야 살아남는다는 제1차 세계대전 참전 조종사의 증언을 들었기 때문이다. 윌리는 우리보다 500피트(150m) 낮게 날며 스쳐 지나간 독일군 비행정을 보지 못했다. 아마도 앞만 보고 있었기 때문이었을 것이다. 비행정의 기종은 도르니어 (Do)-18이었다. 속도를 바꾸지 않고 날면서 좌선회를 했다. 적기의 조종석 창문을 통해 불안한 표정으로 나를 올려다보는 두 독일 조종사의 하얀 얼굴이 똑똑히 보였다. 아마 그들은 우리가 자신들을 공격할지도 모른다고 생각했을 것이다. 나도 순간적으로 그 적기를 추격해 격추하고 싶은 생각이 들었다. 그러나 나는 폭격기의 황금률, 즉 표적에 가서 폭격을 하고 돌아온다는 규칙에 충실했다. 폭격기는 그 이외에 다른 헛된 일을 해서는 안 되었다. 그래서 우리 항공기는 윌리를 따라 계속 비행했다.

빌헬름스하펜에서 약 40마일(72km) 거리가 되자 운고가 갑자기 300피트(90m)로 낮아졌다. 비까지 내리기 시작했다. 우리 편대는 항공기 간의 간격을 좁혔다. 나는 항공기 내로 빗물이 들이쳐 내 몸이 젖는 것을 감수하고 창문을 열었다. 윌리를 보기 위해서였다. 아래에 보이는 바다는 무척이나 거칠었고, 날씨는 좋게 말해도 끈적거렸다. 표적으로부터 10마일(18km) 거리에 도달하자 전방에 대공 화기의 발사광이 보였다. 우리가 이번 전쟁에서 처음으로 본, 전투 행위를 하고 있는 적의 모습이었다. 운고는 이제 지상에서 100피트(30m) 고도까지 낮아졌다. 적이 우리를 볼 수 있는 시정이 짧고, 공격 후 바로 구름 위로 숨어 대공포화를 피할 수 있기 때문에 함선 공격에는 괜찮은 기상 상태라고 생각했다. 그러나 놀랍게도 스네이스는 좌선회를 시작했다. 그가 왜 그러는지 알지도 못한 채, 나도 덩달아 따라했다. 불쌍한 로시가 항공기 좌우 날개 끝을 두리번거리며, 언제라도 바다에 처박힐 듯이 위태롭게 조종을 하는 모습이 보였다. 그러다가 스네이스는 갑자기 선회를 멈추고 직진했다. 그제서야 나는 그가 잠시 항로를 이탈했다가 기지로 복귀하는 것임을 알아챘다. 그의 판단과 조종은 옳았다. 거기에는 추호의 의심도 있을 수 없었다. 우리 모두는 우리가 정상 항로에서 몇 마일 이탈한 것을 깨달았다. 아까 봤던 발사광은 네덜란드의 섬이나 헬골란트에서 나온 것 같았다. 그리고 윌리는 3대의 항공기를 데리고 길을 잃은 상태에서 작전을 무리하게 진행하다가 위험을 무릅쓸 생각이 없었다. 당시 우리의 피는 끓고 있었다. 우리는 모두 젊었고 열의가 넘쳤으며 혼자서라도 목표에 뛰어들고 싶었다. 충동은 컸지만 동시에 군기를 지켜야 했다. 명령 없이 편대를 이탈하는 것은 금기였다.

기지로 돌아가는 길에 아까의 비행정을 또 만났다. 내 생각에 그 비행정은 대공 감시 임무를 띠고 그 공역에 배치된 것 같았다. 폭탄을 바다에 투기했으므로 우리는 폭격기가 아니라 전투기였다. 나는 그 항공기를 격추해서는 안 되는 이유를 찾을 수 없었다. 나는 윌리에게 적기를 격추하자고 건의했다. 그러나 그는 대답하지 않았다. 그렇게 우리는 이 전쟁에서 첫 격추를 기록할 기회를 놓치고 말았다.

우리가 보스턴 해안을 지나 영국 영토로 들어왔을 때 해는 이미 져 있었다. 모든 비콘이 보안상의 이유로 위치를 이동했기 때문에 윌리가 탄 항공기의 항법사는 길을 잃고 말았다. 우리는 위치를 알 때까지 링컨셔 상공을 2시간이나 헤매고 다녔다. 달이 뜨고 나서야 우리의 위치를 알 수 있었다. 그제야 링컨으로 가는 수로가 보였다. 그 수로를 링컨으로 가다가 북쪽으로 방향을 돌려 우리 기지로 가서 결국 착륙에 성공했다. 그것이 내가 햄덴 폭격기로 실시한 첫 야간 착륙이었다. 첫 임무는 형편없었다는 생각이 들었다. 임무는 중간에 취소되었다. 엉망진창이었다! 사실 우리가 직면했던 위험의 크기를 생각하면 진짜 공습이라고 부르기도 낯간지러운 수준이었다. 그러나 우리 모두 앞으로 더 상황이 지독해질 것 같다는 느낌을 받았다.

회관으로 들어갔을 때 가장 먼저 눈에 띈 것은, 맥주를 마시고 있던 사람들이 지은 놀란 표정이었다.

"자네가 모두 격추당한 줄 알았어. 제브라(Zebra, Z를 의미하는 당시 영국 공군의 음성 기호) 기의 통신사가 자네 비행기가 수직으로 떨어지는 걸 봤다고 했거든, 어떻게 된 건가?"

나는 도대체 무슨 얘긴지 모르겠다고 답한 다음 자러 갔다. 그때 회관에 있던 승무원들은 나중에 단 한 사람을 빼고 모두 육지 혹은 바다를 향해 수직으로 추락해 갔다. 나중에 그 점을 생각하니 좀 우스웠다.

이렇게 우리들의 첫 공습은 끝이 났다. 분명 임무는 중도에 취소되었다. 또한 독일 본토를 타격하지 못했다. 그러나 그런 날씨에서 이륙했다가 전원이 다 무사히 돌아온 것은 분명 기적이었다. 물론 당시에는 그 사실을 몰랐지만 말이다. 우리는 지평선에서 우리를 향해 쏘아대던 적 대공 화기의 발사광도 보았다. 나는 그 정도라면 그리 나쁘지 않다고 생각했다.

우리들의 출격은 형편없었다. 그러나 제2비행단의 블레넘 폭격기 여러 대는 〈폰 쉐어〉함에 타격을 입히는 데 성공했다. 그들은 우리보다 2시간

전에, 민가의 빨랫감이 보일 정도로 초저공으로 비행해 〈폰 쉐어〉의 상부 구조물에 500파운드(227kg) 폭탄 1발을 명중시켰다. 이 폭격으로 〈폰 쉐어〉의 함재기와 사출기가 폭파되었다. 다음 날 신문에는 이 전공을 다룬 기사가 대서특필되었다. 대부분의 기사에서는 드디어 독일 본토 폭격에 처음으로 성공한 승무원들을 다루고 있었다. 이 중에는 이 작전 성공으로 우수 비행 십자훈장을 수훈한 공군 소령 도란도 있었다. 현재는 전쟁 포로가 되어 있다.

미국과 다른 중립국들 사이에서 이번 공습은 좋은 선전 효과를 나타냈다. 사자(영국의 상징)는 비록 늙었지만, 아직은 침략자에게 뜨거운 맛을 보여 줄 힘이 있음을 알린 것이다.

독일 역시 냉큼 선전전에 나섰다. 영국 공군이 민간인에게 폭격을 가했다며 100배로 갚아 주겠다고 밝혔다. 괴링과 히틀러가 화가 단단히 났다고 했다. 비만한 공군 원수 괴링은 폭격기 100대로 런던을 폭격하고 싶어 했다. 그러나 히틀러가 막았다. 키 작고 추잡한 사나이이던 괴벨스는 격추당한 영국 공군 포로를 호호 경(Lord Haw-Haw: 제2차 세계대전 중 독일의 대영 선전 방송 아나운서들을 싸잡아 부르던 별칭 - 역자주)의 대영 선전 방송에 출연시키는 새로운 수를 구사했다. 호호 경과 우리 공군 포로 간의 대화 내용은 대충 이랬던 걸로 기억한다.

호호 경: 상사님. 잘 지냅니까?

영국 하사관 조종사: (망설이다가) 그럼요. 잘 지냅니다.

호호 경: 좋은 처우를 받고 있나요?

영국 하사관 조종사: (한참 동안 말이 없다가)네, 모두가 친절합니다.

호호 경: 급식의 수준은 어떤가요?

영국 하사관 조종사: (더 오랫동안 말이 없다가)훌륭합니다. 고향의 맛 그
대로입니다.

뻔하고 서투른 짓거리였다. 누가 봐도 독일군이 우리 포로를 권총으로
협박해 이런 대사를 외우도록 하고 있는 게 뻔히 보였다.

다음 날 나는 우리 부대의 제2호 전사상자가 되었다. 〈찰리〉 기에서 내
항공장구를 내리고 난 후, 회관에 들어갔는데 커다란 검은색 래브라도가
보였다. 개를 좋아했던 나는 래브라도에게 다가가서 우호의 표시로 머리를
쓰다듬어 주었다. 그러나 그 개는 그렇게 생각하지 않았다. 그 개는 순식간
에 내 손을 물어뜯었고 나는 화장실로 도망쳤다. 손에서는 피를 흘렸고, 바
지의 엉덩이 부분 절반도 물어뜯겨 사라진 상태였다. 새 바지였는데 말이
다. 그 개는 나를 또 물어뜯으려 침을 흘리면서 쫓아왔다. 그때 비행화를
신은 피트케언이 바(bar)에서 나왔다. 건장한 사나이였던 피트케언은 발차
기 한 방으로 개를 하늘로 날려 버렸다. 개는 낑낑거리며 도망쳤다. 이제
개는 더 이상 쫓아오지 않았지만 나는 부상을 입었다. 햇빛에 비추어 보니
내 손에 커다란 구멍이 줄줄이 뚫린 것이 보였다. 그리고 지독하게 아팠다.
나와 동료들은 그 개를 군법 회의에 회부하고자 했다. 그러나 그 개는 공군
대령의 애견임이 드러났다. 대령은 개를 사면하고, 다시는 그런 잘못을 저
지르지 않도록 주의시켰다. 대령이 나를 문병 왔을 때 나는 다섯째 바늘을
꿰매고 있었다. 그는 점심을 먹은 직후라 숨을 크게 쉬고 있었다.

"짐바가 자네에게 문제를 일으켰다고 들었네. 다쳐서 유감이군. 짐바를
다시 만나 보지 않겠는가?"

다시 만난다고? 나는 그 자리에서 확 뒤엎어 버릴 뻔했다. 그러나 지금
와서 생각하면 짐바가 좀 불쌍하기는 하다. 늙고 불쌍한 개인 짐바는 나중

에 이 잘못에 대한 대가를 치렀다. 이후에도 사람들을 상대로 2건의 〈확인 격파〉, 4건의 〈미확인 격파〉, 다수의 〈손상〉이라는 불명예스러운 전과를 남긴 끝에, 우리 기지에서 내쫓겨 다른 곳으로 보내진 것이었다. 아마 지금은 더 큰 전과를 올렸을 것이다.

당시 우리의 신임 비행대대장이던 조던 중령은 이 사건을 당한 내게 36시간의 병가를 주었다. 조던은 훌륭한 장교였다. 조던 중령은 부임한 지 며칠 내로 대대의 유명인이 되었고, 모두의 호감을 얻었다. 그는 대부분의 시간 동안 누군가에게 큰 소리로 말을 하고 있었다. 어느 날 그의 사무실에 들어갔을 때, 그가 한쪽 귀에 전화 송수화기를 하나씩 대고 전화 통화를 하고 있던 게 기억난다. 그는 한쪽 송수화기로 대령에게 자신은 항공기가 19대밖에 없으며, 그중 한 대는 며칠 동안 사용이 불가능하다고 설명 중이었다. 또한 그는 반대쪽 송수화기로 회관과 통화하면서, 점심에 먹었던 구운 감자의 상태가 좋지 않다며 불평을 늘어놓았다. 잠시 후 나는 그가 두 대의 전화기로 두 상대와 동시에 통화하다가 해야 할 말을 헛갈리게 된 것을 알아챘다. 그리고 조던 중령이 화를 폭발시키기 전에 부관이 사무실 문을 닫았다. 그는 언제나 결정을 과감하게 하는 사람이었다. 당시는 전군의 누구도 영외로 나갈 수 없던 시기임에도, 그는 순전히 자신의 직권으로 내게 병가를 주었다.

내 형은 9월 5일에 결혼을 할 예정이었다. 그리고 나는 형의 들러리를 맡을 예정이었기 때문에 병가는 요긴하게 쓰일 수 있었다. 럭비로 가는 여행길은 따분하던 일상에 한 줄기 큰 활력소였다. 여전히 환부는 타는 듯이 아팠다. 그리고 환부에서 나온 피가 붕대에 스며들고 있었다. 나는 아직도 팔걸이를 하고 있었다. 그 꼬락서니로 노팅햄 역에서 기차를 기다리고 있는데, 어떤 나이든 여자가 와서 말을 거는 것이었다.

"젊은 친구, 안 됐구먼. 킬을 공습했다가 다쳤나 보지?"

또 어떤 젊은 남자가 와서 말을 걸었다.

"우리 동생도 당신처럼 공군이야. 그 애 이름은 심슨이야. 그 애는 다치지 않았어. 혹시 우리 심슨을 알고 있나?"

그중에서도 형의 결혼식 때 어떤 노인이 보여 준 반응은 단연 압권이었다. 그는 엄청난 비밀을 알려 주려는 사람처럼 내게 옆걸음으로 다가왔다. 그러면서 이렇게 말했다.

"나는 앞으로 살날이 많이 남지 않았다네, 젊은이. 나라를 위해 싸우다 다친 자네가 정말 존경스럽다네."

나는 터져 나오는 웃음을 간신히 참았다. 모두가 나 같은 군인, 즉 팔걸이로 고정한 팔에 붕대를 감고 그 붕대 밖으로 피까지 배어나오고 있는 군인을 보면 당연히 전투 중에 부상을 입었을 거라고 지레짐작하는 게 지금의 상황이었던 것이다. 개는 사람을 문다. 나도 개에게 물렸을 뿐인데 말이다. 나는 술병으로 손을 뻗었다.

나는 지독한 숙취와 팔의 통증을 갖고 스캠턴으로 돌아왔다. 모든 승무원과 항공기는 기지에 없었다. 누군가가 〈훈〉족이 폴란드 공군의 항공기들을 지상에서 괴멸시키고 있음을 알아 냈다. 그러자 전쟁 계획 제10단계가 발동되었다. 그러자 우리 기지의 모든 항공기들은 맨체스터 인근 링웨이로 보내졌다. 적 폭격기로부터 안전하다고 간주되던 곳이었다. 소문에 따르면 거기 간 친구들은 맨체스터에서 즐거운 시간을 보내고 있다고 했다. 그러니 나도 빨리 거기로 가고 싶었다. 군의관은 내 상처에서 가급적 빨리 실밥을 제거해 주었다.

내가 맨체스터에 도착한 날은 흐렸다. 나는 도착하자마자 택시를 타고 어느 클럽하우스로 달려갔다. 로시가 전해 준 소식에 따르면, 승무원들은 그곳에 틀어박혀 있다는 것이었다. 오스카는 많은 맥주와 주크 박스, 아리따운 여종업원들이 있는 펍을 발견해 〈점령〉했다. 어떤 승무원은 여종업원 중 한 명과 애인 사이가 되었다고도 했다. 그러나 그 친구는 자신의 여성 편력을 떠벌리기를 좋아하는 사람이었다. 그 술집은 매우 좋은 전략 거점이었다. 맨체스터와 비행장 사이의 딱 중간 위치였다. 그리고 맨체스터와 비행장 사이에는 공군의 수송차량이 자주 다니므로, 거기에 편승하면 시간과 돈을 절약할 수 있다. 그렇게 절약한 돈으로 술을 사 먹는 등 다른 일을 할 수 있다.

그러나 며칠간 우리의 생활 여건은 꽤 원시적이었다. 우리 약 40명의 승무원들은 위층의 강당에 자리를 깔고 자야 했다. 목욕탕도 없었고 화장실은 술집에 하나만 있었다. 그래도 링웨이 비행장을 고른 것은 탁월한 선택이었다. 그곳은 맨체스터 WAAF의 모병소였기 때문이다. 가지각색의 사복을 입은 젊은 여자들이 모여들었다. 그중에는 외모가 매우 뛰어난 여자들도 있었다. 그 여자들은 상황이 나빠지자 자의로 제대로 찾아온 여자들이었지, 어니스트 베빈이 제시한 더 나쁜 대안 때문에 여기 억지로 온 사람들이 아니었다.

링웨이에서는 그리 할 일이 없었다. 매일같이 하는 일이라고는 항공기 점검이 전부였다. 항공기 점검에는 보통 30분이면 충분했다. 그리고 나면 클럽하우스에 모여 또 파티를 열곤 했다. 그 외의 시간은 목욕과 면도를 하고, 외모를 말쑥하게 가다듬었다. 5시에 버스를 타고 펍에 가기 위한 전초전이었다. 늘 신경쓰이는 일은 있었다. 한 번은 아일랜드 해에 독일 해군 전함이 출현했다는 보고도 들어왔다. 그러나 사람들은 전혀 긴장하지 않았다. 그리고 느긋하게 시간을 보냈다.

파티도 많이 열렸다. 어느 술집에서건 공군의 푸른 제복을 입은 젊은이들은 모두의 주목을 끌었다. 우리는 파티에서 즐거운 시간을 보내고 싶었다. 전쟁은 우리 머릿속을 떠나지 않았고, 앞으로 한 달 내로 치열한 전투를 벌여야 할지도 모른다는 것을 다들 알고 있었다. 그렇다면 아직 상황이 좋을 때 즐겁게 시간을 보내야 하지 않겠는가? 그리고 맨체스터의 상황은 좋았다. 너무 편안해 당혹스러울 정도였다. 사람들은 이보다 더 좋을 수는 없을 만큼 우리를 잘 대해 주었다. 가게는 모두 열려 있었고 젊은 여자들도 넘쳐났다. 극장 자리는 언제나 예매되어 있었고 우리 승무원들은 왕처럼 살 수 있었다.

이때에도 일부 불쌍한 승무원들은 제3제국 상공으로 야간 임무를 떠났지만 폭격을 하지는 않았다. 대신 정찰 임무나 전단 살포 임무를 했다. 전단의 내용은 독일인들에게 항복을 권하거나, 히틀러에 맞서 궐기할 것을 요구하거나, 둘 다였다. 맨체스터에 있을 때 우리가 이 임무를 한다는 소문이 돌았다. 그러나 이 임무는 우리가 가장 하기 싫은 임무였다. 그리고 어느 일요일, 오스카가 현금과 새 군복을 수령하러 스캠턴으로 이륙했다. 당시 나는 비행장에 딸린 카페에서 그가 이륙하는 것을 보고 있다가, 내게 다가온 그 카페의 여자종업원을 보고 설레고 말았다. 그녀는 마음을 담아 내게 부드럽게 속삭였다.

"저 분이 무사히 돌아왔으면 좋겠어요."

나는 그녀에게 이렇게 대답했다.

"저 역시 그렇게 되기를 바랍니다."

나는 그렇게 말하면서 오스카가 내게 빌려간 5퀴드를 생각했다. 다음 날 그가 무사히 돌아와서 그 돈을 갚기를 바랐다.

우리는 얼마 안 있어 현지 주민들 전원을 알게 되었다. 그리고 그때부터 우리의 시간은 우리 것이 아니었다. 매일 밤 우리를 위한 파티가 열렸고,

어딜 가나 여자들이 우리를 만나고 싶어 했다. 우리는 맨체스터를 좋아했고, 맨체스터 사람들 역시 우리를 좋아하는 것 같았다. 하루는 카페에서 브루스 해리슨과 함께 커피를 마시고 있는데, WAAF 훈련병 두 명이 우리 테이블에 합석했다. 그날 밤 우리들은 그녀들을 데리고 데이트를 나갔다. 데이트를 가서 할 일은 그리 많지 않았다. 미들랜드 호텔에 가서 자정까지 헤이그 맥주를 마시고 살롱 오케스트라의 연주를 듣는 것이 전부였다. 나는 그때까지 여자 생각을 그리 많이 해본 적이 없었다. 여자는 함께 파티에 가는 정도의 존재였을 뿐이었다. 가끔씩은 너무 멍청했고, 가끔씩은 너무 똑똑했던 존재가 여자였다. 내게 깊은 인상을 심어 준 여자는 거의 없었다. 그러나 전쟁 때문이었을까, 아니면 그녀의 눈망울 때문이었을까. 내가 처음 본 순간 사랑에 빠졌던 여자도 있긴 있었다. 비록 그 사랑 때문에 괴로웠지만 말이다. 그녀를 잊고 지낸 날이 없을 정도였다. 그녀도 조종사였다. 그녀의 골프 핸디캡은 12였다. 그녀는 몬테 카를로 랠리에 출전한 적도 있었다. 그녀는 아름다웠다. 그녀는 대단했으며 좋은 점이 끝도 없이 떠올랐다. 바바라는 정말 매력적인 여자였다. 그러나 어느 날 그녀가 해군 항공대에 애인이 있다고 진지하게 털어놓은 적이 있다. 그런 후 그녀를 좋아하던 내 마음도 끝이 났다. 이후에도 그녀를 또 본 적이 있다. 그러나 예전 같지는 않았다. 전쟁이 터지고 나서야 여자를 진지하게 사랑할 생각을 하다니, 나 자신이 우스웠다.

링웨이의 어느 안개 낀 날이었다. 우리 비행대대의 부대대장인 샘 스리플턴이 동부에서 왔다. 그는 우리 부대를 재편할 생각이었다. 그는 우리 부대가 너무 즐거운 시간을 지내고 있다는 것을 알고 있었다. 우리에게 할 일을 주는 것이 그의 임무였다. 그는 도착한 날 우리 부대가 사용할 술을 팔지 않는 금주 호텔을 징발하고, 우리 부대가 그동안 징발해서 쓰던 펍은 징발을 해제했다. 당연히 부대원들 중 상당수는 이러한 조치에 실망했다. 특히 현지 주민들과 좋은 시간을 보내기 시작했던 대원들이 더 그랬다. 금주 호텔은 펍에서 몇 마일이나 떨어져 있었다. 여기서 밝히기에 괜찮은지는 모르겠지만, 우리 부대원들은 그 금주 호텔에 들어간 첫날에도 술 파티를 벌였다. 내 인생에서 가장 화려한 술 파티였다.

그러고 나서 몇 주가 지났다. 우리가 한동안 링웨이에 주둔할 것이라는 소문이 돌았다. 그러나 폭격기 사령부의 결정은 그와는 달랐다.

한동안 적은 폴란드에 너무 오래 발목이 묶여 있어 영국을 폭격할 엄두를 못 내는 것처럼 보였다. 그러나 다음 날, 내가 승무원 대기실에서 안개가 걷히기를 기다리고 있는데 통신사 맥이 갑자기 찾아왔다.

"비행단에서 전문이 왔습니다."

모두가 잠시 동안 아무 말도 하지 않았다. 그러고 나서 우리는 통신실로 향했다. 장거리 GPO 선은 최대 10시간이나 지연이 되었다. 그래서 비행단은 스캠턴과 직접 연결되는 소규모 무선 통신망을 개설했다. 이런 조치는 상부의 명령과는 명백히 어긋나는 것이었다. 그러나 효과는 확실했다. 맥은 암호 전문을 종이에 받아 적은 다음 로시에게 전달해 주었다. 로시는 암호 해독의 달인이었다. 시간이 많이 걸리는 일은 많지만, 암호 해독은 그중에서도 최고였다. 이 때문에 승무원들은 암호 해독이 완료될 때까지 기다리지 못하고, 로시에게 모여들어 그의 어깨 너머로 해독 과정을 훔쳐보았다. 그는 첫 문장은 느리게 적었다. 이번 암호 전문은 좀 어려운 말로 시작되었다.

"발신: 기지, 수신: 링웨이 제83파견대"

우리는 기다렸다.

프랑스로 가게 될 것인가?

아이슬랜드로 가게 될 것인가?

지금은 전시다. 실전이다.

어쩌면 오스카가 "오늘밤 찾아 갈 테니 여자 좀 준비해 둬."라고 하는 것일 수도 있다.

그러다가 로시가 전문을 끝까지 다 읽었다.

"오후에 기지로 복귀하라. 야간 비행 훈련을 실시한다."

마지막 문장을 들은 전원은 실망의 탄식을 내질렀다.

"야간 비행? 낭패로군!"

"전단이나 뿌리라는 거잖아! 세상에!"

그러나 브루스는 그날 밤에 있을 파티를 생각하고 있었다. 나는 뮬이 카페 로열에서 만날 여자를 생각하고 있을 거라고 믿었다. 실보는 아마 아무것도 생각하고 있지 않을 것 같았다. 나는 바바라를 생각하고 저주를 퍼부었다.

스캠턴으로 돌아왔을 때, 내 위치는 우리 부대에서 맨 뒤였다. 내 낡고 느린 〈찰리〉 기로는 도저히 요기들을 따라잡을 수 없었기 때문이다. 올바른 기동이 뭔지 보여 주기 위해, 저공비행에 절대로 대충 임하지 않았다. 격렬한 기동을 하면서 관제탑 상공을 스쳐 나갈 때, 관제탑에 선 어떤 사람이 손을 흔드는 것을 본 것 같았다. 그게 누군지는 알아볼 수 없었다. 그러나 그 사람의 모습은 내게 어떤 매우 의미심장한 느낌을 주었다. 비행을 마치고 나서 나는 다른 사람의 눈에 띄지 않으려고 기지의 변두리에 매끄럽게 착륙했다. 편대 사무실에 들어가자 내 느낌이 옳았음을 알 수 있었다. 그 사람은 월리였다. 월리가 돌아온 것이었다. 지난 3년 동안 나는 월리 스네이스가 시끄러운 저공비행을 좋아하지 않는다는 것을 알고 있었다. 그리고 이번에는 나는 모두가 인정하다시피 기지 전체를 소음으로 뒤집어 놓으며 비행했다. 그리고 그 대가를 치렀다. 이후 며칠 동안 나는 야간 비행 훈련 담당 장교가 되었다. 그러나 링웨이에 다녀온 나는 완전히 빈털터리 상태였기 때문에 개의치 않았다.

시간은 느리게 흘렀다. 9월이 가고 안개의 계절 10월이 다가왔다. 야간 비행 훈련은 취소되었다. 이유는 알 수 없었지만 아무튼 그랬다. 대신 우리는 대함 공격 대기를 실시했다. 상부에서는 매일 1개 대대에서 9대의 폭격기가 대함 공격에 투입되기를 원했다. 그리고 항공기는 발령 후 30분 내에 이륙이 가능한 상태여야 했다. 즉, 오전 7시에 기상해 승무원 대기실로 들어가서 하루 종일 담배를 피우며 교범을 공부하고, 때로는 강의를 듣다가 해가 떨어진 후에야 퇴근하는 식의 일상이 계속되었던 것이다. 별로 즐거운 생활은 아니었다. 또한 폭격기 조종사의 구미에 맞는 생활도 아니었다. 결국 우리는 얼마 못 가 지치고 말았다. 당시 우리 삶의 유일한 낙은 이른바 〈링웨이 클리퍼〉였다. 우리는 24시간 외출 시 링웨이에 타고 가는 낡은 앤슨 항공기에 이 별명을 붙였다. 링웨이에 간 우리들은 그리운 사람들을 다시 만날 수 있었다. 그러나 높으신 양반들이 이 사실을 알자마자 〈링웨이 클리퍼〉의 운항도 금지되고 말았다.

그리고 지겨운 일상 속에 여러 날이 지나 10월이 되었다. 전황은 마치 끈적한 원유 속을 헤치고 나아가는 달팽이 걸음처럼 느리게 진행되는 느낌이었다. 기다리고, 기다리고, 또 기다리는 지루한 나날들이었다. 시간이 흐르면서 우리는 9월에 했던 파티들이 낭비일 뿐임을 알게 되었다. 돈과 시간, 그 밖의 모든 것을 파티랍시고 낭비했을 뿐이었다. 우리는 프랑스 최전선으로 날아가지도 않았다. 그리고 아직 전사자도 발생하지 않았다. 앉은 뱅이 전쟁을 하고 있었다. 그 덕분에 약간은 미소 지을 수 있었다. 적어도 치과의사를 만날 여유가 있기 때문이다. 9월 초 나는 치과의사와 검진 예약을 잡았으나 검진을 받지 않았다. 이후 그는 나를 장교 회관에서 만났다. 나는 치과의사에게 이렇게 변명했다.

"이를 고칠 짬을 낼 수가 없었어요. 그리고 치료를 받으면 엄청 아플 것 같았고. 며칠 후면 죽을지도 모르는데 이는 고쳐서 뭐 하나도 싫었어요. 그래서 안 갔어요."

그게 당시의 내 솔직한 생각이었다. 나와 함께 근무했던 대부분의 승무원들도 같은 느낌이었다.

그러나 이제는 얘기가 달라졌다. 독일은 자신들의 피해를 복구하고 있는 것 같았다. 물론 다음에 어떻게 나올지는 매우 의문스러웠다. 물론 영국이 앞으로 뭘 할지는 매우 알기 쉬웠다. 영국은 아무것도 하지 않을 것이었다. 폴란드는 독일에 유린당했다. 마지노선을 사이에 두고 대치한 독일과 프랑스 군대는 서로 확성기로 갖은 위협과 모욕을 가했다. 독일군은 프랑스에게 영국을 배신하고 추축국에 붙으라는 권고도 해댔다.

독일인들도 나름의 유머 감각이 있음을 보여 주는 일화가 있다. 전투가 극심하던 어느 날 당시 비밀의 첨단병기였던 독일 공군 전투기 메서슈미트(Messerschmitt) 110이 마지노선(Maginot Line)과 지크프리트선(Siegfried Line) 사이의 공터에 강제착륙을 했다. 그날 하루 종일 프랑스군과 독일군은 상대방의 움직임을 주시했다. 그러다가 영국군과 프랑스군은 해가 지면 정찰대를 보내 그 비행기를 연합군 쪽으로 끌고 오려고 했다. 결국 해가 졌다. 날은 흐리고 매우 어두웠다. 정찰대는 독일군에게 들리지 않도록 숨소리까지 죽여 가며 포복해서 살금살금 비행기로 갔다. 결국 그들은 메서슈미트 110에 도달하는 데 성공했다. 잠시 동안 잔뜩 긴장하고 있던 그들은 비행기 꼬리에 로프를 동여맸다. 조명을 전혀 사용할 수 없었기 때문에 작업이 너무 힘들었다. 한 시간 동안 애쓴 끝에 비행기에 로프를 매는 데 성공했다. 별안간 2개의 독일군 조명등이 그들을 비췄다. 눈부신 빛 속에 선 그들은 물건을 훔치다 적발된 도둑처럼 어쩔 줄을 몰랐다. 그리고 독일군 확성기에서 10마일(19km) 밖에서도 들릴 만한 큰 목소리로 이런 말이 나왔다.

"조명이 필요하면 진작에 얘길 하지 그랬나?"

그러고 나서 독일군 기관총의 사격이 개시되었다.

다음 날 프랑스군도 독일군에게 보복 포격을 가했다. 모두들 잠잠히 기다리다가 마치 인과(consequence)의 게임을 하듯이 이렇게 말했다.

"참 재미있는 전쟁이로군!"

물론 일부 항공기 승무원들에게는 재미있지 않았다. 우리는 기니피그 신세가 아니었기에 그나마 운수가 좋았다. 그러나 헴스웰의 1~2개 비행대대는 장차 전쟁의 대가를 치러야 했다. 우리는 항공전에 대해 아는 것이 전혀 없었고 앞으로 배워야 했다. 그리고 불운한 사람도 분명 있었다. 12대의 항공기로 이루어진 1개 비행대대가 헬골란트 섬 앞바다의 구축함 3척을 폭격하러 나갔다. 그중 돌아온 항공기는 6대뿐이었다. 그들이 들려준 이야기는 너무나도 상상하지 못하던 것들이었다. 그들은 비행하다가 기관총이 없는 구축함 1척을 발견했다. 사전에 전달받은 정보 그대로였다. 그러나 구축함에는 대신 경대공포들이 잔뜩 있었다. 경대공포의 화망은 너무나도 두터웠다. 파상공격을 하지 않으면, 그런 화망 속으로 파고드는 것은 자살 행위나 다를 바가 없었다. 그리고 육지가 아직 보이지도 않는데도 독일 전투기까지 나와서 요격을 해댔다.

또 다른 비행대대는 바이트의 적 상선단을 공격하러 갔다. 비행 중 비행대대의 1개 편대가 나머지 편대들과 분리되었다. 그러나 상선단은 보이지 않았다. 귀환하는 도중에 적 전투기가 발견되었다. 그러자 편대장은 사용하지 않은 폭탄을 버리고, 가벼워진 기체로 조금이라도 더 빨리 도망치기로 결정했다. 폭탄창 문이 열렸다. 조종사는 폭탄투하 스위치를 눌렀다. 그 일이 조종사가 한 마지막 일이 되었다. 불과 500피트(150m) 고도를 날고 있던 그 항공기가 싣고 있던 폭탄이 별안간 폭발하였고 항공기는 산산조각이 나 버렸던 것이다. 어떤 잔해도 찾을 수 없었다. 이런 종류의 이야기가 상당히 많았다. 상대편 독일에서도 많았을 것이다. 이제 새로운 항공전이 벌어지고 있었고, 우리는 그 항공전을 배워 가는 입장이었다.

당시 영국 웰링턴 폭격기들은 호위 전투기 없이 빌헬름스하펜을 공습한 적도 있었다. 우리 군이 아직 아는 게 없다는 좋은 증거였다. 그러나 당시 기획자들을 비난하고 싶지는 않다. 아마 그들은 웰링턴 폭격기들이 근접 편대비행을 하면 Me109 전투기의 파상공격을 막아 낼 수 있을 거라고 생각했을 것이다. 그러나 그런 형태의 공습은 다시는 시도되지 않았다는 것이야말로, 그 생각이 틀렸다는 것을 확실히 입증해 준다. 실제로 해보니 그런 공습은 승무원들이 또 시도하기에는 너무 위험했다. 그리고 귀중한 조국의 자산인 항공기를 쓸데없이 낭비하는 짓이었다. 동시에 그 공습은 독일군의 선전 활동에 좋은 소재거리가 되었다. 독일군은 이 공습에서 영국 항공기 54대를 격추했다고 주장했다. 하지만 그 수치는 그 공습에 투입된 웰링턴 폭격기들의 전체 대수보다도 많았다.

독일군 역시 공습을 벌였다. 그 시작은 스캐퍼플로였다. 그러나 그 공습에 참가한 독일 공군의 폭격 솜씨는 그리 좋지 못해 독일군은 작전에 실패했다. BBC의 발표에 따르면, 영국 측 전사자는 토끼 한 마리뿐이었다. 나는 그 방송 내용이 사실이라고 생각한다. 그러나 독일은 나중에 잠수함도 보내왔다. 그 잠수함은 마치 전쟁 영화의 주인공처럼 스캐퍼플로의 삼엄한 대잠 경계망을 몰래 뚫고 들어와 전함 〈로열 오크〉함을 격침시키고 몰래 빠져나갔다. 해군 본부의 누군가는 이렇게 말했다.

"대잠 경계망에 허점이 있었던 것 같다. 그 허점은 이제 고쳐졌다."

며칠 후 〈훈〉족의 공군은 다음 공습에 나섰다. 독일 공군은 12대의 항공기를 보냈다. 이들은 퍼스 오브 퍼스(Firth of Forth)의 혼탁한 물 위를 날아, 에딘버러 앞바다의 영국 선단을 공격하러 왔다. 우리 공군도 신속하게 대처했다. 처음에는 글래디에이터 전투기를, 그다음에는 스피트파이어 전투기를 보냈다. 독일 공군의 하인켈 몇 대를 격추하는 데 성공했다. 하지만 주목할 점은 지난 번 공습 때보다 조종사의 자질이 더욱 높아졌다는 점이다. 이번 공습에 참가한 독일 조종사들 중에는 루프트한자(Lufthansa, 독일 민간 항공사) 출신도 있었다. 그것을 확인해 준 것은 우리 공군의 열성적인 어느 보조비행대 소령이었다. 그는 하인켈(Heinkel) 1대를 격추하고, 또 다른 하인켈을 쫓았다. 그는 드렘을 지나쳐 베릭의 푸른 들판까지 추격해갔다. 하인켈은 그곳에 안전하게 비상착륙했다. 멋진 자축 비행을 하고 이 전쟁에서 처음으로 포로를 생포하는 조종사가 되려는 욕심에 불탔던 그 소령은 계획을 짰다. 부서진 하인켈 기 밖으로 나온 독일 공군 승무원들을 유일한 관객 삼아, 들판 상공을 두 바퀴 멋지게 선회한 다음 착륙하기로 마음을 먹었다. 선회 비행 이후 착륙 접근에 들어간 그의 항공기 엔진은 계속 돌고 있었고, 플랩도 내려가 있었다. 그러나 항공기의 바퀴가 진흙투성이의 지면에 닿자마자 항공기는 옆으로 넘어져 거꾸로 뒤집히고 말았다. 그 소령은 필사적으로 탈출을 시도했다. 그러나 소용이 없었다. 그는 조종석 내에 거꾸로 매달린 채로 갇혀 있었다. 연료가 새어나오는 불길한 소리를 들으며 밖에서 누군가가 구해 주기만을 기다리고 있었다. 이 모든 것을 놀랍다는 시선으로 보고 있던 독일군들은 결국 그 영국 공군 소령을 돕기로 했다. 그들은 항공기로 달려가 순식간에 소령을 구출해 냈다. 소령은 비행기 밖으로 나오자마자 권총을 꺼내 독일군들을 겨누며 말했다.

"귀관들은 전쟁 포로다. 혹시 영어 할 줄 아는 사람 있나?"

그러자 독일 공군들 중 대위가 유창한 옥스퍼드 억양으로 말했다.

"저는 영어 할 줄 압니다. 맬번과 트리니티에서 유학했거든요. 그런데 소령님, 착륙 실력은 참 별로네요."[20]

이런 종류의 이야기는 참 많이 돌아다녔다. 그 진위 여부는 알려지지 않았다. 그러나 근거가 되는 실화가 있으니까 이런 이야기도 나오는 것일 거다. 링컨의 펍에서는 이런 이야기가 안주 거리로 많이 돌아다녔다.

한 가지 말해 두어야 할 것이 있다. 당시 공군 보조비행대의 조종사들의 기량은 작전 수행 가능 수준을 만족시키지 못했다는 점이다. 물론 1년 후 그들은 가장 영광스러운 방식으로 자신들의 이름을 빛내게 된다. 그러나 1939년의 암흑기에 이들의 실력은 그리 좋지 못했다. 어떤 공군 보조비행대대는 하인켈 1대, 햄덴 2대, 허드슨 1대, 앤슨 1대를 격추했다는 우스갯소리도 있었다. 그러나 이들의 전투력은 이후 크게 나아진다.

11월에는 비가 많이 왔다. 우리 비행대대의 전력은 신속하게 늘어났다. 훈련비행대를 수료한 새로운 승무원들이 배속되었다. 하루는 편대 사무실

---

20) 독일 공군 KG26(제26폭격비행단)의 하인켈 2대가 서로 4개월의 간격을 두고 영국 공군 보조비행대 스피트파이어의 공격을 받아 베릭에 추락했다. 그중 첫 번째로 떨어진 항공기는 1939년 10월 28일, 영국 공군 제602, 603비행대대의 스피트파이어의 공격을 받았다. 이 항공기는 험비에 동체 착륙했다. 제2차 세계대전 중 영국 본토에 처음으로 떨어진 적기였다. 두 번째로 떨어진 항공기는 1940년 2월 9일 영국 공군 제602비행대대 스피트파이어의 공격을 받아 동 로시안 북 베릭 로에 불시착했다. 이 항공기는 착륙장치를 제대로 내리고 정상적으로 착륙했으나, 착륙 과정에서 기수가 손상되었다. 이 항공기는 수리를 받고 제1426적기 편대에서 운용되다가 1943년 11월 10일 사고로 전손되었다. 그러나 스피트파이어가 추락한 하인켈 옆에 착륙하다가 사고를 냈다는 얘기는 사실일 가능성이 매우 낮다.

에 앉아 아무 일도 하지 않고 빈둥대는데 5명의 신참이 걸어 들어왔다. 그들의 이름은 재키 위더스, 토니 밀스, 빌 트위델, 디키 벙커, 그리니 그린웰이었다. 그리니를 제외한 전원이 잉글랜드 출신이었다. 그리니는 남아프리카 출신이었다. 앞으로 어떤 일이 벌어질지 모르는 그들은 잔뜩 긴장해 있었다. 재키 위더스를 제외하면 전원이 매우 어렸다. 오스카는 그들을 살펴보았다. 그들 역시 자신들의 편대장이 그렇게 젊은 사람이라고는 예상하지 못했을 것이다. 그리고 편대장이 제복을 허술하게 갖춰 입은 데다 모자도 뒤통수에 걸쳐 쓰고, 발을 탁자 위에 올리는 군기 빠진 행색을 하고 있을 거라는 생각도 못했을 것이다.

그는 물고 있던 담배 파이프를 빼며 입을 열었다.

"제군들 모두 성적이 좋더군. 그래서 제군들은 우리 편대에 온 것이다. 실력 없는 놈들은 B편대로 가는 거고. 내가 여기서 제군들에게 원하는 것은 뛰어난 충성심과 비행 군기뿐이다. 그 외에 다른 것은 내가 알 바 아니다. 제군들은 햄덴 폭격기의 조종 교육을 잘 받았을 것이다. 그리고 스스로를 에이스 파일럿이라고 생각할지도 모른다. 그러나 유감스럽게도, 제군들은 모두 부조종사로 배속될 것이다. 즉, 여기 와서는 항법부터 다시 배우라는 소리다. 그리고 야간 비행 훈련 때 말고는 정조종사로 비행할 일은 없다."[21]

그는 신참들을 기존 정조종사에게 신속히 배속해 주었다. 토니 밀스는 잭 키노크에게, 그리니는 이안에게 배속되었다. 그는 나를 보더니 능글맞

---

21) 웰링턴과 휘틀리는 부조종사를 태울 수 있으나, 햄덴은 동체가 좁아 그럴 수 없다. 전쟁 초기 햄덴 비행대대들에는 훈련비행대를 갓 수료한 신참 조종사들이 배속되었다. 이들은 경험 많은 정조종사들을 위한 관측수로 활동했다. 이 때문에 이들 신참 조종사들은 적국 상공에서의 작전과 전술을 충분히 체험하고 나서, 이후 정조종사가 되어 휘하 승무원들을 지휘할 수 있었다.

은 미소를 지으며 이렇게 말했다.

"이봐, 기보. 자네 통신사는 기량이 제일 형편없지? 자네 비행기 상태도 우리 부대에서 최악이고 말야. 그리고 자네 본인도 참 별 볼 일 없는 조종사지. 그러니 자네에게는 재키 윈터스를 배정해 주지."

나는 오스카의 말에 농담이 섞여 있는 것을 알았다. 그러나 재키는 그 말을 농담으로 받아들일 기분이 아니었다.

나는 오스카에게 이렇게 대답했다.

"좋습니다. 감사합니다."

그리고 재키를 보며 이렇게 말했다.

"자네는 운이 좋은 놈이야. 나는 우리 부대 최고의 조종사거든."

그러면서 나는 편대 사무실을 나갔다. 그러자 동료들은 내게 야유를 퍼부었다.

"저런 희대의 구라쟁이 같으니라고."

"저 놈은 위험한 놈이야. 재키, 저 놈은 널 죽일 거라고."

내가 편대 사무실의 방문을 닫자마자 동료들은 일제히 방문을 걸어차 댔다.

그러고 나서 나는 재키를 보았다. 재키는 대단한 인물이었다. 재키의 어머니는 오페라 가수였다. 재키도 발레를 공부했다. 또한 어디 내놔도 뒤지지 않는 재즈 피아노 실력도 갖추고 있었다. 노래도 해리 로이처럼 부를 수 있었다. 그러나 그의 가장 큰 장점은 황금 같은 심장과 사자 같은 담력이었다. 그리고 이후 나는 그가 비행도 매우 잘 한다는 것을 알았다.

11월 하순의 어느 날, 누군가가 이런 보고를 했다. 뉴캐슬에서 2마일 (3.7km) 거리에서 독일 구축함 3척이 발견되었다는 것이다. 그 보고가 사실이라면 우리 기지의 두 비행대대는 가급적 빨리 출격해 중고도 폭격을 실시해야 했다. 하지만 막상 가보니 독일 구축함은 없었다. 우리 항공기들이 기지로 돌아가려는 찰나 질트로부터 12마일(22km) 이내의 북해를 초계하고 적이 보일 경우 소탕하라는 명령이 들어왔다. 앞자리에 앉아 있던 재키는 이렇게 말했다.

"이런, 거기 지도는 없는데요."

하지만 오스카를 따라가면 지도가 없어도 문제가 없었다. 물론 이번에도 아무것도 발견하지 못했다. 심지어는 어선도 한 척 없었다. 질트에 가봐도 본토를 따라 길게 깔린 구름 외에는 아무것도 없었다. 심지어 상공에 아군 전투기도 하나도 보이지 않았는데, 기상 조건이 이래서 그랬던 것 같았다. 우리는 돌아와서 장교 회관에서 맥주를 마시며, 우리 비행단에서 주간에 독일 상공에 처음 들어갔던 친구들의 무용담을 화제로 삼아 이야기했다. 물론 그 이야기에도 거짓말이 상당히 섞여 있었지만.

당시 대서양에 배치된 독일 포켓 전함 〈도이칠란트〉는 우리 군에 상당한 골칫거리였다. 〈도이칠란트〉의 자매함 〈그라프 슈페〉도 이미 바다에 나와 있었다. 이 때문에 영국 공군의 폭격기 사령부는 총력을 다해 이들 독일 전함들을 저지할 것을 요구받았다. 하루는 〈도이칠란트〉가 킬 군항을 떠나 북대서양으로 나가 영국 상선단을 공격하려 한다는 보고가 들어왔다. 〈도이칠란트〉는 스타방게르 남쪽 노르웨이 해안에서 북쪽을 향하고 있었다. 새벽이 되자 스캠턴 기지에는 난리가 벌어졌다. 처음에는 기지의 모든 항공기를 이륙시키라는 명령이 내려왔다. 나중에는 비행대대당 9대로 줄어들긴 했다.

브리핑은 그리 오래 진행되지 않았다. 시간이 없었기 때문이다. 항공기는 3대가 1개 편대를 지어 공격을 실시하게 되었다. 우리가 동원 가능한 항공기는 약 50대였다. 적 전투기의 공격에 대비해 우리는 밀집 편대를 지어 가급적 상호 원조를 해주기로 했다. 이륙 직전 조 콜리어가 나 대신 출격하게 되었고, 나는 출격하지 못한 분을 지상에서 삭이고 있었다. 그러나 불과 몇 시간 후 콜리어는 자신의 신세를 후회하게 되었다.

아무튼 우리 항공기들은 이륙했다. 공격대의 지휘관은 제49비행대대장인 공군 중령 쉰이었다. 항공기 한 대에서는 관측수가 쌍안경으로 〈도이칠란트〉를 탐색했다. 〈도이칠란트〉를 발견하면 그 관측수는 발광 신호를 보낼 것이었다. 그러면 공격대의 모든 폭격수는 자신들이 공격하는 것이 아군 순양함이 아니라, 독일 전함이라는 것을 확실히 알고 폭격에 임하게 될 것이었다.

우리 항공기들은 거친 바람 부는 북해의 10,000피트(3,000m) 고도를 비행해 노르웨이까지 갔다. 거기까지 가는 데는 불과 2시간밖에 걸리지 않았다. 강한 순풍을 받았기 때문이다. 그래서 의욕이 넘치던 쉰은 노르웨이 해안을 따라 필요 이상으로 더 북쪽으로 올라가기로 했다. 해안으로부터 3마일(5km)까지의 노르웨이 영해를 침범하지 않도록 주의했다. 기상 조건은 놀라우리만치 좋았다. 우리 편대는 발아래에 보이는 피요르드와 작은 마을들을 꼼꼼히 살피며 북으로 한참을 날았다. 더 가봤자 아무것도 발견되지 않을 것임을 납득할 때까지 말이다. 결국 우리 항공기들은 기수를 서쪽으로 돌려 영국으로 돌아가려 했다. 이제 순풍은 역풍으로 바뀌었다. 그리고 그 역풍은 돌풍이 되었다. 안 그래도 우리 햄덴 항공기들은 그리 빠르지 않았다. 그리고 발아래의 바다를 보니 그 속도는 더욱 느려졌다. 4시간을 비행하고 난 후, 관측수는 우리 편대가 스코틀랜드 최북단을 지나쳐 대서양 한복판으로 나아가고 있을지도 모른다는 주장을 했다. 그러니 남동쪽으로 기수를 돌려 보자고 그는 말했다. 그의 의견은 받아들여졌다. 당시에는 항공기 간의 무선 통신을 하지 않았다. 만약 했다면 불쾌한 단어들만 난무했을 것이다. 잠시 후 선도기에 타고 있던 항법사가, 관측수의 생각이 틀렸음을 납득시켰다. 그래서 편대는 다시 서쪽을 향했다.

이제 항공기의 연료는 부족해지고 있었다. 이들은 10시간씩 비행했다. 승무원들은 연료계를 초조하게 바라보고 있었다. 연료계를 보니 연료는 100갤런(378리터) 정도만 남아 있었다. 아직도 육지는 보이지 않았다. 자칫하면 모든 항공기가 수상 착수를 해야 할 판이었다.

갑자기 눈앞의 안개를 뚫고 작은 어선이 보였다. 시각은 오후 5시경이었다. 어두워지고 있었다. 어선에 탄 노인이 그날의 일을 마친 후, 키의 손잡이를 잡고 육지로 돌아가려는 것이 보였다. 갑자기 50대의 햄덴 폭격기가 그의 머리 위에 나타나, 선회 비행을 하면서 발광 신호로 긴급 비밀 메시지를 주고받았으니 그도 놀랐을 것이다. 그러나 그에게는 우리 항공기들과 통신할 무전기나 발광 신호기가 없었다. 우리의 존재가 그저 재미있게만 보였을 것이다. 스코틀랜드 출신의 윌리 와트가 지휘하는 다른 비행대대는 고도를 높이며 선회하다가 멀리 떨어진 육지를 발견하고는 바로 편대를 해체하고 15분 후 몬트로즈에 안착했다. 다른 비행대대들도 하나둘씩 육지를 찾아 내렸다. 우리 비행대대는 애클링턴에 착륙했다. 우리 비행대대의 항공기 대부분은 양쪽 연료탱크에 연료가 10갤런(38리터)씩밖에 남지 않았다. 어떤 하사관 조종사는 착륙 접근 중 한쪽 엔진이 연료 부족으로 멎었다. 그는 바로 나머지 엔진의 추력을 최대로 높였다. 그러나 그 엔진도 얼마 못 가 꺼지고 말았다. 그의 항공기는 비행장 근처의 묘지에 불시착했지만, 그래도 제 발로 항공기 잔해에서 탈출했다.[22]

---

22) 깁슨은 이 일이 11월 말에 일어난 것처럼 말하고 있으나, 실제로는 1939년 12월 21일에 일어났다. 스코틀랜드 해안에 접근 중이던 제44비행대대의 햄덴 2대가 제602비행대대의 스피

나머지 항공기들은 계속 비행하다가 퍼스 오브 포스의 방공 구역에 들어갔다. 하필이면 그날 세인트 데이비스 헤드의 레이더 안테나 마스트를 관리하던 늙은이가 청소를 위해 마스트를 철거해 버렸다. 그래서 턴하우스의 전투기 부대 작전실에 우리 항공기들의 접근 사실을 미리 알릴 수 없었다. 겨울날 저녁 하늘을 감시하던 관측대는 구름을 뚫고 나오는 햄덴을 보고, 바로 전투기 부대에 전화를 걸었다. 몇 주 전 퍼스 오브 포스를 폭격했던 〈훈〉족이 다시 나타났다는 것이었다. 우리 공군은 허리케인과 스피트파이어를 바로 출동시켰다. 정규 공군 소속인 제3비행대대의 전투기들은 우리 햄덴 폭격기를 확인하고는, 아군이라는 사실에 실망의 콧방귀를 뀌며 바로 기지로 복귀했다. 그러나 두 보조비행대 소속 전투기들은 그렇지 않았다. 그들은 눈을 커다랗게 뜨고 기관총의 안전장치를 해제하고는 접근해 왔다. 그들이 우리에게 사격을 그리 많이 가하지 않은 것은 순전히 운 때문이었다. 아무튼 그들의 사격을 얻어맞은 우리 햄덴 폭격기 2대가 격추당했다. 우리 폭격기 승무원들이 큰 부상 없이 탈출했던 것이 그나마 다행이었다. 다음 날 항공기를 잃은 햄덴 폭격기 비행대대장은 턴하우스의 전투기 통제소에 전화를 걸어 거칠게 항의했다. 이것까지 말해도 되는지는 모르겠으나, 우리 폭격기들은 턴하우스 비행장으로 날아가 화장실 휴지로 비행장을 폭격했다.

12월 1일은 평범한 날이었다. 소련의 핀란드 침공이 시작되었다는 점만 빼면 말이다. 소련의 침공 이유는 이 전쟁이 끝날 때까지 밝혀지지 않을 것

트파이어에게 적기로 오인받아 사격을 당하고 북 베릭 앞바다에 추락한 것이다. 제49비행대대의 햄덴 폭격기 1대는 연료 부족으로 추락, 애클링턴 인근 브룸힐의 어느 교회를 들이받았다. 이 사고로 햄덴 폭격기 승무원 2명이 사망했다. 같은 달 독일 해군 전함 〈그라프 슈페〉함이 자침(自沈)하자, 〈도이칠란트〉함의 이름은 〈뤼초브〉로 개칭되었다.

이다. 그러나 나는 개인적으로 소련을 크게 신뢰하고 있다. 그리고 소련이 매우 타당한 이유 때문에 핀란드 침공을 기획하고 실행했을 거라고 생각한다. 그나마 1939년 12월 1일 당일에는 그 정도까지 생각해 보지도 않았지만.

12월 1일은 내가 3일간 휴가를 받은 날이기도 했다. 개에게 물린 이후 처음 받는 휴가였다. 비상시 12시간 내에 기지에 복귀해야 하기 때문에 그리 멀리 나갈 수는 없었다. 그래서 나는 형을 만나러 코벤트리로 차를 운전해 갔다. 형은 워릭셔 연대 제7대대에 복무 중이었다. 그리고 대대본부는 코벤트리 중심가에 있었다. 이번에도 평소와 비슷한 양의 맥주를 마시고, 럭비 게임을 한 판 하는 등 평범한 휴가였다. 그러나 그 휴가에서 나는 이브 무어라는 여성을 만나게 되었다. 나는 그녀를 처음 본 순간 반해 버렸다. 그녀는 키가 작고 아름다웠다. 무엇보다도 말이 통했다. 파티와 지겨운 전쟁 소식이 쉴 틈 없이 이어지던 당시, 책과 음악, 명소를 논할 수 있는 사람을 만난 것은 행운이었다. 그런 주제에 대해 말할 수 있는 사람들은 보통 외모가 별로다. 그러나 이브 무어는 정말 매력적인 외모를 하고 있었다. 그녀의 부모는 페나스에서 해운업에 종사하고 있었다. 그녀는 단조로운 해운업 세계에 진력이 났고, 배우로 데뷔했다. 아직은 단역이었지만 말이다. 그러나 나는 그녀 아버지가 그녀에게 돈을 잘 대주고 있다고 생각했다. 여배우의 출연료는 정말로 작았는데도 그녀는 언제나 최고급 호텔에서만 묵었다. 아버지의 간섭을 피할 수는 없던 것 같았다.

나는 바바라와의 짝사랑이 제대로 이어지지 않은 충격에서 아직도 벗어나지 못하고 있었다. 비행대대의 대부분의 승무원들은 애인이 있었다. 나도 애인이 없을 이유가 없다고 생각했다. 이브는 모든 면에서 정말 마음에 들었다. 불과 며칠뿐이었지만 아름다운 여인과 함께 정상적인 생활을 할 수 있다는 것은 즐거운 일이었다.

마지막 날 밤 우리는 킹스 헤드 호텔에서 파티를 했다. 그 파티로 인한 숙취는 무려 3일을 갔다.[23] 파티는 정말 평범했다. 독한 술을 마시며 떠드는 스타일이었다. 그때 유일하게 기억에 남는 특이한 것은 내가 럼주와 위스키를 섞어서 마셨다는 것이다. 술 감정가나 연세 지긋한 분들이라면 이런 힘든 상황에서조차도 절대 하지 않는 일이다. 우리 형은 물론 그 자리에 있던 신사 숙녀들에게 작별을 고했다. 그 이후 나는 스캠턴까지 100여 마일을 직접 운전해 가려고 운전석에 앉았다. 새벽 3시에 깨어 있는데 기분이 좋을 리가 없다. 뱃속에 럼과 위스키까지 잔뜩 들어가면 더더욱 말이다. 게다가 등화관제 때문에 길이 정말 어두웠다. 내 차의 헤드라이트에는 표준형 등화관제 마스크가 씌워져 있었다. 다들 알다시피, 그걸 끼우면 빛이 하나도 나오지 않았다. 한 시간 동안 길을 잃고 헤매다가 생울타리를 칠 뻔했다. 결국 나는 운전을 포기하고 새벽까지 잠이나 자기로 했다. 한두 시간 후 나는 깨어났다. 머리는 깨질 것 같았고 입맛은 쓰디썼다. 럼주를 마시면 늘 이랬다.

스캠턴에 도착하자마자 나는 격납고로 차를 몰고 달려갔다. 조종사 휴게실에 가서 마저 자려고 했다. 나는 복귀 시간을 몇 시간이나 어겼고, 윌리가 럼주 냄새를 맡게 하기 싫었다. 평화로운 조종사 휴게실은 조용하고 따스했다. 덕분에 나는 푹 잘 수 있었다. 내가 슬슬 잠이 들려는데 동료 승무

---

23) 이블린 메리 무어는 1911년 12월 27일생이다. 깁슨보다 만 8년 정도 나이가 더 많다. 이브에 따르면 깁슨은 코벤트리에 있던 아르 데코식 극장인 뉴 히포드롬 극장의 무대 뒤에서 처음 자기소개를 했다고 한다. 깁슨이 〈나와서 놀자(Come out to Play)〉의 공연을 4번이나 관람한 후의 일이었다. 1940년 11월 14일 코벤트리 공습으로 킹스 헤드 호텔은 완파되었다. 그러나 뉴 히포드롬 극장은 살아남았고, 1955년에는 코벤트리 극장으로 개칭되었다. 이후에도 이 극장은 한 번 더 이름이 바뀐 후, 1985년 빙고 홀로 용도 변경되었다. 그러나 2002년 결국 철거되었다. 현재 이 극장의 자리에는 코벤트리 교통 박물관이 들어서 있다.

원들이 들어왔다. 정신이 흐린 와중에서도 누군가가 이렇게 말하는 게 들렸다.

"이거 봐! 기보가 돌아왔어!"

또 다른 사람이 이렇게 말했다.

"저 눈 밑에 다크서클 좀 봐. 정말 화끈하게 놀았나 보군."

그러자 야비한 웃음소리가 터져 나왔다. 그 정도면 충분했다.

나는 벌떡 일어났다. 떠들고 있던 두 승무원에게 소리를 질렀다.

"당장 나가. 이 더러운 놈들아. 난 등화관제와 지독한 숙취 속에서도 100마일이나 운전을 해 왔다고. 어서 꺼져."

두 사람은 동시에 튀어 나갔다. 그 친구들도 내 기분을 공감했던 것이다.

12월은 악기상을 몰고 왔다. 우리는 주로 이륙 명령을 기다리면서 대기하며 시간을 보내긴 했지만, 있지도 않은 전함 〈도이칠란트〉를 봤다는 엉터리 보고 때문에 출격했다가, 이륙한 지 1시간도 못 되어 되돌아온 적은 두어 번 있었다. 아무튼 월급 받는 만큼 한 일이 없던 시절이었다. 매우 지루한 생활이었다. 매일같이 비행장에는 안개가 짙게 깔려 있었다. 불과 1마일(1.85km) 떨어진 농가조차도 보이는 날이 거의 없었다.

공군성의 누군가는 스캠턴 기지가 너무 작다고 생각하고, 확장을 지시했다. 앞서 말했던 농가는 확장 예정 부지 내에 있었다. 농가를 철거해야 할 판이었다. 쉰 중령의 후임으로 온 새로운 비행대대장 조니 치크 중령은 묘안을 떠올렸다. 우리 폭격기가 500파운드(225kg) 폭탄으로 그 농가를 부숴 버리면 어떨까? 그러면 저공 폭격 훈련도 할 수 있다. 저공에서 폭탄을 떨어뜨릴 때의 탄도 특성도 관찰할 수 있다. 이 폭탄을 사용한 농가 철거안은 금세 비행대대 간 경기로까지 스케일이 커졌다. 모두가 기상 상황이 좋아져 이 경기가 진행되는 날을 손꼽아 기다리게 되었다.

결국 그날이 왔다. 마지막 순간에 공군성이 개입하여 이 경기에는 모의 탄만 사용할 수 있다고 규정했다. 그러나 모의탄 후미에 연막탄을 장착해, 실전 감각을 높이는 것은 허용되었다.

경기에 참가하는 폭격기들은 한 대씩 표적인 농가에 접근해, 100피트 (30m) 고도에서 폭격을 시도했다. 다들 열심히 하기는 했지만, 좋은 성적 을 보여 준 사람은 하나도 없었다. 어떤 폭탄은 표적을 지나쳐 착탄하고, 어떤 폭탄은 표적 앞에 떨어졌다가 지면에 튕겨 날아가, 표적에서 400m나 떨어진 곳에서 폭발하기도 했다. 그러나 그 경기가 준 교훈은 컸다. 저공 폭격이 의외로 힘들다는 것을 알았다. 그리고 가장 중요한 교훈은 폭탄 후 미에 작동 신관(action fuse)을 부착하면 지면에 착탄 후 꽤 먼 거리를 튕겨 나간다는 것이었다. 누군가는 폭탄이 지면에 확실히 박히게 하기 위해 앞 부분에 스파이크를 달자고 제안하기도 했다. 특히 조니 치크가 투하한 폭 탄은 공교롭게도 농가 위층의 침실 창문에 정확히 박혀 모두를 웃게 했다. 조니 치크의 다트 실력이 별로였다는 점을 감안하면 더욱 놀라운 일이었 다.[24]

그런 식으로 12월은 지나갔다. 12월에 우리 기지에서는 여러 번의 경기 가 있었다. 착륙 경기도 있었고 폭격 경기도 있었다. 어떤 경기건 대원들을 분주하게 만들었다. 그러나 다양한 일을 처리하는 동안 우리는 점점 따분 해지고 있었다. 이건 가짜 전쟁이라는 생각이 들기 시작했다.

어느 날은 오스카, 이안, 내가 남 웨일스의 세인트 어던까지 비행한 적이

---

24) 여기서 언급되는 농가, 즉 아이스토프 하우스는 스캠턴 기지 북쪽 외곽에 있던 농장의 일부였 다. 이 농가에는 1937년 8월 31일까지 사람이 살고 있었다. 그러나 그날 안개 속에서 착륙을 시도하던 제9비행대대의 핸들리 페이지 헤이포드 항공기가 이 농가를 들이받아 버리고 말았 다. 이때 손상된 농가는 수리되지 않았다. 그리고 본문에 언급되는 폭격 경기 이후, 농가의 잔 해는 철거되고, 그 자리에는 비행장이 확장되었다. 현재도 아이스토프 하우스로 가는 길은 남 아 있다. 이 길은 비행장에서 사고 시 비상 탈출로로 쓰이고 있다.

있었다. 우리 햄덴 항공기에 비밀 장비를 부착하기 위해서였다.[25] 참 힘든 여행이었다. 어디에나 구름이 낮게 깔려 있었다. 브리스톨 해협 상공 고도 500피트(150m)에서야 구름이 걷히고 시정이 확보되었다. 그런데 선박 호송대가 우리 항공기들에게 대공포를 쏘기 시작하는 것이었다. 다행히도 대공포 사수들의 사격 솜씨가 별로여서 우리는 피해를 입지 않았다. 우리처럼 맞추기 쉬운 표적도 없었는데 말이다. 날씨는 갈수록 나빠졌기 때문에, 우리는 그날 밤에는 휴식을 취하고 다음 날 모기지로 돌아가기로 했다. 덕분에 나는 이브의 집에 가서 이브의 부모님을 뵐 수 있었다. 그리고 그다음 동료들과 함께 카디프로 가서 저공비행을 했다. 그날 밤 오직 기억하는 건 오스카가 매우 버릇없이 굴었다는 것뿐이다. 그는 술만 마시면 예의가 없어졌다. 그리고 이브에게 괜히 화를 냈다. 다른 승무원들이 어이없어 하는 가운데 이브는 가급적 오스카에게 예의 바르게 대했다. 오스카는 다음 날이 되자 모든 것을 다 잊어 버렸다. 제대로 된 집에서 자라지 않은 사람 같았다.

크리스마스가 되었다. 전쟁이 시작된 이후 처음으로 맞는 크리스마스였다. 우리는 그날 새벽부터 출격대기를 해야 했다. 대규모 적 호송대를 타격하기 위해서였다. 점심 때까지도 대기가 이어졌다. 비행 중에만 먹던 오렌지 등의 식품들이 점심식사로 나왔다. 우리는 술을 마시며 크리스마스를 축하하는 사람들이 그렇게 부러울 수가 없었다. 그러나 우리의 기분이 하늘에 전달되었는지, 모든 작전이 갑자기 취소되었다. 그러자 우리도 크리

---

25) 이 장비는 IFF(Identification Friend or Foe, 피아식별장치)였다. 이 장치를 단 항공기가 영국 측 레이더에 탐지되면 신호를 발신한다. 그러면 레이더 조작사의 화면에 보이는 이 항공기의 광점은 IFF가 없는 항공기에 비해 더 길게 표시된다. 이것으로 항공기의 피아 여부를 알아내는 것이다. 이 체계는 이전에 쓰이던 핍 스퀵 피아식별 방식을 대체했다. 핍 스퀵 방식은 항공기의 무선 발신기가 특유의 신호를 발신하면, 지상의 고주파 방향 탐지국이 이를 수신하는 것이다.

스마스 파티를 벌이기 시작했다. 우선 승무원 회관에서 저녁식사가 나왔다. 우리 부대의 신참들은 기쁨의 함성을 질렀다.

"제49비행대대를 위하여!"라는 건배사가 나오자, 제83비행대대원들은 더욱 소리를 높였다.

"81도 82도 아니야. 83이 최고다!"

제49비행대대도 맞받아쳤다. 회관은 어느 새 담배연기가 자욱해지고 고함 소리로 떠들썩해졌다.

영국 공군에는 크리스마스 때마다 행하는 오래된 전통이 있다. 크리스마스에는 모든 장교들이 병들의 식사 시중을 들어야 한다. 또한 크리스마스에는 병들이 장교들을 자신들이 원하는 호칭으로 부를 수 있으며, 무례한 표현을 써도 된다. 맥주 순배가 점점 빠르게 돌면서 파티의 분위기도 점점 거칠어졌다. 병들이 장교에게 쓰는 표현도 갈수록 거칠어졌다. 파티 분위기가 험악해져 접시가 하늘을 날아다니기 시작하면, 장교들은 회관에서 퇴장하는 것 역시 크리스마스의 전통이다. 안 그랬다가는 장교들이 다칠 수도 있기 때문이다.

도망친 장교들이 하사관 회관으로 오면, 하사관들은 장교들의 맥주에 몰래 진을 집어넣는다. 이것 역시 25년이나 이어져 내려온 전통이다. 나도 1939년 크리스마스에 이걸 당했다. 그날 무슨 수로 숙소에 돌아갔는지 기억이 나지 않는다. 그날에는 모두가 다들 내일은 없다는 식으로 놀았다. 지금은 전시다. 어쩌면 이번이 살아서 맞는 마지막 크리스마스일지도 모르기 때문이다.

기지의 모든 사병들이 맥주를 잔뜩 마시고 즐겁게 노는 장면을 보고 나면, 장교들은 장교 회관으로 저녁식사를 하러 간다. 거기 역시 난장판이다. 회관에 여자는 하나도 없다. 아예 초대 자체를 안 했다. 총각 파티다. 그것도 파티라고 부를 수 있다면 말이지만. 저녁 무렵 장교 회관의 한쪽에는 우리 대대 장교들이, 그리고 반대편에는 다른 대대 장교들이 모여 있었다. 그리고 갑자기 누군가가 소리친다.

"잘 왔다! 제군들! 신나게 놀아 보자!"

정신을 차려 보니 나는 술 마시고 쓰러진 장교들 틈바구니에 끼어 있었다. 누가 와서 전화를 받으라며 나를 일으켜서 끌고 나간 게 기억난다. 전화를 건 사람은 이브였다. 크리스마스를 잘 보내라며 인사를 했다. 나는 이브와의 통화를 마치고 다시 또 난장판 속으로 뛰어들었다. 누구도 다치지 않는 것이 기적이었다.

결국 나는 자러 가야겠다고 마음먹었다. 그만하면 술은 실컷 마셨다. 똑바로 걷기조차 힘들었다. 복도를 비틀거리며 숙소로 돌아가는데 소화기 4개와 마주쳤다. 그러나 나는 그 소화기들이 제대로 보이지 않았다. 술 때문이기도 하고 복도가 어두웠기 때문이기도 했다. 아무튼 나는 잘못해서 소화기에 발이 걸렸다. 소화기들은 제멋대로 작동을 시작했다. 나는 어떻게 해야 할지 몰랐다. 일단 소화기들을 깔고 앉아서 소화용 포말이 복도로 나오지 못하게 하려고 했지만 소용이 없었다. 포말은 내 바지를 적시고 밖으로 다시 뿜어져 나오기 시작했다. 막을 방법이 없었다. 근처에 문이 하나 있었는데, 그 문에는 커다란 장식용 유리창이 달려 있었다. 나는 그 유리창을 향해 소화기를 하나씩 집어던졌다. 유리창이 깨지는 소리와 소화용 포말이 뿜어져 나오는 소리가 메아리쳤다. 그러고 나서 나는 숙소로 돌아갔다. 어려운 상황에서 최선을 다했다면서 스스로를 위로했다.

다음 날 회관 비서가 거친 말투로 내게 통보했다. 한 달 동안 회관에서 음주는 금지라는 것이었다. 어제 내가 고의적으로 회관 기물을 파손했기 때문이라는 것이었다. 나는 화가 나서 윌리 스네이스를 만나러 갔다. 그러나 그는 이 상황을 내가 납득할 방향으로 해석했다.

"이봐, 기보. 새옹지마야. 한 달 동안 술을 안 마시면 그 돈으로 애인에게 줄 선물을 살 수 있잖아?"

그 말을 듣고 많은 것을 깨우친 나는 한 달 동안 술에 손도 대지 않았다.

그런 식으로 1939년은 끝났다. 1939년 연말의 분위기는 묘했는데, 분명히 전쟁 중이었음에도 전시가 아닌 파티 분위기였다. 그리고 당시의 우리는 해가 갈수록 더욱 성대한 연말 파티가 열릴 것을 상상도 못하고 있었다.

제3장
실수로부터 배워라

1940년 1월 초에 우리 부대에서 근무했던 사람들이라면, 당시의 분위기를 결코 잊을 수 없을 것이다. 눈보라가 무섭게 몰아쳤고 어딜 가나 눈이 잔뜩 쌓여 있었다. 활주로도, 격납고 문도 눈으로 막혀 있었다. 심지어 항공기 안으로도 눈이 들이쳤다. 정말 생활하기 힘든 시간이었다. 링컨으로 가는 길도 1주일이나 막혔고 회관에는 맥주가 떨어졌다. 맥주 보급 요청을 하자 영국 반대편에 주둔하고 있던 장거리 웰슬리(Wellesley) 폭격기가 맥주를 싣고 와서 낙하산에 맥주 몇 상자를 매달아 투하해 주었다. 그러나 그 맥주도 순식간에 바닥이 나고 말았다.

뮬과 나는 어느 날 밤 링컨에 영화를 보러 가기로 했다. 내 차를 타고 도로에 나섰지만 눈보라로 인해 앞이 전혀 보이지 않았으며 운전이 불가능했다. 그래서 뮬이 하차해서 손전등을 들고 앞을 비추고, 내가 최대한 느리게 차를 몰고 갔다. 그런데 우리 앞에 갑자기 기지 정문이 다시 나왔다. 중간에 제대로 길을 찾아가지 못하고 왔던 데로 다시 돌아오고 만 것이었다. 결국 그날 우리는 영화를 보지 못하고 말았다.

한편, 제1차 세계대전 참전 경험이 있던 고참 장교들은 이렇게 악기상일 때는 피아노를 치며 노래를 부르는 것이 최고라고 조언했다. 우리에게는 다른 아이디어가 없었기 때문에 그들의 말대로 하기로 했다. 그래서 재키 위더스가 피아노를 치는 동안 다른 승무원들은 맥주를 마시며 노래를 불렀다. 가장 고음 파트를 맡은 내게는 맥주 대신 오렌지 주스가 주어졌다. 우리는 많은 노래를 불렀다. 어떤 노래는 잘 부르기도 했지만 솔직히 말해 대부분의 노래를 잘 못 불렀다.

어느 날 밤 오스카가 웃고 소리치며 회관에 들어왔다. 평소의 그답지 않은 행동이었다. 그래서 무슨 일 있느냐고 물어 보았다. 그는 간신히 입을 열어 이렇게 말했다.

"당구장에 가 보라고. 그러면 알게 될 거야."

우리는 바로 당구장으로 몰려갔다. 우리는 그곳의 광경을 보고 쓰러질 뻔했다. 3명의 군종 신부들이 맥주잔을 든 채 피아노 옆에 앉아서 매우 진지한 표정으로 노래를 부르고 있었다. 노래의 가사는 "여기 다음번에 죽을 사람이 있습니다."였다.

어느 군대건 간에 항공기 승무원들은 비행을 안 할 때면 높으신 분들에 의해 귀찮은 일들에 시달린다. 당시의 우리 부대도 예외는 아니어서, 우리 부대를 학교로 개조하라는 명령이 떨어졌다. 우리 승무원들은 매일 오전마다 3시간씩 교육을 받아야 했다. 우리는 우리 부대를 제83비행대대가 아닌, 제83작전훈련대(OTU)로 부르기 시작했다. 교육 내용은 항법술, 병기학, 기상학 등이었으나, 이미 몇 년 전에 다 배운 내용들뿐이었다.[26] 그리고 편대장들에게 인원 상태에 이상이 없음을 알리기 위해 매일 아침 8시 30분에 분열식과 점호도 해야 했다. 당시의 삶은 정말 지독했다. 48시

---

26) 1939년 1월, 당시 폭격기 사령부 사령관이던 공군 대장 에드가 루들로우 휘이트는 〈전쟁 준비태세(Readiness for War)〉라는 제목의 보고서를 발간했다. 여기서 그는 폭격기 사령부의 전쟁 준비태세에 심각한 의문을 제기했다. 특히 항법 능력, 폭격 조준 능력, 장비 보유 현황이 매우 미흡하다고 진단했다. 9개월이 지난 후에도 이런 상황은 별로 나아지지 않았다. 폭격기 사령부는 주간에 적국 영토로 날아가거나 야간에 표적을 찾아 날아가는 데 충분한 장비와 교육훈련을 제공받지 못하고 있었다. 1940년 초의 악기상은 이런 문제를 비행대대 수준에서 개선할 기회를 주었다.

간의 외출 때마다 셰필드로 가서 공연 중인 이브를 만나는 것이 유일한 낙이었다.

1월 말이 되어가자 눈이 녹기 시작했다. 녹은 눈은 비행장 가장자리로 흘러, WAAF 막사 근처를 늪지대로 만들어 버렸다. 그 시절 우리 부대의 운명에 대해 여러 가지 소문이 돌기 시작했다. 우리 기지의 두 비행대대가 북쪽의 킨로스, 로시머스로 이동해 독일 잠수함을 사냥할 것이며, 독일 전함이 등장할 경우 폭격을 하게 될 거라는 얘기가 있었다. 그 이야기는 결국 현실이 되어서 이동 준비가 진행되었다. 나는 윌리 스네이스에게 이야기를 해서 나 대신 재키 윈터스가 항공기를 거기로 가져가게 했다. 그러면 나는 글래스고로 기차를 타고 가서, 거기서 공연 중이던 이브를 또 만날 수 있다.

여행은 힘들었다. 전시에 3등석 야간열차로 글래스고에 가 본 사람이라면 그 열차를 탄 게 결코 자랑거리가 아니라는 점을 대부분 공감할 것이다. 그 열차는 절대 제 시간에 운행되지 않는다. 결국 나는 퍼스에서 밤을 보내기 위해 로시머스로 가야 했다. 저녁식사를 하기 전 술집에서 술을 한잔 했다. 그런데 거기서 나와 함께 술을 마시는 사복을 입은 젊은이들 중에 익숙한 얼굴이 많이 띄었다. 제144비행대대의 클라렌스, 그의 항공기 항법사인 빌이 있었다. 왜 저들이 사복을 입고 있는 것인가? 그 이유는 알 수 없었다. 나중에 그중 한 명이 내 숙소에 와서 사정을 알려 주었다. 그들은 핀란드로 블레넘 항공기를 수송 중이라는 것이었다. 그러나 영국이 군 조종사를 동원해 군용기를 핀란드에 공급해 주는 것은 국제법상 불법이었다. 이 때문에 그들은 사복을 입고 있다는 것이었다. 세상에! 그 친구들이 부러웠다. 그들의 일이 더 재미있어 보였기 때문이다.

결국 나는 로시머스에 도달했다. 골프 클럽에서 만난 동료 부대원들은 자신들이 즐거운 여행을 했다고 말했다. 그러나 항공기들은 모두 운항 불가 상태였다. 이륙 시 활주로는 진흙탕 상태였다. 플랩에 튄 진흙이 얼어붙으면서 플랩(flap)에 구멍을 내 놓았다. 이 때문에 항공기는 지금 수리 중이었다. 항공기를 다시 운항시키려면 며칠은 걸릴 것이었다.

로시머스의 생활은 매우 즐거웠다. 머리 만(Moray Firth)을 맴도는 멕시코 난류 덕택에 기온은 온화했다. 2월인데도 마치 봄 같았다. 매일 우리는 해안을 산책하고, 입항하는 어선들, 특이한 동작을 하는 해산물 상인들을 구경했다. 물론 가끔씩은 소규모로 비행도 했다. 우리가 브레인스 트러스트로 부르던 기지 사령관과 소령 계급의 행정관도 왔다. 왜 왔는지 이유는 알 수 없었지만 사격을 하러 온 것 같았다.

다른 때와 마찬가지로 우리가 여기 온 이후에도 이런저런 소문이 떠돌았다. 그중에 제일 듣기 좋은 소문은 우리가 여기 꽤 오랫동안 주둔할 것이라는 얘기였다. 그런 생각을 하니 기분이 좋아졌다. 스코틀랜드는 아주 좋은 곳이었기 때문이다.

매일같이 우리는 편대 비행을 연습했다. 그리고 결국에는 비행대대 전체의 편대 비행 실력이 매우 좋아졌다는 소리도 듣게 되었다. 그러나 매우 큰 사고가 일어날 뻔한 적도 있었다. 하루는 비행대대 전체의 동시 이륙을 위해 단거리 이륙을 해야 했다. 그리고 윌리 스네이스는 플랩을 최대한 펼 것을 지시했다. 이는 플랩을 이륙 각도인 30도로 꺾어서 최대한 펴라는 얘기다. 그러나 우리 분대장인 피트케언 힐은 윌리의 말을 제대로 안 듣고 플랩을 더 크게 꺾었다. 이것은 그가 장기(Leader 항공기)에 매우 가까이 달라붙어 이륙할 때에나 타당한 것이었다. 그러나 이 때문에 큰일날 뻔했다. 피트케언의 항공기는 시속 60마일(약 100km) 속도에서 이륙하여 기지 울타리를 스칠 듯한 고도로 이륙했다. 그러나 내 항공기는 뜨지 못했고 착륙장치가 울타리를 들이받았다. 나는 그때 죽을 뻔했다. 그러나 당시 우리 부대 최고(?)의 작전은 바로 샘 스레플턴이 지휘한 대잠수함 초계였다. 정말 재수 없는 작전이었다. 물론 그것은 누구의 잘못도 아니었다. 그러나 오늘날까지도 부대의 흑역사로 당당히 기록되고 있다.

그날 우리는 승무원 대기실에서 대기하던 중에 이륙 명령을 받았다. 목적지는 노르웨이 인근의 어느 지역이었다. 대서양으로 나갔던 독일 해군의 잠수함이 그곳을 통해 귀환한다는 것이었다. 그 독일 잠수함을 제외한 다른 어떤 잠수함에도 폭격을 하지 말라는 지시도 받았다. 독일군과 맞서 싸우는 영국 잠수함이 그 해역에 있을지도 모르니까 말이다. 우리는 특수 폭탄을 탑재하고 이륙했다. 몇 시간 후 샘의 항공기에서 발광 신호가 나왔다. 뭔가 발견했다는 신호였다. 바로 재키 위더스도 소리쳤다.

"네, 저도 보입니다. 저거 잠수함이에요. 독일 잠수함입니다."

바로 모든 항공기들이 폭탄창을 열고 폭격에 들어갔다. 그러나 우리가 투하한 폭탄은 한 발도 맞지 않았다. 가장 가까이에 투하된 폭탄도 잠수함을 몇 피트나 지나쳤다. 놀란 독일 잠수함은 긴급 잠항했다. 독일 잠수함을 맞추지 못한 우리는 초계를 재개했다. 좀 더 비행하다가 다른 잠수함을 만났으나 이번에는 폭격을 하지 않았다. 인근의 다른 잠수함은 영국 잠수함일 가능성이 있으므로 폭격을 하지 말라는 명령이 있었기 때문이다. 그러고 나서 우리는 기지로 돌아왔다.

우리가 착륙했는데 어느 해군 제독이 기다리고 있었다. 표정이 그리 밝지 않았다. 작전실에서 그는 우리에게 호통을 쳐댔다. 우리가 폭격한 독일 잠수함은 실은 영국 잠수함이었다는 것이었다. 조준이 조금만 더 정확했더라면 그 영국 잠수함은 가라앉아 버렸을 거라고도 얘기했다. 그러자 샘의 얼굴은 붉어졌다. 그리고 우리는 두 번째로 만나서 폭격을 하지 않았던 잠수함이 실은 독일 잠수함이라는 사실도 알게 되었다. 이런 일은 항공전에서는 일어날 수 있는 일이었다. 우리는 해군 전우들을 죽이지 않은 것에 대해 신께 감사할 뿐이었다.[27]

로시머스에서도 많은 파티가 열렸다. 현지인들은 친절했고, 우리에게 글렌 그랜트 크림, 글렌피딕 같은 스코틀랜드 술을 대접해 주었다. 그러나 우리는 얼마 못가 질리기 시작했다. 우리는 종종 이륙해서 북해 깊숙이 날아갔지만 아무것도 찾아내지 못했다. 살면서 그렇게 텅 빈 바다를 많이 본 적이 없었다. 그나마 날씨가 좋았고, 비행 시간을 벌 수 있다는 데 감사했다.

정말 진력이 날 무렵 다행히도 스캠턴으로 돌아오라는 명령이 내려왔다. 1940년 5월 19일, 우리 항공기의 바퀴가 스캠턴의 정겨운 진흙 활주로에 닿았을 때 모든 부대원들은 기뻐했다.

그날 밤 사라센스 헤드에 들어갔을 때, 흔히 보이던 사람들은 전혀 보이지 않았다.[28] 흔치 않은 일이었으며 그 이유를 곧 알게 되었다. 다음 날 신문에 우리 군의 햄덴 폭격기 비행대대들이 독일의 질트에 폭격을 가했다는 뉴스가 대서특필되었던 것이다. 스캐퍼플로와 퍼스 오브 포스에 가해진 독일군의 공격에 대한 보복이었다. 우리 군의 공격은 큰 실패는 아니었다.

---

27) 육해공군을 막론하고 아군 오인 사격 위험성은 컸다. 특히 공군은 해군의 항공기 국적 식별 능력을 크게 못미더워 했다. 그리고 해군이 일단 사격부터 하고 나서 국적을 따지는 정책을 쓰고 있다고 간주했다. 이 책에서도 깁슨은 1939년 12월 21일 영국 공군의 제602보조비행대대 전투기들이 햄덴 폭격기에 오인 사격을 한 사례를 다루고 있다. 그 내용은 전시 출판본에서는 삭제되어 나갔다. 그는 폭격기 승무원들 역시 이러한 오판을 저지를 수 있음을 이 책을 통해 시인하고 있다.

28) 링컨 사라센스 헤드 호텔의 술집은 링컨 주둔 폭격기 승무원들의 주된 모임 장소 중 하나였다. 〈스톤보우〉 바로 아래의 298 하이 스트리트에 위치하고 있었다. 소문에 따르면, 이 술집의 여자 종업원은 제5비행단 본부 대원들만큼이나 폭격 작전에 대해 잘 알고 있었다고 한다. 이 호텔은 1959년에 문을 닫았고, 현재는 워터스톤 서점이 일부 자리를 차지하고 있다. 링컨 시의회는 이곳과 폭격기 사령부 간의 인연을 기념하기 위해 녹색 명판을 설치해 놓았다.

그러나 성공으로 볼 수도 없었다. 독일 측 발표로는 피해는 없었다. 심지어 미국 기자들을 데려와 현지를 취재하게도 했다. 그러나 독일 북방 호르눔의 항공기지에는 미국 기자들을 출입시키지 않았다. 그곳이야말로 가장 많은 폭탄이 떨어진 곳이었다. 어떤 영국 공군기는 덴마크의 보른홀름 섬에 실수로 폭탄 2발을 투하하기도 했다. 그러나 그건 어디까지나 악운일 뿐이었다. 그들은 고도 2,000피트(600m)를 비행하며, 2마일(3.7km) 떨어진 호르눔에서 작동시킨 눈부신 탐조등 불빛을 견디며 폭격을 해야 했기 때문이다. 이 공습에 참가한 조종사 대부분은 우리와 마찬가지로 다른 실전 경험이 없었다. 그리고 그들의 보고에는 틀린 내용이 상당히 많았다. 그들의 눈에 비친 대공포탄의 폭발 장면은 그저 재미있는 것이었으며, 탐조등의 불빛은 매우 눈부시고 새로웠다. 그러나 그들은 표적을 맞추지 못했다.

이후 수 주간 집중적인 야간 폭격 훈련이 진행되었다. 우리는 잉글랜드의 눈이 덮인 들판 상공 2,000피트(600m)를 날면서, 지도에서 우리의 위치를 알아내야 했다. 어떤 때는 길을 잃기도 했지만, 훈련을 거듭할수록 실력이 나아지고 있었다. 햄덴은 주간 폭격 시에는 너무 취약했기 때문에 이제 우리 햄덴 비행대대는 야간 폭격만을 실시하는 게 옳은 것 같았다.

당시 독일은 신무기인 자기 기뢰를 영국에 사용했다. 처음에는 독일이 무슨 수로 이 기뢰를 우리 수로와 강어귀 가까이에 부설했는지 알지 못했다. 해군은 독일 고속 소해정이 기뢰를 부설하지 못하도록 철저히 경계 중이었기 때문이다. 그래서 독일이 수상기를 사용해 기뢰를 부설하고 있다는 가설이 나왔다.

대부분의 독일 수상기는 독일 북서 해안 질트와 보르쿰 사이의 기지에서 이륙한다. 이 때문에 사령부의 폭격기 사령관은 특별 초계 비행을 지시했다. 밤새도록 이 두 섬 사이를 비행하다가 해상에 조명 신호가 보이면 이를 폭격, 격파하여 독일 수상기의 이착수를 저지하라는 것이었다. 좀 이상해 보이는 계획이었지만 이 특별 초계 비행은 큰 성공을 거두었고 독일 수상기의 활동을 크게 방해했다. 그러자 〈훈〉족은 기뢰 부설용 항공기를 하인켈 111로 바꾸었다. 이 항공기들은 독일 내륙의 기지에서 출격했다. 이 때문에 우리의 특별 초계는 처음 며칠 이후에는 그리 효과를 보지 못했다.[29]

우리 승무원들이 야간 비행에 숙련되자, 우리는 독일 상공에 대한 야간 무장 정찰에 나섰다. 독일 본토로 가는 길을 알기 위해서였다. 나는 전단지 투입 임무를 해 본 적은 없었다. 그러나 다행히도 동료 조종사들 중에는 그런 임무를 해 본 사람들이 꽤 많다. 여기서 다행이라는 말은 사전적 의미 그대로였다. 적국 영토에 처음 들어가는 게 공습 임무라면 최악이다. 그러나 이전에 적국 영토에 전단지 투입 임무를 많이 해봤다면, 나중에 공습 임무를 할 때에도 그 절차에 쉽게 적응할 수 있다. 그러나 또한 전단지 투입 임무는 귀찮은 일이라는 데에 이의를 제기하는 사람도 없었다.[30]

한편 그동안 비행대대에서는 샘 스레플턴이 이임했다. 그는 호인이었고, 유머 감각이 뛰어난 요크셔 사람이었기 때문에 남은 대원들은 아쉬워했다. 그러나 그를 이어 부임한 공군 소령 데니스 필드는 더욱 뛰어난 사람이었

---

29) 독일 공군은 1939년 10월부터 잉글랜드 해안에 자기 기뢰를 부설하기 시작했다. 같은 해 12월 16일부터 제5비행단의 햄덴 폭격기들은 75회의 이른바 '보안 초계'를 실시하여 독일군이 해상에 설치한 이착수용 유도 조명등을 파괴했다. 이 작전은 대단히 효과적이었다. 이로서 독일군의 기뢰 부설 개수는 크게 줄어들었다. 또한 이 작전 중 영국군 손실은 없었다.

30) 제4비행단의 요크셔 주둔 암스트롱 휘트워스 휘틀리 항공기들은 〈니켈스〉라는 암호명으로 개전 첫날밤부터 독일에 전단지를 살포했다. 이는 적국 영토 상공을 비행할 귀중한 기회였다. 당시 제5비행단의 햄덴 비행대대들을 지휘하고 있던 공군 소장(당시 계급) 아더 해리스는 〈니켈스〉 작전을 "대륙에서 5년간 사용할 만큼의 화장실 휴지를 보급해 주는 것" 이상의 큰 의미가 있다고 여기지 않았다. 그는 이 전단들이 비밀 문서로 간주되고 있다는 점도 짜증스러워 했다. 비록 적이 그 숨은 메시지를 쉽게 해독하지 못하게 특수한 처리가 되어 있었지만 말이다. 그는 그 전단들의 내용이 영국인들이 절대 알면 안 될 만큼 바보스럽고 유치한 거라 비밀 문서로 간주되고 있는 거라고 생각했다.

다. 필드는 공군 골프 챔피언이었다. 그는 자신이 이끄는 편대와 내 편대를 바로 경쟁에 부쳤다. 계절은 봄이었고 승무원들의 훈련도는 최고였다. 인원 수도 충분했다. 전쟁의 판도는 변하는 것 같았다. 그러나 앉아서 기다리는 것 외에 우리가 할 수 있는 것은 없었다. 1939년 9월 3일부터 그동안의 전황이 '가짜 전쟁'이어서 다행이었다. 왜냐하면 우리는 전쟁 준비가 되어 있지 않았기 때문이었다. 이제는 부족하지만 어느 정도 전쟁 준비가 되었고 야간 비행도 할 수 있었다. 정확하게 항법도 할 수 있었다. 12,000피트 (3,600m) 상공에서도 표적으로부터 반 마일(900m) 이내에 폭탄을 탄착시킬 수 있었다. 야간에 무선 신호로 착륙하는 것도 가능해졌다. '가짜 전쟁'은 매우 귀중한 기회였다. 그리고 우리는 그 기회를 십분 활용했다.

봄이 지나가면 화단에 심은 꽃이 크고 만개하는 것을 보고 보람을 느낀다. 이제 몇 주만 있으면 '진짜 전쟁'에 뛰어드리라는 것을 잘 알고 있었다. 우리는 준비되어 있었다.

제4장
즐거움의 시작

4월 9일의 아침은 춥고 맑았다. 어떤 이유에서인지 기억은 나지 않았으나 나는 따뜻하고 편안한 침대에 누운 채로 깨어났다. 옆 침대에서 브루스가 코 고는 소리가 들렸다. 그리고 곧 결혼할 여자가 불쌍하다고 하는 소리도 들렸다. 시계를 보려고 했지만 너무 어두워 보이지 않았다. 빌어먹을! 어젯밤에 화생방 보호 커튼을 걷는 것을 잊어버린 탓이었다. 한밤중에 하기 제일 귀찮은 일이었다. 시간을 알 길이 없어지자 나는 다시 편안하게 꾸벅꾸벅 졸았다. 갑자기 문 두드리는 소리와 함께 찻잔의 짤랑거리는 소리가 들렸다. 내 당번병인 크로스비가 자기 업무를 보러 들어온 것이었다.

"안녕히 주무셨습니까? 좋은 아침입니다. 히틀러가 다시 일을 재개했습니다. 독일군이 노르웨이를 침공했습니다."

그 말을 듣자마자 나는 바로 튀어 일어나 브루스를 깨웠다.

"독일 놈들이 또 일을 저질렀어. 어서 일어나, 이 친구야."

브루스는 엄청나게 피곤해 보였다. 그를 깨우는 데는 시간이 오래 걸렸지만 결국 깨우기는 했다. 우리는 30분 만에 아침식사를 마치고 편대 사무실에 가서 오스카에게 멋지게 경례했다.

우리의 임무를 두고 갖가지 추측이 난무했다. 오스카는 평소와 마찬가지로, 히틀러가 노르웨이를 침공했다는 이번 소식도 거짓말일 거라고 생각했다.

그는 다른 사람 들으라기보다는 혼잣말을 하는 투로 이렇게 말했다.

"히틀러가 대체 무슨 수로 노르웨이에 갈 수 있다는 거지? 우리 해군은 잠수함과 수상함을 사용해서 스카게라크에 있는 모든 배를 격침하겠다고 말했어. 훨씬 압도적인 해군 전력을 가진 우리나라를 상대로 히틀러가 시비를 걸 리가 없단 말야. 독일의 해군 전력이라고 해봐야 얼마나 되겠어? 킬에는 부양선거(floating dock)에 〈샤른호르스트〉 있을 거고, 그 외에 순양함 몇 척 정도 있겠지. 그리고 함부르크에는 〈그나이제나우〉, 그리고 포켓 전함 1척 정도 있을 거라고. 그 정도 전력으로 싸울 수 있을 리가 없어."

나는 히틀러의 생각을 전혀 알아챌 수 없었다. 나는 히틀러의 E보트 전력을 생각하고 있었다.

누군가가 말했다.

"저 같으면 프랑스를 먼저 공격했을 겁니다."

"내 생각도 그렇다네."

우리는 앞으로의 일이 어찌 될지 전혀 감을 잡을 수 없었다. 그러던 중 전화가 울렸다. 윌리였다. 바로 우리는 전화를 받는 오스카 주변으로 몰려갔다. 통화 내용을 듣기 위해서였다.

"네."

"물론입니다."

"저희는 모두 준비되어 있습니다."

"얼마나 필요합니까?"

"네. 알겠습니다."

그가 송수화기를 내려놓자마자 편대원들은 고성을 질러 댔다.

"잘 했어요. 편대장님."

"저도 보내 주세요. 오스카."

"저도 꼭 보내 주셔야 합니다."

"항공기를 몇 대나 보내야 하나요?"

브루스도 거들었다.

"저 같은 최정예 승무원을 데려가셔야 후회 없을 걸요? 저는 언제나 준비되어 있습니다."

오스카가 떽떽거리며 대답했다.

"입 다물어, 이 거지 새끼들아. 출격을 한다면 내가 가장 먼저 앞장선다. 그다음이 기보와 로시다. 이안, 전화 또 오면 잘 받으라고. 나는 대대장님을 뵈러 가봐야 한다."

우리 모두 출격을 간절히 원하고 있었다. 사실 그 조차도 매우 절제된 표현이었다. 우리는 수개월 동안 고된 훈련을 받으며 이 순간만을 기다려 왔다. 우리는 오랫동안 기다리며 철저히 단련되었다.

그러므로 실전 비행을 해보면 죽어도 여한이 없을 것 같던 당시의 기분도 이상하지는 않은 것이었다. 신경만 곤두서 있던 작년 9월과는 분위기가 크게 바뀌어 있었다.

2일간 기다린 끝에 드디어 정보가 왔다. 우리 비행대대와 제49비행대대는 다른 부대들보다 더 많은 야간 비행 훈련을 했기 때문에 매우 특별한 임무를 부여받았다. 우리 과학자들도 지난 겨울 동안 놀지는 않았다. 그들은 1,700파운드(770kg)짜리 특수 기뢰를 만들어 냈다. 적이 제거하기 어렵게 만들어진 이 기뢰에는 베지터블(야채)이라는 이름이 붙었으며, 스카게라크와 카테가트의 모처에 매우 정확하게 설치되었다.[31]

---

31) 기뢰에는 〈야채〉, 기뢰 부설은 〈텃밭 농사〉라는 이름이 붙었다. 기뢰가 부설된 해역은 꽃이나 야채의 이름으로 불렸다. 햄덴 폭격기 1대는 1,500파운드(680kg) 짜리 M기뢰 1발을 탑재한다. 투하 시 낙하산이 펴져서 강하 속도를 줄여 준다. 그러나 투하 시 항공기의 속도는 시속 200마일(370km) 이하, 고도는 1,000피트(300m) 이하여야 한다. 일단 바다에 투하하면

계획은 간단했고, 시점도 좋아 보였다. 독일은 바다를 통해 노르웨이를 침공하려 하고 있었다. 독일은 이를 위해 배와 보급품을 모으고 있었는데, 이를 공격하기는 매우 어려웠다. 이들은 야간에 이동했고, 우리 해군은 발트해에서는 작전할 수 없었다. 독일 킬 군항에는 전차, 야포, 병력을 실은 배들이 잔뜩 있었다. 그러나 민간 자산에 피해를 입힐지도 모른다는 우려 때문에 이곳에 대한 공습은 이루어지지 않았다. 킬을 떠난 이 배들이 오슬로(당시 이미 독일군에 함락되었다.)로 가려면 3개의 해협을 건너야 했다. 그 중에는 코펜하겐과 말뫼 사이의 해협도 있었는데, 이 해협 동쪽에는 그레이트 벨트 해협이 있었다. 그리고 서쪽에는 미델파르트 병목 해협이 있었다. 이들 해협에 기뢰를 철저하게 부설하는 것이 우리의 임무였다. 이 임무의 목적은 다음과 같았다.

(1) 대형함을 격침시켜 해협을 막는다.
(2) 다수의 함선에 손상을 입혀 귀환 또는 우회를 강제한다.
(3) 수천 명의 독일군 병력을 익사시킨다(희망 사항).

대량의 폭약을 함유한 이들 기뢰는 물 속 깊이 부설되며, 배가 꽤 멀리 떨어져 있더라도 격발된다. 기뢰의 폭발력은 매우 강해서 물 밖에서도 폭발 장면이 보일 정도였다.

노르웨이 원정군은 이미 조직되어 있었다. 우리가 부설한 기뢰가 독일군 증원 병력이 노르웨이 남부에 도달하지 못하게 하여 노르웨이 전역의 승

10~24m 수심에 들어간다. 또한 투하 시 정확한 항법과 폭격 항정 유지 능력이 매우 중요했다. 투하 항공기는 해안의 특정 지점으로부터 부설 지점까지 매우 오랜 시간에 걸쳐 폭격 항법을 실시하며 기뢰를 부설한다. 정확하게 부설하려면 1시간 이상에 걸쳐 여러 번의 폭격 항정을 실시해야 할 수도 있다.

리에 도움이 되기를 바랐다.

모두가 매우 긍정적이었다. 신문에는 전쟁경험이 없는 방구석 전사들이 쓴 뻔한 기사들이 실렸다. "히틀러는 버스를 놓쳤다."는 식의 사회 지도층 인사들의 발언을 인용하기도 했다. 미국인들도 "굴 밖으로 나온 여우는 쉽게 잡을 수 있다."고 말했다고 한다. 그렇다고 누군가를 비난하고 싶지는 않다. 당시 우리 승무원들의 생각도 그랬으니까 말이다. 어쨌거나 해양 국가인 영국의 해양력이 도전을 받고 있었다. 독일이 감히 우리 영국 해군 앞에 시비를 건 것이다. 이제 진정한 바다의 지배자가 누구인지 보여 주어야 했다.

그리고 런던의 술집에서는 이미 전쟁에서 이긴 양 사람들이 히틀러의 명청함을 조롱하며 축배를 들고 있었다. 〈시티〉의 주식 가격은 하늘 높은 줄 모르고 올랐다.

4월 11일 오전 7시, 우리는 이륙했다. 우리에게 주어진 명령은 간단했다. 세 해협 중 가운데 해협의 추측 항법 지점에 기뢰를 부설하면 되는 것이었다. 이후 킬 군항에 가서 항구의 교통량을 정찰하고, 미델파르트에 가서 철도 측선의 활동량을 정찰한 후 귀환하면 되었다.

어떤 경우에도 기뢰를 적의 손에 넘겨주어서는 안 되었다. 기뢰는 우리 군의 비밀 병기였다. 히틀러에게 선물해 줄 수는 없었다. 이 때문에 이에 관련된 특별 명령이 내려졌다. 만약 정해진 부설 위치까지 비행이 불가능한 상황이라면, 기뢰를 반드시 가지고 귀환해야 했다. 만약 그것도 불가능하다면 수심이 깊은 바닷속에 투기해야 했다. 만약 육상 상공에서 뭔가가 잘못되면 항공기를 버리고 비상 탈출하라는 명령을 받았다. 그래야 항공기가 추락하면서 폭발, 기뢰가 파괴될 수 있다.

비행에 임하면서 나는 이 명령들을 상기했다. 드디어 적에게 타격을 가할 수 있게 되어 기뻤다. 그러나 한편으로는 육상 상공에서 부디 엔진이 멎지 않기를 간절히 바랐다. 그러면 항공기를 버려야 하고, 지상에 낙하하면 포로로 억류되어야 하기 때문이다.

비행 자체는 특이할 것이 없었다. 우리는 원하던 지점을 찾아내어 시커먼 바닷물 속에 기뢰를 부설했다. 그리고 나서 안전 고도(적 대공포수들이 우리를 발견하지 못하게 해주는 낮은 구름보다 훨씬 높은 고도)에서 킬 군항을 정찰하고 미델파르트로 향했다. 미델파르트의 철도역에서는 적의 활동이 활발했다. 우리 항공기에 폭탄이 없는 게 아쉬웠다. 그곳을 비행하면서 반경 수 마일 내에 가장 눈에 잘 띄는 주요 지형이 어떤 교량인 것을 알았다. 매우 커다란 철제 구조물이었다. 마치 퍼스 오브 포스 다리 같았지만 그보다는 작았다. 우리는 아직 4월인데도 제방에 많은 얼음이 들러붙어 있는 것을 보았다. 지상의 날씨는 꽤 춥다는 것을 알았다. 그리고 나서 이륙한 지 8시간 만에 우리는 기지에 복귀했다.

햄덴 폭격기의 조종사는 조종실 밖으로 나올 수 없다. 8시간을 비행하면 상자 속에 갇혀 있는 것 같은 기분이 든다. 조종석에서 버티는 8시간은 긴 시간이다. 그러나 9시간, 10시간, 11시간 동안 계속 그 속에서 있는 것은 더욱 큰 고역이었다.

이런 상황에서는 소변 문제가 생길 수밖에 없었다. 궁금해 하는 사람들에게 나는 "보통은 항공기에서는 소변을 보지 않는다."고 대답해 준다. 그러나 도저히 참을 수 없을 때는 빈 맥주병이나 베리 조명탄통을 사용했다. 어떤 때는 조종실의 구멍을 통해 항공기 후방으로 이어진 기다란 고무 호스를 사용하기도 했다. 그러나 정비사들이 조종사와 사이가 좋지 않을 경우 이 고무 호스를 묶어서 틀어막아 버리기도 했다. 그런 고무 호스에 소변을 보면 큰일이 벌어진다. 그래서 대부분의 조종사들은 그 고무 호스를 사용하지 않았다. 아무튼 나는 호기심 많은 사람들에게 보통 공중에서는 소변을 보지 않는다고 말해 주었다.

이틀 후 기지에서는 더 큰 흥분이 감돌았다. 독일군 병력을 가득 태운 배 4척이 우리가 기뢰를 부설한 해역 인근에서 침몰했다는 것이었다. 매우 만족스러웠다. 모두가 기뻐했다. 우리 병기는 제대로 작동하고 있었다.[32]

4월 14일 우리는 미델파르트에 기뢰를 부설하라는 명령을 받았다. 대작전이었다. 참가하는 폭격기 수가 약 40대나 되었다. 기상관의 보고에 따르면 날씨는 나빠질 것이었다. 그의 설명에 따르면 온난전선이 서쪽으로 이동, 영국을 향해 시속 15마일(28km)로 이동하고 있었다. 그러면서 구름과 비도 함께 온다는 것이었다. 우리가 이륙할 시점에는 온난 전선은 영국 해안으로부터 100마일(185km) 거리의 해상에 있을 것이다. 즉 우리가 착륙할 시점에는 대체 착륙지를 알아봐야 한다는 얘기였다. 계속 계기비행을 하던 중, 어느 시점에 기상이 좋아져 덴마크 영토가 직접 보였다. 재키 위더스는 자신이 본 그 덴마크 영토가 질트 남단 상공임을 그리 오랜 시간을 들이지 않고 알아냈다. 거기서 우리는 병목 해협을 향해 진로를 잡았다. 덴마크 상공 2,000피트(600m)에서 우리는 더 낮은 구름 위로 갔다. 우리 항공기는 구름의 위쪽을 스치지만, 그 구름의 아래는 문자 그대로 지면에 붙어 있었다.

나는 재키에게 질문했다.

---

32) 1940년 4월 햄덴 폭격기는 기뢰 부설 임무에 209소티를 출격, 110발의 기뢰를 부설했다. 부설된 기뢰의 수가 적은 이유는, 항공기가 정확한 기뢰 부설 위치를 확인하지 못할 경우 그냥 되돌아왔기 때문이다. 귀환하지 못한 항공기는 7대였다. 그레이트 벨트와 리틀 벨트에 대한 기뢰 부설 작전이 시작된 이후 10개월 만에 17척의 함선이 확인 격침되었다. 그 외에 18척이 손상을 입고, 18척이 이들 기뢰로 격침된 것으로 추정된다.

"자네가 본 게 질트라고 확신하나?"

"그럼요, 아닐 리가 없어요. 수상기를 봤거든요."

"좋아. 그러면 도착 예정 시간에 맞춰 고도를 낮추겠네. 제 시간에 알려줘. 그게 안 되면 제 시간 3분 전에 알려 달라고."

잠시 후 재키의 지시에 맞춰 나는 고도를 낮추기 시작했다. 낡은 햄덴 폭격기는 분당 300피트(90m)의 강하율로 구름 속으로 들어갔다. 재키는 계속 고도계를 읽었다.

"900피트(270m), 500피트(150m)."

한동안 침묵이 감돌았다. 우리는 계속 강하했다. 밖에는 휘몰아치는 구름이, 비행기 내부에는 계기가 뿜어내는 부드러운 빛이 있었다. 갈수록 어두워졌다. 고도계를 보니 고도는 0에 가까웠다. 나는 비상 인터컴 버튼을 누르고 재키에게 말했다.

"이봐, 잭. 고도는 얼마인가?"

딸깍 소리와 함께 그의 목소리가 들렸다.

"죄송합니다. 저의 인터컴 전선이 빠졌습니다. 제 고도계 수치가 맞다면 우리는 지금 잠수 중이에요!"

우리는 신속히 하강을 그만두고 수평 비행으로 돌아갔다. 예전에 보아두었던 교량이 보였다. 미텔파르트 다리가 우리 앞에 서 있었다. 우리에게는 그 다리 밑으로 지나가는 것 외에 다른 선택의 여지가 없었다. 고도를 높여 다리 위로 넘어갔다가는 구름 속으로 들어가 길을 잃을 판이었기 때문이다. 상부 기관총 사수 맥은 머리 위로 다리 구조물이 스쳐 지나가자 엄청 놀랐다.[33]

---

33) 깁슨이 기뢰 부설을 실시한 구역 이름은 〈캐럿(당근)〉이었다. 그날 밤 기뢰 부설 임무에 출격한 제83비행대대의 항공기 4대 중, 깁슨의 항공기 이외에 임무에 성공한 항공기는 없다. 미

그러고 나서 이런 대화가 오갔다.

"폭탄창 도어 개방. 목표 상공."

"좋다. 현 상태를 유지하라."

"기다려, 기다려. 아직 안 된다."

"됐다. 기뢰 투하!"

기뢰가 투하되자 기체에 진동이 느껴졌다. 그리고 적 대공 초계함의 사격이 시작되었다. 우리 항공기의 고도는 100피트(30m)에 불과했다. 우리 항공기는 바로 상승했다. 이미 적 대공 초계함이 보이지 않게 되었는데도, 후방 기관총 사수 토인튼은 마구 사격을 해댔다. 나는 그런 그를 비난하고 싶지 않았다. 폭격 임무 중 토인튼은 승객에 불과했고, 그 역시 밥값은 하고 싶었을 테니까 말이다. 참고로 당시에는 하사관 승무원이 없었다. 지프(통신사)들은 공군 일등병이었고, 기관총 사수들은 공군 이등병이었다. 이들은 비행이 있는 날마다 6펜스씩의 수당을 받았다. 토인튼을 포함한 대부분의 기관총 사수들은 기관총 학교도 나오지 못한 경우가 많았다. 남는 시간에 비행을 해보겠다고 지원한 인원들이었다.[34]

얼마 안 있어 우리는 귀환길에 올랐다. 나는 그 비행을 영원히 잊지 못할 것이다. 창 밖은 어두웠고 비도 거세게 왔다. 항공기에는 계속 정전기가 대

델파르트의 릴레밸트 대교는 수면으로부터 10m 높이이며, 길이는 1,178m다. 유틀란트와 퓐 사이를 잇는다. 스틸 트러스 구조이며 4개의 교각으로 지탱된다. 가장 긴 경간의 길이는 220m다. 김슨이 만약 이 다리 아래로 날았다면 그의 고도는 해발 20피트(6m) 이하였을 것이다. 기뢰 투하의 인가 고도 미만이다.

34) 1939년 12월, 항공기 탑승 기관총 사수들이 착용하던 날개 달린 총탄 모양의 휘장은 AG라는 문자가 새겨진 날개 모양 휘장으로 바뀌었다. 조종사와 관측수의 계급은 모두 하사관 이상이었다. 그러나 기관총 사수 상당수는 지원한 지상 근무자들이었다. 하사관의 일당은 12실링 6펜스, 이등병의 일당은 2실링이었다. 승무원 수당은 일일 1실링이었으며, 기관총 사수의 경우 6펜스를 더 받았다. 1940년 7월부터 모든 기관총 사수들은 임시 하사관으로 자동 진급되었으며, 정식 항공기 승무원으로 인정받았다. 또한 급여도 늘어났다.

전되며 평시의 피카딜리 서커스를 어설프게 재현하고 있었다. 우리 항공기는 맨스톤으로 우회했다. 그때 역풍인 남서풍이 불어닥쳐 우리 항공기의 속도를 시속 100마일(185km) 이하로 떨어뜨렸다. 두 시간 후 우리는 네덜란드의 불빛을 지나고 또 다시 두 시간 후에는 맨스톤이 보였다. 계기 비행을 하다 보면 계기가 잘못된 정보를 전해주는 것 같은 착각이 들 때가 많다. 계기에 뜨는 정보는 정상인데도 항공기가 뒤집혀 날아가는 것 같은 기분이 드는 것이다. 나 역시 예외는 아니어서 마치 피루엣(발레에서 한쪽 발로 서서 빠르게 도는 것)을 막 끝낸 발레리나처럼, 자신이 제대로 날고 있는지 확인하고자 고개를 이리저리 두리번거렸다.

그러고 나서 우리는 맨스톤으로부터 귀환을 위한 방위 Q.D.M(magnetic heading)을 받았다. 낮게 깔린 구름과 비가 멈추고 갑자기 녹색 신호등이 켜지다가, 또 다시 구름과 함께 비가 내렸다. 맨스톤에서 착륙 허가가 떨어졌고, 우리는 시간을 낭비하지 않고 착륙할 수 있었다.

이 비행은 9시간이 소요되었다. 대부분이 계기 비행이었다. 다음 날 오후 4시까지 일어나지 못한 것도 무리는 아니었다.

실보는 귀환하지 못했다. 그 역시 귀환을 위한 방위(Q.D.M)를 받았지만 영불해협에 추락하고 말았다. 그는 발견되지 않았다.

제49비행대대에서도 2명이 귀환하지 못했다. 둘 다 기혼자였다. 부인들에게 전사 소식을 전해 줘야 하는 그 비행대대의 부관이 애처로웠다. 그 비행대대의 공군 소령 로우는 항로를 잃고 비행하다가 뉴캐슬 인근 해변에 추락했다. 이 사고로 그가 탄 항공기의 후방 기관총 사수가 사망했다. 그날 밤의 작전은 정말 힘들었다. 그날 투입된 인원 중 기뢰를 정확한 위치에 부설한 사람은 나와 재키뿐이었으며 우리는 그 사실이 기뻤다. 다음 날 밤, 우리는 서로의 등을 두드리며 격려해 주었다. 우리는 전우의 죽음 따위는

쉽게 무시하는 바보들이었다.[35]

우리가 힘들게 야간 비행을 하는 동안, 다른 비행대대의 전우들은 주간에 출격했다. 제5비행단의 햄덴 폭격기들은 독일 함선을 발견하러 노르웨이까지 비행했다. 보통은 피요르드(fjord, 빙하로 만들어진 좁고 깊은 만) 사이에 순양함을 숨겨 놓는 경우가 많았다.

한번은 2개 비행대대에 하루 종일 비상 대기가 걸린 적이 있었다. 힐베르순트에 숨어 있다는 독일 순양함 〈라이프치히〉에 공격하기 위해서였다. 출동 명령이 세 번이나 내려졌다가 그때마다 얼마 못 가서 취소되었다. 출격 명령을 내린 사람들은 마치 애들처럼 행동하는 것 같았다. 우리는 출격 명령이 해군 본부에서 나왔다고 생각했다.

다음 날 오전 10시에 출격 명령이 또 나왔다. 간신히 모든 항공기가 체공을 시작했을 무렵 관제탑에서 적색 베리 조명탄이 터졌다. 비행을 취소하고 착륙하라는 소리였다. 항공기들이 폭탄을 만재하고 있어 착륙 중량을 훨씬 넘는데도 말이다. 이번만큼은 진짜로 명령을 취소한 주체가 해군 본부였다. 해군 제독들이 우리 승무원들의 대화 내용을 알았다면 자살했을지도 모른다.

결국 그날 오후 3시가 되어서야 진짜로 출격하게 되었다. 이때 출격한 항공기들이 노르웨이에 도착했을 무렵에는 해가 져 가고 있었고 안개로 시정이 좋지 않았다. 열심히 수색해 봤지만 아무것도 볼 수 없어 그들은 소득 없이 귀환했다.

---

35) QDM은 자기 나침반 상의 방위다. 항공기가 송신한 신호를 여러 지상국에서 수신, 삼각법을 통해 항공기의 위치를 계산해 내는 것이다. 공군 중위 실베스터가 마지막 무전인 조난 신호를 보낸 것은 그날 0400시였다. 그는 맨스톤의 방위를 알고자 했다. 이후 그는 전 승무원과 함께 해상 추락한 것으로 추정된다. 깁슨의 주장과는 달리 제49비행대대에서는 1대의 항공기만 손실되었다. 헴스웰 기지에 주둔한 제61비행대대에서도 1대의 햄덴 폭격기가 손실되었다. 잔해는 발견되지 않았다.

높으신 양반들은 이에 분개했다.

당시 제5비행단의 단장이던 공군 소장 버트 해리스는 이렇게 말했다.

"앞으로는 명령을 내렸다가 철회하고 또 철회하는 일은 없는 편이 좋을 것이다. 그런 일이 생기면 우리 공군 장병들의 사기에 좋지 않으니까 말이다."

그러나 이들 햄덴 비행대대들이 결국 나중에 주간에 노르웨이를 공습했을 때는 처참한 일이 벌어졌다. 우리 폭격기들은 밀착 편대를 지어 비행했다. 방어 기관총의 화력을 집중해 적 전투기를 효과적으로 요격할 수 있게 하기 위해서였다. 그러나 독일군도 바보는 아니었다. 그들은 편대 양현에 위치한 방어망의 빈틈을 용케 찾아내 공격했고 그들은 엄청난 소득을 올렸다.

에딘버러 출신 와츠 소령이 지휘하던 어느 비행대대는 스타방게르 인근에서 적의 요격을 받았다. 망망대해 상공이었고 은폐물로 사용할 약간의 구름이 있었으나 구름까지는 상당히 멀리 떨어져 있었다. 그는 비행대대 전체를 밀착 전투 대형으로 모으기 위해 최선을 다했다. 바다로 강하한 것이다. 만약 그가 구름을 향해 상승했다면 비행대대는 뿔뿔이 흩어졌을 것이고, 결국 독일군에게 각개격파되었을 것이다. 그러나 요격에 나선 독일 공군은 메서슈미트 110 전투기를 타고 있었다. 이 전투기에는 항공기 측면으로도 사격이 가능한 기관총이 달려 있었다. 그들은 햄덴 폭격기들을 약간 앞질러 평행하게 날면서 이 기관총으로 햄덴 폭격기의 조종사를 저격하는 공격 방식을 사용했다.[36] 우리 폭격기들은 이에 대처할 방법이 없었

36) 이 사건은 영국 공군 제44, 제50비행대대의 햄덴 12대가 1940년 4월 12일 크리스티안산의 독일 함선들을 폭격했을 때 벌어졌다. 독일 공군 제77전투비행단의 제2대대 소속 Bf109들이 이 햄덴 폭격기들 중 6대를 격추했다. 그러나 독일 공군의 Bf109도 4대가 격추되었다. 그리고 기지에 돌아온 독일 Bf109 중 1대가 전투 손상이 너무 심해 재사용 불가 판정을 받았

다. 무력하게 하나둘씩 격추당할 뿐이었다. 그렇다고 편대를 풀면 저 멀리에서 대기하고 있던 메서슈미트 109 전투기의 3대 편대가 공격해 왔다. 편대에 남아 있으면 메서슈미트 110의 기관총이 조종사의 머리를 날려 버렸다. 와츠는 불과 20피트(6m) 고도에서 편대비행을 하고 있던 아군기들이 불덩어리가 되어 차가운 바다에 날개를 처박고 추락하는 모습을 보기가 너무나도 괴로웠다고 말했다. 제일 먼저 격추당한 아군기는 피터가 조종하고 있던 〈비어(Beer: 알파벳 B를 나타내는 영국 공군의 음성 기호)〉 기였다.

그다음은 편대 외곽에 있던 〈해리(알파벳 H를 나타내는 영국 공군의 음성 기호)〉 기였다. 독일 공군 전투기의 기관총 사수들은 매우 주의 깊게 조준하며 사격했다. 〈해리〉 기가 격추당한 지 얼마 되지도 않아 〈찰스〉 기도 격추당했다.

어떤 우리 공군 폭격기 조종사는 캐노피를 열고 리볼버 권총을 꺼내 적기에 쏘기도 했다. 그러나 부질없는 짓이었다. 그 역시 바로 격추당해 죽고 말았다.

결국 그들은 낮은 구름이 깔려 있는 곳까지 도착, 독일 공군의 요격을 피할 수 있었다. 출격했던 12대의 항공기 중 귀환한 것은 4대뿐이었다.[37]

비행단장은 격분했다. 그는 와츠 소령에게 이렇게 소리질렀다.

"이 바보 자식! 1개 대대를 맡겼더니 줄줄이 소세지 마냥 질질 끌고 다니

다. 제44비행대대의 항법사는 항공기 기수에 거치되어 있던 빅커스 K 기관총을 탈거한 다음, 이 기관총을 들고 조종실 뒤의 관측 해치로 가서, 기관총을 견착하고 적기에 사격했다. 이 행동으로 그는 우수 비행 훈장(DFM)을 받았다.

37) 제44비행대대에서는 2대, 제50비행대대에서는 4대의 항공기가 독일 대공포와 전투기에 의해 격추되었다. 그리고 귀환했지만 손상을 입은 항공기의 수는 3대였다. 햄덴의 기관총 사수들은 빅커스 기관총 1정만을 가지고 있었다. 제5비행단장 공군 소장 해리스는 이 부족한 화력을 높이고자, 게인스버러의 알프레드 로즈 사에 2연장 기관총좌 설계를 의뢰했다. 이 기관총좌는 불과 2주일 만에 완성되었다. 필요한 장비를 얻기 위해서라면 관료주의를 최대한 피해 갔던 해리스의 성격을 보여 주는 일화였다.

다 다 잃었구먼!"

그에 대한 와츠의 대답은 그야말로 걸작이었다.

"그래도 소세지 3개는 건사했잖아요."

불쌍한 와츠 소령은 몇 주 후 함부르크 폭격에서 귀환하다가 하리치에서 기구 케이블에 걸려 추락, 곡물 저장 창고를 들이받고 전사했다. 그의 항공기 추락으로 인해 발생한 화재는 만 이틀 동안 진화되지 않았다.

그러나 이러한 악운과 강력한 적에도 불구하고 일부 비행대대는 노르웨이 상공에서 승리를 거두었다. 그중에서도 버드 말로이는 10,000피트(3,000m) 상공에서 500파운드(225kg) 폭탄으로 적 순양함을 명중시켰다. 그 배는 불길에 휩싸였다. 이후의 정찰 결과 격침된 것이 확인되었다. 나는 이 사건이야말로 영국 공군이 10,000피트(3,000m) 상공에서 군함을 격침시킨 첫 사례라고 생각한다.

이러한 선구자들의 용기에 대해서는 쓰고 싶은 것들이 많다. 그들 중 상당수는 경험 많은 뛰어난 조종사들이었으나, 노르웨이의 음울한 해안 상공에서 너무 빨리 죽음을 맞았다. 그들이 생명을 치르고 얻은 교훈은 살아남은 운 좋은 이들에게 매우 유용하게 쓰였다.

한편, 노르웨이 전투는 순조롭게 풀리지 않았다. 그곳에 간 우리 군 병력들은 그야말로 쉴 새 없이 쏟아지는 독일 공군의 급강하 폭격을 견뎌 내야 했다. 이 때문에 보급품 하역이 거의 불가능했다. 우리는 그곳의 얼어붙은 호수에서 이착륙이 가능한 글래디에이터 전투기 몇 대로 적에 대항했다. 그러나 그들은 극복하기가 어려운 지독한 난제를 경험해야 했다.

그 전투기들을 조종한 조종사들은 열정이 넘치는 사람들이었다. 그들은 문자 그대로 마지막 항공기가 손실될 때까지 싸웠다. 영국 해군 〈글로리어스〉함에서 출격한 허리케인 전투기들도 〈훈〉족에 맞섰지만 소용이 없었다. 독일군은 완벽한 공중우세를 유지하고 있었고, 그것을 깰 방법은 없었다. 노르웨이 전투에 참전했던 우리 공군 전우들에 대해서도 얼마든지 쓸수 있지만 이 책의 주제와는 어긋날 것 같다. 그래서 당시 싸웠던 우리 폭격기들에 대해서만 중점적으로 써 보려고 한다.

4월 19일, 히틀러가 놓친 게 없다는 것은 분명해졌다. 물론 바다에서 이길 기회는 놓쳤을지 모른다. 그러나 하늘에서 이길 기회는 너무나도 확실히 잡고 있었다. 덴마크 북부의 비행장에서 출격한 독일 공군의 융커스(Junkers) 52 수송기들은 하루 종일 인원과 물자를 노르웨이 남부로 실어날랐다. 어떤 때는 한 비행장에 수송기 200대를 갖다 놓기도 했다.

올보르그도 그런 비행장 중 하나였다.

오스카, 로시, 나는 이 취약한 표적에 대한 전쟁 최초의 폭격 임무를 부여받았다. 영국군 항공기가 적 비행장을 폭격하게 된 것은 이번이 처음이었다. 탑재할 무장에 대해서도 말이 많았다. 일각에서는 소이탄만 가져가야 한다고 주장했고, 일각에서는 500파운드(225kg) 폭탄을 선호했다. 결국우리는 40파운드(18kg) 파편탄 30발, 격납고 파괴용 250파운드(113kg) 폭탄 1발, 여러 발의 소이탄을 탑재하게 되었다. 소이탄은 부수 피해를 노린것이었다. 20일 새벽, 고도 1,000피트에서 지상의 적기를 조준해 폭격, 가급적 많은 적기를 파괴하는 것이 목표였다. 나는 투입되는 우리 항공기의수가 너무 적은 이유를 알지 못했다. 1개 비행대대를 보내면 왜 안 되는가? 항공기는 얼마든지 있는데 말이다. 물론 3대로도 폭격은 제대로 할 수 있었다. 그러나 만약의 경우 손실을 최소화하기 위해서라는 느낌을 받았다. 하지만 이때 독일 수송기들을 최대한 많이 해치우지 않는다면, 그들은 몇년 동안 우리 공군을 괴롭힐 것이다. 우리는 언제나 표적을 앞에 두고 찔끔 찔끔 건드리기만 했을 뿐 그들을 완파한 적이 없었다. 누구도 그 이유를 알지 못했으며 그 이유를 묻는 사람도 없었다. 특히 승무원들은 더더욱 묻지 않았으며 우리 승무원들의 임무는 명령을 실행하는 것뿐이었다.

19일 밤에는 기지 회관에서 파티가 열렸다. 로시가 레모네이드를 마시며, 긴장한 다른 승무원들을 보던 모습이 기억난다. 오스카가 우리에게 와서 파이프 담배에 불을 붙이며

"나가서 놈들을 쳐부숴 줘라. 오전 1시가 되면 2분 간격으로 한 대씩 출격할 거다."

라고 말하자 기뻤다.

오전 0시 50분, 나는 〈찰리〉기에 탑승했다. 기상은 좋지 않았다. 비가 내리고 있었고 운고는 300피트(90m)였다. 인터컴을 켜자 고음의 잡음만 들렸다. 항공기 내로 새어 들어온 비가 인터컴을 완전히 못쓰게 고장 내 버렸던 것이다. 나는 맥에게 잔소리를 해댔고, 맥은 인터컴을 고치느라 쩔쩔맸다. 오스카와 로시도 소리를 질러 댔다.

맥은 최선을 다했다. 그러나 그로서도 도저히 어쩔 수 없었다. 그래서 우리는 예비기이던 잭 키노크의 항공기로 옮겨 탔다.

오전 2시 15분 우리는 드디어 이륙했다. 모두가 흠뻑 젖었고 지쳐 있었다. 예정 시간에 늦을 거라고 생각했다. 다른 두 조종사는 목표 상공의 대공 방어는 엄청날 것임을 모두에게 알려 주었다. 그리고 무엇보다도 가장 심각한 문제는 키노크의 항공기에 있었다. 에일러론(aileron)이 너무 뻑뻑해 빨리빨리 움직이지 않았다.

덴마크 해안에 도착한 우리는 올보르그로 진로를 잡았다. 잠시 후 우리는 어떤 선박 호송대를 지나쳤다. 그래서는 안 될 일이었다. 우리는 육상 상공에 있어야 하기 때문이었다. 우리의 정확한 위치는 대체 어디란 말인

가? 재키는 몰랐다. 나도 몰랐다.

"재키, 예상 도착시간(ETA)은?"

"앞으로 5분 후입니다."

"그래. 그럼 여기가 어딘지 알아야겠군."

그러고 나서 우리는 아직 바다 위임을 확실히 알았다. 어쩌다 이렇게 되었는지는 알 길이 없었다. 중간에 길을 잘못 찾아갔거나, 아니면 강풍으로 대지속도(ground speed)가 느려진 이유 때문일 것이다. 아무튼 우리는 스스로 하는 짓이 어떤 의미를 가진지도 모르는 채 계속 나아갔다. 갑자기 북쪽 하늘이 다채로운 색상으로 물들었다. 화사하게 해가 뜨고 있었다. 우리는 부디 여기가 육상 상공이기를 바랐다. 그리고 아래를 내려다보니 마을과 농장이 보였다. 우리는 드디어 원하던 곳에 왔다. 아니, 너무 깊이 들어왔다. 그때 재키의 목소리가 느리고 조심스럽게 들려왔다.

"가이, 제대로 보이지는 않지만, 왼쪽에 코펜하겐이 있는 것 같습니다."

"정답이야. 왼쪽에 코펜하겐이다."

그다음 우리는 고도를 낮추면서 급선회, 귀환길에 올랐다.

"항로에서 몇 마일 벗어났어. 앞으로 다시 해상으로 가려면 시간이 얼마나 걸리나?"

재키는 빠르게 계산하고 이렇게 대답했다.

"이대로 직진한다면 한 시간 정도 후입니다."

그야말로 삼천포로 빠진 격이었다. 이제 올보르그 폭격 따위는 중요하지 않았다. 우리는 적 영토 속으로 무려 200마일(370km)나 들어온 것이었다. 게다가 지금은 해가 떠 있는 주간이다. 노르웨이 친구들도 우리 영국 공군기를 그리 많이 본 적은 없을 것이다. 그러나 이곳 덴마크 친구들은 그보다도 더 적게 본 모양이었다. 몇몇 농부들은 우리 모습이 보이자 친절하게 손을 흔들어 주었다. 그러나 그런다고 우리에게 실질적인 도움은 되지 않았다. 어떤 경찰관은 그만큼도 호의를 보이지 않았다. 그는 리볼버 권총을 뽑아 신중하게 겨누었다. 그러나 그가 총을 쐈다고 해도 우리 항공기에 맞췄을 리는 없었다. 독일 점령지에서는 절대 사격을 가해서는 안 된다는 명령 때문에 짜증나기는 했다. 무고한 민간인을 살상할 수 있기 때문이다. 따라서 우리가 그 경찰관을 제지할 방법은 없었다.

우리는 초저공으로 날고 있었고 우리 항공기의 그림자가 지면에서 춤추며 우리를 따라왔다.

신은 그날 우리의 생명을 거두어 가지 않으셨다. 안개 속으로 들어가자 우리는 이제 안전해졌다. 몇 분 전까지만 해도 나는 살면서 가장 큰 생명의 위험을 느끼고 있던 터였다. 그러나 안개 속으로 들어가자 그만큼 큰 안도감을 느낀 적이 없을 정도였다. 바다로 나가자 독일 공군의 하인켈이 한 대 보였다. 그러나 그 항공기의 속도는 우리보다 빨라 쫓아갈 수 없었다. 아마 호송선단 초계를 마치고 귀환 중인 것 같았다. 그러고 나서 4시간 후 우리는 스코틀랜드의 로시머스 상공을 선회하고 있었다.

오스카는 내가 착륙하기 2시간 전에 착륙했다. 그의 폭격은 성공적이었다. 그러나 로시는 오스카만큼 제대로 공격하지 못했다. 적 대공포 사수들은 잘 준비하고 있다가 800피트(240m) 고도를 비행하고 있던 그에게 사격을 퍼부었다. 그의 항공기에는 총알 구멍이 엄청나게 많이 났다. 나의 공격 실패에 대해 나는 내 자신과 다른 사람들에게 매우 화가 나 있었다. 그러나 내 항공기의 나침반이 고장 나, 20도나 틀린 각도를 가리키고 있었다는 사실을 알자 나는 아무 말도 할 수 없었다. 그게 이번 임무에서 내가 제 길을 찾지 못한 이유였다. 재키의 실수가 아니었다. 나는 그에게 가서 욕해서 미안하다고 했다. 그러자 모두가 기분이 좋아졌다.

스캠턴으로 돌아온 나는 〈치피〉에게 조종이 너무 힘들었다고 말했다. 그러자 그는 항공기를 점검하고 나서, 자동방루식 연료탱크가 터져 조종용 와이어를 간섭하고 있었던 것을 알아냈다. 잭 키노크는 그 사실을 모르고 있었다. 그러나 그가 알려 주지 않았음에도 나는 비행이 너무 힘들었다.[38]

승무원 대기실에서는 이번 폭격을 두고 놀림소리가 오고갔다. 특히 예전의 미델파르트 임무에 비교하면, 이번의 임무는 너무나도 대실패였다. 장교 회관에서 우리를 만난 공군 소장 해리스도 한참을 웃어 댔다. 나는 그에게 나침반 이야기를 할까 했다. 그러나 명장은 도구를 탓하지 않는다는 말이 생각났다. 우리는 그냥 비난을 받아들였다.

다음 날 밤 우리는 오슬로 피요르드에 기뢰를 부설하기 위해 출격했다. 이번 임무는 내게는 상당히 쉬웠으나 조 콜리어에게는 그렇지 못했다. 그는 전함으로부터 불과 수 야드 떨어진 곳에 기뢰를 부설해야 했기 때문이다. 그는 이번 임무가 그리 즐겁지 못했다고 털어 놓았다. 오스트레일리아 공군 소령 굿은 매우 근거리에서 대공포탄을 얼굴과 팔에 얻어맞았다. 항법사가 그 대신 조종간을 잡아 준 덕택에 그는 살아서 귀환할 수 있었다. 그의 항공기 고도가 불과 50피트(15m), 게다가 눈이 멀 정도로 밝은 탐조등 불빛까지 있었던 점을 감안하면 실로 놀라운 것이었다.[39]

---

38) 유럽 본토 표적에 대한 대전 초기의 폭격 작전은 〈쟁기질〉이라고 불렸다. 브리지먼과 로스는 표적을 찾는 데 성공했다. 깁슨은 유일하게 표적을 찾지 못했다. 자동방루식 연료탱크는 여러 겹의 고무와 섬유, 그리고 한 겹의 천연고무로 보강되어 있다. 연료탱크에 구멍이 나면 새어 나온 연료가 고무층과 섬유층을 통과해 천연고무층에 닿는다. 그러면 이 천연고무층이 부풀어올라 구멍을 막는다. 아마 연료탱크에 탐지가 안 된 피해가 있었을 것이다. 따라서 고무층이 팽창, 조종 계통과 간섭을 일으켰을 것이다.

39) 여기서 깁슨은 사건에 관련된 숫자를 잘못 적어 넣었다. 그가 언급한 오슬로 작전의 실제 일시는 1940년 4월 21일이었다. 이날 밤 제83비행대대는 7대의 항공기를 출격시켜 〈수선화〉 해역에 기뢰를 부설했다. 〈수선화〉 해역은 드로그덴 등대 앞바다다. 그리고 드로그덴 등대는 코펜하겐과 말뫼 사이의 올레순에 있다. 7대의 항공기 중 1대는 조기 귀환했고, 4대는 기뢰 부설에 성공, 나머지 2대는 기뢰 부설 해역을 아예 찾지 못했다. 모두 안전하게 귀환했다.

불쌍한 크래피 키트슨도 문제를 겪었다. 그의 탑승기 조종사인 뉴질랜드 공군의 스벤슨은 독일 전함 바로 위를 날다가 대공포화를 얻어맞았다. 크래피는 얼굴에 대공포화를 얻어맞고 양쪽 눈을 실명했다. 불쌍한 놈. 그 친구는 매우 생기발랄한 친구였기에 그 소식을 들은 나는 그가 너무나도 불쌍했다. 시력은 끝까지 잃어서는 안 되는 것이 아닌가.[40]

오슬로는 정말 여러 모로 화끈한 곳이었다. 앞서 말한 사건들을 제외하고도 오슬로에 출격했던 항공기들 중에 피탄을 안 당한 항공기가 없었으며 3대의 항공기는 귀환하지 못했다. 조니 존스톤은 귀환 중 잉글랜드에 추락했다. 존스톤은 물론 부조종사인 웨일스 출신 태피 배그를 포함한 탑승자 전원이 사망하고 말았다. 조니는 기혼자였다. 나는 그들 부부와 매우 친했다. 다음 날 장교 회관에서 조니의 부인을 보게 되니 슬펐다. 조니가 생전에 사용하던 장비들을 챙기던 그녀의 눈은 붉게 부어 있었다. 폭격기 기지 근처에 사는 승무원 부인들은 늘 긴장하며 살았다. 그들은 하루 종일 남편을 기다리면서, 언제라도 나쁜 소식이 들려올 수 있다는 불안감을 가슴 속 깊은 곳에 품고 살았다. 그러다가 남편의 전사 소식이 들려오면, 울며불며 어쩔 줄을 몰라 했다. 우리 승무원들의 부인들에 대해서도 할말이 아주 많다. 내가 죽기 전에 그 기록을 남길 기회가 있을 것이다.[41]

---

40) 공군 중위 N. H. 스벤슨(원서에는 Svenson이라 적혀 있으나 Svendsen이 올바른 표기다.)과 그 항법사가 이 사건을 당한 일자는 1940년 6월 17일이다. 스벤슨은 〈들장미〉 해역에 기뢰를 부설하는 임무를 띠고 출격했다. 〈들장미〉 해역은 헬골란트로 가는 입구다. 이때 그의 항공기는 대공 초계함의 사격에 피격되었고, 키트슨이 실명했다. 오클랜드 출신의 스벤슨은 1937년 영국 공군에 들어왔다. 이후 그는 1940년 8월 25~26일 사이의 밤에 베를린 폭격 임무에 참가했다. 이때 기체가 손상되자 워쉬 해상에 안전하게 착수, DFC(우수 비행 십자 훈장)를 수여받았다. 그 후 1941년 6월 30일~7월 1일 사이의 밤에 그는 뒤셀도르프 폭격에 참가했다가 두렌 상공에서 대공포화에 의해 격추당했다. 그와 부하 승무원 2명은 생존했으나 포로로 잡혔고, 탑승자 중 관측수는 전사했다.

41) 공군 중위 네빌 존슨(존스톤이 아니다)과 그의 휘하 승무원들(공군 소위 에드워드 배그 포함)은 1940년 5월 14~15일 사이의 밤 루르 폭격 임무 중 손실되었다. 이들이 탄 항공기는 비행

그리고 4월 말이 되자, 노르웨이 전투가 끝나 가는 게 역력해졌다. 영국군은 트론헤임에서 철수하기 시작했다. 계속되는 적의 폭격하에서는 도저히 물자를 하역할 수 없었다. 우리 군은 후퇴하면서 가져갈 수 없는 물자는 모두 파괴하고 있었다. 불쌍한 친구들. 나는 PBI(Poor Bloody Infantry: 불쌍한 보병들을 의미하는 영국군 속어 - 역자주)들이 불쌍했다. 그들은 어떤 전쟁에라도 나가 싸웠다. 승리 아니면 죽음이 그들의 숙명이었다. 물론 공군과 해군도 전쟁을 한다. 그러나 적지를 점령하는 것은 오직 보병의 몫이다. 오직 보병만이 엄청난 고난과 생명의 위험까지도 무릅쓰면서 적지를 점령할 수 있다.

5월 초 우리는 기뢰 부설 임무를 한 번 더 실시했다. 그 이후로 한동안은 기뢰 부설 임무가 없었다. 이번의 목적지는 코펜하겐이었다. 스네이스는 임무를 설명하면서 이런 말을 덧붙였다.

"기보가 매우 잘 아는 곳이지."

이번에는 재키가 제 실력을 한껏 발휘, 우리는 6시간 반 만에 임무를 마칠 수 있었다. 기지에 복귀했을 때는 새벽이었다. 승무원 중 피로를 느끼는 사람은 아무도 없었다. 우리는 맥주를 마시며 임무 성공을 자축했다. 그러고서 시간이 한참 지났는데 오스카가 와서 이렇게 말했다.

"피트케언만 귀환을 못했군. 그 친구 어떻게 되었나?"

피트케언은 부대에서 매우 인기 많던 친구였다. 뛰어난 스포츠맨이었을 뿐 아니라, 깨끗한 인물이었기 때문이다. 우리 모두는 그의 소식을 기다렸

중 한쪽 엔진에 문제가 발생해 조기 귀환하던 중, 라우스 상공에서 조종 불능에 빠져 추락, 전 승무원이 사망했다. 사고 원인은 이른바 〈햄덴 요잉〉이었을 가능성이 크다. 햄덴 폭격기는 방향타 면적이 작은 탓에 한쪽 엔진이 고장 나면 조종하기가 매우 어려워진다. 그렇다고 올바른 기수 방향을 유지하기 위해 방향타를 너무 과도하게 꺾으면 방향타가 그렇게 꺾인 상태에서 고정되어 버릴 수 있다. 그러면 항공기가 뒤집어져 지면으로 추락해 버릴 수 있다.

다. 1시간이 지나고 2시간이 지났다. 그러다가 갑자기 동쪽에서 항공기의 엔진 소리가 약하게 들려왔다. 햄덴 폭격기의 소리가 틀림없었다. 작은 점으로 보이던 항공기는 갈수록 커졌다. 항공기는 착륙장치가 나와 있었다. 그리고 항공기의 옆구리에 적힌 코드레터가 보였다. OL-B. 피트케언의 항공기가 틀림없었다.

오스카가 말했다.

"애태우더니 멋지게 등장했구먼. 이제 저 친구 오면 베이컨이랑 계란을 먹자고."

피트케언은 왜 늦었는지 알려 주었다. 코펜하겐에 도착했을 때 폭탄창 도어가 열리지 않았다는 것이었다. 그는 폭탄창 도어를 열려고 조종석에서 다양하게 시도를 하다가 건드리면 안 되는 것을 건드리고 말았다. 바로 비상 착륙장치 전개 장치였다. 이 장치를 쓰면 모든 유압유를 배출해 버리고, 착륙장치도 강제 전개된다. 그는 이 장치를 건드리고 나서야 그 사실을 알아 버렸다. 그곳은 코펜하겐 상공이었다. 이제 착륙장치는 다시 접을 수 없었다. 그러나 폭탄창 도어는 개방되지 않았다. 그리고 무게가 많이 나가는 기뢰가 아직 실려 있다는 것도 최악이었다. 그는 기수를 돌려 귀환하려고 했으나 대기속도는 시속 120노트(222km)에 불과했다. 그는 백주 대낮에 덴마크 국토를 가로질러 비행했다. 많은 〈훈〉족 전투기들과 조우했다. 그러나 그들은 착륙장치가 내려간 피트케언의 기체 상태를 보고, 그를 독일 군으로 오인하고는 아무런 대응도 하지 않고 그냥 지나쳤다. 바다를 건너는 데는 5시간이나 걸렸다. 불쌍한 피트. 그가 이 말을 이해 못해도 무리는 아니다.

제5장
기구 케이블과 병

크로스비는 재미있는 사람이었다. 그는 2년간 내 당번병으로 일하면서 어떤 실수도 범하지 않았고 나는 그에게 욕을 종종 해댔지만 그는 결코 기죽지 않았다. 그는 키가 크고 약간의 기형이 있어 머리가 한쪽으로 기울어져 있었다. 링컨셔에서 태어나 자란 그는 유머 감각이 거의 없었다. 그는 전쟁이 시작되던 날부터 내게 매일 아침 신문과 차를 가져다주었다. 그리고 1940년 5월 10일 오전 9시, 그의 목소리를 듣고 일어난 나는 독일군이 네덜란드를 침공했다 는 소식을 듣고도 전혀 놀랍지 않았다. 나는 좀 더 자세한 이야기를 듣고 싶어서 침대 너머로 손을 뻗어 라디오를 켰다. 벨기에를 구하기 위해 진격하는 영국군의 상황과 마지노선의 상황은 어떤지, 그리고 독일군이 무슨 수로 전차를 몰고 진격해 왔는지도 알고 싶었다. 그러나 라디오에 출연한 군사 평론가는 다음과 같은 점을 지적했다. 전차가 아무리 멀리 진격할 수 있다고 해도 언젠가는 연료가 부족해질 것이며, 언젠가는 본대와 단절될 수 있는 순간이 온다는 것이다. 그때는 쉽게 저지할 수 있다는 것이다. 그는 적의 진격으로 우리 전선에 큰 돌출부(bulge)가 발생하여도 너무 걱정하지 말 것을 국민들에게 당부했다. 돌출부를 만드는 적 역시 큰 위험 부담을 감수하는 것이기 때문이었다.

그 소식을 들은 모두는 낙담할 수밖에 없었다. 뭘 믿어야 할지 아는 사람이 없었다. 대실패로 끝난 노르웨이 전투 동안에도 수많은 근거 없는 낙관

적 사고가 난무했기 때문이었다. 그래서 최악의 사태를 대비하여 모든 휴가와 외출은 취소되었고 전 승무원은 30분 이내에 출격이 가능하도록 준비했다.

그러나 아무 일도 일어나지 않은 채 3일이 지난 후 상부로부터 명령이 내려왔다. 일부 승무원들은 전선 후방의 독일군 연료 저장고를 폭격하는 임무를 받았으며 나를 포함한 조종사 4명은 킬(Kiel) 운하 관련 특수 임무를 받았다.

승무원 대기실에 앉은 우리들은 이 임무의 중요성에 대한 설명을 들었다. 이번 작전에 성공할 경우 킬 운하를 통한 적의 모든 수상 교통은 마비된다는 것이었다. 그러나 불편한 소식도 들었는데 운하를 따라 300m 간격으로 케이블에 묶인 방공 기구가 하나씩 있고 모든 다리는 경대공포와 중대공포로 엄중히 보호되고 있다는 것이었다. 정말 골치 아픈 표적으로 보였다. 그리고 마지막 담배를 피우는 오스카, 조, 피트, 내 표정은 어두워졌다. 갑자기 오스카는 담뱃갑 뒤에 뭐라고 글을 쓰기 시작했다. 그는 얼마 안가 글 작성을 마치고, 담뱃갑을 대대 부관인 해리스에게 주었다. 해리스는 제1차 세계대전 참전 용사인 은발의 사나이였다. 오스카는 조용한 어조로 해리스에게 부탁했다.

"만약 제가 돌아오지 않거든, 이 글을 회관에서 대대 전원에게 읽어 주십시오. 가능하겠습니까?"

불편한 침묵이 흘렀다. 나는 피우고 있던 담배를 껐다. 그리고 우리 모두는 야간 출격을 수행했다.

그 비행은 힘들었으며 출격한 대원 중 누구도 표적에 도달하지 못했다. 가져간 폭탄도 그대로 가져왔다. 기상 상태는 매우 좋지 않았는데 어딜 가나 구름이 산 위에 낮게 깔려 있었으며 나무 한 그루도 안 보이는 상태인데 운하가 보일 리가 없었다.

다음 날 피트와 나는 그 표적에 다시 가겠다고 자원했다. 이번에는 성과가 좋았다. 이번 비행은 전혀 어렵지 않았고 모든 임무 절차가 제대로 진행되었다. 그러나 당시 지속적인 항공 정찰은 실시되지 않았기 때문에 그 폭격의 성과는 전쟁이 끝날 때까지 알 수 없었지만 그래도 우리는 즐거웠다. 그리고 A편대원 전원이 노팅햄의 〈블랙 보이〉로 술을 마시러 갔다.

그날 밤 오스카와 나는 육군 헌병 두어 명과 문제를 일으켰다. 〈플라잉 호스〉로 가기 위해 길을 건너던 우리는 모자를 제대로 쓰지 않았는데 그 모습을 적발한 붉은 모자를 쓴 육군 헌병들이 매우 무례하게 우리를 대했다. 우리는 처음에는 그들에게 정중하게 대했고 오스카는 그들에게 공손하지만 매우 단호하게 설명하려 했다. 우리는 지난 이틀 연속으로 독일 상공을 다녀왔고, 너희들처럼 대단히 군기 잡힌 놈들이라면 지금 당장 프랑스에 가서 싸워 보는 것도 나쁘지 않겠다고 말이다. 결국 어느 육군 준장이 이 소란을 듣고 와서 헌병들을 해산시켰다. 궁둥이를 걷어찼던가, 아니면 말로 했던가 한 것 같다.

그 준장은 좋은 사람이었다. 당시 나는 정말 이해할 수 없었다. 지금 같은 전시에 왜 목숨을 걸지 않는 인원들이 목숨을 거는 인원들의 태만이나 군기 불량을 지적하고 다닌단 말인가. 정말 어이없고 불쾌했다. 프랑스, 노르웨이, 벨기에 등에 파견된 우리 군 장병들은 손에 소총을 들고 있고 머리 위에 아군 항공기가 날아다니는 한 전투복 맨 위 단추가 채워졌는지 풀렸는지 따위는 신경쓰지 않는다. 전투화가 더러운지도 신경쓰지 않는다. 모자가 있는지 없는지도 신경쓰지 않는다. 병사들과 부대가 무사하다면 그것으로 족하다. 많은 사람들은 후방의 영국 공군 역시 전선의 육군과 마찬가지로 최일선 부대라는 사실을 실감하지 못했다. 그러나 우리 공군에는 폭격기가 있다. 장거리 항법능력과 빠른 속도를 지닌 폭격기가 있기 때문에 우리는 평화로운 후방에서 근무하다가도 불과 몇 시간 내에 최전선, 더 나아가서는 적국 후방까지도 가는 것이다. 우리 공군을 비난하기 좋아하는 사람들에게 상기시켜 주고 싶은 것이 있다. 오늘밤 어느 조종사가 동네 펍에서 맥주를 들이켜고 있더라도, 그가 다음 날 밤에도 거기서 그럴 수 있다는 보장은 전혀 없다는 사실을 말이다. 다음 날 밤, 그 조종사는 그 펍에 온 다른 어떤 사람들보다도 더 지독한 전투를 치르고 있을지도 모르는 것이다.

물론 문제의 그 헌병들은 이 사건을 스캠턴에 서면으로 보고했다. 당연히 기지 사령관은 그 보고서들을 찢어 버렸고 말이다. 당시 기지 사령관은 공군 대령 휴 웜슬리로, 취임한 지 얼마 되지 않았다. 키가 컸던 그는 언제나 얼굴에 따스한 미소를 짓고 있었다. 또한 의무감이 매우 컸으며 승리지향적인 인물로 간단히 말해 멋진 지휘관이었다. 이후 장교 회관에서 그는 오스카에게 이 사건에 대해 뭐라고 이야기했다. 무슨 말이 오고갔는지는 알 수 없었지만 확실한 것은 웜슬리 대령과 이 사건을 논한 오스카가 웃었다는 점이다.

한편 프랑스 전투는 잘 풀려 주고 있지 않았다. 네덜란드에서는 독일군이 쾌속으로 진격을 이어가고 있었다. 독일 공정부대가 수녀나 훌라걸(Hula Girls)로까지 분장해서 낙하한 다음, 눈에 띄는 모든 사람들을 체포하고 있다는 소문까지 떠돌았다. 프랑스 전선에서는 독일군의 돌출부가 날로 커지고 있었다. 독일 기갑부대는 마치 소몰이꾼처럼 빠르게 진격하여 우리 군 전선을 수 마일이나 돌파해 왔다. 이들이 선택한 진격로는 아르덴 숲이었다. 이들은 뫼즈(Meuse) 강과 세당(Sedan) 요새에서 프랑스군을 내쫓아 버렸다. 세당 요새는 독일 공군의 맹렬한 급강하 폭격으로 무너지고 말았다. 독일 항공기들은 어디서나 완벽한 공중우세를 확보했다. 프랑스군 총참모부가 영국에 더 많은 전투기 지원을 요청했다는 소문이 있었으나 우리는 본토 주둔 공군 병력을 프랑스에 더 보내려 하지 않았다. 이후의 상황을 감안하면 현명한 선택이었다.

우리 공군의 본토 주둔 폭격기 부대원들은 낡은 페어리 배틀(Fairey Battle)과 블레넘(Blenheim) 항공기로 프랑스 전투에 나선 전우들의 불행한 운명을 충분히 보아 왔다. 아무리 개인 기량이 뛰어나고 용맹한 조종사가 조종하더라도, 그런 항공기로는 독일군에게 하나둘씩 격추당하기만 할 뿐이었다. 페어리 배틀 항공기로 마스트리히트 다리에 대해 급강하 폭격을 시도하다가 전사한 젊은 가랜드도 그런 운명을 맞았다. 그는 사후 빅토리아 십자훈장(VC)을 추서받았다. 비록 전사했지만 그의 마지막 공격은 매우 용감했다. 그러나 뛰어난 독일 공병은 마스트리히트 다리 바로 옆에 불과 수 시간 만에 부교를 가설했다. 가랜드가 그 모습을 봤다면 가슴이 찢어졌을 것이다. 아무튼 프랑스에 공군 병력을 더 보낸다는 의견은 전혀 호응을 얻지 못했다. 또한 상부의 누군가는 우리 영국군이 필요 최소한의 공중우세도 확보하고 있지 못함을 제대로 인식하고 있었다. 이 때문에 우리는 적 전투기들로부터 비교적 안전한 야간에 폭격 임무를 하게 되었다. 이러한 정책은 방구석 여포(밖에서는 매우 소심하고 집안에서만 위풍당당한 사람들이라는 의미)에게는 전혀 마음에 들지 않았을 것이다. 그러나 시간이 흐르자 그 타당성이 입증되었다. 당시의 괴로웠던 나날들은 야간비행 조종사들을 길러낸 이튼(Eton) 교의 운동장이 되었다. 힘들게 배웠지만 그만큼 얻은 것이 컸다.

네덜란드군 최고사령관이 네덜란드군에 전투를 중지하고 독일군에 항복하라고 명령했을 때, 뫼즈 강 전투가 모두가 바라던 것보다 훨씬 더 남쪽에서 벌어지고 있을 때, 우리 공군은 절대 놀고 있지 않았다. 영국 공군의 전투기 사령부 역시 강력한 적에 맞서 사투를 벌이고 있었으나 잘 견디고 있었으며 전투기 손실 비율은 4대 1이었다. 전투기 사령부 예하 비행대대들 중에 가장 유명한 곳은 제1비행대대, 제73비행대대다. 후자에는 코버 케인이 소속되어 있다. 해안 사령부의 앤슨과 허드슨 항공기들 역시 북해를 포함한 여러 곳에서 U보트 활동을 감시하고 있었다. 그리고 폭격기 사령부는 이 전쟁 최초의 대규모 공습을 실시했는데 이 공습의 표적은 함부르크 선거의 연료 탱크였다. 하지만 당시 그 작전의 브리핑을 듣던 우리 중 그 누구도 그로부터 3년 후에 함부르크 시내 전체가 항공기의 폭격으로 완파되리라고는 꿈도 꾸지 못했다.

스네이스가 입을 열었다.

"여러분들의 표적은 이 지도의 A3칸에 있는 정유소의 서쪽이다. 무장은 500파운드(227kg) 폭탄 4발씩이며 신관은 즉발신관이고 연료는 만재한다. 표적이 보이면 고도에 상관없이 폭격한다. 그러나 달이 남서쪽 하늘에 떠 있으므로 함부르크의 북동쪽에서 표적으로 진입하는 것이 가장 적절한 폭격 방향이다. 그렇게 하면 선거(dockyard) 속 물의 반사광이 잘 보이기 때문이다. 그리고 어떠한 경우에도 독일인 민가를 무차별 폭격해서는 안 된다. 오늘밤 폭격해도 되는 물체는 표적뿐이다. 표적을 발견하지 못할 경우, 폭탄은 반드시 회수해 복귀해야 한다. 이상이다. 폭격 경로는 원하는 대로 설정해도 된다. 폭격 시각은 0000시부터 0400시 사이다. 질문 있나?"

아무도 입을 열지 않았다. 그러자 그는 또 말을 이어갔다.

"항법 장교는 이미 지도를 지급받았다. 따라서 비행경로를 따라 가는데는 문제가 없을 것이다."

그는 잠시 말을 멈췄다. 내가 보기에는 그도 함께 가고 싶어 하는 것 같왔다. 그러나 당시 공군 중령의 비행 시간은 엄청나게 제한되어 있었다. 그는 수줍게 미소지어 보이고는 우리의 행운을 기원해 주었다.

그다음 기지 사령관이 나오자 전원이 기립했다. 그는 우리에게 앉으라고 지시한 다음 히틀러의 연료를 폭파시키면 프랑스의 전황을 개선할 수 있음을 설명했다. 벨기에에서 공세를 벌이는 독일군은 분명 엄청난 연료를 소모하고 있었다. 후방에 있는 이 연료를 폭파한다면 독일군 전방의 작전에 직접적인 지장을 줄 수 있다. 그런 계획이었다. 물론 지난 세계대전에서는 성공률이 높은 계획이었으나 이번 세계대전에서는 그 성공률을 놓고 의견이 엇갈렸다.

재키와 나는 그날 좀 늦게 출격하기로 하고 우선 링컨으로 영화를 보러 갔다. 0300~0400시 사이에 폭격할 계획이었으며 그 시각이면 북쪽에서 해가 뜨면서 날이 밝아온다. 새벽빛과 달빛이 합쳐지면 표적 식별이 매우 쉬울 거라는 게 우리의 계산이었다.

재키와 나는 오랫동안 햄덴을 타며 급강하 폭격기술을 연마해 왔다. 6,000피트(3,600m)에서 강하각 60도로 하강했다가 2,000피트(600m)에서 상승하는 것이었다. 이렇게 하면 폭격 명중률이 매우 높아지며, 대공포와 탐조등도 피할 수 있다. 유일한 문제는 폭탄을 투하하고 상승할 때의 속도였다. 속도가 너무 빠르면 유리로만 되어 있는 햄덴 폭격기의 기수가 깨질 수도 있었다. 그렇게 되면 폭격수가 곤란해진다.

우리가 본 영화 〈품 안의 아기(Babes in Arms)〉는 정말 재미없었다. 재키도 나도 영화를 볼 기분이 아니었고 말이다. 기지에 돌아왔을 때 대부분의 승무원들이 이미 이륙한 후였다. 아마 그들은 내일 밤에는 데이트가 있었을 것이다.

그리 오래 지나지 않아 우리는 활주로 조명등을 찾아 안개 속을 헤맸다.

그러고 나서 브레이크음과 엔진 소음과 함께 우리 항공기인 〈푸 뱅 제독〉 호는 평상시대로 왼쪽으로 기체가 살짝 기우는 듯하면서 하늘로 떠올랐다.

날씨는 맑았다. 2시간 후, 페가서스 엔진의 소음을 뚫고 재키의 목소리가 들려왔다.

"현재 고도는 얼마입니까?"

"약 8,000피트(2,400m)."

"이 고도에서는 산소가 좀 모자랍니다. 그러나 저는 산소 마스크를 가져오지 않았습니다."

맥이 끼어들었다.

"저도 산소 마스크를 안 가져왔어요."

와티의 목소리도 들려왔다.

"저도 산소 마스크 없어요."

와티는 공군 중위 와트슨의 애칭이었다. 그는 이번이 첫 번째 전투 비행이었다. 원래 무장 하사관이던 그는 우리 비행대대에 항공승무원으로 지원했고 장교로 임관되었다. 그는 멋진 친구였다. 또한 적과 싸우려는 열의가 가득했고, 매우 마음에 드는 녀석이었다. 나는 이렇게 말했다.

"괜찮다. 친구들. 이번 임무에 산소 마스크는 필요 없어."

우리 항공기의 승무원들은 자부심이 가득했다. 또한 우리 항공기는 대대에서 저공비행을 제일 잘 하는 A편대 소속이다. 당시 대부분의 비행대대에는 생명의 위험을 무릅쓰고, 확실한 폭격 명중률을 얻기 위해 저공비행을 고집하는 승무원들이 꼭 있었다. 반면 가급적 높은 고도에서 폭탄을 투하하기 좋아하는 승무원들도 있었다. 말할 것도 없이 두 그룹 간에는 라이벌 의식이 엄청났다. 두 그룹의 승무원들은 폭격 방식을 놓고 격론을 벌였다. 그런 토론은 언제나 "저공 폭격은 명중률이 높은 대신, 고공 폭격은 생존성이 높다."는 결론으로 끝이 나곤 했다. 다만 그 결론은 실전을 통해 검증되지는 않은 결론이었다. 폭격기 조종사가 임무를 성공시키고 생존하기 위해서는 엄청난 기량과 용기를 지녀야 한다. 절대로 만용을 부리라거나, 어떤 일이 있더라도 나는 안전하게 살아서 4시간 후에 계란과 베이컨을 먹을 수 있을 거라는 생각이나 하라는 게 아니다. 승무원들에게 불필요한 생명의 위험을 감수하게 하지 말라는 뜻이다. 그러면서도 가급적 과감한 방식으로 폭탄을 표적에 명중시켜야 한다. 임무 성공은 당시 우리의 지상 과제였다. 그리고 현재까지도 그 부분은 크게 달라지지 않았다.

그 비행에서 우리는 함부르크를 처음으로 보았다. 처음에 우리는 함부르크를 보고, 달이 저런 위치와 모양일 수도 있나 하고 착각했다. 처음 눈에 들어온 함부르크는 지평선 위에 내려온 붉은 달 같았다. 좀 더 가까이 가니 선거가 보였다. 더 가까이 가니 주거지도 보였다. 함부르크의 주택가는 몇 마일이나 뻗어 있는 큰 규모였다. 그리고 함부르크 북쪽에 불타고 있는 연료 탱크도 보였다. 불타는 연료 탱크는 하나밖에 보이지 않았다. 그러나 연기가 화염의 방향을 여러 방향으로 바꾸어 피해를 확산시킬 수도 있었다. 아마 이것 때문에 그날 공습에 참가했던 우리 승무원들 중 다수가 폭격에 성공했다고 주장한 반면, 독일 라디오 방송에서는 피해가 없다고 주장하지 않았나 싶다. 아무튼 이렇게 전과를 확실히 알 수 없다는 점이야말로 야간 폭격의 큰 문제였다. 다음 날 주간 정찰기를 보내야 폭격 전과를 확실히 알 수 있었다.

아무튼 우리가 보기에는 표적은 잘 불타고 있는 것 같았다. 승무원들은 기쁨에 찬 함성을 질러댔다. 독일군의 탐조등들은 어설프게 하늘을 이리저리 비춰 댔고, 선거 상공에서는 무수한 대공포 탄도가 기다란 원뿔 모양을 그리고 있었다. 우리는 두 엔진의 동기화를 해제했다. 엔진 동기화 시에 나오는 특유의 웅웅거리는 소음이 적의 청음기에 잘 걸리기 때문이라는 이유였다. 그러나 실제로는 항공기의 쓸데없는 진동을 없애기 위한 목적이 더 컸다.

현장의 경대공포 화망은 이제까지 겪어 본 것 중 최고 수준이었다. 경대공포의 발사광은 처음에는 작게 보인다. 거기서 발사된 빛나는 예광탄이 우리 항공기로 다가오면 가까이 올수록 더 빠르게 접근하는 것처럼 보인다. 그러다가 휘파람 소리를 내며 우리 기체를 스쳐 지나가서는, 수백 미터 떨어진 곳에서 폭발한다. 폭발 시에는 펑펑 소리가 나는데, 의외로 듣기 즐거운 소음이었다. 예광탄의 불빛 색깔은 탄마다 다른데 보통 나오는 순서가 정해져 있다. 녹색-백색-적색 순이다. 예광탄은 마치 폭포수와도 같은 기세로 우리 기체를 쫓아온다. 뭐, 우리 기체에 맞을 일만 없으면 꽤 보기 재미있는 광경이다. 그러나 그중에 한 발이라도 기체에 맞으면 천둥 같은 소음이 울려 퍼지며 기체의 금속 부품과 유리 부품이 깨져 나갈 것이다. 연료 탱크가 불타면서 모든 것이 시뻘겋게 보일 것이다. 갑자기 뱃속이 텅 빈 것처럼 느껴질 것이다. 그리고 기체가 갈수록 빠르게 떨어질 것이다. 기체에서 빠져나가려 하지만 엄청난 풍압 때문에 잘 되지 않는다. 승무원들에게 탈출하라고 소리치는 와중에도 적의 경대공포탄은 계속 날아오고 있다. 기체에서 탈출하지 못하면 지면에 추락해 끝장나는 것이다. 그러고 나면 불타오르는 항공유가 승무원들의 영혼을 천국으로 인도해 줄 것이다. 모든 소음이 사라지고 나면 남는 것은 지상에서 검붉게 불타오르는 화염뿐이다. 그리고 나면 요기가 날아와서 그 화염을 또 다른 표적으로 간주하고 거기를 조준해서 폭탄을 투하할 것이다. 휘어지며 기체를 스쳐가는 예광탄 줄기를 보니 그런 생각이 들었다. 나는 신속히 기체를 기울여 대공포탄을 피했다.

그러나 B편대의 불쌍한 늙은 〈로보〉(뉴질랜드 공군 소속 P. L. 로버츠의 애칭)는 대공포탄을 피하지 못했다. 그가 조종하는 항공기는 마치 불꽃놀이 폭죽처럼 눈부시게 빛나며 산산조각이 났다. 그것이 내가 본 그의 마지막 모습이었다. 경대공포가 날아올 때는 언제나 기민하게 움직여야 한다.

결국 우리는 표적 탱크에서 북동쪽으로 1마일(1.85km) 떨어진 곳의 고도 6,000피트(1,800m) 상공에 도달했다. 아래를 보니 제49비행대대의 피터 워드 헌트가 보였다. 그의 고도는 2,000피트(600m) 정도였고, 적의 공격으로 고전하고 있었지만 잘 버티고 있었다. 또한 15,000피트(4,500m) 고도에서도 아군기 1대가 적으로부터 공격을 받고 있었다.

나는 좌측 엔진 아래쪽으로 보이는 표적을 확인했다. 불타고 있는 연료 탱크는 하나뿐이었다. 나머지 연료 탱크들은 마치 은색 골프공처럼 달빛을 받아 빛나고 있었다. 우리는 항공기를 좌측으로 선회시켜 급강하 폭격에 들어갔다. 기수를 내리자 고도계의 바늘은 시계 반대 방향으로, 대기속도계의 바늘은 시계 방향으로 빠르게 돌기 시작했다.

앞에서는 재키가 모든 준비를 완료하고 폭탄 투하 명령만을 기다리고 있었다. 당시에는 자동 폭탄 투하장치가 없었고, 대신 폭격수가 치즈 절단기 같이 생긴 기구를 잡아당겨 수동으로 투하했다. 항공기 앞유리 너머로 보이는 아까의 〈골프공〉들이 점점 커져갔다. 와티는 자신의 해치가 떨어져 나갈까 봐 안절부절했고, 상부 기관총 사수 맥 역시 빨리 모든 것이 끝나기를 빌고 있었다. 결국 나는 재키에게 말했다.

"폭탄 투하!"

재키가 복창했다.

"폭탄 투하!"

그리고 나서 좀 시간이 지난 다음에 나는 와티에게 물어 봤다.

"뭐가 보이나?"

"아무것도 안 보입니다. 폭탄이 투하된 것 같지도 않습니다."

"폭탄은 분명히 투하되었을 텐데."

재키의 목소리가 끼어들었다.

"아닙니다! 폭탄은 투하되지 않았습니다! 제가 확인했습니다."

나는 힘들게 일한 항공전자 정비사들에게 욕을 있는 대로 퍼붓고 난 다음에 기수를 올렸다. 폭탄이 남아 있는 상태에서 다시 고도를 높이려면 시간이 오래 걸렸다. 그러나 날이 밝아 오고 있었기 때문에 서둘러야 했다. 엔진에 무리가 갈 정도로 작동시켜 우리는 간신히 5,000피트(1,500m) 상공에 도달했다. 그러나 연료 탱크는 찾을 수 없었다. 화재의 연기 때문에 지상이 전혀 보이지가 않았다. 탐조등과 대공포화를 피해 계속 선회하던 나는 우리 머리 위에 다수의 기구가 있음을 발견했다. 기구 역시 결코 마주치고 싶지 않은 상대였다. 갑자기 항공기 우측 방향으로 적 연료 탱크가 보였다. 나는 연료 탱크를 향해 급강하했다. 이번 강하는 강하각이 거짓말 좀 보태서 직각에 가까울 만큼 깊었다. 순식간에 우리 항공기의 속도는 시속 320마일(593km)을 찍었다. 그 상황에서 기수를 다시 들기는 불가능에 가까웠다. 나는 계기판에 양 발을 대고, 있는 대로 조종간을 잡아당겼다. 항공기는 꼬리날개의 균형 탭(tail trimming tab, 이것을 사용하면 항공기에 무리가 갈 수 있다고들 했다)까지 이용해 순식간에 자세를 회복했고, 그 여파로 우리 모두 높은 중력가속도를 받아 잠시 블랙 아웃(중력가속도로 인한 시력 상실)에 빠졌다.

이번에는 폭탄이 제대로 투하되어 표적에 명중, 폭발과 화재를 일으켰다. 그런 후, 잘못된 방향으로 하강했기 때문에 우리는 폭격으로 인해 발생한 짙은 연기 속으로 진입했다. 함부르크 중심지 상공 2,000피트(600m)는 별로 안전한 장소가 아니었다. 온 사방에서 대공포탄이 날아왔다. 듣기 싫은 폭발음이 퍽퍽 거리며 들려왔다. 그리고 탐조등이 우리 항공기를 포착하자 우리 모두 잠시 동안 눈이 멀어 버리고 말았다. 잭은 앞에서

"좌로 꺾어! 우로 꺾어!"

하고 지시를 내렸다. 그러나 그 역시 아무것도 볼 수 없음을 나는 알고 있었다. 그때 나는 지상에 있는 어느 탐조등을 향해 강하했다. 나는 그 탐조등을 향해 항공기 탑재 브라우닝 기관총을 쏴대며 소리쳤다.

"이 개새끼. 죽여 버린다!"

사격과 급강하를 멈추고 다시 상승하면서 나는 방금 쏜 총탄이 탐조등의 조작사들까지 사살했기를 병적으로 바랐다. 그런데 오른쪽을 흘깃 보니 우측 날개에 불이 붙은 것이었다. 이렇게 되면 비상 탈출 말고는 답이 없었다. 기내에 비상 탈출을 알리는 신호등을 작동시키려 했으나 작동하지 않았다. 다시 한 번 오른쪽 날개를 본 나는 스스로의 바보스러움을 탓했다. 화재는 나지 않았다. 오른쪽 날개에서 반쯤 떨어져 나와 덜렁거리던 큰 금속판이 호박색 탐조등 불빛을 반사시키고 있었고, 그 모습이 마치 화염처럼 보였던 것이다. 나는 잭에게 말했다.

"우리 항공기가 적에게 피격당한 것 같다. 조종 느낌이 이상하군."

그러자 그는 이렇게 대답했다.

"그럴 만도 할 거예요. 기구 케이블 수백 야드가 날개에 걸려 있으니 말이지요."

그의 말은 분명 과장되어 있었다. 그러나 우리는 분명 기구 케이블에 충돌했다. 내가 조종하면서 받은 이상한 느낌은 방향타가 대공포화에 맞아 생긴 피해 때문이었다.

결국 우리는 그 모든 것에서 빠져나왔다. 그리고 여느 때와 마찬가지로

대공포 부대들과 포화를 교환한 것을 제외하면 해안까지 별 일 없이 도달했다. 이른 새벽에 발아래 펼쳐진 영국을 보는 것은 멋진 일이었다. 그리고 누군가가 30분 후면 베이컨과 계란을 먹을 수 있다고 알려 주는 것도.

휴 웜슬리가 지휘하는 태양이 눈부신 스캠턴 기지는 멋진 곳이었다. 모두가 매우 행복했고 열심히 일했다. 그러나 기지 사령관은 외곬수인 구석도 있었다. 그는 비행장 조명등을 쓰기 싫어했다. 잘못 썼다가는 비행장은 적의 폭격을 맞게 되고, 그 경우 자신이 다 책임 져야 하기 때문이었다. 그래서 그는 조명등 대신 조명탄을 써서 귀환하는 폭격기를 유도했다. 우리 폭격기들은 두 개의 붉은색 조명탄 사이로 정확히 착륙해야 했다. 물론 그 과정에서 비행기를 부숴서는 안 되었다. 그날 새벽에는 안개가 짙게 껴 있었다. 기지 격납고 지붕도 보이지 않을 정도였다. 그래서 우리는 애빙던으로 기수를 돌려 모두 무사히 착륙했다. 그러면서 우리 기지 사령관과 그의 조명등 관련 지시를 욕했다. 2시간 전부터 기대했던 베이컨과 계란도 더욱 게걸스럽게 먹어 치웠다.

이번 공습에서는 많은 승무원들이 전사하거나 부상당했다. 그러나 이런 종류의 임무를 처음 해봤다는 점을 감안하면 성공적이었다. 그들은 공군의 가장 위대한 전통에 따라 목표를 달성하기 위해 위험한 저공비행을 했다. 반면 어떤 소령은 무려 16,000피트(4,800m)에서 폭격을 했다. 그러나 폭격 조준이 워낙 뛰어났기 때문에 그의 폭격으로 인해 발생한 화재만을 보고도 나머지 대원들이 목표로 날아갈 수 있었다. 그 소령은 DFC를 받았다.

그리고 이렇게 1940년 상반기의 전형적인 독일 공습은 끝이 났다. 이제까지의 공습에 대해 이렇게 자세히 적은 이유는, 그다음부터 펼쳐질 공습은 이것과는 확연히 달랐기 때문이다. 이러한 방식으로 실시된 초기 공습은 위험 부담이 컸다. 예전 방식에서는 각 항공기가 원하는 항로를 사용할 수 있었고 폭탄 투하 고도도 각 항공기가 알아서 정했다. 어떤 때는 탑재 무장도 기장이 임의로 정했다. 출격하는 시간도 정해져 있지 않아 우리 폭격기들은 철저히 개인전을 벌였다. 그러나 솔직히 말하자면 이런 방식은 효율이 좋지 않았다. 그리고 그날 밤 우리 항공기들이 가져간 폭탄 중에 A3칸에 명중한 건 10%를 넘지 않았을 거라고 생각한다.

며칠 후 우리는 그 자리에 다시 가 보았다. 그러나 이번에는 운고가 500 피트(150m)로 안전 폭격 고도 이하였다. 구름 밑으로 날아간 유일한 항공기는 오스카의 기체였다. 오스카 기체 후방 기관총 사수의 보고에 따르면 그 항공기는 높이 솟은 석유 탱크 바로 아래를 통과했다고 한다. 불쌍한 데니스 필드 역시 똑같은 것을 시도했으나, 돌아오지 못했다. 좋은 사람이 었는데. 나는 필드가 전사한 다음 날, 장교 회관에서 필드의 아내 조안에게 필드의 전사 소식을 알려 주고 필드의 유품을 챙겨 집으로 보냈다. 조안이 필드의 무비 카메라를 찾지 못해 헤매다가 결국 B편대 사무실의 개인 옷장에서 찾았던 게 기억난다. 조안은 매우 용감했다. 당시에는 누구나 다 그랬다.

이후 며칠간은 이렇다 할 작전이 없었다. 악천후 때문이기도 했고, 전술적 필요도 없었기 때문이다.

벨기에와 프랑스의 전황은 악화되고 있었다. 그러나 영국 상공에는 안개가 늘 껴 있었다. 마치 우리 비행대의 비행을 막으려는 신의 뜻 같았다. 하지만 훈족은 어떻게 해서든 영국 상공에 나타나 악행을 저지르곤 했다. 12대의 Do17이 위딘시의 요크셔 해안을 지나 영국 내륙으로 들어와 모페트 인근의 대형 폭격기 기지를 향했다. 그 폭격기 기지는 스캠턴 기지와 비슷하게 지어진 매우 훌륭한 기지였다. 그러나 Do17기들은 자신들의 임무를 훌륭히 수행했다. 이들은 그 기지의 격납고 4개는 물론, 기지의 대형 건물

일체를 완파시켰다. 완파된 건물들 중에는 장교 회관과 공작소, 병사 식당도 있었다. 이들이 공격하지 못한 건물은 하사관 회관 뿐이었는데 폭탄이 모자랐기 때문이었다. 그날 독일 공군은 무척이나 즐거웠을 것이다. 분명 그들은 우리 전투기들이 영국 남부에서 분주하게 작전 중임을 알고 있었을 것이다. 그들은 다음 날에 하사관 회관을 노리고 또 날아왔다. 그러나 이번에는 이 기지에 전투기가 있었다. 하사관 회관도 독일 공군의 폭격으로 피해를 입었다. 그러나 폭격하러 온 독일 공군기들은 전멸했다. 모두가 해상에서 격추당했다. 극소수의 생존자들이 영국 무장 트롤 어선에 의해 구조되었다. 그들은 이런 질문을 계속했다.

"우리를 격추시킨 그 영국 전투기들은 대체 어디서 온 겁니까? 영국 전투기들은 프랑스에 모두 가 있는 줄 알았는데요."[42]

여느 전투 소강 상태와 마찬가지로, 우리는 이번에도 링컨에 가서 즐겁게 놀았다. 링컨에는 악명 높은 펍(pub)이 있었다. 그 펍에 있는 바는 부르는 사람에 따라 작은 바, 또는 뱀굴로 불렸다. 지금은 그렇지 않으나, 그때만 해도 거기에는 젊은 여자들이 앉아서 멍청한 장교들을 꼬셔서 시간을 보내며 술을 먹었다. 어떤 때는 여자들이 자동차 뒷좌석에서 장교들을 끌어안고 있기도 했다. 우리는 그런 여자들의 꼬임에 넘어가는 승무원들을 〈연애 아마추어〉로 불렀다. 물론 그런 여자들과 아무 일도 하지 않는 승무

---

42) 깁슨은 지명을 잘못 썼다. 독일 항공기들이 통과한 곳은 요크셔의 위던시가 아니라, 서섹스의 윈첼시이다. 1940년 8월 15일에 공습을 당한 공군 기지는 브라이들링턴 인근의 드리필드 기지이다. 이 날 독일 공군 KG30(제30폭격비행단) 소속 Ju88 30대가 100여 발의 폭탄을 투하했다. 이 공습으로 영국군 14명이 전사, 격납고 4~5동이 파손되었고 휘틀리 항공기 9대가 완파되었다. 그 공군 기지는 4개월간 가동 중지되었으며, 1941년 1월이 되어서야 전투기 기지로 다시 사용되기 시작했다. 독일 공군의 폭격기들이 모두 격추되었다는 말도 틀렸다. 이 전투에서 격추당한 Ju88은 불과 7대. 나머지 항공기 중 3대가 네덜란드와 덴마크에 불시착했다.

원들도 있었다. 현재의 좋은 건강을 계속 유지하고 싶다는 것이 그 주된 이유였다. 그러나 어느 장교(그의 이름은 밝힐 수 없다)는 그녀들의 유혹에 마음이 바뀌었다. 그는 우리 승무원들 사이를 떠나 날씬한 금발 아가씨에게 맥주를 마시자고 했다. 그리고 잠시 후, 그는 그녀와 진지한 대화 중이었다. 그런데 평소처럼 잘 풀려 주지 않는 것 같았다. 그러다가 갑자기 둘은 폭발을 일으켰다.

"그 맥주를 내놔요."

그는 우리에게 다시 돌아왔다. 한손에는 자신의 맥주잔을, 다른 한손에는 그녀가 마시던 반쯤 비워진 맥주잔을 들고 있었다. 금발 아가씨는 일어서서 바 밖으로 뛰쳐나가 버렸다.

누군가가 그 장교에게 물어보았다.

"대체 왜 그랬어?"

젊은 로미오는 손에 들고 있던 맥주잔 두 잔을 모두 마셔 버리며 이렇게 답했다.

"그녀는 나랑 놀아 줄 것 같지가 않았어."

오스카가 그 장교에게 으르렁댔다.

"어휴, 이 더러운 놈. 이봐 기보. 차 타고 〈조지〉에 가자. 거기 가서 몇 시간 동안 계속 마시자고. 재키한테는 피아노를 연주하게 하고!"

밖은 칠흑같이 깜깜했다. 달은 아직 뜨지 않았다. 알다시피 등화관제 마스크가 씌워진 조명등을 켜고 야간에 차를 모는 일은 아주 어려웠다. 그러나 이번에는 길에 두 개의 하얀 차선이 보였다. 그런데 눈을 한 번 감았다 뜨니 그 차선들이 없어진 것이었다. 정말 이해하기 어려운 이상한 상황이었다. 결국 나는 등화관제 마스크를 떼어 내고, 엄청난 속도로 조지로 달려갔다. 차량 뒤에는 승무원들이 빼곡히 타고, 음란한 노래를 부르고 있었다.

그렇게 달리다가 랙비 도로 길가에서 혼자 근무를 서고 있던 경찰관을 마주쳤다. 그는 우리 차의 꼬락서니를 보고 놀라지 않을 수 없었을 것이다. 속도는 과속이지, 타고 있는 사람들은 "그녀의 팬티를 벗겨 버려" 같은 노래를 부르며 등화관제 마스크가 사라진 전조등은 마치 대공 탐조등만큼 밝게 빛나고 있었으니 말이다. 그는 서둘러 동료에게 전화를 걸어 이 사실을 알렸다.

이 와중에 나는 두 번째 흰색 차선의 왼쪽에 차를 붙인 채로 주행하려고 신경을 쓰고 있었다. 오스카는 내 귀에다 대고 "빨리 가! 더 빨리!" 소리를 지르고 있었다. 갑자기 우리 눈앞에 길 한복판에서 좌우로 왔다 갔다 하는 붉은 등이 보였다. 내가 알기로는 우리 차는 자동차 세금도 내지 않았고, 자동차 보험에 들어 있지도 않았다. 그리고 내 몸에서는 여전히 술 냄새가 나는 것도 알고 있었다. 그리고 모두가 알다시피 당시 나는 땡전 한 푼 없었다. 그러면 할 일은 하나뿐이었다. 가속 페달을 더욱 세게 밟는 것뿐이었다. 어떻게 경찰을 따돌렸는지는 도무지 기억이 나지 않는다. 기억나는 건 경찰관의 양 다리와 경찰 모터사이클의 후미등이 서로 다른 방향으로 간 장면 정도였다. 그다음 우리는 먼 길을 달려 모든 등을 끄고 느린 속도로 옆길로 들어갔다. 쥐 죽은 듯이 조용했다. 승무원들은 이럴 때 어떻게 처신해야 할지를 잘 알고 있었다. 누구도 입 한 번 뻥끗하지 않았다. 숨소리도 최대한 죽였다. 마치 해뜨기 전 함부르크 항구에 숨어 들어가는 영국 잠수함 승조원이 된 기분이었다.

우리는 15분 동안 기다렸다. 그러고 나서 한 사람씩 차에서 내려 들판을 건너 조지에 갔다. 우리 차를 타지 않은 승무원들은 이미 조지에 도착해 있었다. 우리가 갔을 때 그들은 이미 떠들썩한 파티를 벌이는 중이었다. 조지에서 나는 어떤 경찰관에게 술을 사 주었다. 그 경찰관은 링컨 장날에서 음주운전을 하며 돌아오는 농부의 차에 치일 뻔했다며 씨근덕거렸다.

우리는 3~4일간 밤에는 별 일이 없었다. 그러나 낮에는 뭔가 하고 있었다. 재키, 디키 벙커, 빌 트위들은 기장으로 진급해 승무원들을 이끌고 우리 부대의 전투 손실을 메웠다. 즉 나는 이제 항법사 없이 비행해야 한다는 것이었다. 그러나 후방 기관총 사수 와티가 오래 전에 항법도 해본 적이 있다고 얘기했다. 그래서 나는 그를 앤슨 항공기에 태워 항법 능력을 측정해 보았다. 그는 자신의 실력을 증명해 보였고, 비행의 기초도 어렵잖게 배웠다. 그는 내가 피격되어 비행할 수 없는 상황 시 조종을 인계받을 능력이 되었다. 우리는 2일간 15시간을 비행하며 그 짧은 시간 동안 그만큼 배운 것은 대단한 일이었다. 와티의 나이가 30세라서 뭔가를 빨리 배우기에는 많이 늦었다는 점을 감안하면 더욱 그랬다.

빈둥대던 마지막 날 나는 이브에게 전화를 걸어 이곳에 와서 동료들을 만나 달라고 했다. 우리 부대는 그날 밤 비행을 하지 않을 예정이었기 때문이다. 하지만 늘 그렇듯이 이번에도 일이 꼬였다. 그날 밤 나는 또 비행을 해야 했다. 죽음의 신과 주사위 게임을 해야 하는 처지가 되었다. 내 대타로 이안이 대신 나와 이브를 맞아 주었다. 그들은 〈푸 뱅 제독〉호를 타고 밤하늘로 날아오르는 나를 배웅한 후, 같이 저녁을 먹으러 갔다.

그 후로 며칠 동안 우리는 뒤셀도르프-조지, 만네르하임-페트우드, 킬-링컨 사이를 오가며 작전을 벌였다. 특히 킬에서 거둔 전과는 내가 본 것 중 최고였다. 양초의 양끝에 모두 불을 붙일 수는 없다. 그것은 나 역시 마찬가지였다. 그달 월말이 되자 나는 탈진했다. 월리 스네이스는 내게 1주일의 휴가를 주었다. 해리스로 떠나기 전날 밤 대대 부관이 와서, 내가 DFC를 받게 된다는 소식을 전해 주었다. 나 외에도 오스카, 로시, 빌, 디키 역시 DFC를 받게 되었다. 정말 오랫동안 기다려왔던 좋은 소식이었다. 모두의 만면에 미소가 돌았다. 나는 바로 이브에게 전화를 걸었다. 〈뱀굴〉에서 큰 파티를 준비해 달라고 했다. 모든 승무원들을 모아 시끌벅적하게 축하하고 싶었다.

그러나 나는 마지막 순간에 DFC 수훈 명단에서 빠지고 말았다. 결국 파티 다음 날 나는 할말을 잃고 말았다. 브루스가 9시 경에 나를 깨우며 음흉하게 말했다.

"좋은 소식이 있습니다."

"누구에게 좋은 소식이야?"

졸린 나는 상황을 파악하지 못했다.

"오스카와 대대장에게 말이지요. 두 분 모두 DFC를 받게 되었습니다."

왜 나는 못 받냐고 물을 뻔했다. 그러나 그가 내민 수훈자 명단에는 내 이름이 없었다. 나만 빼고 DFC를 받은 것이었다.

나는 이브와 함께 브라이튼으로 갔다. 기분이 상한 나는 그날 밤 엄청나게 많이 술을 마셨다.

제6장
최대역량

브라이튼은 평화로웠다. 엄밀히 말하면, 예전과 다를 바가 없었다. 예쁜 아가씨들이 짧은 치맛자락을 바닷바람에 나풀거리며 거리를 돌아다니면서 남자들을 보고 있었다. 그녀들의 눈빛은 이렇게 말하는 듯했다. "저 남자의 이름은 몰라. 그러나 스타일은 마음에 드는 걸." 바닷가에 면한 음식점들에서는 머리색이 짙은 여자 종업원들이 발꿈치 부분이 해진 검은색 스타킹과 지저분해진 앞치마를 입고서 여전히 손님들에게 차를 대접하고 있었다. 하숙집들도 여전히 영업 중이었고, 해변은 사람들로 미어 터졌다. 불과 수백 km 떨어진 됭케르크에서 사투가 벌어지고 있다는 사실을 믿기 힘들었던, 1940년 6월 초의 풍경이었다. 날씨는 덥고 바다는 평온했다. 전쟁을 떠오르게 하는 것은 병사들과 철조망의 모습뿐이었다.

늘 그렇듯이, 빈둥대는 사이에 휴가는 빠르게 지나가 버렸다. 나는 하루 종일 이브와 도린과 함께 해변에서 시간을 보냈다. 도린은 이브와 같은 공연 〈나와서 놀자〉에 나오던 아가씨였다. 이 공연은 런던 무대에 상연되기 전 연습 진행 중이었다. 주연인 제시 매튜스는 세간의 이목을 한몸에 받아 분주하기 그지없었다. 나는 이전에 그렇게 많은 예능인들을 만나 본 적이 없었다. 그러나 나는 그들과 매우 잘 어울렸다는 점만큼은 말해 두고 싶다. 특히 술집이 문을 여는 저녁 시간에는 말이다. 그들 대부분은 평범한 직업인들이었다. 그러나 그중에는 좀 특이한 사람들도 있었다. 그들과의 이야기는 좀 다른 얘기다.

휴가 마지막 날 밤, 나는 이브를 포함한 아가씨 여러 명을 데리고 연습장에서 나와서 산책로를 걷고 있었다. 그런데 갑자기 공습경보가 울렸다. 좀 떨어진 곳에 폭탄이 떨어졌다. 1~2문의 대공포가 밤하늘을 향해 불을 뿜었고, 낙하산 조명탄이 발사되어 하늘을 밝혔다. 우리 모두는 그랜드로 가서, 소란이 잠잠해질 때까지 술을 마셨다. 그런 곳이 늘 그렇듯이 라운지는 사람들로 붐볐다. 거기 모인 모두가 9시 뉴스 내용에 귀를 쫑긋 세우고 있었다. 우리가 거기 서 있는데, 어느 육군 장교가 느린 걸음으로 들어왔다. 나를 바라보는 그의 하늘색 눈에서는 미친 사람의 눈빛이 느껴졌다. 처음에 나는 그가 술에 취했다고 생각했다. 그리고 평범한 군인 행세를 해야겠다고 생각했다. 그러나 그 불쌍한 친구는 술 취하지 않았다. 그는 멀쩡한 정신이었다. 그는 됭케르크 해안에서 무려 4일을 보내다가 그날 아침 영국에 도착했다. 이 때문에 신경이 날카로워 있을 뿐이었다.

그의 입이 뭐라고 움직이기 시작하더니, 결국 말을 뱉어 내기 시작했다. 그날을 시작으로, 나는 그가 물어 본 것과 같은 질문을 꽤 많이 받아야 했다.

"됭케르크에서 우리 영국 공군은 대체 어디 있었나요?"

나는 바보스럽게 대답했다.

"저도 몰라요. 어디 있었을까요?"

"독일 공군은 많이 있더군요. 하인켈 기와 메서슈미트 기는 많이 봤어요. 그러나 우리 공군 전투기는 보이지 않았어요. 거기서 지낸 4일 동안 스피트파이어는 딱 한 번 봤다고요."

"아마 다른 곳에서 싸우고 있었겠지요."

"아니오. 그럴 리가 없어요. 우리는 매 시간 적의 폭격을 얻어맞았어요.

정말 지옥 같았지요. 독일 놈들은 계속해서 폭격을 해 대는데, 우리는 도저히 손쓸 방법이 없었어요."

나는 그 친구가 계속 떠들게 놔두었다. 그의 목소리는 커졌다 작아졌다 했다. 말도 가끔씩 멈추곤 했다. 그는 듣는 사람 없이도 혼자서 잘 떠들고 있었다.

갑자기 무선 시보가 울리더니 뉴스 기사를 읽는 브루스 벨프레이지의 목소리가 들려왔다. 그러나 아까의 육군 장교도 계속 떠들고 있었다. 그는 자신의 말이 작은 소란을 일으키고 있음을 모르고 있었다. 결국 어떤 나이든 사람이 일어나서 그 육군 장교의 팔을 잡고 점잖게 말을 걸었다.

"젊은이. 우리는 뉴스를 듣고 싶소만."

자신과 뜻을 같이하는 사람들이 많다는 것을 알고 한 행동이었다. 그 육군 장교는 눈을 깜박였다. 기분이 상한 것 같았다. 그는 상황 파악이 안 되는 것 같았다. 이제껏 살아온 인생의 여러 장면들 중, 그 모습이야말로 내 피를 끓게 한 장면이었다. 두어 잔의 하이볼을 마셔서 나도 간이 커진 상태였다. 그 정도면 다음 행동을 하기 충분했다.

나는 라디오를 꺼 버렸다. 그러자 방 안은 순식간에 조용해졌다. 나는 그 노인에게 부드럽지만 방 안의 모두에게 들리는 힘 있는 어조로 이렇게 말했다.

"이봐요. 이 멍청한 노인 양반. 후방 깊숙이 앉아 호의호식하는 당신의 포동포동한 모가지를 지키기 위해 병사들이 싸우고 있는 걸 알고는 계신 거요? 지금 이 순간에도 폭격기 승무원들은 히틀러의 진격을 막기 위해 목숨을 걸고 있는데, 그건 알고 계신 거요? 당신이 먹는 음식은 저 먼 바다에서 영국 해군의 호위를 받는 상선들이 실어 온 거예요. 여기서 고작 수백 km 떨어진 곳에서는 우리 영국 육군 1개군이 당신 같은 늙은이들이 일으킨 난장판에서 탈출하기 위해 애쓰고 있어요. 그것들을 다 알고는 계신 거요? 아마 당신은 당신이 지금 붙잡고 있는 사람이 그 난장판에서 살아 나온 사람이라는 것을 모를 거예요. 그 사람은 당신이 평생 동안 보지 못한 것들을 보았어요. 그런데 당신은 여기 앉아서 자신이 완벽히 안전하다고 착각하면서 뉴스나 들으려고 하시는군요."

이 긴 이야기를 마친 나는 더 이상 아무 말도 할 수 없었다. 나는 그 노인을 한심하다는 시선으로 보고 약한 목소리로 이렇게 말할 수밖에 없었다.

"내가 보기에는 어르신 같은 사람은 쓸모가 없어요."

그러고 나서 나는 어두운 밖으로 나갔다. 나가는 내 귀에도 그 육군 장교의 중얼거림이 계속 들려 왔다.

"됭케르크에서 우리 영국 공군은 대체 어디 있었나요?"

다음 날 나는 이브에게 사랑을 담아 작별 인사를 했다. 그녀는 이제 더는 살아서 나를 볼 수 없을 줄 알았다. 그녀는 눈물을 흘렸고 나는 두려웠다. 그러나 결국 내가 탄 열차는 역을 빠져나오고 말았다.

부대로 돌아가게 되어서 기뻤다. 이번에는 왠지 휴가를 가면 안 되는 시기 같았기 때문이다. 우리 해안에서 불과 수 km 떨어진 곳에 적이 있다. 어쩌면 한 달 안에 독일이 영국 본토를 침공할지도 모른다. 그러면 모든 국민들은 온 힘을 다 해 독일을 격퇴해야 할 것이다. 열차가 그랜섬을 통과하자 나는 정말로 행복해지기 시작했다.

내가 기지에 도착했을 때 승무원들은 휴게실에 있었다. 3일 연속으로 야간 작전을 뛴 일부 승무원들은 매우 수척해 보였다. 늘 그렇듯이 승무원들은 지저분한 말들로 나의 복귀를 환영해 주었다. 그래도 떠도는 긴장감을 낮출 수는 없었다. 특히 잭 키노크와 올라슨 상사는 지금 당장 쓰러져 1주일 동안 잠만 자도 이상하지 않을 것 같았다. 그러나 우리만 고생하는 것은 아니었다. 우리 일은 특히 해군과 많이 비교되었다. 당시 우리 해군은 자원 봉사자들의 도움을 받아가며 근 1주일간 프랑스 주둔 영국 육군을 영국 본토로 실어오고 있었다. 같은 공군 내에서도 공군 구성부대와 수도 방위 비행대들은 영불해협 상공의 제공권을 확보하기 위해 끊임없는 주간 출격을 강요당하고 있었다. 그들은 푹 잘 시간도 없었다. 항공기의 재급유와 재무장이 진행되는 동안 커피와 간단한 식사를 하고, 또 다시 하늘로 날아오르는 것이었다.

친숙한 얼굴 두 명이 없다는 사실을 갑자기 알아차렸다.

"이안과 그리니는 어디 있나?"

누군가가 대답했다.

"2일 전에 실종되었어요."

"대체 어쩌다가?"

"아헨 상공에서 저고도 비행 중이었지요."

"이런! 불쌍한 델은 어쩌고?"

"그러게나 말입니다. 대대 부관이 통지해 주었어요."

"불쌍한 늙은 이안."

"네, 슬픈 일입니다."

"그러게."43)

---

43) 독일이 저지대국가들을 점령하고 프랑스 영토 내로 진격해 오자, 1940년 5월 15일 폭격기 사령부는 라인 강 동쪽에 있는 전략 표적(특히 석유 및 철도 시설) 폭격을 인가받았다. 1940년 6월 3/4일 사이의 밤, 공군 중위 프랜시스 헤이든(이안)과 공군 소위 찰스 그린웰이 각각 조종사와 관측수로 탑승한 햄덴 폭격기 1대가 라인 강의 유류 취급항 〈에머리히〉를 폭격하라는 임무를 받고 출격했다. 이 항공기는 독일 공군 NJG2(제2야간전투비행단) 소속 야간 전투기(조종사 헤르만 피르스터 공군 상사)의 공격을 받았다. 이 항공기는 아헨에서 동북쪽으로 6마일(11km) 떨어진 오프덴에 추락했다. 이 항공기의 탑승자 전원은 전사했으며, 유해는 라

갑자기 오스카가 기운차게 들어왔다.

"안녕, 기보. 소식 들었나?"

그는 언제나 휴가 복귀자만 보면 기분이 좋아지는 것 같았다.

"무슨 소식 말입니까?"

"처칠이 하원에서 발표했어. 됭케르크에서 335,000명을 구해 냈다더군. 내가 보기에는 20,000명만 구해 냈어도 대성공일 정도로 힘들었는데 말야!"

그의 말에 모두가 낮은 목소리로 웅성거리며 동의했다.

재키가 물었다.

"처칠은 레오폴트 국왕에 대해서는 어떻게 생각합니까?"

"나쁜 놈으로 생각하지. 물론 대놓고는 말 안 해. 그러나 벨기에 항복에 대한 영국의 입장을 안 밝힐 이유는 없다고 말했어."

"해석하기 나름인 말이군요. 그게 바로 정치적 언어입니다."

토니가 거들었다.

"내가 보기에는 레오폴트 국왕은 큰 실수를 했던 것 같아. 그는 막판에야 우리에게 도움을 요청했어. 그가 정상적으로 사고할 수 있었다면 처음부터 우리의 도움을 요청해야 했어."

올라슨이 끼어들어 대화 주제를 바꾸었다.

"육군은 우리 공군이 됭케르크에 숟가락만 났다고 하더군요. 처칠은 거기에 대해서 뭐라고 합니까?"

"처칠은 그런 소리는 말도 안 된다고 했어. 전투기 조종사들은 그곳 수 km 상공에서 싸웠어. 됭케르크에 모인 배들처럼 독일 폭격기가 공격하기

인베르크 전몰자 묘지에 있다.

쉬운 표적이 또 어딨단 말인가? 우리 공군이 그 배들을 폭격하는 독일 폭격기를 막지 못했다면 어떤 난리가 벌어졌을지 안 봐도 뻔하지."

나도 끼어들었다.

"제가 보기에는 많은 독일 폭격기가 돌파에 성공한 것 같습니다. 브라이튼에서 만난 어느 육군은 우리 공군기를 본 적이 없다고 하더군요."

오스카가 핵심을 지적했다.

"뭐, 그럴 만도 하지. 됭케르크와 우리 공군 기지 사이는 멀리 떨어져 있기 때문에 재급유를 하러 가는 데도 많은 시간이 걸려. 게다가 우리 공군과 독일 공군의 전력 차이는 무려 1:3이야. 그러나 독일 공군기 몇 대가 돌파했을 수도 있지."

자다가 방금 일어난 빌이 파이프 담배에 불을 붙이며 말했다.

"아무튼, 육군은 됭케르크에서 독일 공군에게 정말 지독한 꼴을 당했습니다. 저는 어제 샐리스버리에 있었는데, 거기서는 2~3명이 한 조를 이루어야 안심하고 펍에 들어갈 수 있다고 하더군요. 그 동네의 육군들은 공군 군복을 입은 사람이면 주먹부터 날리고 본다지 뭡니까."

"그렇다고 그 친구들을 욕만 할 수는 없어. 엄청난 역경을 겪은 친구들이니까 말이야. 우리 육군은 노르웨이와 프랑스에서 연패하고 추방당했지. 다음에는 또 어디서 싸우게 될까?"

"아무도 모르죠."

"어디라도 좋으니 기반부터 마련해야 돼."

"그렇지요."

오스카가 말했다.

"우리 육군은 초전부터 호된 꼴을 당했어. 패주는 두 번이면 족해. 하지만 뭐가 잘못되었는지는 모르겠네."

대부분의 승무원들은 방구석 전략가 행세를 하기 좋아한다. 오스카 역시 다를 바가 없었다. 그는 담뱃갑에서 담배를 꺼내며 자신의 견해를 밝혔다.

"영국과 독일 양국은 노르웨이에 비행기를 너무 많이 보냈어. 영국 공군은 노르웨이 인근에 충분한 기지가 없어서 영국 육군을 제대로 엄호해 주기도 힘들었는데 말야. 하지만 됭케르크에서는 육군의 근접 지원을 하기에 충분한 전력은 있었던 것 같아. 그 모두를 쓰지는 않았지만 말이지. 우리 폭격기들도 그런 전력이고 말이지."

내가 질문했다.

"하지만 독일군이 우리 폭격기들을 파리 잡듯이 격추해 버렸으면 어쩌죠."

"뭐, 우리 수도 방위 비행대가 호위해 주잖아."

"그리고 나면 독일 공군이 런던을 초토화해 버릴지도요."

오스카는 말을 이어갔다. 그는 토론을 좋아했다.

"뭐, 자네 말이 옳을 수도 있지. 충분한 수의 근접 지원 항공기가 있었다면 더 잘 할 수 있었을 거야. 하지만 그만한 수의 항공기는 없었어. 어찌 되었든 간에 스윈튼 시절부터 적절한 형식의 항공기는 늘 부족했어.[44] 하지만 지상군을 놓고 보면, 만약 개전 당시부터 중립국들이 모두 우리 영국 편을 들어 주었더라면 상황은 아마도 달라졌을 거야."

빌이 말했다.

---

44) 스윈튼 시절이란 스윈튼 제1백작인 필립 컨리프 리스터(1884~1972)가 공군성 대신으로 재직하던 1935년 6월부터 1938년 5월까지를 가리킨다. 그는 스탠리 볼드윈과 네빌 체임벌린 총리 휘하에서 공군성 대신을 지냈다. 리스터 대신은 독일의 재군비 속도가 너무 평가절하되고 있다는 문제를 잘 꿰뚫어 보고 있었다. 그 문제를 해결하기 위해 그는 원래 계획보다 더 빠른 시간 내에 더 많은 폭격기 비행대와 공군 예비군 부대들을 창설해야 하며, 폭격기의 크기도 더 크게 늘려야 한다고 보았다. 또한 그는 〈그림자 공장〉 계획의 강력한 지지자였다. 자동차 업계를 이용해 항공기 생산량을 늘린다는 것이 〈그림자 공장〉 계획의 골자였다.

"노르웨이도 마찬가지고요."

오스카는 담배에 불을 붙이며 말했다.

"그 나라는 영세중립국으로 남을 것 같아. 그 외에도 또 다른 장애가 있지. 독일이 벨기에를 침공하자마자 영국은 군대를 보냈어. 그렇지만 보급선을 통합하기에는 때가 너무 늦었지. 독일의 행보는 너무 빨랐고 말야. 〈제리(Jerry: 독일군을 부르는 속어)〉가 세당을 점령하고 뫼즈 강을 도하했을 때 아미앙으로 후퇴하는 것 말고는 답이 없었어. 그러나 베이강은 자신이 버티고 전선의 틈을 막을 수 있다고 생각했지. 하지만 연합군 장군들 대부분은 전격전을 몰랐어. 연합군의 거점은 연달아 독일의 급강하 폭격기 및 전차에 깨져 나갔지. 게다가 일부 프랑스 병사들은 약간의 선무 공작에도 항복해 버렸어. 그러니 레오폴트 국왕이 항복을 발표하고 나니 우리는 명치를 제대로 얻어맞은 꼴이 된 거야. 방어선에 해안을 따라 무려 50km에 달하는 빈틈이 생겨 버렸지."

"거길 지켜 봤자 아무 이득이 없다고 생각해. 후퇴해야 했어. 됭케르크로 말야. 다른 연합군 전력의 상당 부분이 사라졌으니 어쩔 수 없어. 내가 보기에는 프랑스 육군 17개 사단, 벨기에 육군 전원, 영국 육군 3만 명이 사라진 것 같아. 모든 것을 종합해 볼 때, 대실패 말고는 다른 표현이 떠오르지 않는군."

"분명 그렇습니다. 그렇지만 앞으로는 어떻게 될까요?"

"나도 모르지. 그래도 영국이 병력을 다시 확보할 때까지는 프랑스가 전선 북부라도 지켜 주지 않을까."

"그럴지도 모르지요. 하지만 그것도 쉬운 일은 아닙니다."

"처칠은 우리 군이 모든 장비를 다 잃었다고 했어."

긴 침묵이 이어졌다. 우리는 이렇게 전쟁에 대해 토론을 자주 했다. 좋은 이야기를 하려고 머리를 굴리는 사람도 있었다.

그러다가 문이 열리고 윌리가 들어왔다. 모두가 신속히 일어나 차려 자세를 취했다. 윌리는 기분 좋아 보였다.

"앉게, 제군들. 자네들 중에 혹시 당구 잘 하는 사람 있나? 아니면 다른 게임이라도."

서 있는 그의 눈썹이 치켜 올라갔다. 누구도 아무 대답도 하지 않았다. 그가 그런 질문을 하는 이유를 알 수 없었다.

윌리의 말은 계속되었다.

"지원자 2명이 필요하다."

그러면서 그는 피트와 나를 지목했다.

"자네 둘이 가 줬으면 하는군."

나는 끄응 신음소리를 냈다. 대체 무슨 일이길래? 나는 하늘에서 싸우기를 원했지, 무슨 행사에서 당구나 치고 싶지는 않았다.

그의 사무실에서 윌리는 뭔가를 덮어 싸고 있던 덮개를 벗겼다. 소상용 점토로 만든 모형이 드러났다. 작은 철도 터널의 모형이었다. 이제 진지해진 그는 빠르게 말을 이어나갔다.

"오늘밤 자네들의 임무는 해리스 소장께서 설계하신 실험을 실시하는 것이다. 자네들도 알다시피 프랑스의 전황은 불리하게 풀려 가고 있다. 그래서 해리스 소장께서는 철도 차단에 집중하여 적의 진격을 막고자 하셨지. 도로 차단은 주간 폭격기에게 맡길 거야. 알다시피 철도에서 제일 약한 지점은 교량과 터널이다. 그런데 교량은 폭격으로 파괴하기가 매우 어려워. 하지만 터널은 비교적 쉽단 말이지. 아까 전에 당구를 잘 치냐고 물어 본 거 기억나나? 내가 이 작전에서 원하는 건 〈스누커(당구 종목 중 하나)〉라네. 이번 작전에서는 터널 입구 속으로 정확하게 폭탄을 명중시킬 수 있어야 해. 이 폭탄은 터널에 들어간 후 몇 초 만에 폭발하게 되어 있어. 그러면 터널이 무너지면서 최소 며칠은 철도를 막게 돼지. 그 기간 동안 독일군의 보급품은 그 철도를 이용할 수 없게 되는 거야. 이번 작전에는 많은 지원자들이 몰렸어. 그러나 나는 자네 두 명에게 기회를 주고 싶었다네. 이륙 시간은 오후 10시다."[45]

우리 둘이 그 방을 나서자마자 피트의 표정에는 함박미소가 지어졌다. 그는 우리 부대 최고의 스누커 선수였다. 그의 실력을 유감없이 발휘할 기회가 주어진 것이다.

우리는 함께 이륙한 다음 바다를 건넜다. 우리 왼쪽에 연기를 뿜는 로테르담이 지나갔다. 벨기에, 철저한 등화관제가 실시되던 브뤼셀을 거쳐 독일 본토로 들어갔다.

우리가 지나쳐 간 모든 곳에는 엄격한 등화관제가 실시되고 있었으며, 지상에서는 탐조등 불빛이 좌우로 까닥거리고 있었다. 왼쪽 저 멀리를 보니 대충 13,000피트(3,900m) 고도에 떠 있는 어느 항공기가 탐조등 불빛에 노출되어 대공포의 집중 사격을 얻어맞고 있었다. 어떤 이유에서인지 그 항공기의 하부 식별등이 켜져 있었다. 나중에 안 것이지만 그 항공기는 우리 비행대대 A편대의 기체였다. 이륙 이후 하부 식별등을 끄는 것을 잊었다고 했다. 살아 돌아온 그 항공기의 조종사는 이렇게 말했다.

"세상에, 하늘에 내 비행기만 떠 있는 줄 알았어…"

---

45) 이 계획의 효과는 작았다. 철도는 한 곳이 막히더라도 보통은 대체로가 있다. 그리고 당시 영국 공군에는 그 모든 대체로를 막을 만큼 충분한 항공기가 없었다. 연합군이 노르망디 상륙 작전 실시 이전 수개월 동안 진행한 1944년 대교통 전역의 효과는 철도의 파괴보다는 기관차, 열차, 차량 수리 시설의 파괴를 통해 달성되었다. 그러나 터널을 차단한다는 아이디어는 1944~1945년 사이의 겨울에 있던 벌지 전투 당시 독일군의 보급 저지를 위해 다시금 부활했다. 이때는 드 하빌랜드 모스키토 항공기들이 최저 200피트(60m) 고도에서 지연 신관을 장착한 4,000파운드(1,800kg) 폭탄을 투하했다.

지도를 철저히 판독해 가며 수로와 수로를 건넌 끝에 우리는 아헨 인근 목표 터널에 도착했다. 달이 져 가고 있었다. 이 때문에 나는 조명탄을 발사했다. 밝은 노란색 조명탄 불빛 아래 목표 터널이 순식간에 드러났다. 시간 낭비는 용납되지 않았다. 조명탄 연소 시간은 3분뿐이었으므로, 우리는 바로 공격을 위해 강하했다. 우리는 철도를 따라 고속열차처럼 날아갔다. 나는 반사적으로 신호등에 불이 들어온 것을 알았다. 그러고 나서 눈앞에 높은 사면이 나타났다. 우리는 항공기를 상승시키면서 500파운드 폭탄 2발을 투하했다. 잠시 후 날개에 나뭇가지를 스치며 비행하던 우리에게 반가운 폭발음이 들려왔다. 폭탄을 투하한 터널 입구로 돌아가서 다시 확인해 보니 터널이 무너진 것을 알 수 있었다. 이 터널을 파괴하는 임무는 성공했지만 아직 항공기에는 폭탄 2발이 실려 있었다. 10마일(19km) 떨어진 다음 터널로 날아갔을 때는 문제가 발생했다. 조명탄이 불발되었던 것이다. 끔찍한 일이었다. 밖이 너무 어두워 아무것도 보이지 않았기 때문이다. 그 후 몇 분 간 우리 승무원들이 한 말들 중 1/4만이라도 무장사들의 귀에 들어갔다면, 아무리 그들이라도 대경실색했을 것이다.

결국 와티와 나는 이런 계획을 짜냈다. 철도를 따라 최대한 낮게 날면서 착륙등을 켠다는 것이었다. 그러면 항공기 주변에 무엇이 있는지는 확실히 볼 수 있다. 동시에 와티가 전방으로 알디스 램프를 비추어 앞에 있을 터널을 찾는다. 물론 산 사면과 시속 200마일(370km)의 속도로 가까워진다는 점은 감안해야 한다. 우리는 몇 분 동안 이렇게 날았다. 철도 레일의 빛나는 윗면이 보였다. 나는 주변에 적 야간 전투기가 없기를 간절히 바랐다. 마치 불꽃놀이라도 하듯이 주위를 환하게 밝히며 날아가는 우리 항공기를 보고 지상의 누군가가 갑자기 기관총을 쏴 대었다. 그러나 그 기관총 사수는 사격 실력이 형편없었다. 탄도는 우리 항공기 후방 900m 거리를 지나

1940년 6월, 제83비행대대의 승무원들이 햄덴 폭격기 앞에 서 있다.(CH 266, 제국 전쟁박물관)

갔다.

그러다가 인터컴에서 이런 말이 들려왔다.

"터널을 발견했다. 폭탄… 폭탄 투하!"

"투하"라는 말이 떨어지자마자 나는 스로틀을 앞으로 밀고, 알디스 램프에 비추어진 터널 입구의 모습을 머릿속에 새겼다. 낡은 햄덴 폭격기는 폭탄을 풀어 놓자마자 마치 승강기처럼 위로 솟구쳤다. 우리는 고도 400피트(120m)의 사면을 불과 몇 피트 차이로 스쳐 지나갔다. 백악 표면의 하얀 절벽이었고, 매우 잘 보였기에 똑똑히 기억한다. 그로부터 11초 후 익숙한 둔탁한 폭발음이 들렸다. 임무 성공의 신호였다.

착륙하고 난 다음 피트가 들려 준 이야기는 더욱 재미있었다. 그는 우리보다 한 시간 일찍 착륙한 다음 여유 있는 시간을 보내고 있었다. 내가 봐

1940년 6월, 제83비행대대의 승무원이 햄덴 폭격기에서 내리고 있다.(영국 국방성 항공(공군) 역사과)

도 그는 이번 임무를 나보다 훨씬 더 잘 수행했다. 그가 터널을 발견했을 때, 마침 터널 속으로 들어가는 기차가 있었다. 잔머리가 발동한 그는 신속히 터널의 반대편 입구로 날아간 다음 정밀 조준 폭격을 통해 그 입구를 막아 버렸다. 그리고 나서 아까의 기차가 들어간 입구로 다시 가서 그 입구도 폭격으로 막아 버렸다. 정말 악랄한 녀석이었다. 특히 그가 스코틀랜드 장로교 목사의 아들이라는 점을 감안한다면 더욱더.[46]

내 로그북에는 이런 항목이 있다.

"1940년 6월 13일 – 햄덴 L. 4070 – 탑승원: 나와 승무원들 – 임무: 겐트와 영국을 폭격(할 뻔함) – 비행 시간 7시간 15분"

간단하게 말하자면, 까딱 잘못하면 큰일 날 뻔한 일이었다. 우리는 새벽에 겐트의 독일군 사령부를 폭격하는 임무를 마치고 귀환 중이었다. 보통이럴 때면 표적을 폭격하고 나서 남서쪽 방향으로 날아간다. 그래야 독일군에 점령되지 않아 적의 저항이 없는 프랑스 상공에 주간에 도달할 수 있다. 이 항로로 비행하다 보면 남해안으로 가는 프랑스 피난민들이 도로를 빼곡이 메우고 있는 모습이 자주 보였다. 우리는 이 안전지대에 도착하고 나서야 영국으로 가는 항로를 잡곤 했다.

그러나 이 날은 평소보다 조금 일찍 목표 상공에 도착했다. 와티는 아직 해가 뜨기 전에 안전지대까지 갈 수 있다고 생각했다. 그래서 우리는 목표를 폭격하자마자 바로 기지 방향, 즉 북동쪽 방향으로 항로를 잡았다. 그런데 얼마 못 가 낮게 깔린 구름이 나타났고, 중대공포와 탐조등이 집중 배치된 곳이 나왔다. 우리는 그곳이 됭케르크가 분명하다고 생각했다. 그래서 우리는 기수를 서쪽으로 돌렸다. 해가 뜨자 우리 항공기는 고도를 더욱 낮추었고, 모두가 적 전투기의 출현에 대비하며 주위를 경계하고 있었다. 우리는 아직 여기가 프랑스 상공이라고 생각했다. 그리고 아직까지도 프랑스 해안이 가까워지는 기미는 없었다. 해가 완전히 떠올랐을 때 나침반을 믿지 못하게 된 우리는 기수를 북서쪽으로 돌렸다. 태양의 위치를 보고 최대한 돌렸다. 그러자 우리는 문자 그대로 나무들 사이를 날게 되었다. 항공기

---

46) 깁슨은 1940년 5월 26/27일 사이의 밤에 해당 철도를 폭격했다. 제83비행대대의 기록에 따르면 그날 밤 피트케언 힐은 다른 표적을 공격한 것으로 되어 있다. 북쪽의 나무로 향하는 도로였다. 터널 속으로 들어가던 기차를 공격한 것은 2개월 후 다른 조종사에 의해서였다. 이러한 오기(誤記)는 문학적 효과를 높이기 위한 것으로 여겨진다.

내의 모든 사람들의 얼굴이 두려움에 굳어졌다. 갑자기 우리 앞에 비행장이 나타났다. 절망감에 휩싸인 나는 폭탄창 문을 열었다. 만약 우리 비행기가 훈족의 영토에 강제 착륙해야 한다면, 지금 보이는 비행장의 격납고를 폭격하는 것이 내가 아직 비행할 수 있을 때 할 수 있는 마지막 일이기 때문이다. 아직 우리 항공기에는 폭탄 1발이 남아 있었다. 폭탄 투하 버튼에 손가락을 걸치고 있던 나는 그 비행장이 어느 군 것인지 알아보게 되었다. 확실했다. 영국의 하웰 공군기지였다. 나는 바로 폭탄창 문을 닫고 새 항로로 항공기를 몰았다. 그로부터 1시간 후 우리는 기지에 복귀했다. 그리고 우리 항공기가 무려 3시간이나 늦게 복귀한 것을 알게 되었다. 대부분의 사람들은 우리 항공기가 격추당한 줄 알았다고 했다.

그러나 어느 휘틀리 기 조종사는 나만큼 운이 좋지 못했다. 그는 나와 정확히 똑같이 비행했다. 다만 나와 다른 점이 있다면 영국 공군기지 상공을 지나쳐 갔을 뿐이었다. 그러고 나서 바로 연료 부족으로 인해 엔진 두 개가 멈췄다. 그의 항공기는 근처 양배추밭에 불시착했다. 그는 항공기에서 탈출한 후 예규에 따라 항공기에 불을 질렀다. 항공기가 잘 타오르자 그는 부하 승무원들을 데리고 근처의 헛간으로 숨었다. 밤이 되면 개활지로 나올 생각이었다. 그런데 영국 공군의 참모 차량이 그들의 앞에 와서 멈췄다. 그리고 그 차량에서 영국 공군 대령 1명이 내렸다. 근처 공군기지의 관제탑에서 이 일을 쌍안경으로 보고 있던 그가 바로 헛간으로 달려온 것이었다. 그 공군 대령의 분노는 근처에서 불타고 있던 휘틀리 기만큼이나 뜨거웠다고 들었다.

독일군도 이런 실수는 잘 했다. 어떤 독일 조종사는 무장 정찰 초계 임무 중 길을 잃었다. 분명 최고급의 조종사는 아닌 것 같았다. 결국 그들은 남 웨일스에 들어왔고 달빛이 남쪽의 브리스톨 해협을 비추고 있었다.

그 독일 항공기의 항법사가 이렇게 말했다.

"아, 좋군요. 저기 영불해협입니다."

조종사는 남쪽으로 기수를 돌렸다. 잠시 후 더 많은 땅이 나타났다.

항법사가 말했다.

"좋아요. 적어도 여기는 프랑스입니다."

그러나 그는 틀렸다. 그곳은 노스 데본이었다. 이제 날이 밝아오고 있었고 연료도 다 떨어져 가고 있었다. 그래서 그들은 처음 눈에 뜨인 비행장에 착륙했다.

그리고 오전 6시 10분, 사냥들 사이에서 졸고 있던 피로에 지친 육군 기관총 사수는 자기 눈에 들어온 광경을 보고 놀라지 않을 수 없었다. 2번 활주로에 Ju88 1대가 완벽한 착륙을 한 다음, 관제탑 쪽으로 택싱해 오는 것이 아닌가. 그 기관총 사수는 바로 경보를 울렸다.

그러나 독일 조종사는 멍청했다. 그는 여전히 자신이 프랑스에 있는 줄 알았다. 그는 항공기에서 내려서 관제탑으로 걸어갔다. 건물 문 앞에 서 있던 우리 공군 병사는 그 독일 조종사에게 경례를 하지 않았다. 처음 보는 군복이었고, 계급장도 알아볼 수 없었기 때문이었다. 그러자 그 독일 조종사는 우리 공군 병사에게 독일어로 욕을 퍼부었다.

마치 영화배우처럼 자연스러운 모습을 보이던 그 독일 조종사였지만, 어느 순간 상황을 완전히 파악했다. 그는 가지고 있던 리볼버 권총을 뽑아들었지만 아무 소용없었다. 우리 군은 그렇게 또 한 명의 포로를 획득했다.[47]

---

47) 1941년 11월 26~27일 사이의 밤, 독일 공군의 Kü.Fl.Gr.(Küstenfliegergruppe, 직역하면 〈해안 비행단〉 실제 임무를 감안해 해석하면 〈해안 폭격 정찰 비행단〉 정도가 된다.) 106 소속의 승무원들은 아일랜드 해 상공에서 수 시간 동안 대함 작전을 했으나 아무 전과를 거두지 못했다. 이들은 프랑스의 기지로 되돌아가려고 했다. 이 항공기의 항법사는 펨브록셔 해안을 노스 데본으로 착각했다. 펨브록셔의 탐조등을 플리머스로 착각한 이들은 남은 폭탄을 브리스톨 해협에 투기했다. 연료가 부족하던 이들은 조명이 켜진 활주로를 발견했다. 그들은 그

이런 종류의 이야기는 정말 많다. 그러나 그 내용이 공개되려면 전쟁이 끝나야 할 것이다. 그리고 그 내용 중에는 생존한 영국 공군 장병들의 명예를 훼손할 수 있는 것도 많다.

당시 우리는 최소한의 수면만을 취하면서 최대한의 노력을 들이고 있었다. 인간이 견딜 수 있는 한 가급적 많은 수의 출격을 해야 했다. 링컨셔와 이스트 앵글리아의 주민들은 출격하고 복귀하는 폭격기들의 비행 소음 때문에 밤새 잠을 설쳤다.

이때 오랜 시간을 함께 보낸 비행대대장 윌리 스네이스가 이임한 것은 유감이었다. 새로 부임한 비행대대장의 이름은 시슨이었다. 그는 덩치가 작고 조용하면서도 쾌활한 인물이었다.[48) 한편, 다른 비행대대에도 길란이라는 이름의 새 대대장이 부임했다. 길란은 1938년에 속도가 시속 335마일(620km) 나오는 허리케인 전투기를 가지고, 스코틀랜드 상공에서 평균속도 408마일(755km)을 냈다. 이 덕분에 그에게는 〈하향풍 길란〉이라는 별명이 항상 따라붙게 되었다. 그는 개성이 매우 강했다. 시슨과 길란은 마치 분필과 치즈처럼 극명하게 다른 인물이었다.[49)

───

활주로를 프랑스 모를레에 있는 독일 공군 기지로 생각하고 착륙하려 했다. 그러나 그 기지는 실제로는 반스태플 인근에 위치한 영국 공군 치베너 기지였다. 항공기가 유도로를 주행하는 동안 지상 근무자들은 이 항공기에 선명하게 박혀 있는 독일 공군 마크를 보고 놀랐다. 누군가가 항공기 조종석을 향해 기관총을 두 번 연사했다. "사격 중지!" 구령이 떨어지고, 당혹한 독일 공군 승무원들은 항공기에서 내려서 포로가 되었다. 항공기는 수리 및 평가를 받은 후, 제1426 적기 편대에 편입되어 적기 식별 교육용으로 활용되었다.

48) 존 시슨은 1940년 6월 9일부터 12월 3일까지 제83비행대대장을 역임했다. 같은 해 9월 DFC를 수여받았다. 1943년 그는 인도 주둔 제356비행대대(B-24 리버레이터 장비)의 대대장도 역임한 바 있다. 그는 전후에도 제대하지 않고 영국 공군에 남았으며, 1949년 1월 CBE를 수여받았다. 그의 군 생활 마지막 보직은 영국 공군 콜티샬 기지의 기지 지휘관이었다. 1955년부터 1958년까지 그 보직에 있던 그는 1958년 12월 공군 대령으로 퇴역했다.

49) 존 길란은 1937~1938년에 걸쳐 제111비행대대장을 역임했다. 이 시기 그는 영국 공군에 허리케인 전투기를 도입하는 데 중요한 역할을 했다. 허리케인 전투기는 영국 공군 최초로 8정의 기관총을 장비한 단엽 실용 전투기이다. 이 공로로 그는 공군 십자 훈장을 받았다. 그는

매일 우리는 독일군의 진격을 지연시키기 위해 최선을 다했다. 내가 밤을 샜건 잘 잤건 간에 크로스비는 늘 정해진 시각에 나를 깨웠다. 그가 가져오는 차(茶)는 언제나 좋았다. 그러나 그의 목소리는 갈수록 우울해졌다. 그의 낯빛은 갈수록 어두워졌다. 그는 날이 갈수록 비관주의의 화신이 되어 가고 있었다.

6월 10일, 그는 이렇게 말했다.

"이탈리아가 참전했습니다. 아침식사를 주문할까요?"

12일에는 이렇게 말했다.

"루앙이 함락되었습니다. 상태가 가장 좋은 군복이 필요하십니까?"

14일에는 이렇게 말했다.

"파리가 함락되었습니다. 오늘 아침에는 좀 피곤해 보이시는군요."

이런 식이었다.

우울한 시절이었다. 매일 재수 없었고 암울하기 그지없었다. 영국 역사상 그토록 암울하던 시기는 또 없을 것이다. 그러나 역설적이지만 한편으로 그 시기는 영국 역사상 가장 빛나던 시기이기도 했다. 당시 나치의 폭정에 맞서 세계를 지켜내던 나라는 조그마한 섬나라인 영국 하나뿐이었으니 말이다.

6월 17일 밤, 우리는 국민들에게 전하는 처칠의 방송을 들었다. 페탱이 얼마 전 평화 교섭을 제안했다고 했다.

"프랑스에서 온 소식은 매우 나쁩니다. 이렇게 큰 불운에 처한 용감한

허리케인 전투기를 타고 에딘버러를 출발해 노솔트로 비행했다. 당시 그의 항공기는 순풍을 받았고, 덕분에 설계 이상의 고성능을 냈다. 길란은 1940년 4월 8일부터 12월 2일까지는 제49비행대대장을 지냈다. 같은 해 8월에는 DFC를 수여받았다. 이후 전투기 부대로 복귀한 그는 북 윌드(North Weald) 비행전대장을 맡았다. 그러다가 1941년 8월 29일 34세를 일기로 됭케르크 북부 상공에서 격추당해 전사하고 만다. 당시 그는 스피트파이어 Vb W3715호기를 타고 블레넘 폭격기들을 호위하던 중이었다.

제83비행대대의 햄덴 폭격기에 폭탄을 탑재하는 모습. 1940년 6월 촬영(영국 국방성 항공(공군) 역사과)

프랑스 국민들을 생각하니 마음이 아픕니다. 그런 아픈 마음을 낫게 할 수 있는 것은 없습니다. 그러나 또한 프랑스가 다시 일어서리라는 믿음을 없앨 수 있는 것도 없습니다. 프랑스에서 벌어진 일은 우리의 대의와 행동에 아무 영향을 주지 않습니다. 우리나라는 이제 세계를 지키는 마지막 나라가 되었습니다. 우리나라는 그러한 이름이 부끄럽지 않도록 최선을 다할 것입니다. 우리는 끝까지 영국 본토와 대영제국을 수호할 것입니다. 인류를 괴롭히는 히틀러라는 악이 사라질 때까지 적에게 정복당하지 않을 것입니다. 모든 것이 끝나고 정의가 바로 설 때까지 우리는 굳건히 싸울 것입니다."

훌륭한 인물의 멋진 발언이었다. 또한 예언적이었다. 그러나 당시의 상황에서 과연 누가 "정의가 바로 설 때까지" 같은 말을 할 수 있단 말인가?

그런 날은 영원히 오지 않을 것 같았다. 마치 기약 없는 희망 사항같이 느껴졌다.

처칠과는 매우 결이 다른 사람의 얘기를 해보자. 뚱뚱한 사나이인 헤르만 괴링 얘기다. 그는 크루프, 린츠 등의 대기업에 손길을 뻗쳐 수백만 라이히스마르크를 벌었다. 하지만 그는 하노버 인근에 작은 정유소를 가지고 있었다. 괴링은 그 사실을 자랑스럽게 생각했지만 외부에 그다지 많이 떠들고 다니지는 않았다. 그의 정유소는 너무 작지도 크지도 않았다. 그러나 그가 매년 사 입는 값비싼 군복값 정도는 벌어다 주었다. 일설에 따르면 괴링 원수는 부하들을 위한 전용 매점도 만들었는데, 그 매점의 벽에는 괴링의 이름이 대문짝만하게 적혀 있다고 한다.

영국 공군 폭격기 사령부의 작전 기획자들이 이런 멋진 표적을 놓칠 리가 없다. 1940년 6월의 어느 날 제83비행대대에 이 정유소를 폭파하라는 명령이 내려졌다.[50]

우리는 이륙했다. 가급적 최대한의 피해를 입히기 위해 폭탄을 대량으로 탑재한 상태였다. 달의 상태는 거의 만월이었다. 3시간 후 그 달빛 아래 표적이 똑똑히 보였다. 우리는 마치 불나방처럼 고도 2,000피트(600m) 상공을 선회 비행하며 가장 적합한 시간을 기다렸다. 월트 디즈니도 이보다 더 멋진 영화는 찍지 못할 것이다.

피트가 제일 먼저 표적에 뛰어들었다. 우리는 그의 항공기가 여유 있게

---

50) 그날 밤(1940년 6월 7/8일 사이의 밤)에 이들이 공격한 표적은 미스부르크에 위치한 네라크, 도이라크 정유소였다. 독일 공군 총사령관 헤르만 괴링은 1936년 4월, 히틀러로부터 독일의 석유 및 합성고무 생산 책임을 부여받았다. 이후 그는 독일의 총력전 수행 준비를 위한 4개년 계획의 전권대사로도 임명되었다. 그는 또한 독일 외환 보유고도 관리하면서, 유럽 최고의 부자가 되었다. 1937년 7월 그는 헤르만 괴링 공업사(Herman Göring Werke, 약칭 HGW)를 창립해 루르 계곡과 오스트리아 일대의 철강 회사들을 인수 합병, 유럽 최대 규모의 기업을 만들었다.

정확한 수평 직전 비행을 하는 것을 보았다. 그가 투하한 폭탄들이 정유소를 타격하자 녹은 금속 같은 것이 사방으로 튀어 나가는 것이 보였다. 그러자 나머지 항공기들도 달려들었다. 순식간에 정유소는 폭탄 세례를 받아 아수라장이 되었다. 500야드(450m) 상공을 날면서 보니 건물들이 하나씩 불길에 휩싸이고 있었다. 마치 불타는 숯처럼 검붉은 색으로 빛나고 있었다. 그러나 와티와 나는 아직 폭격에 참가하지 않고 기다리고 있었다. 우리는 나름 계획이 있었다. 다른 모든 항공기들이 폭격을 마치고 귀환길에 오르자, 나는 엔진을 끄고 석유 저장 탱크를 향해 활공했다. 아직 아무도 그 탱크에는 폭격을 가하지 않았다. 그 탱크는 정유소에서 가장 중요한 부분은 아니었기 때문이다. 그러나 폭격에 성공할 경우 매우 멋지게 타오를 것은 분명했다. 항공기의 고도가 300피트(90m)가 되었을 때 와티는 탱크 하나마다 폭탄 한 발씩을 조준 투하했다. 몇 초 후 엄청난 폭발음과 함께 모든 석유 탱크가 터져 나갔다. 우리 승무원들이 본 전투 장면 중 가장 멋있었다. 그러나 이 시설의 책임자들 입장에서는 원치 않는 장면이기도 했다. 특히 헤르만 괴링의 입장에서는 더욱더.

다음 날 아침 정보실에 가 보니 오스카가 마침 보고서 작성을 끝마친 상태였다. 나는 그가 보고서에 '표적 완파'라고 적어 넣은 것을 분명히 보았다. 왠지 이상한 기분이었다. 나는 그에게 가서 이렇게 질문했다.

"자, 어떻게 생각하십니까?"

그러자 그는 감정을 전혀 담지 않은 목소리로 이렇게 대답했다.

"정말 훌륭한 폭격이었네."

"하지만 다른 대원들이 철수했을 때 부서지지 않은 표적이 있었어요. 그래서 우리는 기다렸다가 석유 탱크를 타격한 것입니다."

오스카는 흥미가 생긴다는 듯 질문했다.

"그래? 그럼 자네는 언제 폭격했지?"

"오전 1시 25분입니다."

"내 폭격 시간도 같아. 나도 같은 시간에 석유 탱크를 폭격했거든."

그러자 나는 웃음을 참을 수 없었다. 오스카와 나는 우연히도 동시에 같은 생각을 했고, 같은 목표물을 폭격한 것이다. 우리 둘이 공중충돌하지 않은 것이 다행이었다. 3주 후, 신뢰성 높은 비밀 정보원을 통해 헤르만 괴링이 정유소를 동프로이센으로 옮겼다는 소식을 들었다.

그 후로도 여러 날이 지났다. 파티는 이제 머나먼 과거에나 했던 관습처럼 느껴졌다. 우리 모두 한 달에 평균 20소티씩을 출격하고 있었다. 이 폭격 대부분은 초저공 폭격이었다. 그럼에도 우리 군의 손실은 그리 크지 않았다.

한동안 일일 명령으로, 루르 집결지에 요란 폭격을 가하라는 명령이 내려왔다. 전선 후방 독일군의 이동을 저지하기 위해서였다. 그러나 한 번에 투입할 수 있는 폭격기는 6대뿐이었다. 그리고 적 대공포에 의한 피해는 무시할 수 없는 수준이었다.

어느 날 밤 잭 키노크, 로스, 나는 조에스트로, 오스카를 비롯한 4대의 폭격기는 겔젠키르헨으로 갔다. 철도 신호소를 폭파하기 위해서였다. 신호소는 철도에서 제일 취약한 곳이다. 고도 500피트(150m)에서 캐노피를 열고 비행한 끝에 우리는 루르 강에 도달했다. 거기서 왼쪽으로 꺾으니 뫼네 호수가 나왔다. 조에스트는 거기서 4마일(7.4km) 북쪽에 있었다. 우리는 고도 600피트(180m)에서 폭격을 했다. 그리고 거기서 하마터면 죽을 뻔했다. 그렇게 좁은 곳에 그렇게 많은 대공포가 몰려 있는 것은 처음 보았다. 그 대공포에서 쏜 대공포화가 우리 항공기 오른쪽 날개 끝을 잘라 버리자 간담이 서늘해졌다. 포탄을 피하기 위해 급강하하는 동안에 더 많은 대공포화가 우리 항공기를 타격했고, 방향타 케이블 2개가 모두 잘려 나갔다. 방향타를 쓸 수 없는 채로 하강을 멈추는 것은 정말 어려웠다. 교차로에 키가 큰 집이 있었는데, 거기에 항공기가 안 들이박은 게 천만다행이었다. 와티의 말에 따르면, 우리 항공기가 그 집에 살짝 스친 것 같았다고 했다. 그의 말이 옳은 것 같았다. 좌측 엔진도 대공포화에 피격을 당했고 유압이 40psi(Pounds per Square Inch: 1제곱인치당 파운드)로 낮아져 있었다. 유압이 완전히 사라지면, 방향타도 쓸 수 없는 우리는 비상 착륙 말고는 대책이 없었다. 귀환길은 정말로 악몽 같았다. 맥은 SOS를 타전했다. 내가 비행할 때 SOS를 친 것은 그때가 처음이자 마지막이었다. 그래야 엔진이 멈춰서 추락을 해도 우리의 추락 위치를 파악하여 구조대가 올 수 있었다.

그러나 다행히도 모든 것이 다 잘 풀려 주었고 우리는 안전하게 착륙했다. 다만 방향타는 쓸데없이 제멋대로 좌우로 까닥거리고 있었다.

로시와 키노크는 우리만큼 운이 좋지 못했다. 그들은 원래 표적을 찾지 못하고 2차 표적에 폭탄을 투하했다. 그러나 오스카와 다른 친구들은 훌륭한 전과를 거뒀다. 물론 지독한 대공포화 세례를 받고 기체 전체에 구멍이 숭숭 뚫린 채로 돌아오긴 했지만 말이다. 이날 B편대의 어떤 조종사는 중상을 입었다. 그는 착륙 시도 도중 추락했고, 전 승무원이 전사했다.[51]

다음 날 밤 우리는 발트해 해안의 비스마르에 갔다. 그곳에는 도르니어사의 거대한 공장이 있었다. 그 공장에서는 수상기와 폭격기를 생산하고

---

51) 1940년 8월 2일 공군 상사 S. 하프햄은 하노버의 표적을 폭격하기 위해 스캠턴 기지를 이륙했다. 엔진 하나가 고장이 나자 그는 일찌감치 스캠턴으로 복귀했다. 그러나 최종 착륙 접근 중 항공기가 실속을 일으켰고, A15 도로 서쪽의 밭에 추락했다. 깁슨의 기록과는 달리, 이 추락으로 사망한 승무원은 2명뿐이다. 조종사인 하프햄 상사와 항법사인 A. E. 잭슨 상사는 부상을 당했지만 생존했다. 잭슨 상사는 1940년 12월 DFM을 수여받고 조종사가 되었다. 1941년 2월에는 장교로 임관했다. 잭슨은 1941년 4월 6일 텃밭 농사 임무 중 휘하 전 승무원과 함께 실종되었다.

있었다.

내가 이륙을 준비하던 중, 부관으로부터 내가 DFC를 수여받는다는 소식을 들었다. 그때야말로 그런 소식을 전해 주기에 딱 좋은 시간이구나 하는 생각이 든 것이 아직도 기억난다.

아무튼 우리 비행대대의 전기는 표적에 도착, 폭격을 개시했다. 제49비행대대에서는 한 명도 찾아내지 못했던 표적이었다. 이것이야말로 우리 비행대대의 큰 자랑거리였다. 그러나 새로운 인원들이 자꾸 오면서 비행대대 간의 경쟁심도 사라져 가고 있었다.

비스마르 폭격도 다른 폭격과 마찬가지로, 적의 맹렬한 대공포화를 뚫고 저공에서 실시되었다. 나는 폭탄을 투하한 다음에 적 비행장 주변의 탐조등에 기총소사를 가하는 임무도 있었다. 이것도 잘 해냈다. 맥은 6개의 탐조등을 쏴서 격파했다고 말했다. 그러나 복귀한 후에 보니 내 항공기와 피트의 항공기는 대공포화로 인해 구멍투성이가 되어 있었다. 결국 두 항공기 모두 1주일간 사용할 수 없게 되었다.

그날 밤은 기억에 오래 남았다. 복귀한 후 브리핑실에서 누가 적 비행장에 제일 먼저 화재를 일으켰는지를 놓고 논쟁이 있었기 때문이었다. 공군 상사 리스터는 그 전에는 단 한 번도 표적에 제일 먼저 폭탄을 투하해 본 적이 없었다. 그러나 이번만큼은 자신이 제일 먼저 했다고 꿋꿋이 주장했다. 지금 생각해 보니 그의 말이 맞는 것 같다.

그리고 아헨, 뒤렌, 카셀, 아미앙, 그 외에 다양한 곳들에 있는 적의 군 시설(항공기 공장 포함)이 6대밖에 안 되는 영국 폭격기의 폭격을 밤마다 얻어맞았다. 적에게 준 피해는 그리 크지 않았다. 반면 폭격에 임하는 우리 승무원들의 긴장감은 엄청났다. 일부 승무원들은 벌써 긴장과 수면 부족 징후를 나타내기 시작했다.

장교 회관의 아침은 보통 이렇게 시작된다. 당번병과 웨이터들이 휘파람을 불고, 문이 꽝꽝 열린다. 지상 근무자들은 면도를 하러 가면서 노래를 크게 부른다. 그런 것은 밤새 비행을 하고 나서 낮에 숙면을 취하려던 조종사들에게는 엄청난 고역이었다. 이 문제를 해결하고, 승무원들에게 좀 더 쾌적한 환경을 제공하기 위해, 공군 기지 인근에 있던 대형 컨트리 하우스가 징발되었다. 그곳을 승무원 전용 숙소와 회관으로 쓰자는 것이었다. 또한 장교 승무원들은 해당 지역에 있는 대형 컨트리 맨션들에 분산 숙박하게 되었다.

오스카, 로시, 잭, 토니, 내가 어느 멋진 귀부인의 맨션에 투숙하게 된 것은 우연이 아니었다. 귀부인의 이름은 여기서 밝힐 수는 없다. 귀부인은 은발에 키가 컸고, 영적인 것에 심취해 있었다. 남편은 오래 전에 죽었다. 그녀의 저택은 링컨셔의 방목장 타입으로, 교회와 묘지, 여러 에이커의 토지도 딸려 있었다. 예전에는 지금보다 더 큰 영화를 누렸을 법한 한가롭고 멋진 곳이었다. 귀부인의 재산 상태까지는 알지 못했다. 그러나 얼마 안 있어 그녀가 집안의 가사 노동을 직접 한다는 것을 알게 되었다. 집안의 의자 일부는 수리가 필요했다. 계단 위에 놓인 카펫은 해져 있었다. 그래도 나는 집안과 유산을 지켜나가는 그녀의 의지를 존경했다.

우리 장교들은 그리 좋은 하숙생은 아니었기에 미안했다. 적어도 조용한 사람들은 아니었다. 야간 폭격에서 막 돌아온 우리들은 보통 혈기가 충천해 있었다. 그런 우리는 시끄럽게 굴어서 저택의 모든 사람들을 깨우기도 했다. 또 저택 마당에서 웃기는 놀이를 하기도 했다. 예를 들면 모터사이클을 타고 철쭉 밭이나 잔디밭을 마구 질주해서 망가뜨린다든지. 다음 날 그 참상을 본 귀부인은 마음이 아팠을 것이다.

얼마 안 가서 나는 귀부인이 심령술과 오컬트에 단단히 심취해 있음을 알게 되었다. 어느 날 나는 공포와 신앙, 그 외에 다른 여러 가지 것들에 대해서 그녀와 밤늦게까지 토론을 하기도 했다. 더 이상 말할 내용이 없을 때까지 대화를 계속했다. 나는 솔직히 별로 그것들에 대해 아는 것이 없었다. 그러나 그녀는 몇 시간이나 계속 이야기를 했다. 결국 나는 하품을 하고 자러 갔다. 그러나 그 전에 그녀는 이 집에 유령이 있다고 털어놓았다. 유령들의 모습이 보이며, 그 이름들도 알고 있다고 했다. 유령들이 때때로 그녀를 찾아온다는 것이었다. 이미 이 세상에서 충분히 많은 죽음을 보아 왔던 나였다. 그리고 이승을 떠나 또 다른 차원으로 가기도 싫었다. 나는 양초를 들고 위층으로 올라갔다.

그 오래된 저택에는 전기가 들어오지 않았다. 양초를 끄고 침대에 누운 후에도 그녀가 말한 내용이 떠올라 오랫동안 잠이 오지 않았다. 결국 이 지역의 맑은 공기 때문에 잠이 들기는 했다.

그러다가 한밤중에 나는 갑자기 깨어났다. 무엇 때문에 깨어났는지는 몰랐고 신경쓰고 싶지도 않았다. 그러나 목이 말랐다. 나는 양초를 켜고 물을 마시러 화장실로 갔다. 그때는 여름이라 밤에도 매우 더웠다. 그럴 때는 나는 잠옷을 입지 않고 나체로 잠을 잤고, 그날 밤도 그랬다. 화장실에 가서 물을 마시고 나오는 길에도 나체였지만 부끄럽지 않았다. 그런데 갑자기 촛불이 꺼졌다. 난간을 붙들고 순전히 촉감에 의존해 길을 찾을 수밖에 없었다. 그런데 갑자기 저택 한가운데서 부드럽고 풍부한 음색의 오르간 소리가 들려왔다. 결코 잘못 들은 것이 아니었다.

나는 그 자리에 서서 꼼짝도 할 수 없었다. 이 집에는 정말로 유령이 살고 있는 것인가? 그 생각이 든 순간 나는 마치 등에 큰 바늘이라도 박힌 듯이 내 침실을 향해 전력 질주했다. 그러나 나는 두 걸음밖에 제대로 걸을 수 없었다. 그 이후 나는 머리부터 거꾸로 지면에 떨어졌다.

요란한 소음이 걷히고 나서야 내가 계단에서 굴러 떨어진 것을 알 수 있었다. 나는 욕을 퍼부으며 기어서 계단을 오르기 시작했다. 갑자기 계단 위에 수면모와 유행이 지난 잠옷을 입은 사람이 나타났다. 귀부인이었다. 그녀는 계단 아래를 보며 짜증스런 말투로 소리 질렀다.

"당신, 존 맞아요?"

그때는 내가 벌거벗어 수치스럽다는 생각은 안중에도 없었다. 나는 간신히 목소리를 내서 내가 존이 아니며 가이 깁슨이라는 사실을 알렸다. 그러자 그녀는 친절하게도, 내가 침실로 가는 길을 찾아갈 수 있도록 계단 맨 위에 양초를 놓아 주었다.

간신히 내 방에 돌아가 침대에 눕자 잭과 토니가 왔다. 그들은 야간 출격에서 복귀하고 나서 맥주를 여러 잔 마신 상태였다.

잭이 토니에게 말했다.

"그 교회에 있던 오르간 정말 좋았지."

"정말 훌륭한 오르간이었어. 자네에게도 그렇게 훌륭한 연주 실력이 있을 줄은 몰랐다네."

나는 벌떡 일어서 그 두 친구에게 달려들 뻔했다. 아까의 오르간 소리는 그 두 사람이 저택 교회에서 연주한 것이었다. 그 때문에 그렇게 겁을 집어먹었다니![52]

다음 날 밤 나는 머리에 큰 혹이 생긴 채로 로리앙으로 출격했다. 저승으로 가지 않기 위해 사력을 다하면서 말이다.

---

[52] 깁슨은 브래틀비 홀에서 하숙한 적이 있다. 18세기 후반에 지어진 이 저택은 스캠턴 북서쪽에 있다. 깁슨 역시 심령술에 심취해 있었고 그리 좋은 하숙생은 아니었던 것이 분명하다. 그의 전기 작가인 리처드 모리슨에 따르면, 깁슨은 어느 날 저녁 파티에서 술을 잔뜩 먹고 와서, 이 저택을 방문했던 젊은 여성의 침실에 무단으로 난입해 문제를 일으킨 적이 있다고 한다. 이 사건은 정식으로 보고되었고, 결국 깁슨은 다른 집을 숙소로 배정받게 되었다. 교회 오르간 사건이 벌어진 시점도 사실 이때가 아니라, 이후 깁슨이 제29비행대대에 근무하던 때 같다.

제7장
지속역량

1940년 7월 초, 대부분의 폭격기 승무원들은 전쟁에 모든 것을 걸고 있었다. 매일 이어지는 수면 부족은 누적되어 악영향을 주었다. 그리고 다들 신경이 날카로워져 사소한 것에도 싸움을 벌이곤 했다. 잭 키노크를 비롯한 많은 승무원들은 모든 것에 다 불평을 늘어놓는 오래된 영국의 전통을 충실하게 실천하고 있었다. 날씨, 항공기, 폭탄, 전쟁 등 가릴 것 없이 모두에 말이다.

그러나 조금만 지각이 있는 자라면 폭격기 사령부의 폭격 방식이 변화하는 것을 눈치챌 수 있었다. 현재까지 우리는 지상 작전의 간접 지원에 전력을 기울였다. 적 후방의 군사적 목표물을 집중 공격한 것이다. 그러나 프랑스는 이제 완전히 함락되었다. 군사적 목표물을 공격해 봤자 전선의 작전에는 도움이 되지 않았다. 따라서 우리는 느리지만 확실하게 폭격 방식을 바꿔갔다. 좀 더 조직적인 방식으로 독일 본토를 폭격하기 시작한 것이다. 이는 장기 정책의 일환이었다. 이러한 조직적인 폭격은 독일에 대한 거대한 대공세의 일환이었다. 그 공세가 완결되려면 1년이나 2년만으로는 끝이 나지 않을 것이었다. 어쩌면 4년 이상이 걸릴 수도 있다. 이 때문에 계획도 바뀌었다. 폭격기 사령부는 경제전쟁성과의 오랜 협의 끝에, 각 비행단장들에게 적의 기지창, 유류 시설, 수상함과 잠수함 및 관련 시설을 집중 타격할 것을 지시했다. 전황이 극히 불리하던 당시, 영국 폭격기들만이 독일에 맞서 공세를 벌이고 있었다. 그리고 이러한 작전은 얼마 안 가 다른 많은 전우들에게도 도움이 되기 시작했다.

7월 5일, 비시 프랑스의 페탱 정부는 영국과의 외교 관계를 단절했다. 그것은 고통받고 무고한 프랑스인들을 항공 공격에 노출시킨 거나 다름없었다. 당시 비시 정부 인사들은 영국의 멸망이 초읽기에 들어갔다고 믿어 의심치 않았다. 그리고 독일과 협잡을 벌일 준비를 하는 데 여념이 없었다. 프랑스의 공장들은 이미 독일을 위해 트럭, 전차, 야포를 생산하기 시작했다.

7월의 어느 맑은 날 밤, 남프랑스의 하늘은 무수한 쌍발 폭격기들의 굵고 묵직한 엔진 소리로 가득찼다. 나는 선도기에 탑승해 있었다. 절대 프랑스 민간인을 폭격해서는 안 된다는 지시를 받고 있었다. 우리의 표적은 루아르 강에 위치한 트럭 공장이었다. 이 공장은 민간인 마을과 상당한 거리를 두고 있었다. 이 때문에 제대로만 폭격하면 무고한 민간인 피해는 없을 것이었다.

낭트 인근에 가자 도시 전체가 평시나 다름없이 불을 켜놓고 있는 것이 보였다. 누구도 등화 관제를 하고 있지 않았다. 우리가 올 줄은 예상도 못 했을 것이다. 그리고 강을 따라 로리앙으로 가서, 표적인 공장을 발견했는데도 그곳 역시 등화관제가 안 되어 있었다. 눈부셨다. 그렇게 밝은 곳 상공을 날게 되어 즐거웠다. 그곳의 그런 풍경은 독일과 사뭇 달랐다. 한편으로는 평화 시를 떠올리게 하는 구석도 있었다.

잠시 시간이 지난 후, 우리는 다른 항공기들이 올 때까지 선회 비행했다. 눈부신 지상을 내려다보며 선회 비행을 하고 있자니, 마치 우리가 촛불 주변을 나는 나방들처럼 느껴졌다. 다만 우리는 불 속으로 뛰어들지는 않을 것이었다. 2,000피트(600m) 고도에서 비행하니 아크 등이 켜진 공장의 가로를 다니는 사람들이 보였다. 그들이 과연 방공호로 가고 있는지 궁금했다. 그 친구들이 방공호로 숨지 않으면 우리는 쉽게 폭격할 수 없기 때문이다. 누군가가 강에 폭탄을 1발 투하했다. 그들에게 이제 곧 폭격이 시작된다는 것을 알리기 위해서였다. 빨리 폭격을 피해 도망가라는 뜻이었다. 그 모습을 본 지상에서는 공포가 퍼져 갔고, 그 후로 20분 동안에 걸쳐 공장의 등이 하나둘씩 꺼져갔다. 어떤 사람들은 우리 항공기를 향해 기관총을 쏘아 댔다. 얼마 못 가 지상에서는 사람의 그림자가 보이지 않게 되었다. 그러자 우리는 본격적으로 폭격을 퍼부어 댔다.[53]

이때 내가 투하한 폭탄이 터지는 것을 본 사람은 없었다. 내 폭탄이 강으로 떨어졌다는 확실한 증거였다. 그리고 와티는 살면서 처음으로 언더샷(undershot: 항공기가 활주로에 못 미쳐 착륙)을 경험했다.

귀환하는 길에 우리는 생말로 상공을 지나쳤다. 불과 2년 전에 내가 멋진 휴가를 보냈던 곳이었다. 전투 임무를 마치고 귀환하는 길에 그곳을 지나치다니, 믿을 수 없었다. 그러나 우리가 이런 일을 할 수 있다는 것은 이 세계에 행운이었다.

다음 날 밤에는 그곳에 대공포가 배치되어 있었다. 그 대공포를 조작하는 사람들이 프랑스인 퀴즐링인지 독일 나치들인지는 알 수 없었다. 아무튼 그들의 사격은 매우 부정확했다.

이 지역에 호된 폭격을 가한 우리 군은, 이제 남쪽의 보르도를 폭격했다. 보르도 폭격에서는 24대의 항공기가 석유 탱크를 공격했다. 이로 인해

---

53) 1940년 7월 26~27일 사이의 밤에 그들이 폭격한 표적은 트럭 공장이 아니라 정유소였다. 당시 폭격기 사령부의 제1순위 표적은 독일군의 비행장과 항공 산업 시설이었다. 제2순위 표적은 석유 산업 시설이었다. 이는 독일의 전쟁 수행 능력을 감소시키기 위한 전략의 산물이었다. 이런 공격은 독일이 점령지의 연료에 손을 대지 못하게 하려는 노력의 일환이었다. 물론 석유 산업 시설은 작아서 찾아내기가 어려웠다. 그러나 낭트와 생나제르 사이에 있는 루아르 강어귀의 동주 정유소는 찾기 쉬웠다.

발생한 화재는 2주일 동안 이어졌다. 선도기의 후방 기관총 사수는 표적이 완파되었다고 보고했다. 그러나 대부분의 조종사들은 그의 말을 믿지 않았다. 그 기관총 사수는 지나치게 낙관적인 인물이었기 때문이다. 어찌 되었든 조종사는 항상 최종 보고서 내용에 책임을 지고 서명을 하는 입장이었다.

그런 부분에서 실수를 저질렀기 때문에 밉보인 조종사를 알고 있다. 그는 나와 같은 비행대대 소속이었다. 그의 이름을 밝히지는 않겠지만 대대에서 그리 튀거나 문제를 일으키지 않는 조종사였다. 하루는 그 친구에게 스트라스부르 인근의 공장을 폭격하라는 명령이 내려졌다. 그리 어려울 것은 없는 임무였고 모든 것이 순탄하게 진행되고 있었다. 적의 대공포화 또한 많지 않았고 폭격은 매우 저고도에서 이루어졌다. 폭격을 마치고 기체를 돌리자 후방 기관총 사수가 불길과 불꽃이 1,000피트(300m) 높이로 피어오르고 있다고 보고했다. 키가 큰 굴뚝이 무너지는 모습도 보고했다. 다음 날 그 조종사는 보고서에 '표적 완파'라고 적어 넣고, 아침 맥주를 마시러 회관으로 갔다. 좀 있다가 점심을 먹는 그에게 대대장이 찾아왔다. 그는 유쾌하면서도 한 편으로는 슬픈 듯한 표정으로 말을 걸었다.

"이봐. 자네의 복무 기록은 훌륭해. 하지만 왜 어젯밤에 그 표적을 완파했다고 보고한 건가?"

그 조종사는 대대장이 무슨 뜻으로 말하는 건지 알아들을 수 없었다. 대대장의 말은 계속 이어졌다.

"자네는 불길과 불꽃이 1,000피트 상공까지 피어올랐다고 보고서에 기록했어. 하지만 방금 전에 자네 항공기에 탑승했던 원사가 와서, 자네가 모든 폭탄을 다 가지고 돌아왔다고 하더군? 자네가 표적에 투하한 건 소이탄 1발뿐이었잖아."

이 사례가 주는 교훈은 두 개다.

폭탄이 제대로 투하된 것을 확인하기 전까지는 아무것도 단정 짓지 말라.

후방 기관총 사수를 절대 믿어서는 안 된다.

〈샤른호르스트〉를 공격할 때는 이런 일도 있었다. 그 배는 킬 군항의 건선거에 있었다. 잭 키노크는 16,000피트(4,800m)에서 폭탄을 투하했다. 귀환하는 길에 후방 기관총 사수는 폭탄 2발이 군함의 연돌 인근을 직격했고, 1발은 군함 근처의 건선거에 떨어졌고, 나머지 1발은 물 위에 떨어졌다고 보고했다. 그 기관총 사수의 시력은 그야말로 초인적인 수준이 분명했다. 왜냐하면, 그때 다른 조종사들은 2,000파운드(900kg) 철갑탄을 고도 6,000피트(1,800m)에서 급강하 폭격했는데, 잭 키노크가 그런 전과를 올린 것을 보지 못했기 때문이었다. 우리 항공기들은 총 6번의 급강하 폭격을 했지만, 마지막 급강하 폭격에서는 폭탄이 너무 늦게 투하되는 바람에 폭탄이 킬의 민가 한복판에 떨어졌다. 물론 민간인이 여럿 죽었을 것이다. 그러나 이것은 순전한 사고였다. 우리는 민가를 공격하지 않으려고 애쓰고 있었다.[54]

<hr>

54) 1940년 6월 8일 18시 10분. 독일 순양전함 〈샤른호르스트〉 함과 〈그나이제나우〉 함은 노르웨이 앞바다에서 영국 해군 항공모함 HMS 〈글로리어스〉를 격침했다. 이 전투에서 〈샤른호르스트〉는 〈글로리어스〉의 호위 구축함이 쏜 어뢰 1기에 피격당해 손상을 입었다. 〈샤른호르스트〉는 7월 23일 킬에 도착해 전면 개장 공사를 받았고, 그해 11월까지 그 도시에 머물러 있었다. 7월 1일과 2일 사이의 밤에 영국 공군은 이 군함을 공격하기 위해 2,000파운드(900kg)급 철갑탄을 처음으로 사용해 보았다. 제83비행대대의 햄덴 12대가 출격했다. 깁슨은 저공 급강하 폭격으로 폭탄을 투하했으며, 깁슨의 폭격으로 10명이 죽었다. 이 작전 중 제83비행대대에서는 공군 소위 더글러스 레드메인이 독일 해군의 대공포화에 피격당해 전사했다.

그날 밤에는 뭔가 이상한 점이 있었다. 킬 군항은 매우 중요도가 높은 곳이라 방공 기구가 잔뜩 떠 있을 터였다. 그러나 그날 밤 우리 항공기들은 방공 기구의 케이블에 전혀 충돌하지 않았다. 2주 후에야 그 원인을 알아냈다. 폭격 후 우리 군의 블레넘 항공기가 킬 상공을 고공으로 비행하며 매우 화질이 높은 정찰 사진을 찍어 왔다. 그 사진을 판독해 보니, 킬 상공에는 방공 기구가 제대로 배치되지 않은 빈틈이 있었다. 그 폭은 450m 정도에 달했다. 우리 항공기들은 운수 좋게도 급강하할 때마다 그 빈틈으로 들어갔던 것이다. 왜 그런 빈틈이 생겼는지는 알 수 없었다. 전혀 독일인들답지 않은 일처리였다. 그 정찰 사진을 보니 또 다른 것도 알게 되었다. 〈샤른호르스트〉가 소형 폭탄 6발에 피격당한 것이었다. 앞서 말한 후방 기관총사수는 정말로 초인적인 시력을 가지고 있었는지도 모른다!

이러한 지속적인 노력은 다른 것들에 비하면 매우 쉬웠다. 그리고 승무원들은 잠잠해지기 시작했다. 이제는 하루 출격하면 이틀 휴식할 수 있었다. 그리고 링컨에 다시 나갈 수 있어 기뻤다. 하루 긴장한 채 출격하면 그

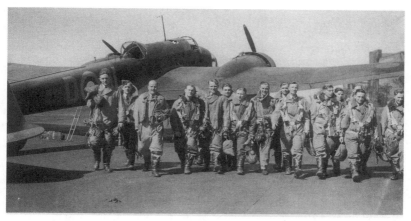

1940년 여름 스캠턴에서 촬영된 햄덴 폭격기와 제83비행대대 승무원들(CH 265, 제국 전쟁 박물관)

다음 날은 휴식을 취하고, 그다음 날은 다음 출격을 준비하는 식이었다. 뮬과 로시, 나는 링컨 시의 명소인 로열 극장에 자주 갔다. 가서 로드쇼의 첫 공연을 보았다. 공연 수준은 보통 좋지는 않았다. 공연이 마치면 크라운에 가서 10시까지 술을 마셨다. 즐겁지만 너무 흥청거리지 않게 저녁을 보내는 방식이었다.

삶은 훨씬 더 질서 정연해졌고, 우리는 정해진 일과에 따라 시간을 보내는 회사원에 가까워졌다. 사람들의 흥분도 가라앉고 다들 긴장을 풀기 시작했다. 모두가 다시금 행복해졌다.

매일 100~150대의 폭격기가 영국을 떠나 독일을 폭격했다. 이들의 항로와 목적지는 덴마크에서 남프랑스에 이르기까지 다양했다. 밤새 폭격이 이어지는 날이면 독일은 당연히 밤새 공습경보를 울려 댈 수밖에 없었다. 그러면 그들의 전시 생산은 그만큼 큰 지장을 받는 것이다. 예를 들어 루르의 대형 제철소에서는 용광로 근무자들이 공습 대피를 하기 위해 자리를 비우는 걸 싫어했다. 그러면 도가니의 불을 꺼야 하고, 용광로에 담겼던 철이 냉각된다. 굳은 철을 도로 파내려면 시간이 많이 걸린다.

적의 야간 전투기는 어디에도 없었다. 적어도 그렇게 여겨졌다. 왜냐하면 당시만 해도 적 야간 전투기에는 탐지 수단이 없었기 때문이다. 그러나 독일군의 대공포화는 그 밀도와 정확성 면에서 매우 뛰어났다. 8년이나 대공망을 준비해 온 나라이니 어떻게 보면 당연했다. 그들이 잘 사용하는 계략으로는 우리 항공기 바로 위쪽 고도에 집중적인 탄막 사격을 가하는 것도 있었다. 그러면 우리 항공기는 대공포화를 피하기 위해 자꾸 고도를 낮추다가, 결국 경대공포의 사거리에 들어오게 된다. 적의 탐조등 불빛에 노출된다. 그런 상황에서 운수가 매우 좋지 않으면 적의 대공포탄을 여러 발 얻어맞게 된다. 당시에도 적 대공망의 탐지 수단은 매우 민감했고, 구름 위에 있는 항공기도 탐지 가능했던 적이 많았다. 우리 항공기 날개에서 불과 100야드(90m) 떨어진 곳에서 대공포탄이 폭발하는 것 정도는 쉽게 볼 수 있었다. 그러나 야간 폭격에 임하는 우리 군의 손실은 매우 적었다. 3.5% 정도였다. 물론 그 대가로 폭격 명중률도 매우 나빠졌다. 표적에 명중한 폭탄은 그리 많지 않았다. 그러니 영국과 독일 모두 만족스러웠다.

그러니 좋건 싫건 간에, 날씨가 맑은 밤마다 전함 〈티르피츠〉가 있는 함부르크, 전함 〈비스마르크〉가 숨어 있는 빌헬름스하펜, 〈샤른호르스트〉와 〈그나이제나우〉의 모항인 킬을 비롯해 아헨에서부터 프랑크푸르트에 이르는 독일의 여러 도시에는 공습경보가 울렸다.

모든 조건이 완벽하여 적에게 꽤 큰 피해를 준 적도 있었다. 반대로 구름이 너무 두터워 정밀 조준 폭격이 불가능한 경우, 폭탄은 표적에서 수 마일 이상 빗나갔다. 심지어 독일은 가짜 도시를 짓기도 했다. 그 도시에 있는 가짜 공장의 굴뚝 안에서는 정말로 불을 피워 연기를 냈다. 우리 항공기들이 이런 가짜 도시에 많은 폭탄을 낭비한 적도 많았다. 그럴 때면 이런 가짜 도시에서는 가짜 대공포 사격까지 해 왔다. 그러나 좀 이상한 얘기지만 이런 가짜 도시들이 도움이 된 적도 있었다. 이런 가짜 도시들 중에는 진짜 도시와 너무나 흡사하게 지어진 것들이 있었다. 엄청난 노력을 들여 만들어진 이런 건물들은 모든 것이 전형적인 훈족 방식으로 반듯하게 각이 잡혀 있었다. 이렇게까지 잘 만들어진 가짜 도시들은, 저 멀리 보이는 진짜 도시들로 가는 이정표 노릇을 해 주는 경우가 많았다. 가짜 도시를 보고 진짜 도시가 남서쪽으로 18마일(33km) 떨어져 있는 것을 알고는, 쉽게 찾아가서 폭탄을 부려 놓는 식이었다.[55]

---

55) 추측 항법과 예상 도착시간을 정확히 구할 수 없는 폭격기 승무원들은 이런 가짜 도시의 불빛을 진짜 도시와 헛갈리기 일쑤였다. 깁슨의 주장과는 달리, 영국군의 폭격 공세가 진행될수록

독일 본토 폭격을 하려면 당연히 적지 상공에서 오랜 시간을 보내야 했다. 그것도 햄덴 같은 저속기로 말이다. 햄덴에는 육분의를 제외하면 항법 장비가 없었다. 그나마 육분의를 쓸 수 있는 항법사는 별로 없었다. 우리는 적지 상공에서 길을 잃고 헤매다가 적국의 요지 상공으로 잘못 날아들어 강력한 대공포화를 얻어맞기 일쑤였다. 이런 문제를 해결하기 위해 다양한 방법이 연구되었다. 그중에서도 가장 뛰어났던 것은 조난 신호를 보내는 독일 공군용 비상 카트리지를 탑재하는 것이었다. 적의 대공포화가 불을 뿜으면 우리는 이 카트리지를 사용했다. 붉은색 조명탄이 나가는 이 카트리지를 쓰면 적의 대공포와 탐조등은 즉시 침묵했다. 잘 모르는 사람들은 이런 방법이 한두 번만 유효하다고 생각할 수도 있겠지만, 실제로는 수 개월이나 유효했다. 그 이유는 무엇일까? 내 생각에는 당시 독일 공군은 절대적인 제공권을 가지고 있었으므로, 독일 국방군의 대공포 사수들은 독일기를 오인 사격할지도 모른다는 압박감을 늘 달고 살았기 때문인 것 같다.[56]

그리고 새로 나온 장비인 〈조지〉를 탑재하고 만네르하임 라인에서 돌아올 때마다, 후방 기관총 사수가 그런 카트리지를 주기적으로 한두 방씩 쏴

가짜 도시의 정밀성도 높아졌다. 1942년 영국 공군에는 폭격 선도기 부대가 창설되었다. 이 부대의 승무원들은 더욱 정밀한 전자 항법 장치를 가지고 있었다. 그러나 이에 맞서 독일의 가짜 도시들도 폭격 선도기 부대의 표적 지시 신호를 모방한 신호를 발신하기 시작했다. 일부 가짜 도시들은 매우 정밀하게 지어진 가짜 공장과 석유 저장시설도 가지고 있었다. 영국 역시 〈불가사리(Starfish)〉라는 이름의 가짜 도시를 지어, 독일 공군의 폭격을 방해했다.

56) 〈일별 색상〉으로 불리는 독일군의 식별 신호는 영국 공군 폭격기 사령부도 알고 있었다. 영국 공군 폭격기 사령부는 이 신호에 〈자매(Sisters)〉라는 이름을 붙였다. 이 식별 신호는 매일 바뀌었다. 영국 공군의 각 부대에는 이 식별 정보 신호에 따라 다색 베레이 카트리지를 사용하는 법, 모스 등화 신호를 보내는 법, 항공기 식별등으로 질문어와 답어를 보내는 법 등이 전파되었다. 물론 이러한 정보들이 모두 최신이거나 정확하기만 한 것은 아니었다. 그러나 설령 독일군에게 신호를 잘못 보내더라도, 독일군이 긴가민가 하는 사이에 도망갈 시간은 벌 수 있다고 생각되었다.

주면 매우 기분이 좋아졌다.

7월 말이 다가오자 독일군이 슈바르츠발트에 산재한 여러 창고에 대량의 장비를 저장해 두고 있다는 정보가 돌았다. 이에 따라 이 장비들은 물론 독일군의 다른 장비, 그리고 독일의 삼림 자원을 파괴하기 위한 계획이 만들어졌다. 과학자들이 머리를 맞대고 연구한 결과 그 계획에 필요한 무기도 만들어졌다. 이유는 알기 어렵지만, 그 무기의 이름은 래즐(razzle: 야단법석)로 정해졌다. 래즐은 길이 15cm 가량의 정사각형 셀룰로이드 판 두 장 사이에, 인 덩어리를 감싼 젖은 코튼 울을 넣은 구조였다. 그 원리는 간단했다. 래즐이 삼림지대나 마른 풀밭에 떨어지면, 젖은 코튼 울은 15분 이내에 완전 건조한다. 그러면 그 속에 있던 인 덩어리가 발화를 일으켜 셀룰로이드 판을 태운다. 10초가량 격렬하게 연소가 가능하다. 이 무기를 투하하는 기법을 래즐링으로 불렀다.

래즐은 언제나 보조 무기로 탑재되었다. 그러나 래즐만을 투하하기 위한 특별 임무는 기획되지 않았다. 대부분의 조종사들은 슈바르츠발트 또는 독일의 기타 삼림지대 상공을 통과해 표적으로 가라는 지시를 받았다. 그리고 삼림지대 상공에서 래즐을 자유롭게 투하하라는 것이었다. 대화재가 발생할 경우 몇 주 동안 진화되지 않을지도 모른다. 그리고 독일의 여름은 특히 건조해서 화재에 취약하다. 내가 보기에 이러한 발상은 꽤 타당했다. 그러나 우리 군의 첩보원들이 알려준 바에 따르면 얘기가 달랐다. 어느 영국 공군 조종사가 항법 착오를 일으켜 구름 위를 날면서 래즐을 브레멘 시내 한복판에 투하했다고 한다. 이전에 기껏해야 영국군의 선전 전단 정도만 받아본 브레멘 시의 시민들은 이번에도 또 선전 전단인가보다 하고 생각했다. 게슈타포의 감시망이 곳곳에 깔려 있다는 것을 알고 있는 독일인들은 조용히 거리를 걸어가며, 래즐을 몰래 주워서 바지 주머니에 넣었다. 집

에 가서 몰래 읽어 볼 요량으로 말이다. 그 결과는 꽤 짜증났겠지만.[57]

어느 날 오스카, 로시, 나는 남작 영지의 잔디밭에 앉아서 이 이야기를 하며 웃고 있었다. 그때 잭 키노크가 나타났다.

"안녕, 친구들. 나 전출 가게 되었어."

로시가 물었다.

"어디야?"

"코테스모어"

작전 훈련 비행대였다.

오스카가 물었다.

"같이 가는 사람은 또 없는 거야?"

"올라슨 상사랑 나만 가게 되었어. 이유는 나도 몰라. 일종의 휴가라고 생각해야지. 어서 갈 준비를 해야 돼. 나중에 또 보자고, 친구들."

그 말을 남기고는 잭은 자전거를 타고 기지로 들어갔다.

오스카가 말했다.

"참 재미있군. 나는 휴식 같은 건 생각도 못 했는데. 이대로 쭉 갈 줄 알았어."

"저도 그렇게 생각했지요."

오스카의 말은 계속되었다.

"그리고 나도 언제까지나 계속할 수 있을 거라고 생각했지. 아무튼 나는 이 야간 폭격을 계속할 수 있는 방법을 찾아냈어. 안전지대 밖으로 비행할

---

57) 〈래즐〉, 그리고 이와 유사한 장비인 〈데커(Decker)〉는 1940년 7월부터 10월 중반까지 쓰였다. 래즐은 셀룰로이드 판 두 장 사이에 인을 넣은 구조로, 물을 채운 용기에 수납되어 항공기에 탑재되었다. 〈데커〉는 더 크기가 작았다. 그러나 역시 지연 발화하도록 만들어진 무기였다. 이들은 보조 무기로 취급되었으며, 조명탄 낙하산에 매달려 표적으로 가는 길에 있는 독일의 삼림 지대나 경작 지대에 투하되었다. 〈래즐〉의 후미 표면부는 직물로 덮여 있는데, 이곳을 잘못 건드렸다가는 적보다는 폭격기 승무원들에게 더 큰 피해를 입히곤 했다.

때는 늘 긴장을 유지하다가 표적 상공에서만 긴장을 푸는 거야. 그렇게 하면 앞으로 100번도 더 출격할 수 있어. 로시, 자네는 어떻게 생각해?"

로시는 오스트레일리아 억양으로 대답했다.

"저는 고공 폭격 아니면 초저공 폭격을 좋아해요. 하지만 늘 중요한 건 폭격 항정 시 항공기의 방향을 정확하게 유지해야 한다는 거지요."

나도 거들었다.

"나도 그렇게 생각한다네. 하지만 제일 안전한 건 급강하 폭격이야. 유일한 단점은 폭격 전과 확인을 후방 기관총 사수에게 맡겨야 한다는 거지."

오스카는 거만하게 말했다.

"그건 상관없어. 그 친구들은 언제나 정확한 전과 확인을 해 주잖아."

로시는 그 말을 듣자 웃었다. 아마 스트라스부르를 폭격한 B편대 항공기를 떠올린 것 같았다.

오스카의 말은 계속되었다.

"그러나 진지하게 말하자면 말이지. 이 일을 아는 사람이라면 모든 것이 다 위험하다는 것도 알고 있지."

"물론 적에게 럭키샷을 날릴 가능성도 늘 있는 거고요."

"내가 럭키샷을 얻어맞을 가능성도 있지."

오스카는 그런 말을 하면서 담배 파이프에 불을 붙였다.

그 순간 스캠턴 방향에서 대폭발이 일어났다. 검은 연기가 3,000피트 (900m) 높이로 치솟았다.

"세상에. 방금 저거 뭐야?"

"항공기 같지는 않군요."

"어서 가서 알아보자고."

스캠턴 기지에 들어갔을 때는 모든 지상 근무자가 이미 방공호에서 나온 상태였다. 처음에 우리는 스캠턴 기지가 적의 폭격을 당한 줄 알았다. 그러나 작전실에 있던 WAAF 대원은 차분하게 사건에 대해 알려 주었다. 폭탄 더미 속에 있던 자기 기뢰 18발이 오발을 일으켰다고 했다. 돌 파편이 폭발 5분 후까지도 날아다녔다고 했다. 내가 살면서 본 가장 큰 폭발이었다.[58]

당시 헴스웰 기지에서는 24대의 항공기를 가지고 엠스 운하에 있는 매우 특별한 군사 표적을 공격하고 있었다. 공격 방식은 초저공 폭격이었다. 그들은 1개의 교량을 완파하는 데 성공했다. 하지만 엠스 강의 도르트문트 운하에 위치한 또 다른 교량 1개를 파괴해야 했다. 이 교량들은 항공 공격에 매우 취약했다. 이 때문에 헴스웰 기지의 항공기들은 예전의 교량을 쉽게 공격해 파괴할 수 있었다. 그러나 이후 훈족들이 이런 공격의 재발을 막기 위해 다수의 탐조등과 경대공포를 다른 교량 주위에 배치했다는 충분한 증거가 있었다. 따라서 당시 폭격기 사령부의 최고로 손꼽히던 스캠턴 기지 비행대들이 이 중요한 군사 표적 파괴에 투입되었다.

승무원들은 두 비행대대에서 선발되어, 두 팀으로 혼성 편성되었다. 한 팀에는 베이브 리어로이드, 피트케언 힐, 조, 오스카, 뮬이 있었다. 다른 한 팀의 다섯 조종사도 그들만큼 뛰어난 인재들이었다. 일종의 세컨드 일레븐이었다고나 할까.

훈련은 링컨셔 운하에 있는, 표적과 동일한 폭을 지닌 교량에 대해 진행되었다. 소석고로 표적 인근의 지형 모형을 만든 다음에 철저히 연구했다. 훈련 중 이륙 직전에 가서 뮬과 나는 항공기를 서로 교환했다. 나는 뛰어난

---

58) 교정쇄에서 편집자는 공군 기지에 자기 기뢰가 저장되어 있다는 원문의 기록에 의문을 표했다. 이에 대해 깁슨은 수기로 간결하게 답했다. "폭격기 기지에서는 기뢰 부설 임무도 실시한다. 따라서 기뢰를 폭탄과 함께 저장하는 것이 당연한 것이다." 초기 텃밭 농사 작전을 다룬 이전의 편집자주에서는 작전 당시 M기뢰가 이미 구식이었다고 밝히고 있다.

폭격수인 와티를 자랑스러워했고, 그가 실전 임무에서 정확히 폭탄을 투하하는 것을 보고 기뻤다. 그러나 훈련이 끝나고 점심을 먹는데 무장 장교가 내게 와서, '내 항공기'에서 투하한 폭탄이 강둑에 떨어졌고, 자기 발이 폭탄 파편 때문에 잘릴 뻔했다고 말하자 나는 놀랐다. 그걸 조종한 사람은 뮬이었다.

이후에는 야간에 월광 상태에서도 훈련했다. 양팀의 숙련도가 최고가 될 때까지 말이다. 8월 초가 되자 모든 것이 다 준비되었다. 리어로이드가 표적 상공을 정찰하고, 적의 방어 태세가 매우 삼엄함을 확인했다. 그는 가급적 빨리 진행하지 않으면 이번 임무는 절대 성공하지 못할 것으로 보았다.

모든 것이 다 준비되었을 때 나는 콘월에서 휴가 중이었다. 내 생일인 8월 12일 그들은 출격했다. 내가 보스캐슬의 펍에서 현지인들과 맥주를 마시고 있을 때 피트케언, 리어로이드, 뮬, 로시, 매튜스는 표적을 향해 날아가고 있었다.

이 공격에 대해서는 많은 기록들이 있다. 아무튼 매우 용감한 작전이었음은 분명하다. 피트케언이 제일 먼저 폭탄을 투하했다. 그의 폭탄은 표적에 정확히 명중했다. 그러나 그의 항공기도 적 경대공포에 다수 피탄당했다. 그다음에는 로시가 폭격했다. 로시는 초저공으로 폭격을 시도했으나, 그의 항공기는 지면에 충돌해 불덩어리로 화했다. 불쌍한 늙은 로시는 전사했다. 그다음에는 뮬의 차례였다. 그의 좌현 엔진에서는 화재가 발생했다. 그러나 그는 2,000피트(600m)까지 상승한 다음, 전 승무원들을 낙하산 탈출시키는 데 성공했다. 그다음은 매튜스였다. 그 역시 폭탄을 정확하게 투하했으나, 그 대가로 한쪽 엔진을 잃은 채 귀환했다. 마지막으로 폭격한 사람은 리어로이드였다. 눈이 멀 것처럼 밝은 탐조등 불빛에도 불구하고, 그가 탄 항공기의 폭격수는 폭탄을 정확히 투하했다.[59]

다음 날 표적 사진이 촬영되었다. 이 공격은 완벽한 성공이었다. 수도교는 끊겼고 물은 모두 운하 밖으로 방류되었다. 바지선을 이용한 히틀러의 운송 작전은 큰 지장을 입었을 것이 분명했다.[60]

리어로이드는 VC, 피트케언은 DSO를 수여받았다. 뮬이 포로수용소에 있음이 알려지자, 뮬도 DFC를 수여받았다.

이 공격은 언급할 가치가 충분하다. 제2차 세계대전 중에 있었던 이런 종류의 항공 작전 중 최초였기 때문이다. 최정예 승무원들이 직접 기획하고 실시, 완벽한 성공을 거둔 특별 공격 작전이었다.

그리고 그 후로도 그런 작전은 아주 많았다.

---

59) 엠스 강에 걸린 수도교의 취약성을 알아챈 독일은 1935년 강과 평행한 운하, 그리고 운하에 걸리는 수도교를 완공했다. 7월 25~26일 사이의 밤에 있었던 폭격으로 이 운하의 신구간 수도교가 파괴되었다. 8월 12~13일 사이의 밤에는 제83비행대대에서 햄덴 5대, 제49비행대대에서 햄덴 6대가 출격하여 잔여 교량을 공격했다. 나머지 항공기들은 운하 수문에 견제 공격을 벌였다. 이 공격으로 수도교는 손상을 입었으나, 3주 만에 완전 수리되었다.

60) 도르트문트-엠스 운하에 대한 공격은 짧게 봐도 1940년 9월까지 계속되었다. 이 운하에 대한 마지막 공격은 1943년 9월 15~16일 사이의 밤에 있었다. 깁슨의 후임자인 공군 소령 조지 홀든이 이끄는 제617비행대대 소속 8대의 랭커스터가 참가했다. 이들은 12,000파운드(5.4톤)급 HC 유탄을 처음으로 사용하여 뮌스터 수도교 북쪽에 있는 둑 구간에 구멍을 내려고 했다. 야간에 초저공에서 실시된 이 공격은 엄청난 실패로 끝이 났다. 투입된 8대의 항공기 중 5대가 손실되었다. 손실된 승무원 중에는 홀든 소령도 있었다.

제8장
바지선 전투

콘월(Cornwall)의 새벽 공기는 상쾌했다. 매일 아침 나는 편안한 침대에 누워서 창밖을 보았다. 그리고 지금이 영국 전투의 가장 중요하고 힘든 순간임을 자각하려 애썼다. 그리고 나는 아래층으로 내려가서 잘 차려진 아침식사를 했다. 식사를 한 후에는 바람 부는 벼랑으로 산책을 나갔다. 부딪치는 파도를 보며 아직도 마음속에 쩌렁쩌렁 울리는 적의 대공포 포성을 잊고 싶었다.

점심시간 쯤이면 그날 일일 보고서가 나왔다. 당시 나는 영국에 대해 독일군이 막 시작한 공세 상황을 매일 볼 수 있었다. 모두가 공세 초기 때를 아직도 기억하고 있다. 8월 8일 괴링 원수는 그의 자랑스런 독일 공군을 런던에 투입했다. 그 모습은 과거 나폴레옹이 영국을 굴복시키기 위해 해군 함대를 이끌고 나왔을 때를 연상시켰다. 수백 대의 독일 폭격기들이 날개 끝이 맞닿을 정도로 가까운 밀집 대형을 지어 날아왔다. 소수의 전투기들이 그 폭격기들을 엄호하고 있었다. 나중에는 소수의 독일 폭격기들이 일격이탈 식의 폭격을 벌이고, 수백 대의 독일 전투기들이 그들을 호위했지만 말이다.

그러나 그들은 격퇴당하고 있었다. 모두가 알다시피 영국의 항공 산업계는 열심히 전투기를 생산하고 있었으며, 신형 정속(constant-speed) 프로펠러도 대량으로 생산해 장착했다. 이 프로펠러 덕택에 영국 전투기는 실전에서 더욱 높은 전투력을 얻을 수 있었다. 또한 이 싸움에서 우리 전투 조종사들이 어떤 싸움을 벌였는지도 모두가 알고 있다. 스탠포드 터크, 더글러스 베이더, 쇼티 로크 등의 조종사들은 백척간두의 위기에 놓인 영국을 구하기 위해 전우들과 함께 싸움에 뛰어들었다. 배수진의 불리한 상황에서도 이들은 영국군의 빛나는 전통을 철저히 지키며 싸웠다. 영국이 치른 것 중 가장 중요한 싸움이었던 영국 전투는 독일 공군의 대패로 끝이 났다.

작전실에 있던 공군 간부들은 얇은 청색 선이 서서히 후퇴하여 런던까지 밀려가는 것을 보았다. 그러나 그 선은 절대 붕괴되지 않았다. 그리고 그 선은 결국 다시 도버 상공을 향해 전진을 시작했다. 우리는 마치 옛 보병들처럼 훈족을 막아내고, 그들을 영불해협 건너편으로 쫓아 보냈다. 큰 피해를 입은 그들은 다시 넘어오지 못했다.

영국 전투는 우리 모두가 자랑스러워해야 할 멋진 이야기다. 수많은 사람들이 이 전투에 참전한 사람들을 칭송했다. 그중에는 윈스턴 처칠의 명언인 "전쟁의 역사에서 이렇게 많은 사람들이 이렇게 적은 사람들에게 이렇게 큰 빚을 진 적은 없다."라는 말도 있다. 런던의 나이트 클럽에는 승리를 축하하는 춤과 노래가 나왔다. 이 전투에 참전한 사람들이 영원히 기려지기를 기도하자. 특히나 앞으로 10~20년간은 더더욱.

이 모든 것을 생각하는 동안 나는 보스캐슬의 웰링턴 호텔에서 현지인들과 맥주를 여러 캔 마시고 난 후 일광욕을 하고, 차가운 콘월 바다에도 몸을 담갔다.[61] 덩케르크 때 같은 기분은 아니었다. 지금은 예비 병력이 빠르게 배치되고 있었다. 내가 필요할 경우, 그들이 신속히 알려 줄 것이었다.

---

61) 깁슨은 22번째 생일을 자축하기 위해 휴가를 나왔다. 그는 휴가 기간 중 이브와 함께 보스캐슬의 웰링턴 호텔에 묵었다. 당시 이브는 〈나와서 놀자〉의 공연을 완료한 상태였다. 이 기간은 이 커플이 가장 오랜 시간을 함께 보내며 상대방에 대해 알아간 때였다.

지금은 휴식 시간이었고 나는 최대한 휴식을 즐겼다. 어느 새 휴식 시간도 끝이 났고, 나는 이브와 함께 브리스톨 기차역에 서 있었다. 나는 이브에게 작별 인사를 했다. 우리 주변에도 많은 사람들이 그러고 있었다. 아직 독일의 영국 본토 침공 위협은 완전히 사라지지 않았고, 작별 인사를 나누는 젊은이들도 그 사실을 알고 있었다. 그들은 미지의 세계로 서로를 떠나보내기 전에 서로를 끌어안고 시선을 교환했다. 특히 독일 공군이 아직 완전히 붕괴한 것은 아니었다. 그러니 우리 공군은 아직 적의 침공에 대비하고 있었다. 우리 모두 나치가 점령한 프랑스에서 일어난 무서운 일들을 알고 있었다. 무자비하게 목표를 추구하며 무정하고 가혹한 폭정을 벌인 사실을 알고 있었다. 나치가 영국을 정복한다면 그것과 똑같은, 아니 더 지독한 일들이 벌어질 것을 모두가 알고 있었다.

이럴 때 보통 사람들은 할말을 잊는다. 나 역시 이럴 때 말을 잘 하는 사람은 아니었다. 그러나 이브의 빛나는 눈을 마주쳤던 것은 기억난다. 플랫폼에서 그녀를 꼭 안아 주었던 것도 기억난다. 철도역의 화물 운반인이 플랫폼을 가로질러 다니며 열차 출발을 알리는 호각을 불 때까지 말이다. 나는 이브에게 말했다.

"자기야. 독일군이 만약 웨일스를 침공하면 난 자기를 피난시키러 갈 거야. 전보 한 통만 보내면 바로 갈게."

실제로 어떻게 그럴 수 있을지는 몰랐지만 말이다.

날카로운 호각 소리가 울리고, 문이 닫혔다. 그리고 내가 탄 기차는 움직이기 시작했다. 이브의 모습이 점점 작아져 갔다. 그녀의 얼굴에서 눈물이 흘렀다.

스캠턴에 돌아온 후에도 태양은 계속 빛나고 날씨도 아직 더웠다. 그러나 뭔가가 달랐고 매우 큰 변화가 일어나고 있었다. 적어도 내게는 그렇게 보였다. 2주 전의 스캠턴과는 확연히 달랐다. 로시와 뮬은 이제 없었고 그 외에도 알던 사람들이 여럿 없어졌다. 올라슨 상사는 OTU로 자리를 옮겼다. 리어로이드는 브르크 팝햄 경의 개인비서로 갔다. WAAF 장교들 중에도 다른 곳으로 전속된 사람이 여럿 있었다. 뭔가 우스우면서도 우울했다. 엄청나게 화려한 휴가를 즐기고 왔는데 아는 사람들이 안 보이다니 말이다. 왠지 작전 중에 드는 무서운 느낌이 들었다.

그러나 운항실에 들어가자 언제나처럼 오스카가 있었다.

"안녕 기보. 우리는 오늘밤 모두 로리앙으로 갈 거야. 그리 힘든 임무는 아니라네. U보트 정박지에 기뢰를 부설하는 일이지. 대공포가 몇 문 없기 때문에 쉬운 임무야."

"고맙습니다. 오스카. 저희 승무원들은 모두 복귀했나요?"

"물론이지. 모두 여기 있어. 하지만 와티는 내 항공기에 있다네. 내 항법사가 얼마 전에 부상을 당했거든. 자네 항공기에는 대신 호턴 상사를 배정해 주지."

"네. 감사합니다."

그렇게 말은 했지만 속으로는 매우 짜증났다. 와티는 매우 훌륭한 항법사였다. 나는 그 친구와 호흡이 잘 맞았다. 하지만 나중에 보니 호턴도 매우 훌륭한 항법사였고 운이 없던 쪽은 와티였다.

아무튼 임무는 매우 간단했다. 기뢰는 해안 가까이에 부설해야 했지만 적 대공포의 위협은 크지 않았다. 비행대대 전원이 임무를 멋지게 해냈다. 기뢰를 부설한 이후 우리는 그 해역에 있다는 E보트들을 찾아 돌아다녔다. 우리는 바다로 나가서 항법등을 켠 채로 초계 비행을 했다. 우리를 독일기처럼 보이게 하기 위함이었다. 고요한 바다 위에 긴 은색 반사광이 보였다.

달빛의 반사광이었다. 갑자기 그 반사광 속에 몇 노트의 속도로 움직이는 E보트가 보였다. 일류를 향하고 있었다. 호턴 상사는 폭탄 투하 버튼을 눌렀다. 그러나 이런 폭격은 그리 공들인 것이 아니었다. 우리는 항공기의 정확한 고도를 몰랐고 호턴 상사는 항공기의 자세를 정확히 몰랐다. 호턴이 투하한 2발의 250파운드(113kg) 폭탄은 표적의 몇 야드 옆에 떨어졌고 직격에는 실패했다. 그 폭탄들이 E보트에 피해를 주었는지 여부는 알 수 없었다. 그러나 귀환길에 기내에서는 즐거운 이야기들이 오고갔다.

그러고 나서 더 큰 행운도 찾아왔다. 귀환길에 쉘부르를 건너는데, 우리 앞에서 항법등을 켠 항공기 한 대가 다가와 우리를 지나쳤다. 방금 전에 영국을 폭격한 훈족의 항공기일 터였다. 우리는 바로 기수를 돌렸다. 낡은 햄덴을 최대한 가속시켰다. 전례 없는 수준으로 엔진 추력을 높이니 기체가 덜덜 떨렸다. 결국 우리는 그 항공기를 로리앙 인근 상공에서 따라잡았다. 잠시 동안 우리는 그 항공기와 50야드(45m) 정도의 거리를 두고 편대 비행을 했다. 상대의 국적과 기종을 식별하기 위해서였다. 그러나 이미 시각은 밤이었다. 결국 우연히 비친 적 대공 탐조등 덕분에 그 항공기가 도르니어(약호 Do) 17인 것을 알 수 있었다. 더구나 그 항공기에 탄 두 조종사는 완전히 방심하고 있는 것 같았다. 기내등을 모두 켜 놓았다. 그들이 조종석 안에 꼼짝 안 하고 앉아 있는 모습이 보였다. 분명 그들은 조금 후 착륙해서 커피와 베이컨, 계란을 먹을 생각에 들떠 있을 것이다.

우리 햄덴 폭격기의 하부 및 상부 기관총이 오른쪽으로 서서히 돌아갔다. 나는 맥에게 잘 조준하라고 당부했다. 그다음 천천히 숫자를 세었다.

"1, 2, 3... 지금이다! 쏴버려, 맥!"

4정의 기관총이 스타카토 음을 내며 예광탄을 토해 냈다. 도르니어 기는 한쪽 엔진에 화재를 일으키며 지면으로 떨어져 갔다. 도르니어는 그러다가

도르니어 Do17Z(M. J. 보이어)

로리앙 선거 상공으로 갔다. 그곳에는 독일군의 대공포가 있었다. 그 대공
포는 분명 도르니어 기를 영국기로 여겼을 것이다. 대공포가 도르니어 기
에 정확한 사격을 가했기 때문이다. 도르니어 기는 불덩어리로 변해 나무
들 뒤로 떨어져 갔다. 귀환하자 폭격기 사령부는 우리 항공기에 미확인 격
추 전과 1대를 인정해 주었다.[62)

　다음 날인 8월 26일 밤, 우리는 베를린에 첫 폭격을 가했다. 표적이 어디
인지 밝혀지자 모두들 크게 흥분했다. 우리는 이 순간을 오랫동안 기다려
왔다. 이제 기회가 왔다. 그날 비번이던 조종사들조차도 독일의 수도를 타

---

62) 햄덴 폭격기의 조종석은 전투기처럼 생겼다. 또한 조종장치도 전투기와 비슷하고, 고정식 기
관총도 1정이 있다. 이 때문에 햄덴 폭격기 조종사들 중에는 이런 특성을 이용해 적기 격추
전과를 거둔 '임시 야간 전투기 조종사'들이 많았다. 깁슨도 이런 다른 이들의 활약에 영향을
받은 것 같다. 6월 12일~13일 사이의 밤 제49비행대대 소속 알렌 소령은 프랑스 상공에서
적기 2대를 격추하고, 그 격추 전과를 공인받았다. 5일 후 같은 비행대대 소속 팀머만 대위는
쉬폴 비행장에 착륙 중이던 적기를 격추하고, 쉬폴 비행장을 폭격하고 기총소사를 가했다. 독
일군이 공세 시간을 야간으로 바꾸자, 깁슨을 포함한 여러 폭격기 조종사들은 전투기 사령부
에 야간 비행 기술을 전달해 주었다.

격하는 첫 임무에 자신들을 끼워달라고 요구할 정도였다. 길란도 휘하 조종사들 중 제일 어린 사람을 열외시키고 자신이 대신 조종간을 잡았다. 하지만 문제가 있었다. 8월 26일은 하필이면 맞바람이 부는 날씨여서 우리 중거리 폭격기에게는 불리한 조건이었다.

첫 베를린 폭격은 형편없었다. 표적 상공에는 짙은 구름이 덮여 있었기 때문에 베를린 시내에 떨어진 폭탄은 10발이 안 넘을 것 같았다. 귀환길에는 독일인들답게 질서정연하게 놓인 대공포가 내내 엄청난 양의 사격을 가해 댔다. 많은 항공기들이 귀환길에 해상 착수했다. 우리 비행대대에서도 그런 항공기가 3대나 됐다.[63] 토니 밀스는 플램보로 헤드 상공에서 연료가 고갈되어 해상 착수한 다음 전 승무원과 함께 구명정으로 탈출했다. 모두가 뱃멀미를 심하게 했다. 항상 운수가 없는 편이지만 언제나 폭탄을 표적에 적중은 시키는 피트케언 힐은 도저히 육상에 착륙할 가능성이 없다고 판단하고, 항공기를 H. M. 트롤 어선 옆에 착수시켰다. 그림스비에서 30마일(54km) 떨어진 해상이었다. 피트 클레이튼이라는 캐나다 조종사는 엔진이 꺼진 항공기를 동해안의 지뢰밭에 불시착시켰다. 그들은 한동안 비행기 밖으로 나올 엄두를 전혀 못 냈다. 그러다가 안전 통로를 아는 해안경비대원에게 발견되고 나서야 구출될 수 있었다.

피트는 이런 일이 두 번째였다. 첫 번째는 스코틀랜드에 있는 커다란 컨트리 하우스 인근의 작은 밭에 착륙했다. 거기 착륙한 그의 항공기를 다시

---

63) 8월 25일~26일 밤의 베를린 공습은 런던과 여러 영국 도시들에 대해 가해진 독일 공군 폭격에 대한 보복 공격이었다. 강한 바람이 불었기 때문에 거의 모든 폭탄이 베를린 남쪽의 공터에 떨어졌다. 제83비행대대의 항공기 3대가 돌아오지 못했다. 그러나 깁슨은 여기서도 기록에 오류를 저질렀다. 이 전투에서 손실된 항공기의 조종사 중 공군 중위 스벤슨은 워시에, 밀스 소위는 그림스비 앞바다인 북해에 착수했다. 이 두 대의 항공기에서는 사상자가 발생하지 않았다. 벙커 소위는 우스워스 비행장에 착륙하려다가 컨트리 더럼 볼드햄에 추락했다. 이 사고로 그는 물론 휘하 승무원 1명이 중상을 입었다.

이륙시키는 데는 2주가 걸렸다. 아마도 인근의 컨트리 하우스에 아주 아름다운 여자가 있었고, 그 여자와 피트 간에 무슨 일이 있었는지도 모른다.

나는 착륙하자마자 재급유를 받은 후 토니를 찾아 이륙했다. 6시간 동안 비행했으나 아무것도 보지 못하고 결국 스캠턴에 착륙하니 짜증이 났다. 내가 토니의 머리 위를 두 번이나 지나쳤고, 토니는 이후 구조되었으며, 내가 착륙했을 때는 그림스비에서 친구들과 파티 중이었던 사실을 알았기 때문이다.

며칠 후 조 콜리어는 착륙 접지 시 활주로에 못 미쳐 접지하여 추락했고 심한 뇌진탕을 입었다.[64] 다음 날 밤 디키 펑커는 노리치 인근의 들판에 추락해 두개골이 깨졌다. 우리 대원들의 숫자는 갈수록 서서히 줄어들었다. 그리고 이 전쟁이 시작되었을 때 있었던 비행대대원들 중에는 어느새 피트케언, 오스카, 나밖에 남지 않았다.

함부르크 항구는 언제나 조선소의 부산스런 소음으로 시끄럽다. 당시 함부르크에서는 배수량 45,000톤급의 전함 〈티르피츠〉가 최종 의장 공사를 진행 중이었다. 그 공사가 종료되면 대해로 나아가 영국 해군과 대결할 것이었다. 영국 해군 본부에서는 〈티르피츠〉가 첫 출격을 하기 전에 격파해야 한다는 의견이 나오기 시작했다.

---

64) 깁슨이 언급한 승무원들 중 피트케언 힐 대위는 8월 28~29일 사이의 밤에 베를린을 폭격하고 돌아오는 중에 햄덴을 북해의 트롤어선 옆에 착수시켰다. 9시간 이상 비행한 끝에 연료가 고갈된 탓이었다. 피트 클레이튼 소위는 1940년 9월 9~10일 사이의 밤에 독일을 폭격하고 나서 버윅 인근에 강제 착륙했다. 그러나 착륙 지점이 지뢰밭이라는 기록은 없다. 콜리어 소령은 8월 30~31일 사이의 밤에 마그데부르크를 폭격하기 위해 출격했으나, 엔진 문제로 귀환할 수밖에 없었다. 그의 항공기는 폭탄을 여전히 싣고 있는 상태에서 조명 없는 활주로에 경착륙을 하다가 날개 하나를 잃고 말았다. 콜리어 역시 중상을 입고 이후 6개월 동안 작전에 참가할 수 없었다.

당시 우리 해군의 주력함 현황은 좋지 않았다. 지중해의 전황도 우리의 전략을 크게 방해하고 있었다. 누군가가 우리 폭격기들의 급강하 폭격 실력에 대해 얘기를 들은 것 같았다. 그래서 야간에 임무가 없던 조종사들 중 나를 포함한 몇몇 조종사들에게 〈티르피츠〉에 대한 급강하 폭격 임무가 떨어졌다. 아침 일찍 이륙하여 〈티르피츠〉를 폭격하고, 아침식사를 하기 전에 귀환한다는 계획이었다.

보통 때라면 산개해서 일부는 〈비스마르크〉가 위치한 빌헬름스하펜으로, 또 일부는 함부르크로 가곤 했다. 그러나 그런 공격은 효과가 좋았던 적이 없었다. 그리고 폭탄은 아무리 운수가 좋아도 최소 표적 900m 밖에 떨어졌다.

차디찬 북해 상공, 이른 아침 구름 위를 날고 있었다. 밖을 보니 위쪽이 모루 모양인 폭풍 적운들이 줄지어 늘어서 있었다. 독일로 가는 길을 가리키고 있는 것 같았다. 구름들이 이렇게 말하는 것 같았다.

"여기가 독일로 가는 길이야. 그런데 가면 못 돌아와."

그 순간 눈앞에 번갯불이 번쩍였다. 놀란 나는 순간적으로 조종석에서 튀어 일어날 뻔했다. 동시에 나는 조종간을 거칠게 꺾어 항공기를 공중제비시켰다. 맥의 목소리가 들렸다.

"대공포! 대공포!"

내 신경은 잔뜩 곤두서 있었다. 분명 이번 임무는 나를 갉아먹고 있었다.

독일 도시 상공에서는 우리는 건성으로 폭격한 적도 여러 번 있었다. 물론 우리가 최선을 다하지 않았다는 사실을 스스로도 잘 알고 있었다. 귀환해서도 편하게 잠들 수 없었다. 잠들지 못한 채로 뒤척이며 누워 있으면서 내 차가 달릴 때 나던 엔진 소리와 퍽퍽대는 소음을 생각했다. 그러다가 꿈을 꾸면 굵기가 나무줄기만한 기구 케이블이 나왔다. 꿈속에서 나는 함부르크 시내 한복판에 항공기를 착륙시킨 다음에 도끼를 들고 내려서 그 기구 케이블을 베어 버리고 아무 일도 없었다는 듯이 다시 항공기를 이륙시켜서 영국으로 돌아갔다.

어느 날 밤에는 B편대의 후방 기관총 사수인 지비가 내 방을 찾아왔다. 안 그래도 내가 악몽에 시달리고 있던 밤이었다. 물론 나는 꿈의 내용을 기억할 수는 없었다. 그러나 지비의 말에 따르면, 내가 온 힘을 다 해 5분 동안이나 지비의 이름을 고래고래 불러 댔다는 것이었다. 지비는 그 소리를 듣고 내가 정신이 나간 줄 알았다고 했다. 신경전이라는 것이 존재한다면, 제83비행대대원들 중 일부는 분명 그 신경전을 치르고 있었다.

한편 모든 것이 다 훈족의 계획대로 풀려 준 것은 아니었지만, 아직 독일 공군의 세력은 완전히 쇠하지도 않았다. 괴링은 분명 몇 주만 더 견디면 영국군이 마지막 예비 전력까지 소진할 것이고, 그러면 버킹검 궁에 히틀러의 사령부가 생기고 사보이 호텔이 괴링의 집이 될 거라고 믿어 의심치 않았다. 즉, 영국 본토 침공 계획은 아직 유효했다.

독일의 군사 전략가들은 우선 영불해협 상공의 제공권을 완전 장악해야 영국 본토 침공이 가능함을 잘 알고 있었다. 그래야 침공 부대의 출격이 가능하기 때문이다. 침공 부대는 2,000톤급 바지선 수천 척으로 이루어져 있다. 9월의 어느 날 이들은 잠수함, 소해정, E보트의 엄호를 받아 가며 야간에 바다를 건너올 것이었다. 이들은 독일 공군의 철저한 공중 엄호를 받아 가며, 실어 온 인원과 장비를 영국 해안에 풀어놓을 것이었다. 일단 해안 교두보를 만들고 나면 그곳에 많은 활주로가 달린 비행장을 급조할 것이다. 그리고 그 급조 비행장에서 독일 상륙군을 위한 전방 항공 지원을 실시할 것이다.

독일 상륙군의 사령관인 룬트슈테트 원수는 영국 향토 방위대에 제대로 된 장비가 없다는 사실을 분명 알고 있었다. 영국 육군이 아직 재편 및 재건 단계에 있다는 것도 잘 알고 있었다. 나폴레옹과 마찬가지로, 히틀러 역시 어느 맑은 날 파리를 떠나 영불해협에 와서 고성능 쌍안경으로 그의 다음 표적이 될 도버의 흰 절벽을 관찰했다.

9월 초, 독일의 운하에서 이상한 활동이 관측되었다. 모든 종류의 바지선이 독일 침공 부대가 출격할 항구로 움직이고 있었다. 그들 중 대부분은 200마력 엔진이 달린 대양 항해용으로 10노트(시속 18.5km)의 속도를 낼 수 있다. 이 바지선에는 탄약, 전차, 야포, 대공포 등도 실려 있었다. 병력들은 출격 명령을 기다리며 기지창에서 대기 중이었고 모든 것이 준비되었다. 앙베르에서 디에프에 이르는 모든 항구들은 수천 척의 바지선들로 발 디딜 틈이 없었다. 물론 훈족도 우리 공군이 얼마 안 되는 폭격기 전력으로나마 이들 바지선을 폭격할 수 있음을 알고 있었다. 이 때문에 바지선들로부터 몇 마일 이내에는 우리 항공기가 얼씬도 못하게끔 경대공포와 대공포탑, 방공 기구로 구성된 방공망이 설치되었다.

9월 초 이들과의 이른바 〈바지선 전투〉가 시작되었다. 전투는 밤낮을 가리지 않았다. 블레넘, 햄덴, 웰링턴 폭격기들이 모두 저공 폭격에 참가했다. 이 폭격으로 많은 바지선을 현장에서 격침했으며, 바지선 인근 창고에서 기거하던 독일군 병력들도 날려 버렸다. 〈바지선 전투〉는 〈영국 전투〉의 외전 격이었다. 연관된 싸움이지만 그 내용은 전혀 달랐다.

앙베르 공습 중 내 옆을 불타는 항공기가 날아가는 것이 보였다. 그 항공기가 우리 군 것임을 알아보았으므로 기분이 좋지 않았다. 항공기에서는 마치 길을 잘못 들어선 로켓이 들어간 것처럼 불꽃이 뿜어져 나왔다. 승무원 1명이 비상 탈출을 시도하여 강물 위에 떨어졌다. 그 친구가 수영을 잘

하는 사람이기를 바랐다.

귀환한 이후, 캐나다 출신의 조종사인 젊은 오코너에게 임무가 어땠는지 물어 보았다. 그는 말을 아꼈지만 표적 상공에서 경대공포의 사격으로 항공기에 화재가 발생하여 고생을 했다는 얘기는 남겼다. 이후 나는 우리 비행대의 하나가 맨손으로 항공기 화재를 진압하려 한 공로로 VC를 수여받았다는 얘기를 들었다.[65)]

이틀 후 우리는 앙베르에 또 갔다. 방공망이 삼엄한 이 도시 상공에서 우리는 또 한 명의 전우를 잃었다. 나는 그가 폭탄을 최대한 정확하게 명중시키기 위해 충분한 시간을 들여 바지선 정박지 상공에서 수평직선 비행으로 폭격 항정을 하는 것을 보았다. 그러다가 그의 항공기는 갑자기 폭발을 일으켰다. 피트케언 힐은 그렇게 자기 조상들 곁으로 떠났다.[66)]

독일군의 침공용 항구에 대한 이런 폭격들은 최대한 많은 바지선을 격침하기 위해 기획된 것이었다. 각 비행대에는 공격할 항구 하나씩이 배정되었다. 그리고 각 항공기에는 정박지가 하나씩 배정되었다. 정박지당 바

---

65) 9월 15~16일 사이의 밤 앙베르 상공에서 화재를 일으킨 햄덴의 조종사는 공군 소위 아더 코너였다. 이 항공기는 폭격 항정을 시작하자마자 적에게 피격당했다. 그리고 폭격을 마치자마자 폭탄창에 화재가 발생했다. 승무원 2명이 비상탈출했으며, 깁슨은 이 중 1명의 탈출 과정을 보았다. 당시 18세이던 통신사 존 한나 상사는 화재를 진압하기 위해 항공기에 남았다. 그가 진화에 사용한 물건은 손과 발, 로그북뿐이었다. 이후 그는 조종사가 기지로 귀환할 수 있도록 항법도 도왔다. 한나 상사는 그 용감한 행동을 인정받아 빅토리아 십자 훈장을 받았다. 폭격기 사령부에서는 사상 2번째로 수여받은 것이었고, 또한 최연소 수훈자였다. 코너는 DFC를 수여받았으나 6주 만에 죽었다. 11월 4~5일 사이의 밤에 킬을 폭격하던 중 전사한 것이다. 한나는 1941년에 결핵에 걸렸고, 현역 복무 부적합 판정을 받아 전역했다. 그는 1947년 25세를 일기로 사망했다.

66) 깁슨의 기록과는 달리 공군 소령 제임스 피트케언 힐(DSO, DFC 수훈자)은 앙베르 상공에서 전사하지 않았다. 그는 9월 18~19일 밤 르아브르를 공격하다가 전사했다. 그의 항공기는 대공포에 피격당해 센 강 어귀에 추락했다. 항구에서 몇 마일 남쪽 지점이었다. 승무원 시신 중 3구가 각각 다른 위치의 해안에 쓸려 왔다. 피트케언 힐의 시신은 뢱 쉬르 메르 묘지에 안장되었다.

1940년 앙베르에 집결한 상륙용 바지선(영국 국방성 항공(공군) 역사과)

지선의 숫자는 어떨 때는 200척, 많은 것은 400척에 달했다. 폭탄도 적에게 최대한의 피해를 끼칠 수 있도록 탑재되었다. 다수의 소형 폭탄을 싣도록 하였으며, 심지어는 수류탄도 탑재했다. 이런 작전에서는 수류탄이라도 제대로 맞추면 충분한 타격을 줄 수 있었다.

폭격 후에는 항공 정찰이 이루어졌다. 정찰 결과가 나오면 대대장이 모든 승무원들을 집합시키고 대략 이런 대화가 오고간다.

"앙베르의 C정박지 사진을 봤다네. 어제는 거기 바지선이 400척 있었는데, 오늘 사진에는 350척이 되었군. C정박지 폭격한 사람 누구야?"

그러면 한 조종사가 일어난다.

"잘 했네. 자네 혼자서 50척을 격침시켰군. 하지만 그걸로는 충분치 않

아. 물론 가진 폭탄을 여기에 모두 투하했겠지. 하지만 가진 거를 한 번에 다 뿌리지는 마. 표적을 잘 보면서 한 놈한테 폭탄 한 발씩 먹여 주라고. 그렇게 안 하면 이 녀석들 영국에 상륙해 올 거야. 그러고 나면 우리는 맨손으로 요놈들이랑 맞설 수밖에는 없어."

그러고 나서 우리는 또 출격한다. 물론 폭격이 늘 잘 되어 주지는 않는다. 내가 맡은 정박지는 앙베르 기지창 중심부에 있었으며, 하트 모양이었다. 한 번은 내가 여기서 바지선 100척을 격침시킨 적도 있었다. 대대장은 물론 그 누구도 그 작전 수행에서 잘못을 지적할 수 없었다. 그것도 치열한 대공포화를 뚫고 신속하게 얻어 낸 전과였다. 그러나 우리 군의 손실도 컸다. 그리고 우리는 이 바지선들이 항구를 떠나기 전에 바지선 전투에서 이겨야 한다는 것을 알고 있었다. 이미 독일군의 상륙작전이 시작되었다는 소문도 있었다.[67] 폭격기 사령부에 의해 격침된 바지선에 타고 있던 독일군 수천 명이 영국 동해안에 떠내려와 암매장되었다는 소문도 있었다. 물론 이런 소문들은 사실이 아니었다. 그리고 영국에서 전사한 독일 군인을 직접 봤다는 영국인은 한 명도 없었다. 다만 "아는 사람이 그러는데 자기 친구가 독일군을 매장했다더라." 하는 식으로만 말할 뿐이었다.

9월 15일 전투 조종사들은 사상 최대의 승리를 거두었다. 이 날 격추당한 독일 항공기는 최소 185대였으며 아군의 손실은 극소수였다. 그리고 이 전쟁이 끝난 후에는 더 많은 독일기가 격추되었다는 점이 입증될 것이 확

---

67) 공군 대장 아더 해리스 경은 이후 "폭격기 사령부가 독일군 침공 함대의 바지선을 완파한 덕택에, 독일은 영국 본토 상륙 시도가 무의미한 짓임을 알게 되었다."고 주장했다. 그러나 전쟁이 끝난 후에 나온 평가에 따르면 독일군의 수송선 170척 중 21척만이, 바지선 1,918척 중 214척만이, 예인선 386척 중 5척만이, 모터보트 1,020척 중 3척만이 격침당했다. 물론 이만큼이라도 격침한 것은 결코 적은 일이 아니다. 그러나 영국 공군의 폭격이 가져온 가장 큰 효과는 독일군의 시간 및 물자, 물류 조절에 차질을 주고, 해안의 항만 시설과 야적 물자에 타격을 입힌 것이었다.

실하다(편집자주: 9월 15일에 격추당한 독일 항공기는 사실 185대도 되지 않았다). 뛰어난 화력, 뛰어난 항공기, 뛰어난 인력의 힘으로 거둔 승리였다.[68]

그날 밤 우리 폭격기들도 앙베르에 최대 규모의 폭격을 가했다. 달은 만월이었다. 다수의 바지선들이 격침 또는 폭발했고 주변에까지 피해를 입혔다. 그 바지선들에는 많은 장비들이 실려 있었다. 우리도 육안으로 그 사실을 확인했고, 그걸 본 이상 독일이 아직도 영국 본토 상륙을 준비하고 있다는 데 의심의 여지는 없었다. 적어도 그들은 영국 공군 전투기 사령부와 폭격기 사령부, 해안 사령부의 진짜 실력을 보기 전까지는 준비를 계속하고 있었다.

그날 밤 우리는 선거 상공을 저공비행하면서 바지선에 실린 전차와 야포, 그리고 선거에 방수포로 덮인 채 놓인 수상한 물건들을 볼 수 있었다. 훈족의 〈데어 탁(Der Tag: 그날)〉이 임박했다는 증거였다. 그리고 9월 15일이야말로, 독일이 영국 본토 상륙이 불가능하다는 것을 깨달은 날일 것이다.

우리는 폭격의 강도를 증가시켜 최대치에 이르도록 점점 높여 갔다. 그리고 우리의 신경증은 전투의 열기 속에서 모두 사라진 것 같았다. 그 때문에 6월의 힘들었던 시기가 다시 떠오르지 않았나 싶다. 9월 17일 우리는 하원에서 전쟁 상보를 읽는 처칠의 음성을 들었다. 이탈리아군은 리비아에

---

68) 1940년 9월 15일 격추된 독일 항공기는 처음에는 185대로 발표되었다. 그러나 이는 엄청난 과장이었다. 거기에는 덕스포드에서 출격한 더글러스 베이더의 〈빅 윙〉의 전과 과장도 한몫했다. 전후 독일 공군의 자료를 통해 확인한 바로는 이 날 격추된 독일 항공기는 53대(자료에 따라서는 56대, 또는 58대라고도 한다), 손상을 입은 독일 항공기는 22대에 불과했다. 그러나 이는 분명히 독일 공군 최대의 손실이었다. 이날 전사하거나 포로가 된 독일 공군 승무원은 155명, 부상을 당한 독일 공군 승무원은 23명이었다. 영국 공군은 26대의 항공기를 잃고 13명의 조종사가 전사했다. 괴링 원수가 "영국 공군의 전력은 스피트파이어 50대가 전부."라고 주장했을 때에도 영국 공군은 동시에 250대 이상의 전투기를 체공시킬 수 있었다.

서 진격을 시작했다. 솔룸을 지키고 있던 영국군 2개 소대는 후퇴했으며, 적군은 우리 군의 주저항선까지 도달했다. 처칠은 아직 독일이 영국 본토를 언제라도 침공할 수 있음을 경고했다.

많은 사람들은 그리고 나서 며칠 후, 독일군 상륙에 대한 큰 공포가 영국 본토를 휩쓸었음을 기억할 것이다. 그 발단은 어느 해안 사령부 소속 조종사가 북해 상공에서 야간 초계를 하다가 저지른 작은 관측 실수였다. 그는 영국 본토 해안에서 100마일(185km) 정도 떨어진 해상에 있었다. 그런데 그는 해상에서 여러 개의 그림자가 움직이고 있는 것을 보았다. 그것들은 사실 하늘에 떠가는 구름의 그림자였다. 그러나 그는 그 사실을 알아채지 못하고 바로 독일군의 영국 침공이 시작되었다고 무전으로 보고하고 말았다.

이 소식을 들은 모든 사람들은 얼어붙었다. 하루 종일 격전을 치르고 취침 중이던 전투 조종사들도 모두 기상했다. 폭격기 조종사들도 다음 날 새벽까지 깨어 대기했다. 그리고 그 이후 더욱 숙련도가 높은 조종사가 재차 관측하고 나서야, 앞서의 조종사가 봤다는 독일군 상륙 함대는 사실 물에 비친 구름 그림자였음이 밝혀졌다.[69]

이로 인한 소란과 긴장이 해제되고 나서야 승무원 회관에도 약간의 냉소나마 돌 수 있었다. 그러나 여전히 우리는 언제라도 독일군이 상륙해 올 수 있다고 생각했다. 물론 우리 부대는 그에 맞설 준비가 되어 있었다. 그러나

---

69) 깁슨의 설명은 너무 지엽적이다. 9월 7일 독일 공군은 런던을 집중 공격했다. 영국군 참모본부는 이를 영국 본토 침공의 전조로 해석했다. 상황을 정리하기 위해 암호명 〈크롬웰〉이 발동되었다. 원래 이는 전군의 경계 태세를 강화하라는 내용이었다. 그러나 많은 사람들은 이를 독일군의 영국 본토 침공이 시작되었다는 뜻으로 오인했다. 도시에서는 시민들에게 경고를 주기 위해 교회당의 종이 울렸다. 도로장애물이 세워지고, 교량도 여러 개 파괴되었다. 〈크롬웰〉은 9월 19일에 해제되었다. 그럼에도 이 사건으로 인해 독일군이 영국 본토에 상륙 시도를 했다가 격퇴되었다는 소문이 더욱 강하게 퍼져나갔다.

다른 사람들은 어떤지 알 수 없었다.

며칠 후 비행단장은 대대에 추가 외박 1건을 부여했다. 나는 남들 다 외박 갈 때 새벽에 함부르크로 가서 급강하 폭격을 하는 임무에 가게 될까 봐 두려웠다. 그러나 다행히도 그런 일은 없었다. 잭 위더스와 나는 링컨으로 조용히 외출을 나갔다. 내일 오후면 또 임무가 있을 것이라고 생각했기 때문이다. 그러나 오스카, 토니 밀스, 그리고 신임 승무원 바커(그의 별명은 여러 가지 이유로 〈대령〉이었다) 노팅햄에 가서 술을 엄청나게 마셔 댔다.

다음 날 우리는 앙베르에 또 대규모 공습을 가했다. 당시 나는 임시 편대장이었고, 이 때문에 좀 긴장해 있었다. 오스카는 물론 그 일행이 돌아오기는커녕 소식도 없었기 때문이다. 그러나 다행히도 그들 대신 출격시킬 신임 조종사들은 충분했다. 격납고를 가로질러 걸어가면서 승무원들을 모았다. 호턴과 함께 회관에 차를 마시러 가려는데 편대 밴이 끼익 하는 제동음을 내며 멈춰 섰다. 그 밴에서 비틀거리며 내린 우리 대대원들은 일반적인 외박 때보다도 상태가 더 안 좋았다. 그중 한 명은 여전히 아무에게나 주먹을 휘두를 것 같은 분위기였다. 그러나 재키가 신속히 앞으로 나와 그를 자신의 밴에 태우고 회관으로 달려갔다. 그곳에서 많은 사람들의 도움으로 그 친구는 안전하게 침대에 누울 수 있었다.

그동안 토니 밀스가 편대 사무실에 나타났다.

"안녕 토니. 지각했군."

"그래, 나도 알아. 참 빽적지근한 파티를 벌였거든."

"그래, 상관없어. 자네 어젯밤에 안 보였더군."

"아, 난 괜찮아."

"괜찮긴! 어서 잠이나 좀 자라고."

〈대령〉도 나타났다. 둘 다 다른 사람들만큼 의기양양했다. 자신들은 모든 준비가 다 되었으며, 빨리 비행하고 싶다는 것 같은 분위기를 풍겼다. 그들과의 사이에서 논쟁이 붙었다. 결국 잭과 나는 그들을 좋은 말로 설득했다. "이번 표적은 너무 시시하기 때문에 신참 승무원들만 간다. 나는 어디까지나 그들에게 시범을 보이기 위해 따라갈 뿐이다."라고 말이다. 그들도 그 말을 듣고 납득했다. 토니는 이렇게 말했다.

"설마 어젯밤에 나가 놀았다고 오늘 출격 안 시켜 주는 건 아니겠지? 그럼 나 엄청 화 낼 거야."

그리고 그들은 회관으로 떠났고 명예는 구겨졌다.

그리고 나는 다른 항공기들과 함께 앙베르의 정박지로 이륙했다. 항공기에서 폭탄이 떨어질 때 후방동체에서 나는 특유의 소리를 들으니 기뻤다. 좀 시간이 지나자 탄약을 실은 바지선이 폭발하면서 내는 불빛이 주변을 환하게 비추었다. 그런데 이번에는 뭔가가 달랐다. 뭔가가 갈라지는 것 같은 소리와 함께 천둥소리 같은 큰 소리가 났다. 처음에는 이게 뭔지 몰랐다. 그러고 나서 내 앞에 타고 있던 호턴이 죽은 줄 알고 놀랐다. 나는 비행기에 뭔가 문제가 생긴 것을 순식간에 깨달았다. 비행기가 이상하게 날고 있었다. 조타 페달도 없어졌다. 호턴의 모습을 보니 무슨 문제가 있는지 알 수 있었다. 호턴이 몸을 앞으로 굽히고 있던 것은 그의 인터컴이 날아가 버렸기 때문이었다. 한 발의 포탄이 내 발 근처로 관통해 조타 페달의 발 끼우개에 맞고, 조타 페달의 회전축을 날려 버린 다음에 또 튕겨 나와 호턴의 헤드폰을 박살내 버린 것이었다. 적에게는 완벽한 럭키샷이었다.

스캠턴에 돌아왔을 때 랭포드 원사는 항공기의 피해를 조사하고 있었다. 그가 한 말이 아직까지도 생생히 기억난다.

"세상에, 이렇게 맞고도 다친 사람이 없다니 그야말로 천우신조예요. 포탄이 당신 발로부터 0.5인치 거리를 지나갔어요."

나는 그 말이 무슨 뜻인지 처음에는 이해하지 못했다. 그러나 호턴이 끼어들어 냉소적인 해석을 해 주었다.

"그러니까, 까딱했으면 기장님 다리가 잘렸을 거라는 얘기예요!"

참 묘하게도, 아까 침대에 집어넣었던 친구가 나와 있었다. 그 친구의 거만한 몸동작을 보니 뭔가 심하게 짜증이 난 것 같았다. 섣불리 건드리면 안될 것 같았다. 호턴이 그에게 우리가 겪었던 일을 설명하자 그는 묘한 표정으로 바라보다가 말했다.

"방향타가 굳이 필요한가? 그거 써 본 적 없잖아. 자네도 알잖아. 지금 방향타 안 써도 돌아올 수 있다고 자랑하는 거잖아?"

그 순간 주변에 어색한 침묵이 흘렀다. 정보 장교들도 뭔가 잘못되어 간다는 것을 느꼈다. 나는 이건 큰 문제라고 말하려고 생각하다가 그 생각을 접었다. 모두가 피로했다. 나는 아무 말도 하지 않고 그냥 그곳을 떠났다.

다음 날 밤 우리는 베를린으로 출격했다. 이번 폭격은 이 전쟁이 시작된 이래 제일 큰 규모였다. 약 200대의 항공기가 출격하여 독일의 수도에 한 방 먹여 줄 것이었다. 이륙 준비를 하며 서 있던 나는 오스카에게 행운을 빌어 주고 싶었다. 그러나 그는 그날 하루 종일 나에게 단 한 마디도 하지 않았다. 그의 속이 매우 뜨겁게 끓고 있는 것을 알고 있었다. 나는 내 항공기로 가서 이륙했다.

당시에는 매우 흔하던 유형의 임무였다. 비행하는 모든 경로에 구름과 적 대공포가 있었고 누구도 베를린이 어디인지 몰랐다. 우리의 항법 장치는 적의 방해 전파와 기타 자연적인 이유로 제대로 작동되지 않았다. 당연한 얘기지만 우리는 추측 항법에 의존해서 베를린으로 생각되는 곳으로 날아간 후 폭탄을 투하할 수밖에 없었다. 이후 윌리엄 샤이러 등 많은 미국 언론인들은 베를린에 실제로 떨어진 폭탄은 그리 많지 않다고 했다. 나도 그 말에 완전히 동의한다.

　귀환길에는 또 강한 맞바람이 불었다. 그래서 우리는 무전을 사용하면서 고도 1,000피트(300m)를 유지하며 귀환했다. 브리핑실로 들어가 보니 먼저 귀환한 승무원들이 몇 명 있었다. 그중 잭 위더스는 하노버 상공에서 대공포화에 피격되어 엔진이 하나 남은 상태로 먼저 귀환할 수밖에 없었다. 내가 맥주를 마시려는데 위더스는 묘하고도 나직한 어조로 말을 걸었다.

　"오스카가 당했어."

　"대체 그게 무슨 말이야?"

　"30분쯤 전에 오스카에게서 무전이 왔어. 브레멘 상공에서 엔진 하나에 화재가 났고, 비상 탈출하겠다는 내용이었지. 좀 있다가 무전이 또 왔어. 비상 탈출을 포기하고 항공기를 가지고 귀환하겠다고 했어. 그 이후로는 아무 소식도 없군."

　"그 무전 내용 확실한 거야?"

　"응, 오스카 기의 통신사인 고우드가 평상시와 전혀 다름없이 뚜렷이 발신했어."

　"그러면 어서 구조 부대에 알려야 하지 않을까?"

　밤새 기다렸다. 해뜨기 전의 어두운 회색 하늘이 보라색으로 변하고 태양이 동쪽에서 떠올라 링컨을 환하게 비출 때까지 말이다. 그러나 오스카는 돌아오지 못했다(편집자주: 공군 소령 오스카 브리지먼은 이 전투에서 생존했으며, 독일 측에 포로로 억류되었다).[70]

---

70) 1940년 9월 23~24일 사이의 밤에 벌어진 베를린 공습은 영국 공군 폭격기 사령부가 주력 부대를 투입해 벌인 최초의 베를린 공습이었다. 그들은 이 공습에 129대의 항공기를 투입했다. 적의 탐조등과 안개 때문에 항법이 어려웠으나, 112대의 항공기가 베를린 상공에 도달했다. 미귀환기는 3대였다. 그중에는 공군 소령 오스카 브리지먼의 항공기도 있었다. 그는 브레멘에서 남서쪽으로 30마일(55km) 떨어진 베텐에 낙하산 탈출했다. 그가 탑승한 항공기에서 유일한 생존자였다. 그는 독일군에 체포되어 전쟁 포로가 되었고, 자간에 위치한 스탈라크 루

그러고 나서 나는 잠자러 갔다. 이제 나만 혼자 남았다. 히틀러주의와의 이 전쟁이 시작되었을 때 있었던 제83비행대대 승무원 중에서 마지막 남은 사람이 되었다. 전우들은 모두 용감히 싸웠으나 그 대가는 엄청났다. 일부는 포로가 되었고, 그보다 훨씬 더 많은 사람들이 죽었다. 침대에 누워서 생각해 보니 이제껏 살아남은 것은 순전히 운이었고 나 역시 언제라도 전사할 수 있었다. 1개 비행대대가 전멸할 때까지 싸우더라도 신병들은 계속 올 것이다. 그들은 우리 공군의 전통을 이어받아 새로운 장비와 지상 근무자들을 데리고 새 비행대대를 편성하여 계속 싸워 나갈 것이다. 이제 나는 삶의 의미를 찾을 수 없었다. 이브조차도 중요하지 않게 여겨지는 순간이 있었다. 내 친구들은 이제 모두 사라지고 내 곁에는 그 대신 새로운 사람들이 있다. 내 친구들과는 다른 인생관을 가지고 다른 농담을 하고, 다른 삶의 방식을 가진 사람들이다. 나는 최후의 생존자가 되었다.

호턴과 나는 킬에 또 한 번의 새벽 공습을 하였다. 이번에는 2,000파운드(900kg) 폭탄에 조명탄을 부착했다. 탄도를 보기 위해서였다. 조준점으로부터 200야드(180m) 벗어났다고 후방 기관총 사수가 보고했다. 그리고 적의 치열한 반격이 날아왔다. 나는 그때 다시는 〈샤른호르스트〉는 폭격하기 싫다고 생각했다. 그걸 폭격하러 혼자서 출격하는 것은 미친 짓 같았다. 킬 항구 전경을 내려다보며 적의 무수한 탐조등과 대공포 세례를 받고 있으면 마치 자신이 영국을 위해 싸우는 최후의 전사가 된 것 같은 기분이 든다. 고향은 여기서 너무나도 멀리 떨어져 있다. 돌아가고 싶다. 다시는 여기 오기 싫었지만 귀환하고 나면 왠지 또 싸우러 오고 싶었다. 누구도 그런 생

프트 III(Stalag Luft III: 제3 적 공군 포로 수용소)에 수감되었다. 그곳에서 그는 유명한 1943년 10월 29일의 목마 탈출 작전을 도왔다. 오스카 브리지먼은 2006년 90세를 일기로 사망했다.

각이 드는 이유를 알지 못했다.

한번은 함부르크 시내 상공을 2시간 동안 체공해야 했던 적도 있었다. 그러면서 30분마다 폭탄 1발씩을 떨어뜨렸다. 함부르크 시민들의 사기를 꺾고 수면을 방해하는 것이 목표였다. 물론 이번에도 적의 반격은 치열했다. 그렇게 많은 대공포가 그렇게 적은 항공기에 발사된 적은 없을 것이다.

그 비행 이후, 대대원 전원이 회관에 집합했다. 해리스가 오스카의 유언장을 낭독하러 나왔다. 누군가가 라디오를 껐다. 맥주캔을 식탁에 내려놓는 소리 말고는 아무 소리도 들리지 않았다.

해리스가 입을 열었다.

"공군 소령 오스카 브리지먼은 자신이 귀환하지 못할 경우 이 유언장을 대대원 전원에게 낭독해 달라고 요청하셨습니다. 그리고 모두 다 알다시피, 그는 귀환하지 못했습니다. 그러면 유언장을 낭독하겠습니다."

나는 재키 위더스를 노려보았다. 그 순간 나는 그 자리를 떠나 다른 어디라도 가고 싶었다. 유언장 낭독이 시작되었다. 오스카는 약간의 유품을 남기고 갔다. 담배 파이프는 재키에게 주겠다고 했다. 공책은 내게 주겠다고 했다. 오스카는 또한 자신의 어머니에게 가끔씩 편지를 써 달라고 재키와 내게 주문했다. 유언장 내용은 그다음에도 계속되었다.

"제49비행대대장 공군 중령 하항풍 길란. 당신은 제가 아는 최고의 자기 자랑꾼이었지요. 제가 아는 가장 힘센 사나이인 존 키노크가 저를 위해 당신의 엉덩이를 걷어차 줄 것입니다."

그러나 길란도, 존 키노크도 이제는 여기에 없었다.

이후 새로운 유형의 공습 방법이 몇 가지 생겨났다. 영불해협에 위치한 적 항구에 대한 공습도 소규모로 이루어졌다. 브레멘, 킬, 빌헬름스하펜 등에 각종 폭격기 300대 이상을 동원해 벌이는 공습 방법도 생겼다. 눈에 띄는 변화가 생기고 있었다. 폭격은 갈수록 더욱 조직적, 체계적이 되었다. 아직은 항로와 폭탄 투하 고도를 항공기 재량으로 선택할 수 있었다. 그러나 가장 우수한 승무원들은 표적을 비추기 위해 조명탄을 탑재하기 시작했다. 폭탄 탑재량도 적에게 최대한의 피해를 줄 수 있도록 과학적으로 선정되었다. 주로 소이탄이 많이 선택되었다. 폭격기 사령부도 더욱 견고한 체계를 갖추기 시작했다. 전쟁에 적응해 나가고 다가올 미래에 대비하기 시작했다. 그러나 독일 공군의 폭격기 사령부는 이미 그런 작업을 끝내 놓고 있었다. 히틀러는 독일 국민들에게 열정적인 연설을 통해 모든 영국 도시를 초토화시키겠다고 맹세했다. 독일 공군은 태양이 눈부신 프랑스의 공군 기지에서 출격해 고공 고속으로 날아와 런던을 난타할 것이었다. 그런 공격은 모든 이들의 피를 끓게 할 것이었다. 우리는 과연 여기에 어떻게 대처해야 하는가? 우리는 여전히 군사 표적이 확실한 경우에만 폭탄을 투하하고, 그렇지 못한 경우 폭탄을 전혀 투하하지 말라는 명령을 받고 있는데 말이다.

그러나 어느 날 밤, 우리 하사관 조종사의 어머니가 런던에서 독일 공군의 폭격에 맞아 죽었다. 집에서 자고 있는데 창문을 뚫고 들어온 폭탄이 폭발한 것이었다. 어머니를 잃은 조종사는 그날 저녁 내게 찾아왔다. 그의 눈은 젖어 있었지만 울고 있지는 않았다. 그는 어머니의 복수를 하기 위해 그날 밤 출격하고 싶어 했다. 우리는 그런 복수심으로 1943년과 1944년 여러 독일 도시들을 초토화시켰다.

그리고 영국 전투와 바지선 전투가 종료되어 갈 무렵, 폭격기 사령부는 독일 본토의 군수 산업을 타격할 장거리 폭격 전력을 만들기 시작했다. 우리는 이 두 전투에서 싸웠던 사람들을 결코 잊어서는 안 된다. 미래의 토대를 만든 그들을 잊어서는 안 된다. 영국은 이 두 전투의 위대한 승리를 영원토록 자랑스러워할 것이다.

영국 전투 조종사들은 자신들이 영불해협과 영국 본토 상공의 제공권을 확보했음을 전 세계에 알렸다. 그리고 영국 폭격기 승무원들은 영국 침공에 사용될 바지선들을 타격했다. 윌리엄 샤이러는 〈베를린 일기(Berlin Diary)〉에 이렇게 기록했다.

"내가 접한 영국 공군의 폭격, 그리고 독일 공군 장병들의 증언으로 보건대, 독일 육군이 볼로뉴, 칼레, 됭케르크, 오스텐더 등의 항구, 또는 그 밖의 해안에서 영국 본토 상륙 작전에 필요한 수의 바지선 및 수송선을 집결시킬 가능성은 매우 낮다."

훈족도 이를 결국 인정할 수밖에 없었다. 계속되는 패배를 겪은 그들은 1년 후 영국 본토 상륙 작전을 포기하고, 독일 육군을 다른 곳에 투입하게 되었다. 미래의 역사가들은 영국 전투가 세계의 미래를 바꾸었음을 정확히 지적할 거라고 나는 생각한다. 그리고 영국 전투만큼은 아니더라도, 바지선 전투 역시 세계의 미래를 바꾸는 데 기여한 전투로 평가받을 것이다.[71]

---

71) 독일 공군은 영불해협 상공의 제공권을 확보하는 데 실패했다. 또한 영국 공군 폭격기 사령부는 침공 항구에 야간 공습을 가해 침공 함대의 전력을 약화시켰다. 이 때문에 〈바다 사자〉 작전은 9월 26일 취소되었다. 10월 12일 히틀러는 영국 본토 침공군의 해체를 명령했다. 영국 전투와 바지선 전투의 결과가 가진 중요성에 대한 깁슨의 평가는 지금 봐도 타당해 보인다. 그러나 처칠이 바지선 전투가 시작되기도 전인 9월 3일, 내각 연설에서 "전투기는 영국을 구할 것이다. 그러나 폭격기는 영국에게 승리를 안겨 줄 것이다."라고 말한 것 역시 음미해 보아야 할 것이다.

제9장
막간

영국 전투는 독일 공군의 패배로 끝이 났다. 이는 영국 항공산업과 수백 명의 전투 조종사들 덕택에 거둔 쾌거였다. 그러나 세계의 다른 곳에서는 또 다른 사건들이 벌어지고 있었다. 배고픈 자칼 같은 이탈리아는 쉬운 먹이를 찾고 있었다. 그리고 그리스를 그런 먹이로 선택했다. 안 그래도 적의 심한 압박을 받고 있던 지중해의 영국 제3원정군은 이탈리아군과 맞서자마자 산산조각이 나 버렸다. 창설된 지 불과 1년이 조금 지난 시점이었다.

이 모든 것이 진행되는 동안, 링컨셔에서는 조그만 막간극이 벌어지고 있었다. 그것은 폭격기 남작들(Bomber Barons)과 전투기 글래머 보이들(Fighter Glamour Boys)로 불리는 두 오랜 라이벌 간의 무혈 전투였다. 이 싸움에서는 실로 기적적으로 누구도 죽거나 다치지 않았으나 승리를 위해 다양한 책략이 사용되었다. 다른 많은 싸움과 마찬가지로, 이 싸움이 끝났을 때도 양측이 모두 자신들이 이겼다고 주장했다. 이 싸움은 〈뱀굴 전투〉로 알려져 있으며, 영국 공군의 역사에 길이 남을 것이 확실하다. 이 싸움은 가히 〈대첩〉으로 불릴만 하였으며 그렇게 볼 수 있는 이유는 얼마든지 있다. 그러나 내가 직접 본 몇 가지 사실로 보건대, 이제까지 한 말은 모두 틀렸을지도 모른다.

영국 공군이 창립된 직후부터 그 휘하에는 그 성격도, 하는 일도 매우 다른 두 아들이 있었는데, 그들의 이름은 폭격기와 전투기이다.

전간기에 전투기는 집을 얻어 분가했다. 헨든에서 보여 준 전투기 비행 시범은 모두를 매료시켰다. 4대의 호커 수퍼 퓨리 전투기가 완벽한 상자 모양의 편대를 유지하면서 공중제비와 횡전을 선보인 것이다. 반면 중폭격기 조종사들에게는 누구도 눈길을 주지 않았다. 간혹 애처롭다는 듯이 이렇게 말하는 사람들은 있었다.

"저 불쌍한 버스 운전사들 좀 봐."

〈허리케인〉 등 더욱 성능이 뛰어난 최신 전투기가 나오자 신문에는 "사슬에 얽매였던 수퍼맨들, 더욱 빨리 날 새 날개를 얻다"라는 식의 기사도 나왔다.

비행 학교에 있던 모든 학생 조종사들도 1인승 전투기 조종사가 되는 것이 소망이었다. 소수 정예인 이들은 영국 공군이 어디에나 내보이고 싶어 하는 자랑거리였다. 흰 비행복을 입고 부대 마크를 단 똑같은 조종사라도 스피트파이어 전투기에서 내리면 영웅으로 추대를 받는 반면, 핸들리 페이지 해로우 폭격기에서 내리면 "불쌍한 놈! 조종을 못하니 저런 거나 타는 군." 소리를 들었다.

어찌 되었건, 전투기 조종사들의 편대 비행 훈련, 공대공 전투 훈련, 지상 고정 목표에 대한 기총소사 훈련 등이 관객들에게 주는 긴장감은 폭격기 조종사들의 훈련에 비할 바가 아니었으니 말이다. 전투기 조종사들이 그런 훈련을 할 때, 폭격기 조종사들은 10,000피트(3,000m) 고도에서 수평직선 비행을 하면서 정찰 사진을 찍거나 폭격을 하는 훈련을 할 뿐이었다.

전투기 조종사들은 도시에서도 인기가 좋았다. 여자들을 끼고 걸어다니며 맥주를 마시는 모습을 흔히 볼 수 있었다. 그 주원인은 전투기 기지는 도시 가까이에 있는데, 폭격기 기지는 도시에서 멀리 떨어져 있기 때문이었다.

폭격기 사령부 장병들은 이 모든 것에 매우 짜증이 났다. 그들은 비행화를 신고 스카프를 나부끼며 다니는 전투기 조종사들에 대한 혐오를 노골적으로 드러내기 시작했다. 비긴 힐에서부터 에딘버러에 이르는 모든 펍에서는 양 사령부 장병들 간에 추잡한 말을 사용하며 벌이는 말싸움이 벌어졌다.

이런 경쟁 심리의 상당 부분은 이미 제1차 세계대전부터 커 왔다. 당시 비숍, 볼, 맥커든 등의 위대한 전투기 조종사들이 만인의 시선을 사로잡을 때, 폭격기 승무원들의 이름은 어디서도 찾아보기 힘들었다.

그러니 전투기 조종사들이 자만심이 넘쳤고 스스로의 존재 가치를 한껏 느끼던 것도 무리는 아니었다. 반면 우리 버스 운전사들은 열등감에 사로잡혔고, 엄청나게 잘 해도 세상이 알아줄까 말까 한다는 것을 깨닫게 되었다.

그리고 제2차 세계대전이 터졌다.

처음에는 적을 물리쳐야 한다는 공통의 목표 앞에 다른 모든 것을 잊었다. 그러나 시간이 지나면서, 기량이 모자라는 전투기 조종사들이 아군 폭격기를 오인 사격해 격추시키는 일이 생겼다. 그러자 전투기 사령부와 폭격기 사령부 간의 갈등은 다시 커졌다.

무엇보다도 양측 모두 상대방을 인정치 않으려 한다는 게 문제였다. 그도 그럴 것이, 영국 전투기들은 영국 폭격기들을 엄호해 줄 일이 없었고, 영국 폭격기들 역시 영국 전투기들의 전투 장면을 본 적이 없었다. 이른바 〈뱀굴 전투〉는 그런 배경에서 시작되었다.

〈뱀굴 전투〉를 촉발한 원인이 정확히 무엇인지 아는 사람은 아마 앞으로도 없을 것이다. 아마 양 사령부 장병들 뱃속에 맥주가 너무 많이 들어가서 그런 건지도 모른다. 아무튼 사건은 어느 작은 술집에서 시작되었다.

그다음 날 3대의 햄덴 폭격기가 인근 워딩턴 기지를 이륙했다. 이 폭격기들의 폭탄창에는 화장실용 화장지와 낡은 선전 전단지가 잔뜩 들어 있었다. 이들은 선회하며 충분한 고도까지 상승한 다음 딕비 공군 기지 몇 마일 거리까지 접근했다. 딕비 공군 기지는 제1차 세계대전 때도 쓰이던 오래된 기지로, 당시에는 전투기 2개 대대가 주둔하고 있었다. 1인승 전투기를 운용하는 제141비행대대와, 쌍발 전투기 〈보파이터〉를 운용하는 제29비행대대였다.[72]

점심식사를 먹던 이 장병들의 귀에, 햄덴 폭격기의 성난 엔진 소리가 들렸다. 3대의 햄덴 폭격기는 매우 특이한 방법으로 딕비 공군 기지를 폭격했다. 회관 밖으로 뛰어나온 장병들은 눈앞에 펼쳐진 광경을 보고 입을 쩍 벌렸다. 햄덴 폭격기는 보이지 않았으나, 하늘은 사뿐사뿐 내려오는 화장지들로 가득했다. 전투기 조종사들은 곧장 복수를 다짐했다. 물론 전투기는 기체가 작으므로 폭격기처럼 많은 화장지를 탑재할 수 없었다. 그러나 나름대로의 계획을 짜내는 데 성공했다. 〈뱀굴 전투〉의 제2단계가 시작될 참이었다.

다음 날에는 비가 많이 와서 비행이 취소되었다. 워딩턴 기지의 폭격기 승무원들은 승무원 대기실에 앉아 어제의 성공적 폭격에 대해 이야기하며 웃고 있었다. 심지어 어젯밤에는 〈뱀굴〉에 전투기 부대 장병들도 하나도 보이지 않아 기분이 더더욱 좋았다. 거기까지는 모든 것이 문제없었다.

---

72) 당시 제29비행대대의 주장비는 아직 브리스톨 블레넘 기였다. 이 항공기는 전기식 조준경과 브라우닝 기관총 팩(기관총 4정 묶음)을 장비하여 전투기로 개조되었다. 이 브라우닝 기관총 팩은 켄트 주 애쉬포드에 위치한 남부 철도 공장에서 제조한 것으로 폭탄창 아래에 볼트로 고정되었다. 또한 이 비행대대는 처음부터 전투기형으로 제작된 보파이터로 기종을 전환할 계획이었다. 그 보파이터는 처음부터 기관포 4정과 기관총 6정을 장비하고 있어 전투력이 한층 더 강했다. 제29비행대대는 1940년 9월 17~18일 사이의 밤에 보파이터를 이용한 첫 전투 초계를 실시했다.

그런데 11시가 되자 블레넘 폭격기 한 대가 날아왔다. 비행대대 마크가 없던 그 항공기는 워딩턴 기지에 착륙해 관제탑으로 택싱해 왔다. 그 항공기의 조종사는 이런 무전을 보냈다.

"관제탑 나오라. 여기는 폭격기 사령부 소속 공군 대령 비글스웨이드다. 제144비행대대장에게 전달해야 하는 중요한 메시지가 있다. 긴급 메시지다. 즉시 대대장을 우리 항공기에 보내 줄 수 있는가?73)"

순식간에 대대장은 기지의 경계도로에 차를 타고 나타났다. 대대장이 블레넘 기 안으로 들어간 순간 블레넘 기의 승무원들은 대대장의 머리에 자루를 덮어씌우고 그를 항공기 객실 뒤편에 끌고 들어갔다. 그리고 바로 이륙해 버렸다. 그 블레넘 기의 조종사는 제29비행대대 A편대의 공군 대위 샌디 캠벨이었다.

납치당한 대대장에게 주어진 임무는 간단했다. 그에게는 집게가 달린 긴 장대가 주어지고 기지를 돌아다니면서 그의 부하들이 어제 뿌리고 간 화장지들을 모두 청소하라는 명령이 내려졌다. 그 일을 다 마치자 그는 납치될 때와 마찬가지로 전광석화로 석방되었다.

이때부터 전투의 속도와 강도는 더욱 격화되었다. 양측은 피를 뿌려가며 서로를 공격했다. 또한 전투의 제3단계 계획도 준비되었다.

며칠 후 딕비 기지의 회관에는 낯선 손님들이 왔다. 스코틀랜드에서 온 군종 장교, 공병 장교를 비롯한 여러 사람들이었다. 그들은 그리 말이 없었고, 오래 머물지도 않았다. 다만 그들은 떠나면서 이런 말을 했다. 링컨발 열차를 타러 가겠다고 말이다. 그리고 나서 그들이 부대를 나선 지 30분이

---

73) 제144비행대대의 장비는 햄덴이었으며, 소속 기지는 스캠턴 기지 이북인 헴스웰이었다. 대대장은 공군 중령 J. E. 길 머리(DSO 수훈자)였다. 링컨 남쪽 워딩턴 기지에 있던 햄덴 비행대는 공군 중령 S. T. 미셀브루크(DSO 수훈자) 휘하의 제44비행대대였다.

지난 후, 누군가가 알아차렸다. 기지 회관에 걸려 있던 제29, 제141비행대대 마크 벽걸이 장식이 사라져 버렸음을 말이다. 어느 비행대대건 자신들의 마크를 자랑스러워한다. 특히 전투 비행대대는 더욱 유별나다. 딕비 기지는 벌집 쑤셔 놓은 듯이 난리가 났고, 군용차에 장병들을 태워서 군종 장교 일당을 찾아 나섰지만 범인들은 잡히지 않았다.

이들이 훔쳐 온 대대 마크 벽걸이는 워딩턴 기지의 귀한 전리품이 되었다. 워딩턴 기지의 장병들은 이 전리품의 기념 사진까지 찍으려고 했다. 우선 장교 회관 정원에 있는 나무에 이 벽걸이들을 매달아 놓았다. 그리고 그 앞에 전 대대원들을 집합시켜 손에 맥주잔을 쥐어 주었다. 카메라가 준비될 때까지 장병들은 기다렸다. 그리고 맨 마지막으로 대대견인 그레이트데인 종 개가 어슬렁어슬렁 나타났다. 폭격기 대대의 분위기에 딱 맞게 길들여진 그 개는 결코 대대원들을 실망시키지 않았다. 대대원들이 사진에 잘 찍히기 위해 표정을 조절하고 있고, 사진사가 카메라를 준비하는 사이 대대견은 나무에 걸린 비행대대 마크 벽걸이를 향해 폴짝 뛰어올라 벽걸이를 입에 물었다. 그리고 사진사는 바로 그 장면을 사진으로 남겼다.

다음 날, 사라졌던 전투기 비행대대 마크 벽걸이들은 사라졌을 때와 마찬가지로 누구도 모르게 제자리로 돌아왔다. 그리고 딕비 기지의 게시판에는 폭격기 대대의 대대견이 그 벽걸이들을 물어뜯는 모습을 담은 사진이 나붙었다. 그 모습을 본 딕비 기지의 장병들은 돌아 버릴 정도로 화가났다.

분노한 그들은 술집이 문을 열자마자, 그곳의 방에 〈딕비 전시 내각〉을 차리고는 격한 어조로 대책을 논의했다.

맥주가 고작 두 순배 오가기도 전에 대강의 계획이 나왔다. 매우 간단하면서도 확실한 계획 같아 보였다.

한편 워딩턴의 폭격기 승무원들은 뭔가 이상한 느낌을 받고 있었다. 며칠 동안 아무 일도 일어나지 않고 있었기 때문이다. 그들은 그 이유가 궁금해지기 시작했다. 그러다가 어느 순간 그들은 어느 것도 걱정할 필요가 없게 되었다. 전투기 조종사들이 전투기를 타고 왔기 때문이었다.

전투기들은 밀집 편대 대형으로 폭격기 부대의 격납고 위를 요란한 엔진 소리와 함께 비행했다. 활기 없이 처져 있던 풍낭(windsock)이 갑자기 살아 있는 듯 펄럭였다. 전투기의 날개 끝에 비행운이 소용돌이쳤다. 전투기들은 15분 동안 폭격기 기지 상공을 곡예 비행하며 휘젓고 다녔다. 뭔가 하고 건물 밖으로 나온 폭격기 승무원들도, 이것을 자신들이 본 최고의 에어쇼로 인정했다.

편대장기가 회관 뜰에 있던 폭격기 승무원들을 향해 강하하면서 인사를 한 후, 전투기들은 왔을 때와 마찬가지로 순식간에 사라졌다.

멋진 쇼였다. 그러나 뭘 위한 것이었나? 눈에 띄는 다른 징후는 아무것도 없었다. 폭격기 승무원들은 하나둘씩 회관으로 돌아갔다.

식사 시간이 끝나고 업무 시간이 되고 나서야 그들은 무슨 일이 발생했는지를 알아챘다. 그날 밤 술집에는 분통해 하는 폭격기 승무원들로 가득 찼다. 그들이 에어쇼를 관람하러 나온 동안, 전투기 대대의 장병들이 폭격기 대대의 탈의실에 들어가 모자를 모두 훔쳐갔기 때문이다.

폭격기 사령부의 장병은 누구나 여객선의 승조원들처럼 언제 어디서나 정모를 올바른 각도로 써야 한다. 전투기 대대의 모자 절도 사건 때문에 폭격기 승무원들 대부분은 그날 밤 〈사라센스 헤드〉에 갈 수 없게 되었다. 그리고 그곳은 전투기 조종사들이 독차지하여 사용했다.

그러나 폭격기 사령부에는 더 심한 꼴이 기다리고 있었다. 다음 날 보파이터가 폭격기 기지 회관에 나타나 어제 훔쳐 갔던 모자들을 모두 진흙탕에 떨어뜨리고 갔다. 바로 모든 장병들이 자기 모자를 찾으러 달려왔다. 그러나 전투기 조종사들은 빈틈이 없었다. 모든 모자에서 이름표를 없애고 돌려주었던 것이다.

〈뱀굴 전투〉의 절정은 이제부터였다. 양측은 상대방을 불편하게 하는 사소한 작전을 계속했다. 예를 들어 전투기 조종사가 링컨-워딩턴 간 도로의 하얀 중앙선을 지워 버린다든가 하는 짓 말이다. 그 하얀 중앙선은 폭격기 조종사들이 링컨으로 복귀할 때 쓰는 표식이었다. 폭격기 조종사들은 누구나 바른 길을 찾기 위해 그 하얀 선에 무척이나 의존하고, 애착을 가지고 있었다. 어떤 조종사는 부대 건물 계단에서 자기 방으로 가는 길에도 하얀 페인트로 선을 그을 정도였다. 그러나 그 전투기 조종사들은 더욱 악마적인 계획도 갖고 있었다. 원래 있었던 선을 지워 버리고, 대신 선을 따라가다가는 길을 벗어나 어느 참나무에 부딪치게끔 새로운 하얀 선을 긋는 계획이었다.

물론 이 정도까지 나가면 전쟁을 하고 있는 부대의 전투력을 약화시키게 된다. 따라서 전투기 조종사들도 감히 거기까지는 시도하지 않았다.

그리고 사태가 이 정도까지 되자 지휘관들까지 개입할 수밖에 없었다. 훨씬 인원수가 많은 폭격기 승무원들은 전투기 조종사들이 〈사라센스 헤드〉에 나타나는 족족 내쫓아 버리겠다고 엄포를 놓았다. 하지만 이렇게 되면 민간인들에게 민폐를 끼치게 된다. 그리고 아군 간에 부상자가 발생할 수도 있다. 이 때문에 두 기지의 사령관은 부하들에게 전투 중지 명령을 내렸다. 이로써 두 기지 간의 〈뱀굴 전투〉는 끝이 났다.

나는 스캠턴 기지에 있었기 때문에 이 전투에 참전할 수 없었다. 그러나 거북목 스웨터를 입은 전투기 조종사들과 개인적인 〈뱀굴 전투〉를 벌인 적은 있다. 내가 전투기 조종사들에게 약간 거만하게 보였기 때문일 것이다.

그럼에도 불구하고 10월의 어느 날, 공군성에서 보내 온 전보 한 통으로 인해 나 역시 졸지에 본의 아니게 편이 바뀌게 되었다.

"딕비 기지 제29(전투)비행대대의 (비행)편대장에 즉시 보임함.74)"

---

74) 그러나 실제로는, 깁슨은 우선 1940년 9월 26일 제14작전훈련대에 배속된 다음, 이후 상 헤이포드에 위치한 제16작전훈련대로 넘어가고, 그곳에서 제29비행대대로 넘어갔다.

11월 중순의 비 오는 음산한 날이었다. 내 전우 런트 레이놀즈(이 책이 집 필되던 1944년 당시에는 공군 중령으로, DSO와 DFC를 각각 2회 수훈)는 그날 낡고 삐걱대는 앤슨 항공기에 나를 태워 상 헤이포드를 이륙하여 황량한 딕비 기지로 날아갔다.[75] 워시의 동쪽 펜랜즈로 뻗어 있는 거대한 평원인 링컨셔의 풍경이 제일 황량할 때가 바로 이 시기이다. 지평선 위로 뻗어 있는 나무도, 새의 울음소리도 거의 들리지 않는다. 오직 무수한 까마귀 떼만 이 황량한 대지 위로 무리지어 날아간다. 그리고 혈기 왕성한 농부들이 그 까마귀들을 늘 사냥하고 있다. 비행장에도 사람 그림자가 보이지 않았다. 항공기들은 모두 철저히 은폐 및 엄폐되어 있었고, 한 격납고에 걸린 풍낭 (windsock)은 물을 먹은 채 움직이지 않았다. 런트가 이륙해 빛나는 남쪽 하늘로 상승하는 모습을 보니, 홀로 서 있는 내 모습이 무척이나 외롭게 느 껴졌다. 지금 내 모든 재산이라고는 가져온 옷가방 몇 개 말고는 없었다. 나는 단 한 순간도 전투기 부대로의 전속을 원한 적이 없었는데! 그러나 나는 이미 작전훈련대에 발을 들여놓은 몸이었다. 이곳의 분위기는 따스했 고, 폭격기 부대 출신의 전우들도 많이 와 있었다.

그 기지에서 처음 본 공군 장병에게 제29비행대대 사무실로 가는 길을

---

75) 깁슨은 11월 13일에 딕비에 왔다. 그날 제29전투비행대대는 첫 작전용 보파이터 항공기를 수령하였다. 이 부대는 이전에도 보파이터 2대를 수령하였으나 곧 반납했다.

물었다. 그는 다른 모든 공군 장병들과 마찬가지로 친근한 인물이었다. 그는 흰색 글자가 적힌 문이 달린 작은 나무판자집 앞으로 나를 안내해 주었다. 나무판자의 겉껍질이 들뜬 모습과 문도 문틀에 제대로 맞지가 않는 것이 보였다. 흰색 글자 윗줄에는 〈제29비행대대 대대장 및 부관〉이라고 써 있고 그 아랫줄에는 〈출입 시 노크 철저〉라고 좀 더 조잡한 글자체로 적혀 있었다.

나는 문을 열고 들어가 보았다. 방 안에는 짙은 파이프 담배 연기가 자욱하였고 그 연기를 헤치고 나온 키가 작은 장교 1명이 나를 맞아 주었다. 장교의 이름은 샘 프랑스. 대대 부관으로 계급은 소위였다. 그는 제1차 세계대전에도 조종사로 참전한 인물이었으며, 나이는 40세가량이었다. 그러나 얼굴은 실제 나이보다 더 젊어 보였다. 그의 사무실은 잘 정돈되어 있고 따뜻했다. 그 역시 친근한 인물이었다. 그는 담뱃갑을 꺼내 내게 권하며 말을 걸었다.

"안녕하십니까. 깁슨 대위님이시죠? 오늘 오신다고 비행단에서 연락받았습니다."

"그렇습니다. 만나서 반갑군요. 날씨는 영 별로입니다만."

"그렇지요. 대대장님께서는 비행단장님을 뵈러 가셨습니다. 티타임 때는 복귀하실 것 같습니다."

"알겠습니다. 대대장님은 어떤 분인가요?"

누구나 새 부대에 배속될 때는 지휘관의 성향을 묻기 마련이다.

"마술사 같은 훌륭한 조종사이십니다. 그분은 깁슨 대위님을 A편대장으로 임명하셨습니다."

"알겠습니다."

그런데 경력이 한참 위인 그가 내게 꼬박꼬박 존댓말을 쓰고 있는 것이 좀 신경이 쓰였다. 그래서 그 이유를 물어 보았다.

"여기는 전투 비행대대입니다. 그리고 대위님은 이곳의 편대장이십니다. 전투 비행대대의 편대장은 폭격 비행대대의 소령님들과 같은 대우를 받습니다.76)"

"그렇군요. 각 편대당 항공기는 몇 대입니까?"

"통상 10대입니다. 그러나 현재 보파이터로 기종 전환 중이고, 그 외에도 해야 할 일이 많습니다. 우리 대대는 타지에 3개 분견대를 배치해 놓고 있습니다. 리버풀 방공 목적으로 턴힐에 항공기 2대, 헐 방공 목적으로 커튼에 2대, 코벤트리 방공 목적으로 위터링에 2대를 배치해 놓았습니다."

"나머지는요?"

"나머지 전력은 여기서 보파이터로 기종 전환 중입니다."

"그럼 여기는 다목적 야간 전투비행대란 말인가요?"

"그렇지요. 주간 및 야간 작전을 모두 하며 전천후 작전 능력이 있습니다. 스피트파이어로는 감당 안 되는 주간 작전도 가능합니다. 모든 일들이 다 순조롭게 진행되는 것은 아닙니다. 항공기를 통제할 수단이 부족하고, 공중 요격 장비도 아직은 잘 작동되고 있지 않습니다. 그러나 기술자들은 앞으로 상황이 더욱 개선될 거라고 장담하더군요.77)"

나는 그가 무슨 말을 하는지 알아들을 수 없었다. 전투기의 작전 절차는

---

76) 영국 공군의 폭격 비행대대의 편대장은 소령이, 전투 비행대대의 편대장은 대위가 맡았다.

77) 보파이터는 AI(Airborne Intercept: 공중 요격) IV 레이더를 사용해 표적을 탐지했다. 이 때문에 기수에는 활과 화살 모양의 송신 안테나가, 날개에는 수신 안테나가 달려 있었다. 퍼스펙스 수지제 후방 캐노피 속에 앉은 관측수가 이 레이더를 조작했다. 깁슨이 조종한 초기형 보파이터에서 관측수는 기체 하부에 장비된 히스파노 기관포의 재장전도 맡았다. 그 기관포를 재장전하려면 관측수는 좌석을 이탈해 항공기 전방으로 가서 60발 들이 탄창을 교체해야 한다. 탄창 하나의 무게는 약 45kg이다. 후기형 보파이터에서는 급탄 방식이 벨트식으로 교체되었다.

보파이터 Mk 1f(원문 표기 오류) 야간 전투기(M. J. 보이어)

폭격기와는 완전히 다르다. 그가 대화 주제를 바꾸어 주었으면 싶었다. 전투기 통제와 기타 여러 가지 것들은 나중에야 배우게 되었다.

우리는 거기서 잠시 동안 이야기를 나눴다. 그는 우리 대대가 인근 마을(웰링고어) 근처 작은 비행장에서 작전하고 있으며 비행장의 이름은 여러 가지 이유에서 W.C.1.로 정해졌다고 알려 주었다. 부대의 회관 역시 웰링고어 마을에 있었으며, 회관 이름은 더 그랜지(The Grange)였다. 회관의 선임하사관은 런던 출신의 요리사였으며 음식 맛도 끝내주었다. 당시 나는 이브와 약혼한 지 1~2주 정도 지난 시기였고 이브와 결혼하면 이브를 이곳으로 데려올 계획이라 부대 회관에서 음식을 잘 만드는 점은 좋았다. 샘 프랑스 소위가 또 뭐라고 말을 하려고 하는데 찰스 위도우스가 들어왔다. 당시 공군 소령이었던 그는 외모도 계급에 걸맞아 보였다. 솔직히 그는 처음에는 좀 거만해 보였으나 그에 대해 잘 알게 되면서 나는 그가 매우 좋아졌다. 그는 공군 생활을 자신의 이력으로 여기는 장교였다.[78] 그는 나를

---

78) 찰스 위도우스는 1926년 영국 공군에 정비병으로 입대했다. 이후 1929년 조종학생으로 선발되어 크란웰 공군사관학교에 입교했다. 그는 제43비행대대에서 1년을 근무한 후, 1931년 제29비행대대로 전속했다. 1933년에는 중동에 파견되었다가 1937년 영국 본토로 돌아와 A&AEE(Aeroplane and Armament Experimental Establishment, 항공기 및 병기 실험 시

매우 반기면서 폭격기 작전에 대해 많은 질문을 했다. 그리고 야간 전투기에 대한 내 의견을 경청하려 했다. 하지만 그때까지 나는 야간 전투기의 작전 모습을 본 적이 없어서 뭐라고 말할 것도 없었다.

모든 서류 작업이 완료되자 그들은 나를 차에 태워 부대 회관으로 보냈다. 회관은 부지를 지니고 있는 오래된 컨트리 하우스였다.[79] 회관의 내부 분위기는 쾌적하고 따스했는데 천정이 낮고 벽난로가 있어서였을 것이다. 그 끔찍하던 시기를 견딜 수 있는 이상적인 곳이었다. 그러나 내 환영식 분위기는 마냥 따스하지만은 않았으며 어떤 의미에서 보면 싸늘했다. 방 안으로 들어가자 먼저 자리를 잡고 있던 여러 사람이 보였다. 그들은 모두 전투기 조종사다운 옷차림을 하고 있었다. 주둥이에 지도를 끼워 넣은 비행화를 신고, 거북목 풀오버를 입고 있었다. 스웨터를 덧입은 사람도 있었지만 넥타이를 맨 사람이나 칼라가 달린 셔츠를 입은 사람은 없었다. 그리고 군복 재킷은 다들 지저분했고, 하나같이 맨 윗단추가 풀려 있었다. 나도 개인적으로 이런 스타일의 복장을 좋아했다. 무엇보다도 편안한 데다가 야간 비행 시 적합했다. 그러나 그런 사람들만 모인 자리에 혼자 서 있으려니 내가 소공자라도 된 것 같았다. 그래서 좀 당혹스러웠다.[80] 샘이 문을 닫자

설) 마틀스햄 히스에서 시험비행조종사로 근무했다. 이곳에서 그는 스피트파이어와 허리케인의 초도 양산기를 시험 비행했다. 작전훈련대에서 잠시 시간을 보낸 그는 블레넘 기로의 기종 전환 교육을 단 하루 받은 다음, 7월 15일 제29비행대대장으로 부임했다.

79) 더 그랜지는 웰링고어 마을 중심가의 홀 스트리트에 있다. 교회를 마주보고 서 있는 더 그랜지는 아름다운 석회석과 붉은 벽돌, 기와로 지어져 있다. 여기서 홀 스트리트를 따라 가면 웰링고어 홀이 있는데, 이곳도 영국 공군 회관으로 쓰였다. 웰링고어 홀은 더 그랜지보다 더 규모가 큰 18세기 중반식 건물이었다. 여기에는 큰 빅토리아식 로마 가톨릭 성당도 있다. 아마 이 성당이 브래틀비 홀에서 있었다는 야간 오르간 연주 사건의 진짜 발생 장소가 아니었나 싶다. 웰링고어 홀은 현재 사무용 및 주거용 건물로 개조되어 쓰이고 있다. 그러나 그곳의 나무 마룻바닥에는 제2차 세계대전 당시 이곳에서 묵었던 영국 공군 장병들의 담배꽁초 자국이 아직도 남아 있다.

80) 흥미로운 관찰력이다. 잘 알려지지는 않았지만 깁슨은 학창 시절부터 사람들의 옷차림을 보

어색한 침묵이 흘렀다. 그 침묵을 깬 것도 샘이었다.

"음, 음. 이 분은 공군 대위 깁슨입니다. 신임 A편대장이십니다."

그러나 아무 소리도 나지 않았다. 신문을 보고 있던 친구들이 신문을 잠깐 내리고 "안녕하십니까?" 정도 인사말을 하고 나서, 다시 신문을 들어 올리는 정도였다. 어떤 사람은 하품을 하기도 했다.

분명 이 친구들은 날 반기지 않았고 나도 그 이유를 알고 있었다. 내가 폭격기 조종사 출신이기 때문이었다. 어떤 사람은 자리에서 일어나 나가 버리기도 했다. 검은색 콧수염을 기른 뚱뚱한 사나이였다. 나중에 그의 이름이 피터 켈스라는 것을 알았다. 그는 잠시 후에 돌아와서 아무 말 없이 맥주잔을 집어들고 다시 나갔다. 나가면서 문을 꽝 하고 닫았다.

참 당혹스러웠다. 바로 이전 부대의 분위기가 매우 화기애애했기에 더욱 그랬다. 나는 대대장에게 과연 이 부대에 계속 머물러도 되나 물어 보고 싶기까지 했다. 샘과 내가 벽난로 옆에 아무 말 없이 서 있는데, 키가 크고 마른 어떤 사람이 일어나서 따스한 미소를 지으며 꾸밈없는 태도로 말을 걸었다.

"저는 그레이엄 리틀이라고 합니다. 저도 이 부대에 온 지 얼마 안 되었습니다. 한잔 하시죠."

그 덕분에 분위기는 약간이나마 편안해졌다. 나는 한 시간 동안 그와 이야기를 나누었다. 그의 아버지는 하원 의원이었다. 그러나 리틀은 그의 아버지가 영국 최고의 피부병 전문의라는 데 더 큰 자부심을 갖고 있었다.

"아시겠지만, 그분의 의학 지식은 이 동네에서도 매우 유용하죠.81)"

는 눈이 꽤 까다로웠다.

81) 공군 소위 에스몬드 그레이엄 리틀은 웨스트민스터 학원과 런던 대학을 나왔고 변호사가 된 후 그레이스 인의 회원이 되었다. 그의 아버지인 하원 의원 어니스트 그레이엄 리틀

이 비행대대 조종사들은 나 같은 신참은 별로 없고, 대부분이 이 부대에서 경력을 오래 쌓은 고참들인 것 같았다. 물론 그 고참들은 오랫동안 야간 비행을 했지만, 적기를 격추시켜 본 적은 없는 주제에 자신들의 일에 대한 불평만 많았다. 그레이엄은 이 부대의 신참 조종사들을 여러 명 소개시켜 주었다. 변호사 출신의 조종사 켄 데이빗슨, 학교를 졸업한 지 얼마 안 된 조종사 빅터 로벨, 버마에서 차 농부를 하다 온 듯한 장신 미남인 로빈 마일즈 등이 그들이었다. 우리는 함께 식사를 했다. 이곳 조리병의 실력은 샘의 말 그대로였다. 스테이크는 엄청나게 맛있었다.

식사 이후 샘은 읍내에 나가서 이야기를 하자고 제안했다. 그리고 밖에 나가자 그는 이렇게 털어놓았다.

"대대원들이 저렇게 쌀쌀맞은 반응을 보이긴 했습니다만, 그래도 우리 대대는 나쁜 곳은 아닙니다. 쟤들 왜 저러냐 하면, 아주 피로해서 그렇습니다. 저 친구들도 이 전쟁이 시작된 직후부터 블레넘 항공기로 계속 출격을 해 왔습니다. 그러나 단 한 대의 적기도 격추시키지 못했습니다. 이웃 비행대대에서는 계속 전공을 올리고 있는데 말이죠. 물론 한편으로 우리 부대는 워딩턴 폭격기 기지하고도 전쟁을 벌였죠. 하지만 그렇게 싸워 봤자 저 친구들의 기분을 전혀 북돋워 주지 못했습니다. 그리고 무엇보다도, 저 친구들이 폭격기 승무원들을 혐오한다는 사실이 매우 두렵습니다. 깁슨 대위님이 해결해야 할 문제는 또 있어요. 깁슨 대위님이 부임한 A편대의 예전 편대장은 와인이라는 친구였지요. 그동안 임시 편대장직을 수행하다가 깁

(1867~1950)은 의사로서 왕립 내과의사 학회의 회원이기도 했다. 어니스트 그레이엄 리틀은 패딩턴에 위치한 세인트 메리 병원의 피부과 과장을 지내기도 했다. 그의 하원 의원 지역구는 런던 대학이었다. 그레이엄 리틀은 공군 중위로 진급한 직후 캐슬 캠프스에 위치한 제157비행대대로 전속했다. 그는 1942년 6월 10일, 27세를 일기로 전사했다. 그날 그가 조종하던 모스키토 야간 전투기는 구름 속으로 하강하던 중 갑자기 공중분해되어 스탠스티드 마운트피쳇 인근에 추락했다. 그의 시신은 새프런 월든 묘지에 안장되어 있다.

슨 대위님이 오시는 바람에 원 보직으로 복귀하게 됐어요. 아마 그 때문에 화가 많이 나 있을 겁니다."

그 이야기를 들으니 묘한 느낌이 들었다. 그의 말은 계속되었다.

"뭐, 대위님보다 나이 좀 더 먹은 사람으로서 한마디 하자면, 너무 어렵게 생각하지 마십시오. 다른 친구들도 얼마 안 가 대위님의 진가를 알아보고 모두 잘 지내게 될 것입니다."

나는 그와 몇 마디 이야기를 더 나누고는 자러 갔다. 새 방에서 잠을 청하는 동안 마음이 복잡했다. 새로운 일을 꺼리는 사람은 없다. 그러나 첫 단추가 꼬이면 시작하기가 그만큼 어려워진다. 하지만 곧 이브와의 결혼 생활을 꿈꾸면서 잠을 이루었다.

다음 날 낮에는 혼자서 시간을 보냈다. 그러나 밤이 되자 훈족이 미들랜드에 대규모 폭격을 가하자, 위도우스가 나를 작전실로 안내했다. 영국 공군의 작전실에 대해서는 많은 사람들이 기록한 바 있으므로, 내가 굳이 여기서 또 자세히 거론하고 싶지는 않다. 그러나 보통 작전실은 가운데에 큰 지도 테이블이 놓이고 방음 처리가 된 방이다. 지도 테이블 옆에는 공들여 머리를 정리한 WAAF 대원들이 헤드폰을 쓰고 앉아 있다. 그 여자들은 지도 위로 작은 깃발을 움직이는데, 그 깃발은 적기와 아군기의 위치를 나타낸다. 그 여자들 중에는 엄청난 미녀들도 있었다. 그래서 작전실의 WAAF 대원들에게는 〈미녀 코러스〉라는 별칭이 붙었다. 그 여자들이 옮기는 깃발에는 작은 판도 붙어 있었다. 주의 깊게 보니 그 판에는 항공기 비행 고도와 방향이 적혀 있었다.

통제사가 튀어나온 연단에서 이 모든 것을 보고 있다. 통제사의 임무는 전투기와 통화하여 적 폭격기를 요격 가능한 위치로 유도하는 것이다. 적기를 나타내는 녹색 깃발들이 셰필드 시내로 들어오는 걸 보니, 그것들이 초래할 파괴와 살상이 떠오르지 않을 수 없었다. 그 적기들 속으로 아군기를 나타내는 적색 깃발을 정확히 꽂아 넣는 것, 현대전에서 보여 줄 수 있는 최상의 묘기가 아닐 수 없다.

그러나 우리 부대의 통제사는 아군기와 적기와의 거리가 몇 마일 정도로 좁혀져야 아군기에게 적기의 위치를 알려 줄 수 있는 것 같았다. 그렇지 않으면 아군기에서 적기가 보이지 않기 때문이다. 밤하늘은 어둡고 너무나도 넓다. 적의 야간 폭격기들을 제대로 요격하려면 우리는 아직도 많은 기술적 과제를 넘어야 했다.

그날 밤의 통제사는 뉴캐슬 공작 소령으로 매우 인기 있는 인물이었다.[82] 미남이었고, 부대의 모든 여자들이 그에게서 시선을 떼지 못하고 있었다. 그는 현 상황을 간단하게 설명해 주었다.

"나는 여기서 '배드 해트 14, 위치 송신하라.' 하는 식으로 전투기 조종사에게 말을 건다네, 그러면 전투기 조종사는 1부터 10까지 빠르게 수를 소리 내어 세고 나서 무전을 끊지. 그가 수를 세는 동안에 3개의 전파 위치 측정소가 그의 위치를 파악하고, 그 결과가 내 테이블과 WAAF 대원들의 지도 테이블에 뜬다네. WAAF 대원들은 그 결과값에 맞춰 지도상의 깃발의 위치를 바꾸지. 나는 전투기 조종사에게 항공기 위치를 알려 주고. 그러면 조종사가 만약 길을 잃더라도, 정확하게 복귀할 수 있다네. 물론 자네도 알다시피 이것도 문제는 있어. 위치 파악 절차는 아무리 빨라도 1분 이상이

---

82) 뉴캐슬 공작의 이름은 프랜시스 펠햄 클린턴 호프(1907~1988)다. 뉴캐슬 언더 라인 제9대 공작이다. 그는 이튼 학원과 옥스퍼드 대학교(마그달렌 캠퍼스)를 졸업했다. 그는 공군 보조 부대에 입대했으며, 1936년에 장교로 임관된 후 제609비행대대에 배속받았다. 이후 1938년에는 제616비행대대장에 임명되었다. 그는 1957년 공군 보조부대 소령으로 전역했다. 아군 전투기의 위치 파악을 위해 쓰이던 이러한 삼각 측량법은 얼마 안 가 레이더를 사용한 방법으로 바뀌게 된다. 깁슨이 본문에서 묘사한 딕비 기지 리마 구역 작전실은 현재 박물관으로 보존되어 있으며, 예약을 통해 일반인 관람이 가능하다.

걸리거든. 항공기가 족히 4마일(7.4km)은 비행할 수 있는 시간이야. 그런 점 때문에 위치 파악에 실패하기도 하지."

그 말을 들은 나는 이렇게 질문했다.

"그러면 전투기들을 더 많이 보내서, 서로 시각 확인을 하게 하면 어떨까요?"

"그건 안 돼. 그건 그리 정확한 방법이 아닌 것 같아. 게다가 아군 간 오인 사격 위험도 있고."

"탐조등을 쓰면 어떨까요?"

"뭐 그것도 쓸모가 없지는 않지. 하지만 탐조등은 항공기 소음에만 의존해서 비춰야 돼. 이 때문에 빠르게 날아가는 비행기는 제대로 비추지 못하는 경우가 많지."

"별로라는 말씀이군요."

"그렇지."

그러고 나서 나는 지도 테이블 위의 녹색 깃발들이 셰필드 시 인근에 모이는 것을 보았다. 녹색 깃발들은 그곳에 몇 분 동안 머물러 있다가, 해안으로 이동하며 흩어졌다. 그걸 보니 이번 공습에서 독일 공군은 거의 피해를 입지 않았음도 알 수 있었다.

이곳에 정착한 지도 며칠이 지났다. 처음에는 전투기 조종사들은 폭격기 조종사를 편대장으로 모셔야 하는 것에 질색했다. 그러나 그들 역시 그런 태도를 고치려고 애를 썼고, 나 역시 그들이 좋은 친구들임을 알게 되었다. 우리 편대원들 중 데이브 험프리스는 여자들에게 인기가 좋았다. 어린 앤더슨은 여자들을 전혀 좋아하지 않았다. 덩치가 작은 뮨은 언제나 투덜거렸다. 별명이 〈잭〉인 뷰캐넌은 아주 멋진 친구였다. 내게 처음 말을 걸어온 그레이엄 리틀은 시간이 남으면 늘 22구경 엽총을 들고 산토끼 사냥을 다니곤 했다.

그 시절은 정말 시간이 빠르게 지나갔다. 나는 열심히 훈련을 거듭했다. 특히 무전 사용 절차를 열심히 연습했다. 공대공 사격은 그리 큰 문제가 되지 않았다. 햄덴 폭격기의 전방 기관총으로도 많이 했던 것이기 때문이다. 내 사격 실력은 좋지도 않았지만 나쁘지도 않았다.

보파이터는 그 시대의 최신예기로 4정의 기관포와 6정의 브라우닝 기관총이라는 강력한 무장을 지니고 있었다. 그러나 조종석 난방 장치가 없었기 때문에 무장이 잘 얼어붙는 문제가 있었다. 항공기 부피에 비해서는 무거운 편이라 익면하중이 높았다. 이 때문에 대대장은 모든 조종사들에게 야간 임무에 나가기 전 반드시 주간 훈련 비행을 충분히 실시할 것을 지시했다. 특히 우리 W.C.1. 비행장의 활주로 길이는 1,000야드(900m)밖에 안 되었기 때문에 충분한 비행 훈련은 더욱 중요했다.[83]

내 로그북의 1940년 11월 22일 항목에는 이런 비행 기록이 적혀 있다. 기종은 블레넘, 조종사는 나였고 이륙지는 W.C.1., 착륙지는 카디프 비행장이었다. 항공기에는 로벨 소위가 승객으로 탑승했다. 로그북의 임무란에는 이런 기가 막힌 말이 적혀 있었다.

"곧 결혼 예정!"

이 건에 대해 하고 싶은 말이 하나 더 있다. 런던 콕스 앤 킹스 은행이 나

---

83) 딕비 기지의 웰링고어 보조 비행장은 마을에서 남쪽으로 1마일 거리에 있다. 이곳은 제1차 세계대전 당시에도 비행장으로 쓰였으며 1935년에 재개장되었다. 비교적 작고 시설이 낙후되어 있다. 활주로도 잔디가 깔린 비포장도로다. 경계선 도로는 콘크리트로 되어 있으며 격납고 8개 동, 엄체호 6개 동이 있다. 깁슨은 본문에서 이곳의 이름을 W.C.1.로 적고 있다. 그러나 그의 로그북의 11월 20일 항목(이곳을 처음 방문한 날)에는 L1으로 적혀 있다. 딕비 기지는 L구역에 있기 때문이다. 1941년 2월이 되어서야 그의 로그북에도 이곳이 W.C.1.로 적히게 된다.

를 위해 5파운드를 대출해 주었다는 사실이다.[84]

신혼여행에서 돌아온 우리 부부는 기지 인근에 집을 얻으려고 했다. 그러나 사실상 불가능했다. 결국 우리는 그 마을에서 가장 큰 펍인 〈더 라이언 앤 로열〉을 신혼집으로 쓰기로 했다.[85] 그 펍의 주요 특징은 목욕탕이 있다는 것이다. 물론 당시 상황을 감안하면 아내와 함께 지내기에는 불편함이 없는 곳이었지만 그래도 아내에게 미안했다. 매일 점심을 먹으러 펍에 오면 우리 침실에 혼자 남아서 가스 난방을 쪼이던 그녀를 발견하곤 했다. 펍에 그녀가 있을 자리는 그곳 말고는 없었기 때문이다. 그녀는 오전 내내 누구와도 말을 할 수 없었기 때문에 외로웠을 것이다. 그건 그래도 그나마 양호했다. 군인 부인들 중에는 남편과 매우 멀리 떨어져 사는 사람들도 많았다.

크리스마스가 가까워 왔다. 그리고 나는 야간 작전을 하기 시작했다. 당시 대대에는 보파이터로 야간 출격을 할 수 있는 조종사가 몇 명 없었다. 이 때문에 2일 출격하고 1일 휴식하는 식으로 조종사를 운용했다. 비록 하

---

84) 깁슨의 로그북에 적힌 이 비행의 일자는 11월 22일이 아닌 21일이다. 이때까지 그는 제29비행대대에서 블레넘 항공기만 조종했다. 이후 그는 12월 1일 대대에 복귀한 다음부터 보파이터를 조종하게 된다. 12월 1일 그는 보파이터 R2144호기로 첫 보파이터 조종을 하게 된다. 보파이터를 사용한 그의 첫 작전 출격은 12월 10일이었다. 이때 그가 탑승한 항공기의 일련번호는 R2150호기였으며 통신사 겸 항법사로 테일러 상사가 탑승했다. 그들은 12월 11일 오전 7시 50분에 적기와 처음 접촉하게 된다. 깁슨은 이에 대해 보고서에 이렇게 기록했다. "추격당하던 적기는 해상으로 나갔다. 나는 메이블소프 동쪽 60마일(111km) 지점에서 800야드(720m) 거리의 적기에게 짧은 연사 2회를 가했다. 적기의 기종은 Ju88이었다. 아군의 사격으로 인한 피해는 관측되지 않았으며, 적기는 구름 속으로 사라졌다."

85) 〈더 라이언 앤 로열〉은 1824년에 완공된 건물로, 2급 등록문화재. 위치는 네이번비 마을 중심가, A607도로 인근이다. 웰링고어의 〈더 그랜지〉에서 북쪽으로 1마일(1.85km) 떨어져 있다. 이 건물에 〈로열〉이라는 단어가 붙은 것은 1870년 당시 웨일스 대공 에드워드(훗날 에드워드 7세로 왕위 등극)가 이곳을 방문했기 때문이다. 가이 깁슨과 이브 깁슨 부부는 제29비행대대가 웨스트 말링으로 이동하던 이듬해 4월 말까지 이곳에서 숙박했을 것으로 추정된다.

YEAR 1940		AIRCRAFT		PILOT, OR 1ST PILOT	2ND PILOT, PUPIL OR PASSENGER	DUTY (INCLUDING RESULTS AND REMARKS)
MONTH	DATE	Type	No.			
—	—	—	—	—	—	— TOTALS BROUGHT FORWARD
NOV.	15	BLENHEIM.	L1303	SELF	P/O PARKER	A/E TEST.
"	16	—"—	L1303	SELF	A.C. BROWN.	SECTOR RECCO.
"	17	—"—	L1502	SELF	P/O WATSON	NIGHT FLYING.
"	19	—"—	L1327	SELF	P/O WATSON	X Raid PATROL.
"	20	—"—	L1327	SELF	SOLO	RIGBY to L1
"	21	—"—	L1502	SELF	P/O LOVELL	To CARDIFF (TO BE MARRIED!)
DEC.	1	BEAUFIGHTER	R2144	SELF	SOLO	LOCAL/TYPE EXPERIENCE.
"	2	—"—	R2144	SELF	SOLO	-ONE ENGINE FLYING-
"	4	—"—	122148	SELF	CPL. ETON.	X COUNTRY - UPPER HEYFORD.

1940년 11월 깁슨의 로그북 일부(영국 공문서 보관국)

루에 4시간 이상 비행하는 날은 별로 없었지만, 하필이면 비행장의 작전실에서 무거운 비행장구를 착용한 채 취침을 해야 하는 것은 정말 짜증나는데다가 지저분하고 깔끔치 못한 일이었다. 이틀 연속으로 야간 출격을 하고 나서 목욕을 하면 목욕물이 금세 시커멓게 변했다.

아직도 기억나는 어느 날 밤이 있다. 그날 훈족은 코벤트리를 폭격했다. 모든 영국인들은 그 사건을 기억할 수밖에 없을 것이다. 독일이 영국 지방도시에 처음으로 대규모 폭격을 가한 사례이기 때문이다. 당시 나는 비행을 하면서 불타는 코벤트리를 보았다. 독일의 킬이 코벤트리보다는 더 심하게 폭격을 맞았다는 사실이 그나마 위안이 될 뿐이었다. 코벤트리에는 대공포도 별로 없었다. 아니, 사실상 아예 없다고 하는 편이 맞을 것이다. 영국 공군의 제5폭격비행단은 이 도시에 50대의 햄덴 폭격기를 보내 주었다. 그들의 임무는 고도간격을 500피트(150m)씩 띄운 채로 도시 상공을 선회하면서, 적기가 발견되면 모두 격추시켜 버리는 것이었다.[86] 독일 공군은 코벤트리 폭격에 200대의 항공기를 투입했으므로, 이들과 햄덴 간의 교전이 벌어질 만도 했다. 그러나 그런 일은 일어나지 않았다. 나조차도 그날 밤 햄덴도 독일 항공기도 보지 못했다. 밤하늘은 생각하는 것 이상으로 훨씬 넓다는 것을 다시 한 번 깨닫게 해 준 사건이었다.

또 한번은 폭격을 당하던 셰필드를 지키기 위해 이륙한 적이 있었다. 그러나 비행 중 우리는 잘못 유도되어 엉뚱한 곳인 맨체스터로 가고 말았다. 그날 밤의 운고는 모든 지역이 500피트(150m)까지 내려와 있었다. 우리는 활주로 조명등을 찾아 밤새 잉글랜드 상공을 헤맸다. 연료가 떨어져 비상 탈출을 심각하게 고민하던 무렵, 낡은 앤슨 항공기가 착륙하는 모습을 보았다. 그 항공기를 따라 가서, 또 다른 활주로 조명등을 찾아 가까스로 안착할 수 있었다. 대지의 어머니의 품에 다시 안기니 너무나도 기분이 좋았다. 하늘에서 길을 잃으면 기분이 영 별로였다.[87]

나는 다음 날 아침 W.C.1.로 복귀했지만, 누구도 이브에게 내가 밤새 무슨 일을 당했는지 알려 주지 않았다. 이브를 만났을 때 그녀의 눈에는 눈물

---

86) 햄덴 초계대는 항공기 20대로 이루어지며, 모든 항공기는 기체 하부에 기관총이 1정 추가 장착된다. 표적 획득은 독일 〈크니케바인〉 무선 항법 체계의 발신 전파를 방수해서 이루어진다. 이 햄덴 폭격기들은 대공포 및 탐조등으로부터 10마일(19km) 이상 떨어진 곳을 비행하며 초계 시간은 4시간이다. 1940년 11월 28일부터 12월 14일 사이 이러한 방식으로 4번의 작전이 진행되었다. 여기서 다수의 적기를 시각 접촉했다. 그러나 햄덴 폭격기는 속도가 느려 적기를 따라잡을 수 없었다. 이 때문에 햄덴을 사용한 초계는 더 이상 이루어지지 않았으며, 이후 1인승 야간 전투기를 사용한 초계가 실시되었다.

87) 본문에서 셰필드/맨체스터 상공에서 실시되었다고 말한 이 초계는 12월 23일에 실시되었다. 이날 밤 독일 공군의 대규모 공격이 있었다. 독일 공군은 이날 밤의 제2파 공격으로 맨체스터에 171대의 항공기를 투입해 공습했다. 영국은 전투기와 대공포로 이들을 요격했다. 맨체스터 방위 부대가 이날 밤 사용한 대공포탄은 총 2,700발에 달한다. 그럼에도 이들은 단 1대의 적기도 격추하지 못했다. 독일 공군 제100폭격비행단 제3중대 소속 He111이 대공포탄에 손상을 입고 프랑스에 강제 착륙 후 폐기처분된 것이 유일한 전과였다. 김슨의 로그북에는 이날 무선통신이 실패했다고 적혀 있다. 그의 로그북의 다음 날 항목을 보면 그가 전날 착륙했던 옥스퍼드셔 상 헤이포드 기지를 앤슨 훈련기를 따라 이륙, 모기지로 복귀했다고도 적혀 있다.

이 그렁그렁했다. 그녀는 어쩔 줄을 모르고 있었다. 내가 죽었다고 생각했을까 두려웠다.

전투기 기지는 파티도 끝내 준다. 전투기 조종사들은 끝내 주는 파티를 벌이는 법을 알고 있다. 전투기 기지에는 런던의 연예인과 아는 사이인 사람이 꼭 1명씩은 있다. 그런 사람에게 부탁하면 정말 기가 막힌 공연을 볼 수 있다. 한 번은 유명한 여자 스트립 댄서를 장교 회관에 부르기로 했다. 모두가 정말 흥분했다. 그러나 그녀는 갑자기 감기에 걸려 나올 수 없게 되었다. 다행히도 대역을 구했다. 우리는 3대의 자동차로 호송대를 편성해 장교 회관으로 달려갔다.

차를 타고 가는데 갑자기 눈이 내리기 시작했다. 아직은 그리 큰 눈은 아닌 것 같았다. 하지만 파티를 마치고 오전 3시경 복귀하는데, 선도 차량이 시골길로 들어서자 갑자기 눈이 쌓인 양이 많아지기 시작했다. 그리고 눈보라도 치기 시작했다. 자동차의 바퀴도 헛돌기 시작했다. 더 이상은 앞으로 나아갈 수 없음을 알았다. 우리는 오던 길로 되돌아가려 했지만, 그것도 안 되었다. 우리는 쌓인 눈 속에 갇히고 말았다. 다른 두 대의 차에서도 욕설이 들려오고 있었다. 그 차들도 꼼짝 못 한다는 뜻이었다. 주변은 칠흑같이 어두웠고, 가장 가까운 민가는 여기서 3마일(5.5km)은 가야 있었다. 우리 일행에 끼어 있던 두 여자(이브 포함)는 얇은 이브닝 드레스 차림이었다. 데이브 험프리스와 나는 군복 재킷을 벗어 그녀들에게 입혀 주었다. 무릎까지 오는 눈 속을 헤치고 3마일을 걷는 것은 그리 즐거운 일은 아니었지만, 지금으로서는 다른 방법이 없었다. 걷지 않으면 얼어 죽을 판이었다. 결국 일행은 2시간 만에 민가에 도착했다. 이브의 코에는 얼음이 매달렸다. 그런 모습은 다시 보고 싶지 않다.

하루는 이런 일도 있었다. 복무 장려금으로 새 차를 구입한 나는 그 차를 타고 링컨으로 갔다. 그리고 복귀하는 도중, 목적지를 6마일(11km) 남겨 놓고 또 사고가 발생했다. 차가 고장난 것이었다. 우리는 그 차 안에서 밤을 새야 했다. 보파이터로 비행하던 중 겪었던 몇몇 경우를 제외하면, 평생에 그렇게 추운 적이 없었다. 그러다가 고기를 나르는 냉동차에게 발견되었고, 우리는 쇠고기가 매달려 있는 그 냉동차의 고기 칸을 얻어 타고 펩으로 돌아왔다. 그곳도 추웠지만 아까 전의 추위에 비하면 열대 낙원이었다.

이 기간 동안 런던은 독일 공군의 야간 공습에 시달리고 있었다. 런던에는 여전히 대공포가 모자랐고, 방공을 위해 모든 노력을 다하고 있었다. 런던 시민들이 갈수록 심한 신경과민 상태에 빠져 있을 거라는 생각이 들었다. 한번은 런던에 가던 중 적의 공습을 당한 적이 있다. 덕분에 기차는 3시간이나 연착되었다. 런던 스테이션 호텔에 들어갔을 때는 시각이 오전 2시였다. 방은 하나밖에 안 남아 있었고, 요금은 24실링 6페니였다. 너무 비싸게 느껴져 나는 방공호를 겸하던 지하철 역으로 발걸음을 옮겼다. 지하철 대합실 벽을 따라 몸을 웅크린 채 줄지어 앉아 있는 사람들을 따라 걷고 있으려니, 군중 속에 어떤 적대감이 있음을 느끼게 되었다. 그런데 어떤 여자의 높은 목소리가 들려왔다.

"아저씨! 왜 여기 있는 거예요? 왜 독일 놈들과 싸우지 않는 거예요?"

나는 바로 몸을 돌려 지하철 역을 빠져나왔다. 분노한 시민들 손에 산 채로 찢겨지지 않기를 바라면서 말이다.

폭탄이 떨어지는 런던 시내를 돌아다니는 건 참 끔찍한 일이었다. 임무 비행도 이것에 비하면 훨씬 나았다. 최소한 따스한 조종석에 앉아서, 몇 시간 후면 귀가할 수 있다는 희망이라도 품을 수 있지 않은가. 런던은 적의 공격을 잘 견뎌 내고 있었다. 나는 훈족의 공격이 영원히 계속되지 않기를 진심으로 기도했다.

한편 보파이터는 문제가 있었다. 내가 비행할 때는 아무 문제가 없었지만, 다른 조종사들은 문제를 보고했다. 폭격기 조종사 출신이던 던 파커도 비행 중 한쪽 엔진에 화재가 발생해 비상 탈출했다. 우리 대대장 역시 노샘프턴 상공 8,000피트(2,400m) 고도에서 한쪽 엔진에 비정상적인 폭음을 들었다. 그는 곧바로 그쪽 엔진의 스로틀을 최소로 조절한 다음 탭을 잡아당기고 연료 코크를 다양하게 조작해 보았다. 그러나 소용이 없자 그는 전 승무원에게 비상 탈출 명령을 내렸다. 후방에 앉아 있던 관측수는 굼뜨게 움직이다가 후방 비상탈출 해치에 발이 걸렸다. 다른 모든 승무원들이 안전하게 탈출했는지 확인하던 위도우스는 관측수가 아직 남아 발을 빼 탈출하려고 안간힘을 쓰는 것을 보고 놀랐다. 이때 항공기의 고도는 3,000피트(900m)도 되지 않았다. 찰스는 이 위기를 현명하게 극복했다. 그는 바로 조종석으로 돌아가 기체의 자세를 바로잡고, 착륙등을 켜고 어느 들판에 비상 착륙했다. 조금만 늦었으면 항공기가 추락할 뻔했다. 그리고 착륙하는 과정에서 고압선을 간발의 차이로 스쳐 지나갔다. 이 행동으로 그는 자신은 물론 관측수, 그리고 항공기까지 살려 냈다. 그리고 전문가들이 보파이터의 문제 원인을 연구한 결과, 송풍기의 문제임을 알아냈다.[88]

그러나 이 사소한 문제 때문에 다른 비행대대에서는 보파이터를 날아다니는 관짝 쯤으로 여기고 있었다. 영국 북부의 어느 비행대대에서는 보파이터 탑승 거부를 선언하기 직전까지도 갔다. 그 부대 조종사들은 보파이

---

88) 위도우스가 사고를 겪은 날은 1940년 11월 17일이다. 햄덴 폭격기 조종사는 비상 탈출 시 전투기 캐노피와 비슷하게 생긴 캐노피를 열고 나갈 수 있다. 그러나 보파이터 조종사는 조종석 등받이를 뒤로 젖힌 후, 조종석 뒤 항공기 바닥에 있는 비상 탈출구로 나가야 한다. 관측수용 비상탈출구는 따로 있다. 위도우스는 불과 1,000피트(300m) 고도에서 조종석에 복귀한 후 슬리포드 인근 양 목장에 동체 착륙을 실시했다. 이 와중에 양 여러 마리가 항공기에 치어 죽었다. 그의 관측수인 렌 윌슨 상사는 비상 탈출구를 연 직후 발목이 부러지는 부상을 입었다. 항공기가 착지하기 직전에야 그는 발을 빼는 데 성공했다.

터가 너무 빠르게 실속을 일으키고, 급선회 시 기체를 통제할 수 없다고 말했다. 안개가 너무 끼어 비행이 불가능하던 날, 그 부대 조종사들은 모두 모여 이 문제에 대한 열띤 토론을 벌였다. 그때 마침 그들의 머리 위에 보파이터 한 대가 나타나 급선회를 하더니 착륙장치와 플랩을 내리고 활주로에 완벽한 착륙을 하는 것이었다. 그 부대 조종사들은 그 항공기를 주목하지 않을 수 없었다. 그 항공기를 몰고 온 조종사는 분명 실력이 매우 뛰어난 시험비행 조종사로, 그들에게 올바른 조종 방법을 알려 주러 온 사람일 거라고 생각했다. 항공기가 관제탑으로 택싱(taxing)해 오자 그 부대 조종사들이 모두 몰려갔다. 그러나 그 항공기에서 내린 조종사를 보자마자 다들 어이가 없어 입을 쩍 벌리고 말았다. 흰 비행복을 입은 조종사가 비행 헬멧을 벗자 긴 금발머리가 휘날렸다. ATA(Air Transport Auxiliary, 항공 수송 보조 부대) 소속의 여성 조종사였던 것이다. 듣기로는 그날 이후 그 비행대대에서는 보파이터 운용에 아무 문제를 겪지 않았다고 한다.[89]

시간은 계속 지나갔다. 과학자들이 신무기 실험을 완료할 때까지 기다려야 했다. 분명 신무기는 나올 것이나 그것도 완벽할 리는 없을 것이다. 그리고 적시에 공급되어야 훈족의 야간 폭격기들을 물리칠 수 있다.

황당하기까지 한 아이디어들이 많이 쏟아져 나왔다. 하루는 내 사무실에 던이 와서 이런 얘기를 꺼냈다.

"펨버튼 빌링(Noel Pemberton Billing, 1881~1948. 영국의 조종사, 사업가,

---

89) ATA의 여성 조종사들은 타이거 모스에서부터 쇼트 스털링 4발 중폭격기까지 다양한 항공기들을 일선 부대에 인도했다. 1940년에 ATA에는 여성 조종사가 10명 있었으며, 종전 시에는 110명이 있었다. ATA가 인도한 308,567대의 항공기 중 보파이터는 13,603대였다. 보파이터는 조종이 쉬웠다. 다만 초기 생산분은 안정성이 약간 모자랐으며, 이착륙 시 기수를 좌우로 흔드는 경향이 있었다. 보파이터는 기수가 짧았기 때문에 착륙 시 조종사가 참조점을 얻기도 쉽지 않았다. 이 때문에 훌륭한 3점 착륙을 하려면 조종사가 상당한 집중력을 발휘해 정확한 고도를 알아야 했다.

정치가 - 역자주)이라는 사람 혹시 알아?"

"모르는데."

"그 사람이 말하기를, 모든 자동차의 헤드라이트로 영국 전국의 하늘을 비추면 적 폭격기 폭격수의 눈을 혼란시킬 수 있다더군."

"정말 말도 안 되는 아이디어로군. 비용은 어쩌고?"

"그 사람 말로는 매우 저렴한 비용으로 가능하다더군."

"그래? 적 전파는 어쩌고? 훈족의 폭격은 육안에 그리 크게 의존하지 않아. 내가 보기에 훈족은 전파를 사용해서 폭격을 하고 있어. 그 때문에 구름 낀 날에도 우리 도시를 정확히 폭격할 수 있는 거라고."

"그래. 내가 봐도 참 바보 같은 소리로군. 늙은이들은 현대 과학 기술을 전혀 모르는 게 문제야."

잭 뷰캐넌이 끼어들었다.

"조명탄을 쓰면 된다는 늙은이들도 있어. 조명탄을 견인하는 페어리 배틀 항공기로 밤하늘을 날면 독일 폭격기를 현혹시킬 수 있다나? 그래 봤자 큰 교회 한구석에서 성냥 하나 켠 정도 효과만 나겠지만."

"물론 조명탄과 항공기를 엄청나게 많이 동원하면 효과가 있을지도 모르지."

"그렇게 많이는 없잖아.90)"

---

90) 독일 야간 폭격기를 저지하기 위한 또 다른 시도로, 〈머튼〉으로 불리는 공뢰가 있었다. 길이 2,000피트(600m)의 피아노 줄의 한쪽 끝에는 낙하산, 반대쪽 끝에는 1파운드(450g) 폭탄을 매달은 형태다. 이 무기를 적 폭격기의 예상 경로에 살포한다. 120발을 4마일(7.4km) 구간에 걸쳐 투하하며, 낙하 속도는 분당 1,000피트(300m)다. 적 폭격기가 피아노 줄을 건드리면 아래쪽에 매달려 있던 폭탄이 위로 잡아당겨지며, 이 폭탄이 폭격기에 부딪치면 폭발하는 구조다. 실험은 1940년 10월 핸들리 페이지 해로우 항공기로 실시되었으며, 1941년 4월 전력화되었다. 실전 투입에는 더글러스 해보크 항공기가 사용되었다. 〈머튼〉은 1941년 11월까지 운용되었으며, 적 폭격기 6대를 격추하는 전과를 올렸다. 이후 레이더 장비 보파이터가 효과적인 야간 전투기로 등장한다.

이런 논쟁은 매우 오랫동안 이어지기도 했다. 그러나 언제나 결론은 같았다. 독일 공군의 야간 폭격기를 막을 수 있는 것은 야간 전투기뿐이라는 것이었다. 그리고 제대로 된 야간 전투기를 얻으려면 갈 길이 멀었다.

한편, 야비한 이탈리아인들은 전쟁이 늘 재미있기만 하지는 않음을 깨닫고 있었다. 그리스에서 이탈리아군은 철저히 패퇴했다. 그리스인들은 이미 지로카스터까지 점령했다. 리비아에서 영국군은 성질이 급해 보이는 웨이벌 장군의 지휘하에 진격을 재개했다. 시디 바라니와 카푸초 요새가 며칠 만에 함락되었다. 그리고 수천 명의 이탈리아군이 포로가 되었다. 무솔리니에게는 전혀 재미없는 일이었다. 이탈리아 국내 정치 상황도 그의 뜻대로 되지 않았다. 결국 바돌리오 원수는 사임했다.

그러나 훈족의 폭격기들은 날씨가 허락하는 한 매일 밤 날아와 영국 도시를 잿더미로 만들었다. 우리도 언제나 출격해 조종석에서 앞으로 몸을 기울여 방탄 캐노피에 코를 박다시피 하고 적기를 찾았다. 어느 날 밤 나는 적기를 찾아냈다. 처음에는 로빈 마일즈의 블레넘인줄 알았다. 그래서 갑자기 착륙등을 비춰 놀래켜 주려고 뒤에서 몰래 다가갔다. 그러나 착륙등을 비춘 순간 그 항공기가 독일 공군의 Ju88임을 알 수 있었다. 날개에 그려진 철십자 국적마크, 그리고 놀란 표정의 통신사 겸 기관총 사수도 보였다. 나는 기관총 방아쇠에 손가락을 걸었으나 이미 너무 늦었다. 적기는 단한 발의 탄도 쏴 볼 사이 없이 급강하해 순식간에 사라지고 말았다. 나는 그 적 조종사가 제때 상승하지 못했기를 기도했다. 그러나 내 기도는 응답되지 않았을 것이 분명했다.

연말이 거의 다 되어서야 나는 적기에게 처음 사격을 해 볼 수 있었다. 그 적기는 헐 상공에서 조명탄을 투하하고 있었다. 폭탄창에서 조명탄이 줄줄이 튀어나와 점화되면서, 그 불빛을 통해 적기를 똑똑히 볼 수 있었다.

그 순간 나는 너무 흥분해 제대로 조준을 하지 못했다. 이 때문에 내 사격은 빗나갔다. 그러나 적기는 험버에 남은 조명탄을 몽땅 버리고 도망갔다. 덕분에 나는 우쭐해진 기분으로 착륙했다. 이번 사격이 별로였던 건 분명했다. 그러나 아직은 처음이지 않은가.

제11장
황혼의 준비

    1941년 새해는 악천후로 시작되었다. 링컨셔의 모든 사람들은 3주 동안이나 안개가 계속 지면에 깔렸던 것을 기억할 것이다. 덕분에 1941년 1월 한 달 동안 우리는 단 1회의 야간 출격 말고는 비행을 전혀 할 수 없었다. 이때 출격한 폭격기들은 브레스트에 있던 〈샤른호르스트〉와 〈그나이제나우〉에 상당한 피해를 입혔다. 그러나 복귀는 모기지에서 한참 떨어진 다른 지역의 기지로 해야 했다. 그들이 비행하는 모습을 보니, 솔직히 같이 비행하고픈 마음은 들지 않았다. 그러나 독일 공군은 우리를 막기 위해 꽤 많은 주간 초계를 실시하고 있었다. 그리고 그들은 여유 시간이 나면 구름을 은폐물 삼아 영국 본토로 날아와서 눈에 띄는 모든 것에 무차별 폭격을 가해댔다. 이 때문에 우리는 복귀 시에 항상 적기 요격 준비를 했다. 적 초계대와 해상에서, 또는 네덜란드 해안에서 조우하는 일도 많았다. 그러나 적기의 후방 기관총 사수에게 발견된 직후 적기가 구름 속으로 사라지면 제일 골치 아팠다. 안개 자욱한 날씨는 장병들의 사기에 좋지 않았다. 그리고 모두가 매우 피곤해 하기 시작했다.

    대대장은 대대원들의 사기를 높이고자 링컨 시청에서 대대 파티를 열기로 했다. 마치 사상 최대의 파티인 양 모두가 공들여 파티를 준비했다. 말할 필요도 없이 파티는 대성공이었다. 카바레에서 대대원 한 명이 정신을 잃어, 후송되는 사고가 있기는 했지만 말이다. 이 파티의 유일한 문제점은 링컨 시 대공 감시 위원회에 별로 좋은 인상을 주지 못했다는 것이다. 그들은 시청에서 이런 파티를 다시는 열지 마라고 서면으로 경고했다.

2월이 되자 날씨도 좋아지고 대대는 다시 비행 임무에 복귀했다. 보파이터는 이제 별 문제없이 운용되었다. 전투기를 폭격기와 연계해서 운용하는 새로운 작전 통제 방식이 나왔다. 또한 과학자들이 발명한 신장비도 나왔다. 이름하여 공중 요격 장비라는 것으로 약자로는 A.I.라고 불렀다. 이 장비는 극비에 부쳐졌기 때문에 전쟁이 끝난 후에야 그 상세한 내용을 완벽히 설명할 수 있을 것이다. 그러나 보안에 위배되지 않는 선에서 간단하게나마 설명해 보고자 한다. 우선 운용에는 두 사람이 필요하며 항공기의 조종사와 관측수이다. 조종사가 항공기 계기에 의존해 비행하는 동안 관측수는 이 장비의 노브와 다이얼을 조작해 적기를 찾아내는 것이다. 적기와의 거리가 일정 거리 이내로 좁혀지면, 관측수는 적기의 방향을 조종사에게 알려 준다. 그러면 조종사는 적기와의 거리를 수백 야드까지 좁힐 수 있다. 그 정도 거리까지 들어오면 조종사는 육안으로 적기를 식별하여 사격할 수 있다.[91]

우리는 A.I. 조작훈련을 위해 2대의 항공기에 대당 3명씩의 관측수를 태우고 이륙했다. 이륙하고 나면 3명이 1시간씩 돌아가면서 조작훈련을 실시했다. 처음에 관측수들은 이 장비에 대해 아는 게 없었다. 그러나 인내심을

---

91) 1941년 당시 지상 관제 요격 체계에는 지상 배치 전투기 통제사가 있다. 통제사는 여러 지상 레이더 기지에서 아군기와 적기의 위치 정보를 얻는다. 그는 이 정보를 가지고 아군 전투기를 적기로부터 3마일(5.4km) 이내로 유도한다. 그 후 아군 전투기 조종사에게 "버스터(buster)"라는 구령을 전달한다. 속도를 높여 적기와의 거리를 좁히라는 뜻이다. 그다음에는 "레이더 작동" 구령이 나온다. 그러면 전투기에 탑승한 관측수는 레이더를 사용해 적기를 찾는다. 레이더의 최대 탐지거리는 보통 항공기의 비행고도 정도다. 레이더를 사용하면 적기로부터 400피트(120m) 거리까지 접근, 육안으로 적기 발견 및 식별이 가능하다. 요격이 완료되면 "레이더 작동 중지" 구령이 나온다.

갖고 시간을 들여 교육한 결과 이들은 A.I. 조작에 두각을 나타내기 시작했다. 훈련은 이후 2개월간 밤낮을 가리지 않고 진행되었다.

그 와중에도 훈족의 공습은 계속되었다. 결국 훈련도 전투의 일환이 되었다. 매일 밤 대대의 작고 지저분한 작전실에는 늘 6명의 승무원이 비상대기를 하고 있었다.

그 겨울의 어느 날 아침 7시, 우리는 그랜섬에 소이탄을 투하한 He111 폭격기를 추적하고 있었다. 적기는 고도 500피트(150m) 정도로 저공비행하고 있었다. 그런 상황에서는 무전기에서 나오는 통제사의 지시를 따라 비행하는 것 말고는 적기를 요격할 방법이 없었다. 30분 후 우리 항공기는 해상으로 나갔다. 갑자기 800야드(720m) 거리 전방에 적기가 보였다. 800야드면 기관포로도 맞추기 어려운 먼 거리다. 일단 사격을 가하기는 했지만 적기에 명중한 기색은 전혀 보이지 않았다. 그러나 착륙하고 나니 작전 중 레이더 화면에 나타났던 항적을 볼 수 있었다. 우리 항공기의 항로가 적기의 항로와 겹쳤다. 우리가 사격을 가했던 바로 그 시점에 적기를 나타내는 광점이 아주 커지더니 사라져 버렸다. 하지만 누구도 우리가 적기를 격추했거나 손상시켰다는 증거를 댈 수는 없었으므로, 이는 전과로 인정되지 않았다.

던 파커는 주간 초계 중 구름 위를 날던 독일 폭격기로 유도되었다. 적기의 기종은 Ju88이었다. 적기의 조종사는 실력이 좋았다. 그는 파커를 보자마자 구름 속으로 급강하했다. 파커는 도저히 따라잡을 수 없었다. 보파이터의 주간 작전에는 제약이 크게 따랐던 반면 야간에는 적에게 들키지 않고 접근해 쉽게 사격을 가할 수 있었다. 주간에 보파이터는 적에게 쉽게 관측되었고, 그러면 적은 바로 회피기동을 통해 도망갔다.

그래도 당시 대대의 모든 조종사들은 월간 무려 60시간씩 비행했다. 그

와중에 사상자가 없을 수는 없었다. 어떤 조종사는 여러 명의 관측수를 태우고 비행하다가 항공기가 뒤집혀진 채로 숲속에 추락했다. 잭 뷰캐넌은 착륙 도중 대기속도를 착각해 실속을 일으켜 비행장 인근에 추락, 폭발했다. 또 다른 젊은 조종사인 폴 톰린슨은 딕비 기지에서 이륙 중 추락했다. 보파이터에 별로 정을 주지 않던 조종사였다. 추락한 항공기의 전방동체 전체가 불길에 휩싸였다. 그러나 공군 원사 피스가 이끄는 지상 근무자들이 추락한 항공기로 접근했다. 탄약이 폭발하는 와중에도 이들은 기체를 파괴하고 톰린슨을 비롯한 생존자들을 구조했다. 톰린슨은 결국 구조되었지만 사고 후 1주일 동안 기침을 하면서 검댕을 뱉어 냈다.

나는 시체를 보고 쉽게 매스꺼워 하는 타입은 아니다. 그러나 어느 날 데이브 험프리스와 함께 목격한 어떤 장면은 우리 둘 다 도망가게 하기 충분했다. 바람이 거세게 불고 눈이 오는 날이었다. 갑자기 우리 기지에 웰링턴 폭격기가 나타났다. 폭격 임무를 마치고 돌아오는 게 분명했던 그 항공기는 우리 기지 활주로에 착륙을 시도했다. 그러다가 어떤 이유에서인지 그 항공기는 기지 근처 들판에 추락해 화재를 일으켰다. 다음 날 아침 데이브와 나는 사고 현장에 가 보았다. 우리보다 먼저 온 사람은 없었고 바람은 여전히 거셌다. 우리가 웰링턴의 으스스한 잔해를 향해 들판을 가로질러 가는 동안에도 눈보라가 우리 몸을 때려 댔다. 사고기의 꼬리날개는 삿대질하는 손가락처럼 하늘로 뻗어 있었다. 가까이 갈수록 불타는 항공기의 역한 냄새가 강하게 느껴졌다. 항공기 잔해에 아주 가까이 가니 아직도 조종석에 앉아 있는 조종사의 시신이 보였다. 시신은 싸그리 타서 바짝 졸아들어 있었고, 시신의 한 손에는 비행고글이 매달려 바람에 흔들리고 있었다. 데이브는 아무 말도 없이 발걸음을 돌렸다. 우리는 순식간에 다시 작전실로 돌아왔다.[92]

2월이 끝나고 3월이 되자 눈이 녹기 시작했고 달도 만월이 되었다. 우리 대대의 상시 작전 투입 가능 인원은 15명으로 늘어났다. 훈족은 잠시 휴식을 취한 후 폭격을 재개하는 것 같았다. 우리 모두는 그들을 상대로 높은 전과를 거두고자 했다.

첫 격추를 기록한 사람은 위도우스였다. 기종은 Ju88로, 라우스 인근 들판에 추락했다. 그로부터 불과 몇 시간 후 봅 브래험(집필 시점 현재 공군 중령, DSO 2회 수훈, DFC 3회 수훈)은 Do17과 격전을 벌여 격추시켰다. 이 전투에서 브래험은 적기를 해상의 해발 고도 근처까지 추적, 사격을 가했고 적기의 격추를 확인했다. 그날 밤 나는 운이 없어 아무것도 격추하지 못했다. 내 항공기에 실린 A.I.는 제대로 작동하지 않았다. 관측수가 우리가 갈 방향을 일러 주자마자 고장이 나버렸다. 결국 나는 단 한 대의 독일 항공기도 보지 못했다.

다음 날 야간 비행 시험을 통해 장비의 문제를 고쳤다. 그리고 그날 밤 나는 스케그니스 앞바다 상공에서 북쪽으로 날아가는 He111 1대를 보았다. 적기는 내 존재를 알아채지 못했다. 나는 고도를 낮춰 어두운 지면을 배경삼아 적의 시선을 피했다. 나도 적이 나를 보지 못하는 것을 알고 있었다. 그러나 내 눈에는 별빛을 배경으로 시커먼 적기가 또렷이 보였다. 나는 낙하산 하네스와 안전벨트를 조정한 다음 조준기를 신중하게 켜고는 적기와의 거리를 좁혀 갔다. 조준기의 탄착점이 He111기의 동체 한복판에 일

---

92) 이 웰링턴은 1941년 1월 1~2일 사이의 밤에 브레멘을 폭격한 85대의 영국 항공기들 중 하나였다. 이들 모두는 영국으로 돌아왔으나 눈보라를 만났고, 이 때문에 잉글랜드에 4대가 추락, 12명이 전사했다. 추락한 항공기 중 3대는 영국 공군 제301비행대대(자유 폴란드군) 소속이었다. 이 3대 중 1대가 웰링고어-웰본 사이의 들판에 1월 2일 오전 1시 35분에 추락했다. 조종사는 공군 소위 볼레스라우 무라우스키였으며, 이 항공기의 유일한 생존자는 중상을 입은 후방 기관총 사수뿐이었다. 이 항공기의 손실 원인은 처음에는 독일군의 공격 때문으로 여겨졌으나, 현재는 플랩 조작 실수로 여겨지고 있다.

치하자 나는 발사 버튼을 눌렀다. 눈이 멀 것 같은 총구 화염이 나와야 하지만 아무것도 나오지 않았다. He111도 여전히 계속 날고 있었고 나는 적기를 추월하지 않기 위해 엔진 출력을 줄였다. 그러자 배기관에서 불꽃이 나왔다. 나는 욕을 퍼부으며, 적기가 이걸 보고 급강하하지 않기를 바랐다. 나는 다시 한 번 적절한 사격 위치를 잡고 발사 버튼을 눌렀다. 이번에는 제대로 발사되는 기관포가 1정밖에 없었다. 적의 대응 사격은 없었다. 나는 이번 사격으로 적기의 기관총 사수가 전사한 것으로 추정했다. 나는 세 번째로 사격 위치를 잡았지만 이번에는 우리 항공기의 기관포가 1정도 나가지 않았다. 나는 탑승했던 승무원 제임스 상사에게 기관포를 수리할 것을 지시했다. 그래야 적기를 격추할 수 있으니까 말이다. 하지만 기관포 수리에는 10분이나 걸렸다. 그리고 적기는 그새 바다를 향해 기수를 돌린 다음 모기지를 향해 강하를 시작했다.

오감으로 감지할 수는 없었지만, 그 하늘에는 분명 투사 간의 살기가 넘쳤다. 세상의 그 누구에게도 양보할 수 없는 진귀한 경험이었다. 승리를 거둘 기회가 많지 않아서 문제였지만. 어떤 의미에서 보면 공대공 전투는 폭격 임무보다 나았다.

결국 제임스가 기관포 1정을 수리하자 나는 적기의 좌현 엔진을 조준했다. 사격을 가하자 노란 예광탄 불빛을 따라 기관포탄이 적기의 엔진에 줄줄이 박혔다. 불꽃이 뿜어져 나오고 좌현 엔진이 멈췄다. 그다음 우리는 우현 엔진을 조준해 사격했다. 우현 엔진 역시 순식간에 멈췄다. 엔진이 모두 꺼진 He111은 해면을 향해 시속 120마일(222km)의 속도로 추락해 갔다. 비상탈출하는 인원이 보였다. 나는 떨어지는 적기를 계속 추적했다. 그리고 스케그니스 부두 앞바다에 추락하는 것을 확인했다. 적기가 완전한 통제 불능 상태였는지, 아니면 조종사가 해상에 안착시키기 위해 약간이라도 제어가 가능한 상태였는지까지는 알 수 없었다.

적기를 처음 보았을 때 나는 흥분해서 무전기에 소리를 질렀다. 그러나 적기가 엔진이 모두 부서진 채로 활강할 때는 왠지 미안한 감정마저 들었다. 전투는 20분 만에 끝이 났다. 그러나 샘과 나는 그만한 시간이 흐른 줄도 모르고 있었다. 우리 둘 다 말도 못 할 정도로 흥분해 있었다. 그러나 다음번 요격 때는 둘 다 엉망진창으로 일을 처리했다.

그날 저녁 우리는 격추당한 He111의 후방동체를 회수하러 갔다. 대대 기념품으로 쓸 생각이었다. 샘 프랑스 소위와 나는 스케그니스로 차를 타고 갔다. 잔해 인수를 위해 그곳의 경찰서장을 만났다. 그가 물었다.

"격추시킨 하인켈 기 잔해를 찾으러 오셨나요?"

샘이 답했다.

"네. 혹시 시신은 있나요?"

"1구 있습니다. 철십자 훈장을 착용하고, 계급은 대위더군요. 현재 시체 보관소에 있습니다. 머리는 충격으로 떨어져 나가기 직전입니다. 보시겠어요?"

그 말을 들으니 토할 것 같았다. 그러나 나는 전사한 적이 착용하고 있던 철십자 훈장만큼은 회수 보관했다가 나중에라도 적의 유족들에게 되돌려주고 싶었다.

"상태가 괜찮으려나 모르겠습니다. 그 사람 시계도 있는데 말이죠. 안 그래도 전리품 수집가들이 와서 훔쳐가려고 하기에 내쫓아 버렸습니다."

"그 외에 다른 사항은 없나요?"

"적 조종사의 구명정도 있습니다. 상태가 좋아요. 필요하면 가져 가셔도 됩니다."

"감사합니다."

나는 그 구명정을 지금도 간직하고 있다. 그리고 지금도 콘월의 해안에서 일광욕을 하다가도, 그 구명정을 떠올리곤 한다. 분명 어느 불쌍한 독일 공군 승무원이 그 구명정을 이용해서 살아남으려고 하다가 실패했겠구나 하는 생각을 한다.[93]

아무튼 월례 파티를 할 이유는 충분했다. 불과 이틀 사이에 적기 3대를 잡았으니 말이다. 그러나 우리는 그 후로도 더 큰 전과를 거두게 된다.

3월이 지나자 대대는 승리를 축하하는 파티를 열었다. 그리고 이번 파티도 결코 평범하지 않았다. 커다란 은잔을 사서, 그 은잔에 적기를 격추한 조종사들의 이름을 적어 넣었다. 그리고 그 조종사들은 은잔에 가득 채운 맥주를 한 입에 다 마셔야 했다. 적기를 격추하는 것보다 훨씬 더 어려운 일이었다.

정말 즐거운 파티였다. 그러나 나는 그 파티에서 있던 어떤 일 때문에 나중에 법정에 서게 된다. 내가 한 잘못이라곤 파티가 끝나고 나서 자동차 헤드라이트의 등화관제 마스크를 제거한 것밖에는 없다. 나는 예전에도 안전 운행을 위해 그러곤 했다. 그러나 이번에는 경찰에 적발되었다. 그레이엄 리틀과 켄 데이비슨이 내게 조언해 주었건만 이번에는 경찰로부터 벗어날 수 없었다.

---

93) 깁슨은 3월 14일 오후 7시 46분 보파이터 If R2094호기를 타고 이륙, 스케그니스 초계에 나섰다. 그에게 주어진 임무는 웰즈 지역을 초계하다가 서쪽에서 공습해 오는 적기가 발견되면 적기가 워시에 도착하기 전에 추적하는 것이었다. 고도 13,000피트(3,900m)에서 A.I.가 표적을 발견했다. 그로부터 10분 후 400야드(360m) 거리에서 He111기가 발견되었고 깁슨은 사격을 개시했다. 기관포 고장을 수리한 다음 50~180야드(45~162m) 거리에서 다시 사격을 가해 하인켈 기의 두 엔진을 모두 못쓰게 했다. 하인켈 기에서 튀어나온 파편이 보파이터의 날개에 흠집을 냈다. 깁슨의 사격을 받은 He111의 일련번호는 5683호. 테일코드는 V4+HK였다. 소속 부대는 독일 공군 제1폭격비행단 제2중대였으며, 조종사는 공군 소위 게오르크 슈투그였다. 깁슨의 공격을 받고 격추당해 전 승무원이 전사했다. 그날 밤 글래스고를 폭격한 독일 항공기 100여 대 중, 이 항공기를 포함한 2대만이 영국군에게 격추당했다.

이브와 나는 법정에 출석했다. 블림프 대령을 닮은 치안 판사가 있었다. 키가 크고 콧수염이 짙은 대머리 사나이였다. 그는 벤치에서 우리 부부를 보았다. 범법자가 아닌, 뭔가 호기심을 끄는 대상을 보는 듯한 눈빛이었다. 나는 이브에게 변론의 논지를 이미 말해 두었다. 간단했다. 파티 당시는 시정이 400야드(360m)밖에 되지 않았다. 안개 때문이었다. 따라서 나는 차량의 안전 운행을 위해 등화관제 마스크를 제거할 수밖에 없었다. 그건 엄연한 사실이었다. 심지어 나는 우리 부대의 기상 장교까지 증인으로 출석시켰다. 그러나 경찰 측에서도 경찰관 3명을 증인으로 내세웠다. 세 사람 모두 당일 밤에는 맑았다고 증언했다. 갑자기 이브가 방청석에서 발언을 시작했다. 치안 판사는 재판을 매우 즐기는 듯한 분위기였다. 그는 이브의 발언을 제지하지 않았다. 이브의 발언이 끝나자 그는 법봉으로 받침대를 두드리며 판결을 내렸다.

"피고에게 4파운드 5실링의 벌금형을 선고합니다. 현금으로 납부하시겠습니까? 아니면 수표로 납부하시겠습니까?"

나는 수표로 납부했다.

사소하다면 사소한 이 법적 문제 때문에 한동안 우리는 조용히 지냈다. 이브와 나는 저녁이 되면 무성 영화를 보기도 하고, 가끔씩은 우리의 작은 침실에서 라디오를 듣기도 했다. 우리의 신혼집인 펍은 정말로 맥빠지는 곳이었다. 우리 둘 중 누구도 예전에 이런 곳에서 살아 본 적이 없었다. 그러나 라디오에서 들려오는 소식을 들으면 기운이 났다. 이탈리아는 사방에서 난타당하고 있

가이 깁슨과 이브 깁슨(깁슨 가족 보유 동영상 중의 스틸컷)

었다. 아비시니아(이디오피아의 옛 이름)에서는 현지인의 반란이 계속되고 있었고, 벵가지는 연합군에게 함락되었다. 이탈리아에게 빼앗겼던 영국령 소말릴랜드(오늘날의 소말리아)도 탈환되었다. 실제로 두체의 제국은 붕괴 직전이었다. 또한, 우리 부대가 런던을 방위하러 남쪽으로 이동한다는 소문도 있었다.

야간 전투기 대대의 근무 시간은 수월하게 지나갔다. 매일 아침 우리는 침대에 누워서 11시까지 잘 수 있었다. 그 시간이 지나면 비행이 재개되었다. 매일이 즐거웠다. 조간신문에 적힌 기운 나는 기사를 읽고, 펍의 주인인 쿡 부인이 가져오는 차를 마시며 하루를 시작하니 말이다.

그러나 어느 날은 쿡 부인도 실수를 할 때가 있었다. 어느 날 우리는 아주 맛있는 훈제 연어를 구했다. 이브는 그날 밤 링컨에서 돌아온 다음 연어를 먹기로 했다.

펍에 들어왔을 때는 오후 9시였고, 우리는 쿡 부인에게 연어를 먹을 수 있냐고 물어보았다. 쿡 부인이 주방 밖으로 나오면서 말했다.

"그럼요. 조금만 더 기다리시면 돼요."

"그래요!"

이브의 표정이 밝아졌다.

그러나 쿡 부인의 아이들 중 막내인 아티가, 쿡 부인과 함께 요리된 연어를 들고 오자 이브의 얼굴은 창백해졌다. 쿡 부인은 연어에 튀김옷을 입혀서 튀겨 내 온 것이다.

이제 우리는 훈련 비행을 실시하다가도 바로 요격 임무에 뛰어들 수 있게 되었다. 그러나 그렇다고 늘 적기를 발견하거나 격추할 수 있다는 것은 아니었다. 실전이 발생하면 반드시 뭔가 문제가 생겼다. A.I.가 고장나거나, 무전기가 고장나거나, 기관포가 고장나거나 했다. 그리고 그 셋이 다 이상이 없으면 적기가 안 나타났다. 정말 기운 빠지는 일이었다. 모두는 엄청난 인내심을 요구받았다.

또한 조종실 난방장치가 신설되었다. 이 장비만큼은 늘 잘 작동했다. 따뜻한 조종실에 앉아 통제사의 지시를 들을 수 있어서 기뻤다.

"배드 해트 17. 여기는 딕비 통제사다. 동쪽에서 적기가 접근 중이다. 벡터(방위) 090. 앤젤(고도) 15(15,000피트. 무전의 교신의 간결성을 위해 이렇게 고도 표시 시 1,000피트 미만은 생략했다. - 역자주). 거리는 약 10마일(18.5km)."

좀 있다가 또 이런 말이 들려왔다.

"배드 해트 17. 적기와의 거리는 3마일(5.4km)이다. 270도 방위로 선회하라. 고도 10,000피트."

그러다가 또 선회하라는 명령이 들려왔다. 보파이터를 최대 속도로 가속시키고 급선회를 한 다음 추가 지시를 기다렸다. 그러자 이런 말이 들려왔다.

"배드 해트 17. 좀 늦는군. 적기는 4마일(7.4km)거리고 약간 좌현에 있다. 325 방향으로 2분 동안 비행했다가 280도 방향으로 기수를 돌려라. 버스터."

즉 지금보다 속도를 더 내서 알맞은 사격 위치에 들어가라는 얘기였다. 지상에서 야간 폭격의 소음을 듣고 있노라면 그 음고가 매우 높은, 성난 벌의 날개 소리 같은 것이 들리는데 그건 대개 독일 폭격기를 추적하는 영국 전투기의 엔진 소리다. 잠시 후 통제사의 목소리가 또 들려왔다.

"배드 해트 17. 적기는 1마일(1.85km) 전방에 있다. A.I. 사용을 준비하라. 탐지되는 것이 있으면 뭐든 알려 달라."

그러면 스로틀(throttle)을 잡아당겨 속도를 줄인다. 적기에게 천천히 접근하기 위해서다. A.I.를 조작하는 관측수는 다이얼 조작을 시작한다. 잠시 후 그는 이렇게 말한다.

"조종사, 접촉물을 확인했다. 거리 전방 1.5마일(2.8km)."

이후 여러 차례의 지시를 통해 항공기를 적절한 사격 위치로 몰고 간다. 밤하늘을 배경으로 적기의 실루엣이 보일 때까지.

따스하고 편안한 조종석에 앉아서 초콜릿 조각을 씹으며 적기를 보는 것은 정말 즐거운 일이다. 적기를 시각확인하면 이제 본게임이다.

적기는 Ju88이었다. 제대로 맞춰서 왔다. 나는 기수를 빠르게 왼쪽으로 돌렸다. 적기가 왼쪽에 있었다고 들었기 때문이다. 그러나 다시 돌아보니 내 항공기는 적기와 나란히 날고 있었다. 그는 우리를 발견하고 도망갔다. 또 한번은 적기와 너무 가까이 접근했던 적도 있었다. 관측수가 이대로 가다가는 곧 충돌한다고 말할 정도였다. 그러나 내 눈에는 아무것도 보이지 않았다. 결국 나는 될 대로 되라는 심정으로 4정의 기관포를 허공에 쏘아 댔다. 적기의 대응 사격을 유도하기 위해서였다. 그러자 적기의 후방 기관총 사수가 저 아래 멀리에서 우리 항공기에 쏘아 대는 예광탄 줄기가 보였다. A.I.에 또 문제가 생긴 것이었다. 이번의 적기는 멍청한 짓을 한 대가를 제대로 치렀다. 나는 적기가 채 도망치기도 전에 적기를 조준해 대량의 기관포탄을 먹여 주었다.

모든 것이 시행착오의 문제였다. 나도 많은 일들을 했고 많은 실수를 저질러 두려웠다. 우리 공군의 야간 전투기 비행장이 적의 폭격을 당하는 일도 많았다. 어떤 때는 Ju88이 단기로 우리 비행장 상공에 매복해 있다가, 착륙하러 오는 아군기를 공격하기도 했다. 나도 그런 일을 당해 본 적이 있다. 맨체스터에서 귀환하던 우리 항공기는 그날따라 아군 대공포의 오인 사격을 당한 것을 빼면 어떤 문제도 겪지 않았다. W.C.1. 상공을 선회 비행하며 빨리 착륙해 베이컨, 계란, 커피를 먹을 생각에 가득했다. 관제탑을 호출해 주위에 적기가 없냐고 물었다.

물론 없다는 답이 나왔다.

그럼 아무 문제가 없었다. 나는 항법등을 켜고 착륙 접근을 시작했다. 착륙 절차대로 착륙장치와 플랩을 전개했다. 지상에서는 찰스 위도우스 대대장이 우리 항공기의 접근을 구경하고 있었다. 그는 무전기를 갖고 있지 않았기 때문에 만약의 경우에도 할 수 있는 일은 없었다. 그런데 그의 눈에 주위를 어슬렁거리던 수상한 항공기가 띄었다. 그 항공기는 내 항공기 뒤로 접근하고 있었다. 내 항공기 고도가 50피트(15m) 정도까지 되었을 때 그 항공기는 내 항공기를 향해 기관포를 발사했다. 그러나 그 Ju88의 조종사는 사격 실력이 너무 나빴다. 기관포탄이 통신사의 다리에 박혀 부상을 입혔고, 우리 항공기가 비행장 근처 숲에 불시착한 것을 빼면 다른 피해는 없었다.[94]

이런 일들은 매일 밤 일어났다. 그리고 이를 막을 대책은 없었다. 독일 항공기들은 우리 폭격기 비행장 상공에서 더욱 큰 전과를 거두는 것 같았다. 얼마 후 스캠턴 기지에서 하루 동안 있었던 일은 특별히 기억할 만큼 지독했다. 그날 독일 항공기가 영국 폭격기를 격추하러 그 기지 상공에 매복했다가 아군에게 격추당했다. 독일 항공기는 스캠턴 기지 한복판에 추락

---

94) 1941년 4월 8일 깁슨과 전투를 벌인 적은 이후 기사 십자 훈장을 받은 독일 공군 중사(당시 계급) 한스 한(당시 소속부대는 제2야간전투비행단 제3중대)일 것이 거의 분명하다. 이날 오전 1시 43분 그는 웰링고어 상공에서 영국 쌍발 항공기(기종은 자료에 따라 다르지만 웰링턴, 또는 헤리포드로 여겨진다던)에 사격을 가해 격추했다고 주장했기 때문이다. 이날 독일기가 쏜 탄약 대부분은 빗나갔지만 몇 발이 깁슨의 보파이터 R2250호기에 명중했고, 통신사 벨 상사가 부상을 입었다. 깁슨은 착륙에 성공했으나 항공기를 멈출 수 없었다. 깁슨의 항공기는 비행장 경계의 나무들을 들이받고 나서야 멈췄다.

했다.[95] 그리고 임무에서 귀환하던 토니 밀스의 항공기가 비행장 상공에서 부하의 항공기와 공중충돌했다. 두 항공기는 화재를 일으키며 추락했고 모든 탑승자가 사망했다. 그날의 마지막 사고는 햄덴 폭격기가 일으켰다. 소산 지점(dispersal point)에서 갑자기 그 폭격기의 폭탄창 문이 열리더니 40파운드(18kg) 파편탄이 튀어나와 폭발했다. 이 사고로 3명이 죽었다. 그날 하루 동안만 스캠턴 기지에서 15구의 시신이 수습되었다.[96]

어느날 밤 Ju88 한 대가 링컨셔 상공을 2시간이나 비행하고 있었다. 그 항공기는 헴스웰과 크란웰 상공을 오가며, 고도를 적절히 바꿔 가면서 영국 폭격기가 보이는 족족 사격을 가했다. 또한 유명한 비행 학교가 있는 옥스퍼즈 상공에도 출현했다. 그는 늘 어느 전투기 기지 상공을 지나쳐 갔다. 기지 사령관은 격납고 지붕 위에 올라가서 적기가 보일 때마다 큰 소리로 욕을 했다. 그 사령관은 제1차 세계대전 참전 조종사였으며, 프랑스에서 카멜 전투기를 조종했다. DSO, DFC 수훈자였다. Ju88이 누구에게도 방해받지 않은 채 밝은 달밤에 기지 상공을 날고 있으니 화가 날 법도 했다.

---

95) 스캠턴 기지는 1941년 5월 11~12일 적기의 공격을 당했다. 적기의 기종은 Ju88로 소속부대는 제76폭격비행단 제8중대였다. 이 적기는 기지 대공포의 사격에 격추당했고, 오전 1시 35분 기지 서쪽에 추락, 전 승무원이 사망했다. 이 항공기에서 수습된 적군 승무원 시신 4구는 스캠턴 교회 묘지에 안장되었다. 그런데 당시 이 항공기에는 그 항공기를 담당하던 지상 근무자도 동승하고 있었다. 그의 시신은 1960년 추락 지점이 재발굴되고서야 발견되었다. 그의 시신은 이후 동료들이 묻힌 곳에 합장되었으며, 묘비에는 그의 이름이 새로 새겨 넣어졌다.

96) 제83비행대의 안토니 밀스 대위는 1941년 8월 25일 오전 이른 시각, 햄덴 폭격기로 비행 중 스캠턴 기지로 접근 중이던 제49비행대대 소속 오웬 맥마흔 상사의 햄덴 폭격기와 공중충돌을 일으켜 전사했다. 그의 항공기는 핵손에 추락했으며, 두 항공기의 전 승무원이 사망했다. 그로부터 20분 전 제83비행대대의 빅터 메이버리 소위가 조종하던 햄덴 폭격기가 소산 지점에서 폭탄창 문을 열고 점검을 받던 도중, 탑재하고 있던 폭탄을 떨어뜨렸다. 떨어진 폭탄이 폭발하면서 햄덴 폭격기에 타고 있던 승무원 4명 전원은 물론, 지상 근무자 4명도 함께 목숨을 잃었다. 이때 죽은 사람들 중에는 윌리엄 잉크펜 중사도 있었다. 잉크펜 중사는 3개월 전 스캠턴 기지를 공격해 온 Ju88 폭격기를 격추한 인물이었다.

결국 그는 더 이상 참지 못했다. 그는 허리케인 전투기 1대를 출격 준비 시킬 것을 지시했다.

전투기가 나오자 그는 직접 조종석에 올랐다. 그리고 적기가 다시 출현할 때까지 기다렸다. 적기가 북쪽 하늘 2,000피트(600m) 고도에 나타나자 그는 이륙했다.

이륙하자마자 그는 즉시 요격을 시도, 적기의 후미를 따라잡았다. 1917년 아미앵 상공의 기억이 아직도 생생하던 그는 기관총 발사 버튼을 눌렀다. 아무 일도 일어나지 않았다. 버튼을 자꾸 눌러도 탄은 한 발도 나가지 않았다. 무전기에 대고 뭐라고 소리쳤지만 무전기도 제대로 작동하지 않아 누구도 응답하지 않았다.

적기는 갑자기 방향을 돌려 바다로 나아갔다. 사령관은 적기를 20분 동안 추적했다. 그동안 사격을 해 보려고 별 짓을 다했다. 그러나 총알은 단 한 발도 발사되지 않았다. 결국 그는 아쉬움을 가득 안고 영국으로 기수를 돌렸다. 그는 씩씩거리면서 지상 근무자들에게 분노를 풀어 놓았다.

딕비 기지의 어떤 사람은, 그 사령관이 착륙하면서 지르는 고함 소리를 들었다고 했다. 또 어떤 사람은 그가 기지의 모든 무장사를 체포했다고 했다. 어찌되었건 간에, 그는 대대장이 나타날 때까지 화를 풀지 않았다. 대대장은 사령관에게 정중하게 질문했다.

"안전 링을 돌리셨습니까?"

"무슨 링 말인가?"

"저희 전투기의 기관총 발사 버튼에는 안전 링이 달려 있습니다. 안전 링을 시계 반대 방향으로 돌려야 사격이 가능합니다. 이렇게 말입니다. 그리고 나서 기관총 발사 버튼을 누르셔야지요."

대대장이 시범 사격을 하자 4정의 기관포는 밤하늘을 향해 시원스럽게 발사되었다.

기지 사령관의 얼굴은 홍당무처럼 되었다. 그는 병기의 안전장치도 해제하지 않은 채 사격하려 했던 것이다.

그 후의 일은 전해지지 않는다. 전해질 리도 없을 것이다.

좀 시간이 지난 후 링컨셔의 비행장들은 최전선이 되었다. 우리 군은 때로는 독일군의 폭격을 견뎌 가며 활주로 조명을 바꿔야 했다. 악천후 속에서 임무를 수행하고 돌아오던 폭격기들이 비행장 근처에 추락하기도 했다. 그럴 때면 우리 지상 근무자들은 불타는 탄약과 터지는 폭탄의 위험을 무릅쓰고 항공기에서 승무원들을 구출해 내야 했다.

당연한 얘기지만 그 시기에는 전투기 조종사와 폭격기 승무원들 간의 싸움도 크게 줄어들었다. 신형 영국 폭격기들은 허리케인과 스피트파이어의

제국 전쟁 박물관

엄호를 받아가며 브레스트를 폭격했는데, 그 작전은 완벽한 성공이었다. 폭격기들은 전투기의 엄호를 받으며, 적 대공포의 맹렬한 사격을 뚫고 자신들의 임무를 완수했다. 그래도 상대방의 무공을 인정치 않으려는 사람들은 남아 있었다. 그러나 전쟁을 통해 전투기 조종사와 폭격기 승무원들은 결국 혈맹이 되었다.

한편으로, 보안에 대해 이야기할까 한다. 대부분의 영국인

들은 이런 포스터를 보았을 것이다. 포스터에는 공군 장병 한 명이 나온다. 그는 멍청한 금발머리에게 뭐라고 이야기를 한다. 그러자 금발머리는 멍청해 보이지는 않는 붉은색 머리에게 그 이야기를 전한다. 붉은색 머리는 결국 스파이에게 이야기를 전한다. 그리고 포스터 아래에는 유명한 구호가 적혀 있다. "부주의한 이야기, 목숨으로 대가를 치른다."

많은 사람들은 숨어야 할 때 땅에 머리만 숨기는 타조처럼, 이런 포스터를 못 본 척 한다. 그러면서 "설마 영국에서 그런 일이 있겠어?" 한다. 그런 사람들에게 확실히 말하고 싶다. 영국에서도 그런 일은 분명히 있었다. 적어도 나는 있다고 믿는다. 실제 사례를 들겠다.

우리 공군이 대규모의 스피트파이어를 파 드 칼레 지역에 보내 적 소탕전을 벌이고 있을 때였다. 이 전투기들의 조종사들은 적으로 간주되는 것은 모조리 쏴 버리라는 지시를 받고 있었다. 어떤 때는 그런 걸 찾아내기도 했지만 어떤 때는 못 찾았다.

그러던 어느 날 이른 저녁, 나는 펍에서 조용히 맥주를 마시고 있었다. 그 펍을 메운 손님들 대부분은 영국 공군 장병이었다. 그러나 소수의 민간인들도 있었다. 나와 함께 왔던 친구가, 펍에 전투기 조종사가 있는 것을 발견하고 반갑게 술을 권했다.

"안녕, 친구. 맥주 한잔 할까?"

"고맙지만 사양하겠어. 내일 큰 작전이 있거든."

그 말을 들은 펍 내의 모든 사람들은 순식간에 조용해졌다. 그 전투기 조종사가 뭔가 말해서는 안 될 것을 말해 버린 것을 모두가 알아챈 것이다. 심지어 일부 인원들은 '큰 작전'이라는 말이 나온 것을 분명히 들었다. 그러나 얼마 못 가 펍은 다시 생기를 되찾고 떠들썩해졌다.

다음 날 그들은 이륙했다. 밀집 편대를 이루고 됭케르크와 오스텐더 사이의 해안을 건너 유럽 대륙으로 들어갔다. 그 전투기 부대 후미에는 지그 재그 비행을 하는 후방 경계대가 있다. 전투기 부대의 후방을 계속 감시하고 엄호하는 것이 그들의 임무였다.

갑자기 "후방에서 적기 급강하!"라는 소리가 무전에 들렸다. 메서슈미트 전투기들이 태양 속에서 튀어나왔다. 결국 전투기 조종사 15명이 그날 전사했다. 나중에 이 건에 대한 정보 보고서를 읽을 수 있었다. 거기에는 이렇게 적혀 있었다. "적은 무전이 아닌 다른 정보원을 통해 우리 전투기가 가는 사실을 알아 낸 것 같다. 정보가 누설된 것이 분명하다." 다음 날 나는 큰 작전이 있다고 이야기한 전투기 조종사를 찾았다. 그러나 그 조종사 역시 전사한 조종사 15명 중에 들어 있었다.

구름 긴 날에는 태양이 잠시 얼굴을 내밀었다가도 이내 폭풍이 불고 먹구름이 몰려와 비를 퍼붓는다. 그와 마찬가지로 우리 영국인들은 또 나쁜 소식들을 들어야 했다. 우선 독일군이 벵가지를 탈환했다. 그러자 피로와 굶주림에 지친 영국 육군은 퇴각의 대장정에 나섰다. 히틀러는 그리스와 유고슬라비아도 침공했다. 4월 10일 대영 제국군은 그리스 전선 전체에서 싸우고 있었다. 그로부터 17일 후 아테네는 독일군에 함락되었다. 그리고 1일 후 히틀러는 트럼펫 팡파르를 울리며 롬멜 장군이 입성한 사실을 발표했다.

영국 본토에서도, 독일 공군은 최선을 다해 히틀러의 위협을 실천에 옮기고 있었다. 코벤트리, 런던, 버밍햄, 플리머스가 독일 공군의 소이탄 세례를 얻어맞았다. 많은 영국인들은 이런 공습을 미처 예기치 못했고 큰 피해가 발생했다. 밤사이에 도시 블록 전체가 다 타버리는 경우도 많았다.

영국은 아직 고난에서 헤어 나오지 못하고 있었다. 그러나 또한 견디고 있었다.

신문에서는 보복을 요구했다. "베를린을 폭격하라!"는 강한 어조의 사설이 실렸다.

우리는 4월 17일 200대의 폭격기로 베를린을 폭격했다. 그중 37대가 돌아오지 못했다. 그 원인은 착빙(icing) 때문이었다.[97]

독일에 제대로 된 보복을 해 주려면 아직 갈 길이 멀었다. 그러나 우리 폭격기 전력은 나날이 자라고 있었다. 일각에서는 1941년 말이 되면 폭격기 1,000대를 보유하게 될 것으로 내다보았다. 처칠 총리는 이렇게 말했다. "우리의 독일 폭격은 갈수록 더 강해질 것입니다!"

그 말은 거짓이 아니었다.

언젠가 10배로 갚아 줄 날이 올 것을 굳게 믿으며, 우리 야간 전투기 승무원들은 동포들을 지키기 위해 최선을 다했다. 그러나 우리에게는 인내심도 필요했다. 영국은 고난에 처해 있었다. 그리고 그 고난은 앞으로 더욱 심해질 수도 있었다. 아직 독일은 언제라도 영국 본토를 침공할 가능성이 있었다. 우리가 맞설 방법은 앉아서 기다리는 것 말고는 없었다. 야간 전투기 승무원은 야간 폭격기 승무원에 비해 긴장감을 덜 느끼는 편이었다. 그럼에도 불구하고 일부 야간 전투기 승무원들은 이미 피로 증세를 보이고 있었다. 독일군의 블리츠에 맞서는 것은 지극히 힘들었기 때문이다.

4월 말 찰스 위도우스는 좋은 소식을 가져왔다. 꽤 오랜만에 듣는 좋은 소식이었다. 그는 담배를 피우며 말했다.

---

97) 깁슨이 말한 수치는 과장되어 있다. 1941년 4월 17~18일 사이의 밤에 베를린을 폭격한 영국 폭격기는 118대였으며, 그중 귀환하지 못한 것은 8대였다. 그날 밤 그 외에도 쾰른 폭격 중 웰링턴 폭격기 3대가 손실되었다. 4월 17일은 그때까지의 영국 공군 폭격기 작전 사상 가장 큰 피해를 입은 날이 되었다. 손실된 웰링턴 폭격기 3대 중 2대는 귀환 중 영국 본토를 그냥 지나쳤다. 이 중 1대는 아일랜드 위클로우 군(郡), 나머지 1대는 북 데본 해안에 추락했다.

"잘 잤나, 친구들, 전할 소식이 있다. 우리 부대는 제12비행단에서 벗어나, 웨스트 말링의 제11비행단에 편입된다. 웨스트 말링은 켄트 주에 있다. 거기 가면 할 일이 여기보다 훨씬 많다. 특히 우리 부대에는 런던 직접 방공 임무가 맡겨질 것이다."

그로부터 1주일 내로 우리는 그곳으로 떠났다. 그때는 알 수가 없었지만, 그곳에 도착하자 크게 실망하게 되었다.

제12장
훈족을 찾아라

　웨스트 말링은 켄트 주 메이드스톤 인근에 있다. 나를 포함한 많은 공군 장병들은 이 기지를 대영제국의 모든 공군 기지 중 가장 쾌적한 곳으로 꼽는다. 우선 런던에서 가깝다. 남부 철도 이용 시 1시간 만에 런던에 갈 수 있다. 또한 바다와도 가깝다. 맥주 원료인 홉의 산지 한복판에 있는지라 특히 공군 장병들에게 매우 매력적이다. 당연히 이곳에는 많은 펍이 있다. 맥주도 매우 맛있다. 이곳의 주민들은 수백년간 고향을 땀흘려 가꿔 온 사람들이다. 또한 우리 공군 장병들에게도 친절하고 관대했다. 아마도 머리 위에서 벌어지는 영국 전투를 직접 목격했기 때문이었을 것이다. 이 때문에 그들은 공군이 국가를 위해 뭘 하고 있는지를 확실히 알았을 것이다.

　1940년 훈족은 웨스트 말링 공군 기지를 파괴하는 데 온 힘을 기울였다. 그러나 그들은 얼마 가지 못해 포기할 수밖에 없었다. 이곳은 삼림이 울창하여 천연의 대공 은폐물 구실을 해 주었다. 이런 천연의 은폐물은 언제나 좋다. 보통 건설업자들은 공군 기지 인근의 나무를 모두 베어 버려야 한다고들 주장한다. 물론 착륙 경로 아래에 있는 나무들은 제외하고 말이다. 당시 유행하던 어떤 이야기가 있는데, 나는 그 이야기가 이 웨스트 말링 공군 기지에서 처음 나온 걸로 생각하고 있다. 이야기의 내용은 이렇다. 공군 기지의 보수 공사를 위해 노동자들이 북부에서 왔는데, 그들은 언제나 급여가 적고 노동 시간이 길다며 불평했다. 그러던 어느 날, 꽤 심하게 손상을 입은 스피트파이어 전투기가 그 공군 기지에 경착륙했다. 조종사가 내려서 관제탑으로 걸어가는데 어느 나이 먹은 노동자가 조종사에게 이렇게 말을 걸었다.

"그런 비행기로 어떻게 돌아오셨소?"

조종사는 노동자와 함께 담배를 피웠다. 둘의 대화는 자연스럽게 급여 이야기로 흘러갔다. 노동자가 물었다.[98)]

"조종사 양반, 돈은 얼마나 받으시오?"

그러자 조종사는 이렇게 답했다.

"주급으로 따지면 6파운드 정도입니다. 선생님은 얼마 받으세요?"

"주급 8파운드지요. 그러나 하루 종일 공습경보를 들으면서 일한다우."

그 후의 이야기에는 몇 가지 변형이 있다. 그 조종사가 원 기지로 돌아갈 수 있도록 지상 근무자들이 항공기를 수리하는 동안 조종사가 부대 사무실로 뛰어 들어가 불만을 털어놓았다는 얘기도 있고, 추잡한 말이 잔뜩 적힌 보고서를 작성했다는 말도 있다. 그 조종사가 무엇을 했던 무슨 말을 했던 상관없이, 이 이야기는 주목할 만하다. 일면의 진실을 담고 있고 생각해 볼 거리를 많이 주었다.

5월 초의 켄트는 경치가 아름답다. 영국의 정원이라는 호칭이야말로 이 지역에 가장 잘 어울리는 이름일 것이다. 항공기를 타고 공군 기지로 복귀할 때 아래를 내려다보면 과수원에는 사과꽃이 흐드러지게 피어나 있었다.

---

98) 깁슨은 1941년 4월 29일 웨스트 말링으로 이동했다. 그의 로그북에는 그 사실이 다음과 같은 주와 함께 적혀 있다. "8대 편대를 지어 웰링고어에서 웨스트 말링으로 이동했다. 모두가 기뻐했다."위도우스는 깁슨의 로그북에 사인하면서 이런 말을 덧붙였다. "나도 그렇게 생각한다네." 그것은 웰링고어 시절 대대원들이 겪었던 실망감, 그리고 켄트로 이동하면서 더욱 혁혁한 전과를 거두리라는 기대감을 나타내는 표현이었다.

희고 향기로운 그 꽃들을 보고 있노라면 갓 내린 눈이 떠올랐다. 과수원은 하나둘 씩 시야에 들어와 온 시야를 가득 채웠다. 큰 과수원이건 작은 과수원이건 모두 켄트 주민의 것이었다. 그때나 지금이나 홉 건조장도 한 채 보이고 홉이 건조되는 이곳을 지나칠 때면 특유의 냄새가 풍기는 것을 느낄 수 있었다. 그러나 전쟁의 상흔은 이 고장에도 곳곳에 남아 있었다. 어디를 가든 사과 과수원에 폭탄 투하로 인한 폭파구들이 몇 마일 길이의 줄을 지어 줄줄이 나 있었다. 나중에 알았지만, 그곳은 독일 공군이 폭탄 투기 장소로 사용하던 곳이었다. 독일 폭격기가 영국 전투기에 쫓길 때면 그곳에 폭탄을 투기하고, 영불해협을 넘어 도망갔던 것이다.

그러나 나무들은 여전히 말없이 푸르고 크게 자라났다. 그 나무들로 이루어진 숲은 멀리까지 뻗어 있었다. 폭탄으로도 그 나무들의 숲은 어쩔 수 없다. 그들은 그 자리에 수백 년 동안이나 서 있었다. 청록색의 나무들과 청록색의 들판이 어우러져 잉글랜드를 푸르게 물들이고 있었다. 실로 아름다운 광경이었다. 밀집 편대를 지어 비행장 상공을 날 때 하늘에서 그 모습을 보는 것은 큰 기쁨이었다.

우리가 그 지역에 정착하기까지는 오랜 시간이 걸리지 않았다. 대대장인 윌킨슨 중령은 멋진 사나이였고, 해결 못하는 문제가 없었다. 메이드스톤 비행 클럽 소유의 오래된 클럽 하우스가 우리 숙소로 정해졌다. 따뜻하고 편안한 곳이었다. 윌킨슨은 〈더 허미테이지〉라는 이름의 좋은 빅토리아식 컨트리 하우스도 확보했다. 그곳이 장교 회관으로 쓰였다. 지상 근무자들에게는 근처의 좀 더 오래된 성이 주어졌다. 그들도 자신들의 숙소를 매우 좋아했다. 뭣보다도 링컨셔의 단조로운 막사에 비하면 천국이었다.[99]

---

99) 웨스트 말링 모어 파크 럭스 언덕에 위치한 〈더 허미테이지〉는 19세기식 건물로 2급 등록문화재다. 현재는 종교 시설로 이용되고 있다. 본문에서 말한 성은 18세기에 지어진 〈듀시스

그날 밤 우리는 임무를 위해 대기했다. 그러나 기상은 좋지 않았다. 결국 오후 9시, 비행단에서는 우리 비행대대의 임무 대기를 해제했다. 그러자 우리는 지상 근무자들까지 모두 데리고 이곳의 맥주를 맛보기 위해서 스타틀드 세인트로 몰려갔다. 역시 맛있었고 모두가 즐거워했다.[100)]

다음 날부터 훈족은 리버풀에 폭격을 가하기 시작했다. 그 폭격은 1주일 동안 계속되었다. 이번 리버풀 폭격에서 적기는 우리 부대의 담당 공역을 통과해 폭격을 하러 가는 경우가 많았다. 물론 우리는 대비하고 있었다. 지난 몇 번의 전투에서 우리는 운이 없었다. 그러나 그날 밤에는 얘기가 달랐다. 우리 부대는 브라이튼 상공에 항공기 6대를 띄워 놓고 선회 비행을 시키고 있었다.

그리고 무전이 들어왔다.

"안녕하신가, 배드 해트 25. 여기는 비긴 관제소다. 손님들이 왔다. 180도 방향으로 가면 영불해협을 건너는 손님들과 만날 수 있다. 고도 20,000만 피트, 버스터."

데이브가 이 통신을 수신하고 응답을 보내는 것을 들었다. 그는 정말이지 악마처럼 운이 좋았다. 그는 첫 격추 기회를 잡았다.

"배드 해트 13. 여기는 비긴 관제소다. 170도 방향에 적기."

저택〉으로 전쟁 전에는 귀족 가문 여성들을 위한 요양원으로 썼었다. 조지 왕조 시대에 지어진 이곳의 포도주 저장고에는 〈트위치 인〉이라는 술집이 있었다. 그 천정에는 양초 그을음으로 쓴 손님들의 이름이 적혀 있었다. 이 저택은 1968년 전쟁 전 용도로 복원되어 호텔로 쓰이다가, 이후에는 보험회사의 연수원으로 썼었고, 현재는 아파트로 쓰이고 있다. 〈트위치 인〉은 박물관이 되었지만, 일반 공개는 제한적이다.

100) 〈스타틀드 세인트〉는 비행장 북서 경계에 위치한 펍이다. 웨스트 말링 마을로부터 남서쪽으로 1마일(1.85km) 거리다. 이곳의 간판에는 후광을 단 5대의 스피트파이어를 보고 놀란 레오나르도 성인의 모습이 그려져 있다. 이 펍의 2층에 있는 술 창고에는 가짜 술통에 맥주 나오는 수도꼭지가 달려 있다. 이 펍은 1970년대 웨스트 말링 공군 기지가 폐쇄될 때도 살아남았다. 그러나 1990년대 초반 결국 문을 닫고, 이후 일반 가옥으로 개조되었다. 2018년 이 펍을 철거하고 5채의 주택을 짓는다는 재개발 계획이 승인을 얻었다.

배드 해트 13은 그레이엄 리틀이었다.

"배드 해트 34. 기수방위 130도, 20,000피트. 적기의 항로는 040. 선회 준비하라."

우리 항공기들이 하나둘씩 선회를 풀고, 아직 보이지 않는 적기를 추적하기 시작했다. 하지만 아직 내 차례는 오지 않았다. 나는 명령을 기다렸다. 빨리 적기를 격추할 기회를 얻고 싶어 안달이 났다. 내 항공기의 통신사 겸 관측수인 제임스 상사는 내 뒤에서 소리 없이 껌을 씹고 있었다.

그때 무전기로 또 다른 통제사의 목소리가 들렸다.

"배드 해트 25. 적기 근처다. 레이더(A.I.) 작동."

"배드 해트 34. 000으로 급선회하라. 전방 1마일(1.9km)거리에 적기."

"배드 해트 모든 편조에게 알린다. 적기가 리버풀을 향하고 있다. 적기의 항로는 340이다. 대기하라."

그 후로 어떤 명령도 없었다. 나는 계속 선회하며 기다렸다. 어지럼증이 올 것 같았다. 야경은 멋졌다. 하늘은 무척이나 맑았고 달은 초승달이었다. 완벽한 기상 조건이었다. 그러나 우리는 명령을 기다려야 했다.

나는 여기서 100마일(185km) 떨어진 곳에 있는 통제사의 모습을 상상했다. 그의 지도 테이블 위에는 북쪽으로 올라가는 다수의 녹색 깃발이 있을 것이다. 그 녹색 깃발들에 맞서는 몇 안 되는 빨간 깃발들도 있을 것이다. 그 빨간 깃발들이 우리다. 그는 전쟁터의 모든 상황을 다 파악하느라 괴로울 게 분명하다. 또한 자신이 제대로 된 판단을 내리기를 바라고 있을 것이다. 그는 조종사도 아닌데다 비행 경험도 그리 많지 않은데 말이다. 그의 일 역시 쉽지 않다.

갑자기 무전이 들어왔다.

"텔리 호, 텔리 호(적기 발견을 의미하는 영국 공군의 구령 - 역자주)!"

배드 해트 34의 무전이었다. 그 항공기의 조종사는 신입 랜스 마틴이었다.

"알았다. 34. 행운을 빈다. 청취하라."

"청취하겠다."

10분 동안 무전기에서는 아무 소리도 들리지 않았다. 그러다가 또 목소리가 들려왔다.

"관제탑 나오라. 여기는 34. 적기는 윔피(웰링턴 폭격기를 의미하는 영국 공군의 속어 - 역자주)였다. 하마터면 격추할 뻔했다."

"알았다. 34. 대기하라."

통제사에게 또 다른 문제가 생겼다. 왜 이 공역에서 웰링턴 기가 비행하고 있단 말인가? 그 항공기는 아군 것인가, 혹은 독일군에게 노획된 것인가? 리비아에서 웰링턴 기가 노획당했다는 말을 들은 적이 있다.[101] 통제사는 어떻게 해야 하나? 무슨 말을 해야 하나?

"34. 윔피의 국적을 식별하라."

"알았다. 관제탑. 윔피의 국적을 식별했다. 아군기다."

"알았다. 청취하라."

그날 밤 무전망에는 "알았다."라는 말이 엄청나게 오고 갔다. 그러나 통제사가 걱정하는 것은 그런 게 아니었다. 그는 작전실의 모두에게 폭격기

---

101) 독일군은 제2차 세계대전 중 멀쩡한 상태의 웰링턴을 최소 6대는 확보했던 것으로 여겨진다. 물론 그 모두가 감항성을 유지하고 있지는 않았을지라도 말이다. 이 중 1대는 베를린 시내에 갔다가, 그곳에서 연합군의 폭격으로 파괴되었다. 나머지 항공기들에는 독일 공군 마크가 그려졌다. 이 중 최소 2대가 독일 공군의 레흘린 실험 비행장(영국 공군의 판보로 공군 기지와 같은 역할을 한다)에 보내졌다. 분명 이들은 실험비행 용도로만 운용되었으며, 영국 상공에서 은밀 작전, 또는 영국 폭격기 스트림에 침투하는 목적으로 운용된 적은 없다. 일설에 따르면 독일 공군의 에른스트 우데트 장군도 이 웰링턴을 조종해 보았다고 한다. 우데트는 제1차 세계대전의 에이스 전투 조종사였으며, 독일 공군 장비 총감이었다.

사령부를 욕해 대고 있었다. 왜 훈족이 드글드글한 하늘에 폭격기 사령부의 웰링턴 기가 비행하고 있단 말인가? 게다가 왜 식별 등을 켜지 않은 채로 고공비행을 하고 있단 말인가? 그는 작전실과 통화하기 위해 전화기를 집어들었다.

무전망에는 멀게 들리는 사람들의 목소리로 가득 찼다. 그리고 지상에서 전달하는 임기응변식 명령이 여러 차례 나왔다. 비현실적인 광경이었다. 그러나 과학의 힘으로 만들어진 광경이었다. 이것이 20세기의 전쟁이다. 전자로 하는 전쟁이다.

계속 사람들의 말소리가 들려왔다.

"34. 4마일(7.4km) 전방에 적기다. 버스터."

"알았다."

"레이더 작동.102)"

"레이더 작동."

"13. 적기를 격추했나?"

"아직 하나도 못 잡았다."

"25. 귀환하라."

"나도 하나도 못 잡았다."

"배드 해트 16. 버튼 D로 전환해서 래그백을 호출하라."

배드 해트 16의 조종사는 당시 16세에 불과했던 앨런 그로우트였다. 그는 이 무전 메시지를 알아듣고 〈래그백〉의 지시를 받기 위해 주파수를 바꿨다. 〈래그백〉은 전진 통제소였다. 앨런은 유쾌한 신입 조종사였다. 비행 실력도 뛰어났다. 그의 행운을 빌어 주었다.103)

---

102) A.I.를 사용하라는 구령이다.

103) 1939년 당시 영국 남자들의 입대 가능 연령은 만 18세 이상이었다. 물론 생년월일을 속여

우리는 여전히 브라이튼 상공을 선회 비행하고 있었다. 왼편 저 멀리에는 사우샘프턴 상공을 비추는 탐조등 불빛이 보였다. 때때로 적은 수의 대공포탄도 발사되었다. 그런데 하늘 저 멀리에 붉은 점이 갑자기 나타났다. 처음에는 조명탄 같았다. 그러나 얼마 안 있어 그 붉은 점이 너무나도 느리게 움직인다는 것을 알게 되었다. 그리고 그 붉은 점의 꽁무니에서 불꽃이 튀었다. 그제야 나는 그것이 불붙은 항공기임을 알게 되었다. 그 붉은 점은 천천히 지상으로 떨어져 갔다. 너무나도 느리게 떨어져 지상에 도달하기까지는 평생이 걸릴 것 같았다. 그러나 실제로는 불과 2분이 소요되었다. 붉은 점은 갑자기 커졌다. 뭔가가 떨어져 나오는 것도 보였는데 아마 날개였을 것이다. 그걸로 끝났다. 붉은 점은 긴 흰색 불꽃 꼬리를 달고 조명탄을 쏘아 대며 지면을 향해 로켓처럼 급강하했다. 그 항공기는 독일기였을까, 아니면 영국기였을까? 결국 지면에 충돌한 붉은 점은 눈부신 주황색의 빛을 발하며 대폭발을 일으켰다. 폭광은 5초 동안 계속되다가 사그라들었다. 그러고 나자 마치 숯불을 연상케 하는 어두운 붉은 불빛만이 어둠 속에 홀로 남아 빛났다.

만약 떨어진 것이 독일기였다면 잔해 주변에서 소이탄 여러 발이 불타고 있었을 것이다. 그러나 이미 소이탄을 다 투하해 버린 독일기였을 수도 있다. 어쩌면 그건 아까 무전에서 언급된 아군의 웰링턴 기였을지도 모른다. 어쩌면. 누구라도 저 꼴이 날 수 있다.

무전은 또 들어왔다.

더 어린 나이에 입대한 사람도 있긴 했지만 말이다. 그러나 앨런 그로우트의 나이는 16세가 아니라 23세였다. 깁슨과 마찬가지로 그도 소년단 활동을 열렬히 후원했고, 제71 크로이든 소년단에 가입해 있었다. 그는 1941년 5월 10~11일 사이의 밤에 영불해협 상공에서 He111 항공기 1대를 격추했다. 그러나 1941년 7월 21일 밤 스테이플허스트 인근에 추락, 동승하고 있던 레이더 조작사 공군 상사 D. G. 패터슨과 함께 전사했다.

"배드 해트 17 나오라. 잘 들리는가?"

배드 해트 17은 내 호출부호였다. 나는 정신을 차리고 답신했다.

"잘 들린다."

"버튼 B를 눌러 켄리 관제소를 호출하라."

내 왼쪽에는 여러 개의 버튼이 붙은 작은 상자가 있다. 마치 흔한 라디오 처럼 생겼다.[104] 나는 그 상자에 있는 버튼 B를 눌렀다. 그러자 바로 켄리 기지 통제사의 목소리가 들렸다. 깊고 따뜻한 음성이었다. 마치 저녁식사 를 잘 한 사람 같았다. 그는 다른 사람과 통화하는 중이었다.

"잘 했다. 빈토 40. 기지로 복귀하라. 훌륭했다."

다른 비행대대의 항공기가 적기를 격추한 것이다. 나는 켄리 기지 통제 사를 바로 호출했다. 적기 격추 기회를 놓치지 않기를 바라면서 말이다. 켄 리 기지 통제사는 여유로운 목소리로 답했다.

"17. 180도 방향으로 가라."

영불해협 상공에 들어가자 그는 이렇게 말했다.

"자네 주변에 아직 적기가 있다. 호송대를 지어 호브에서 영국 해안을 건 너고 있다."

나는 "스퀘어 포(Square Four)"라는 말이 나올 것을 기대했으나, 그 후에 는 아무 말도 없었다.

---

104) 이 장비는 VHF 통신기의 제어장치다. 오프 스위치와 A~D버튼이 붙어 있다. A~D버튼을 누 르면 사전에 설정된 무선 주파수로 바로 넘어가 통신이 가능하다. 이 통신기는 통상 수신 모 드로만 작동된다. 하지만 오프 스위치를 누른 상태에서는 송신도 가능하다. 오프 스위치에 는 스프링이 내장되어 있으므로, 손을 떼서 압력이 해제되면 바로 원위치, 수신 모드로 돌아 간다. 오프 스위치는 잠금장치를 사용해 계속 눌러 있는 상태(송신 모드)로 유지하는 것도 가능하다. 이 장비에서 조종사가 선택할 수 있는 주파수는 4개뿐이다. 그러나 통신기 자체 는 내장된 수정 발진기를 교체해 주면 더 많은 주파수도 사용 가능하다. 다만 수정 발진기 교체는 지상에서만 가능하다.

"알았다. 이곳에 머물면서 선회 비행을 해야 하나?"

"그렇다. 선회 비행을 하면서 레이더를 작동시켜라."

우리는 좌선회했다. 후방석의 제임스는 장비를 조작하면서 레이더 화면을 주의 깊게 살폈다. 기회가 오면 내게 바로 알려 줄 준비가 되어 있었다.

"뭐라도 찾았나, 배드 해트 17?"

"아무것도 못 봤다. 청취하겠다."

"알았다."

그리고 나서 바로 보였다. 두 개의 배기구에서 불꽃을 뿜어내는 검은 그림자를 말이다. 나를 향해 다가오는 게 아니라, 내 왼쪽에서 나타나 내 오른쪽으로 날아가고 있었다. 잠시 동안 나는 자동차를 운전하는 듯한 기분을 느꼈다. 운전 시 다른 차가 가까이 오면 경적을 세게 울려서 충돌을 피하고자 한다. 묘한 경계심이 든 나는 마치 차량의 경적을 누르기 전처럼, 기관총 방아쇠에 건 내 손가락에 힘이 들어가는 것이 느껴졌다. 그러나 시간이 많지 않았다. 나는 조타 페달을 세게 걷어차 보파이터를 적절한 위치로 몰았다. 그리고 대공 조준기를 흘긋 보았다. 1칸 예측 사격을 하자. 아니, 2칸 하는 게 더 나으려나? 나는 예측 사격에 대해 별로 아는 바가 없었다.[105]

"봐라, 지미."

나는 나도 모르게 나직이 속삭이고 있었다. 잠시 동안 적에게 내가 들켰을지 모른다는 생각을 했다. 육군 보병들이 적의 초병 뒤로 몰래 다가가 공

---

105) 햄덴 폭격기는 제1차 세계대전 당시 전투기 기관총에 달려 있던 것과 같은 동심원형 대공 조준기를 달고 있다. 반면 보파이터는 더욱 정밀한 반사식 조준기를 갖고 있다. 반사식 조준기는 전등에서 나온 불빛이 일련의 렌즈를 통과, 조종사 앞에 놓인 경사진 유리에 조준점을 제시하는 방식이다. 조준점의 크기와 밝기는 조명 상황과 표적 항공기의 크기에 맞게 조절할 수 있다. 적기의 바로 뒤에서 사격을 하지 않는 한은 예측 사격을 해야 한다. 예측 사격 시에는 총탄이 명중하기까지 걸리는 비행 시간을 계산, 표적의 미래위치를 조준해야 한다.

격할 때의 기분이 딱 이럴 것 같았다.

조준을 완료한 나는 표적을 향해 기관포 4정, 기관총 6정을 모두 발사했다. 무장 발사로 인한 불빛이 밤하늘을 훤히 밝혔다. 사격의 효과는 놀라웠다. 표적은 순식간에 큰 폭발을 일으키고 그로 인한 불빛이 밤을 낮으로 바꿔 놓았다. 나는 표적이 빠르게 추락해 가는 모습을 보고 잠시나마 놀랐다. 이곳은 해상이었다. 표적에서 탈출한 사람은 없었다. 설령 있었더라도 바다는 정말 차갑다.

표적을 격추시켜 기쁘면서도 한편으로는 걱정이 되었다. 그게 진짜 적기인지 확인을 못 했기 때문이었다. 제임스는 나보다 더 흥분해서 계속 소리를 질러 댔다. 그러다가 둘 다 갑자기 흥분이 식었다. 이제 빨리 착륙해서 동료들에게 전투 이야기를 해주고 싶은 생각 말고는 없었다.

우리가 해안을 건너 육지 상공으로 다시 돌아왔는데 무전이 들려왔다.

"17 나오라. 4마일(7.4km) 전방에 적기. 고도 10,000피트."

우리는 18,000피트(5,400m) 고도에 있었다. 그래서 나는 속도를 얻기 위해 하강했다. 그러자 보파이터의 기체에서는 휘파람 소리가 났다. 보파이터의 별명이 휘파람을 부는 사신(死神)인 것도 무리는 아니었다. 그리고 제임스가 탄성을 질렀다.

"찾았다! 기장님. 바로 앞에 적기입니다. 고도는 우리보다 조금 낮습니다."

우리 항공기의 속도는 정말로 빨랐다. 대기속도는 330노트(시속 611km)나 되었다. 강하 중에 항공기 자세를 제어하느라 숨이 막힐 정도였다. 별안간 적기가 눈에 들어왔다. 적기는 사우샘프턴을 가리키는 표지판 마냥 잘 보이게 고도 6,000피트(1,800m)에 떠 있었다. 그러나 내가 방아쇠를 당기기 직전, 적기는 기체를 뒤집어, 소이탄 폭격을 당해 불타고 있던 작은 마을로 급강하했다. 우리는 적기를 끝까지 추적했다. 적기는 하강에서 벗어나지 못하고 땅에 추락해 폭발했다. 폭광으로 눈이 멀 지경이었다. 폭발 충격파가 우리 항공기의 날개를 뒤흔들었다. 마치 날개가 살아 있는 생물마냥 부르르 떠는 것 같았다.

잠시 시간이 지난 후에야 나는 켄리와의 통신을 재개했다. 충분히 상승한 다음에, 나는 그들에게 총 한 발 쏘지 않고 적기를 격추했다고 자랑했다.

켄리 기지의 통제사는 이렇게 답했다.

"알았다. 내가 봐도 이건 자네 전과인 것 같다."

"나는 총을 한 발도 쏘지 않았는데?"

"충분히 알고 있다. 착륙한 다음에 연락하라. A버튼을 눌러 복귀 항로를 획득하라. 잘 자라."

우리는 수수께끼에 빠진 듯한 기분으로 기지로 복귀했다. 적기와 두 번의 전투를 벌였지만 영 전투 같지 않았다. 우리는 제대로 한 것도 없었고 엉성하게 움직였다. 그러나 우리는 두 전투에서 완승을 거두었다. 정말 운이 좋았다. 한편으로는 조금은 부끄러운 마음도 들었다.

다음 날. 평소와 마찬가지로 전날 밤 출격했던 모든 조종사들은 정보 장교에게 출두했다. 우리 부대의 정보 장교인 공군 대위 히크먼은 일부 정보 장교들과는 달리 똑똑한 인물이었다. 그는 시력이 안 좋아 조종은 하지 않았다. 그러나 조종사들의 임무 수행을 위해 할 수 있는 모든 일을 했다. 무엇보다도 그는 젊고 맥주도 잘 마셨다.

그는 우리가 들어오자마자 이렇게 말했다.

"좋아요. 제군들. 어젯밤의 전적은 매우 화려했습니다. 총 18대의 독일기를 격추했습니다. 공격해 온 독일기 중 상당히 높은 비율입니다. 우리는 적을 상대로 성과를 거두고 있는 것 같습니다."

그의 말은 옳았다. 나는 조종사 한두 명이 다음번 야간 전투에 대비해 빨리 하늘로 날아가 A.I. 장비를 시험해 보지 못해 안절부절하는 것에 주의했다. 나는 히크먼도 그 점을 신경쓰고 있다고 생각했다. 보통 때의 히크먼은 세계 지도를 보며 전황을 설명하는 것부터 시작했지만, 이번만큼은 그걸 건너뛰고 제일 중요한 이야기부터 시작했기 때문이다.

"어젯밤 제군들 중 일부는 운수가 없었습니다. 험프리스의 A.I.는 적기 추적 중 고장을 일으켰습니다. 고든 클레그는 아군 보파이터에게 오인 사격을 당했고요. 그 때문에 클레그 기의 관측수가 다리 하나를 잃었습니다. 그래도 그 관측수는 건강에 다른 이상은 없습니다. 마틴의 무전기가 고장났지만 탐조등 불빛을 보고 귀환했다고 하네요. 어젯밤에 제대로 전투를 치른 항공기는 배드 해트 17 하나뿐입니다."

나는 그 말을 듣고 웅얼거렸다.

"난 꽤 운이 좋았구먼."

"그래요. 그러나 깁슨의 첫 격추를 확인해 준 것은 셀시 빌의 향토방위대와 해안경비대였습니다. 깁슨이 통제사에게 적기를 격추했다고 소리를 지른 바로 그 시각, 적기가 해상에 추락했다고 합니다. 그 정도면 충분하죠."

제임스가 질문했다.

"두 번째 적기는 어떻게 되었나요?"

"그게 좀 까다롭습니다. 우선 전투기 사령부에서는 그걸 깁슨과 제임스의 전과로 인정하라고 지시했습니다. 그래야 대공포수들이 그걸 자기들 전과라고 주장하지 못할 테니까요. 저희가 알기로도 어젯밤 해당 공역에서 대공포가 발사된 적은 한 번도 없습니다. 이 때문에 대공포수들은 그 적기를 자신들이 격추했다고 주장하지 않습니다. 그러나 탱미어 기지의 다른 비행대대에서는 그 적기를 자신들이 격추했다고 주장하고 있습니다."

"그렇다면 어쩌면 그 적기는 우리가 격추한 게 아닐 수도 있겠군요."

"그러면 손쓰지 않고 그냥 넘어가겠습니까?"

"그래서는 안 되죠."

"그럼 다음 얘기로 넘어가야지요. 그 적기의 승무원 4명이 비상 탈출해 우리 군의 포로가 되었습니다. 그들을 한 사람씩 격리하고 신문해 보니, 모두가 가장 먼저 쌍발 전투기의 공격을 받았다고 진술하더군요. 쌍발 전투기의 공격으로 항공기가 크게 손상되기는 했습니다만 그래도 아직 조종은 가능한 상태였다고 합니다. 그래서 그들은 리버풀을 폭격한다는 원 계획을 포기하고, 대신 사우샘프턴에 소이탄을 투하하기로 했습니다. 그러려고 하는데 항공기가 또 뭔가의 공격을 받아 날개가 잘려 나갔다더군요. 그들은 이 두 번째 공격의 실체를 알아 내지 못했고, 빨리 비상 탈출을 했다고 합니다. 탈출한 적 승무원 중 조종사는 어느 농가로 강하했는데, 그곳의 사람들이 적 조종사에게 차를 대접했다고 합니다. 적 조종사는 그야말로 넋이 나간 상태였답니다."

그레이엄이 말했다.

"그렇다면 격추 전과는 적기를 첫 번째로 공격한 쌍발 전투기의 조종사에게 가야 하지 않을까요."

제임스도 말했다.

"저도 그렇게 생각합니다."

"그 문제는 풀 수 없는 수수께끼지요. 그러나 방금 말씀하신 게 제일 좋은 답이라고 생각합니다. 이상입니다. 제군들. 오늘밤도 행운을 빕니다."[106]

---

106) 1941년 5월 3일~4일 사이의 밤에 있던 첫 교전 당시, 적기의 기종은 He111로 식별되었다. 그러나 실제로는 독일 공군 제77폭격비행단 제2대대 소속 Ju88A였을지도 모른다. 이

제임스와 나는 좋은 기분으로 그 자리를 물러나왔다. 요행 끝에 얻은 전과이기는 했지만 우리의 첫 격추가 인정받은 것이 기뻤다. 그래도 야간 전투기 세계에서는 한 대 격추도 매우 어려웠다.

지난 며칠간 리버풀은 독일 공군의 맹폭격을 얻어맞고 있었다. NFS(영국 소방청)의 맹활약에도 불구하고, 폭격으로 시작된 불은 날을 넘기도록 꺼지지 않고 있었다. 독일 공군은 화재를 표적 삼아 조준 폭격하기만 하면 되었다. 독일 공군의 폭격으로 인한 파괴는 끔찍했다. 그러나 우리 공군은 적기 중 다수를 격추시켰다. 이 때문에 일부 적 폭격기들은 우리 전투기들이 있는 공역을 피해, 아일랜드 해 상공의 우회 항로로 가야 했다. 이 우회 항로는 그만큼 더 비행 거리가 길었다. 그러면 독일 공군은 폭격기에 폭탄을 덜 실을 수밖에 없다. 그러면 그만큼 리버풀의 피해를 줄일 수 있다. 그리고 이 우회 항로로 비행해 대부분의 영국 야간 전투기를 피했다 하더라도, 앵글시 섬에 주둔한 영국 야간 전투기 부대가 한두 대 정도는 격추하곤 했다. 아일랜드 해 상공으로 비행해 온 독일 폭격기들은 리버풀 대신 더블린을 폭격하곤 했다.[107]

Ju88A는 손상을 입고 승무원 1명이 낙하산 탈출한 채로 귀환했다. 깁슨은 편대 비행하는 적기 2대를 찾으라는 지시를 받고 있었다. 그러던 그의 머리 위에, 왼쪽에서 출발해 오른쪽으로 가는 배기광이 보였다. 그는 배기광을 향해 2초 동안 사격을 가했다. 표적은 화재를 일으키며 분해되었다. 보그너 이북 고도 3,000피트(900m) 상공에서 그는 그가 사격을 가하기도 전에 화재를 일으키며 분해되는 He111기를 보았다. 적기와 깁슨 사이의 거리는 400야드(360m)도 되지 않았다. 이 항공기의 소속은 독일 공군 제53폭격비행단 제2중대였다. 이 항공기의 격추 전과는 결국 공군 중령 토머스 파이크(DFC 수훈자, 후일 공군 원수로까지 진급)에게 돌아갔다. 당시 파이크 중령은 탱미어에 주둔한 제219비행대대의 대대장을 역임하고 있었다. 파이크 중령이 그날 탑승했던 기체는 보파이터 If R2253호기였다. 같은 날 깁슨과 제임스 상사가 탑승했던 기체는 보파이터 If R2250호기였다. 이 항공기의 코드 레터는 RO-C. 애칭은 〈푸 뱅 제독 3호〉였다.

107) 1941년 5월 30일~31일 사이의 밤에 약 30대의 독일 항공기가 더블린 인근에서 발견되었다. 더블린에서는 그곳이 중립국 영토임을 알리기 위해 조명탄을 발사했다. 그러나 독일 공군은 더블린에 폭격을 가했고 28명이 죽었다. 더 많은 수의 부상자가 나왔고 400명의 이재

리버풀이 충분한 타격을 입자, 독일 공군 폭격기 사령부는 폭격을 그만 두었다. 이들은 주어진 임무를 잘 해냈다. 그러나 잉글랜드 북부인의 저력을 무시하는 우를 범했다. 폭격당한 도시 시민들의 사기가 크게 떨어졌다는 이야기들이 떠돌아다녔다. 그러나 잔인한 전쟁의 현실을 접한 시민들은 복수의 날만을 기다려 왔다. 물론 브레스트 폭격을 제외하면, 그들이 바라던 복수는 더디게 찾아왔다.

며칠 후 독일 공군은 국회의사당에도 야간 폭격을 가했다. 하원 의사당 건물이 피격당했다. 독일 공군은 총 250대의 장거리 폭격기를 동원해 우리 수도를 공격했다. 250대 전기가 던지니스에서 비치 헤드에 이르는 우리 해안선을 돌파한 시간은 불과 2분이었다. 이들은 해안선에서는 고공비행을 하다가, 내륙 상공으로 들어오자 급강하, 런던에 폭격을 가하고 저공으로 퇴출했다. 그들이 그런 전술을 사용한 것은 야간 전투기 및 충돌 사고를 피하기 위해서인 것 같았다. 두 적을 피하는 방식은 모두 같았기 때문이다. 그러나 그들은 우리 군의 맹렬한 반격을 당했다. 그날 밤은 만월이었다. 야간 전투기 운항에 이상적인 조건이었다. 이 날 적기 중 33대가 복귀하지 못했다. 그 외에도 많은 적기에 손상을 입혔다.

우리 대대에서는 앨런 그로우트가 2대를 격추했다. 봅 브래험도 크로이든 상공에서 1대를 격추, 통산 3대째의 격추 기록을 올렸다. 그 외에도 많은 조종사들이 적기를 격추했다. 기억에 남을 날이었으며, 런던 상공 항공전의 분수령이었다.

민이 발생했다. 이 항공기들의 원 폭격 목표는 브리스톨 또는 리버풀이었다. 그러나 이들은 항법 오류로 인해 더블린에 가서 폭격을 한 것이었다. 아일랜드 정부는 이 사건에 대해 독일 측에 공식 항의했다. 독일 측은 이 사건이 실수에 의한 것이며 고의가 아니었다고 해명했다. 1958년 독일 정부는 이때 발생한 인명 및 재산 손실에 대해 327,000파운드의 배상금을 지불했다.

나도 그날 밤 출격했다. 런던이 불타는 모습이 보였지만 그리 심하지 않은 것 같았다. 많은 독일 폭격기들이 폭탄을 런던 교외지역에 투하하고 있었다. 심지어 도킹, 길드포드에 폭탄을 투하하는 항공기도 있었다. 독일 공군의 폭격은 집중되어 있지가 않았다. 만약 그랬다면 런던은 더 큰 피해를 입었을 것이다. 알튼의 삼림에도 폭탄이 떨어져 1주일 동안 산불을 일으켰다. 그러나 이 산불은 실질적인 피해를 입히지 못했다. 그럼에도 일부 독일 항공기 관측수는 이 산불을 영국 항공기 공장의 화재로 보고했다.

런던 상공을 지키는 우리 군 대공포의 수준은 화력과 정확성 면에서 모두 형편없었다. 이 때문에 우리 전투 조종사들은 아군 대공포에 오인사격 당할 걱정을 할 필요가 없었다. 지독하게 운이 나빠야 아군 대공포에 맞을 수 있었기 때문이다. 폭격기를 타던 시절을 생각해 보면, 프랑스 마을 하나의 방공망이 런던 시의 방공망보다 더 수준이 높았다. 그것은 대공 사령부의 잘못은 아니었다. 독일은 우리보다 8년이나 앞서 방공망을 건설하기 시작했기 때문이다. 그러나 우리 야간 전투기들이 아무리 큰 전과를 거둔다고 해도, 대공포의 지원이 충분해야 적기가 런던 상공에 오래 머물지 못한다. 당시 육군의 대공포 사수와 탐조등 조작사들은 우리 야간 전투기 조종사들이 보기에 정말 짜증나는 사람들이었다. 근거 없는 자신감이 대단했기 때문이다. 그들은 지극히 박약한 근거 하나만 있어도, 그걸 가지고 자신들의 전공을 엄청나게 부풀리곤 했다. 우리 야간 전투기 조종사들은 확실한 것이 아니면 절대 말하지 않았다. 우리의 말이 적 야간 폭격기 저지 작전에 매우 중요한 역할을 차지하는 것을 알기 때문이었다. 모든 정보는 분석, 확인, 재확인을 거친다. 모든 전투 내용도 주의 깊게 처리된다. 더 잘 싸우는 방법은 없을까? 가진 장비를 다르게 사용하는 방법은 없을까? 하는 의문을 가지고 모든 정보를 처리한다. 그렇게 처리된 정보는 마스터 플랜의 일부가 되어 야간 전투기 사령부의 전투 효율을 높이는 데 기여한다.

그러나 5월 10~11일 사이의 밤에 있었던 전투에 대해서는 별로 할말이 없다. 내 로그북에 그 내용이 적혀 있다. 그 개요는 다음과 같다.

일자	항공기 기종	일련번호	조종사	관측수	임무	비행 시간
5월 10일	보파이터	2250	본인	공군 상사 제임스	런던 상공 야간 방공. 4대의 하인켈을 발견. 기관포 사격을 시도했으나 매번 고장을 일으킴	3시간 40분

(비고란에는 매우 추잡한 말이 적혀 있었다. 그러나 우리 대대장이 그것을 지우고 적절한 표현으로 고쳐 적어 넣었다.) 로그북의 항목은 다음과 같이 계속된다.

5월 11일: 해상에서 기관포 시험사격. 결과 불량

5월 12일: 기관포 시험사격. 1문만 사격됨

5월 13일: 기관포 시험사격. 전혀 발사되지 않음

5월 13일: 기관포 시험사격. 전혀 발사되지 않음

5월 15일: 기관포 시험사격. 모두 정상 발사

그 원인은 무엇이었나? 기관포 자체에는 문제가 없었다. 발사 버튼의 전기 솔레노이드가 고장난 것이었다. 요격 책임자인 제임스 상사는 이런 고장을 보고 격분했다. 훈족 4마리를 잡을 수 있었는데 다 놓쳐 버렸으니 말이다! 우리는 4개월간 초계 비행을 하면서 적기를 하나라도 볼 수 있으면 운이 좋다고 생각하던 터였다. 그런데 폭탄을 실은 적기를 4번이나 마주쳤지만 무기 고장으로 모두 놓쳐 버렸다. 그동안 놓친 대부분의 적기와는 달리 아주 확실히 보았음에도 말이다.

나의 이러한 실패에도 불구하고, 우리 군의 야간 방공 작전은 전반적으로 대성공을 거두었고 적기 격추율은 매우 높아졌다. 괴벨스는 호언장담을 늘어놓았지만, 이제 독일군은 밝은 달밤에는 더 이상 대규모 출격을 할 수가 없었다.

이후 5월은 별일 없이 지나갔다. 영국 본토로 들어오는 적기의 수는 매우 적어졌다. 물론 적을 완전히 전멸시켰다고는 생각할 수 없었다. 그러나 그 많던 적기들이 대체 어디로 갔는지는 수수께끼였다. 날씨가 좋을 때도 독일 공군은 모습을 보이지 않았다. 그러다가 독일의 크레타 침공 소식이 들려왔다.

우리는 크레타 섬으로 간 독일 공군이, 마치 하계 휴가를 즐기듯이 단번에 그 섬을 점령했다고 생각했다. 해상 중심적인 사고를 하는 이들 중에는 이렇게 말하는 사람들이 많았다.

"그럴 리가 없어. 히틀러는 너무 큰 피해를 입었다고."

그러나 독일은 항공력만으로 크레타 섬을 며칠 만에 정복하는 데 성공했다. 낙하산 부대, 글라이더 부대, 대공포화 제압용 전투 폭격기를 적절히 혼합 운용한 덕택이었다.

항공력은 독일 전격전에 결정적인 역할을 했다. 특히 상대국에 방공 전력이 없을 때는 그 효과가 더욱 높다. 나는 지금도 이렇게 말할 수 있다. 어떤 나라에 항공기가 그리 많지 않더라도, 대신 매우 많은 대공 화기를 보유하고 있다면 그런 나라를 상대로 한 항공력의 효과는 감소된다고 말이다. 이는 전쟁이 끝을 향해 달려가는 지금 현실이 되어 가고 있다.

그러나 독일 공군의 크레타 전투가 하계 휴가 마냥 쉽지만은 않았다. 우

YEAR 1941 MONTH DATE	AIRCRAFT Type	No.	PILOT, OR 1ST PILOT	2ND PILOT, PUPIL OR PASSENGER	DUTY (INCLUDING RESULTS AND REMARKS)
					TOTALS BROUGHT FORWARD
May. 1.	BEAU-	2250	SELF	SGT SAMES	AI AND LOCAL
„ 2	„	„	„	„	SECTOR RECCO. AI.
„ 3	„	„	„	„	N/F TEST.
„ 3	„	„	„	„	X RAID PATROL. NOTHING.
„ 5	„	„	„	SOLO	A/T TEST.
„ 5	„	„	„	F/SGT LARREY	TEST.
„ 7	„	„	„	SGT SAMES	AI PRACTICE
„ 7	„	„	„	„	X RAID - ONE DESTROYED BY LUCKY BURST. IT BLEW UP. ANOTHER DID THE SAME BEFORE I COULD OPEN FIRE!
„ 9	„	„	„	„	AI PRACTICE.
„ 9	„	„	„	„	X RAID PATROL. STOOGING.
„ 10	„	„	„	„	N/F TEST.
„ 10	„	„	„	„	X RAID PATROL. A BLITZ ON LONDON. SAW TWO HE III - BUT CANNONS WOULD NOT FIRE. DAMAGED ONE WITH BROWNINGS - NO CLAIM
„ 11	„	„	„	„	N/F TEST. ⎫ CANNONS
„ 13	„	„	„	„	N/F TEST. ⎬ WOULD NOT
„ 13	„	„	„	„	N/F TEST. ⎭ FIRE
„ 15	„	„	„	„	AIR FIRING AGAIN - N.B.G.
„ 19	„	„	„	„	CANNONS O.K. ALL FIRED.
				GRAND TOTAL [Cols. (1) to (10)] ....Hrs..............Mins.	TOTALS CARRIED FORWARD

He111 항공기와 조우한 깁슨의 로그북 항목(영국 공문서 보관국)

리는 몇 주가 지나서야 진실을 알게 되었다. 매일 밤마다 해가 저물 때면 우리는 회관에서 출격 대기 상태를 유지했다. 가장 먼저 들어온 것은 프랑스 해안 상공의 초계 임무였지만, 아무것도 발견하지 못했다. 이런 대가 없는 초계 임무는 우리를 피곤하게 했다. 그리고 어떤 때는 독일 야간 전투기에게 격추당할 위험마저 느끼곤 했다. 매일 아침 나는 자전거를 타고 집으로 퇴근했다. 이브는 나를 위해 아침식사를 준비해 놓고 있다가 내가 집안에 발을 들여놓을 때면 그녀는 눈을 빛내며 물어 보았다.

"어제는 몇 대나 격추시켰나요?"

"한 대도 못 잡았어요."

"그래요, 아침식사 준비해 놨어요. 침대에서 드셔도 돼요."

그러면 깨끗한 이부자리에서 또 몇 시간을 잔다. 밤의 출격을 준비하기 위해서.

그러나 6월 22일, 우리 중 일부는 하인켈을 찾기 위해 해가 뜨기도 전에 비행 중이었다. 하인켈 기는 우리 군의 상선단을 정찰하기 위해 이른 새벽에 비행하는 경우가 있었기 때문이다. 야간 전투기들이 착륙하면 스피트파이어들이 뒤를 이어 이륙했다. 그레이엄은 클럽하우스 문가에 피곤한 표정으로 서 있었다. 그는 대기실에 놓여 있던 침낭에서 기상한 직후였다. 취침 전 4시간의 야간 비행을 했던 그의 눈은 빨갛게 충혈되어 있었다. 그의 머리카락은 떡이 져 있었고, 얼굴에는 항공기 오일이 발라져 있었다. 항공기 캐노피가 제 기능을 못 하기 때문이었다. 우리 모두는 3일 연속으로 야간 출격했고 그레이엄은 그 3일 동안 면도를 하지 않았다. 그러면 다른 대원들은 어떤 모습일지 안 봐도 뻔할 것이다. 아침 일찍부터 그런 꾀죄죄한 사람들을 봐야 하다니.

그는 내게 말을 걸었다.

"안녕하십니까. 소식 들으셨습니까?"

내가 무슨 소식일지 전혀 모르는 걸 알면서 한 말이었다.

"무슨 소식 말인가? 나는 2시간 동안 비행하고 나서 여기 바로 왔다네."

"독일이 소련을 침공했답니다."

안 그래도 지난 며칠간 그럴 거라는 소문이 퍼져 있었기에 나는 당황하지 않았다.

"그렇다면 훈족 놈들은 지금쯤 다들 소련에 가 있겠구먼."

방금 착륙한 랜스가 끼어들었다.

"그렇지요. 덕분에 몇 주는 푹 쉴 수 있을 것 같습니다."

"그럴 리가. 우리 첩보원들에 따르면 훈족은 영국이 소련에 보급품을 보낼 수 없도록 강어귀에 기뢰를 대량으로 부설하고 있대. 이 때문에 우리는 저공에서 독일 항공기들을 요격해야 돼. 그것도 힘든 일이 될 거야."

"구체적으로 무슨 일 말씀이죠?"

"기뢰를 부설하는 독일 항공기를 요격해야 한다니까."

그러고 나서 기지에 조간 신문이 배달되었다. 나는 한 부의 신문을 집어 들어 집에 가져갔다. 어떤 신문에서는 독일의 소련 침공은 앞으로 불과 몇 주 내에 결판이 날 거라고도 말했다. 소련은 핀란드에 맞서 졸전을 벌였기 때문이다. 또 어떤 신문에서는 히틀러가 너무 늦게 소련을 침공했다고 주장했다. 지금 침공해도 모스크바 근처에도 가기 전에 겨울이 올 것이고, 그러면 나폴레옹처럼 패배하고 만다는 것이었다. 상황을 매우 정확하게 꿰뚫어 본 신문은 딱 한 군데였다. 그 신문에서는 만약 소련이 침공 이후 100일간 견뎌 낸다면, 독일은 더 이상 진격할 수 없다고 보았다. 그만큼만 견디면 소련은 인력 총동원이 가능하다. 소련이 동원할 수 있는 인력의 규모는 어마어마하다. 그 인력을 총동원하면, 독일 국방군의 진격도 멈출 수밖에 없다는 것이다.

이후 며칠간 상황은 긴박하게 굴러갔다. 소련이 영국과 동맹을 맺었다. 동쪽으로 진격하는 훈족은 브레스트 리토프스크와 리가를 순식간에 점령했다. 소련의 스탈린 원수는 방송을 통해 소련 국민들에게 유명한 청야 정책을 발표했다. 그리고 7월 7일, 소련군은 드네프르까지 후퇴했다. 그러나 후퇴하는 길에 남긴 모든 물자를 다 불태우고 갔다. 이 전쟁의 또 다른 신기록이 수립되고 있었다. 히틀러가 직관에만 의존해 노르웨이를 침공했을 때는, 모두가 히틀러가 큰 실수를 범했다고 생각했다. 그러나 이번에는 소련 국민들을 제외하고는 누구도 그렇게 생각하지 않았다. 국민 여론이라는 것은 거의 언제나 틀리다. 그러나 1941년 6월 22일 히틀러가 내린 결정은 자살이나 다를 바가 없었다.

이제 소련인들은 영국인의 친구이자 동맹이 되었다. 독일이 소련을 침공한 덕분에 영국인들은 독일 공군의 공습에서 어느 정도 벗어날 수 있었다. 영국 공군의 야간 전투기 비행대 중 상당수는 이제 독일 야간 폭격기를 격퇴할 신장비의 성능을 가다듬을 시간을 벌었다. 또한 기뢰를 부설하는 독일 항공기를 격추할 시간도 얻었다.

독일의 기뢰 부설 항공기들은 격추하기 어려웠다. 일단 자국 영공을 떠나면 영국 본토에서 30마일(55km) 지점에 올 때까지 저공 고속비행을 했다. 그 지점에 도달하면 고도를 4,000피트(1,200m)로 높여 손쉬운 위치 전환이 가능하게 한다. 그다음 다시 강하해 기뢰를 투하한다. 우리 군의 기존 장비로 이들을 요격하려면, 이들이 상승하는 정확한 위치를 알아야 한다.[108] 물론 매우 어려운 일이다. 또한 전례 없이 정확한 비행을 해야 한다. 통제사가 우리에게 분당 250피트(75m)의 속도로 고도를 낮추라면 그렇게 해야 한다. 만약 그대로 못 하면 적기를 놓치는 것이다. 대기 속도계 기준으로 시속 180마일(333km)로 비행하라면 정확히 그대로 해야 한다. 켄트

108) 지상 통제사들은 체인 홈 저공 레이더를 사용해 저공비행하는 독일 기뢰 부설 항공기를 발견할 수 있었다. 그러나 항공기에 탑재되는 A.I. IV 레이더의 탐지거리는 탑재 항공기의 고도에 비례해 낮아진다. 탑재 항공기의 고도가 5,000피트(1,500m) 이하가 되면 사실상 무용지물이 된다. 지상에서 올라오는 레이더 반사파가 너무 심해져 적기를 탐지할 수 없다. 이 때문에 1941년 11월부터 센티미터파(극초단파) 레이더인 A.I. VI가 개발되었다. 조작사의 실력이 뛰어나다면 이 레이더는 저공에서도 최소 100야드(90m)~최대 4마일(7.4km)의 탐지 거리를 자랑했다. 하지만 레이더파가 비추는 범위는 좁아졌기 때문에 레이더 안테나를 계속 나선형으로 돌려가며 탐지할 필요가 있었다. 이 레이더 안테나를 수납하기 위해 보파이터에는 새로 설계된 레이돔이 장착되었다. 이 레이돔에는 골무(thimble)라는 별명이 붙었다.

주의 벼랑에는 특별 무선국이 설치되어 네덜란드 해안에 나가 있는 영국기와도 통신이 가능해졌다. 또한 이 무선국은 그 정도 떨어진 영국기의 위치도 확인할 수 있었다. 우리는 밤낮을 가리지 않고 훈련했다. 적 해안이 보이는 곳에서 훈련한 적도 많았다. 아군기를 상대로 요격 연습을 했다. 또한 어떤 때에는 우리 상선단을 공격하는 적기를 상대로 요격 연습을 했다. 언제나 독일군은 우리 군의 무전 주파수를 수신할 수 있는 전투기를 해당 공역에 보내서 우리 통제사의 위치를 알아내고 우리 전투기들을 추적했다. 그러면 네덜란드 해안에 낮게 깔린 구름들을 배경으로 목숨을 건 숨바꼭질이 벌어지곤 했다.

영국 전시 내각의 대대적 개편이 발표되었을 때, 우리 기지에서도 대규모 인사 이동이 있었다. 찰스 위도우스는 기지 사령관이 되었다.[109] 우리 대대의 신임 대대장으로는 테드 콜벡 웰치 중령이 부임했다. 그는 유쾌한 인물이었다. 인격도 뛰어났고, 좋은 아내를 두고 있었다.[110] 봅과 나는 편대장이 되었으며, 동시에 소령으로 진급했다.

며칠 후 대대는 이 새로운 방식의 전투에서 첫 승리를 거두었다. 봅이 사

---

109) 위도우스는 1941년부터 1942년까지 영국 공군 웨스트 말링 기지를 지휘한 이후, 공군 대령으로 진급해 제11, 제12비행단의 본부에서 야간 작전 참모 임무를 수행했다. 1944년에는 제85비행단에서 근무했다. 이후 연합 원정군 최고 사령부에서 조직과장을 맡았다. 그는 공군 준장으로 퇴역했으며, 건지에 정착해 생활했다. 그가 사망한 것은 지난 2010년 1월. 100세 생일이 3개월 지난 후였다.

110) 에드워드 콜벡 웰치는 1933년 9월 영국 공군에 입대했으며, 1934년부터 1937년까지는 해안 사령부 예하 제22비행대대에서 복무했다. 이후 1938년까지 교관으로 근무했다. 이후 제600, 제219비행대대(블레넘 기 장비)를 거치면서 중령으로 진급했다. 그리고 1941년 6월 14일에는 제29비행대대의 대대장으로 부임하게 된다. 이 부대에서 그는 3대의 확인 격추 기록, 2대의 미확인 격추 기록을 세운다. 1942년 참모 대학을 졸업한 후, 그는 여러 임무를 수행했다. 1945년 당시 그의 보직은 방공 작전 차장이었다. 그는 1960년까지 영국 공군에 남았으며, 퇴역 시 계급은 공군 소장이었다. CB(제3급 바스 훈장), OBE(대영제국 제4등 훈장), DFC를 수훈했다. 그는 1994년 향년 79세를 일기로 타계했다.

우스포트 인근 상공 고도 6,000피트(1,800m)에서 적기 1대를 격추한 것이다. 탑재하고 있던 모든 기뢰가 유폭되면서 적기는 불타 바다에 떨어졌다. 몇 분 후 제임스가 고도 4,000피트에 하인켈 기 1대가 있다고 알려 주었다. 나는 적기에 2초간의 기총사격을 가했다. 적기는 화재와 스핀을 일으키며 쉬어니스 앞바다로 추락했다.[111] 다른 비행대대에서도 한 대를 격추했고, 그 적기는 하리치 인근 습지대에 추락했다. 3대가 격추되었고 이는 그날 독일이 보낸 항공기 중 약 20%에 해당되는 규모였다. 훌륭한 전과였다. 그러나 그날 밤은 맑아서 시정이 좋았다. 악천후 속에서도 이만한 전과를 거두는 것이 다음 목표였다.

로빈 마일즈와 랜스 마틴은 일주일도 안 되어 그 목표에 도달했다. 둘 다 구름 밑을 비행하던 적기의 배기관에서 나오는 불빛을 보았다. 두 사람 다 적기를 정조준해 격추하는 데 성공했다. 모두가 그들의 전공을 찬양했다.

그들이 격추한 적기의 생존자 중 한 사람은 우리 기지에 연행되어 와서, 정보 장교에게 신문을 받았다. 나는 그 정보 장교를 얼마 후 장교 회관에서 볼 수 있었는데 그는 포로와 이야기를 나누고 무척이나 화가 났다고 했다.

"살면서 그렇게 뻔뻔한 놈은 본 적이 없어요. 미친 놈 같았어요. 히틀러가 앞으로 한 달 내에 소련을 정복할 것이고, 연말에는 런던을 정복할 거라고 떠들지 뭡니까."

---

111) 1941년 7월 6일~7일 사이의 밤, 깁슨은 여러 차례 적기를 추적했지만 모두 실패했다. 그러다가 템즈 강어귀 상공을 날던 독일 공군 제4폭격비행단 제8중대 소속 He111(일련번호 3840, 코드레터 5J+CS)기에 유도되었다. 깁슨은 고도 5,500피트(1,650m)에서 비행하는 적기를 발견하고 적기의 좌현으로 파고 들었다. 적기의 하방에서 접근하다가 적기와의 거리가 50야드(45m)로 좁혀지자 사격을 가했다. 총탄이 적기 내부로 파고 들어가고, 파편이 튕겨나왔다. 파편 중 일부는 깁슨의 보파이터와도 충돌, 작은 흠집을 남겼다. 이 하인켈 기는 0147시 시어니스의 화이트힐 배터리 앞바다에 추락했다. 하인켈 기의 기장 안데를레 소위 이하 탑승자 전원이 전사했다. 여기서 깁슨은 또다시 지명과 일자 표기에 착오를 일으켰다. 당시 깁슨의 항공기는 랭카셔 주 사우스포트 상공이 아닌, 웨스트 말링에서 출격했다.

"미국의 보급 물자는 어쩌고?"

"그 친구는 독일 해군의 U보트가 미국의 보급 물자를 거의 다 가라앉혀 버리고 있다고 믿더군요."

그건 어느 정도 사실이었다. 영국의 대잠전 현황은 심각한 수준이었다. 그러나 우리 공군과 마찬가지로, 해안 사령부도 보이지 않는 적에 맞서 잘 견디고 있었다. 곧 잠수함 탐지용 신형 전자장비가 나오면, 대책이 될 것이라고 생각했다.

"그 외에 다른 말은 없던가?"

정보 장교는 우울하게 답했다.

"아무 말도 없었어요. 아! 이런 말은 하더군요. 자기를 잘 봐줘서 캐나다로 보내줄 수 없냐고 물었어요. 캐나다에 가면 더 쉽게 탈출할 수 있을 거라고 생각했나 봐요. 자기가 캐나다에 가면, 나중에 영국이 독일에게 패배했을 때 자기도 내 얘기를 잘 해줘서 좋은 대우를 받게 해주겠대요. 그런 얘기를 들으니 너무 화가 나서 그 친구를 때려서 이빨을 부러뜨릴 뻔했어요."

정보 장교는 그러고 나서 뭐라고 웅얼거리다가, 컵을 들고 한참을 들이켰다.

이것이 바로 적 독일인의 실체다. 자신감에 가득하고, 야만적이며 지독하리만치 부지런하다. 추잡할 수밖에 없는 자들이다.

그해 여름이 저물어 가면서 내 속에서도 뭔가 동요가 일어나기 시작했다. 그 정확한 실체가 무엇인지는 아무도 모를 것이다. 대대 생활은 매우 행복했다. 모두가 매우 친절했고 사기도 높았다. 심술궂은 사람도 없고 타인을 험담하는 사람도 없었다. 질투가 심한 사람도 없었다. 모두가 비행을 좋아했고 비행 실력도 뛰어났다. 물론 파티도 좋아했고 파티 때마다 아주 잘 놀았다. 이들에게 야간 비행은 전혀 위험하지 않았고 즐거운 놀이에 가까웠다. 이 부대에서는 신경을 곤두세울 만한 일이 하나도 없었다. 이대로라면 영원히 버틸 수 있을 것 같았다. 휴가도 자주 정기적으로 돌아왔다. 여름휴가 때는 이브, 데이브를 데리고 콘월의 세인트 마위스로 갔다. 거기서 형편없는 세일링 보트 실력으로 현지 선원들의 웃음거리가 되었다. 그들은 이렇게 말했다.

"조종사 양반들, 스피트파이어 조종 실력은 훌륭한데, 우리 보트 조종 실력은 아직 멀었구먼!"

그 말은 사실이었다. 우리는 반박할 수 없었다. 그래서 우리는 보트 뒤에 하인켈 기에서 노획한 구명정을 매달고 다녔던 것이다. 만에 하나 잘못되면 바로 탈출할 수 있도록 말이다. 그래도 즐거운 휴가였다는 데는 이견이 없었다.

찰스 위도우스 사령관이 이끄는 우리 기지는 즐거웠다. 위도우스 사령관과 사모 니키는 장병들을 즐겁게 해주는 방법을 잘 알고 있었다. 회관에서 열리는 파티는 언제나 화끈했다. 내 새로운 반려견인 래브라도종 강아지 〈니거〉를 회관에 들여보냈지만 누구도 싫어하지 않았다. 니거는 훌륭한 항공기 승무원이기도 했다. 그는 거의 모든 초계 비행 때마다 항공기에 동승했다. 비행기에 타면 니거는 목말라했다. 니거는 맥주도 매우 좋아했다.

그때쯤 현지인들과도 친숙해졌다. 모든 주민들이 우리 장병들과 부부동반 식사를 하고 싶어 했다. 쉘던, 빈챔 같은 현지 주민 이름은 부대 내에 모르는 사람이 없을 정도였다. 특히 빈챔 씨는 매주 월요일 밤마다 우리 대대원들을 초청해 파티를 열어 주었다.[112] 나는 월요일 밤을 비번으로 설정하고, 차량 호송대를 편성해 바람 부는 언덕을 올라 에버 하우스로 갔다. 거기 가면 맥주가 강물처럼 흐르고, 언제나 즐거운 노랫소리가 울려 퍼졌다. 랜스는 피아노도 잘 쳤다. 켄을 비롯한 소수의 장병들이 연극을 하기도 했다. 그들은 노엘 코워드가 쓴 유명 극본을 매우 잘 연기했는데, 사람들에게 매우 인기가 좋았다. 정말 즐거운 시기였다. 바깥세상이 어찌 굴러가든 전혀 신경쓰지 않았다. 그 시기야 말로 여러 면에서 내 삶에서 가장 행복했던 때 같다. 그러나 내 머릿속 한편에서는 불안감이 싹트고 있었다.

적 폭격기 활동은 주야간을 막론하고 거의 종식되었다. 이제는 때때로 해안 도시들에 소규모 공습을 가하는 정도였다. 한 번은 독일 공군의 융커스 Ju87이 나타났다. 영국 전투가 끝난 이래 그 기종이 다시 모습을 보인 것은 그때가 처음이었다. 적기가 나타난 것은 아직 완전히 어두워지지 않았을 때였다. 덕분에 나는 운이 좋게도 Ju87 2대를 격추했다. 벼랑에서 혼자 근무를 서고 있던 감시원이 그중 한 대가 바다로 떨어지는 모습을 보았다고 증언했다. 그러나 이 격추 기록은 공인되지 않았다.[113]

우리 항공기에는 안개 속에서도 착륙할 수 있게 해주는 신장비가 장착되었다. 봅 브래험은 시정이 300야드(270m)도 되지 않을 때 이 장비로 착륙

---

112) 가이와 이브는 이스트 말링의 클레어 코티지로 이주했다. 그들은 곧 현지인들과 친해졌다. 그중에서도 웨스트 팔리 인근 에버 하우스의 토머스 글래드스톤 빈챔(〈글래드〉라는 별칭으로 유명했다)과 그의 부인 글래디스와의 친교는 각별했다. 빈챔 부부는 매주 월요일마다 공중 근무들을 집에 불러 파티를 열었다. 글래드 빈챔은 사업가로, 리즈 제지의 회장이었다. 또한 소년단 구위원이기도 했다. 그는 1921년 메이드스톤에 소년단 제1토빌 중대를 창설했다. 어렸을 적에 소년단 활동에 열심히던 깁슨은 동료 장교 여러 명과 함께 이 곳을 방문해 소년단을 지원했다. 깁슨이 기르던 블랙 래브라도 강아지 〈니거〉도 빈챔의 조카인 조안이 준 것이다.

113) Ju87 슈투카는 보파이터로 요격하기 어려운 항공기였다. 그러나 깁슨은 1941년 10월 21일에 이 항공기 2대에 손상을 입혔으며, 이 전과는 공인받았다. Ju87은 적 전투기가 접근해 올 경우 다이브 브레이크를 사용하며 수직 급강하를 해서 피했다. 보파이터는 다이브 브레이크가 없었기 때문에 스로틀을 최소로 하고 반횡전을 해도 금세 하강 속도가 너무 빨라졌다. 그러면 슈투카에 사격을 해보기도 전에 슈투카를 추월해 버리기 일쑤였다. 그럴 경우 조종사는 최대 안전 속도를 넘기 전 하강을 멈추는 것 외에는 다른 선택의 여지가 없었다.

을 성공시켰다. 나 역시 시정이 600야드(540m)일 때 이 장비로 아무 문제 없이 착륙을 성공시켰다.[114] 초저공으로 비행 중인 적기를 격추시킬 수 있게 해 주는 장비들도 개발되었다. 우리는 그 장비로 많은 훈련을 했으며, 그 장비를 매우 능숙하게 사용할 수 있게 되었다.[115]

즐거웠지만 뭔가가 충분치 않았다. 11월 말의 어느 날이 되자 그 이유를 정확히 알게 되었다. 스캠턴 기지 관제소의 당직 장교는 황혼 무렵에 갑자기 나타난 보파이터 한 대를 보고 놀랐다. 그 항공기는 옛 A편대 소산(dispersal) 지점에 평범한 착륙을 했다. 그 항공기의 조종사는 바로 나였다. 나는 바로 무전을 통해 장교 회관에 잭 키노크를 불러오라고 지시했다.

공군 소령으로 진급한 키노크는 장교 회관에 나와서 나를 만났다. 그는 예전 비행대대의 전투 임무로 복귀했다. 그러나 익숙하던 얼굴 다수가 사라져 있었다. 길란은 전투기 부대로 전속되었다가 첫 전투 파견에서 격추당하고 말았다. 〈대령〉 바커는 며칠 전에 작전에 나갔다가 돌아오지 못했다. 재키 위더스는 영국군 야간 전투기의 오인 사격으로 격추당해 전사하

---

114) 기지로 복귀하는 전투기의 항법을 돕기 위해, 유도 비컨이 지상에 설치되었다. 이 유도 비컨은 A.I.가 송신하는 전파를 반사하는데, 이 반사파는 레이더 스크린에 또렷한 광점으로 나타난다. 그러면 레이더 조작사는 기지에서 60마일(111km) 떨어진 지점에서부터 이 유도 비컨의 위치를 알아내고, 조종사에게 올바른 항로를 지시할 수 있다. 착륙 보조 용도로 로렌츠 시스템도 사용되었다. 항공기가 활주로 중심선 왼쪽에 있을 때는 점 신호가, 오른쪽에 있을 때는 선 신호가 발신된다. 그리고 항공기가 활주로 중심선을 정확히 따라갈 때는 점 신호와 선 신호가 동시에 계속해서 나온다. 이런 상태를 영국 공군에서는 온 더 빔(on the beam)이라고 한다,

115) 1941년 여름부터 독일 공군은 소규모 일격이탈식 폭격을 시작했다. 폭격 고도는 5,000피트(1,500m) 이하였다. A.I.의 최소 유효고도 이하였다. 이에 맞서기 위해 영국은 고도 500피트(150m)까지의 적기를 탐지하여, 아군 전투기를 유도할 수 있는 지상 배치 레이더(체인 홈 로우)를 개발했다. 보파이터는 적기보다 높은 고도를 유지하면서 A.I.의 지상 반사파를 피하고 있다가, A.I.에 레이더 접촉이 뜨면 고도를 낮춰 표적으로부터 1,000야드(900m) 이내로 들어가 시각 접촉을 했다.

고 말았다.[116] 찰스 키드는 맨체스터로 갔다. 토니 밀스, 어린 딕슨, 그 외에 나머지 모든 사람들도 제 자리를 떠났다. 그러나 그들의 실력은 변함없었다. 벨을 누르자 웨이터가 왔다. 우리는 맥주를 주문했다.

〈오드〉라는 이름의 승무원이 내 질문에 대답해 주었다.

"상황은 더욱 어려워지고 있어요. 적 대공포의 수준은 예전과 똑같아요. 적 탐조등은 엄청나게 강력해졌고요. 독일군은 루르 강을 따라 대규모 방공망을 설치했죠. 폭이 20마일(37km) 정도 됩니다. 그 방공망은 네덜란드 해안부터 파리까지 이어져 있어요. 우리 폭격기들은 진입하고 이탈할 때 그 방공망을 돌파해야 돼요. 그걸 피해서 갈 방법은 없어요. 어떤 사람들은 저공비행을 하면 된다고 하는데, 우리 중에 독일군의 레이더를 피할 만큼 초저공비행을 할 수 있는 사람은 없어요. 햄덴 폭격기도 너무나 심하게 노후되어 있고요."

"표적은 어떤가? 여전히 군사 목표물을 폭격하는가?"

"늘 비슷하죠. 다만 제1차 표적을 발견하지 못할 경우, 사용하지 않은 폭탄을 회수한다는 정책은 이제 포기했어요. 요즘은 공업지대 한복판에 폭격 목표를 설정해요. 그렇게 하면 설령 폭탄이 한 곳에 제대로 모이지 못한다고 해도 중요한 표적을 때릴 수 있죠."[117]

---

116) 공군 중위 존 '재키' 위더스는 워딩턴의 제207비행대대에 배속되었다. 그는 1941년 6월 21~22일 사이의 밤에 아브로 맨체스터에 탑승해 워딩턴 기지를 이륙, 노샘프턴 상공에서 볼로뉴로 기수를 돌렸다. 그러나 그는 그곳에서 영국 공군 제25비행대대의 보파이터에게 격추당했다. 위더스 이하 전 승무원이 전사했다.

117) 영국 공군이 지역 폭격으로 정책을 전환한 것은 1941년 8월 18일에 나온 어떤 연구 보고서 때문이었다. 그 보고서의 주저자는 전시 내각 사무국 소속 공무원인 데이빗 버트였다. 그는 633매의 폭격 결과 사진을 폭격 승무원들의 주장과 비교 대조하였다. 그 결과는 실망스러웠다. 표적을 제대로 찾아 공격했다는 항공기 중 불과 1/3만이 표적으로부터 5마일(9.3km) 이내에 폭탄을 명중시켰기 때문이다. 해당 연구를 의뢰한 처칠 총리의 수석 과학 자문 처웰 경은, 1942년 5월에 발표한 회람을 통해 개발 공장과 도시 지역 표적을 정밀 폭격하는 것보다는 지역 폭격이 더욱 효과적이라는 요지의 주장을 했다.

"작전마다 폭탄은 얼마나 가지고 나가는가?"

"대규모 작전일 경우 약 400톤 정도지요. 중동에서 공세만 안 했으면 더 많이 가져갈 수도 있었을 텐데요."[118]

"800톤가량 가져가는 때도 있다고 들었는데?"

"스털링 폭격기들이 출격하면 가능해요. 연료를 덜 실으면 루르에 기당 폭탄 3,000파운드(1.35톤)씩 싣고 갈 수도 있어요."

"좋은 아이디어로군! 명중률은 어떤가?"

"일부 항공기에는 폭격 전과를 촬영하는 카메라가 있어요. 하지만 적 탐조등의 불빛과 기만체, 대공포화 때문에 정확한 폭격은 사실상 불가능해요. 월광이 아주 밝을 때라면 또 모르지만요. 날씨도 매우 안 좋아요. 그래서 폭격 명중률을 높이려면 구름 아래로 가야 하지요. 하지만 그러면 너무 어두워서 표적이 보이지 않을 때도 많아요. 폭탄이 표적에서 최소 10마일(19km) 이상 떨어진 곳에 탄착하는 건 다반사지요."

"그러면 그 카메라는 어떻게 쓰는 거야?"

"현재까지는 보급된 수가 그리 많지 않아요. 그래서 모두가 돌아가면서 써 보는 중이지요. 그걸 가장 잘 사용하는 인원을 찾기 위해서예요. 카메라를 가장 잘 사용하는 승무원들은 표적에 먼저 들어가서 표적을 밝게 비추죠. 가능하면 소이탄을 투하해서요. 하지만 그래도 독일군이 실제 표적으

---

118) 1941년 하반기 폭격기 사령부가 보유한 작전 비행대대의 수는 47개. 이 중 대부분이 웰링턴, 휘틀리, 햄덴을 장비하고 있었다. 중동에서 벌어지는 전쟁을 지원하기 위해 지중해에 이 중 웰링턴 비행대대 4개를 배치해야 했다. 이후 폭격기 사령부는 다수의 핼리팩스 비행대대를 지중해에 추가로 배치했다. 또 해안 사령부에도 여러 개의 폭격기 비행대대를 배치해 주었다. 맨체스터 폭격기는 탑재한 벌처 엔진의 신뢰성이 낮아 오래 운용되지 못했다. 향후 폭격 공세의 선봉은 스털링, 핼리팩스가 맡았다. 랭커스터 폭격기도 1941년에는 아직 취역하지 않았지만 이후 폭격 공세에서 많이 쓰이게 되었다. 그러나 폭격기 사령부의 4발 중폭격기 가동 기체의 수는 1941년 내내 50대를 넘어 본 적이 없었다.

로부터 몇 마일이나 떨어진 기만체에 소이탄을 터뜨리는 식으로 기만 전술을 구사할 수 있어요. 저도 카메라를 써 본 적이 있어요. 적의 기만 작전 결과는 놀라웠죠. 어떤 친구들이 찍은 사진을 보니 표적에서 한참 떨어진 공터 사진만 잔뜩 찍어 왔더라고요. 저 역시 그랬고요."

"그 사진을 통해 폭격 정확성을 알 수는 없는 거야?"

"조준점으로부터 수백 야드 이내에 폭탄이 떨어지면 가능해요. 폭탄을 투하할 때 조명 폭탄도 같이 투하하게 되죠. 조명 폭탄은 고도 3,000피트(900m)에서 격발돼서 지면을 비추지요. 그러면 카메라 셔터가 적절한 시간 동안 열려서 사진을 찍어요. 매우 사용하기 간단합니다."[119]

내 항공기의 관측수가 끼어들었다.

"모든 항공기에 카메라를 장착해야 폭격 정확성을 높일 수 있고, 적에게 더 큰 타격을 줄 수 있을 것 같은데."

"공군에서는 그렇게 하려고 하는 중이야. 그렇지만 기술적 문제가 있지. 그래도 과학자들은 그 문제를 해결하려고 열심히 연구 중이야. 정말 필요한 건 신형 항공기야. 낡은 햄덴으로는 더 이상..."

우리는 1~2시간 동안 이야기했다. 그리고 동료들의 이륙 모습을 보기 위해 활주로 조명등으로 갔다. 예전과 이륙 모습은 똑같았다. 활주로 밖 들판에 있는 큰 능선을 넘은 다음, 누군가에게 걷어차이기라고 한 듯 높은 고도로 급히 상승했다. 임무가 없는 장병들이 모여 이륙 신호 조명탄이 터지자

---

119) 일반 폭탄과 동시에 투하되는 사진 촬영용 조명 폭탄은 마그네슘 플래시 분말을 함유하고 있다. 항공기 비행고도와 지면 사이의 중간 지점에서 폭발하도록 신관이 설정되어 있다. 이 조명 폭탄의 폭발과 동시에 전기식 타이머가 카메라 셔터를 8초 동안 연다. 조명 폭탄은 불과 몇 분의 1초만 발광하지만 그 광도는 2억 촉광이다. 8초 노출이라면 카메라가 지면의 모습을 필름에 자세히 담기에 충분한 시간이다. 처음에는 이 카메라 장비가 인기가 없었다. 이 장비는 폭격의 정확성을 기록할 뿐 아니라, 조종사가 이 장비로 폭격 현장을 정확히 촬영하려면 30초간 수평직선비행을 해야 했기 때문이다.

손을 흔들며 환송하는 모습도 똑같았다. 내가 있을 때와 같은 부대 혼과 기백을 유지하고 있었다. 공세의 최선봉에 서는 이들만이 가질 수 있는 혼과 기백이다.

그 모습을 다 본 나는 타고 온 검은색 보파이터의 조종석에 올랐다. 하늘을 나는 옷가방처럼 생긴 햄덴 폭격기들 사이에 있으니 보파이터도 정말 멋져 보였다. 나는 보파이터의 시동 스위치를 누른 다음 이륙했다.[120]

이곳으로의 여행은 확실한 소득을 가져다주었다. 여기 오니 언젠가는 폭격기 사령부로 다시 갈 수 있을 거라고 확신했다.

며칠 후 봅이 또 한 대를 격추했다. 이제 그의 실력은 무르익어 있었다. 그가 이번에 적기를 격추한 방식을 보면 그가 적기 격추의 달인이 될 것임을 알 수 있었다.

그 적기는 육지에서 멀리 떨어진 해상을 비행하고 있었고 구름 바로 위였다. 적기는 고도를 낮춰 구름 속으로 뛰어들고 있었다. 아마도 적기의 기관총 사수가 아군기를 발견하고 빨리 도망가야 한다고 말한 모양이었다. 그러나 봅은 구름이 해안 상공에서 갈라지는 부분이 있음을 알아챘다. 봅의 관측수인 그레고리는 봅에게 적기와의 거리를 바로 좁히지 말 것을 권했다. 적의 반격을 당할 위험이 있음에도, 적기와 적당한 거리를 두고 따라

---

120) 1941년 11월 9일 김슨의 스캠턴 기지 방문은 그의 로그북에 다음과 같이 적혀 있다. "낮에 스캠턴을 방문해 야간에 귀환했다." 2일 전 폭격기 사령부는 베를린을 공습했고, 폭격기 21대를 잃었다. 공군 소장 존 슬레서는 햄덴 폭격기의 항속거리가 예보된 기상 조건에 비해 너무 짧다고 판단했다. 그래서 그는 자신의 제5비행단에 다른 표적을 배정해 달라고 요청했다. 그래서 그의 휘하 햄덴 61대와 맨체스터 14대는 베를린 대신 쾰른을 폭격하게 되었다. 이들은 모두 안전하게 복귀했다. 김슨은 햄덴을 나는 옷가방이라고 표현했다. 이는 폭이 좁고 높이가 높은 햄덴 특유의 기체 형상 때문에 붙은 별칭이었다. 테일 붐이 길고 날씬한 탓에 '나는 올챙이', '나는 프라이팬 손잡이' 등의 별칭으로도 불렸다.

가자고 한 것이다. 봅은 그레고리의 말 대로 따랐다. 적기와 약 900m의 거리를 유지하고 15분 동안 추적했다. 그러다가 적기가 구름이 갈라지는 부분에 들어섰다. 그다음은 간단했다. 봅은 4정의 기관포로 적기에 정확한 사격을 가했다. 적기는 깔끔하게 공중 분해되었다.

그러나 내게는 그만한 행운이 없었다. 매일 밤 출격을 했지만 적기는 구경도 못 했다. 그나마 한 번은 나보다 저고도에서 내 반대 방향으로 비행하는 하인켈을 발견했다. 나는 바로 기수를 돌려 그 적기를 추적하려 했다. 그러나 소용없었다. 적기는 순식간에 사라져 버렸다.

이런 무익한 초계를 할 때마다 짜증이 치밀어 올랐다. 짜증이 날 때마다 나는 장황하게 욕을 퍼부어 대기 일쑤였다.

"이건 시간 낭비라고."

그 이야기를 들어 주는 건 뒷좌석에 앉은 불쌍한 늙은 제임스 상사의 몫이었다. 매일 밤 나는 이륙할 때마다 다시 착륙해서, 내 작은 집으로 돌아갈 시간만을 기다렸다.

비행은 매우 즐거운 일이다. 다만 목적이 있는 경우나, 중간에 뭔가 특이한 일이 일어날 경우에 한해서다. 해안 사령부의 어떤 조종사들은 하루에도 18시간 이상씩 비행할 때도 있다는데, 나 같으면 도저히 견뎌 낼 수 있을 것 같지가 않았다.

그렇게 1941년 12월이 되었다. 이 전쟁의 세 번째 이정표는 매우 느리게, 그러나 전혀 예기치 못한 형태로 왔다. 12월 7일 일요일 아침, 전 세계의 라디오에서는 워싱턴에서 일본의 참전을 막기 위한 협상이 진행 중이라는 뉴스를 전했다. 바로 그 시간, 일본군은 진주만을 폭격했다. 적의 허점을 찌른 완벽한 기습 공격이었다. 총력전은 모두 적의 허점을 찌르는 형태로 진행된다. 강대국들은 그 점을 깨달아야 했다.

그 소식을 들은 공군 장병들의 기분은 의외로 전반적으로 괜찮았다. 이제 전 세계가 전쟁에 뛰어들었으므로, 더 이상 새로운 장소에서 갑자기 전쟁이 터질 일은 없었기 때문이다. 전쟁이 시작되고 나서 3개의 이정표를 통과했다. 그리고 이제 마지막 남은 하나의 이정표는 우리 영국의 승리가 될 것이었다. 블리츠가 끝나자 다시 손님들을 받기 시작한 런던의 클럽들에서는 수신용 테이프를 통해 뉴스 속보가 쏟아져 들어오기 시작했다. 클럽 손님들은 모두 모여들어 그 속보들을 꼼꼼히 읽었다. 모두가 잘 알고 있었다. 자신들의 눈앞에서 역사가 만들어진다는 사실을 말이다.

12월 10일, 일본군은 영국 군함 〈프린스 오브 웨일스〉, 〈리펄스〉를 격침시켰다. 다음 날인 11일 독일과 이탈리아는 미국에 선전 포고를 했다. 그리고 나서 며칠 후 히틀러는 소련과의 전쟁이 뜻대로 풀려 주지 않자 브라우히치 원수를 해임했다. 같은 시기 처칠 총리는 루스벨트 대통령과의 두 번째 회담에 출석하기 위해 대서양을 건넜다.

12월 24일 영국군은 벵가지를 점령했다. 당시 영국군이 벌인 공세 중에서 유일한 승리였다. 다음 날 홍콩이 일본군에 항복했다. 캐나다군 다수가 포로로 잡혔다.

그렇게 1941년은 저물었다. 그러나 내게는 더욱 나쁜 소식이 기다리고 있었다. 나는 저녁 시간 클럽하우스에서 비행 대기를 할 때마다 당구를 즐겼다. 당구는 중요한 게임이었다. 그걸 해야 긴 대기 시간을 즐겁게 보낼 수 있었기 때문이다. 한 번은 반 크라운만 더 따면 이길 수 있던 게임을 하고 있었다. 그때 테드 콜벡 웰치가 갑자기 들어와서 말했다.

"이봐 가이. 자네에게 온 소식이 있다."

나는 시선을 치려던 공에 여전히 고정시킨 채 반문했다.

"어떤 소식입니까?"

"자네는 OTU(작전 훈련대)로 전속될 거야. 휴식이라고 생각하라고."

나는 하마터면 대대장에게 고함을 지를 뻔했다.

"휴식이라고요? 저는 이곳에서 야간 전투기를 조종하는 게 휴식이라고 생각했는데요. 비행단 생활은 짜증난다고요."

"비행단 직할 OTU가 아냐. 전투기 사령부 직할대다. 곧 전속 준비를 하라고."

테드가 농담을 하는 걸로는 들리지 않았다. 그래도 나는 마지막 공을 치려고 당구채를 집어 들었다. 그러나 나는 도저히 평상심을 가지고 게임을 진행할 수 없었다. OTU에서 휴식하라니! 대체 이게 어떻게 된 일이지? 다음 날 폭격기 사령부에 전화를 걸어서 요구하면 다시 전투 임무를 계속할 수 있을지도 모른다. 그러나 그런 생각을 하고 있는 와중에 게임이 제대로 될 턱이 없었다. 나는 결국 반 크라운을 잃고 말았다.

제13장
중여단

비행단장 이상의 공군 고위 장교들은 분명 엄청난 권력을 지니고 있다. 말 한 마디로 수백 대의 항공기를 출격시킬 수 있고, 휘하의 모든 장병들을 복종시킬 수 있다. 어제 술을 너무 많이 마셔 숙취가 있으면 젊은 장병들 수천 명에게 정복을 입히고 군기를 검열하는 행사인 분열을 시킨다. 분열식에 나와서 직립 부동자세로 서 있는 장병들은 모두 같은 생각이다.

"아아, 또 검열이구나."

또한 고급 장교들은 존 오 그로우츠(스코틀랜드 북쪽의 오지 마을)에서부터 바그다드에 이르기까지 어디에나 장병들을 배치할 수 있다. 그러나 근무지가 바뀌게 되는 장병들의 기분은 윗사람들과는 완전히 다르다. 새로운 근무지가 정해졌을 때 누군가는

"이런! 여기서는 주의하지 않으면 안 되겠는걸."

할 것이고 또 다른 누군가는

"이런 데 오면 안 되는 건데."

할 것이다.

그래 봤자 늘 결론은 똑같다. 전속당하는 입장에서 어쩔 방법은 없다. 그리고 이번에는 내가 전속당할 차례였다. 전투기 사령부로 가서 항의해 봤자 별 수 없는 일이었다. 과거 제5비행단 본부가 있던 그랜섬에 가도 소득

은 없을 것이었다.[121] 이번에도 OTU로 가지 않을 방법은 없는 것 같았다.

야간 전투기 비행대대에서 보낸 마지막 한 주간은 봅과 내가 서로 더 큰 영향력을 행사하려고 겨루면서, 여러 차례의 크고 뻑적지근한 환송 파티를 치르면서 지나갔다. 전투기 부대를 떠나게 되어 아쉬웠다. 이곳의 전우들과 헤어지는 것은 더욱 아쉬웠다. 누군가는 6개월만 견디면 이 대대에 다시 돌아와서 대대장직을 맡을 수 있을 거라고 얘기했다. 테드는 그동안 잘해오지 못했고, 그때쯤이면 아마 대대장직에서 쫓겨날 것 같기 때문이라는 것이다. 그러나 나는 여기 다시 돌아올 생각은 없었다. 야간 전투도 멋진 임무였지만, 내게는 너무 큰 인내심을 요구했다. 운수가 좋고 사격 실력도 좋은 조종사에게는 단발 전투기야말로 최적의 기종이라는 생각이 들었다. 허리케인 전투기로 적의 열차를 공격하는 것이야말로 그중에서도 최고였고 안전하면서도 효율적이었다. 그러나 야간 전투기 교전은 너무나도 다르다. 나는 야간 전투기 부대에서 1년 동안 근무하면서 야간 출격 약 70회, 주간 초계비행 30회를 실시했다. 그동안 구경한 적기는 불과 약 20대였고, 그중 사격을 가해 본 적기는 9대뿐이었다. 게다가 내 사격 실력은 별로 좋지 못했다. 역시 나는 폭격 쪽이 더 적성에 맞았다.

많은 사람들은 내게 폭격기와 전투기 중 어느 쪽이 더 좋으냐고 질문했다. 답은 뻔했다. 폭격기 승무원과 전투기 승무원 간의 본질적 차이는 뭐냐고 묻는 사람도 많았다. 내 생각이 틀렸을지도 모르지만, 나는 그것이 개인의 정신 자세와 기질의 차이라고 생각한다.

---

121) 깁슨이 이 책을 쓴 시점은 1944년이다. 당시 제5비행단 본부는 스윈더비 인근 모튼 홀로 이전한 상태였다. 이곳은 현재 영국 교정청이 관리하고 있다. 모튼 홀은 1980년대 화재로 소실되었다. 1937년 10월부터 1943년 11월까지 제5비행단 본부는 그랜섬 외곽의 대형 빅토리아식 고딕 맨션 〈세인트 빈센츠〉에 위치하고 있었다. 깁슨의 로그북을 보면, 그는 12월 15일 이곳으로 비행했다고 나와 있다. 아마 공군 소장 슬레서 또는 선임 참모를 만나 자신의 장래를 논의하기 위해서였을 것이다.

전투기 중에서도 주간 전투기와 야간 전투기는 또 별개로 놓고 봐야 한다. 주간 전투기는 보통 단발 1인승기다. 그 전투기의 조종사는 휘하 승무원의 안전에 책임을 질 필요가 없다. 혼자서 비행하는 것이므로 공중전의 승리를 위해 팀워크를 이끌어 내야 할 필요도 없다. 야간 전투기에 비해 요구되는 훈련량도 매우 적다. 주간 전투기 조종사는 낙천적이다. 그들에게 비행은 기본적으로 즐거운 것이기 때문이다. 물론 주간 전투기 부대의 사상률도 높을 수 있지만 말이다.

반면 야간 전투기에는 고도로 숙련된 다수의 승무원들(조종사와 관측수)이 탑승하여 서로 긴밀히 협조해야 한다. 스피트파이어 조종사들은 계기 비행을 해야 하는 구름 속 비행을 기피해도 된다. 그러나 야간 전투기인 보파이터 조종사들은 계기 비행을 해야 한다. 그것도 이륙해서부터 착륙할 때까지 말이다. 또한 보파이터 조종사들은 주간 전투 및 야간 전투에 모두 숙달되어야 한다. 그러려면 엄청난 훈련이 필요하다. 또한 강한 인내심도 필요하다. 이 때문에 야간 전투기 조종사들은 비행 경험을 쌓은 비행 교관 출신들이 많다. 야간 전투기 조종사들의 아내들은 남편들이 조국을 위해 헌신하기 바란다. 그리고 실제로 야간 전투기 조종사들은 조국을 위해 엄청난 헌신을 하고 있다. 그리고 본토 방공 비행대대에서 적의 공격으로 인해 발생한 사상자를 논한다면, 야간 전투기 비행대대에서 그런 사상자는 사실상 없다고 말하고 싶다. 반면에 영원한 적인 기상 조건에 의한 사상자는 많았다. 야간 전투기 승무원들은 이륙해서 착륙할 때까지 다른 어떤 항공기 승무원보다도 나쁜 기상 조건에서 비행해야 한다. 이 점에 동의하지 않는 사람은 거의 없을 것이다. 물론 계기 비행이 가능한 조종사에게 이는 위험한 일까지는 아니지만 말이다.

물론 비행대대의 배치 지역에 따라 위험도 달라진다. 일부 부대는 해

상비행을 할 일이 거의 없다. 그러나 웨스트 말링에 주둔한 우리 비행대대는 대부분의 경우 영불해협을 건너 적국 해안 상공에서까지 작전을 수행했다. 우리 항공기에는 구명정이 비치되어 있지 않은데도 말이다. 그래서 뭔가가 잘못되었을 경우, 수영을 해서 영국 본토로 돌아와야 한다. 그럼에도 내가 제29비행대대에서 1년 동안 근무하던 동안, 적의 공격으로 인해 발생한 사상자는 1명뿐이다. 그는 찰스 위도우스 기체의 관측수였다. 찰스 위도우스는 Ju88을 공격하던 중 적기를 추월하고 말았다. 적기의 기관총 사수에게 좋은 표적이 되고 말았다. 적기의 기관총 사수는 찰스 위도우스의 기체에 정확한 사격을 가했다. 사격을 얻어맞은 위도우스의 기체는 순식간에 한쪽 엔진이 멎었고, 기내 통화장치도 고장나 버렸다. 위도우스는 총격으로 부상을 당했다. 관측수는 비상 탈출했다. 게다가 당시 그들의 위치는 영국 본토에서 50마일(90km)이나 떨어진 해상이었다. 위도우스는 뛰어난 조종 실력을 발휘해, 계기도 제대로 작동하지 않을 만큼 엉망이 된 항공기를 몰고 기지로 복귀하는 데 성공했다. 그러나 그는 착륙할 때까지 관측수가 탈출한 사실을 모르고 있었다.[122]

그러나 기상 조건 때문에 전사한 인원은 꽤 많았다. 알랜 그로우트, 로빈 마일스, 프리어 상사 등이었다. 그들 모두가 운이 따르지 않아 죽었다. 이들 대부분은 웨스트 말링 인근의 고지에 추락했다. 다만 앨런은 철도 조차장의 조명을 활주로 조명으로 오인하고, 조차장에 착륙을 시도하다가 죽었다.

그렇다. 야간 전투기 조종사들은 계기에 의지해 악천후와 싸워야 한다.

---

[122] 1941년 5월 7일 이른 아침, 위도우스는 영불해협 상공에서 Ju88 1대와 조우했다. 그의 보파이터는 적기를 추월, 적기에게 사격을 당해 큰 손상을 입었다. 위도우스는 레이더 조작사 브라운 라이알 상사(당시 25세)에게 비상 탈출을 명령했다. 이후 그는 손상당한 기체를 끌고 웨스트 말링으로 돌아가려 했다. 라이알 상사는 탈출 후 영불해협 해상에 착수한 것으로 추정된다. 그러나 철저한 수색에도 불구하고 그는 발견되지 않았다.

살아남으려면 실력이 뛰어나야 한다.

그리고 폭격기 조종사 이야기를 해보자. 폭격기 조종사들은 휘하 승무원들의 안전에 책임을 져야 한다. 폭격기 1대에는 7명의 승무원이 탄다. 조종사는 그들 모두의 생명을 책임지고 있다. 그들이 탑승한 스털링 폭격기는 무게 약 30톤, 가격은 35,000파운드에 달한다. 폭격기 승무원은 야간 전투기 승무원의 기술과 주간 전투기 조종사의 배짱을 겸비해야 한다. 악천후, 착빙, 저공 구름 등 모든 악조건을 감내해야 한다. 또한 적의 공격으로 인해 다수의 사상자가 발생함에도 사기를 유지해야 한다. 실종된 전우들의 운명이 밝혀지기까지는 몇 주가 걸릴 때도 있다. 폭격기 조종사들은 그 시간 동안 큰 책임감을 지니고 기다려야 한다.

아마 그 때문에 어떤 폭격기 조종사들은 다른 사람들보다 말이 없는 것일지도 모른다. 아마도 그 때문에 그들은 술집에 가서도 구석에서 파이프 담배만 피우며, 쉽게 나서지 않고 늘 조심성 있는 태도를 유지하는 것일지도 모른다. 물론 모든 폭격기 조종사들이 다 그런 것은 아니다. 특히 나와 잘 어울리는 친구들은 안 그렇다. 그 친구들은 이렇게 말한다.

"일 때문에 의기소침해져서는 안 되지."

그래도 그 친구들도 전쟁 영화 속 캐릭터들마냥 아무렇게나 차려 입고 돌아다니지는 않는다. 폭격 임무의 속성상 엄정한 군기와 높은 사기가 필요하기 때문이다. 높은 사기를 이끌어 내려면 뛰어난 지도력이 필요하다. 또한 군기 역시 인위적으로 만들어 내야 한다. 폭격 비행대대에 처음 온 신임 승무원들은 비행을 제외한 부대 생활이 정말로 편할 거라고 생각한다. 물론 그것은 사실이 아니다. 그들은 얼마 안 있어 비행대대의 고참 승무원들이 항공기 기장을 마치 배의 승조원들이 선장을 모시듯이 깍듯이 모시고 따르는 것을 알게 된다. 또한 엄격한 복장 군기를 지킬 것을 요구받는

다. 사무실도 깨끗하고 깔끔하게 정리정돈해 놓아야 하고, 부대의 화단 역시 마찬가지다. 항공기에도 광을 내야 한다. 그런 군기가 있어야 부대가 효율적으로 돌아간다.

나는 그런 부분이 전투기 부대와 폭격기 부대 간의 차이라고 생각한다.

물론 나는 전투기 조종사와도, 폭격기 조종사와도 친구다. 나는 그들과 친교를 쌓기 위해 많은 파티에 참가했고, 함께 많은 맥주를 마셨다. 왜 꼭 그래야 하는지 궁금해 할 사람도 있을 것이다. 그 이유는 간단하다. 비행대대의 장병들은 모두 함께 먹고 자고 생활하며, 전투에서도 함께 목숨을 건다. 운이 좋은 이들은 살아서 전투 파견을 마칠 수 있다. 그러나 그러지 못하는 불운한 이들도 있다. 아무리 운과 실력이 좋은 이라도 부대에 알리지 않은 채 밤에 여자를 데리고 몰래 무성 영화를 보러 나갔다가 사고를 친다면, 부대의 사기에도 누를 끼치는 것이다. 그러나 동료 장병들과 함께 나가서 함께 술을 마시고, 우리 부대가 최고라고 여기게 만든다면, 부대의 사기를 깎아먹을 일이 없다. 부하들이 "예." "아니오."만 말하게 하는 부대 분위기는 좋지 않다. 대신 상관에게 정중하게 대하고, 상관의 조언에 귀를 기울이는 분위기를 조성하는 편이 더욱 좋다. 대대의 전문가들은 어지간한 지휘관들보다도 훨씬 높은 수준의 지식을 갖추고 있다. 그들의 사기와 팀워크를 높게 유지하면, 부대는 높은 성과를 거둘 수 있다.

전쟁이 시작될 당시 나는 중위에 불과했으나 이제는 소령 계급의 편대장이 되었다. 전쟁을 치르면서 나는 그렇게 부대를 지휘하는 것이 옳다고 믿게 되었다. 나는 군 생활을 하면서 실로 다양한 유형의 상사를 모셨다. 조용한 사람, 시끄러운 사람, 겁 많은 사람, 강인한 사람 모두가 있었다. 그러나 그들 중 테드 콜벡 웰치야말로 진정 게임의 룰을 아는 사람이었다. 나는 야간 전투기를 조종하면서 그다지 큰 전과를 거두지는 못했다. 그러나 그로부터 비행대대를 즐겁게 운영하는 데 필요한 팁은 여러 가지 배울 수 있었다. 그리고 무엇보다도 전투기 사령부의 모든 부대는 다 이런 분위기였다는 것이 중요했다. 전투기 사령부는 매우 즐거운 부대였다.

그리고 이제 나는 OTU로 떠나야만 했다. 정말 가기 싫었다.

이 부대에서의 마지막 주 내내 기상이 좋지 않아 비행은 불가능했다. 그래서 데이브, 나, 봅을 위한 환송 파티는 엄청나게 시끌벅적해졌다. 연말 즈음에 있던 마지막 환송 파티에는 기지 장병 전체가 참석했고 심지어 그들의 친구와 부인들도 함께 왔다. 모두가 크리스마스 만찬을 먹으러 기지 회관에 모였다.

랜스 마틴이 대대장을 향해 오렌지를 집어던지는 것으로 파티가 시작되었다. 그러자 바로 만인의 만인에 대한 투쟁이 시작되었다. 해당 군구 사상 가장 엉망진창인 파티로 기록될 것이었다. 장병들은 태운 코르크를 얼굴에 시커멓게 칠했다. 또한 립스틱도 얼굴에 제멋대로 발랐다. 장병들은 바닥이 깨진 유리조각으로 가득 찰 때까지 낮은 포복을 해댔다. 이런 것을 전혀 보지 못했던 외부인들은 놀란 표정으로 이 난장판을 보며 인간이 이렇게까지 야만적이 될 수도 있다는 것을 알게 되었다. 그러나 이 시간은 스트레스를 푸는 시간이다. 훈족의 게으름 때문에 오랫동안 누적된 스트레스 말이다. 그리고 나는 그 난장판을 있는 그대로 내버려두었다. 이미 할말은 충분히 한 것 같았기 때문이다.

다음 날 장병들은 무려 한 시간을 들여 내 얼굴을 닦아 내었다. 지난 늦은 밤 아내는 내 양볼에 립스틱으로 커다란 물음표 2개를 그려 넣었다. 당시에는 매우 재미있어 보였지만, 다음 날 아침에는 그렇지 않았다. 뭘 해도 안 지워졌기 때문이다. 심지어 석유까지 가져다 사용해 봤지만 소용이 없었다. 그날 오후 나는 크랜필드 기지 주둔 제51OTU의 지휘관인 공군 대령 풀러굿 앞에 출두했다. 튼 얼굴에, 희미하지만 아직은 알아볼 수 있는 붉은 물음표 2개를 그려 넣은 채 말이다. 하지만 당시는 연말연시였고 누구나 술김에 사고를 저지를 수 있는 시기였다. 그 때문인지 풀러굿 대령은 내 얼굴에 대해서는 아무 말도 하지 않았다.

OTU에서의 시간은 느리게나마 흘러갔다. 온 지 며칠 정도 지났나 싶었는데 어느 새 몇 주가 지났다. 여기의 생활이 행복하다고는 말할 수 없었지만 풀러굿은 이상적인 지휘관이었다. 그리고 이곳의 생활도 슬프다고는 말할 수 없었다.[123]

그러나 뉴스는 슬펐다. 적어도 1942년을 시작할 때에 우리는 큰 희망이 있었다. 소련은 하르코프의 독일군에게 반격했다. 동시에 오킨레크 장군은 리비아 영내로 진격해 벵가지를 탈환했다. 그러나 결국 두 도시에서 독일군은 다시 승리를 거두었다. 소련 영내의 독일군은 1942년 봄까지 점령지를 지켜냈다. 한편 독일 아프리카 군단은 영국군에게 즉시 반격을 가해 영국군을 가잘라까지 몰아냈다.

독일군은 마지막 전투 이후 대규모 증원 병력을 받았다. 나는 때때로 영국 사막공군(Desert Air Force) 소속의 장병들을 만나 보았다. 그들은 전황이 매우 어렵다고 말했다. 힘든 시기가 다가오고 있었으며 그 점을 부정할

---

123) 깁슨이 제29비행대대를 이임할 때 그의 로그북 기록을 토대로 작성된 평가에 따르면, 깁슨의 야간 전투기 조종 능력 및 사격 능력은 평균 이상이었다. 그는 크랜필드 기지 주둔 제51OTU에 선임비행교관으로 배속되었다. 그의 주임무는 야간 전투기 조종사 및 레이더 조작사 교육이었다. 기지 사령관인 공군 대령 제임스 풀러-굿(이쪽이 올바른 표기다)은 전쟁 전부터 복무해 온 직업 군인이었으며, 크란웰 공군사관학교 졸업생이었다. 그는 1938년 덕스포드 주둔 제66비행대대장으로 복무했다. 당시 그 비행대대는 글로스터 건틀렛 복엽기(글래디에이터의 선대 기종)에서 스피트파이어로 기종 교체 중이었다. 이후 그는 데브덴 구역 기지 사령관으로 영국 전투에 참가했다. 키가 크고 꼿꼿한 몸매에 콧수염을 두툼하게 기른 그는 적에게는 공포를 불러일으키는 지휘관이었다. 그러나 유머 감각이 뛰어난 지휘관으로서 크랜필드 기지의 복무 분위기를 즐겁게 하는 데 크게 기여하기도 했다.

방법은 없었다.

또한 극동에서 벌어진 큰 재난을 막을 방법도 거의 없었다. 진주만 주둔 미 해군 함대는 괴멸했다. 그와 동시에 말라야 해안에서는 영국 군함 〈리펄스〉와 〈프린스 오브 웨일스〉가 격침당했다. 이로서 일본은 태평양의 지배자로 등극했으며, 거의 모든 것이 일본이 원하는 대로 되었다. 일본군은 필리핀, 네덜란드령 동인도, 바탄 반도에 상륙했다. 연합군은 엄청난 규모의 적에 맞서서도 선전했는데, 특히 네덜란드의 싸움은 눈부셨다. 그러나 소용없었다. 일본군에 맞선 연합군은 천천히 밀리고 있었다.

2월에는 가장 암울한 한 주가 기다리고 있었다. 시암(오늘날의 태국)의 배신과 프랑스령 인도차이나의 항복에 힘입은 일본은 말레이 반도를 유린하고, 그다음에는 싱가포르 요새를 공격했다. 싱가포르 요새는 바다에서부터의 공격만을 막을 수 있도록 만들어진 것이었다. 싱가포르는 2월 15일 일본에 무조건 항복했다. 일본군에게 끌려간 백인들 중 상당수의 소식은 다시는 들을 수 없었다. 이는 됭케르크 이후 가장 큰 영국군의 패배였다. 한때 전 세계의 바다를 지배하던 브리타니아가 큰 타격을 받았다. 이는 길고 힘든 싸움을 하던 모든 자유민들에 대한 타격이기도 했다.

그 주에 있었던 또 다른 사건까지 겹쳐, 우리 영국의 국위는 실로 견디기 어려울 만큼 큰 손상을 입었다. 1년 동안 영국 공군의 계속되는 폭격을 당하던 독일 군함 〈샤른호르스트〉, 〈그나이제나우〉가 〈프린츠 오이겐〉과 함께 브레스트 항을 떠나 영불해협을 돌파, 독일의 모항으로 도망가 버린 것이었다. 이를 막지 못한 영국 정부에 대한 맹비판이 영국 전국을 휩쓸었다. 영국 공군 폭격기 사령부, 영국 해군, 토리 당이 신문 사설을 통해 맹비난을 받았다. 영국 신문에는 우리 군을 조롱하는 만화가 실렸다. 아직 영국과 동맹을 맺은 지 얼마 되지 않은 미국인들도 제대로 대처 못한 영국에 대해 분노했다. 독일 정부 역시 영국을 비웃으며 그해 여름을 기다렸다.

두 사건 중 첫 번째 사건에 대해서는 나도 조금만 알고 있다. 물론 그 끔찍하리만치 비극적인 사건에 직접 연루되었고, 이후 냉대만을 당한 사람들만큼 잘 알지는 못하지만 말이다. 언젠가는 그 진상이 모두 밝혀질 것이다. 그 사건에 대한 판단은 이 전쟁이 끝난 이후까지 미뤄야 한다. 그러나 〈새먼〉과 〈글룩스테인〉(각각 독일 군함 〈그나이제나우〉와 〈샤른호르스트〉에 영국군이 붙인 암호명 - 역자주)의 탈출기에 대해서만큼은 간단하게나마 다룰 필요가 있다.

1942년에도 이 두 독일 군함은 1941년과 다를 바 없이 주야간을 막론하고 영국 공군으로부터 빈번한 폭격을 당했다. 그런데 왜 영국 공군은 이 배들을 격침시키기는커녕 단 한 발의 폭탄도 명중시키지 못한 것인가? 그 답은 간단하다. 폭격기 승무원들이 이 배를 사실상 보지 못한 채 폭탄을 투하했기 때문이다. 이 배들이 있는 목표 지역 상공에는 야간에 수백 개의 탐조등이 작동되어 폭격수들의 눈을 멀게 했다. 또한 많은 가짜 군함들이 있었다. 넓지도 않은 공역에 대공포탄이 수천 발씩 날아왔다. 이 때문에 우리 공군 폭격기들은 배는커녕 배가 있는 선거도 명중시킬 수 없었다. 주간의 브레스트 폭격 때도 독일군은 목표 지역에 노란색 연막탄을 터뜨려 아무것도 보이지 않게 했다. 게다가 폭탄이 선거 근처에라도 명중하게 하려면 인근의 섬에서부터 최소 5분 동안 폭격 항정을 해야 한다. 여기까지 듣고 나면 왜 우리 군이 그 두 군함에게 사실상 피해를 입히지 못했는지 이해가 될 것이다. 그러나 두 군함은 폭탄의 폭발로 인한 부수 피해 정도는 입었을지도 모른다. 아무튼 우리 공군의 공습으로 인해 두 군함이 적어도 1941년 한 해 동안 출격할 엄두를 내지 못한 것도 사실이다. 이 두 군함이 출격했다면 우리 해군과 상선단은 큰 인명 손실을 보았을지도 모른다.

두 군함의 출항일은 영불해협의 기상이 최악인 날에 맞춰 세심하게 정해졌다. 영국 해안 사령부의 항공기들이 제대로 이륙할 수가 없는 날이었다. 해안 사령부도 마치 쥐를 노리는 고양이처럼 이 두 군함의 동태를 예의 주시하고 있었지만, 날씨가 나빠 이 날은 아무것도 알아채지 못했다. 이 두 군함이 출항, 영불해협에 나타난 것을 처음 발견한 사람은 영국 공군 대령 빅터 비미쉬였다. 그는 스피트파이어 전투기를 타고 프랑스 해안을 초계하던 중이었다. 그는 이 두 군함을 발견하자마자 바로 무전으로 그 사실을 보고했다. 그러자 영국 남해안의 영국군 작전 계통은 분주하게 돌아가기 시작했다. 폭격기 사령부에서는 가용 항공기들에 폭탄을 잔뜩 탑재해서 내보냈다. 동시에 소드피시, 구축함, 기타 소형 함정들이 이 두 군함에 근접 어뢰 공격을 시도했다. 공격에 참여한 이들 영국군 자산들은 해군 소령 에스몬드가 지휘한 6대의 소드피시를 제외하고는 모두 안전하게 귀환했다. 그 소드피시 항공기들은 용감하게 어뢰 공격을 시도했다. 그러나 당일의 운고는 최저 200피트(60m)에 불과했다. 게다가 두 군함 근처에는 독일 전투기들이 마치 벌집 주변을 날아다니는 벌떼들처럼 모여 있었다. 소드피시 항공기들은 독일 전투기들에게 모조리 격추당하고 말았다. 에스몬드 소령에게는 빅토리아 십자훈장이 추서되었다.

이 공격에 참가한 우리 폭격기들 중 상당수는 적함을 제대로 발견하고, 용감하게 공격을 시도했다. 그러나 운고가 너무 낮았다. 폭탄을 적함의 장갑 갑판에 떨어뜨려도 튕겨나가는 일이 다반사였다. 이 공격에 참가한 우리 폭격기 200여 대 중 42대가 돌아오지 못했다.

두 군함은 결국 우리의 포위망을 빠져나갈 것 같았다. 그들은 이미 덴 헬더르와 후크 반 홀란드를 통과했다. 그러나 영국 공군 중장 피어스는 아직도 포기하지 않았다. 그는 계속 공격 명령을 내렸다. 그 명령 때문에 무장사들이 정말 고생했다. 무장사들은 모든 항공기에 자기(magnetic) 기뢰를 탑재했다. 그리고 그 항공기들은 그대로 이륙하여 독일 함대의 전방에 거대한 기뢰지대를 형성하자 독일 함대가 그 기뢰지대를 피하려면 북쪽으로 항로를 돌리는 수밖에는 없었다. 그러면 대기하고 있던 영국 해군 함대와 만나게 된다. 그러자 독일 함대는 기뢰지대 돌파를 강행하는 쪽을 선택했다. 독일 함대의 탈출극 이면에는 이런 일들이 있었던 것이다.

이 과정에서 〈샤른호르스트〉와 〈프린츠 오이겐〉이 영국 공군이 부설한 기뢰에 촉뢰, 손상을 입었다. 손상 정도는 확실히 알 수 없지만 말이다. 그러니 독일 해군이 아무 피해 없이 탈출했다는 말은 사실이 아니다. 그 피해는 다름 아닌 영국 공군이 입힌 것이다. 그리고 〈그나이제나우〉만한 배에 피해를 입힌 것도 큰 승리다. 킬에 예인되어 온 〈그나이제나우〉는 그곳에서 영국 공군이 투하한 대형 폭탄 1발에 피격되었다. 이 폭격으로 전방 탄약고 바로 위에 큰 구멍이 뚫렸다. 결국 〈그나이제나우〉는 폴란드의 그디니아로 예인되어 해체되었다. 영국 폭격기 부대를 무시하던 비평가들도 이러한 사실은 반박할 수 없을 것이다.

그러나 두 독일 군함이 영국군의 코앞에서 도망쳤다는 것 역시 사실이다. 바로 그 때문에 우리 군은 지독한 비난을 당해야 했다.

추축국들(제2차 세계대전 당시의 독일, 이탈리아, 일본을 말함: 역자주)의 세계 정복 계획이 이제 막 실행되기 시작된 것은 분명했다. 지도를 보면 이 전쟁이 세계전으로 진행 중임을 명확히 알 수 있었다. 일본은 거침없이 서진하고 있었다. 그리고 소련에서 동진하던 독일군과 북아프리카에서 동진하던 독일군을 이대로 뒀다간 결국 1942년 여름에는 페르시아만 어딘가에서 만나게 될 것이다. 그렇게 되면 영국을 제외한 서구 세계 전체가 추축국에게 봉쇄당하게 된다. 그리고 나서 남아프리카, 오스트레일리아는 물론 나머지 오세아니아 국가들도 추축국에게 봉쇄당할 것이다. 그 봉쇄가 완료되고 나면 추축국은 잠시 휴식을 취했다가, 아메리카 대륙을 협공할 것이다. 일본은 태평양에서, 독일은 캐나다 북부에서 쳐들어 올 것이다. 자유민들은 끝까지 싸우겠지만, 아메리카 대륙도 그리 오래 버티지는 못할 것이다. 모든 저항이 종식되고 나면 전 세계가 추축국 앞에 무릎을 꿇을 것이다. 영국 역시 봉쇄로 인한 기아를 못 견디고 붕괴할 것이다. 이것이 바로 추축국의 지구 정복 계획인 것이다!

대양 상공을 비행할 때면, 대양 가운데에는 귀환 불능 지점이 있다. 항공기의 항속거리상 출발한 곳으로 되돌아오기가 불가능해지는 지점을 말한다. 그 지점을 넘어 비행하게 되면, 살아서 땅에 발을 딛는 방법은 종착지에 무사 도착하는 길뿐이다. 출발한 곳으로 회항을 시도할 경우 항공기는 도중에 연료 부족으로 추락하고 만다. 나는 1942년 3월 연합국이 귀환 불능 지점을 넘었다고 생각했다. 이제는 끝까지 싸우는 것 말고는 다른 선택지가 없었다.

나쁜 소식들이 계속 들려오고, 영국 전체가 제2전선 전개를 소리 높여 요구하고 있었다. 추축국이 지배한 지중해에 유일하게 남은 영국 항구는 몰타 하나뿐이었다. 그리고 독일 본토에 맞서 공세를 벌이는 영국군은 공군의 폭격기 사령부 하나뿐이었다. 당시 폭격기 사령부 사령관으로 막 취임한 공군 중장 해리스는 방어가 취약한 적 표적에 대해 강력한 공격을 벌인다는 계획을 발동했다. 이는 폭격기 승무원들에게 자신감을 주고, 적의 방어 전력을 분산시키기 위한 목적이었다. 이 계획에 의거한 첫 번째 공습은 파리의 르노 자동차 공장 공습이었다. 나는 이러한 계획을 크랜필드 기지 회관에서 처음 알게 되었다. 좌측 엔진이 털털거리는 낡은 블레넘기로,

기량이 의심스러운 조종사들을 점검하느라 바쁜 아침을 보내고 있던 나는, 이제 어떻게든 폭격기 부대로 돌아가야겠다고 결심했다.[124]

그 이후 저간의 사정은 다음 두 통의 전보를 보면 알 수 있었다.

"수신인: 영국 공군 크랜필드 기지 소속 공군 소령 G. P. 깁슨

일자: 1942년 3월 12일

시각: 10시 15분

오늘 오후 폭격기 사령부 사령관에게 출두하라. 이상."

이틀 후에는 이런 전보가 왔다.

"수신인: 영국 공군 크랜필드 기지 소속 공군 소령 G. P. 깁슨

일자: 1942년 3월 14일

시각: 12시 15분

공군 소령 깁슨(군번 39438, DFC 수훈자)을 중령으로 진급시킴과 동시에 코닝스비 기지 주둔 제106비행대대장으로 보임. 이상."

나는 결국 폭격기 부대로 갔다.

---

124) 제51OTU는 블레넘 기 외에도 여러 기종의 항공기를 이용해 조종사와 승무원 교육을 시켰다. 깁슨이 크랜필드 기지에 머물 당시 조종한 기종으로는 마지스터, 옥스퍼드, 라이샌더, 도미니, 웰링턴, 타이거 모스가 있다. 이곳의 항공기 중 제일 다양한 용도로 쓰였던 것은 GAL 시그닛 II ES915였다. 단발 단엽기인 이 항공기는 수직 꼬리날개는 2개, 앞바퀴는 하나였다. 이 항공기는 단 10대만 만들어졌다. 그중 5대는 더글러스 해보크/보스턴 항공기 조종사 양성에 사용되었다. 깁슨은 이 항공기를 1942년 2월 21~22일 사이의 밤에 조종했다. 이 항공기는 전후 매각되어 1988년까지 감항 상태를 유지했다. 현재 이 항공기는 이스트 포춘에 있는 스코틀랜드 항공 박물관에 전시되어 있다. 깁슨이 탑승했던 항공기들 중 아직까지 남아 있는 유일한 기체다.

역시 공군 중장이 나서면 뭐든 일사천리로 처리되었다.

코닝스비는 영국 링컨셔 주에 있으며, 보스턴과 지척이다. 공군 대령 풀러굿과의 작별 인사가 끝난 후, 앨릭 워딩턴과 진저 파킨스가 도미니 항공기에 나를 태워 코닝스비로 데려갔다.[125] 이곳을 떠나게 되어 아쉬웠다. 모두가 즐겁게 생활하던 행복한 곳이었기 때문이다. 그러나 이상하게 들릴지도 모르지만, 한편으로는 실전 부대로 복귀하게 되어 또한 기뻤다.

항공기가 착륙하자마자, 내 애완견 니거는 이곳의 전임 대대장의 애완견이 자신의 좋은 친구임을 알아보았다. 니거는 그 개와 함께 사라져 며칠 동안 보이지 않았다. 기지 사령관은 공군 대령 로우(별명 〈대디〉, DFC 수훈자)였다. 그는 매우 유쾌하고, 까탈스럽지 않은 사람이었다. 공군 장교보다는 해군 장교가 더 어울리는 사람이었다. 그는 키가 작고, 파이프 담배와 정원 관리를 좋아했다. 특히 다알리아 꽃을 좋아했다. 그의 당번병에 따르면 그의 화장실과 거실은 다알리아가 가득하다고 했다. 다알리아가 너무 많아 집안에서 로우가 움직일 때도 잘 안 보일 정도였다고 했다.[126]

로우 대령은 간결한 표현들로 이곳의 현황을 알려 주었다. 나는 전임 대대장인 공군 중령 봅 앨런으로부터 제106비행대대의 지휘권을 인계받게될 것이었다. 앨런 중령은 DSO 1회, DFC 2회 수훈자로, 이 대대를 1년여 동안 지휘해 왔다. 이 부대는 좋은 부대였다. 햄덴 폭격기를 사용해 훌륭한

---

125) 드 하빌랜드 도미니는 1934년부터 쓰였던 드래곤 래피드 쌍발 복엽 여객기의 군용 버전이다. 1939년에는 연락 용도로 쓰였지만 이후 전기무선통신학교의 통신사 교육용 모델도 발주되었다. 그러나 라틴어로 교사를 뜻하는 〈도미니〉라는 명칭이 부여된 것은 1941년이 되어서였다. 크랜필드를 출발해 코닝스비까지 간 이날의 비행은 깁슨의 로그북에는 기록되어 있지 않다.

126) 공군 대령 허버트 로우(DFC 수훈자)가 코닝스비 기지를 지휘하게 된 것은 이 해 3월 15일부터다. 그는 1930년대에는 대위 계급으로 이집트에서 복무했고, 이때의 무공으로 DFC를 받았다. 1935년 소령으로 진급했다. 제2차 세계대전 당시에는 중령 계급으로 제115비행대 대장으로 재직 중이었다.

아브로 맨체스터 항공기(M. J. 보이어 소장 아브로 사 홍보 사진)

전투 기록을 세워 왔으며, 현재는 맨체스터로 기종 전환한 상태였다. 얼마 안 있어 랭커스터로 다시 기종 전환하게 될 것이었다. 기지의 다른 비행대 대는 이미 랭커스터 폭격기를 장비하고 있었다. 그 비행대대는 자신들이 비행단 내에서 두 번째로 랭커스터 폭격기를 지급받았음을 자랑스러워하고 있었다. 그 비행대대의 대대장은 공군 중령 조 콜리어였다. 그는 나와 함께 제83비행대대에 복무한 적도 있었다. 그는 1940년 9월에 추락 사고를 겪은 다음, 다시 폭격기 비행 임무로 복귀했다. 내가 제106비행대대에 부임했을 때 그는 60회를 출격했다. 로우 대령은 계속 이야기를 이어 갔다. 그의 말을 듣고 이 기지의 근무 분위기도 행복하다는 것을 알게 되었다. 물론 두 비행대대 간의 경쟁심은 어느 정도 있었지만, 그거야 어느 부대에서건 마찬가지였다.[127]

부대 회관으로 걸어가는 도중 나는 어깨에 평소보다 좀 더 힘이 들어가

---

127) 공군 중령 로버트 앨런(DSO, DFC 수훈자. 1914-1980)은 1935년 영국 공군에 입대했다. 그는 헤이포드, 휘틀리 항공기를 조종하다가 제49비행대대에 전속, 햄덴 폭격기로 33회의 출격을 했다. 그는 1941년 4월 제106비행대대장으로 부임했다. 1941년 6월 24일에는 브레스트의 독일 전함들에 대한 첫 주간 공습을 지휘하기도 했다. 깁슨에게 대대장직을 넘겨준 그는 중국 성도(成都)의 영국 공군 기지에 배치되어, 그곳에서 1945년까지 근무했다. 그는 1956년 영국 공군에서 중령 계급으로 퇴역했다. 조 콜리어 중령이 제97비행대대장으로 취임한 것은 1942년 3월 31일이었다. 깁슨이 제106비행대대장으로 취임한 지 11일 후였다.

있음을 느꼈다. 발걸음도 왠지 평소보다 한결 경쾌했다. 나는 이제 처음으로 대대장이 되었다. 대대장으로서 내 의견을 작전으로 구현할 수 있다. 테드의 나이는 당시 29세였다. 내가 그 나이가 되면 테드만큼 뛰어나기를 바랐다. 정말 행복했다.

그래도 회관으로 가는 길은 낯설고 외로웠다. 나는 1년 넘게 폭격기 사령부를 떠나 있었다. 이곳에서 아는 사람을 만날 수 있다고는 자신할 수 없었다. 역시 누구도 나를 알아봐 주지 않았다. 누구도 말을 걸어 주지 않았다. 그러다가 나는 한켠에서 나와 함께 제83비행대대에서 복무했던 롭 맥켄지를 발견했다. 그는 1940년 4월 OTU에 갔다. 그곳에서 그는 자신의 용기를 입증해 보였다. 총 48기통짜리 헤리포드 항공기를 야간에 조종한 그곳 유일의 조종사가 된 것이다.[128] 그러나 건강이 좋지 않아 그는 출격은 그리 많이 하지 못했다. 그에게 내가 이곳의 비행대대장으로 부임했다고 말하자 그는

"이런! 좌천을 당하셨군요."

라고 무례하게 말했다.

나는 놀라서 되물었다.

"왜?"

"맨체스터는 대단한 항공기입니다. 정말 훌륭하지요. 엔진만 빼고요. 엔진의 성능은 정말 훌륭하지만 제 성능을 내 주는 날이 드뭅니다. 이미 추락

---

128) 핸들리 페이지 헤리포드 항공기는 햄덴 폭격기의 브리스톨 페가서스 성형 엔진을 제거하고 대신 내피어 대거 직렬 엔진을 설치한 기종이다. 두 기종 간의 성능은 비교의 여지가 있었다. 그러나 대거 엔진은 신뢰성이 최악이었고 지상에서 과열되기 쉬웠다. 헤리포드는 총 152대가 생산되어 1940년에 취역했다. 한때 햄덴을 운용하던 제185비행대대가 1개 편대만 헤리포드를 운용해 본 적도 있었다. 그러나 이 기종은 실전에 사용되지 못했으며, 얼마 안 가 모두 햄덴 승무원들을 위한 훈련기로 전용되었다.

사고가 많이 일어났지요."129)

"아닌 게 아니라 맨체스터가 문제가 많다는 얘기는 나도 들었다네. 하지만 지금은 다 해결된 줄 알았는데."

"아닙니다. 전혀요. 두 엔진 중 한쪽만 적의 사격으로 멈춰도 끝장입니다."

"나머지 엔진 하나로 못 난단 말야?"

"어떤 기체는 되는데 어떤 기체는 안 돼요. 제61비행대대의 키퍼 헤링이라는 친구가 베를린에서 영국까지 엔진 하나로 날아오는 데 성공했죠. 그 친구는 그 공으로 DSO를 받았어요. 하지만 그 친구의 사례는 정말 예외적인 걸로 봐야죠."130)

"자네도 항공기에 문제를 겪은 적이 있나?"

나는 그렇게 질문했다. 아마 그 친구도 어떤 항공기 문제를 겪어서 이런 말을 하나 싶어서였다.

---

129) 2주일 후 공군 대위 로버트 던롭 맥켄지(이튼 학교 졸업생)는 죽고 말았다. 그의 맨체스터 항공기는 네덜란드 마쿰 서쪽 이셀메르 상공에서 독일 야간 전투기에 의해 격추당했다. 맥켄지의 시신은 5월 7일 하를링언 해변에 떠밀려 왔으며, 그곳의 공동묘지에 안장되었다. 그의 항공기의 나머지 승무원들은 발견되지 않았다. 영국 러니미드 공군 추모관(영국 서리 주 잉글필드 그린에 위치. 제2차 세계대전 중 발생한 대영제국 공군 전사자 중 시신을 찾지 못한 20,456위가 봉안되어 있다. – 역자주)에는 그 승무원들의 비석이 있다.

130) 공군 중위 윌프레드 '키퍼' 헤링(DSO, DFM 수훈자)은 본문과는 달리 실제로는 제207비행대대 소속이었다. 1941년 9월 7~8일 사이의 밤 베를린을 폭격한 직후, 그의 항공기는 대공포화에 엔진이 피격되어 손상당했다. 헤링은 급강하해 대공포화를 벗어나려고 했다. 대공포화를 벗어난 후 급강하를 중단했으나 그의 맨체스터 항공기는 서서히 고도를 잃고 있었다. 승무원들은 무게가 나가는 모든 불필요한 물건을 항공기 밖으로 버렸다. 그러나 착빙이 일어나 항공기의 고도는 계속 내려갔다. 그래도 이들은 북해를 건너 영국에 안전하게 착륙했다. 무려 5시간에 걸쳐 이 힘든 귀환을 해낸 것이다. 헤링은 즉시 DSO를 받았다. 이후 그는 공군 수송 사령부의 제511비행대대로 전속되었다. 1943년 7월 4일, 그가 부조종사를 맡고 있던 B-24 리버레이터 항공기는 폴란드군 시코르스키 장군을 태우고 지브롤터를 이륙한 직후 지중해 해상에 추락했다. 헤링의 시신은 발견되지 않았으며, 러니미드 공군 추모관에 봉안되었다.

"저는 문제를 겪은 적이 없습니다. 하지만 제가 운수가 엄청 좋은 거지요. 다른 친구들이 문제를 겪는 것은 많이 보았습니다. 예를 들면 빌 와몬드처럼."

"그는 누구지?"

"A편대원입니다. 주간 기뢰 부설 임무를 마치고 엔진에 고장을 일으켰어요. 하지만 그는 무사히 살아남았습니다."

"아, 이제 생각나네. 전임 대대장이 말해 주었어. 동체 착륙을 했다더군."

"아마 그랬을 겁니다. 하지만 공군 중령 발스톤의 사례도 들으셔야 해요. 그분은 브레스트에 주간 폭격을 가하고 귀환하는 중에 기체에 문제를 일으켰지요."

"그래서 어떻게 되었나?"

"그분의 항공기는 적의 사격을 꽤 심하게 당했고 날씨도 매우 안 좋았지요. 그분이 착륙 접근을 했을 때 같이 출격한 다른 항공기들은 이미 모두 귀환했어요. 우리가 지상에서 본 바로는 항공기의 승강타가 총격으로 완전히 사라져 있었어요. 적어도 대부분이 사라져 있었지요. 아무튼 그분의 항공기는 활주로로 접근했어요. 그런데 고도가 조금 높았어요. 기지 울타리로부터 100피트(30m) 정도였어요. 발스톤 중령님은 스로틀을 열어서 복행하려고 했죠. 그렇지만 엔진 추력이 높아지니까 항공기의 무게중심이 뒤로 이동했어요. 그러자 항공기가 상승했지요. 엔진은 최대 출력으로 돌아가고 있었고요. 항공기는 500피트(150m) 고도까지 계속 상승했고 받음각은 거의 수직이었어요. 발스톤 중령님은 전혀 손을 쓸 수 없었어요. 그러다가 기수가 아래로 아주 천천히 내려오기 시작했죠. 그리고는 항공기는 수직으로 떨어져서 기지 한복판에 추락해 버렸어요. 관제탑에서 불과 수백 야드 떨어진 지점에 모두가 보는 와중에 말이지요. 아마 그분의 부인도 그 추락 장면을 보았을 거라고 생각해요."

"항공기 화재도 발생했나?"

"그럼요. 아무것도 남지 않았어요."

"정말 끔찍한 광경이었겠군. 특히 자네는 조종사와 무선 통신을 했을 테
니 말야."

"정말 그랬습니다. 중령님은 비상 탈출할 수도 있었는데 안 했어요. 그
항공기에서 살아남은 사람은 후방 기관총 사수 말고는 없어요. 그 사람도
중상을 입었지만."[131]

이야기를 하고 있는데 이륙하는 랭커스터의 엔진음이 귀에 거슬리게 들
려왔다.

던롭이 말했다.

"저 랭커스터 좀 보세요. 저거야말로 진짜 비행기죠."

봅 앨런도 나와 서 있었다. 우리 3명은 함께 그 항공기를 보았다.

멋진 수직꼬리 날개는 하늘로 곧추 서 있었다. 엔진이 최대 추력을 내었
다. 그러나 왜인지 그 항공기는 이륙을 못 하고 있었다.

봅이 낮은 목소리로 말했다.

"저것도 고장날 것 같군."

나는 이렇게 대답했다.

---

131) 공군 중령 데니스 발스던(발스톤이 아니다)은 국제 하키 선수이기도 했다. 그는 1941년 3월
에 제97비행대대가 재창설된 이래 해부대의 대대장을 맡고 있었다. 1941년 12월 18일 그
는 독일 브레스트에 있는 전함 〈그나이제나우〉, 〈샤른호르스트〉, 〈프린츠 오이겐〉을 폭격하
는 임무에 편대장으로 참가했다. 귀환하던 그의 항공기는 대공포화에 피격되어 후방 동체와
승강기에 손상을 입었고, 후방 기관총 사수도 중상을 입었다. 시정도 좋지 않았다. 그 상태
에서 그는 코닝스비에 착륙을 시도했다. 그는 활주로를 지나쳤고, 다시 착륙 시도를 하기 위
해 엔진 추력을 높였다. 그러다가 항공기가 실속을 일으켜 추락했다. 그의 항공기는 완파되
었고 그를 포함한 전 승무원이 사망했다.

"자네 생각이 맞는 것 같아."

이야기할 시간은 많았으므로 서두를 필요는 없었다. 그 거대한 폭격기는 정말 느리게 활주로 위를 굴러갔다. 적어도 느리게 가는 것처럼 보였다. 시속 120마일(222km) 정도였을까. 그러나 항공기는 하늘로 뜨지 못했다. 뭔가 잘못되었다. 그러다가 항공기의 한쪽 날개가 폭탄 저장소를 들이받았다. 항공기는 빙그르르 돌면서 시야에서 사라졌다. 커다란 먼지 구름이 피어오르고 몇 초 후 둔탁한 충돌음이 났다. 항공기의 다른 부분도 충돌을 일으킨 것이었다. 봅이 감정을 싣지 않은 채로 말했다.

"끝장났군."

우리는 검은 연기가 피어오르기를 기다렸다. 그러나 그런 것은 나오지 않았다. 우리는 회관으로 돌아갔다.

누군가가 질문했다.

"그 항공기, 조종사 누구였나?"

"토미 보일란."

"불쌍한 늙은 토미!"

항법사 한 사람이 벨을 눌러 웨이터를 부르자 잠시 동안 아무도 말을 하지 않았다.

문제의 조종사 토미도 곧 나타났다. 그의 군복에는 흙이 잔뜩 묻어 있었다. 머리도 헝클어져 있었다. 그 외에 아까의 사고로 외모가 흐트러진 부분은 없었다. 그는 오스트레일리아 출신이었고 60회의 출격을 하고 나서 이곳으로 전속되었다고 했다. 그는 좋은 친구였다. 웨이터가 가져온 쟁반 위의 맥주캔을 움켜잡는 그의 손은 매우 단단했다.

봅이 말했다.

"세상에, 운 좋은 줄 알라고."

"이미 충분히 수긍하고 있지."

사건의 전말은 간단했다. 항공기의 구조적 결함 때문은 아니었다. 항공기 좌현 주익 선단의 나사가 제대로 조여지지 않아 이륙 시 떨어져 나가 버렸고, 그 때문에 좌현 주익은 양력을 크게 잃게 되었다. 폭격비행단의 기종을 교체할 때면 아주 작은 확률로나마 있을 수 있는 일이었다. 다행히도 랭커스터 폭격기 중에는 그런 불량품이 많지는 않았다.[132] 그러나 취사장에 있는 니거를 보러 가던 나는 미래에 대한 막연한 불안감을 떨쳐 버릴 수 없었다.

나중에 나는 대대원들 중 일부를 만나보았다. 신임 대대장인 내게 여전히 분위기는 낯설었다. 그러나 뒤돌아보면 이보다 더 분위기가 안 좋았던 적도 많았다. 우리가 모인 곳은 WAAF 회관의 바였다. WAAF 대원들이 춤을 추었다. 당시 나는 재판정의 판사마냥 정신이 말짱했고, 실수를 하지 않으려고 꽤 신경을 썼다. 그러나 그 친구들의 분위기는 고조되어 있었다. 그리고 그들의 불평불만을 느낄 수 있었다. 그런 감정을 정상적으로 배출하게 하려면 몇 주가 소요될 것이었다. 그들은 이런저런 불만을 표시했다. 그러나 거기 있는 모두 서로 잘 어울리고 있었고, 대부분은 뛰어난 실력을 갖추고 있었다.

---

132) 랭커스터 폭격기 초기 생산분은 연료 공급 문제, 주익 상부 외피의 우그러짐 문제가 있었다. 주익 본체와 주익 끝 부분 간의 결합 부위도 보강해야 했다. 보일란이 3월 24일에 겪은 이 사고는 구조 결함이 아니라, 단순한 조립 실수였다. 이 사고로 항공기는 비포장 활주로를 벗어나, 폭탄 야적장 인근의 크레인을 들이받고 멈췄으나, 승무원들은 모두 다치지 않고 안전하게 탈출했다. 이후 해당 기체는 폐기 처분되었다. 오스트레일리아 출신인 보일란은 전쟁 이전에 영국 공군에 입대했으며, 햄덴 폭격기 부대에서 전투 파견 1회를 마쳤다. 사고 당시에는 제106비행대대에서 두 번째 전투 파견 중이었다. 그는 종전 시까지 생존했으며 1947년 영국 공군에서 제대했다. 제대 당시 계급은 중령이었으며, DSO, DFC를 수훈했다.

거기에는 존 호프굿이라는 친구도 있었다. 애칭은 〈호피〉였다. 금발에 중간 키의 미남자였다. 덧니가 하나 두드러진게 외모의 유일한 흠이었다. 대원들은 언제나 그걸 트집 잡아서 호피를 놀려 댔다. 그러나 호피는 성질 좋게 받아 넘겼다. 또한 그는 대부분의 시간을 남성 대원들과 어울려 보내긴 했지만, 굉장히 진지한 인물이었다. 나는 그를 처음 보자마자 이런 느낌이 들었다.

"대대원으로서 이상적인 인물이군. 저 친구 마음에 드는 걸."

나머지 장병들은 로디지아(오늘날의 짐바브웨 – 역자주) 인들이었다. 모두가 젊고 총명했으며 우호적이었다. 빌 와몬드는 로디지아에서 의대를 다니다가, 비행을 해보고 싶어 공군에 지원했다. 빌 피켄은 함부르크에 갈 때만 빼면 언제나 쾌활했다. 다음번 함부르크 임무가 오늘 그의 불만거리였다. 함부르크에는 엄청난 규모의 방공망이 구축되어 있었기 때문이다. 해리 스토퍼는 WAAF 장교 메리와 기지에서 약혼식을 올린 지 얼마 지나지 않았다. 그 외에도 이름을 외우지 못할 만큼 많은 대원들이 떠들고 마셔 댔다. 그러나 그들은 모두 청년들이라는 공통점이 있었다. 그들은 자기들끼리만 있어도 즐거워할 수 있었다.

다음 날 나는 대대원 전체를 집합시켜 분열식을 했다. 모두가 뛰어난 인재들 같았다. 나는 그들에게 대략의 요구 사항을 전달했다. 그리고 하사관 승무원들에게도 한 가지를 훈시했다. 내가 방에 들어갔을 때 하사관들이 아무도 일어나지 않았던 결례를 지적했다. 물론 내가 너무 젊어서 그랬을지도 모른다. 그리고 하사관들은 높은 수준의 경험과 기량을 쌓고 있었다. 그런 부분을 지적하는 것이 거만해 보일수도 있다. 그러나 그런 부분을 이야기해야 부하들에게 지휘관의 생각을 전달할 수 있고, 지휘관 역시 부하들의 생각을 알 수 있다. 그다음에는 어제 함께 술을 마셨던 조종사들과 이야기를 했다. 그들의 태도는 어젯밤과는 완전히 달랐다. 모두가 직립 부동 자세를 유지하고 있었고, 말 실수를 하지 않으려고 애썼다. 오늘밤의 작전 목표 지역은 뤼벡이었다. 발트 해안에 있는 주요 항구였다. 이제 임무가 끝나고 돌아올 때까지 술을 마셔서는 안 되었다. 심지어 점심시간의 회관에서도 분위기는 어젯밤과 확연히 달랐다. 그들은 자기들끼리 삼삼오오 모여서 작은 목소리로 이야기를 나누고, 음료도 탄산음료만 마셨다. 그나마도 안 마시는 사람도 있었다.

사실 내가 있던 어느 비행대대나 임무 직전의 이런 분위기는 다 비슷했다. 제1차 세계대전 참전 조종사들과는 달리, 요즘 조종사들은 임무 전에는 술은 쳐다보지도 않는다. 음주 비행의 위험성을 잘 알고 있기 때문이다. 아무리 거친 전투 조종사라도 예외는 없었다. 나는 회관 관리인에게도, 그날 밤 임무가 있는 조종사와 승무원들에게는 절대 술을 보여 주지도 말 것을 지시했다. 만에 하나 그들이 술을 입에 댔다가는 최소한 대대장의 진노를 사게 될 것이다. 그리고 최악의 경우에는 임무 중에 아군을 죽거나 다치게 할 수도 있기 때문이다.

회관에 착석한 그들은 나와 이야기하는 동안 매우 예의바르게 행동했다. 나중에 나는 두 편대장과 따로 이야기를 나눠 보았다. 그들 역시 너무 눈에 띄게 조심스럽게 행동했다. 그들은 뛰어난 조종사였으나 작전적 관점에서 볼 때는 휴식이 필요했다. 그중 한 친구는 60회의 출격을 마쳤고, 슬슬 긴장감을 느끼기 시작했다. 오늘도 그는 긴장하고 있었다. 그리고 나는 그의 상태가 어떤지 한눈에 알아볼 수 있었다. 그는 임무를 앞두고 안절부절 못하고 있었다. 옆의 사람이 뭐라 말하건 귀에 들어오지도 않았다. 마음이 콩밭에 가 있었다. 나중에 그는 편대용 밴을 타고 아내를 만나러 갔다. 아내와 함께 있어도 그리 그림이 좋지는 않았을 것이다.

1943년 미국 여행 중 긴장을 풀고 있던 가이 깁슨(D. 워렌 소장 사진)

깁슨 가족이 촬영한 동영상에서 추출한 연속 사진들. 가이 깁슨이 랭커스터 항공기 모형을 가지고, 항공기에 설치되었던 조명등의 작동을 설명하는 장면이다.(M. 깁슨 소장 사진)

공군 중령 가이 깁슨과 부하 승무원들의 모습. 좌로부터 깁슨, 폭격수 오스트레일리아 공군 소위 F. M. 스패포드, 통신사 공군 대위 R. E. G. 허치슨, 기관총 사수 공군 소위 G. A. 디어링, 기관총 사수 공군 소위 H. T. 태럼(제국 전쟁 박물관 소장 사진)

우드홀 온천에 있는 댐버스터즈 기념비(키 퍼블리싱 소장 사진)

깁슨이 키우던 블랙 래브라도 견 〈니거〉의 무덤. 스캠턴 기지에서 현재까지 잘 관리 중이다.(키 퍼블리싱 소장 사진)

깁슨이 받은 약장들(D. 워렌 소장 사진)

그녀는 남편이 변하는 모습을 여러 번 보았다. 어떤 아내나 그럴 수 있다. 이제 그녀는 남편이 임무를 떠나는 것을 안다. 집의 대문이 닫히는 소리가 나고 밴의 소음이 멀어져 사라진 후에 그녀는 우선 이륙하는 항공기의 엔진 소리를 기다린다. 항공기들이 이륙하면 시간은 한없이 느리게 흘러간다. 그다음에는 임무를 떠났던 항공기들이 복귀하는 소리를 기다린다. 왠지 빠르고 경쾌하게 들리는 소리다. 그 소리가 들리고 나서야 그녀는 항공기들이 기지에 복귀했으며 기상 조건이 좋았음을 알 수 있다. 만약 그녀의 남편이 돌아올 수 없다면, 그 이유는 하나뿐이다. 너무나도 끔찍한 이유 때문이다. 1분이 한 시간처럼 느껴진다. 여전히 시간은 너무도 느리게 흐르는 것처럼 보인다. 밴의 소리가 들리고, 문이 열리고 남편이 집안으로 들어올 때까지 말이다. 남편이 들어오면 밤공기가 차가운데 왜 스카프를 매지 않았냐고 잔소리를 늘어놓는다. 그런 바보 같은 이야기라도 하지 않는다면, 그녀는 남편이 더 이상 임무에 나가지 않게 해달라고 신께 매일 무릎 꿇고 기도할 것이다.

그 모든 모습이 직접 본 듯 생생하게 머릿속에 그려진다. 왜냐하면 나 역시 기혼자이기 때문이다. 그러나 현재 내 아내는 군수 공장에서 일하고 있다. 그녀는 내가 비행을 하는지 안 하는지도 모른다.

그 친구는 그동안 자신의 임무를 훌륭하게 수행했다. 이 때문에 나는 이번 임무에서 돌아오면 더는 비행을 할 필요가 없을 거라고 확언해 주었다. 나는 그의 후임자로 다른 사람을 선발할 것이다. 그래야 비행대대의 간부진이 물갈이가 되면서 활력이 높아진다. 이런 것은 작전 효율을 높이는 데 중요한 조치다.

뤼벡 폭격은 성공이었다. 문제의 편대장도 휘하 승무원들과 함께 무사히 귀환했다. 그날 밤은 맑았고 달은 보름달이었다. 모든 항공기가 표적을 발견하고 폭탄을 떨어뜨렸다. 공격 시간도 매우 좋았다. 공습은 불과 2시간 만에 끝이 났다. 그 시간 동안 표적에 600톤이나 되는 폭탄을 투하한 것이다. 가히 기록적이었다. 폭격으로 인한 피해 역시 이 전쟁에서 가장 가혹했을 것이다. 고도(古都) 뤼벡은 문자 그대로 전소되어 버리고 말았다.

다음 날 밤, 독일 공군은 우리 도시 엑세터에 보복 공격을 가했다. 그때 우리는 다음 날 메리와의 결혼식을 앞둔 해리 스토퍼를 위해 총각 파티를 벌이고 있었다. 즐거웠지만 술은 거의 마시지 않았다. 나는 스토퍼를 보았다. 앉아서 웃으며 농담을 즐기는 그는 결혼을 앞둔 젊은이였다. 출격 횟수도 경험도 그저 그런 정도였다. 신께서 그에게 활력 넘치고 충만하고 즐거운 삶을 허락하기를 기도했다.

다음 날 스토퍼는 모든 대대원의 축복 속에서 결혼식을 올렸다. 신랑신부가 털털거리는 낡은 차를 타고 신혼여행을 떠나자 사람들은 너털웃음을 터뜨렸다. 나는 차 뒤에 매달아 놓은 요강이 목적지에 도착할 때까지 잘 붙어 있었을 거라고 생각했다.

그다음 나는 대대장실로 들어갔다. 해야 할 서류 작업이 엄청나게 많았다. 그렇게 많은 서류는 처음 작성해 보았다. 전투기 부대에서 작성해야 했던 서류는 그것의 반도 되지 않았다. 그러나 쉽게 처리할 방법이 있었다. 나와 대대 부관은 대대 행정실장인 중사의 탁월한 지식 덕택에 서류 작업을 잘 해낼 수 있었다. 봅 앨런은 그 중사야 말로 대대를 실질적으로 움직이는 사람이라고까지 말했다. 그러나 서류 더미 속에 끼어 있던 사령부 명령이 눈에 띄었다. 공군 총사령관 명령이었다. 간단명료한 문체로 적힌 그 명령서는 폭격기 부대 장병의 아내는 남편이 근무하는 부대로부터 40마일(74km) 이내에 거주해서는 안 된다는 내용이었다. 단, 이미 해당 범위 내에 거주하고 있던 부인은 퇴거할 의무는 없었다. 중사와 함께 우리 부대에서

제106비행대대장 시절의 공군 중령 G. P. 깁슨이 대대의 장병들과 함께 사진을 찍었다. 배경에는 대대의 두 맨체스터 항공기도 찍혀 있다.(ZZZ 6965C, 제국 전쟁 박물관)

40마일 이내에 거주하는 장병 부인이 몇 명이나 있는지 확인해 보았다. 4명뿐이었다. 간만에 듣는 좋은 소식이었다. 누구나 집에서까지 전쟁을 치를 수는 없다. 이 명령은 결과적으로 따를 필요가 없는 명령이 되었다.

맨체스터는 보파이터에 비하면 정말로 조종성이 둔했다. 이륙 속도부터가 너무 느렸다. 이륙시키는 데만도 족히 반나절은 걸리는 느낌이었다. 선회 역시 믿어지지 않을 만큼 둔했다. 그러나 이 항공기는 시속 180마일(333km) 속도를 오랫동안 유지하며 비행할 수 있었다. 물론 엔진만 잘 돌아가 준다면 말이다.[133] 〈로보〉와 나는 이를 함께 알아 냈다. 로보는 나와

133) 맨체스터 폭격기의 엔진은 롤스 로이스 벌처 엔진 2대였다. X섹션 24실린더 엔진인 이 엔진은 4개의 롤스 로이스 페러그린 실린더 블록과 일반 크랭크축 하나를 사용했다. 개발 과정의 마무리가 제대로 되지 않아 기대만큼의 성능이 나오지 않았다. 윤활 문제가 잦아 커넥팅 로드 빅 엔드 베어링이 고장이 났다. 페더링 장치에도 문제가 있었다. 이 장치는 엔진 고장시 작동되어, 동력이 끊어진 프로펠러가 지나친 항력을 생성하지 못하게 해 준다. 힘들기는 했지만 엔진 하나로 맨체스터가 비행하는 것도 가능은 했다. 엔진 문제로 다수의 맨체스터

같은 날 이 대대에 전입했다. 로보의 본명은 공군 대위 로버트슨이었다. 그는 뉴질랜드인으로, 언제나 미소 짓는 쾌활한 사람이었다. 또한 출격 회수도 30회나 되었다. 그래서 나는 그를 소령으로 진급시켜 A편대장을 맡겼다. 그리고 빌 와몬드에게는 A부편대장을 맡겼다. 그와 나는 맨체스터의 성능 한계에 도전했다. 나는 우리가 서로를 똑같이 크게 놀라게 했다고 생각했다. 나는 맨체스터를 전투기식으로 몰았고 그는 폭격기식으로 몰았다.

그의 진급은 많은 사람들의 인정을 받았다. 로보는 하늘과 지상에서 지휘관으로 빛나기 시작했다.

이 비행대대에 온 지 며칠이 지나자 나는 로보와 함께 첫 임무에 나섰다. 간단한 임무였지만 주의했다. 지난 1년 동안 제대로 된 적의 대공포화를 본 적이 없기 때문이었다. 킬 항구 입구에 6발의 기뢰를 부설하는 것이 임무였다. 가 보니 적의 대공포화는 물론 전투기도 없었다. 임무는 너무 쉽게 끝이 났다.

이틀 후 우리는 로스토크로 가게 되었다. 해당 도시에 대해 가해지는 공습의 3일째였다. 다른 부대의 폭격기들이 도시와 선거를 폭격하는 동안, 우리 제5비행단은 10마일(18.5km) 떨어진 He111 항공기 공장을 폭격한다는 것이 계획이었다. 다음 날 공장 직원들이 출근했을 때 박살이 난 공장을 보여 줄 것이었다.

첫날 밤 공장 상공에는 대공포화가 전혀 없었다. 그러나 첫날 밤 출격한 폭격기는 12대뿐이었으므로 큰 피해는 입히지 못했다. 둘째 날 밤 약 60대의 폭격기를 몰고 간 우리는 대량의 경대공포 사격을 당했다. 그래도 전날보다 더 큰 화재와 피해를 입히는 데는 성공했다. 마지막 날, 나는 우리 부

가 손실되자, 제작사인 아브로 사는 맨체스터 항공기의 엔진을 멀린 엔진 4대로 바꾸는데, 이것이 바로 랭커스터 폭격기가 된다.

대가 공장의 중앙 격납고 폭격에 총력을 기울여야 한다고 생각했다.

브리핑이 끝난 다음 호피와 빌이 내게 왔다. 그들은 이런 질문을 했다.

"왜 윗사람들은 대공포화가 없던 첫날밤에 그 공장에 대규모 폭격을 안한 거죠? 그랬으면 그 공장을 한 방에 끝장냈을 텐데 말이죠."

나는 이렇게 답했다.

"나도 몰라. 내가 봐도 좀 바보 같아 보이기는 하는군. 비행단에 전화를 걸어 한 번 알아보지."

비행단 측에서도 이렇다 할 답변은 없었다. 그들도 그 답을 몰랐으니 말이다. 비행단에서는 오직 사진만을 원한다고 밝혔다. 이제 우리 항공기들은 모두 카메라를 장착하고 있었다. 그러나 고도 4,000피트(1,200m) 이하에서는 사진이 잘 나오지 않았다. 따라서 비행단에서 사진을 요구한다는 것은 고도 4,000피트 이상에서 폭격을 하라는 소리였는데, 나는 그 이유를 도무지 이해할 수 없었다. 그렇게 높은 고도에서 폭격하면 폭탄이 잘 맞지 않기 때문이다. 사진이 잘 나오지 않게 되더라도 항공기의 폭격 고도를 낮춰야 폭탄이 잘 맞지 않겠는가. 아무튼 나는 부하들에게 고도 2,000피트(600m)에서 폭격을 하라고 지시했다. 공장의 중앙 격납고를 날려 버리는 것이 우선이지 사진은 어찌 되건 상관없었다. 폭격 후 새벽에 간 정찰기는 공장에 폭탄이 명중했다고 알려 주었다. 그러나 우리는 다음 날 밤 그 공장을 또 폭격하러 가야 했다.

나는 작전실에 밤늦게까지 앉아 그들이 오기를 기다렸다. 폭격기 부대의 작전실은 전투기 부대와는 매우 다르다. 그곳에서 눈길을 끌만한 것은 전화기 앞에 앉아 있는 미모의 WAAF 대원, 그리고 벽에 걸린 큰 칠판뿐이다. 칠판에는 그날 밤 임무를 맡은 기장들의 이름이 적혀 있다. 그 이름 옆에는 다양한 정보들이 적혀 있다. 무장 현황, 이륙 시간, 승무원 현황 등이다. 그러나 그중 가장 중요한 정보는 착륙 시간이다.

앉아 있으려니까 귀환하는 항공기들의 소음이 들렸다. 나는 예쁜 WAAF 대원이 사다리를 갖다 놓고 올라가서 착륙 시간을 적어 넣는 모습을 보았다. 그 대원의 이름은 메리 스토퍼였다.

시간이 흘러갔다.

항공기가 한 대씩 돌아올 때마다 착륙 시간란도 한 칸씩 채워졌다. 〈엑스레이(알파벳 X를 나타내는 영국군의 음성 기호 - 역자주)〉 기는 05시 20분에, 〈요커(알파벳 Y를 나타내는 영국군의 음성 기호 - 역자주)〉 기는 05시 22분에 착륙했다. 단 한 대의 항공기, 〈슈가〉(알파벳 S를 나타내는 영국군의 음성 기호 - 역자주) 기만 빼고는 모든 항공기의 착륙 시간란이 채워졌다. 그곳에 아주 오랫동안 앉아서 채워 넣어야 할 빈 칸 하나를 보고 있는 것은 그리 좋은 일이 아니다. 그리고 그날 밤은 더욱 나빴다. 〈슈가〉 기의 기장은 공군 소위 스토퍼였으니 말이다.

나는 거기 앉아서 줄담배를 피워 댔다. 아침 해가 떠오르고 당직병이 들어와서 등화관제 커튼을 걸을 때까지 말이다. 차마 입을 열기가 힘들었다. 나는 승무원 대기실로 가서 승무원들과 이야기를 하고 싶었다. 하지만 나는 여기 있는 메리 스토퍼를 놔두고 가기도 싫었다. 그녀는 자기 자리에 앉아서 빈 칸으로 남아 있는 〈슈가〉 기의 착륙 시간란을 응시하고 있을 뿐이었다. 얼핏 보면 우스웠지만 전혀 웃을 수 없는 모습이었다. 누군가가 그녀에게 차를 갖다 주었지만, 그녀가 그 차의 존재를 알아차렸을 무렵에는 차는 이미 차갑게 식어 있었다. 그러다가 갑자기 한 줄기 희망의 빛이 비추었다. 전화가 울린 것이다. 전화를 건 곳은 관측대였다. 맨체스터 폭격기 한 대가 방금 영불해협을 넘어 영국 영토로 들어온 것을 봤다는 것이었다. 그것은 해리의 〈슈가〉 기였을까? 그녀의 얼굴이 미소로 밝아졌다. 그녀 역시 감히 입을 열지 못했다. 그러나 우리 기지 상공까지 온 그 폭격기는 우리 기지에 내리지 않고 다른 곳으로 가 버리고 말았다. 그녀는 고개를 떨구었다. 눈물을 참는 그녀의 눈시울이 붉어졌다. 관제탑에서 근무하고 있던 병사가 전화를 걸어, 그 폭격기의 소속 부대가 제50비행대대라고 했다. 결국 나는 일어나 그녀를 부축해서 내 자동차로 데려갔다. 그녀는 울지 않았다. 그녀는 매우 용감했다. 그녀는 물건을 챙기러 WAAF 장교 회관에 들렀다. 신혼집을 꾸미기 위해 전날 아침에 샀던 물건들이었다. 봉지 안에는 콘플레이크 한 상자, 2파운드 마말레이드 병, 버터와 설탕, 베이컨, 배급 식량, 그 외에 여러 가지 자잘한 생활 용품들이 들어 있었다. 내 차에서 내려 자기 집으로 향하던 그녀는 물건들을 꼭 붙들었다. 내 집으로 돌아가는 내 눈에서도 눈물이 나올 뻔했다.[134)

바르네뮌데와 로스토크에 대한 공습은 성공리에 끝났다. 그러나 봄이 되자, 표적을 확실히 맞추려면 폭격기 사령부 내에 뭔가 확실한 변화가 필요하다는 게 분명해졌다. 5월의 어느 궂은 날, 표적에 더 많은 폭탄을 명중시키기 위한 방법을 알기 위해 회의가 소집되었다. 의장은 공군 소장 코리턴이었다. 그는 공군성에서 여러 해 동안 근무했으며, 회의 당시에는 폭격비행단장이었다. 그는 예리하고 유능하면서도 친절하고 창의적인 인물이었

---

134) 공군 소위 해리 스토퍼는 1942년 4월 23~24일 사이의 밤 덴마크 팅레우 동쪽 비스고르데 인근에 탑승한 맨체스터 폭격기가 추락하면서 사망했다. 플렌스부르크 인근에서 대공포화에 피격된 그의 항공기 좌현 엔진은 과열되어 화재를 일으켰다. 스토퍼 소위는 나머지 승무원들이 모두 비상 탈출하는 동안 계속 항공기를 조종했다. 다른 많은 기장들이 그랬듯이 그는 항공기에서 결국 탈출하지 못하고, 지면에 충돌해 폭발한 항공기와 운명을 함께했다. 1943년 6월 2일 〈런던 가제트〉 지에는 스토퍼 소위가 MiD(Mention in Despatches) 훈장을 추서받았음을 발표했다. 스토퍼의 시신은 오벤로 묘지에 안장되어 있다. 그의 휘하 승무원은 모두 살아남아 전쟁 포로가 되었다.

다. 소속 비행단에서 인망도 높았다. 그는 차를 타고 공군 기지를 돌아다니다가, 항공기의 엔진 회전수 측정기의 전체 배선도를 놓고 전기 정비사와 토론을 벌이는 인물이었다. 당연히 정비사들은 그의 항공 지식과 열의에 놀랄 수밖에 없었다. 그는 항공기에 관한 한 모르는 게 없었다. 나를 비롯한 비행대대장들 사이에서도 그는 이제까지 모셨던 비행단장들 중 가장 인기 있는 인물이었다. 그리고 앞으로도 그 기록은 깨지지 않을 것 같았다. 그는 비행단의 모든 인원과 물자를 끔찍이도 아꼈다. 마치 갓 태어난 애완동물을 돌보는 아버지와도 같았다. 그는 1주일에 최소한 한 번 예하 공군 기지들을 프록터 항공기를 타고 순시하며, 모든 것이 정상적으로 돌아가고 있는지 확인했다.

그런 그는 회의 석상에서 다음과 같이 말했다.

"제군들도 알다시피 지난 몇 주간 우리는 상당한 성공을 거두었습니다. 그러나 그동안 우리가 공격한 표적들은 방어 상태가 그리 좋지가 않았습니다. 바르네뮌데 공습 때는 우리 군도 피해가 컸다고 알고 있습니다. 적 탐조등의 불빛 때문에 공중 충돌을 일으켜서 그렇게 된 것 같지만 말입니다. 정밀 폭격을 하려면 아우구스부르크 공습(이 공습에서 네틀턴은 VC를 수훈했다.) 때처럼 주간 폭격을 할 수밖에는 없을 것 같습니다. 그러나 주간 공습이 성공하려면 철저히 보안을 유지해서 기습을 해야 합니다. 그런데 폭격기 사령부에 근무하는 인원이 너무 많기 때문에 보안 유지는 힘듭니다.[135] 그렇다면 야간 폭격의 정밀도를 향상시킬 수밖에는 없습니다. 그렇

---

135) 바르네뮌데 공습은 1942년 5월 8~9일 밤에 193대의 항공기로 실시되었다. 이 중 19대가 손실되었으며, 그중 6대는 제5비행단의 것이었다. 이 중 공중충돌로 손실된 것이 확인된 기체는 현재까지는 없다. 같은 해 4월 17일의 아우구스부르크 공습은 랭커스터의 공식 데뷔전이었다. 제44, 제97비행대대에서 각각 랭커스터 6대씩이 이 공습에 참가했다. 이들은 MAN사의 U보트용 엔진 공장을 타격하기 위해 프랑스를 건너 독일 본토까지 이르는 1,200마일(2,222km)에 달하는 항로를 주간 저공비행했다. 임무 지휘관은 제44비행대대의 공군

다면 야간 폭격의 정밀도를 향상시키면서, 우리 군의 피해를 최소화할 방법은 무엇이겠습니까? 피해를 최소화해야 우리 군의 전력도 매일같이 늘지 않겠습니까?"

그의 이야기는 계속되었다. 그는 엄청나게 많은 말을 했다.

그가 가장 먼저 꺼낸 화제는 카메라였다. 모든 비행대대는 사진 촬영을 중시해야 했다. 이를 위해 사진 촬영을 가장 잘 하는 비행대대에 상당히 큰 상점이 주어질 것이었다. 비행단과 폭격기 사령부에 사진 촬영 성적표가 걸자고 했다. 그 성적표를 보면 어느 비행대대가, 어느 항공기가 가장 사진을 잘 찍는지를 한눈에 알 수 있었다. 그러면 비행대대 간에 경쟁심도 불타오를 것이었다. 가장 높은 성적을 거둔 항공기에는 조명탄 투하 임무가 배정될 것이다. 가장 높은 성적을 거둔 비행대대에는 표적에 제일 먼저 진입하는 특혜가 주어질 것이었다. 제일 먼저 진입해야 제일 안전하기 때문이었다. 또한 폭격 훈련 방식도 바꾸어야 했다. 훈련 시 폭탄 투하 고도를 기존의 6,000피트(1,800m)에서 15,000피트(4,500m)로 높여야 했다. 왜냐하면 실전에서 주로 폭격하는 고도가 15,000피트였기 때문이었다. 그가 비행단장으로 부임하기 전에는 그런 식의 훈련을 잘 하지 않았다. 이제 그는 비행대대간 폭격 경연대회도 도입하고자 했다. 그는 그 외에도 여러 가지 이야기를 한 다음, 몇 가지 질문도 했다.

그러고 나자 비행대대장들이 한 명씩 자신들의 의견을 이야기했다. 비행단장은 대대장들의 의견을 주의 깊게 경청했다. 그러고 나서 오랜 시간 동

소령 존 네틀턴이었다. 이들은 비행 중 적 전투기의 요격을 당했다. 목표에 도달한 항공기는 8대뿐이었으며, 귀환에 성공한 항공기는 5대뿐이었다. 네틀턴 소령은 이 임무에서 뛰어난 지휘력을 선보여 빅토리아 십자 훈장을 받았다. 그러나 표적에 가한 피해는 크지 않았다. 그리고 랭커스터 폭격기는 방어 무장이 너무 부실하므로 편대 비행을 하더라도 적의 꾸준한 전투기 요격을 견뎌 낼 수 없다는 점이 입증되었다.

안 토론이 진행되었다. 모든 토론 내용은 속기사에 의해 기록되었다. 향후 참조자료로 사용하기 위해서였다.

오래된 항로 배정 방식에 대한 불만도 나왔다. 제83비행대대장 메리 튜더 중령이 높은 목소리로 말했다.

"단장님도 아시다시피 우리 폭격기의 항로를 정하는 것은 폭격기 사령부 요원들입니다. 그 친구들 중에는 지난 6개월간 독일 상공에서 대공포를 맞아 본 적이 없는 사람도 있습니다. 우리 폭격기의 항로는 늘 변함이 없는데, 독일군의 방어태세는 늘 변화무쌍합니다. 심지어 지난 몇 주간에는 독일 탐조등도 보기가 어려워졌습니다. 모두 루르에 갔기 때문입니다. 현재 루르에 배치된 독일 탐조등이 약 2,000개는 될 겁니다."

비행단장이 말했다.

"본격적인 〈루르 전투〉는 아직 시작도 안 했는데."

"그러니까 말입니다. 〈루르 전투〉가 시작되어도 우리 군은 아무것도 못 맞출 겁니다. 그 무수한 탐조등 불빛 때문에 말이지요. 제가 보기에는 탐조등이 대공포보다도 더 나쁩니다. 이 때문에 저는 항로와 일반 비행계획을 비행대대급에서 직접 결정하는 것이 좋다고 생각합니다. 어찌되었건 간에, 직접 폭격을 하러 가는 사람들이니 말입니다. 브리핑 1시간 전쯤에 내선 전화로 회의를 해서 최종 계획을 정하는 것이 어떨까 싶습니다. 그 회의에서는 누구나 자기 의견을 말할 수 있어야 합니다. 회의를 통해 항로는 적의 방어 태세가 부실한 곳으로 정해야 합니다. 또한 폭격 고도도 적의 대공포 화망을 피할 수 있는 고도로 바꿔야 합니다. 이렇게 해야 우리 승무원들이 더욱 편안하게 임무를 수행할 수 있고, 폭격 명중률도 높일 수 있을 거라고 봅니다."

그는 여기까지 말하고 착석했다. 비행단장이 말했다.

"좋은 의견이었습니다. 가급적 빨리 이 의견대로 추진합시다. 그러나 무엇보다도 먼저 할 일은 전 비행단에 랭커스터를 장비시키는 일입니다. 그게 안 되면 다른 어떤 것도 할 수 없습니다. 전화 회의의 이름은 뭘로 붙이면 좋겠습니까?"

항공참모장이 건조한 어투로 대답했다.

"비행 계획을 정하는 회의니까 〈비행 계획 회의〉로 하면 어떻겠습니까?"

비행단장이 모두에게 물었다.

"다들 좋죠?"

출석자들은 낮은 목소리로 동의를 표했다. 그러자 비행단장은 속기사에게 고개를 끄덕여 방금 내용을 기록할 것을 지시했다.[136]

그 외에도 여러 가지 중요한 문제들이 오랫동안 논의되었다. 그중 첫 번째는 훈련이었다. 현재 우리 비행단에는 기존의 햄덴을 대체하는 대형 4발 중폭격기가 장비되고 있다. 이 장비 교체를 어떻게 진행하고 있는가? 우선 모든 비행대대에 제3편대가 설치되었다. 제3편대의 편대장은 토미 보일란처럼 실 작전을 뛰지 않는 조종사가 보임되었다. 그리고 이 제3편대에는 3

---

136) 공군 소장 알렉 코리턴(1895-1981)은 1942년 4월 25일 공군 소장 슬레서의 뒤를 이어 제5비행단장에 취임했다. 이튼 교 졸업생이던 그는 육군에 입대해 1918년 이프르 인근에서 부상당했다. 그는 RFC(Royal Flying Corps: 영국 육군 항공대)에 전속하여 육상기 및 수상기를 조종하다가 1918년 4월 1일 영국 공군의 창설을 맞았다. 그는 비행교관으로 앨버트 왕자(훗날의 조지 6세 국왕)의 비행 교육도 맡았으며, 이후 1920년 크랜웰 공군사관학교에 배치받았다. 공군사관학교 근무를 마친 그는 제2차 세계대전 발발 직전까지 대부분의 시간을 인도에서 육군 협동 장교 및 참모 장교로 근무하면서 보냈다. 그는 1942년 랭커스터의 전력화에 성공했으며 위험을 무릅쓰고 휘하 승무원들을 실험적 주간 폭격에 투입했다. 그러나 해리스는 1943년 2월 27일 그를 제5비행단장직에서 해임시켰다. 악천후 때 소수의 랭커스터로 베를린을 폭격하라는 해리스의 명령을 코리턴이 거부했기 때문이었다. 이후 그는 중동과 극동에서 근무했다. 제2차 세계대전 종전 당시 그의 직위는 동부 항공 사령부의 부사령관이었다. 종전 후 그는 항공기 생산보급성의 여러 요직을 거치다가, 1950년대에는 브리스톨 항공기 회사에 입사했다. 브리스톨 시들리 엔진 사의 부사장까지 승진한 그는 1964년 은퇴했다.

대의 랭커스터 폭격기가 지급되어, 기종전환 훈련에 사용되고 있었다. 그러나 당시 인력 문제는 심각했다. 편대가 늘어나면 인원도 많아져야 했다. 그리고 이제 더 이상은 추가 인원이 없었다. 심지어 작전 편대에서도 인원을 빼와야 했다. 햄덴은 4명의 승무원을 태우고 다녔다. 그러나 랭커스터의 정원은 7명이었다. 항공기당 3명의 숙련 승무원이 더 필요한데, 대체 어디서 구해 와야 한단 말인가? 공군성의 지저분한 사무실에서 입안되어 캐나다 초원에까지 적용되는 항공승무원 육성계획은 전면 개편이 필요했다. 그렇게 해야 할 이유는 하나뿐이었다. 영국 공군 폭격기 사령부는 문자 그대로 다시 태어나고 있었기 때문이다.

새로운 항법 장비도 나오고 있었다. 그 장비를 사용하면 운상에서도 빠르고 정확하게 위치를 알 수 있다. 물론 이 장비의 상세한 사항은 극비였다. 이 때문에 항법 장비와 그것을 실은 항공기는 밤낮으로 엄중히 경비되어야 했다. 그러려면 역시 더 많은 병력이 필요했다. 경비 병력은 어디서라도 구할 수는 있을 것이었다. 그러나 우리뿐 아니라 영국군 전군이 더 많은 병력을 요구하고 있었다. 정말 힘든 문제였다.

이 때문에 그들은 기종전환교육 편대는 좋지 않다고 결론지었다. 인력 낭비였기 때문이다. 대신 모든 편대에 기종전환교육 기능을 넣기로 했다. 그러면 이론상 모든 비행대대에 제대로 훈련된 승무원을 공급할 수 있을 것이다. 그러나 실제로도 그럴까? 당시 우리는 숙련된 항공기관사가 모자랐다. 지원자는 있었지만 제대로 훈련시키려면 시간이 걸렸다. 새로운 공군 기지도 신설해야 했다. 랭커스터는 착륙 활주 거리가 길어서 더 긴 활주로가 필요하기 때문이다.

우리 앞에는 수백 가지 문제가 산적해 있었다. 4시간의 회의 시간이 끝나자 어지러울 정도였다.

회관으로 돌아오는 길에 랭커스터 한 대가 머리 위를 지나가 바다로 날아갔다. 내 주변에 몇 명의 민간인도 있었지만 항공기를 본 척도 안 하는 게 눈에 띄었다. 그들은 이미 폭격기를 보는 데 익숙해진 것이었다. 그러나 그들이 우리 부대 사정에 대해 절반만이라도 알고 있을까? 당연히 모를 것이다. 폭격비행단의 항공기 교체만 해도 엄청나게 큰일이다. 그러나 이제는 비행단뿐 아니라 폭격기 사령부 전체의 항공기를 교체해야 하고 재편성도 해야 한다. 그 모든 수고를 다 기록하자면 책이 한 권 나올 정도였다. 또한 모두가 그 일을 하기 위해 오랫동안 힘들여 일했다는 점도 이야기해야 한다. 항공기 공장에서는 영국 특유의 환경에 맞는 항공기들을 부지런히 뽑아 냈다. 계약업체들은 공군 기지를 건설했다. 그 외에도 장비 담당 장교들, 새 연료 시설 설치 전문가들 등 이루 다 열거할 수 없을 만큼 다양한 사람들이 이 일에 참여했다. 신문의 표제에 적힌 것보다 훨씬 많은 일이 진행된다. 그런 작업들은 전투만큼 매력적이지는 않다. 그러나 굳센 의지를 가진 묵묵한 사람들이 수행한다. 참 우습게도, 대중이 고마움을 표하는 것은 항공기 승무원들뿐이지만 말이다.

그로부터 며칠 만에 우리 대대도 랭커스터를 수령했다. ATA의 조종사들이 한 번에 5대씩 몰고 왔다. 약간만 조정하면 바로 전투에 투입될 수 있는 상태의 기체들이었다. 우리 대대에는 기종전환교육 편대가 없었다. 그리고 같은 공군 기지 내에 다른 기종전환교육 부대도 없었다. 따라서 기종전환교육은 우리가 스스로 진행해야 했다. 게다가 우리는 서둘러야 했다. 2주 만에 기종전환교육을 마무리해야 했다. 그달 말에 최대 규모의 공습이 예정되어 있었기 때문이다.[137]

---

137) 그들은 매우 다급했다. 깁슨이 제106비행대대장에 취임한 것은 1942년 3월 20일이었다. 그러나 당시 그는 아직 랭커스터로 기종 전환하지 않았다. 그는 5월 6일 공군 소령 찰스 스

비번일 때 다른 대대 조종사들을 기종전환교육시켰던 호피가 우리 중에 가장 랭커스터 비행시간이 길었다. 그래 봤자 10시간이었지만 말이다. 나도 호피에게 기종전환교육을 부탁했다.

보통은 바로 조종석 절차(cockpit drill)부터 시작한다. 조종석 절차야말로 현대 항공기 조종 시 가장 중요한 일이다. 모든 스위치의 위치를 외우고 있어야 비행 시 안 보고도 조작이 가능하다. 마치 자동차를 운전할 때처럼, 항공기의 조종도 두뇌를 거치지 않고 반사적으로 이루어져야 한다. 특히나 시정이 좋지 않은 야간에 대형 폭격기를 조종할 때라면, 계기에서 몇 분의 1초만 한눈을 팔아도 목숨이 위태로워질 수 있다.

나는 조종실에 들어가자마자 조종석의 계기 배치가 맨체스터와 비슷한 것을 알아챘다. 사실상 다 똑같다시피 했다. 다만 스로틀(throttle)이 4개였고, 그 외에도 한두 가지 개선점이 보이는 정도였다.

호피가 기장석에 앉았고 나는 그 뒷자리에 서 있었다. 우리 부대의 신입인 데이브 섀넌은 항공 기관사 역할을 하기 위해 부기장석에 앉았다. 호피는 엔진 시동 절차를 자세히 설명해 주었다.[138]

호피가 마이크에다 대고 말했다.

테너와 함께 랭커스터 폭격기의 체험 비행을 했다. 그 직후 그는 부비강 수술을 받기 위해 영국 공군 로스비 병원에 입원했다. 6월 14일 그는 2주간 병가를 내고 옥스퍼드 항공기를 타고 카디프로 갔다. 그는 6월 31일 같은 항공기로 복귀했다.

138) 이것이 깁슨의 사실상 첫 랭커스터 비행이었다. 오스트레일리아 공군 중위 데이비드 섀넌은 당시 20세로, 남 오스트레일리아 의회 의원의 아들이었다. 그는 18세 생일이 지난 직후에 오스트레일리아 공군에 입대, 1941년 3월부터 조종사 훈련을 받았다. 그는 첫 전투 파견에서 깁슨 탑승기의 부조종사로 여러 번 출격했다. 역시 당시 20세였던 공군 대위 존 호프굿은 1940년 영국 공군에 입대, 1940년 제50비행대대 소속으로 첫 전투 파견을 나갔다. 그후 그는 훈련 비행대로 배속되었다가 1942년 2월 제106비행대대로 전속되어 다시 실전 임무에 투입되었다. 이 부대에서 그는 처음에는 맨체스터 폭격기를 탑승하다가 랭커스터 폭격기로 기종 전환했다. 호프굿은 제106비행대대에서 32회를 출격하였으며, DFC를 4개월 간격으로 2회 수훈했다.

"스위치 오프."

데이브가 호피의 구령을 복창했다.

"스위치 오프."

"내측 탱크 온."

"내측 탱크 온."

"유입 펌프 온."

"OK, 온"

"알았다. 점검 목록 낭독 시작."

내가 가만히 듣고만 있으니 데이브가 매우 길어 보이는 점검 목록을 읽기 시작했다.

랭커스터 폭격기 항공 기관사 계기판(©크라운 카피라이트)

"전 승무원 착석 여부 확인."

"전 승무원 착석 여부 확인."

"브레이크 온, 압력 상승."

"OK. 브레이크 온, 압력 상승"

"착륙 장치 잠금"

호피는 마지막 항목이 낭독될 때까지 하나씩 확인하며 대답했다. 그다음 데이브는 폭격수부터 후방 기관총 사수까지 모든 승무원의 장비를 점검했다. 여기에는 시간이 걸렸다. 장비 점검이 완료되자 호피는 몸을 돌려 내게 말했다.

"여기까지가 정식 조종석 절차입니다. 처음 몇 번의 비행에서만 정식 절차를 해보면, 나중에는 너무 익숙해져서 건너뛰고 싶어지실 겁니다. 조종석 절차는 외우게 되면 거의 자동적으로 나오게 됩니다. 그다음에 해야 하는 건 엔진 시동, 이륙, 체공 절차입니다. 이것 역시 바뀌지 않습니다. 숙련도와는 상관없이 대부분의 조종사들이 잘 지키고 있는 절차입니다."

그다음에 그는 항공 기관사에게 이렇게 말했다.

"엔진 시동 준비."

"알았다. 엔진 시동 준비."

지상 근무자들이 엔진 시동 준비를 완료해 놓았다. 호피는 스로틀에 손을 대었다. 데이브는 스위치와 부스터 코일들을 조작했다.

호피가 조종석 창문 밖으로 소리쳤다.

"콘택트-우현 외측 엔진부터."

데이브가 시동 버튼을 누르자 4대의 거대한 멀린 엔진은 굉음을 울리며 하나씩 잠에서 깨어났다. 특유의 거슬리는 턱턱거리는 배기음도 들려왔다.

"고임목 제거."

"고임목 제거."

조종석 측면 창 너머로 보니, 조종석 아래 20피트(6m) 거리의 지면에서 덩치가 작은 지상 근무자 한 명이 항공기 착륙장치의 큰 바퀴 사이로 드나들면서 고임목에 연결된 긴 밧줄을 잡아당겨 고임목을 제거하려는 모습이 보였다. 생각해 보면 좀 우스웠다. 고임목의 용도는 누구나 다 알고 있다. 고임목은 엔진이 작동 중인 항공기가 쓸데없이 전진하지 않도록 바퀴 앞뒤에 고여 놓는 장애물이다. 그러나 대부분의 사람들이 모르는 사실이 있다. 제1차 세계대전 이래로 항공기의 크기는 엄청나게 커졌는데도, 고임목의 크기는 그때나 지금이나 변함이 없다는 점이다. 고임목이 지면과 타이어 사이에 박혀 잘 빠지지 않자 아까의 키 작은 지상 근무자가 땅에 등을 대고 누운 다음 고임목을 걷어차 빼내려고 하고 있었다. 그의 머리 위 4피트(1.2m) 높이에서는 거대한 프로펠러가 빠르게 돌아가며 허공을 가르고 있었고 말이다.

결국 고임목은 빠졌고, 항공기 앞에 서 있던 또 다른 지상 근무자가 엄지손가락을 세운 양손을 들어올렸다. 그러자 호피는 비로소 브레이크를 풀었다.

쉭 하는 바람 빠지는 소리가 났다. 그러고 나서 우리를 태운 항공기는 천천히 유도로를 따라 주행하기 시작했다. 활주로로 들어가는 입구에서 호피는 항공기를 세우고 엔진 추력을 하나씩 높였다. 엔진 한 대의 추력을 높일 때마다 2단식 송풍기, 프로펠러 피치 제어기, 자석의 상태를 점검했다.

그동안 데이브는 관제탑과 교신했다.

"관제탑 나오라. 여기는 Y-〈요크〉기. 이륙 허가를 요청한다. 오버."

그러자 여자 목소리가 응답했다.

"이륙을 허가한다. 관제탑의 지시를 잘 듣기 바란다."

당시 영국 공군은 많은 WAAF 대원들에게 남군들이 하던 일까지도 대신 맡기고 있었다. 그럼으로써 한 사람이라도 많은 남군을 전투 임무에 내보내기 위해서였다.

호피는 연달아 지시를 내렸다.

"플랩 각도 30도."

"라디에이터 폐쇄."

"스로틀 위치 고정."

"이륙 준비."

"이륙 준비 완료. 후방 기관총 사수. 후방 이상 없는가?"

후방 기관총 사수의 답신이 들려왔다.

"후방 이상 없음."

그는 4개의 엔진 모두의 추력을 동시에 제로 부스트 위치까지 높인 다음 브레이크를 해제했다. 그러자 항공기는 엄청나게 빨리 가속되었다. 나는 넘어지지 않기 위해 호피가 앉은 방탄 조종석 등판을 꽉 붙들어야 했다.

"최대 추력."

"최대 추력."

데이브는 복창하며 스로틀을 최대로 전개했다.

ASI(대기 속도계)는 곧 시속 110마일(204km)을 가리켰다. 그러더니 항공기의 떨림이 갑자기 멎었다. 항공기가 공중으로 부양을 시작한 것이다.

"상승 추력."

"상승 추력."

"착륙장치 올림."

"착륙장치 올림."

"플랩 올림."

"플랩 올림."

"순항 추력."

데이브가 엔진 회전수를 순항 추력에 맞게 조절하자, 대기속도가 시속 120마일(222km)이 되는 것이 보였다. 대형 폭격기 치고는 꽤 빨랐다. 조종간에서 손을 놔도 항공기의 비행 상태는 완벽히 유지되었다. 조종간도 너무나 가볍게 움직였다. 정말 훌륭한 항공기였다. 호피는 버튼 하나로 엔진을 정지시키는 방법, 엔진 하나로만 비행을 계속하는 방법 등을 보여 주었다. 물론 엔진이 하나만 있으면 고도는 천천히 낮아질 수밖에 없지만, 적 영토를 벗어나 충분히 멀리 도망갈 정도의 항속 거리는 나와 준다고 했다. 그는 충분한 속도가 있는 상태에서 플랩을 약간만 내린 상태로 안전하게 수상 착수를 하는 법도 알려 주었다. 고도 4,000피트(1,200m)에서 내려다본 바다 위에는 부드러운 구름이 깔려 있었다.

약 30분에 걸쳐 그는 내가 알아야 하는 모든 것을 다 가르쳐 주었다. 그러고 나서 그는 관제탑과 통화해 착륙 허가를 구했다.

"착륙 절차를 잘 봐 두세요. 아주 중요합니다."

우리는 착륙을 위해 활주로 반대편 방향으로 선회 비행하고 있었다. 활주로와의 거리는 1마일(1.85km), 고도는 1,000피트(300m)를 유지하고 있었다. 호피가 계속 지시를 내렸다.

"플랩 20도."

데이브는 플랩 각도를 20도로 조절했다. 속도계에서 가리키는 속도는 160마일(296km)로 변했다.

"회전수 증대."

정속 프로펠러 제어장치를 앞으로 누르자 4대의 엔진 모두가 큰 울음소리를 냈다.

"착륙장치 내림."

"착륙장치 내림."

우리 항공기는 이제 활주로를 향해 방향을 전환하고 있었다.

"라디에이터 폐쇄."

"알았음, 폐쇄."

갑자기 조종사 앞 계기판에 2개의 녹색 신호등이 켜졌다. 데이브가 그 모습을 보며 말했다.

"착륙장치 정상."

이제 우리는 활주로를 향해 똑바로 날아가고 있었다. 아직은 멀어서, 활주로의 폭이 6피트(1.8m) 정도로밖에 느껴지지 않았다.

"플랩 완전 내림."

"플랩 완전 내림."

데이브가 레버를 작동하자 순식간에 기수가 들렸다. 호피는 활공 중인 항공기의 균형을 잡기 위해 트리밍 휠을 돌렸다.

"항공기관사. 대기 속도는?"

데이브가 답했다.

"130(마일)-125-128-130..."

항공기의 고도는 그 중에도 계속 내려가고 있었다. 호피가 어깨 너머로 내게 말해 주었다.

"이 항공기를 착륙시킬 때는 기수를 충분히 올려야 돼요."

그리고 그는 항공기관사를 다시 불렀다.

"고도와 속도는?"

"300(피트), 120(마일)"

"200, 120"

주기 중인 제106비행대대의 랭커스터(영국 국방성 항공(공군) 역사과)

"100, 115"

"50, 115"

거기까지 듣자 호피가 말했다.

"좋아. 스로틀을 줄여라."

데이브가 스로틀 4개를 모두 최소로 줄이자 호피는 양손으로 조종간을 당겨 멋진 착륙을 해 보였다. 푸득푸득거리는 엔진 배기음이 배경음으로 깔리고 있었다.

우리 항공기는 약 1,000야드(900m)를 착륙 활주한 다음 멈췄다. 호피는 땀범벅이 된 얼굴에서 산소 마스크를 벗고 미소를 지었다.

"자, 이제 대대장님께서 해보실 차례입니다."

이후 며칠 동안 나는 부하 승무원들과 함께 매우 많은 훈련 비행을 했다. 우리 항공기 팀의 정규 승무원은 3명뿐이었기 때문에, 나머지 승무원들은 시간이 남는 승무조의 인원들을 빌리거나 훔치든가 해서 충원했다. 내 항법사는 '주니어' 루스켈이었다. 그는 매우 어렸기 때문에 '주니어'라는 별명이 붙었다. 그러나 항법 실력은 매우 뛰어났다. 특히 전자 항법 장비 사용에 능숙했다.[139] 하지만 그에게도 맥주라는 약점은 있었다. 맥주를 1파인트(570cc)만 마셔도 그는 우스꽝스러울 만큼 가벼운 사람이 되어 버렸다. 그래서 우리가 함께 보스턴 같은 곳에 놀러 갈 때는 그는 보통 레모네이드를 먹었다. 가끔씩은 레모네이드를 마시고도 취하는 것 같았다. 후방 기관총 사수이던 조니는 루스켈보다 나이가 많았다. 그는 다른 대원들처럼 성실했다. 허치는 통신사였으며, 장교로 임관한 지 얼마 되지 않았다. 우리와 함께 자주 비행했던 다른 한 명의 인물에 대해서도 말해야 하겠다. 그의 원래 보직은 통신사였지만, 항공기를 착륙시키는 것을 제외하면 어떤 다른 임무도 가능했다. 그는 부대에서 〈조디〉라는 이름으로 통했다. 매우 사랑스러운 인물이었다. 특유의 카랑카랑한 런던 사투리를 구사하는 런던 토박이였다. 그는 작전실에 눌어붙어 있는 적이 거의 없었다. 그는 매번 다른 항공기에 다른 보직으로 배속되어 연속 7번이나 비행한 적도 있었다. 한번은 기관총 사수로, 또 한 번은 항공 기관사로, 그다음번은 통신사로 비행하는 식이었다.

조디의 비행 전 복장은 정말 기가 막혔다. 언제나 차마 글로 옮기기 힘들만큼 희한한 복장을 하고 나왔다. 머리에는 마치 프랑스 선원들처럼 지저

---

139) 무선 항법 보조 장치인 지(Gee)는 1941년 8월에 도입되었으며, 이듬해 3월 3~4일 사이의 밤에 진행된 에센 공습에 첫 실전 투입되었다. 에센은 산업 지대 특유의 안개가 짙게 끼어 찾아내기 매우 어려운 표적으로 악명이 높았다. 1942년 3월 13~14일 사이의 밤에 진행된 쾰른 공습에도 지(Gee)가 사용되었다. 최근 쾰른 공습 평균치의 5배에 달하는 폭격 효율을 이끌어 내었다. 그러나 적이 대응책을 개발해 내면 지(Gee)도 곧 쓸모없어질 거라는 우려가 있었다. 이를 막기 위해 지(Gee) 수신기는 매우 넓은 주파수 대역을 갖고, 그중 가장 선명한 신호만을 사용하도록 설계되었다.

농담을 나누는 제106비행대대 승무원들. 왼쪽에서 오른쪽으로 공군 중위 관측수 F. 러셀, 공군 중위 J. E. 위컴, 공군 중령 G. P. 깁슨, 공군 대위 G. 맥그리거, 해군 견습 소위 FDC(사격 지휘관) 머트리, 공군 중위 올리버(CH 8469, 제국전쟁박물관)

분한 실크 스타킹을 쓰고 다녔다. 그는 그 스타킹이 없으면 절대 비행을 하지 않겠노라고 떠들고 다녔다. 그리고 적어도 지금까지는 그 말을 잘 지킨 걸로 알고 있다.

결국 우리는 랭커스터 폭격기의 조작에 익숙해졌다. 그리하여 우리는 어느 날 캠브리지셔의 비행장에 공군 대신 아치볼드 싱클레어 경과 1~2명의 고급 장교를 수송하러 갈 정도가 되었다. 우리는 이 임무를 맡은 것이 자랑스러웠다. 그러나 불안하게도 당시 비행에 탑승한 항공 기관사는 경험이 없는 신참이었다. 복귀하는 길에 싱클레어 경은 손가락으로 내 등을 찌른 다음 엔진 하나를 페더링(feathering)시켜 보라고 지시했다. 내가 해내자 그는 매우 기뻐하는 것 같았다. 엔진을 하나 더 페더링시키자 그는 더욱더 기뻐하는 것 같았다.

그런 식으로 몇 분 동안 날고 있는데, 고급 장교 한 명이 조종실로 오더니 페더링을 그만 하라고 다급하게 지시했다. 나는 평소와 다름없는 말투로 페더링을 그만 할 것을 항공 기관사에게 지시했다. 그런데 갑자기 나머지 두 개의 엔진도 페더링을 시작하는 것이었다. 그 모습을 보고 있던 나와 그 고급 장교의 간담이 서늘해졌다. 알고 보니 신참 항공 기관사가 조작 실수를 한 것이었다. 그래도 그가 바로 실수를 깨닫고 엔진 4개를 모두 재가동시켰기 때문에 문제없이 넘어갔다.[140] 그러나 이 더운 여름날에 아무 문제없는 비행기를 단지 조작 실수 하나 때문에 잉글랜드 한복판의 들판에 불시착시킨다면 얼마나 우습겠는가 싶은 생각이 드는 것은 어쩔 수 없었다. 게다가 우리나라의 공군 대신까지 태운 채로 말이다! 그러나 다행히도 이 사건이 벌어지고 있을 때 마침 그는 후방 기관총좌를 직접 시험 조작해 보고 있었다. 이 때문에 그가 이 사건이 벌어진 사실을 알아챘으리라고는 생각하지 않았다.

비행단장이 언급한 2주라는 시간이 다 지나갔다. 그동안 호피, 빌 등의 노력 덕택에 비행대대의 전 승무원이 주야간을 막론하고 랭커스터를 운용할 수 있게 되었다. 또한 신참 항공 기관사들도 충원되었다. 덕택에 우리 비행대대의 승무조 수는 늘 40개를 초과하고 있었다.[141]

---

140) 랭커스터 폭격기의 엔진은 보조 전원 장치도 작동시키고 있다. 엔진이 꺼지면 해당 엔진에 연결된 보조 전원 장치도 꺼지게 된다. 엔진 4개가 모두 꺼지면 항공기 내에 남은 유일한 전원은 배터리뿐이다. 엔진 재시동이 실패할 때마다 배터리가 그만큼 소진된다. 배터리가 완전 소진되기 전 엔진을 최소한 하나라도 빨리 재시동 성공시켜야 전원을 다시 공급할 수 있다.

141) 쇼트 스털링은 항공 기관사가 타는 영국 공군 최초의 다발 폭격기 중 하나이다. 이 항공기의 항공 기관사는 전용석에 앉아 조종사 대신 엔진과 연료, 윤활, 냉각 체계를 제어하며, 지상 근무자와 통신하고 비행 중 응급 수리도 하며, 필요할 경우 예비 기관총 사수 역할도 맡는다. 핼리팩스와 랭커스터의 수요 증가에 따라 1942년 5월 세인트 어던에 항공 기관사 훈련 코스가 설치되었다. 초기에는 지상 근무자들 중에서 항공 기관사를 충원했으나, 나중에는 입대 시부터 별도 선발했다. 항공 기관사 후보생들은 기초 훈련 센터에서 5주간의 기초 교

시어스턴 기지의 랭커스터 폭격기 앞에서 포즈를 취한 공군 중령 가이 펜로즈 깁슨과, 제106비행대대의 편대장 2명.(©헨든 영국 공군 박물관)

5월 29일, 함부르크에 대규모 공습을 가할 거라는 얘기를 들었다. 이 공습에는 공군이 보유한 모든 종류의 항공기가 다 참가할 것이었다. 심지어는 해안 사령부와 훈련 사령부의 항공기도 참가할 것이었다. 1,300대의 항공기가 출격해 1,500톤의 폭탄을 투하할 것이었다. 사상 최대의 폭격이 될 것이었다.

그러나 함부르크 상공에는 악천후가 이어졌고, 결국 폭격은 다음 날로 연기되었다. 표적 역시 쾰른으로 변경되었다.

이번에는 행운의 여신이 작전 내내 미소를 지었다. 폭격기들은 임무를 잘 수행했다. 작전이 끝날 무렵 적 대공포 진지들은 분쇄되었고 쾰른은 불

육을 받은 다음, 추가 기술 교육을 받고 항공기 제작사에서 실시하는 위탁 교육도 받는다. 기체 기술자는 엔진 관련 추가 교육을 더 받는다. 이러한 교육을 이수하고 항공 기관사 자격을 획득한 인원에게는 최저 공군 상사 계급이 부여되었다.

바다가 되었다. 약 1,500톤의 폭탄이 90분 만에 모두 투하되었다. 폭격 밀도는 유례없이 높았다. 폭격 작전에 참가했던 공군 소장 볼드윈 역시, 이전에 이런 장면을 본 적이 없다고 말할 정도였다. 우리 대대에서는 38대의 항공기가 출격, 88톤의 폭탄을 투하했으며 손실은 전혀 없었다. 이는 실로 대대 역사에 길이 남을 기록적인 일이었다.[142]

그 공습의 목적은 쾰른 시의 산업 지대를 격파하는 것이기도 했고, 오랜 패배에 지친 영국인들의 사기를 끌어올리는 것이기도 했다. 작전 성공의 원인은 만월 상태에서 시정이 좋은 야간에 작전이 실시되었기 때문이었다. 다음 날에는 약 1,000대의 영국 폭격기가 에센을 폭격했다. 그러나 결과는 정반대였다. 폭격기들의 항로에는 내내 구름이 가득했다. 그리고 폭탄은 루르 계곡 전역에 다 흩어졌다. 그러나 도시에서 멀리 떨어진 곳에 살던 독일인들의 간담까지도 서늘하게 하는 효과는 분명히 있었다.

1,000대 폭격은 그 이후 단 1번만 더 실시되었다. 5월 말경 브레멘이었다. 이번에도 악천후 때문에 실패했다. 또한 작전 훈련 및 전환 부대(OTU)에서 벌어졌던 훈련 과정의 혼란 때문에 작전이 엉망이 되었다. 물론 OTU 소속 비숙련 승무원들도 표적에 폭탄을 명중시키기는 했다. 그러나 그렇다

---

142) 1942년 5월 30~31일 밤 쾰른을 공습한 영국 폭격기는 총 1,047대. 이 공습에는 제3비행단장인 공군 소장 볼드윈도 직접 참가했다. 이 중 868대의 항공기가 제1차 표적에 도달해 1,455톤의 폭탄을 투하했다. 이 폭탄 중 2/3는 소이탄으로, 2,500건의 화재를 일으켜 12,840동의 건물을 불태웠다. 영국 공군 폭격기 사령부의 항공기 손실은 41대였다. 이 손실률은 1941년 11월 7~8일 사이의 밤에 있었던 베를린 공습 때보다도 더욱 컸다. 그러나 공격이 성공했으므로 납득할 만한 손실률로 받아들여졌다. 깁슨은 이 작전에 직접 참가하지는 않았다. 당시 제106비행대대는 이 작전에서 맨체스터 1대를 손실했다. 손실된 맨체스터 항공기는 스켈링소프 기지 주둔 제50비행대대에 빌려 주었던 것으로, 조종사는 공군 소위 레슬리 맨서였다. 맨서의 맨체스터는 쾰른으로 접근 중 적에게 피격되어 화재가 발생했다. 그러나 맨서는 계속 쾰른으로 기수를 유지하면서, 다른 승무원들이 모두 탈출할 때까지 조종간을 놓지 않았다. 그러다가 그는 탈출할 기회를 놓치고 말았다. 그는 항공기와 함께 독일-네덜란드 국경 도시인 브레 인근에 추락, 전사하고 말았다. 그는 이러한 희생적인 행위로 사후 빅토리아 십자 훈장을 수훈했다.

고 해서 경험 많은 교관의 손실을 정당화할 수는 없다는 점도 생각해 봐야
한다.

그 후 우리 공군은 현재까지 가급적 400~600대의 대규모 전력으로 적
도시를 타격하고 있다. 비행대대장이 된 이후 나는 휘하 장병들만큼 빈번
하게 작전에 나가지는 못했다. 그러나 5일에 한 번 정도 출격하는 것으로
만족하고 있다. 솔직히 대대장 치고는 그것도 자주 출격하는 것이었다. 대
대장은 엄청난 양의 문서 작성을 해내야 한다. 그리고 전사상자가 발생할
때마다 그 가족들에게 위로 편지도 작성해야 한다. 비행대대 운영 전반도
책임지는 자리이다. 출격이 있는 날 밤이면 대대장은 작전실에서 뜬 눈으
로 부하들의 귀환을 기다리곤 한다. 그렇다고 다음 날 오침을 하지도 않는
다. 길어봤자 3시간 정도 자고 나서 또 다음 날의 일과에 들어가, 다음 공습
계획을 준비해야 한다. 폭탄과 연료를 지급하고, 승무원 편성을 해야 한다.
그리고 이 일은 대대장 혼자만이 할 수 있는 게 아니다. 무장장교, 항법 전
문가, 정보 장교 등 폭격기 기지의 모든 사람들이 자기 일을 잘 해줘야 진
행이 가능한 것이다. 그들의 얼굴에는 피로감이 짙게 배어 있다. 그러나 동
시에 독일에 한 발이라도 더 많은 폭탄을 떨어뜨리겠다는 열의에 불타고
있다.

BBC 방송에서는 "어젯밤에는 7일 만에 처음으로 아군 폭격기들이 대거
출동했습니다." 같은 말을 쉽게 들을 수 있다. 그러나 그 방송을 듣는 외부
세계(어떤 때는 그냥 다른 세계로 여겨지기도 한다)의 사람들 중에, 폭격기
기지에서 얼마나 힘든 일이 이루어지는지 아는 사람은 별로 없다. 그 7일
동안 폭격기 부대의 장병들은 브리핑을 받고, 항공기에 폭탄을 탑재하고,
여러 차례 이륙과 작전 취소를 반복하면서 바쁘게 지낸다. 항공기가 이륙
하기 위해 유도로를 주행하던 중이라도, 관제탑에서 작전 취소를 알리는

붉은 조명탄이 발사되는 일은 종종 생긴다.

우리 장병들의 기분이 어떨지 상상해 보라. 대부분의 사람들도 동의하는 바, 폭격 작전에서 제일 나쁜 부분은 시작 단계. 나 같은 경우는 승무원 대기실에서 출격을 기다리고 있는 느낌이 싫다. 항공기까지 데려다 줄 차량을 기다리고 있는 게 싫다. 정말 끔찍한 기분이다. 위장이 쪼그라들어 등에 닿을 것만 같아 견딜 수가 없다. 그 느낌을 잊으려고 시시한 농담을 하면서 바보같이 웃기도 한다. 담배도 연거푸 피운다. 그런데 한 개비를 끝까지 다 피우는 게 아니라, 반만 피우고 재떨이로 던져 버린다. 어떤 때는 몸이 아픈 느낌도 들고 화장실에도 가고 싶다. 지극히 사소한 일에도 짜증이 나고 화를 참을 수가 없다. 어떤 승무원이 낙하산을 깜박하고 챙겨 오지 않으면, 평소와는 완전히 다른 말투로 그 상대의 이름을 부르면서 질책한다. 이 모든 현상은 출격이 매우 두렵기 때문에 벌어진다. 그리고 내가 이것들을 잘 아는 이유는 나 역시 그렇기 때문이다. 탑승을 완료하고 항공기의 문이 닫히고, 통신사 허치가 "인터컴 이상 없음."이라는 구령을 말한 다음 엔진 시동이 걸릴 때까지는 늘 기분이 안 좋다. 그러나 엔진 시동이 걸리고 난 다음에는 기분이 말끔해진다. 이제 완전히 다른 세계로 들어가는 것이다.

그러나 그러다가 적색 조명탄이 터지고 나면 다시 기분이 안 좋아진다. 어떤 사람은 웃고 어떤 사람은 욕을 한다. 어떤 사람은 술을 마시러 간다.

임무가 취소되면 모두의 기분은 매우 나빠진다.

토미 로이드와 나는 임무 취소에 대해 이야기한 적이 있었다. 로이드는 선임 정보장교였다.[143] 그는 전쟁 초기에 소집된 예비역이었다. 제1차 세

---

143) 공군 소령 토미 로이드(DSO 수훈자)는 코닝스비의 정보 장교였다. 그는 제1차 세계대전에 도 종군했으며 전쟁 중 서부 전선에서 부상을 입었다. 이후 그는 살로니카, 메소포타미아, 이탈리아, 헝가리 등에서 종군하면서 DSO, MID를 수훈했다. 이후 그는 제대를 했지만 다시 군대에 가기로 결심했다. 그는 1940년 8월 12일 영국 공군 소위로 임관했다. 하필이면 그

계대전의 최전선에도 참전하여 DSO를 수훈했다. 그때 우리는 스케그니스의 클럽에서 장병들을 데리고 조용히 맥주를 마시고 있었다. 우리 모두 지쳐 있었다. 지난 14일 동안 14번의 브리핑을 받았지만 실제로 출격한 횟수는 4번뿐이었다. 그때 지나가던 민간인이 우리를 보고 뭐라고 지껄였다.

"이집트에 가서 우리 군인들을 도와야지, 여기서 대체 뭐 하는 거야?"

정도의 말이었던 걸로 기억한다.

그 말을 들은 나는 폭발하기 일보 직전까지 갔다.

로이드가 나를 뜯어말렸다.

"진정하세요. 민간인들이 뭘 알겠습니까."

"나도 저 사람들이 전혀 모른다는 것 정도는 알아. 저 사람들도 2주일 동안 하루에 3시간만 자보라고 그래. 분명히 빡 돌겠지. 노동조합에서는 파업을 일으킬 거야. 물론, 자네 같은 지난 전쟁 때의 보병들은 더 힘들었겠지만."

"뭐, 그렇죠. 우리는 그저 정시에 휴식을 취하고 있을 뿐입니다. 폭격기사령부의 이름은 모두에게 알려졌지만, 정작 우리 부대가 어떻게 돌아가는지 아는 사람은 없는 것 같아요. 누군가가 그 진실을 알려 줘야 할 텐데요."

"누군가는 해야 할 일이지. 언젠가는 나도 할 거야."

당시에는 파티도 그리 자주 열리지 않았다. 모두가 너무나 바빴기 때문이다. 물론 보스턴의 댄스홀에서 대대 파티를 한 번 연 적도 있었지만, 도

날은 깁슨의 생일이기도 했다. 1943년 8월, 제617비행대대가 스캠턴에서 코닝스비로 이전해 왔을 때도 로이드는 코닝스비에 있었다. 1944년 2월 13일, 로이드가 탑승하고 있던 랭커스터는 서섹스 주 업월덤 인근의 구름에 싸여 있던 산봉우리를 들이받는 사고를 일으켰다. 이 사고로 로이드를 포함해 탑승자 전원이 사망하고 말았다. 사망자 중에는 댐 공습작전 당시 깁슨 탑승기의 항공 기관사였던 공군 원사 존 풀포드도 있었다.

공군 중령 G. P. 깁슨과 그의 애완견 니거가 제106비행대대 승무원들에 둘러싸여 휴식을 취하고 있다.(©헨든 영국 공군 박물관)

무지 예전 같은 분위기는 안 났다. 한 가지 특기할 만한 일이 있기는 있었다. 빌 와몬드가 자신의 장교 군복을 댄스홀의 청소부에게 몰래 입혀 준 것이었다. 그 청소부가 댄스홀에 들어오자 나는 그를 우리 부대의 신임 장교로 오인했다. 나는 그에게 빨리 가서 면도를 하라고 지시했다. 그는 어이없음과 분함이 섞인 표정으로 나를 보았다.

당시 우리 비행단 전체가 중동으로 파병될 거라는 소문이 돌았다. 지난 몇 달간 전세가 썩 좋지는 않았기에, 이는 실현 가능성은 있는 얘기로 받아들여졌다. 그러나 결국 그런 일은 벌어지지 않았다. 하지만 중동에는 더 많은 항공력이 필요했다. 나이츠브리지에서의 격전으로 영국 전차들 다수가 격파되었다. 결국 중동의 영국군은 엘 알라메인까지 후퇴할 수밖에 없었다. 엘 알라메인은 카이로를 추축군으로부터 지켜 주는 마지막 남은 천연

장애물이었다. 영국군이 그곳을 추축군으로부터 오래 지켜 낼 확률은 그리 높아 보이지 않았다. 무솔리니가 아프리카의 추축국 점령지로 상륙해 화려한 의상을 뽐내며 카이로에 입성하는 것은 이제 시간문제라는 말도 있었다. 그러나 우리 육군은 예비 전력을 총동원하고, 불굴의 용기로 롬멜 장군을 막아 내고 있었다. 롬멜의 아프리카 군단 역시 이미 1,500마일(2,778km)이나 늘어진 보급선 때문에 보급에 어려움을 겪기 시작하던 판이었다.

소련에서 독일군은 공세를 재개했고 놀라운 속도로 돈 강 유역까지 진격했다. 이대로 두면 동부전선은 곧 독일의 승리로 끝이 날 것 같았다.

대서양 잠수함전으로 인해 영미간 보급선은 큰 타격을 입었다. 야간에, 그것도 물속에 숨어서 어뢰를 쏴 대는 독일 잠수함을 막을 방법은 사실상 없어 보였다. 우리 비행대대에서도 랭커스터 1개 편대를 아일랜드에 파견, U-보트 초계 임무에 투입한 적이 있다. 그렇게 하면 그만큼 대대의 독일 폭격 전력은 줄어드는 데도 말이다. 그만큼 독일 U-보트의 위협은 컸다.

추축군의 진격이 약화된 곳은 극동뿐이었다. 미 해군 제독들의 뛰어난 기량과 선구안 덕택이었다. 산호해 해전과 미드웨이 해전은 항모 기동부대 간의 싸움이라는 새로운 방식의 전투였다. 미일 양국은 이 두 전투에 대량의 항모 함재기를 투입했고, 두 전투 모두 미국의 압승으로 끝이 났다. 연합군은 오스트레일리아로 진격하던 일본군도 막아 냈다. 아마 일본의 다음 행보는 인도 침공이 아닐까?

시간이 지나야 알 수 있을 것이다. 그러나 영국의 국민과 정치가들은 지쳐 가고 있었다. 그들은 좋은 소식이 들려오기를 바란다고 목소리를 내고 있었다. 국회에서는 처칠 총리와 그의 전쟁 수행 방식에 대해 맹비난이 쏟아졌고 처칠에 대한 불신임 투표도 실시되었다. 하필이면 그가 1942년 가을 실시를 목표로 연합국들과 대작전을 벌이려 기획 중이던 시점이었다.

그러나 여러 주가 지나고 새로운 승무원들이 보충된 수십 개의 공군 폭격비행대대는, 독일에 대해 지속적인 공세를 벌이는 영국군 유일의 전력으로 남아 있었다.

월광이 양호한 날 밤에 진행된 함부르크와 뒤셀도르프 폭격은 부분적인 성공을 거두었다. 항공기들의 저공비행으로 폭격수들이 폭격 목표를 똑똑히 볼 수 있었기에 폭탄 탄착군이 좁게 나왔다. 그러나 시간이 갈수록 만월 시 폭격은 위험해지기 시작했다. 독일의 야간 전투기 부대는 매일같이 전력을 늘리고 있었다. 얼마 안 되어 이들은 우리 폭격기에 심각한 위협이 되었다. 대공포보다 더 위험했다. 우리는 방어력을 높이기 위해 편대 비행도 시도했다. 그러나 폭격 표적 근처에 가면 편대를 유지하는 것도 어려운 일이었다. 어느 날 밤 호피와 나는 편대 비행 상태에서 함부르크 선거 공습을 시도하다가 공중 충돌할 뻔한 적도 있었다.

그러나 무월광 상태에서의 공습은 하나마나였다. 폭격 명중률이 시원찮은 데다가 위험하기까지 했다. 도시 정밀 폭격을 위해 선회 비행을 하는 폭격기들은 공중 충돌 위험을 안고 있었다. 어떤 때는 한 표적에 동시에 400대의 폭격기를 출격시키기도 했다. 잉글랜드의 공군기지 상공에서 한꺼번에 20대의 항공기가 비행등을 끈 상태에서 야간 선회 비행을 하는 모습만 봐도 위험하다는 생각이 절로 드는데, 브레멘 상공에서 수백 대의 폭격기가 그 짓을 하는 모습을 보면 어떻겠는가? 그러나 모든 폭격기 승무원들은 표적 상공에서 오래 머무르는 위험을 감수해야 했다. 주간에는 충돌 위험성이 있는 물체가 멀리서부터 보인다. 표적까지 직선으로 날아가 시간을 최대한 절약할 수 있고, 표적 상공에 머무르는 시간도 줄일 수 있다. 그러나 야간에는 표적이 나올 때까지 선회 비행을 해야 한다. 적의 사격은 계속 이어지고, 비행 내내 공중충돌의 위험성도 감당해야 한다. 그 와중에 대열에서 이탈하는 항공기가 나올 수밖에 없다. 그런 항공기는 귀환길에 적 야간 전투기의 좋은 표적이 된다.

그래도 누군가는 해야 하는 일이었다. 우리에게는 폭격 임무를 실행하는데 필요한 모든 장비가 있다. 우리 항공기는 무거운 폭탄을 싣고 먼 거리를 비행할 수 있다. 4,000파운드(1.8톤) 폭탄도 8,000파운드(3.6톤) 폭탄도 실어 나를 수 있다. 몇 톤의 소이탄을 줄줄이 퍼부어 지상 1마일(1.85km) 길이를 초토화시킬 수도 있다. 그런 항공기에 더해 우수한 승무원들도 있다. 우리 승무원들은 신형 폭격 조준기를 사용해 폭탄을 정확히 명중시킬 수 있다. 이제 우리에게 필요한 것은 더 높은 폭격 정확성이었다. 폭탄 탄착군이 아직은 넓지만 그 탄착군을 조준점에 갖다 대기만 하면 적에게 실질적인 타격을 줄 수 있다.

그러나 그걸 어떻게 실현할 것인가?

우선 가장 뛰어난 비행대대의 가장 우수한 승무원들에게는 조명탄을 지급한다. 조명탄은 12발이 한 다발로 묶인다. 이 조명탄은 몇 분간이나마 지면을 밝게 비춰 준다. 그러나 어떤 때는 이 조명탄도 자산이 아닌 빚이 될 때가 있다. 아무리 뛰어난 승무원이라도 항법 오류를 일으키면 엉뚱한 도시의 엉뚱한 표적을 타격할 수 있다. 구름도 작전을 완벽히 망칠 수 있다. 빛을 반사하는 은막 역할을 해 야간 전투기들에게 우리 폭격기를 아주 잘 보여 줄 수 있다. 그러나 이건 아직 시작에 불과하다. 에센의 크루프 사 같은 일부 표적은 다수의 대공포와 탐조등으로 엄호받고 있다. 이런 곳에 조명탄을 떨어뜨려 봤자, 항공 공격을 방해하는 적 탐조등의 불빛을 더욱 밝게 만들 뿐이다. 그 모습을 보면 그 도시는 항공 공격에 면역이 있는 것 같은 느낌마저 들었다.

어느 날 우리는 주간 고공 편대 비행을 훈련하기 시작했다. 거기에 대해 여러 가지 소문이 바로 돌았다.

"우리는 곧 다시 〈티르피츠〉를 폭격하러 갈 거야."

"아니야. 베데커 공습을 막기 위해 프랑스 내의 독일 공군 기지를 폭격하지 않을까?"

그러나 내 생각은 달랐다.

나는 토미 로이드에게 말을 걸었다. 마침 곁에는 호피도 있었다.

"우리가 훈련하는 고공 편대 비행은 뭘 위한 걸까?"

"확실히는 모르지만, 강하게 짚이는 데가 있습니다."

"크루프 사말야?"

"그렇죠."

"내 생각도 그렇다네. 미군의 B-17 플라잉 포트리스 폭격기들이 얼마 전부터 활동을 시작했어. 그 폭격기들은 독일 전투기도 격추할 수 있다고. 미군 폭격기 부대가 우리 영국군 폭격기 부대와 연합 작전을 하자고 해도 이상한 일은 아니지. 그 폭격기들의 방어 기관총으로 우리 폭격기들을 엄호할 수 있을 거야."

호피가 거들었다.

"미군과의 연합작전이라… 기분이 썩 좋지는 않군요. 왜 우리 군 폭격기는 미군 폭격기처럼 기관총을 많이 달지 않나요?"

빌이 대화에 끼어들었다.

"야간 전투에는 기관총이 많이 필요 없거든. 사거리도 너무 짧고. 하지만 화력이 세서 나쁠 건 없지."

나는 또 질문했다.

"그럼, 방어 태세가 뛰어난 표적을 폭격하려면 어떻게 해야 할까?"

"저는 우리가 크루프 사를 공격할 거라고 절대 생각하지 않습니다. 주야간을 막론하고요. 대공포가 너무 많은 곳이에요."

"나도 그렇게 생각한다네."

그러나 토미 로이드의 생각은 달랐다.

"그래도, 이런 식으로 공격할지도 모르죠. 보파이터나 모스키토 같은 기종과 일류급의 실력을 지닌 승무원들로 구성된 특별 비행대대를 만드는 겁니다. 주력 부대에 앞서 황혼기에 침투해서, 크루프 사 공장에 유색 소이탄을 투하하는 거죠. 그거라면 고공에서도 잘 보입니다. 그러면 주력 부대가 그것을 참조하여 안정적으로 폭격 항정을 하고, 〈쿠키〉(4,000파운드/8,000파운드급 대형 폭탄을 일컫는 영국 공군의 속어 - 역자주)를 투하해 크루프 사 공장을 초토화시킬 수 있는 거죠."[144]

"좋은 아이디어 같군. 하지만 그런 자살적인 작전을 하면 손실이 클 텐데."

"어쩔 수 없죠. 그러나 표적은 확실히 파괴됩니다."

호피가 말했다.

"그래. 그게 바로 요점이로군."

점심시간이 되었다. 식사를 하러 일어나는데 갑자기 전화가 울렸다. 토미가 전화를 받았다. 상대방의 목소리를 들은 그가 조용하게 말했다.

"비행단 작전실에서 걸려 온 전화입니다."

우리는 기다렸다. 대체 무슨 용건인지 궁금했다. 오늘밤 우리는 외박이 예정되어 있었다. 작은 파티를 예정했단 말이다.

---

144) 깁슨도 이런 논의를 충분히 벌였을 수 있겠지만, 표적 지시부대(Target Marking Force)라는 개념을 처음 창안하고 발전시킨 인물은 공군성 폭격기 작전과에 근무하던 공군 대령 시드니 버프튼이었다. 공군 중장 해리스는 폭격 명중률을 높이기 위해 각 비행대대에서 폭격 선도기를 선발해 사용하자는 의견에는 찬성했으나, 이를 별도의 정예부대로 만들자는 데는 반대했다. 버프튼은 공군 참모총장 포털 대장을 설득해 최정예 승무원들을 모아 별도의 표적 지시부대를 만들도록 했다. 1942년 7월 포털은 이 안을 실현할 것을 해리스에게 명령했다.

토미가 전화선 저편 상대방에게 덤덤하게 말했다.

"예, 알겠습니다. 기지 사령관께 전달해 드리겠습니다."

그러고 나서 토미는 우리를 보았다. 그의 시선은 바쁘게 움직이고 있었다.

"대대장님 예측이 맞았어요. 우리 비행대대는 오늘 크루프 사를 폭격하게 됩니다. 가급적 빨리 출격 준비를 하라는군요."

"대체 무슨 소리야?"

"괜찮을 겁니다. 운상 폭격입니다."

그로부터 1시간 내에 우리는 6대의 폭격기를 출격시켰다. 폭격기들은 3시간 만에 모두 복귀했다.[145]

7월 8일의 어두운 밤, 나는 데이브 새넌을 부조종사로 하여 빌헬름스하펜으로 출격했다. 바람은 셌고 일기 예보는 맞지 않았다. 표적으로부터 60마일(111km) 거리까지 접근하자 조명탄이 보였다. 조명탄 상공으로 가 보았으나 텅 빈 들판 외에는 아무것도 보이지 않았다. 북쪽에는 더 많은 조명탄이 보였다. 가 보니 역시 허허벌판만 있었다. 우리는 표적을 찾을 수 있지 않을까 싶어 주위를 둘러보았지만 아무것도 보이지 않았다. 그러다가 북쪽으로 기수를 돌리자 해안선이 보였다. 해안선을 따라가 보니 항구가 나왔다. 그 항구에는 불타고 있는 건물은 하나도 없었다. 공격 시작 예정 시간을 이미 20분이나 넘기고 있었다. 데이브도 우리가 제 위치에 와 있는 건지 확신할 수가 없었다.

---

145) 표적 상공의 운량이 8~10/10이어서 항공기도 표적을 볼 수 없고 표적에서도 항공기를 볼 수 없는 상태에서 주간에 진행되는 폭격 작전을 〈몰링〉이라고 불렀다. 지(Gee)(무선항법시스템의 일종 : 역자주)를 이용한 위치 계산을 통해 맹목 상태에서도 폭격이 가능했다. 기상 상태를 정확하게 예보하는 것은 힘들었고, 임무 중간에 갑자기 구름이 걷히면 〈몰링〉 작전은 중단되기 일쑤였다. 〈몰링〉 작전은 적에게 불편과 혼란, 가시 저하를 유발하려는 요란 전술의 성격을 띠고 있었다.

자신의 랭커스터 앞에 선 제106비행대대 소속 D. J. 섀넌(CH 8479, 제국전쟁박물관)

그날 밤 폭격 결과를 촬영한 사진을 보니 더 기분이 나빠졌다. 우리는 독일 북서부 전역에 골고루 폭탄을 흩뿌리고 왔다. 그러나 더 기분 나쁜 사실도 있었다. 형편없는 폭격 밀도 때문에 아군의 손실이 높았다는 점이다. 독일 통신사에서는 이런 뉴스를 발표했다.

"어젯밤 적기들이 독일 북서부에 폭탄을 아무렇게나 투하했습니다. 아군의 피해는 없습니다."

제106비행대대에서는 공군 소위 브로데릭이 귀환하지 않았다. 나는 예정된 귀환 시간이 3시간 지날 때까지 기다리다가, 차를 타고 브로데릭의 아내에게 이 사실을 알리러 갔다. 브로데릭의 집 대문 앞에 가자, 창문 안에서 바깥을 보는 작고 흰 사람 얼굴이 보였다. 내가 초인종을 누르기도 전에 브로데릭의 아내가 문을 열어 주었다. 그녀는 무슨 일이 있었는지 알고 있었다. 그녀의 눈빛만 봐도 알 수 있었다. 내가 사실을 이야기해 주는 동안 그녀는 그저 멍하니 서 있기만 했다. 그녀의 세계 전체가 그렇게 무너져 갔다. 내 말을 다 들은 그녀는 아무 말도 하지 않고 위층으로 올라갔다.

내 방으로 돌아가는 나 역시 그 비참한 광경은 전혀 생각하지 않았다. 나는 폭격기 사령부만 생각했다. 그 친구뿐 아니라 임무에서 돌아오지 못한 대원들은 얼마든지 있었다. 그리고 그 친구는 표적을 보지도 못했을 거라고 나는 생각했다. 그런 문제점은 고쳐져야 했다. 토미 로이드가 말한 것과 같은 체계, 아니 더 나은 것이 필요했다.

제14장
전세의 변화

　우리 공군의 각 비행대대들은 표적에 더 많은 폭탄을 명중시키기 위해 엄청난 연구를 할 수밖에 없었다. 그 이유가 궁금하다면, 공군 참모총장의 활동을 잘 살펴보면 된다. 믿음직한 정보원에 따르면 그는 주어진 시간의 대부분, 아니 사실상 전부를 투자해 일선의 조종사들을 접견하고, 과학자들을 욕하면서 각 비행단장들을 만나 폭격 명중률은 물론 관련 정보를 캐묻고 다녔다. 왜 어젯밤의 브레멘 공습은 성과가 시원치 않았나? 승무원들이 지면을 보지 못했기 때문입니다. 그럼 우리 승무원들이 맹목 항법을 못한단 말인가? 목표물로부터 20마일(37km) 내로 들어가지 않으면 안 됩니다. 왜? 독일군이 우리 무선 통신과 항법 보조 장치를 교란하기 때문입니다. 왜 브레멘 상공에 조명탄을 투하하지 않았나? 투하했습니다. 그러나 연막 차장이 너무 두터워 조명탄이 효과가 없었습니다. 왜 브레멘을 벗어나 그 주변 지역에 떨어진 폭탄 중 남서쪽에 떨어진 것이 제일 많은가? 이륙 후 바람의 방향이 바뀐 것 같습니다. 그 원인은 모릅니다만.

　매일의 일과가 이런 식이었다. 모두가 큰 관심을 보였다. 우리 군의 대규모 폭격기 부대가 큰 피해 없이 더 정확한 폭격을 할 수 있는 방법을 알고자 했다. 그리고 결국 그것을 위한 계획이 나왔다.

　그동안 우리 비행대대에서는 내가 대대장으로 부임했을 때 있었던 사람들 중 많은 사람들이 떠났다. 그중에는 다시 돌아올 수 없는 곳으로 가 버린 이들도 있었다. 그리고 새로운 사람들이 그 빈자리를 메꿨다. 전환 훈련 부대는 바쁘게 움직여, 뛰어난 승무원들을 배출해 냈다. 버니 그레인, 웜피 웰링턴, 조니 코츠, 태피 윌리엄스, 진저 크로우풋 등이 그들이었다. 지난 몇 주 사이에 제106비행대대에 부임한 이들은 대대 최고의 승무원들로 이름을 길이 남겼다. 이들은 표적 사진을 정확히 찍는 일부터 시작했다. 이들이 촬영한 사진은 우리 대대에 많은 상점을 가져다주었다. 폭격기 사령부 내에서 우리 대대의 상점 순위는 무려 7위까지 올라갔다. 그들의 높은 정확성과 기술은 어느 뛰어난 편대장 때문이었다. 그 편대장은 원래 다른 편대의 공석을 메우기 위해 부임했던 인물이었다. 그의 이름은 울드리지였다. 그러나 그를 그 이름으로 부르는 사람은 별로 없었다. 그는 비행학교를 수료한 이후 늘 〈딤〉이라는 호칭으로 불렸다. 그는 하늘의 미남자였다. 두툼한 콧수염에 느린 말투가 특징이었다. 그는 참 신기한 습관을 가지고 있었다. 우리 부대에 부임했을 때 그는 피아노 및 오케스트라용 협주곡 작곡에 심취해 있었다. 나는 그것이 다른 대원들과 거리를 두기 위한 책략이라고 생각했다. 그는 위가 좋지 않아서 술도 많이 마실 수 없었다. 그는 그 핑계로 다른 대원들과 맥주를 마시러 나가지 않았고, 늘 자기 방에서 협주곡 작곡에 몰두했다. 그는 시도 매우 좋아했다. 그러나 이러한 점을 제외하면 그는 정말 뛰어난 조종사였다. 제3제국 상공에 67번이나 출격했다. 다른 대원들과도 매우 잘 지냈다. 그러나 나는 나와 그의 사이가 안 좋아질까 봐 걱정했다. 그리고 아무리 생각해 봐도 그는 매우 철저한 관찰이 필요했다.[146]

---

146) 존 드 레이시 울드리지(DSO와 DFM 각 1회, DFC 2회 수훈)는 일본 요코하마 태생으로, 런던의 세인트폴 고등학교에서 수학했다. 시벨리우스 교수에게 음악을 사사받았으며, 윌리엄 월턴과는 친구였다. 1938년 영국 공군에 입대한 그는 햄덴 폭격기로 독일군의 영국 본토 침공용 바지 선단을 폭격하던 중 부상을 입었다. 제207비행대대에서 맨체스터 폭격기를 조종

하루는 우리가 독일 북서부에 갑자기 주간 폭격을 해야 했다. 나는 그의 사무실로 가서 질문했다.

"〈오렌지(알파벳 O를 가리키는 제2차 세계대전 당시 영국군의 음성 기호 - 역자주)〉기를 이번 임무에 사용할 수 있을까?"

그는 잘난 듯이 이렇게 대답했다.

"유감스럽게도 안 됩니다. 엔진 하나가 망가져서 며칠 동안은 비행할 수 없습니다."

나는 정비사들을 욕하면서 A편대의 빌에게 갔다(로보는 이전 주의 함부르크 공습 작전에서 실종되었다). 빌에게 안심하고 탈 수 있는 항공기를 달라고 했다. 그러나 이미 쓸 만한 항공기는 모두 승무원이 배정되어 있었다. 결국 나는 상태가 썩 좋지는 않은 〈비어〉(알파벳 B를 가리키는 제2차 세계대전 당시 영국군의 음성 기호 - 역자주) 기를 배정받게 되었다. 〈비어〉기의 기내는 기름때로 지저분했다. 또한 항공기 후방에 위치한 화장실에서는 살균제 냄새가 독하게 났다. 주니어조차도 이런 형편없는 항공기에 타게 되어 기분이 상할 정도였다. 원래 우리가 타던 항공기는 완벽하게 정비된 하늘의 여왕이었단 말이다.

우리 항공기가 앙베르 상공에 가자마자 귀환 명령을 받았다. 우리를 대공포화로부터 은폐해 주던 구름이 사라지고 있었기 때문이다. 구름은 완벽히 사라졌고 우리의 시야는 한 없이 넓어졌다. 혼자 보기는 좀 아까운 광경

하던 그는 이후 제106비행대대로 전속되었다. 1943년 3월에는 제105비행대대의 대대장으로 부임했다. 그는 그 비행대대에서 모스키토 폭격기를 사용한 저공 주간 작전을 다수 진행했다. 또한 공군 기지의 안개 제거를 위한 안개 조사 및 제거 작전(Fog Investigation and Dispersal Operation, FIDO)의 고문관을 역임했다. 1944년 5월 캐나다제 모스키토 폭격기로 캐나다를 출발, 5시간 46분 만에 대서양을 건너 영국에 착륙하는 속도 신기록을 달성했다. 울드리지는 총 97회를 출격했고, 종전 시까지 살아남았다. 그러나 1940년에 입은 부상이 악화되어, 1945년 영국 공군에서 전역 처분되었다.

이 발아래 펼쳐지고 있었다. 아무튼 귀환 명령을 받자마자 우리는 바로 항공기 기수를 돌린 다음 고도를 낮춰 플러싱 상공에서 바다로 향했다. 마침 해안에서 1마일(1.85km) 정도 떨어진 해상에 4,000톤급 증기선이 혼자서 항해하는 것이 보였다. 우리는 그 증기선에 폭탄을 먹여 주고자 했다. 그런데 우리 앞 1마일 거리를 비행하던 다른 랭커스터의 조종사도 똑같은 생각을 하고 있었다. 그 랭커스터도 증기선을 향해 폭격 항정에 들어갔기 때문이었다. 독일 공군이 우리를 뒤쫓고 있음을 알고 있던 나는 앞서가는 랭커스터 뒤에 바짝 따라붙었다. 만약의 경우 두 대의 폭격기에 장비된 12정의 기관총으로 상호 엄호를 하기 위해서였다. 실제로 당시 우리는 독일 공군 Fw190 전투기 3대의 추격을 당하고 있었다. 잠시 동안 우리 항공기와 그 랭커스터 폭격기는 편대 비행을 했다. 그리고 좀 날다 보니 구름이 나왔다. 그러다가 조니가 다른 랭커스터의 기체에 적힌 문자를 읽었다.

"어? 저 비행기 〈오렌지〉 기입니다."

유리창 너머로 눈에 힘을 잔뜩 주고 노려보니 〈오렌지〉 기의 조종사는 〈딤〉이었다. 헬멧 밖으로 두툼한 콧수염이 삐져나와 있었다. 항공 기관사가 그의 손에 담배를 쥐어 주었다. 그도 우리 항공기를 보며 미소를 지었다. 그 역시 우리가 누군지 알아보았을 거라고 생각하고, 나는 바로 구름 속으로 강하했다.

나는 우리 항공기 승무원들에게 말했다.

"나도 저게 〈오렌지〉 기임을 확인했다. 기체 상태가 별로 안 좋아 보이던데. 그렇잖은가?"

그것뿐만이 아니었다. 잠깐 사이에 내 차가 어디론가 사라져 버린 적도 많았다. 딤이 자신이 원하는 인물들과 같이 근무하려고 내가 알지 못하게 근무 편성표를 제멋대로 짜고, 덕분에 누군지 알지도 못하는 사람들이 우리 비행대대에 나타나서 근무하는 적도 많았다. 그러나 이 모든 것 덕택에 딤은 좋은 전우로 인정받았다. 그는 우리 비행대대를 위해 많은 일을 했다. 나를 포함한 우리 모두는 너무 오랫동안 폭격량에만 너무 신경썼지 정확성에는 신경을 너무 덜 썼다. 그러나 딤은 야간 폭격 체계를 크게 정비했다. 그리고 모든 대대원들이 야간에 정찰 사진을 잘 찍을 수 있도록 훈련시켰다.

주어진 표적에 폭탄을 명중시키는 일은 언제나 힘들었다. 미 육군 항공대는 아직 대규모로 작전을 하지 않았다. 우리 모두는 그들의 폭격기에 신형 폭격 조준기가 달려 있다는 걸 알고 있었다. 그 때문에 매우 정확한 폭격이 가능하다는 것도 알고 있었다. 그러나 아직 독일 폭격의 주역은 영국 공군 폭격기 사령부였다. 한편 독일 U보트의 위협도 아직 컸다. 독일 본토와 점령지에서는 격침되는 수 이상의 U보트를 건조해 내고 있었다.

단치히도 U보트가 건조되는 항구 중 하나였다.

단치히는 폴란드에 있다. 영국에서 멀리 떨어져 있다. 그러나 대서양 전투의 판도를 바꾸기 위해, 이 항구 도시에 대한 주간 폭격이 기획되었다. 이 도시에서는 매월 최소 12척씩의 U보트가 건조되어 나오고 있었다.

이 임무에는 랭커스터 폭격기를 사용하기로 했다. 적지 상공에서 1,500마일(2,778km)을, 그것도 주간에 비행해야 했다. 야간 폭격으로도 충분한 명중률이 나온다면 야간 폭격을 했을 것이다. 그쪽이 더 안전하니까 말이다. 그러나 이번 임무에는 절대 민간 시설을 폭격해서는 안 된다는 특명이 붙어 있었다. 이 때문에 우리는 호위 전투기도 없이 주간에 적지 상공을 비행하는 위험을 감수할 수밖에 없었다. 그런 임무였다.

이 임무에 대해서는 할 말이 별로 없다. 당시의 어느 신문 기사는 그 정밀 폭격 임무의 성공을 다음과 같이 요약했다.

유럽으로 가는 랭커스터(영국 국방성 항공(공군) 역사과)

"어제 우리 공군의 랭커스터가 주간에 단치히로 날아가 적 잠수함 조선소에 저공 폭격을 가했다. 폭격기의 기관총 사수들은 다수의 적 탐조등을 제압했다."

그곳에는 대공포는 물론 탐조등도 있었다. 타이밍이 안 맞았기 때문이었다. 우리 폭격기 대부분이 단치히 상공에 도착했을 때 현지는 이미 밤이 되어 어두웠다. 내가 조종했던 항공기는 단치히를 폭격하지 않았다. 단치히의 조선소는커녕 거리도 보이지 않았다. 대신 나는 1,000피트(300m) 상공에서 외항의 작은 배를 폭격했다. 내가 투하한 폭탄은 표적에서 20야드(18m) 정도 빗나갔다. 이번 임무에서 발생한 민간인 피해는 없었다. 그러나 우리 군은 공습을 제대로 기획하는 방법을 아직도 제대로 배우지 못하고 있었다.

당시에는 폭격선도기 비행대가 곧 창설된다는 소문이 있었다. 공군의 모든 폭격비행대대에서 최정예 인재만을 뽑아 만든다는 것이다.

딤은 이렇게 말했다.

"내가 보기엔 좋은 생각 같지만, 실행하려면 어려움도 많을 거야."

누군가가 이런 질문을 했다.

"그 부대, 대체 무슨 일을 한다는 거야?"

조니가 대신 대답했다.

"표적 상공을 저공비행하면서 조명탄을 투하, 표적을 비추는 거지. 그러면 폭격대는 안전한 고공에서도 폭탄을 정확하게 명중시킬 수 있다고."

"거 괜찮네."

"좋을 것 같은데."

딤이 입을 열었다.

"좋긴 하지. 그런데 문제가 있어. 우선, 새 부대를 빨리 편성하는 건 어려운 일이야. 설령 그게 된다고 해도 빨리 편성하면서 동시에 '잘' 편성하기는 더 어려워. 그런데 이 부대 편성의 핵심은 속도란 말야. 그래서 일단 폭격기 사령부 내의 비행대대 중 최정예 부대를 선정한 다음에, 그 비행대대의 이름을 〈제1폭격선도 비행대대〉로 바꾸는 게 더 좋을 것 같아."

태피가 말했다.

"그러면 우리 비행대대에 맡겨야죠."

"아냐. 우리 비행대대의 순위는 5위밖에 안 돼. 내가 보기에는 제97비행대대가 공군에서 최고라고."

이후 잠시 동안 장병들은 논쟁을 벌였다. 그러나 결국 제97비행대대가 최고라는 게 중론이었다.

딤의 말은 계속되었다.

"또 다른 문제점은 손실이야. 저공비행 시에는 사상자 발생률도 높다고, 매우 높아. 그걸 대체 무슨 수로 감당할 거야? 신입 승무원들이 한 사람 몫을 하려면 아주 오랫동안 훈련을 시켜야 되는데 말이지."

웜피가 끼어들었다.

"그리고 기존 비행대대들이 뛰어난 승무원들을 호락호락 내놓을 리도 없어요. 그러니 그런 부대를 만들려면 철저히 지원제로 해야 돼요."

"기존 비행대대에서 최정예 승무원들이 다 새 비행대대로 빠져나가 버리든지, 아니면 아무도 지원을 하지 않아서 새 비행대대가 유지가 안 되든지, 둘 중의 하나가 되겠구먼."

"그렇지. 기존에 사진 촬영 점수가 높았던 비행대대라도 최정예 인원을 새 비행대대에 뺏기면 순위는 떨어지게 돼. 그렇게 되면 사진 촬영 점수가 낮던 비행대대들은 가만히 있어도 알아서 순위가 올라가 준다고."

딤이 다시 입을 열었다.

"그게 전쟁이지 뭐. 장기적인 관점에서 보면 그것도 공평한 거야. 하지만 내가 보기에는 세 번째 큰 문제도 있어. 바로 새 비행대대 내의 진급 문제야. 새 비행대대의 인원 손실이 크면 이 문제는 없을 거야. 하지만 인원 손실이 크지 않다면 문제가 돼. 일반 비행대대에서는 편대장급이던 조종사들도 이 비행대대에 들어오면 순식간에 요기급으로 격하되어 버리지. 그리고 부대의 손실이 적으면 그들은 부대 내에서 높은 자리로 올라갈 수 없다고. 반면 새 비행대대에 지휘관급으로 들어온 조종사들은 끝까지 그 자리를 차지할 거야. 그거야말로 아주 불공평한 거지."

나도 끼어들었다.

"그건 어떤 특별 비행대도 다 그래. 나도 딤의 주장에 동의한다네. 뭐, 어쨌거나, 공군에서는 조만간 그런 부대를 반드시 창설할 거야. 우리 폭격기 부대는 폭격 정밀도를 더 높여야 되거든."

한편 나는 폭격기 사령부 내에서도 이 문제를 두고 매우 길고 시끄러운 논쟁이 벌어졌다는 얘기를 들었다. 그 잡음은 폭격선도 비행대대가 창설되어야 잠잠해질 것이었다. 비행단장들 대부분도 이 비행대대 창설에 반대했다고 들었다. 나머지 인원들도 적극 반대까지는 아니더라도 그다지 열성적인 분위기는 아니었다. 폭격기 사령부의 고급 간부들 중에도 그런 사람이 한두명 정도는 있었다고 한다. 무엇보다도 전례 없이 새로운 아이디어였다. 무엇하러 지난 3년 동안 해 오던 방식을 바꿔야 한단 말인가? 논쟁은 끝없이 이어졌다. 결국 이 논쟁은 총리의 귀에까지 들어갔다. 총리는 이 문제를 제대로 처리하기 위해 큰 힘을 들였다.

결국 1942년 8월 15일, 폭격선도 비행대대가 창설되었다.

하지만 시계를 그 며칠 전으로 되돌려 보자. 8월 9일과 10일, 우리 비행대대 전원은 발트해 기뢰 부설 임무를 맡았다. 독일 군함 〈프린츠 오이겐〉의 대서양 진출을 막기 위해서였다. 악천후 속에 왕복 15시간의 장거리 비행을 해야 했다. 하루에 그만큼 비행을 하는 건 어지간한 조종사에게는 매우 피곤한 일이었다. 날씨가 어느 정도로 안 좋았냐 하면, 잉글랜드를 이륙해서 착륙장치를 집어넣기 전에 이미 우리 항공기는 구름 속에 있었다. 그리고 착륙할 때도 주간 착륙이었는데도 유도등의 도움을 받아야 했다.

8월 11일에 부대원들은 휴식을 취했다. 그러나 다음 날인 12일, 내 생일에는 독일 본토에 폭격선도기 없는 마지막 공습을 벌였다. 그런데 참 이상하게도, 그 공습은 대성공으로 끝이 났다. 독일 본토 135에이커 면적이 초토화되었다. 표적을 찾기 위해 모든 항공기가 구름 아래로 비행했으며, 폭탄 투하 고도는 5,000피트(1,500m)였다. 나와 우리 부대원들이 나치 놈들에게 최고의 생일 기념 선물을 준 것 같은 생각이 드는 걸 어쩔 수 없었다.

그러나 불과 5일 만에 4번의 출격을 한 우리들은 모두 심하게 지쳐 있었다. 결국 나는 대대원 전원에게 1일 외박을 명령했다. 우리는 즐겨 가던 펍인 〈레드 라이언〉에 가서 맥주를 몇 잔씩 마셨다.

다음 날 우리는 제83비행대대가 제5비행단의 폭격선도 비행대대로 선발되었다는 소식을 들었다. 나도 1940년에 그 비행대대에서 복무했다. 그 소식은 마침 그 전날 밤 엔진 고장을 일으켜 우리 기지에 비상 착륙한 83비행대대 조종사 1명이 전해 주었다. 그는 이렇게 말했다.

"우리 부대는 내일 남쪽으로 이동할 예정이에요. 목적지는 업우드 인근 헌팅던셔입니다.[147] 제가 알기로는 정말 좋은 곳이에요. 맥주도 좋고 여자도 나쁘지 않기 때문이죠. 아무튼 링컨셔를 벗어나게 되어서 정말 기뻐요."

딤이 무심한 말투로 맞장구쳐 줬다.

"거 좋군. 하지만 폭격선도기 부대의 근무 조건은 어떤가?"

"제가 알기로 우리 부대는 휴양 없이 30회, 심지어는 60회의 전투 출격을 할 수 있어요. 하지만 힘들면 중간에 그만두고 다른 부대로 가는 것도 가능해요. 그렇다고 정신력이 나약해졌다고 할 사람은 없을 거예요. 폭격선도기 승무원 자격을 충족하려면 조명기로 10번 출격해야 해요. 그러고 나면 약장 아래에 금색 윙을 달 수 있죠(그는 DFC 수훈자였다)."

그러자 비아냥을 담은 함성이 들려왔다.

"조명기는 뭐야?"

"전반적인 절차를 다 설명드리는 게 나을 것 같아요. 폭격선도 비행대대

147) 포털은 표적 발견 부대를 만들어야 할 필요성을 해리스에게 주장했다. 그러나 해리스는 각 비행대대에서 최고의 승무원들을 선발해 그런 부대를 만든다는 발상은 여전히 거부했다. 대신 그는 각 폭격비행단마다 1개 비행대대씩 총 5개 비행대대를 표적 발견 부대로 전환시키기로 정했고, 이 부대에 폭격선도대라는 새 이름을 붙여 주었다. 당시 랭커스터로 기종 전환을 했던 제83비행대대는 1942년 8월 17일 스캠턴 기지에서 헌츠(헌팅던셔) 와이턴 기지로 이전, 폭격선도 비행대대로 개편되었다. 폭격선도 비행대대들은 특유의 부착물과 진급 제도를 고집했다. 폭격선도대의 총 지휘관은 제3비행단 출신 공군 대령 던 베네트였다. 1943년 1월 베네트가 공군 소장으로 진급하면서 폭격선도대는 AOC 제8PFF(Path Finder Force: 폭격선도대)비행단으로 개칭되었다.

에 처음 배치된 신참들은 조명탄 없이 소이탄만 싣고, 주력 폭격부대에 앞서서 출격해요. 그 소이탄을 표적에 정확하게 명중시키는 거죠. 그러면 또 다른 폭격선도기들이 조명탄을 잔뜩 싣고 표적 상공으로 와요. 그 조명탄을 실은 애들의 임무가 표적을 찾는 거죠. 그래서 그 친구들을 〈발견대(finders)〉라고 부르는 거예요. 추측 항법을 이용해 매우 정밀하게 항로를 유지하면서 표적 상공까지 온 다음, ETA(예상도착시간)가 되면 30초마다 조명탄을 한 발씩 투하하죠. 그러면 약 10마일(19km) 구간을 조명탄 불빛으로 밝힐 수 있어요. 동시에 또 다른 발견대도 측면으로 좀 간격을 두고 표적 상공으로 접근해서 조명탄을 투하해요. 그러면 표적 상공 10제곱마일(약 360km²) 면적을 비출 수 있어요. 그리 밝지는 않지만, 후속 부대의 눈에 표적이 보일 정도는 되지요."

내가 질문했다.

"그럼, 폭격선도 비행대대 '최고'의 승무원들은 뭐 해?"

"그 친구들은 조명탄을 싣고 비행하다가 표적이 보이면 투하해요. 즉, 표적 상공에 조명탄을 투하하려고 하는 거죠. 그들은 발견대와 함께 비행하며, 조명대(Illuminator)로 불리지요. 표적이 보이면 특정한 양상으로 조명탄을 투하하지요. 그러면 나머지 폭격선도기들이 그걸 보고 와서 표적 상공에 조명탄 수백 발을 투하하는 거예요. 표적 상공을 문자 그대로 낮처럼 환하게 비춰 주지요."

"구름이 있으면 어쩌지?"

"거기에는 아직 대책이 없어요. 하지만 우선 폭격선도기들이 가기 1시간 전에 모스키토 한 대를 표적 상공에 보내서 현지의 기상 상태를 보고하게 할 거예요. 폭격 부대가 이륙하기 5시간 전에 보낼 수도 있어요. 그러면 표적 상공의 기상이 어떤지를 더욱 잘 알 수 있지요."

"그러면 안개는?"

"만약 표적 상공에 안개가 있으면 〈핑크 팬지〉를 투하할 거예요. 〈핑크 팬지〉는 250파운드(113kg)짜리 소이탄이에요. 지면에 떨어지면 붉게 연소되면서 안개를 없애 줄 수 있어요."

"〈핑크 팬지〉의 연소 시간은?"

"꽤 길어요. 15분 정도입니다."[148]

"거 괜찮군. 비행 고도는 얼마인가?"

"이 부대와 비슷합니다. 운고가 낮으면 낮게 가야죠. 하지만 어떤 때라도 우리의 위치를 확실히 아는 것이 무엇보다도 중요합니다."

"그걸 대체 무슨 수로 알 거야? 독일군은 우리 항법 장치를 교란하고 있어. 북해 상공이 아니면 우리 항공기 위치를 확실히 알 수가 없다고. 게다가 우리 군은 거기에 대책이 없어."

"추측 항법에 가급적 크게 의존하는 게 나름의 답입니다. 추측 항법은 우리의 표어나 다름없습니다. 순풍이 불면 매우 정확하게 비행할 수 있습니다. 그리고 300마일(555km)을 비행했는데 항로가 좌 또는 우로 10마일(19km) 이상 벗어나지 않는다면 조종사와 나침반 상태 모두 완벽한 것입니다. 폭격선도 비행대대는 그런 인원들로 이루어져 있기에 다른 사람들을 이끌 수 있습니다."

호피가 말했다.

"내게는 별 문제 없어 보이는군. 하지만 우리는 아직도 폭격할 때 조준점

---

148) 초기에 나왔던 250파운드(113kg) 표지탄의 이름은 〈레드 블롭〉이었다. 착탄 시 충격으로 격발되며 15~20분간 연소되지만 화력은 약했다. 〈핑크 팬지〉의 중량은 2,800파운드(1,271kg)였으며, 4,000파운드(3.6톤)급 HC 폭탄 케이스를 사용했다. 하지만 연소 시간은 순간에 불과했다. 정밀 폭격 지점을 표시하는 데는 쓸 수 없었지만, 표적의 대강의 위치를 나타내는 데는 유용했다. 둘 다 적절한 색상의 벤젠-고무-인 혼합물을 내장하고 있었다.

을 못 잡고 있어."

"호피 말대로야. 폭탄을 흩뿌리고만 있다고."

"하지만 언젠가는 제대로 폭격할 수 있을 겁니다."

"그래. 언젠가는 되겠지. 언젠가는."

딤이 의심스럽다는 말투로 끼어들었다.

"나도 그렇게 되기를 바란다네."

그로부터 이틀 후, 엠덴에 실시된 소규모 공습에서 폭격선도기들이 폭격기 본대를 이끌기 시작했다. 엠덴은 큰 항구가 아니었고 대공포도 많지 않았다. 그래서 폭격에 성공해 봤자 얻을 만한 게 그리 많지 않았다. 그러나 이 공습으로 폭격선도 비행대 전원은 자신들의 일에 큰 자신감을 얻었다. 이들은 표적을 환하게 비추는 데 성공했고, 이로서 우리 군은 엠덴을 전례 없이 철저히 때려 부수는 데 성공했다.[149]

우리 대대는 이 공습은 물론, 이후 벌어진 여러 차례의 공습에 참가하지 못했다. 당시 우리는 특수 임무를 맡고 있었기 때문이다.

이야기의 발단은 꽤 오래 전으로 거슬러 올라간다. 햄덴 폭격기로 킬 항구의 〈샤른호르스트〉에 급강하 폭격을 가하던 때였다. 이제 〈샤른호르스트〉는 그디니아에 있었다. 그곳에서 여러 신장비를 설치 중이었다. 그곳에는 해체 작업 중인 〈그나이제나우〉도 있었고, 첫 항해를 위해 의장 공사 중

---

149) 폭격선도대의 첫 작전은 1942년 8월 18~19일 사이의 밤에 있었다. 목표는 깁슨이 말한 엠덴이 아니라 플렌스부르크였다. 폭격선도대는 105대의 폭격기를 위해 표적을 지시했다. 임무는 성공적이지 못했다. 플렌스부르크에는 단 한 발의 폭탄도 명중하지 않았고, 대신 덴마크의 넓은 지역에 폭탄이 흩뿌려졌다. 이런 오류가 벌어진 것은 1주일 전부터 독일군이 지(Gee) 교란 작전을 실시했기 때문이다. 독일군의 교란 작전에 대한 대응책이 신속히 마련되었다. 덕분에 8월 27~28일 사이의 밤 카셀에 306대의 항공기로 벌어진 폭격선도대의 두 번째 작전은 큰 성공을 거두었다. 영국 공군은 카셀 전역에 큰 피해를 입혔다. 그러나 영국 공군도 31대의 항공기를 잃었다. 그 대부분은 야간 전투기에 의해 격추되었다.

인 항공모함 〈그라프 체펠린〉도 있었다. 영국 해군 제독들은 이 배들은 물론, 독일 해군 전함 〈티르피츠〉, 그 외의 여러 순양함들이 합세해 기동부대를 구성, 대서양으로 나오는 것을 두려워했다. 특히 당시는 상당한 규모의 대형 작전들을 구상하던 시기라 더욱 그랬다.

한편, 〈샤른호르스트〉와 〈그나이제나우〉가 영불해협을 돌파한 이후, 영국 과학자들은 대응책 마련에 몰두했다. 그 결과 신형 폭탄이 설계되었다. 이 폭탄은 〈주력함 폭탄〉이라는 이름으로 널리 알려졌다. 그 원리와 성능에 대해서는 오늘날까지도 1급 비밀이다. 그러나 일격에 적 전함을 격침시킬 수 있는 정도의 화력이라는 정도는 알려져 있다. 이 폭탄은 매우 무거웠다. 그러나 대부분의 신무기가 그렇듯이 한계도 있었다. 무엇보다도 이 폭탄은 예쁘게 생기지 않았다. 더 정확하게 말하면, 아주 못생겨서 마치 순무를 연상케 했다. 그리고 순무와 마찬가지로 탄도학적 성능 역시 좋지 않았다. 고공에서 투하하면 기존의 예쁜 폭탄과는 달리 탄도가 제멋대로 엇나가기 일쑤였다. 이 때문에 8,000피트(2,400m) 고도에서 투하해서 배에 명중시키려면 아무리 잘 조준해도 상당한 운이 필요했다. 이 때문에 정확하게 투하하는 유일한 방법은 투하 고도를 낮추는 수밖에 없었다. 그러나 유감스럽게도 저공에서 투하할 때도 투하 고도가 1,000피트(300m)는 되어야 폭탄이 제 성능이 나왔다. 그리고 고도 1,000피트에서 전함 상공에서 수평 직선비행을 했다가는 그 항공기는 십중팔구 격추당한다. 랭커스터 폭격기로 시도하더라도 폭탄 투하 지점은커녕 조준 지점까지라도 살아남을 항공기는 거의 없을 것이다. 그리고 해군 대공포 사수라면 거의 모두가 이런 내 의견에 동의할 거라고 생각한다.[150]

---

150) 주력함 폭탄(Capital Ship Bomb, CSB)의 직경은 38인치(96.52cm), 중량은 5,294파운드 (2,403kg)다. 이 폭탄은 성형작약탄(한국군에서는 대전차유탄으로도 부른다 – 역자주)이

공군 중장 해리스는 이 장난감을 우리 비행대대에 배치했다. 이 폭탄을 제대로 사용하기 위해 많은 저공 및 고공 폭격 훈련을 받게 되었다. 또한 2개의 특제 폭격 조준기도 보급되었다. 지극히 정밀한 이 조준기들은 항공기 생산성에서 만든 것이었다. 주어진 임무를 언제나 놀라우리만치 잘 해내던 항공기 생산성은 이번에도 기대를 배신하지 않았다. 고공 폭격용 조준기는 저공 폭격용 조준기와 많이 달라야 한다. 그러나 영국 공군은 보급된 폭격 조준기의 성능에 대해 별 말이 없었다. 왜냐하면 야간 폭격에는 정밀성 높은 폭격 조준기가 별 필요가 없었기 때문이다. 표적 1/4마일(약 450m) 이내에만 명중시키면 되었다. 하지만 이번에 보급받은 고공 폭격용 조준기는 정말로 정확했다. 훈련을 해 보니 10,000피트(3,000m) 고도에서 투하할 경우 표적으로부터 불과 60야드(54m) 이내에 착탄이 가능했다. 이 정도 성능이면 충분했다.[151]

이 훈련은 2개월간 중단 없이 계속되었다. 그리고 비행대대에서는 6개 승무조가 두각을 나타냈다. 운고가 낮을 때는 저공 훈련을 했다. 결국 우리는 저공 투하 시 표적으로부터 15야드(14m) 이내에 폭탄을 명중시킬 수 있게 되었다. 이제 어떤 독일 군함이 낮게 깔린 구름 밑으로 도망가려고 해

다. 폭약의 폭발력을 한 점에 모아서 군함의 갑판이나 장갑판을 관통하는 것이다. 또한 경화철 탄두 디스크를 갖춘 외부 케이스가 달려 있고, 그 앞에는 뚱뚱한 연철 탄두 캡이 씌워져 있다. 탄도 특성이 불안정하기 때문에 10,000피트(3,000m) 이하에서 투하해야 제대로 격발되었다. 이 무기를 탑재하는 랭커스터 폭격기에는 돌출부를 갖춘 특제 폭탄창 도어(이 도어를 설치할 경우 8,000파운드 폭탄도 탑재 가능)가 설치되었고, 상부 기관총좌가 제거되었다.

151) 고공 폭격용 조준기의 이름은 안정 자동 폭격 조준기(Stabilised Automatic Bomb Sight, SABS)이다. 특제 정밀 고공 폭격용 조준기인 이 조준기를 제대로 운용하려면 장거리 수평 직선 비행을 해야 했고, 또한 정해진 고도와 속도를 정확히 유지하면서 정밀하게 비행해야 했다. 본문의 저공 폭격용 조준기는 아마도 저공 폭격 조준기 Mk Ⅲ일 가능성이 가장 높다. 이 조준기를 사용하는 폭격수는 유리판 위에 투사되는 움직이는 수평선을 보게 된다. 그리고 이 수평선이 표적과 겹쳐질 때 폭탄을 투하하게 된다.

도, 우리는 그 군함을 격침시킬 수 있게 된 것이다. 별로 재미는 없는 일이 었지만 말이다. 지난 2개월간 우리는 언제나 3개 승무조를 이 임무를 위해 대기시켜 두었다. 그들은 대기 중 항시 비행장구를 착용하고, 언제라도 출격 가능한 태세를 유지하고 있었다. 가끔씩은 나도 대기를 했다. 그러나 감히 바다로 나설 용기를 가진 독일 해군 제독은 없을 것이었다. 우리 비행대 대 대원이라면 직위고하를 막론하고 모두가 그 사실을 믿어 의심치 않을 것이라고 나는 생각했다.

하루는 딤이 이런 말을 했다.

"만약 우리가 독일 군함들을 잡으러 출격하면, 우리 중 누군가는 VC를 추서받을 거 같습니다."

태피가 반문했다.

"그거 추서받고 싶은 사람도 있어요?"

대대원 한 명이 말했다.

"저는 싫어요. 저는 평화승리훈장이면 족합니다."

우리 대부분이 그의 의견에 동의했다.

그리고 8월의 월주기가 시작되었다. 특별 정보 보고에 따르면 〈그라프 체펠린〉이 완공 단계에 들어섰고, 승조원도 탑승한 것 같다고 했다. 항공기도 탑재를 완료했고 언제라도 출항할 수 있다는 것이었다. 그 독일 항공모함에 대해서는 예전에 알려진 것이 없었다. 그리고 우리는 그 독일 항공모함에 대해 앞으로도 알려질 것이 별로 없게 하겠다고 다짐했다. 우리는 신형 폭탄의 사용법을 충분히 연마했고, 모든 준비가 되어 있었다.

8월 27일 밤은 보름달이었다. 다른 대대원들이 카셀을 폭격하는 동안, 우리 대대의 랭커스터 12대는 950마일(1,759km) 떨어진 그디니아로 날아갔다. 우리 항공기들은 연료와 폭탄을 만재하고 있었다. 이륙 중량은 전례 없이 무거운 수준인 67,000파운드(30.418톤)였다. 내 항공기의 폭격수는 공군 소령 리처드슨이었다. 그는 맨리 출신의 폭격 교관이었다. 그만큼 폭탄을 정확하게 투하할 수 있는 사람은 없었다. 그러나 유감스럽게도 그는 이번 출격이 1918년 8월 이래 첫 실전 출격이었다.[152]

달빛을 받으며 고도 6,000피트(1,800m)에서 정밀 폭격을 한다는 것이 우리 계획이었다. 이보다 더 쉬울 수 없는 작전이었다. 선거는 밝은 달빛을 받고 있었으므로 폭격 조준기 안에 매우 뚜렷이 보일 것이었다. 모든 것이 우리에게 유리하게 돌아가는 것처럼 보였다. 폭격기 1대에 1발씩 총 12발을 투하하므로, 최소 1발은 맞아 줄 것이었다. 그러나 날씨가 안 좋아졌다. 표적 상공에 도착하니 남서풍이 베를린 상공에 있던 안개를 단치히와 그디니아 상공으로 가져다 놓았다. 덕분에 시정이 1마일(1.85km) 정도로 줄어들었다. 게다가 현장에는 다수의 경대공포와 탐조등이 있었다.

호피의 항공기가 투하한 폭탄이 표적에 가장 가까이 맞았다. 그래봤자 표적에서 50야드(45m)나 빗나갔지만 말이다. 호피가 투하한 폭탄은 이 전쟁에서 독일 땅에 발생한 것 중 가장 거대한 폭탄 폭파공을 만들었다. 우리는 〈그라프 체펠린〉을 보지 못했다. 너무 위장이 잘 되었기 때문이다. 그러나 〈그나이제나우〉는 발견했다. 디키 리처드슨은 〈그나이제나우〉를 조준했다. 그는 폭격 항정을 시도할 때마다 표적 주변에 많은 대공포가 있다는 사실을 알고 있었다. 내가 보기에는 그는 동해안 사격장에서의 폭격 훈련을 하는 것 같았다. 첫 번째 폭격 항정을 가리켜 그는 모두가 조용한 모의

---

152) 이 시기 랭커스터 폭격기의 정격 최대 이륙 중량은 63,000파운드(28,602kg)였다. 깁슨과 호프굿이 데려간 폭격수는 링컨셔 맨비의 항공무기학교에서 이 비행대대에 파견시킨 인원이었다. 이 폭격수들은 SABS의 사용에 숙달된 인원들이었다. 폭격 임무에 대해 엄청난 열정이 있었기에 '말하는 폭탄'이라는 별명으로 불렸던 공군 소령 도널드 리처드슨은 이후 1943년 가을 제617비행대대에 고공 정밀 폭격을 위해 SABS의 사용법을 교육했다.

폭격항정 같다고 말했고, 10번째 폭격 항정 때는 후방 기관총수석의 조니 위킨스가 갑자기 소리를 질렀다고 말했다. 결국 우리가 떨어뜨린 큰 폭탄은 〈그나이제나우〉에서 400야드(360m) 떨어진 곳에 착탄했다. 당시 표적 상공에 있던 아군기는 우리뿐이었고, 적 대공포가 치열한 사격을 해 대고 있던 것을 감안하면, 이 폭격 결과를 본 디키의 반응은 실로 간결하기 그지없었다.

"애꿎은 물고기만 몇 마리 죽였구먼."

그리고 또 뭔가가 생각난 듯이 이렇게 덧붙였다.

"그것도 폭탄으로 말이지."

상부 기관총 사수석의 콤비는 우리가 더 잘 할 수 있었는데 아쉽다고 말했다. 덴마크 해안을 다시 건널 때 주니어는 주간이었더라면 더 잘 맞출 수 있었을 거라고 말했다. 허치는 표적을 이탈 중이라는 무전을 보내겠다고 말했다. 그래야 우리가 몇 시간 늦어져도 기지의 사람들이 걱정하지 않을 테니까 말이다. 주니어는 파이프 담배를 또 피우더니 이렇게 말했다. 좀 더 북쪽으로 가야 귀환길에 질트를 피해 갈 수 있다고 말이다. 질트에는 적 전투기들이 있기 때문이다. 나는 아무 대답도 하지 않았다. 뭐 아주 짧은 말을 했을지도 모르겠지만 뭐라 말했는지 기억은 안 난다.

그 큰 폭탄을 가지고 한 것 치고는 최악의 결과였다. 최선을 다하기 위해 오랫동안 훈련했다. 그런데 표적을 맞추지 못했다. 그리고 이제 모기지로 귀환하려면 5시간이나 남았다. 정말 짜증나는 일이었다.[153]

---

153) 제106비행대대가 1942년 8월 27일~28일 사이의 밤에 그디니아에 출격시킨 항공기는 3대였다. 조종사는 깁슨, 공군 대위 와몬드, 공군 대위 호프굿이었다. 깁슨은 이날 밤의 탑재 무장도 혼동했다. 제106비행대대의 ORB(Operations Record Book, 작전 기록서)에 따르면 이 작전에서 와몬드와 호프굿만이 CSB를 탑재했다. 깁슨은 1,000파운드(454kg) 폭탄 6발을 탑재했다. 이는 깁슨이 자신의 로그북에 직접 기록한 탑재 무장 현황과도 일치한다. 표적 상공에 안개가 심하게 끼었기 때문에 독일 해군 주력함은 잠깐씩밖에 보이지 않았다. 독일군

기지 상공에서 선회를 할 때 나는 시계를 보았다. 우리는 무려 10시간이나 체공하고 있었다. 그리고 내 항공기에는 모든 것을 쉽게 맡길 만한 부조종사도 없었다. 10시간 비행은 긴 것이다. 그러나 우리의 작전 실패와는 별개로, 우리가 그디니아를 폭격하는 동안 소련군이 쾨니히스베르크를 폭격한 것이 그나마 유일하게 가치 있는 사건이었다. 밝은 달빛 아래 표적 너머로 뭔가 우스운 것이 보였다. 길게 잡아 늘인 하인켈 기 같은 물건이었다. 다음 날 일부 신문의 기자들은 "공군, 단치히 상공에서 손을 떨다." 같은 기사를 썼다. 어느 편도 상대방이 어디서 뭐 하는지 모른다는 생각이 강하게 들었다.

며칠 후 우리는 폭격선도기들을 따라 자르브루켄을 폭격하러 갔다. 우리는 처음으로 8,000파운드(3.6톤) 폭탄을 탑재했다. 그리고 승무원들이 품은 그 효과에 대한 기대감은 가히 흥분에 가까우리만큼 컸다. 예전에 우리는 폭격선도기를 따라가 본 적이 없었다. 그리고 마침 폭격선도기들이 작업을 하기 직전에 표적 상공에 도착했다. 발견대가 도시 상공에 줄줄이 조명탄을 투하하자, 대기하고 있던 조명대가 대량의 묶음 조명탄을 투하했다. 그러자 우리 폭격대가 대량의 폭탄과 소이탄을 도시로 신속하고 밀도 높게 투하했다. 족히 1,000톤은 되었다. 순식간에 도시 전체가 불덩어리로 화했다. 주니어는 우리의 〈쿠키〉가 투하되는 것을 보았다. 그의 말로는 폭발한 〈쿠키〉가 일으킨 붉고 푸른 버섯 모양의 불꽃이 커져, 0.5제곱마일(1.7km²) 면적을 5초 동안 뒤덮었다고 했다. 주니어의 말 치고는 참 길었다. 그러나 나는 그 말에 신경쓰지 않았다.

의 강력한 저항에도 불구하고 깁슨은 표적 상공에 1시간에 걸쳐 12번의 폭격 항정을 한 후에야 폭탄을 투하했다. 그러나 그가 투하한 폭탄은 표적에서 400야드(360m)가 빗나갔다.

모든 것이 잘 진행되었다. 모든 항공기가 안전하게 돌아왔다. 물론 랭커스터를 타는 동안 전혀 본 적이 없을 만큼 큰 총알구멍이 기체 여기저기 뚫리기는 했지만 말이다. 기체를 착륙시키고 우리는 기쁜 마음으로 취침했다. 정찰 사진에도 한 개의 거대한 불덩어리가 찍혀 있었다.

그러나 다음 날, 정찰 비행대대에서는 매우 안 좋은 소식을 전해 왔다. 폭격선도기들이 속았다는 것이다. 폭격선도기가 발견한 표적은 원래 표적이던 자르브루켄이 아니라, 거기서 10마일(19km) 떨어진 소읍(정말 엄청나게 작은 마을이다), 자르로우이스였던 것이다. 정찰 비행대대에서는 폭격 후 촬영된 사진으로 미루어 보건대, 그 마을에는 도로 표지판조차 하나 남지 않은 것으로 보인다고 말했다. 우리가 퍼부은 1,000톤의 폭탄이 그 마을을 문자 그대로 지도 상에서 소멸시킨 것이다. 며칠 후 프랑크푸르트 인근에서도 비슷한 일이 벌어졌다. 폭격대의 규모는 작았지만, 여기서도 폭격선도기들의 실수 때문에 폭격대가 프랑크푸르트가 아닌, 그 인근의 작은 마을을 폭격해 버린 것이었다. 그러나 하필이면 그 마을에는 독일군을 위해 오펠 트럭을 생산하는 큰 공장이 몰래 숨겨져 있었다. 우리 폭격기들은 소 뒷걸음치다 쥐 잡은 격으로 그 공장을 분쇄해 버린 성과를 올렸다.

이렇게 잘못 풀린 공습도 있던 반면, 제대로 풀린 공습도 있었다. 폭격선도기들은 공군 대령 베네트(전직 민간 항공사 조종사 출신이었다)의 지휘하에 이미 큰 성과를 이끌어 내고 있었다. 독일 여러 도시들의 산업 지대 파괴율은 전례 없이 높은 수준으로 올라갔다. 이제 비로소 우리 폭격기 승무원들은 자신들이 어디를 향해 날아가고 어디를 조준하고 있는지 알게 되었다. 우리가 투하한 폭탄 대부분이 제대로 명중하게 되었다. 그러나 아직 우리 군의 폭탄 탄착군은 너무 넓었다. 폭격수들이 정확한 폭격 조준점을 얻으려면 아직 표지탄이 필요했다.

얼마 안 있어 〈핑크 팬지〉가 더 이상 쓸모없다는 점이 분명해졌다. 독일 군도 바보는 아니었고, 신속히 대응했다. 그들은 순식간에 가짜 〈핑크 팬지〉를 만들어, 이를 독일 내 공터에서 폭발시켰다.

전쟁은 계속 진행되었다. 일은 느리게나마 제대로 된 방향으로 풀려갔다. 매일같이 개선이 진행되었다. 제3제국의 도시들은 매일같이 공습을 당했다. 당시 내 로그북을 보면 다양한 크기의 성공의 기록들이 적혀 있다. 그 일부 내용을 가져와 본다.

9월 10일, 뒤셀도르프: 표적 조명 성공. 산업 지대 여러 에이커 파괴.

9월 13일, 브레멘: 실패. 아군기 19대 손실(제106비행대대 소속기 3대 포함. 기장은 태피 윌리엄스, 디지 다우너, 공군 소령 하웰). 적의 대공포 다수. 표적 조명에 실패. 폭탄 탄착은 심하게 분산됨.

9월 19일, 루르 공업 지대: 비행 내내 구름 많음. 작전은 완전 실패.

9월 23일, 플렌스부르크: 연무로 인해 실패. 폭탄 탄착이 분산됨.

그리고 아직 극복되지 않은 문제가 곧 드러났다. 다른 모든 것은 몰라도 날씨만은 사람의 손으로 어쩔 수 없었다. 날씨가 좋으면 공습은 성공. 그러나 날씨가 나쁘면 폭탄 탄착군은 그만큼 커졌다.

10월 1일 우리는 노팅햄 인근의 시어스턴으로 이전했다. 코닝스비 기지가 활주로 확장 공사를 하게 된다고 얘기를 들었기 때문이다(원래 시어스턴에는 2개월만 머무르고, 코닝스비 기지의 활주로 공사가 완료되는 대로 돌아갈 예정이었다. 그러나 실제로 활주로 공사는 계약 업체의 형편없는 공사 관리 때문에 무려 9개월이 걸렸고, 제106비행대대는 영원히 코닝스비 기지로 돌아가지 못했다). 시어스턴 기지에 가자마자 우리는 유명한 럭비 선수 출신인 유능한 공군 대령 거스 워커(DSO, DFC 수훈자)의 지도하에 대규모 저공 편대 비행을 훈련했다. 그는 주로 교외 상공에서 비행 훈련을 실시했다. 초저공으로 날면서 항법을 하는 방법을 가르쳤다. 지면관계상 이 책에서 거스의 위대함을 다 적을 수는 없다. 그러나 제106비행대대 전원은 그를 가장 뛰어난 기지 사령관으로 여겼다는 것만큼은 확실하다.

처음에는 비행대대 규모로 편대비행 훈련을 했다. 그리고 그다음에는 전대 규모로, 그다음에는 비행단 규모로 편대비행을 했는데 마치 거위 떼가 날아가는 모습 같았다. 우리 편대의 크기는 잉글랜드 전체 크기만 했다. 그러면서도 비행고도는 300피트(90m)를 넘지 않았다. 물론 매우 위험했다. 처음에는 항공기별로 정해진 위치는 없었다. 그리고 항공기 간의 간격은 날개 끝이 닿을락말락할 정도로 매우 가까웠다. 우리의 모습은 버스에 타려고 몰려가는 한 무리의 노동자 같았다. 잘못하면 공중충돌을 일으켜 항공기가 손실될 가능성이 높았다. 그러다가 폭격 항정을 연습하기 위해 수평 직선 비행을 하게 되면 눈을 꼭 감고 기도하는 수밖에는 없었다. 사방에서 연습용 폭탄이 비처럼 쏟아졌다. 그리고 우리 대대의 조종사 조지 레이스의 항공기는 내 왼쪽에서 비행하던 중 상부 기관총좌에 연습용 폭탄을 얻어맞았다. 그러나 놀랍게도 그 폭탄은 상부 기관총 사수의 두 다리 사이를 피해 없이 뚫고 지나갔다.

수도 방위 비행대의 전투기들이 훈련에 가상적기로 나오는 경우도 많았다. 우리 폭격기를 상대로 모의 공격을 벌였다. 그러나 우리 폭격기의 후류에 잘못 걸리면 빠져나오기가 매우 어렵다는 점을 아는 전투 조종사는 많지 않았다. 이 때문에 훈련 도중 추락한 전투기도 여럿 있었다.

이 모든 노력이 합쳐져, 이 전쟁에서 가장 큰 규모의 저공 주간 공습이 실시되었다. 94대의 랭커스터 폭격기가 밀집 편대를 이루어 실시했다. 이 공습은 내가 봐도 매우 훌륭했다. 계획도 잘 되었고 수행한 인원도 뛰어났다. 이 공습 다음 날, 나는 침대에 잠옷 바람으로 누워서 보고서를 썼다. 보고서의 내용은 이랬다.

우리 대대는 며칠간 3대, 또는 6대 단위로 저공 편대 비행을 훈련했다. 다른 대대는 장거리 크로스컨트리 비행을 훈련했다. 이러한 훈련은 분명 통상 범위를 벗어난 큰 작전을 위한 것이었다. 아마도 대규모 편대를 이루어 진행되는 주간 공습일 것이다. 항공기에 무장을 탑재하자마자 바로 해제하는 식의 소란이 몇 번 있고 나서, 모든 조건이 완전히 충족된 작전일이 결국 다가왔다. 1942년 10월 14일 토요일이 바로 그날이었다. 표적은 독일의 프랑스 점령지-비시 프랑스 경계 근처에 있는 도시인 르 크뢰조의 슈나이더 병기 공장이었다.

이번 공습에는 제5비행단 항공기만 투입되었다. 94대의 랭커스터가 정오 직후 상 헤이포드 상공에서 집결해 편대 대형을 갖추었다. 우리 대대는 10대의 항공기를 보냈다. 10대 모두 아무 문제없이 시어스턴 기지를 이륙했다. 항로는 랜즈 엔드와 비스케이 만을 거쳐, 일 듀 바로 남쪽에서 프랑스 해안으로 들어간 다음 적 영토 상공을 200마일(370km) 비행해 표적으로 가는 식이었다. 편대는 전 항정을 50~500피트(15~150m) 고도로 했다. 표적 근처에 도달했을 때만 고도를 4,000피트(1,200m)로 높였다.

목표 상공에 도달한 시각은 6시 정각이 좀 지난 후였다. 해가 지고 어두워졌다. 그러나 아직 공장, 공방, 창고로 이루어진 거대한 지대가 잘 보였다. 공격은 9분 동안 진행되었다. 그 시간 동안 200여 톤의 고폭탄과 소이탄을 매우 높은 정확도로 투하했다. 대규모 화재와 폭발이 일어났고, 몇 분만에 도시 전체가 짙은 연기에 뒤덮였다.

주표적 외에도, 부차 표적인 몽샤냉 발전소에 6대의 폭격기가 배정되었다. 몽샤냉 발전소 역시 파괴될 경우 적에게 큰 혼란을 불러올 수 있는 중요도 높은 표적이었다. 몽샤냉 발전소 폭격대에 제106비행대대는 공군 중령 G.P. 깁슨(DFC 수훈자)과 공군 대위 J.V. 호프굿(DFC 수훈자)이 이끄는 2대의 항공기를 배정했다. 폭격 고도는 500피트(150m)였고, 각 항공기는 500파운드(227kg) 폭탄 10발씩을 탑재했다. 두 항공기의 승무원들 모두가 자신들의 폭탄이 표적에 명중했다고 주장했다. 이후 정찰 보고서에서 해당 발전소의 변압기가 완파되어 수리하려면 근 2년이 걸린다는 점이 드러나, 해당 항공기들의 승무원들의 주장이 옳다는 것이 드러났다. 우리 대대의 두 항공기는 이후 표적 상공을 선회비행 하면서 발전소 변압기에 기관총 1,000발을 사격했다. 만족스럽고 화려한 작전이었다. 우리 항공기에서 쏜 기관총탄이 표적의 중요한 부위에 맞을 때마다 선명한 푸른 섬광이 튀는 게 보였다.

공격이 완료되었고 모든 승무원들이 만족스러워하는 가운데 항공기들은 귀환길에 올랐다. 해가 완전히 졌으므로 편대 비행은 불가하여 각기로 분산되어 최단 항로로 복귀했다. 좋던 기상은 프랑스 상공에서는 악화되었으며, 대부분의 항공기들이 원 기지 대신 영국 남부의 대체 기지로 방향을 돌렸다.

임무 기간 중 단 한 대의 적 전투기와도 교전을 벌이지 않았다. 표적 상공의 적 저항도 무시할 만한 수준이었다. 아군 항공기 1대가 엔진 하나에 이상을 일으켜 남은 3개의 엔진으로 복귀하기는 했다.

모든 항공기가 안전하게 복귀했다. 공군 중령 깁슨과 공군 대위 호프굿의 항공기에 약간의 탄흔이 생긴 것을 빼면 항공기 손상도 없었다. 호프굿 항공기는 자신이 떨어뜨린 폭탄의 파편에 손상을 입었다. 호프굿 대위는 이번 출격이 이번 전투 파견의 마지막 출격이었다. 그는 너무 열의가 넘친 나머지 안전 고도 이하에서 폭탄을 투하했다가 기체를 손상시킨 것이다. 제106비행대대에서 파견한 항공기 10대의 승무원 모두 표적을 명중시켰다고 주장했다. 이것이 사실이라면 제106비행대대에 한해 이번 작전은 100%의 성공이다.

햇빛이 사라져 가고 있었기 때문에 폭격 사진은 촬영할 수 없었다. 그러나 대대장기에 탑승하고 있던 공군 소위 루스켈이 일반 무비 카메라를 이용해 촬영한 영상이 여러 개 있다. 그것이야말로 이번 공습의 유일한 영상 기록이며, 공습 직후 바로 언론에 배포되었다.

이번 임무에 참여한 제106비행대대의 기장 명단은 다음과 같다.

공군 중령 깁슨(DFC 수훈자)

공군 소위 크로우

공군 상사 레이스(DFM 수훈자)

공군 소위 새넌

공군 상사 해밀턴

공군 대위 호프굿(DFC 수훈자)

공군 소위 카셀스

공군 소위 힐리(DFM 수훈자)

공군 상사 페어

공군 소위 웰링턴

그로부터 이틀 후, 우리는 이탈리아를 폭격하라는 브리핑을 받았다. 꽤 오랜만에 벌이는 이탈리아 폭격이었다. 이탈리아에는 이렇다 할 만한 대공포 전력이 없었고, 프랑스 상공의 비행 난이도는 영국 상공과 비슷했으므로, 이탈리아 폭격을 기피하는 폭격기 승무원은 없었다.

거스 워커가 말했다.

"오늘밤의 표적은 제노바다. 연설로 시간 낭비를 하기는 싫다. 그러나 몇 년 만에 처음으로 제노바를 폭격하게 된다는 점은 말하고 싶다. 물론 이번의 표적은 선거 구역에 있는 모든 것이다. 이곳에는 현재 이탈리아 해군 함대가 주둔하고 있다. 왜 오늘밤 갑자기 독일이 아닌 이탈리아를 폭격하게 되었는지 궁금할 사람이 있을 것이다. 나도 따라가고 싶은 마음이 간절하다. 내가 아는 바로는, 제군들은 지중해에서 벌어지고 있는 큰 작전에 참가한다는 것 말고는 말할 수 없다. 사상 처음으로 수백 마일 떨어진 곳에서 벌어지는 지상 작전을 지원하게 될 것이다. 어쨌든 임무는 결정되었다. 행운을 빈다."

이 임무에 참가한 항공기와 승무원들은 모두 무사히 돌아왔다. 훌륭한 폭격이었다. 폭격선도기들은 표적을 대낮처럼 환하게 비추었다. 우리가 투하한 소이탄이 제노바 항구 방공호의 콘크리트 지붕을 태워 없애는 것이 보였다. 블록버스터 폭탄이 조선소 건물들을 산산조각 내 버리는 것도 보았다. 복귀한 승무원들은 제노바가 정말 손쉬운 표적이라는 데 의견을 모았다.

다음 날 서부 사막 공세가 시작되었다. 처칠 총리가 명령을 내렸다. 거스의 말이 옳았다.

그 주는 초장부터 대단했다. 다음 날 우리는 이탈리아를 또 공습하게 되었다. 이번에는 주간 공습이었다. 우리가 입힐 타격과는 별개로, 이번 공습은 서부 전선의 제공권이 영국 공군에게 있음을 이탈리아인들에게 확실히 보여 주려는 의도 같다는 생각이 들었다. 그날 티타임에 우리는 밀라노를 폭격할 것이었다.

우리 폭격기들은 프랑스를 횡단해 이탈리아로 갈 것이었다. 독일 전투기들의 위협 때문에 호위 전투기를 대동했다. 셀시 빌을 초저공으로 횡단해 쉘부르와 르 아브르 사이의 평지를 향했다. 온난 전선이 프랑스를 가로질러 걸쳐져 있었고, 덕분에 우리는 구름을 은폐물로 삼을 수 있었다. 우리는 가급적 빨리 구름에 고도를 맞췄다. 프랑스 해안에서부터 구름은 사라지기 시작했다. 우리 항공기들은 눈부신 햇살 아래 프랑스 해안 절벽을 넘었다. 구름에서 빠져나와 상승해 갔다. 우리 대부분은 하얀 안개가 나타날 때까지 프랑스 영토 상공을 꽤 오래 날았다. 프랑스 해안에서 적의 사격이 약간 있었다. 그러나 내가 보기에는 그들은 스피트파이어를 호위기로 거느린 영국 폭격기 수백 대가 초저공으로 나타나 놀란 것 같았다. 그리고 무전으로 독일군들이 떠드는 소리가 들렸다. 독일 측 통제사가 이렇게 말하는 소리도 들렸다.

"모든 독일 항공기는 들어라. 영국 폭격기는 너무 남쪽에 있다. 당장 가까운 기지에 착륙하라."

날씨는 햇살이 눈부신 맑은 날씨였다. 남쪽으로 갈수록 더 따뜻해졌다. 주니어가 내 비행 점퍼를 벗겨 주었다. 우리 항공기에는 무비 카메라가 실려 있었다. 작은 프랑스 마을들을 찍었다. 매력적인 프랑스인들은 모두 우리에게 손을 흔들고 있었다. 하얀 집 앞에 서 있던 일가족의 모습이 아직도 기억난다. 젊은 남자가 한 명, 그의 딸로 보이는 7살 정도 먹은 것 같은 금발 소녀, 그리고 남자의 아내로 보이는 젊은 금발 여자로 이루어진 가족이었다. 우리 항공기는 그들로부터 100피트(30m)는 족히 떨어져 있었다. 그러나 젊은 금발 여자는 그 거리에서 봐도 빼어난 미인임을 알아볼 수 있었다. 그녀의 금발 머리가 산들바람을 받아 나부꼈다. 그 일가족은 우리를 보고 미친 사람마냥 열심히 손을 흔들었다. 그다음에는 들판 한가운데에 모여 있는 뭔가가 보였다. 처음에는 거위 떼인 줄 알았다. 그 위를 스쳐 지나간 순간, 조니가 수녀들임을 알려 주었다.

3시간 후 우리는 상승하여 알프스 산맥을 넘었다. 그리고 안시 호 상공에서 집합하여 전투 편대를 짰다. 그다음 60마일(111km) 떨어진 밀라노로 날아갔다. 밀라노 상공 3,000피트(900m) 고도에서 〈쿠키〉를 투하했다. 해는 아직 중천이었다. 지면에 우리 항공기의 그림자가 생기는 것도 볼 수 있었다. 밀라노 시내에 폭격으로 혼란이 발생하는 모습도 볼 수 있었다. 몇 문의 대공포가 산발적으로 사격을 가했다. 민간인들의 자동차들이 도로를 우왕좌왕하며 내달리고 시민들은 방공호로 달려갔다. 탐조등도 켜졌지만 쓸 데 없는 짓이었다. 이 작전에서 우리 공군은 매우 신사적으로 행동했다. 군용 시설은 폭격하여 엄청난 피해를 입혔지만, 내가 아는 바로는 민간 시설에는 폭격을 가하지 않았다.

그 후 우리는 기수를 돌려 귀환길에 올랐다. 알프스 산맥 위로 해가 지고 있었다. 아마도 두 번 다시는 볼 수 없을 아름다운 장면이었다. 한 대의 이탈리아 전투기가 우리를 보기 위해 접근했다. 그 전투기는 복엽기였고, 기관총도 2정만 달려 있었다. 그러나 우리 폭격기에는 기관총이 6정 달려 있었다. 조니 위킨스가 뒤에서 이렇게 계속 중얼거리는 것이 들렸다.

"어서 와, 이 거지 새끼야. 어서 오라고…"

그러나 그 전투기는 우리 폭격기의 기관총 사거리 내로 절대 들어오지 않았다. 해가 완전히 지자 우리는 프랑스 영공을 안전하게 통과했다.

그날 밤 늦게 핼리팩스 폭격기들이 밀라노를 또 폭격했다. 이 두 번째 공습이 이탈리아인들에게 준 충격은 가히 역대 최고급이었다고 전해진다.

밀라노에 대한 주간 공습은 이탈리아인들에게 그 무엇보다도 큰 충격을 주었다. 특히 이탈리아의 북방 접근로에 대한 방공은 독일에 맡겨 놓은 상태였기 때문에 더욱 그랬다. 그리고 며칠 후 제노바도 이틀 동안 폭격을 당했다. 그러자 우리는 상황을 궁금해 하기 시작했다. 이건 폭격선도기들을 쉽게 하기 위한 것인가? 아니면 폭격선도기들에게 약하게 방어된 표적을 쉽게 조명하게 해 자신감을 주려는 조치인가? 그것도 아니라면 이탈리아를 맹폭해 전쟁을 그만두게 하려는 것인가? 이탈리아의 국내 상황이 매우 좋지 않다는 소문도 퍼졌다. 이탈리아 국왕이 폭격받은 제노바를 방문하자, 이탈리아인들이 무릎 꿇고 평화를 기도했다는 소리도 들렸다. 심지어는 대부분의 이탈리아 정치인들이 단독 강화를 심각하게 고민하고 있다는 소문도 있었다. 그러나 왜 우리는 토리노가 아닌 제노바를 철저히 폭격한 것일까? 제노바에 이탈리아 해군 함대가 있다고는 알고 있었다. 그러나 토리노가 더욱 매력적인 표적이었다. 토리노에는 콘크리트 건물이 그리 많지 않았다. 그리고 이탈리아 해군 함대는 여태까지 바다에 제대로 나가 본 적도 없지 않은가.

그러나 11월 8일이 되자 우리는 답을 얻었다. 미군이 북아프리카를 침공한 것이다.

우리는 그동안 이탈리아 해군의 개입을 막아 온 것이다.

이제부터 이탈리아는 기상이 허락하는 한 폭격을 당하게 되었다. 잉글랜드 상공의 안개는 물론, 알프스 상공의 떼구름도 작전을 거의 불가능하게 만들었다. 우리는 사실상 매일 밤마다 작전 브리핑을 받았다. 그러나 브리핑 때마다 기상관이 구름 상황판을 들고 들어온다. 이 상황판에는 표적까지의 항로 전반의 운고가 적혀 있다. 착빙을 일으키는 구름은 진한 적색으로, 그렇지 않은 구름은 청색으로 표시되어 있다. 들어온 그의 눈빛이 상황판이 적색으로 도배가 된 것 같을 때면 모두가 신경질적으로 웃는다. 그러고 나서 표적이 바뀐다. 독일 내의 표적으로 바뀔 때도 있다. 그렇게 되면 막판에 가서야 모든 것을 바꿔야 한다. 브리핑도 새로 해야 하고, 비행 계획도 새로 짜야 한다. 지도도 바뀐다. 모두의 분위기는 나빠진다. 우리는 정말 많은 브리핑을 했지만 기상 때문에 작전을 실행 못 한 적이 많았다.

그러나 확실한 사실이 있다. 우리 비행단의 랭커스터야말로 영국 본토에서 발진하여 이탈리아를 폭격할 수 있는 유일한 항공기였다는 점이다. 이 때문에 그해 11월 우리 비행단은 이탈리아에 최소 1,336소티를 출격했다. 그 한 달 동안 우리 비행단의 항공기 손실은 2대뿐이었다. 이게 어느 정도의 임무량인지 냉정하게 설명해 보겠다. 민간 항공사로 치면 하루에 영국-이탈리아 노선을 편도로 3회씩 운항하면서 만 3년을 꼬박 채워야 이만한 임무량을 달성할 수 있다. 그리고 그 3년 동안에 항공기 손실이 2대뿐이다? 그 정도면 세계에서 최고로 안전한 민간 항공사라고 할 수 있다.

더구나 이탈리아에는 빈약하나마 대공포도 있었다는 점도 감안해야 한다. 그러나 우리의 폭탄이 어느 정도의 피해를 입혔건 간에, 이는 민간 항공의 장래에 매우 밝은 징조다. 또한 영국제 항공기의 신뢰성이 매우 뛰어나다는 점도 증명해 준다.

이제 이탈리아인들의 발등에 불이 떨어졌다. 우리 폭격으로 피해를 보고 있기 때문이었다. 그들의 표현에 따르면 우리 공군은 매우 우세했다. 잘 알려졌다시피 적의 대공포 화력과 사기가 약할수록 아군의 폭격 정확성과 효과는 올라간다. 독일군이 여러 대공포병 연대를 보내 준 덕택에 이탈리아군의 대공포 화력은 상당히 강화되었다. 그러나 그 강화된 수준조차도 여전히 시원찮았다. 덕분에 우리는 초저공에서, 그것도 표적을 골라 가며 폭격할 수 있었다. 이제 이탈리아인들에게 우리 랭커스터가 저공에서 우렁찬 엔진 소리를 내며 〈쿠키〉를 표적에 정확히 명중시키는 것보다 더 나쁜 일은 없게 되었다.

11월 29일 나와 내 승무원들은 이 전쟁에서 처음으로 이탈리아에 8,000 파운드(3.6톤) 폭탄을 투하해 보았다. 토리노의 표적은 어쩔 수 없이 우리의 폭탄을 얻어맞았다. 나는 폭탄의 폭발 장면과 귀환길의 승무원들 모습을 무비 카메라에 담았다.[154]

이 공습 이후 워 워 안살도(Woe Woe Ansaldo: 이탈리아 전시 방송 아나운서 – 역자주)는 이 전쟁에 대해 그 어느 때보다도 큰 하소연을 늘어놓았다. 그는 모든 것이 불공평하다고 했다. 그리고 그중에서도 가장 불공평한 건 항공 공격이라고 말했다. 그는 아마도 이탈리아군이 아비시니아에서 벌인 화학전은 잊은 것 같았다.

조니 시어비가 말했다.

"참 멋진 방송이로군."

그는 딤의 후임으로 온 우리 대대의 신임 편대장이었다. 딤은 런던의 어느 비밀 장소로 전보되었다. 아마도 사보이 호텔이었을 것이다.[155] 조니는

---

154) 전투 서열상 깁슨, 공군 대위 와몬드, 공군 소위 힐리에게 8,000파운드 폭탄이 지급되었다. 힐리 소위는 착륙장치 문제로 인해 임무 중간에 귀환해야 했다. 깁슨의 당시 무비 카메라 촬영 실력은 아마추어급이었지만 열의만은 대단했다. 갈수록 그는 대대 장병들의 활동 모습을 촬영하는 데 재미를 붙여 갔다. 당시 그가 촬영한 컬러 동영상들 중 일부는 현재까지도 보존되어 있다. 당시 중령 계급의 대대장이었던 덕택에 필름을 확보하고 인화하기도 쉬웠으리라 생각된다.

155) 울드리지는 석유전쟁부의 FIDO 개발 연락관으로 파견되었다. 그는 또한 공보성에도 여러 번 파견되어 홍보 영화를 제작하고 여러 음악도 작곡했다. 그가 만든 음악 중에는 교향시 〈별자리(The Constellations)〉, 〈승리를 향한 성가(Solemn Hymn to Victory)〉, 〈영국 공군 완속 행진곡(Slow March for the Royal Air Force)〉도 있다. 종전 후 그는 《저공 공격(Low Attack)》이라는 책을 썼다. 모스키토 조종사 시절을 다룬 회고록이었다. 또한 그는 여러 영화들의 영화 음악을 작곡하기도 했다. 그가 마지막으로 참여한 영화 중에는 〈엔젤 15(Angels One Five)〉도 있었다. 그의 이름을 가장 널리 알린 영화는 1953년작 〈런던 발령(Appointment in London)〉일 것이다. 그는 이 영화의 각본을 공저했다. 이 영화는 제2차 세계대전 중 랭커스터 비행대대를 다루고 있는데, 울드리지의 제106비행대대 생활을 모델로 했다. 이 영화의 주인공인 공군 중령 메이슨(더크 보가드 분) 역시 깁슨과 비슷한 점이 많

보통의 편대장들보다 나이가 좀 더 많았다. 과묵하고 때로는 가혹하리만치 엄격한 성격이었다. 그러나 매우 좋은 친구였다. 결혼을 했고 아이도 1명 있었다. 그는 항공기 수송 사령부에서 엄청나게 많은 일을 했다. 그런 그는 간절히 실전 임무를 뛰어 보고 싶어 했다. 그것도 가급적 자주.

"그래요. 이탈리아는 이제 정말로 불바다가 되어 가고 있죠."

그 말을 꺼낸 것은 대대 부관 찰스 마틴이었다. 그의 나이는 45세였다. 제1차 세계대전에서 군인장을 수훈했다. 그리고 뭘 잘못해서 그랬는지는 모르겠지만 제2차 세계대전에서도 웜피의 후방 기관총 사수로 20번이나 출격했다. 그만큼 큰 공을 세운 사람인데도 훈장은 받지 못했다. 나는 그 이유를 깨달을 수 없었다.

당시 우리가 있던 곳은 노팅햄의 블랙 보이 호텔의 식당이었다. 음식은 좋았고 포도주는 더 좋았다. 그곳에서는 시가도 피울 수 있고, 좋은 브랜디 도 나왔다. 기지에서의 무미건조한 일상에 시달리던 우리는 가끔씩 이런 곳에 몰려나와 먹고 마시며 기분을 전환시켰다.

나머지 인원들, 즉 호피, 빌, 브라이언 올리버, 내 새 기관총 사격 장교 그 레이 힐리, 마이크 럼리, 럼리의 통신사인 미국 롱 아일랜드 출신 던 커틴 은 위층의 미국식 바에 가 있었다. 바의 여자 종업원과 농담을 나누며, 맛 이 지독한 제106비행대대 특제 칵테일을 마셨다. 나는 그 칵테일이 세상에 존재하는 모든 술을 다 섞어서 만든 거라고 생각했다. 우리는 그 친구들을 일부러 그 바에 밀어 넣었다. 그 친구들은 저녁을 시끌벅적하게 지내고 싶 어 했고, 우리는 조용하게 지내고 싶었다.

찰스의 말이 이어졌다.

다. 울드리지는 이 영화의 음악도 작곡했다. 울드리지는 안타깝게도 1958년 교통사고로 사 망했다. 향년 39세였다.

공군 중령 G.P. 깁슨을 포함한 제106비행대대 승무원들이 아브로 랭커스터 Ⅲ 항공기 (일련번호 ED593, 코드레터 ZN-I) 앞에서 사진을 촬영했다.(ⓒ헨든 영국 공군 박물관)

"아시다시피, 전황의 변화는 놀라워요. 작년 요맘때는 모든 것이 정말로 우울했습니다. 개인적으로 올해 여름에는 작년보다도 더욱 상황이 안 좋다고 느꼈어요. 그런데 지금은 모든 것이 너무 잘 돌아가는 느낌이에요. 아무리 짜게 봐도, 이건 최소한 지는 전쟁은 아닙니다."

나는 이렇게 말했다.

"나는 이 전쟁이 도대체 언제 끝이 날지 궁금하다네."

그것은 다른 사람들에게 하는 말이라기보다는, 나 스스로에 대한 자문에 가까웠다.

찰스가 대답했다.

"시간이 많이 걸릴 거예요."

존도 맞장구쳤다.

"저도 그렇게 생각합니다. 아까 올 여름 이래로 많은 것이 변했다고 말씀하셨을 때, 이 전쟁의 전환점은 올 10월 22일부터 소련군의 스탈린그라드 공세기 시작된 날 사이의 어느 시점이 아닌가 싶은 생각이 들더군요. 스탈린그라드 공세가 정확히 언제 시작되었죠?"

"11월 22일이었지."

"그래요. 10월 22일부터 11월 22일 사이 이 전쟁의 흐름은 완벽히 바뀌었습니다. 올해 여름 추축국은 공세 한계점에 도달했습니다. 더 이상 나아갈 수 없는 지점까지 가 버린 거예요. 이제는 추축국은 수세에 몰렸습니다. 스탈린그라드, 엘 알라메인, 솔로몬 제도에서 추축군의 주도권은 사라졌습니다."

"계속해 보게."

존은 브랜디를 한 모금 마셨다. 찰스는 시가에 불을 붙였고 나는 존의 이야기에 귀를 기울였다. 찰스의 시가 연기가 공기 속으로 말려 퍼지는 것을 바라보면서.

"나머지는 여러분도 잘 아실 겁니다. 10월 22일 영국군은 엘 알라메인을 공격했습니다. 그리고 1주일 후 돌파에 성공하자 독일군 전체는 패주했습니다. 11월 8일에는 미군이 북아프리카를 침공했죠. 그곳의 프랑스군 제독인 달랑이 어떤 식으로 나올지는 잘 모르겠습니다만, 일은 매우 잘 풀려갔습니다. 11월 22일에는 티모센코 장군이 스탈린의 명령에 따라 스탈린그라드에서 총공세를 시작했지요. 그리고 지금은 어떻게 되었나요? 독일군의 1개 군이 스탈린그라드에 포위되어 버렸어요. 동부전선의 막대한 독일군 인명 손실은 전황에 매우 큰 영향을 줄 수 있어요. 북아프리카에서 미군과 영국군은 꽤 잘 진격하고 있어요. 몇 달 내로 상봉할 겁니다. 그렇게 되면 아프리카의 독일군은 궤멸되는 거죠. 아프리카에서 독일군을 일소하고 나면 연합군은 지중해의 제해권을 완전 장악할 수 있어요."

찰스가 거들었다.

"그래요. 그리고 나면 히틀러가 요새화한 유럽 본토를 침공할 수 있습니다."

"아마 내년 가을에나 가능할 거 같은데."

"상황 전개에 따라 시점은 달라지겠죠. 소련은 줄곧 제2전선을 전개해 달라고 요청하고 있어요. 하지만 독일 잠수함 세력을 무력화시키지 않고서는 불가능해요. 그보다 우선 전 전선의 제공권부터 확보해야 돼요. 제공권 문제에서는 아직은 독일 측이 매우 유리해요. 본토 안에 숨어 있다가, 누가 가장자리를 건드리면 가진 공군 전력 전체를 거기에 투입하여 막기만 해도 되거든요. 때문에 우리 공군은 모든 전선에서 확실한 제공권을 얻어야 해요."

"소련은 북아프리카는 제2전선으로 간주하지 않는 거야?"

"당연히 그렇게 생각 안 하죠. 거기서는 독일군이 그다지 많이 죽지 않았거든요."

나는 이렇게 말했다.

"그래도, 소련은 영국군의 폭격은 좋아해. 독일인들의 사기에 큰 악영향을 주거든."

찰스가 반문했다.

"설마 폭격만으로 전쟁에서 이길 수 있다고 생각하시는 건 아니겠지요?"

"나도 몰라, 찰스. 알다시피 우리는 그게 가능하다고 배우기는 했지. 하지만 지금 얘기하는 건 한 나라, 그것도 악당 국가의 집단 심리야. 그 나라를 운영하고 조직하고 지배하는 건 게슈타포와 친위대 경찰부대라고. 우리의 폭격으로 그들의 사기와 국가 체제에 금이 갈 수도 있고 안 갈 수도 있겠지. 누구도 확언할 수는 없어."

"만약 우리 군의 폭격이 더 강해진다면 어떨까요?"

"그것 역시 답할 수 없는 부분이야. 독일인들은 특별한 사람들이야. 이들은 후방전선의 붕괴를 겪어 본 적이 없어. 그러나 이거 하나만은 확실해. 이제 와서 독일이 전쟁을 포기한다면, 그들은 모든 것을 다 잃고, 얻을 것은 없어. 나는 독일이 끝까지 싸울 거라고 생각해. 갈수록 많은 영국인들이 우리의 폭격이 독일 제국에 균열을 일으키고, 그 균열이 심해져 토대를 약화시키고 있다는 식으로 말하지. 하지만 그런 식으로 말할수록, '가급적 편한 방식으로 전쟁을 이기겠다.'는 사고방식에 물들어 가고 있는 거야. 양키 비행기들은 갈수록 프랑스 영공으로 깊숙이 나아가고 있어. 며칠 전에는 루앙이 폭격을 당했지. 미군의 폭격이 어디까지 갈지는 누구도 몰라. 아마 베를린까지 때릴 거야. 그에 발맞추어 우리 영국군도 폭격 활동을 늘리게 되겠지. 폭격기 사령부의 모든 비행대대에 랭커스터와 개량형 핼리팩스가 지급되고 있어. 하지만 그 비행기들이 다 보급되고 나면, 일이 어떻게 바뀔지 누가 알아?"

존이 끼어들었다.

"독일이 보복 폭격 시도를 전혀 하지 않는 게 재미있어요. 캔터베리 폭격은 그저 증오 폭격이었어요. 현장의 목격자에 따르면, 당시 적기는 쇼핑을 하러 나온 사람이 제일 많은 티타임에 맞춰 저공으로 날아와서 폭격을 했다고 해요. 사상자는 엄청나게 많았지요."

찰스는 내게 담배를 권하며 이렇게 말했다.

"그건 분명 증오 폭격이었어요. 하지만 저는 깁슨 중령님이 말씀하신 바에 동의해요. 독일 도시는 우리의 폭격으로 황폐화되고 있어요. 황폐화되는 수준을 넘어서 아예 지도에서 사라져 버릴지도 모르지요. 그러나 독일 도시에 우리 육군이 입성하지 않으면, 독일인들은 전쟁이 무엇인지 전혀 제대로 알 수 없을 거예요. 그건 지난 역사를 돌이켜봐도 알 수 있는 부분입니다. 우리 육군은 겁쟁이들로 이루어져 있지 않아요. 그놈들에게 우리의 힘을 보여 줌으로써 독일인들이 아직 이 전쟁을 일으킨 대가를 충분히 치르지 않았다는 점을 깨닫게 해 줄 겁니다. 히틀러, 괴링, 그 이하 모든 독일인들은 우리 군을 제대로 대접해 줘야 할 겁니다. 그 제대로 된 대접이 뭔지는 아직 아무도 모르지만요."

존은 흥분한 어조로 말했다.

"소련군이 독일 본토에 먼저 들어갔으면 좋겠어요. 하지만 그렇게 안 되면, 우리 육군이 독일 놈들에게 뜨거운 맛을 보여 줬으면 좋겠군요."

잠시 동안 침묵이 흘렀다. 나는 다른 주제를 꺼냈다.

"내가 보기에 괴링은 바보 천치야. 이 전쟁이 시작될 때 그는 독일 공군의 힘이 엄청나다고 생각했어. 그래서 그는 최소한의 예비대만 가지고 단기 결전을 준비했지. 이제야 그는 그 대단한 생각이 틀렸다는 걸 깨닫고 있지. 현재 독일 공군의 항공기들은 구식인 데다가 무장의 화력도 시원치 않아. 괴링은 완벽히 지고 있어."

찰스가 이렇게 답했다.

"괴링의 귀에 그 말이 들어가지 않기를 바랍니다."

그러자 모두가 웃었다.

우리는 그 자리에서 시가와 브랜디를 즐기며 이런저런 이야기를 나누었다. 대부분은 전쟁에 관한 것이었다. 솔직히 그거 말고는 얘기할 것도 별로 없었다. 주제는 태평양 전쟁으로 넘어갔다. 그 노란 난쟁이들을 막을 방법, 연합국의 해군 전력 우위를 되찾을 방법, 일본군을 격퇴할 방법 등을 이야기했다. 그다음에는 대잠수함전에 대해서도 이야기했다. 현재 우리 군의 항공기들은 독일 U보트를 찾아 기습할 수 있는 장비를 보급받고 있었는데, 그 보급 현황도 거론되었다. 그리고 항공전에 대해서라면 우리는 모르는 것이 없었다. 그리고 어떤 의견이라도 개진했다. 다들 술이 얼큰하게 들어간 덕택에 이야기가 술술 나왔다.

이제까지 우리는 기나긴 패배와 실패의 길을 걸어왔다. 산으로 치면 긴 오르막길을 힘들게 걸어온 것인데 이제 정상을 지났다. 편하게 앉아서 뒤를 돌아보며 최악의 고비를 넘겼다고 생각하니 기뻤다. 아마 훈족은 유럽 요새 속으로 숨은 것 같았다. 물론 우리는 훈족이 실제로 그런 행동을 하기 시작했다는 것을 분명히 알고 있었다. 이미 독일 지도자들은 그것이 자신들의 정책 기조임을 연설에서 간접적으로 밝히고 있었다. 이제 그들은 유럽 대륙 전체를 난공불락의 요새로 만들 것이었다. 연합국이 전쟁에 피로감을 느끼거나, 내부 의견 충돌을 조율하지 못해 요새 공략을 그만둘 때까지 그 요새 안에서 농성할 것이었다. 독일의 유럽 점령지에 대한 수탈은 실로 가혹했다. 퀴즐링, 이탈리아인, 헝가리인, 루마니아인 할 것 없이 다양한 나라 사람들을 대량으로 끌고 가 사지(死地) 동부 전선에 던져 넣었다. 냉혈한 살인자인 독일인들은 유태인 전체를 절멸시키겠다는, 인류 역사상 유례가 없던 잔혹한 계획을 단호히 실행에 옮겼다. 프랑스는 추축국에 전적으로 협력하게 되었다. 아돌프 히틀러는 자신이 법 위에 있다고 선언했다.

그러나 우리는 유럽 요새를 공격할 것이다. 그리고 누구보다도 먼저 발을 디딜 것이다. 힘의 논리만을 믿는 독일인들에게 누가 더 강한지를 보여 줄 것이다. 독일을 꺾고 나면 일본을 상대할 것이다. 물론 오랜 시간이 걸릴 것이다. 그러나 독일과 일본은 침략 전쟁을 수행한 대가를 반드시 치러야 한다.

존이 하품을 하며 말했다.

"우리 군이 유럽 본토를 침공하면 곧 전쟁이 끝날 것 같군요."

찰스가 말했다.

"네, '침공하면' 그 말이 중요하죠."

우리는 그 자리를 떴다. 그날 저녁의 분위기는 즐거웠다. 그리고 우리 군은 이 전쟁에서 이기고 있었다. 그러나 앞으로도 많은 전투를 치러야 하고, 많은 생명을 잃어야 하고, 기나긴 전쟁을 이겨 내야 한다는 것을 진정으로 깨달았다면 그만큼 즐거웠을 수는 없을 것이다. 전세는 바뀌었다. 그러나 가야 할 길은 아직도 많이 남아 있었다.

제15장
형체

　우리 비행단의 이탈리아 폭격은 시작되었을 때와 마찬가지로 갑자기 끝이 났다. 우리는 다시 루르 계곡을 폭격하게 되었다. 아직 소수의 핼리팩스와 스털링이 외로이 남쪽으로 날아 알프스를 넘어 토리노와 제노바의 공업 지대에 몇 발의 폭탄을 떨어뜨렸다. 하지만 이는 일상적인 임무라기보다는 어쩌다 한 번 있는 임무에 가까웠다. 우리 비행단에서 밀라노에 가한 대규모 폭격에서, 우리 제106비행대대는 표적의 6조준점 사진을 촬영, 예전의 모든 기록을 갱신했다. 이로서 우리 비행대대는 폭격기 사령부에서 세 번째로 상점이 높은 부대가 되었다.

　그러나 대국적으로 보면, 이제 이탈리아는 끝났다. 대신 독일 전투가 시작될 차례였다.

　지난 몇 달 간에는 독일에 폭격을 거의 안 했다. 우리 폭격기 사령부의 전력 대부분은 다른 곳에서 작전을 했기 때문이었다. 그동안 과학자들도 놀고만 있지는 않았다. 우리는 과학자들을 〈보핀(boffin)〉이라고 불렀다. 그 이유는 나도 모른다. 아무튼 과학자들 하면 흔히 머리가 길고 안경을 낀 늙은이의 모습을 많이 떠올리는데, 실제 과학자들의 모습은 그렇지 않다. 어디서나 볼 수 있는 평범한 사람들처럼 생겼다. 젊은 사람도 있고 중년도 있다. 그들은 비행은 안 하지만 우리가 비행을 할 수 있게 해 준다.

　그들은 기상 악화 상황을 이겨 보려는 시도도 했다. 수개월 동안 이들은 단파 전파를 가지고 그런 시스템을 만들려고 애를 썼다. 그들은 결국 결과물을 뽑아냈다.

12월 말이 가까워 올 때쯤 비행단 폭격 과장(Group Bombing Leader) 봅 헤이 대위가 그 작동 원리를 설명해 주었다. 장소는 브리핑실이었고 그의 뒤에는 여러 복잡한 도형이 그려진 큰 칠판이 있었다. 그의 말은 이렇게 시작되었다.

"현재까지 여러분들은 지상에 있는 물건에 폭격을 해 왔습니다."

나는 방 건너편의 존 시어비를 보고 미소지어 보였다. 물론 우리는 지상에 있는 물체에 폭격을 했다. 다른 곳에도 폭격을 할 수 있단 말인가?

"표적이 잘 보인다면 언제나 표적을 적중시킬 수 있습니다. 하지만 표적이 구름에라도 덮여서 안 보이면 어떻게 합니까? 아시다시피 ETA에 맞춰서 대강 떨어뜨릴 뿐입니다. 그게 아니라면 가장 가까운 표지물(어떤 지역을 대표하거나 구별하게 하는 표지)에서의 비행 시간을 계산해 떨어뜨리던 가요. 물론 그래봤자 표적에는 폭탄이 절대 맞지 않습니다. 거기서 한참 떨어진 곳에 폭탄을 흩뿌리고 올 뿐이죠."

예상했다는 듯이 누군가가 한숨을 쉬었다. 모두가 그의 말을 진지하게 듣고 있었다.

"그러나 이제 우리에게는 새로운 장비가 있습니다. 그것만 있으면 구름 등으로 인해 표적이 전혀 보이지 않을 때라도 정확하게 조준 폭격을 할 수 있습니다. 바로 폭격선도기가 조준점에 떨어뜨리는 색색의 조명탄이 그것이죠."

조명탄 투하라니! 누군가가 웃음을 터뜨렸다.

"웃으시면 안 됩니다. 끝까지 들으세요. 이 조명탄은 잉글랜드 상공에서 충분한 훈련을 한 폭격선도 비행대의 항공기에서 떨어뜨립니다. 그 구체적인 기법은 말할 수 없습니다. 극비니까요. 그러나 이 분야 최고의 권위자들에게 들은 바로는 그들의 폭격 오차범위는 평균 100야드(90m) 정도밖에 안 된다고 합니다. 그것도 루르 계곡에서 말이죠. 그 비결은 아마도 레이더와 단파 전파를 결합한 최신 장비인 암호명 〈플루트〉에 있지 않을까 생각됩니다. 폭격수들을 위해 말씀드리자면, 폭격 조준기 보는 법은 기존과 동일합니다. 다만 다음 데이터들을 입력해 줘야 합니다."

그는 오랫동안 건조한 말투로 풍속, 최종속도, 폭격 투하각, 기타 최신식 폭격 조준기에 입력되는 정보를 구성하는 다양한 것들을 설명했다. 영국 공군 폭격수들이 1932년에나 생산된 폭격 조준기를 써야 했던 시대는 이제 끝났다. 지금은 마크 14 조준기가 우리 손에 있다. 이것만 있으면 사실상 뭐든 다 된다. 어떤 비행 각도와 속도에서도 폭격이 가능하다. 1분에 수천 바퀴씩 도는 작은 자이로들이 있기 때문이다. 이 자이로들은 풍속과 풍향을 제외한 모든 요소들을 폭격 조준기에 입력해 줄 수 있다. 이 때문에 그대로 폭격해 주면 폭탄은 표적 근처에 명중하게 된다. 이것이 모두가 떠받들어 마지않던 신형 폭격 조준기의 특징이었다.

이 신기술에 가장 큰 열의를 보이는 사람 중에는 거스 워커도 있었다. 그 역시 악천후 때 독일을 폭격한 경험이 많았다. 그 때문에 그는 DSO와 DFC를 받았다. 그는 폭격 작전에 대해 충분히 잘 알고 있었다. 그러나 유감스럽게도 거스는 한동안 이 신장비가 임무에 쓰이는 것을 볼 수 없었다.

그 일이 발생한 것은 내 삶의 최악의 날이었다. 우리는 땅거미가 질 무렵 많은 항공기들을 출격시키고 있었다. 시정이 그리 좋지 못한 시간이었다. 경계도로 인근에서 약 30대의 항공기들이 유도주행하며, 이륙 차례를 기다리고 있었다. 거스와 나는 그 모습을 관제탑에서 보고 있었다. 갑자기 비행장 가장자리에 서 있던 랭커스터의 열린 폭탄창에서 소이탄 여러 발이 튀어나오는 것이 보였다. 거스는 그 항공기에 〈쿠키〉가 실려 있음을 알고, 그 항공기 승무원들에게 대피 명령을 내리려고 차를 타고 달려갔다. 그가 탄 차가 이륙하는 항공기들이 쓰는 활주로를 건너가며 그 항공기로 가는 것이 보였다. 우리는 그 항공기가 예비기임을 알고 있었다. 그리고 나는 관제탑에 있어야 했다. 아무튼 그는 이미 자리를 떠난 후였다.

나는 쌍안경을 통해 그가 차에서 내린 다음, 항공기로 달려가는 것을 보았다. 소이탄이 연소하는 불빛에, 거스가 팔을 흔드는 모습이 보였다. 항공기에 실린 〈쿠키〉가 폭발했을 때, 그는 항공기로부터 불과 20야드(18m) 거리에 있었다.

그 폭발은 내가 본 것 중 꽤 느렸지만 매우 거대한 폭발이었다. 폭발로 발생한 폭풍은 2,000피트(600m) 거리까지 날아왔다. 거대한 랭커스터 폭격기가 흔적도 없이 사라져 버렸다.

우리는 끔찍한 광경을 생각하지 않으려 애쓰며 고개를 돌렸다. 거스는 분명 하늘 높이 날아가 버렸을 거라고 생각했다. 그러나 거스는 너무나도 강인한 사람이었다. 커다란 금속 파편이 그의 오른팔 팔꿈치 바로 아래를 잘라 버렸지만, 그는 혼자서 일어나 구급차까지 직접 걸어와서 탑승했다.

소방대 소속 10명의 장병도 부상을 입었다. 이제 나는 기지 사령관 대리가 되었다. 나는 부상자들의 생명을 구하기 위해 기지 의무대를 최대 속도로 가동시켰다. 기지 군의관은 마침 부재중이었으나, 우리 대대 군의관인 아놀드는 놀라운 솜씨를 발휘했다. 사지를 잃은 장병들에게 지혈을 해주고, 진통제를 놔 편안하게 해 주었다.

폭발 장면을 본 거스의 아내가 현장에 왔다. 나는 그녀도 무슨 일이 벌어졌는지 알 거라고 생각했다. 거스가 생존해 있음을 알게 된 그녀의 기쁜 표정은 차마 필설로 형용할 수 없었다.

거스는 기지 병원으로 후송되기 전 두 가지 이야기를 했다. 첫 번째로, 잘려 나간 자신의 팔에는 새 장갑이 끼워져 있다는 것이었다. 그리고 비행단장에게 전화를 걸어, 자신이 비록 한 팔을 잃었지만 허락해 준다면 2개월 후에 복직하겠다고 전해 달라고 했다. 거스는 정말 2개월 후에 복직했다.[156)]

연말이 다가오자 루르 계곡에 새로운 폭격 기술을 적용할 시기도 다가왔다. 구체적인 표적은 에센의 크루프 사 건물이었다. 이 작은 도시에는 이제껏 수백 번의 공습경보가 울렸지만, 실제로 폭탄이 떨어진 것은 몇 번뿐이었다. 이제 우리는 이 도시에 대해 맹목 폭격을 실시할 것이었다.

우리는 25대의 항공기로 23,000피트(6,900m)에서 폭격을 했다. 그리 많은 항공기는 아니었다. 정직하게 말하자면 엄청나게 적은 수였다. 그러나 새로운 폭격 기법에서는 타이밍이 큰 역할을 했다.

브리핑은 기지의 다른 폭격비행대대장이 맡았다.

"일단 이륙한 다음 1시간 반 동안 최대한 높이 상승합니다. 그다음 에이마위덴 방향으로 항로를 잡습니다. 그러면 X지점으로 곧장 날아가게 됩니

---

156) 이 사건은 1942년 12월 8일 시어스턴에서 벌어졌다. 사고기는 제61비행대대 소속이었으며 작전 준비 중이었다(그러나 다수의 보고서에서 이 항공기가 유도 주행 중이었다고 잘못 기록했다). 지상 근무자 1명이 발 하나를 잃었다. 그 외에 부상이 악화되어 3일 후에 순직한 인원도 1명 있었다. 공군 대장 어거스투스(거스) 워커(GCB, CBE, DSO, DFC, AFC 수훈자)는 1933년 영국 공군에 입대했다. 1940년에는 제50비행대대장을 지냈고, 1942년 4월에 시어스턴 기지 사령관에 임명되었다. 그는 1943년 3월 포클링턴 기지의 기지 사령관으로 임명되어 현역 복무에 복귀했다. 같은 해 8월에는 영국 국왕 조지 6세의 항공부관으로 임명되었다. 1945년 2월에는 제4비행단 본부의 선임 항공참모로 임명되었다. 종전 후에도 그는 공군에서 화려한 경력을 이어갔다. 그의 마지막 보직 중에는 영국 공군 감찰관(1964년), 중부 유럽 연합군 부사령관(1967년), 영국 국왕 엘리자베스 2세의 항공부관 등이 있다. 그는 1970년에 퇴역했으며, 퇴역 이후에도 영국 공군 협회를 비롯한 여러 자원봉사 기구에서 일을 계속했다. 그는 1986년에 타계했다.

다. X지점에서는 전방에 황색 조명탄 2발이 켜져 있을 겁니다. 이 조명탄들의 위치는 표적에서 25마일(46km) 떨어져 있습니다. 어떤 일이 있어도 회피 기동하지 말고 계속 직진합니다. 그러면 Y지점을 만나게 됩니다. Y지점에서는 적색 조명탄 2발이 항공기 양날개 끝부분에서 빛나는 것이 보일 겁니다. 그 상태로 몇 분 더 날아가면, 전방에 무수한 녹색 조명탄 다발이 보일 겁니다. 자기 방위 170도로 날아가면서 그 녹색 조명탄에다가 폭격 조준을 하면 됩니다. 정해진 폭격 시간에 몇 분 정도 늦었다고 해서 큰 문제는 되지 않습니다. 풍속상 그 시간 동안 조명탄이 움직일 수 있는 거리가 1~2마일밖에 안 되기 때문입니다. 그러나 정확한 침로를 유지하면서 폭격하는 것은 매우 중요합니다. 침로가 10도 정도 벗어나게 되면 폭탄도 표적에서 10마일(19km) 떨어진 곳에 명중하게 될 겁니다."

우리는 출격했다. 녹색 조명탄에 폭격했다. 그리고 돌아왔다. 사상 최악의 대공포화를 뚫고 말이다.

그 임무는 너무 문제가 많았다. 많은 항공기가 중간에 임무를 포기하고 돌아갔다. 우리는 이렇게 높이 날아 본 적이 별로 없었다. 그리고 임무를 포기하지 않은 항공기들은 무려 1,500문의 대공포가 쏴 대는 대공포화에도 불구하고 30분 동안 집중력을 계속 유지해야 했다. 별로 유쾌한 임무가 아니었다.

또한 산소 공급 문제도 있었고, 착빙 문제도 있었다. 엔진도 과열되었다. 화씨 영하 60도(섭씨 영하 51도)의 기온 때문에 기관총도 얼어 버렸다. 25대의 항공기 중 단 10대만이 표적을 폭격했다고 보고했다. 그러나 다음 날 독일 라디오는 사상 처음으로, "지난밤 적 폭격기들이 에센을 폭격했다."라고 발표했다.

그것이 시작이었다. 그리고 그날부터 비행단 전체가 다양한 문제를 해결하러 나섰다. 계획 자체는 전적으로 타당했다. 문제는 우리가 비행하는 고도의 극한 조건에 있었다. 비행단장은 엔진 과열을 막는 특제 라디에이터 플랩을 개발했다. 어느 장비 제작사에서는 산소 결핍을 막는 장비를 만들어 폭격기에 설치했다. 기관총에서는 윤활유가 모두 제거되었다. 고공에서 윤활유가 얼어 작동을 방해하는 일을 막기 위해서였다. 전열식 비행복이 보급되어 승무원들, 특히 총좌의 기관총 사수들을 추위로부터 지켜 주었다.

그러나 이런 임무의 손실률은 엄청나게 높았다. 25대의 항공기가 에센을 30초 만에 폭격했지만, 에센에는 너무나도 많은 대공포가 있었다. 그 대공포에서 쏘아 대는 대공포화는 항공기들을 강철의 화망으로 가로막았다. 어느 날 밤에는 우리 대대에서 3대의 항공기와, 3개의 좋은 승무조를 잃은 적도 있었다.

그러나 구름 위에서 떨어진 폭탄이 에센을 정확히 덮치자 독일인들도 걱정하기 시작했다. 그들은 새로운 대공포도 도입했다. 우리는 그 대공포를 빅토리 대공포, 줄여서 V로 불렀다. 터지는 모습이 꼭 총리의 유명한 V자 사인을 연상시켰기 때문이다. 그러나 그것이 우리의 새로운 폭격 방식을 저지할 수 있는지 알려면 오랫동안 기다려야 했다.

몇 주 후 우리 과학자들은 또 다른 기술 혁신을 일으켰다. 표지탄이었다. 가벼운 케이스에 든 250파운드(113kg) 폭탄이었다. 이 폭탄은 3,000피트(900m) 상공에서 폭발한다. 그다음 표적에 작은 적색 자탄 수백 발을 쏟아낸다. 이 자탄은 5분간 연소한다. 또한, 자탄의 색은 바꿀 수도 있다. 이 때문에 독일에서 가짜 표지탄을 만드는 사람들도 이건 위조가 불가능했다. 우리는 이 폭탄을 표적 지시 표지탄(target indicating marker, T.I.)으로 불렀다. 이 폭탄을 가지고 우리는 정확한 야간 폭격이 가능했다.

이제부터 우리의 계획은 형체를 갖추기 시작했다. 우리가 지난 3년 반 동안 맞춰 왔던 퍼즐이 완성 직전이었다. 1943년 새해가 시작되면서 새로운 일련의 공습들이 시작되어 독일 도시들을 끝장내기 시작했다. 항공기 수도, 탑재되는 폭탄의 양도 늘어났다. 화력과 타이밍의 집중이야말로 승리의 비결이었다.

1월 13일의 표적은 에센이었다. T.I. 표지탄은 고공을 비행하는 모든 항공기에서도 잘 보였다. 유례가 없이 좁은 폭탄 탄착군이 형성되어 에센은 끝장이 났다. 16일과 17일에는 베를린을 폭격했다. 여기서 우리 무기는 또 슬슬 한계에 봉착했다. 너무 먼 거리에는 쓸 수 없었다. 그래서 이번에는 베를린 도심에서 남쪽으로 6마일(11km) 떨어진 곳에 T.I.가 탄착했다. 당연한 얘기지만 베를린 교외는 그야말로 초토화되었다.

그런 일들이 계속되었다. 우리는 비정상의 정상화 단계에 접어들었다. 모든 승무원이 신기술을 배우는 데는 불과 한 달 정도가 걸렸다. 이제 우리는 대규모 U보트 선거가 있는 로리앙을 폭격했다. 우리의 폭격은 매우 파괴적이었다. U보트 선거와 도시가 문자 그대로 지구상에서 지워졌다. 로리앙 공습 당시에는 적의 대공포화가 그리 심하지 않았다. 또한 모든 승무원들이 공중 마킹과 표적 지시 수단을 숙지하고 있었다. 다시 독일을 폭격하게 되면 이들은 훌륭한 전과를 거두게 될 것이었다.

새로운 폭격 기술이 완성 단계에 들어서자, 폭격기 사령부의 창끝은 다시금 루르를 향했다.

그다음 에센에서는 진짜 전투가 벌어졌다. 유명한 크루프 공업사도 3번의 집중 중폭격을 당하자 거의 아무것도 남지 않았다. 뉘른베르크, 쾰른, 뒤셀도르프 등의 독일 도시들이 차례차례 뜨거운 맛을 보기 시작했다. 결국 독일도 그렇게 얻어맞는 이유를 알게 되었다. T.I.가 투하되는 것을 보는 독일의 화재 감시원은, 이제 안전한 곳은 지하뿐이라는 것을 실감하게 되었다.

독일 도시에 대한 폭격이 갈수록 강화되는 가운데, 독일 라디오에서도 독일의 자칭 지배민족들에게 걱정스러운 소식을 전하기 시작했다. 소련군이 전 동부전선에서 진격해 오고 있었다. 1943년 1월 31일, 폰 파울루스 장군 휘하의 독일 제6군이 스탈린그라드에서 소련군에게 항복했다. 베를린에는 조기가 게양되었다.

튀니지에서는 영미 연합군이 추축군의 목을 조르고 있었다. 추축군은 이제 바다로 빠져나갈 수밖에 없어 보였다. 그러나 과거 됭케르크 철수 때의 우리 군과는 달리, 그들에게는 안전한 철수를 보장할 제해권이 없었다.

카사블랑카 회담이 진행 중이었다. 이 회담에서 연합국은 추축국의 무조건 항복만을 인정하겠다는 원칙이 발표되었다. 또한 독일에 대한 또 다른 준비도 이 회담에서 진행되었다. 이커 장군은 회담장에 가서, 미군의 주간 폭격기인 B-17을 사용해야 할 이유를 설명했다. 그의 주장은 받아들여졌다. 이로서 독일 공군의 미래는 사라졌다. 그로부터 며칠 후 독일인들은 미군 폭격기들이 빌헬름스하펜에 주간 공습을 하는 데 성공했다는 것을 알게 되었다. 독일인들은 괴링이 미군 폭격기들을 내쫓을 거라고 믿어 의심치 않았다. 그리고 그 생각이 매우 틀려먹은 점도 알지 못했다. 그해 3월이 되면 독일 U보트가 바다에서 자유롭게 다니지 못하게 될 것을 알려 준 사람도 없었다. 연합군은 비밀병기와 항공력, 해군력을 결합하여, 독일군 부대 중에서 유일하게 연합군에 맞서 승리를 거두고 있던 잠수함 전력을 무력화하는 데 성공했다. 이제 영국 상선들은 잉글랜드와 북아프리카로 사실상 손실 없이 통행할 수 있었다. 독일인들이 아는 것은 이제 독일 국토의 조직적 파괴가 시작되었다는 사실뿐이었다. 독일 정부에서 어떤 선전선동을 해도, 독일인들은 그 사실을 알 수밖에 없었다. 얼마 안 가 괴벨스조차도 논조를 바꿀 수밖에 없었다. 독일 국토의 피해를 축소하는 대신, 예전보다 더욱 강한 어조로 연합국의 폭격기를 살인 병기라며 비난하기 시작한 것이다. 이런 논조의 기사는 독일 신문에도 실리기 시작했다. 그런 기사 중 일부를 소개한다.

"연합국의 항공 테러 병기는 우리 도시들을 짓밟고 있다. 민간인 사상자는 엄청나다. 아니, 너무나도 엄청나다! 피해 규모를 알려달라는 국민들의 간절한 열망이 있지만, 그 구체적인 수치를 제시할 수 없다. 이제는 적조차도 그들이 우리나라에 입힌 피해를 알 수 없을 것이다. 물론 우리의 피해는 크다. 그러나 우리나라의 신경질적인 호사가들이 떠들어 대는 만큼 크지는 않다는 것을 강조한다."

"과거 우리 독일 도시들 중 일부는 안개, 잘 은폐된 위치, 기타 알 수 없는 이유로 인해 적기의 항법과 관측으로부터 자유롭다고 여겨지던 때도 있었다. 그러나 이제는 그런 도시들조차도 적의 항공 테러 병기에 파괴당하고, 시민들이 죽어 나가고 있다."

그렇다. 우리는 안개와 구름을 뚫고 독일 도시들을 찾아내어 폭격을 했다. 마지막까지 남아 표적 발견을 방해했던 기상이라는 장애물을 극복한 것이다. 이제 독일인들이 고통으로 울부짖을 차례가 되었다. 이제 독일인들은 교황에게 폭격을 멈추게 해 달라고 탄원하고 있다. 그러나 그들은 자신들이 바르샤바, 로테르담, 베오그라드, 코벤트리, 브리스톨, 플리머스, 글래스고, 스완시, 런던에 했던 짓을 잊었단 말인가? 모든 영국 도시들을 초토화시키고, 영국인들을 전멸시키겠다던 히틀러의 협박을 잊었단 말인가?

잊었다면 그들의 장기 기억력은 매우 형편없는 수준인 것이다. 그러나 그래야 훈족답다.

독일인들은 여러 해 동안 제대로 방어되지 않은 유럽 국가들을 침략하고, 그곳의 사람들을 기아와 고통, 죽음으로 몰아넣었다. 독일은 무려 150년이나 그런 짓을 했다. 독일은 본토가 파괴된다는 것이 무엇인지 알지 못한다. 그들에게 전쟁은 언제나 영광스러운 것이었고, 뚱뚱한 부인이 사는 집의 현관에서 매우 멀리 떨어진 곳에서 벌어지는 일이었다. 그러나 이제 독일 본토가 파괴되기 시작하고 있었다. 우선 우리 폭격기 기지에서 가까운 곳에 있던 독일 도시부터 새로운 폭격 방법에 당하기 시작했다. 그리고 랭커스터 폭격기의 항속거리 이내의 어디든 T.I.를 정확하게 투하할 수 있도록 해주는 새로운 장비가 나올 것이었다. 루르 계곡의 도시들은 이미 소멸되기 시작하고 있었다. 루르 강 인근에 늘 있던 두터운 연무는 사라졌다. 공장들도 조업을 중단하기 시작했다. 공포에 빠진 노동자들이 대량으로 결근하고 있었고, 그것이 생산 활동에도 악영향을 주기 시작했다.

큰 공업 지대를 완파하는 것은 폭격기 사령부에게도 매우 어려운 일이었지만, 아무튼 우리는 그 일을 시작했다. 또한 독일의 군수 생산을 마비시킬 또 다른 루르 폭격 작전이 기획되고 있었다. 과학자들은 그 폭격에 필요한 연구를 이미 시작했으며, 그 사실은 극소수의 사람들만이 알고 있었다. 명령이 내려졌고, 특별 실험이 곧 시작될 것이었다. 그러나 그 모든 것이 엄중한 비밀이었다.

나치는 대부분의 시간을 그들이 말하는 〈영국 항공 해적단〉을 물리치는 데 사용했다. 그들은 그런 무례한 표현으로 우리 공군을 부르면서, 반드시 복수할 것이라고 으름장을 놓았다. 그러나 그런 헛소리에도 불구하고, 여행객이나 중립국 언론 등에서 나온 정보를 보면 영국 공군의 폭격이 독일에 심각한 피해를 입히고 있는 것이 분명했다. 그중 기자들이 현장에 직접 가서 쓴 것으로 보이는 기사들 중에는 믿을 수 없을 만큼 피해 규모가 컸다는 얘기도 있었다. 그 기자들은 분명 폴란드, 그리스, 유고슬라비아에도 친구들이 있었다.

어떤 중립국 기자가 작성한 기사에는 우리 폭격을 얻어맞은 독일 도시의 상황을 다음과 같이 기록했다.

"영국 공군의 폭격은 높은 수준의 생활을 영위하고 있던 독일인들을 하루 아침에 구석기인으로 탈바꿈시켰다. 200만 명이 넘는 사람들이 지금 구덩이, 지하실, 판잣집에 살고 있다. 그중 수만 명의 사람들은 살고 있는 거처의 지붕이 언제 무너질지 몰라 전전긍긍하고 있을 정도다. 원래 이 도시에는 500만 명이 살았으나 다들 뿔뿔이 흩어지고 지금은 이만큼만 남았다. 50만 명은 폴란드로 갔고, 포메라니아와 독일 남부, 튀링겐, 체코슬로바키아에도 각각 수십만 명이 갔다. 이재민이 된 그들은 모두 좁은 방에 많은 사람들이 끼어 살며, 커가는 절망과 허무주의에 시달리고 있다. 독일 정부는 이 전쟁에서 이기면 잃어버린 재산을 찾을 수 있다고 선전하지만, 그들은 이미 진작에 그런 선전을 믿지 않게 되었다."

"물론 이곳에는 약탈도 횡행하고 있다. 폭탄을 맞아 부서진 집에서 옷과 가구를 꺼내 길 위에 내놓으면 금세 마법처럼 사라지고 만다. 그랜드 피아노와 은식기가 들어찬 찬장이 딸려 있는 방 한 칸도 금세 텅 비워지고 만다. 누구도 그 방 안의 물건들이 어디로 어떻게 갔는지 알 수 없다. 현지 경찰 당국도 수사를 할 엄두를 못 낸다. 다만 민족적 자존심 때문에, 애꿎은 외국인 노동자들을 범인으로 지목할 뿐이다. 물론 외국인 노동자들 사이에도 안 좋은 사람은 있을 것이다. 그러나 대부분의 외국인 노동자들은 좁은 숙소에서 지낸다. 그들이 무슨 수로 그곳에 찬장과 옷, 피아노를 숨길 것인가?"

"이 도시의 시민들은 끊임없는 공포 속에 산다. 경찰도 폭격도 약탈도 외국인 노동자도 모두 공포를 일으킨다. 그 원인을 설명할 수 없는 모든 불행은 죄다 외국인 노동자 탓으로 돌린다. 일례로, 등화관제가 이루어진 거리를 돌아다니며 하수구 뚜껑을 훔쳐가는 절도단이 있었다. 그 결과는 예상할 수 있는 우스운 것이었다. 허둥대던 시민들, 구조대, 심지어는 순찰 경관들도 하수구 속으로 빠지기 일쑤였다. 공중전화기 안의 동전도 누군가에 의해 텅텅 비워졌다. 소화전은 시멘트로 막혀 버렸다."

이런 일들이 어떻게 가능한가? 이런 일을 어떻게 조직한 것인가? 누가 한 일인가? 폭격기 사령부가 한 일이라면 그들의 목표는 무엇인가?

우리는 폭격만으로 전쟁에 이길 수 있다고 생각한 적이 없다. 우리는 독일의 산업과 교통망을 파괴하고, 수상함 및 잠수함의 건조를 막으며, 독일의 해상교통로를 기뢰로 봉쇄하는 것이 목적이었다. 우리는 독일인들이 자신들의 약함을 알고, 정신이 쏙 빠질 때까지 폭격을 할 것이었다. 그래야 언젠가 우리 육군이 유럽 본토를 침공할 때, 독일군은 알아서 무너질 테니까 말이다. 그럼으로써 결과적으로 더 많은 연합군 장병을 살릴 수 있다. 그리고 연합군 장병들은 전쟁이 끝난 후 세계의 미래를 짊어지고 나아갈 젊은이들이다.

1943년 3월, 연합국의 대전략은 수비에서 공세로 전환되었다. 그해는 자칭 '지배 인종' 나치 독일인들의 패배가 사실상 확정된 해였다. 막대한 공업 생산력을 지닌 미국이 폭격기 대량 생산을 시작했다. 그들의 폭격기 전력은 곧 우리 영국군을 능가하게 될 것이었다. 미국은 주간 폭격을 선호했

공군 대장 A.T. 해리스

고, 영국은 야간 폭격을 고수했다. 그러면 이제 독일은 밤낮으로 폭격을 얻어맞게 될 것이다. 폭격할 만한 것이 남아나지 않을 때까지, 독일 공군이 괴멸될 때까지 말이다. 그것이 폭격기 사령부의 목표였다. 베를린에 대해서도 대규모 공습이 시도되었다. 베를린을 폭격한 아군 폭격기의 수는 곧 연 4,000대를 돌파할 것이다.

이러한 베를린 대공습은 어떻게 진행되는가?

폭격기 사령부는 몇 개의 벽돌 건물과 나무들로 이루어져 있다. 그 건물에는 사령관인 공군 대장 해리스가 참모들에 둘러싸여 있다. 모두들 독일 상공에 많이 출격한 사람들이다. 그는 참모들을 모아 회의를 연다. 기상관으로부터 일기예보를 듣는다. 그날의 표적을 베를린의 X지점으로 정한다. 그는 전화를 걸어 교환수에게 모든 비행단장에게 동시 연결해 달라고 지시한다. 공군 대장 해리스는 냉혹한 인물이다. 코끝에 안경을 걸친 그가 책상 앞에 앉아 지도 속 베를린을 가리키며 전화 송수화기를 잡고 있을 때면 더욱 냉혹해 보인다. 그는 전화선으로 연결된 비행단장들에게 이렇게 말한다.

"다들 잘 있었나! 모두 다 듣고 있지? 이게 누구 목소리야. 알렉 자넨가.

아무튼 좋아. 오늘의 표적은 X지점이라네. 모든 항공기를 즉각 출격 준비 시키게. 총력을 다하게. 세부 지침은 1시간 내로 전달해 주겠네. 이상이야. 다들 잘 있어."

그러면 각 비행단의 단장실에서는 해리스 사령관으로부터 받은 이 간략한 메시지를 비행단 작전 장교에게 전달한다. 비행단 작전 장교는 이 메시지를 다시 기지 사령관에게 전달하고, 기지 사령관은 각 비행대대장들에게 전달한다. 영국 공군의 비행대대장들은 막중한 책임을 짊어진 젊은이들이다. 조용히 앉아서 메시지를 전달받은 대대장은 벨을 눌러 휘하의 두 편대장을 부른다. 편대장들이 들어온다. 모자를 뒤통수에 걸쳐 쓰고, 담배를 피우며 들어온 그들은 호기심이 많아 보인다. 대대장은 그들에게 이렇게 말한다.

"친구들. 오늘밤 표적은 베를린이다. 총력을 다해 주게. 즉각 출격 준비하게."

몇 분 후 비행장은 공중 점검을 위해 꼬리를 물고 이륙하는 랭커스터 폭격기들의 엔진 소리로 가득 찬다. 공중 점검은 약 30분이 소요되며 매우 철저하게 진행된다. 통신기, 기관총, 항법장비, 폭탄창 도어 등 모든 것을 다 점검한다. 심지어는 폭격수가 오늘의 표적을 확실히 명중시킬 수 있는지 시험해 보기 위해서 약간의 폭탄을 투하할 때도 있다.

그다음 점심식사가 나온다. 빨리 대충 만들어진 음식이다. 다들 최단시간 내에 먹어 치운다. 다들 별 말이 없다. 다들 머릿속이 복잡하다. 대대장은 식사를 전혀 하지 않는 때도 있다. 쉴 새 없이 전화벨이 울려 댄다.

그다음은 브리핑을 할 차례다. 여기서 필요한 모든 정보가 출격할 승무원들에게 전달된다. 브리핑실은 거북목 스웨터를 입은 채로 앉아 있는 승무원들은 물론, 자리가 없어 벽에 등을 대고 서 있는 승무원들로 가득하다.

브리핑실 구석에는 종군기자 1~2명이나, 파견된 육군 장교가 서 있을 때도 있다.

다들 모였으면 대대장이 입장한다. 그다음 항법 장교가 따라 들어온다. 그러면 방 안의 모든 인원이 잡담을 멈추고 기립한다. 웅성거리던 이야기 소리는 순식간에 사라지고 브리핑이 시작된다.

"좋아. 친구들. 착석하라. 오늘밤의 표적은 베를린, X지점이다. 다이믈러 벤츠 엔진을 제작하는 공장 단지다. 자세한 위치는 지도에 나와 있다."

그러면서 그는 지도에 있는 베를린 시내의 표적을 가리킨다.

"오늘 총 700대의 폭격기가 갈 예정이다. 모두 4발 폭격기다. 그러므로 비행 중에 쌍발기가 보이면 적기로 간주해서 쏴서 격추시켜도 무방하다. 무장 탑재는 4,000파운드(1.8톤) 폭탄 1발과 소이탄 16발이다. 따라서 폭탄 총량은 약 2,000톤이다. 엄청난 화력이다. 기상관들의 말에 따르면 임무 내내 날씨는 쾌청할 거라고 한다. 실로 놀라운 일이다. 기상관 말이 옳기를 바라 보자. 폭격 선도기들은 0아워-1부터 0아워+35까지 공격에 들어간다. 빠르고 집중적인 공격이 될 것이다. 폭격 고도는 21,000피트(6,300m)다. 이 고도를 벗어났다가는 다른 항공기와 충돌하게 된다. 다행히도 우리 대대는 가장 낮은 고도에서 폭격하는 부대가 아니다. 그런 부대는 위에서 떨어뜨린 폭탄이 자기 항공기를 스쳐 가는 걸 보게 되지. 항로는 이 지도에 표시되어 있다. 폭격 선도기의 진행 절차는 항법 장교가 자세히 설명해 줄 것이다."

그러면서 그는 턱짓을 하며 항법 장교를 부른다.

항법 장교는 키가 크고 뚱뚱한 인물이다. DFC를 2번 수훈했다. 그가 일어나서 말하기 시작한다.

"0아워는 1945시입니다. 0아워-3과 1/3분에 폭격 선도기들이 적색 조명탄으로 표적까지 가는 항로를 공중에 표시할 것입니다. 이 적색 조명탄은 120초 후면 녹색으로 바뀝니다. 동시에 폭격 조준점 15마일(28km) 앞의 지면에도 표지탄을 떨어뜨릴 예정입니다. 우리 항공기의 대지 속도는 시속 240마일(444km)이므로, 이 표지탄을 본 후 3과 3/4분만 더 기다리면 표적 상공에 가게 됩니다. 시간 조절은 초 단위로 하게 됩니다. 한 대의 항공기 라도 뒤처지게 되면 적의 집중 공격을 당할 수 있습니다. 이 때문에 모든 항공기는 정해진 속도를 꼭 지켜야 합니다. 표지탄의 투하 시각은 0아워-1 입니다. 우리 표적인 공장 지붕에 정확히 착탄할 것입니다. 표지탄이 안개 나 연기 등으로 보이지 않을 경우에 대비해 표적 상공에 녹색 조명탄을 투 하할 예정입니다. 이제 브리핑을 제대로 들었으면 항로와 거리를 정확히 측정 못 할 항법사는 없을 것입니다."

그는 대대장에게 몸을 돌린다. 대대장이 다시 일어나 마지막 명령을 내 린다.

"이것도 잊으면 안 된다. 친구들. 예비 표적 지시 표지탄에 도달하면 자 기 나침반 기준으로 135도 방위로 선회하여 4분간 비행하라. 회피 기동은 할 수 없다. 표적까지 수평 직선 비행하라. 일단 폭탄을 투하하면 완만하게 선회 및 하강하면서 속도를 높여도 된다. 폭격 선도기들이 베를린에서 30 마일(55km) 떨어진 지점에 녹색과 적색 조명탄 다발을 투하할 것이다. 그 곳이 집결 지점이다. 그곳에 집결해서 귀환한다. 절대 잊지 마라. 흩어지면 안 된다. 우리 대대는 지금까지 매우 낮은 손실률을 유지해 왔다. 이번 작 전에서도 항공기를 잃고 싶지는 않다. 그리고 후방 기관총 사수는 계속 포 탑을 돌리면서 후하방에서 접근해 오는 적기를 찾아내라. 이 정도면 됐다 고 생각한다. 물론 비행장 근처에 복귀했을 때도 착륙 군기를 유지해야 한 다. 이륙 전에 승무원 대기실로 가서 대기하라. 이상이다."

그러면 승무원들은 부산스레 방 밖으로 나간다. 어떤 승무원들은 이번이 첫 실전 출격이다. 그들의 표정에는 근심의 기색이 배어나 있다. 고참들의 표정은 마치 티파티라도 가는 사람들 같다. 그러나 그들도 머릿속 생각은 제각각이다. 브리핑이 끝나면 종군 기자가 와서 대대장에게 몇 가지 질문을 한다.

"왜 이렇게 많은 전력을 한 번에 모아야 하나요? 이런 작전은 과연 타당한가요?"

대대장은 바쁜 사람이다. 그러나 종군 기자에게 시간을 들여 친절하게 대답해 준다. 독일이 보유한 대공포의 수를 우선 알려 주고, 이 대공포가 단파 레이더를 이용해 조준된다는 것도 알려 준다. 이 때문에 표적 상공에 항공기가 5분을 초과해서 머물 경우, 항공기는 대공포에게 모조리 격추된다는 것까지도 알려 준다. 적 야간 전투기들도 마찬가지다. 그러나 모든 항공기들이 최대한 모여서 매우 빠르게 들어가 치고 빠진다면 적 대공포와 야간 전투기는 우리 항공기를 제대로 조준할 수 없다. 우리 부대는 이제까지 그런 식으로 손실률을 낮게 유지해 왔던 것이다. 또한 항공기들이 밀집해서 폭격을 할 경우 폭탄의 탄착군도 최대한 작게 할 수 있다.

그러자 종군 기자는 이런 질문도 한다.

"항공기 간 공중 충돌은 어떻게 하실 겁니까?"

대대장은 이렇게 대답한다.

"그런 일은 없을 겁니다. 폭격 선도기들이 제 시간에 와 주고, 모든 항공기들이 수평직선 비행을 해 준다면 말이죠. 물론 일이 뜻대로 안 되는 때도 있습니다. 슈투트가르트 폭격 당시에는 폭격 선도기들이 15분이나 늦는 바람에 400대에 달하는 폭격기들이 폭격 선도기를 기다리며 선회 비행을 한 적도 있었습니다. 그날 밤 우리 공군은 18대의 폭격기를 잃었습니다. 그 중에는 공중 충돌로 인한 손실도 있지 않았을까 싶군요."

브리핑 이후의 분위기는 그리 유쾌하지 않다. 누구도 뭘 해야 할지 모른다. 어떤 사람은 회관에 앉아 라디오를 듣는다. 이 전쟁이라는 현실로부터 도망치고 싶어 하는 듯한 분위기다. 당구를 치는 사람도 있다. 그러나 대부분의 사람들은 의자에 앉아서 신문을 보다가 허공을 보다가 벽걸이 시계를 보다가 한다. 벽걸이 시계는 가서 비행복으로 갈아입을 시간을 알려 줄 것이다.

시간은 느리게 흐른다. 1분이 1시간처럼 느껴진다. 그러나 대대장과 편대장들에게는 지금이 매우 바쁜 시간이다. 우선 비행단과 통화해서 현재 대대에서 가용한 항공기의 총 대수를 보고해 줘야 한다. 기껏 그러고 났더니 정비 장교가 와서 찰리(C를 가리키는 영국군의 음성 기호 – 역자주) 기의 엔진 하나가 망가졌다고 한다.

"예비 엔진으로 갈아 끼워야 하나요?"

"그래, 빨리 끼우라고."

그러고 났더니 무장 장교가 전화를 해 온다.

"제브라(Z를 가리키는 영국군의 음성 기호) 기에 〈쿠키〉 탑재 도중, 탄이 갑자기 떨어지는 사고가 발생했습니다."

"사상자는 없나?"

"없습니다."

"불행 중 다행이구먼. 다시 탑재하라고."

조지(G를 가리키는 영국군의 음성 기호) 기의 산소 탱크가 샙니다. 정비대에 의뢰해서 새 산소 탱크로 갈아 끼워! 이런 식으로 고장난 비행기가 있다는 전화 보고가 계속 들어온다. 대대장은 생각할 겨를조차 없다. 그리고 슬슬 모두가 탈의실로 가서 복장을 갖춘다. 보온 속옷을 여러 겹 껴입은 다음 맨 위에 전열식 비행복을 입고 탑승 준비를 한다.

모든 승무원들은 행복한 표정으로 잡담을 나눈다. 본심을 감추기 위한 행동일 뿐이다. 그러나 한편으로, 일단 항공기에 타고 나면 불안감이 잠재워진다는 것도 알고 있다.

승무조 인원 중 환자가 한 명 있어서 오늘 출격하지 않는 어느 오스트레일리아 친구가 이렇게 말한다.

"친구들, 뜨거운 맛 좀 보여 주라고."

그리고 나면 이륙 시간이 된다. 문외한들의 눈에게는 실로 장엄하고 가슴 뛰는 장면이다. 항공기들이 정시에 유도주행을 해서 활주로로 나온다. 제일 앞에 선 것은 대대장의 항공기다. 대대장기의 기수에는 화려한 노즈 아트가 그려져 있다.157) 항공기들은 마치 줄지어 선 오리들 마냥 일렬로 활주로에 줄을 서서 이륙 시간을 기다린다. 활주로 출발선 첫 조명등 앞에 선 전우들이 손을 흔들며 무운을 기원한다. 이륙 시간이 되면 조종사는 조종석 창문을 닫고, 스로틀을 전개한다. 지상에서 손을 흔들던 전우들은 항공기가 일으킨 찬바람 때문에 등골 속까지 덜덜 떨린다. 그 냉기를 접하면 묘하게 우스운 기분이 든다. 랭커스터 폭격기들은 조명등이 켜진 1마일

---

157) 제83비행대대의 햄덴 폭격기는 모두 Admiral(어드미럴, 영어로 제독(提督)이라는 뜻)로 시작하는 별명이 적혀 있었다. 그런 식의 별명이 지어진 것은 이 부대 지상 근무자들 중 한 명의 장난이 그 기원이었다. 깁슨 탑승기의 별명은 Admiral Foo Bang(푸 뱅 제독)이었다. 깁슨은 이 전통을 제29비행대대 근무 시절 타던 보파이터에도 적용, 항공기에 Admiral Foo Bang III(푸 뱅 제독 3호)라는 별명을 붙여 주었다. 아마도 푸 뱅 제독 2호는 깁슨이 제29비행대대 전속 후 처음 타다가 웰링고어 상공에서 적기에 의해 손상당한 보파이터, 또는 깁슨이 두 번째로 타던 햄덴 폭격기에 붙였을 것이다. 제106비행대대의 랭커스터들에도 이 Admiral 전통은 이어졌다. 깁슨은 Admiral Prune(바보 제독)을 한 번 조종했다. 이 기체 별명은 항공기 좌측 기수에 미키 마우스 노즈 아트와 함께 적혀 있었다. 이 비행대대의 다른 항공기들 별명으로는 Admiral Chatanooga(채터누가 제독), Admiral Fighting Cock(싸움닭 제독), Admiral Air Goosk(에어 구스크 제독), Admiral Shyte Awk(똥덩어리 제독) Admiral Firebrand(정력왕 제독) 등도 있었다.

(1.85km) 길이의 활주로를 따라 달려가며 한 대씩 하늘로 날아올라 땅거미 속으로 사라진다.

우리 폭격기들은 밭에서 트랙터 위에 앉아 있는 농부의 머리 위를 스쳐 간다. 농부는 하루의 농사를 마무리하고 이제 집으로 가려던 참이다. 그는 저녁식사를 먹고 싶어 한다. 문득 하늘을 올려다본 그의 눈에는 수백 개의 검은 점이 보인다. 그 검은 점들은 밤하늘 높이 올라가면서 점점 작아진다. 그는 트랙터로 고개를 돌리며 이렇게 말한다.

"오늘밤도 또 시작이군. 쟤들이 망할 독일 놈들을 모두 지옥으로 보내 줬으면 좋겠어. 그러고 나서 모두가 무사히 돌아왔으면 좋겠군. 저 친구들에게 하느님의 가호가 있기를. 좋은 친구들이야."

그러고 나서 그는 집으로 발걸음을 옮긴다.

근처 도시에서 버스에서 내리던 어떤 여성 타이피스트도 우리 항공기의 엔진 소리를 듣고 친구에게 이렇게 말한다.

"어머, 저 사람들 또 가고 있어. 기왕이면 빨리 돌아왔으면 좋겠어. 늦게 돌아오면 잠에서 깨울 거 아냐."

공군 대장 해리스의 사무실 전화기가 울린다. 해리스가 전화를 받자 상대방은 이렇게 보고한다.

"10대를 제외한 전기가 현재 이륙했습니다."

그러자 해리스는 분노해서 소리를 고래고래 질러 댄다.

"그 10대는 왜 이륙 안 하고 있는 건가?"

보고자는 웅얼거리며 변명을 늘어놓는다. 해리스는 그 변명에 이렇게 답하고 송수화기를 내려놓는다.

"그래, 알겠네."

전화를 끊은 그는 다음 폭격 표적에 온 관심을 기울인다.

이륙한 우리 폭격기 중의 한 대로 시선을 옮겨 보자. 그 항공기는 막 작전 고도에 들어섰다. 엔진 추력은 순항 속도로 맞춰진 상태다. 기장이 인터컴으로 기내 통화한다.

"항법사. 언제 기수 방향을 집결 지점으로 돌려야 하지?"

항법사는 신속히 계산을 한다.

"상봉 지점까지는 약 60마일(111km) 남았습니다. 여기서 5분 동안 선회 비행을 하다가 시속 240마일(444km) 속도를 유지하면서 기수 방향을 바꾸면 제 시간에 맞춰 갈 수 있습니다."

"알았다. 후방 기관총 사수. 별 문제 없나?"

"문제없습니다."

5분 후 그는 랭커스터 폭격기의 뭉툭한 기수를 동쪽으로 돌린다. 그와 동시에 거의 모든 폭격기들이 다양한 고도에서 항법등을 빛내며 똑같은 동작을 한다. 이들은 0아워-2시에 모두 집결 지점에 모인다. 모이고 나면 모든 항공기들이 일시에 항법등을 끄고, 그대로 베를린까지 직진한다. 기장은 승무원들에게 기내의 모든 등이 꺼졌는지 확인할 것을 소리쳐 지시한다. 폭격수는 폭탄의 안전장치를 해제한다. 기관총 사수들은 기관총을 장전한다. 그러고 나면 폭격기들은 표적을 향한다.

대규모 폭격기 부대의 편대 비행을 묘사하기란 쉽지 않다. 그러나 폭 2마일(3.7km) 길이 20마일(37km), 두께 8,000피트(2.4km) 규모의 유리로 된 벽돌을 상상해 보라. 그 벽돌 속에 수백 대의 랭커스터가 채워져 있다고 생각해 보라. 그 벽돌이 천천히 네덜란드 해안으로 움직이고 있다. 시간을 빨리 돌리면 순식간에 네덜란드 해안이 눈앞에 다가온다.

이제 5시 정각이 되었다. 이 시간쯤 되면 독일 전국에 위치한 독일 공군 야간 전투기 비행대대와 비행중대에서 작전 메시지가 나올 것이다. 그들의 작전 기지에서는 메서슈미트, 포케불프 등의 전투기들에 탄약과 연료가 만재되고, 출격 준비를 시킬 것이다. 많은 독일 공군 기지에서는 항공기와 승무원들뿐 아니라 기체 정비사와 기관 정비사, 무장사들이 정위치에서 대기하고 있다. 다른 기지의 항공기가 비상 착륙해서 연료와 탄약을 달라고 하는 일도 빈번하기 때문이다. 독일 공군 역시 가급적 빠르게 야간 전투기를 출격시킬 만반의 준비를 하고 있다.

이 시간에 독일 탐조등과 대공포 포대는 조용하다. 저번 공습 이후 보충해 놓은 탄약이 대공포 옆에 잔뜩 쌓여 있다. 젊은 독일 공군 보조 부대원들이 스위치를 넣기만 하면, 중소 도시 하나가 쓸 전력을 생산할 수 있는 발전소가 가동되어 탐조등을 점등하고, 밤하늘을 환하게 밝힐 것이다. 거대한 8.8cm 대공포 옆에 서 있는 초병들은 고개를 이리저리 돌리며 다가오는 밤을 맞는다. 밤이 되고 하늘을 먹구름이 뒤덮으면 칠흑같이 어두워질 것이다. 초승달은 밤늦게야 뜰 것이다. 초승달이 뜨고 나더라도 그 빛은 먹구름을 뚫기에는 너무나도 미약하다. 그리고 영국인들은 바로 이런 밤을 좋아한다.

같은 시각, 영국의 수많은 공군 기지에서는 수백 대의 항공기 엔진이 포효하고 있다. 항공기 승무원들은 명령을 받았다. 이제 10분 동안 엔진을 예열하고 나면, 거대한 폭격기들이 폭탄을 싣고 독일의 수도로 날아가는 것이다.

1740시. 영불해협의 독일군이 베를린 인근의 방공 본부로 전화를 건다. 비상벨이 울린다. 영국 폭격기 대편대 네덜란드 해안 통과! 그 한 통의 전화가 대륙 전체의 방공 부대를 깨운다. 네덜란드 주둔 독일 공군 야간 전투기 부대는 이미 이륙해, 동쪽으로 비행하는 영국 폭격기들을 찾고 있다. 일단 찾아내면 최대한 접근해 공격한다. 독일 야간 전투기와 영국 폭격기 간의 전투를 시작으로, 거대한 야간전의 막이 오른다. 동시에 독일 중부에 있는 무수한 다른 비행단에서도 야간 전투기의 이륙 준비를 마무리하기 위해 여념이 없다.

거대한 유리 지도 뒤에는 헤드폰과 성대 마이크를 착용한 여성 통신 보조 부대원들이 서 있다. 이들은 오른손에 큰 숯덩어리를 들고 지도상에 적 부대의 위치를 그려 넣는다. 통제실에서 보이는 그녀들의 모습은 유리 지도 뒤에서 움직이는 그림자뿐이다. 유리 지도에는 쉴 새 없이 새로운 막대기와 화살표가 그려진다.

모든 장병들이 제 위치에 있다. 모두가 자신이 해야 할 일을 알고 있다. 모두가 일절 마찰 없이 정확하게 맞물려 움직인다.

유리 지도를 보면 적기들이 여러 무리로 쪼개져 서로 다른 방향으로 날고 있음을 알 수 있다. 그러나 주력 부대가 동쪽으로 향한다는 점은 확실하다. 영국 폭격기들은 독일 서부 국경을 넘었다. 갑자기 이들이 기수를 남동쪽으로 바꾼다. 주력 부대보다 수가 적은 또 다른 영국 폭격기 부대는 라인 강을 따라 남쪽으로 비행한다. 그리고 독일 서부에 있는 도시 2개에 폭탄을 퍼붓는다. 이것은 과연 영국군의 주공인가? 아니면 독일 야간 전투기를 엉뚱한 방향으로 유인하기 위한 양동 작전인가? 영국은 독일군 사령관의 오판을 이끌어 내고자 한다. 그럼으로써 영국 폭격기 주력 부대가 표적까지 안전하게 갈 시간을 몇 분이라도 더 벌고자 하는 것이다. 또한 그렇게 되면 표적 상공의 독일 야간 전투기 수는 훨씬 적어진다.

독일 공군의 통제사는 여러 가지 문제와 의문들, 공격과 방어의 가능성을 충분히 알고 있다. 그는 상황을 잘 살핀 다음 지휘관과 간단히 이야기를 하고 나서 결정을 내린다. 영국군은 여전히 독일 중부를 향해 날아오고 있다. 폭격기 주력부대는 또 기수를 돌려 동쪽으로 날고 있다. 그는 마지막 메시지에서 이렇게 말한다.

"적 부대 전방은 도라-하인리히 지역에서 동쪽으로 비행 중"

1830시. 독일 대도시에서는 평범한 전시 생활이 이어지고 있다. 이때 독일 공군의 X전투비행대대에서는 활주로 끝에 정렬한 전투기들이 엔진까지 걸어 놓고 대기하고 있다. 그들에게 명령이 내려진다.

"X부대. 시각 비컨 Y를 따라 이륙하라."

잠시 후 독일 공군 전투기들이 활주로를 맹렬히 달려, 땅을 박차고 하늘로 솟아오른다. 시각 비컨 Y(탐조등)의 불빛을 따라 비행한다. 베를린에서는 지하철이 아직 운행 중이고, 도로 교통도 평시와 같다. 그런 베를린에 첫 경계경보가 울린다. 도이칠란트젠더(Deutschlandsender: 독일 라디오 방송국 - 역자주)에서도 경계경보 방송이 나온다. 조차장의 밝은 불이 꺼진다. 거대한 베를린 시가 어둠 속으로 빠져든다.

그동안 영국 폭격기들은 중부 독일의 대도시 북부를 지나가기 시작했다. 한 시간 정도 지나면 베를린 상공에 올 것이다. 6,500m 고도에서 영국 4발 폭격기들이 동쪽으로 날아가고 있다.

1845시, 독일군 무전망에 이런 말이 나온다.

"오즈나브뤼크 앞에서 적기 7대 격추."

다른 야간 전투기 부대들도 베를린을 지키기 위해 이륙을 준비했다. 독일 공군 기상관이 기상 상황을 설명한다. 야간 전투기들이 전투 후 착륙할 남부 독일의 하늘은 구름 한 점 없다.

그동안 먼저 출격한 야간 전투기들은 정해진 공역에 집결한 후 영국 폭격기 쪽으로 유도된다. 독일 전투기들이 모든 곳에서 영국 폭격기 편대와 접촉했다. 베를린에 공습경보 사이렌이 울린다.

독일 지휘관들은 기상 상황을 고려해 탐조등과 대공포대의 운용에 꼭 필요한 결정을 내린다. 베를린 방공포 사단의 대공포대에 명령이 계속 하달된다.

1916시, 영국 폭격기가 베를린으로부터 100km 거리까지 왔다. 독일 공군은 다수의 야간 전투기를 보내 이들에 맞선다.

독일 공군의 지휘관 옆에는 정보 장교가 있다. 정보 장교는 지휘관의 의문을 신속히 해소해 주기 위해 다른 공군 관구의 지휘관과 통화를 하고 싶어 한다. X도시로 지휘 우선권 통화(command priority call)를 하려는 것이다. 순식간에 여성 통신 보조 부대원들이 전화를 연결해 준다.

거대한 유리 지도 위의 화살표들은 베를린으로 다가오고 있다. 독일 야간 전투기 부대의 위치도 잘 나타나 있다.

1941시가 되었다. 영국 폭격기들은 베를린으로 직행할 것인가? 1943시 서쪽의 중대공포 포대에서 영국 폭격기들을 향해 사격을 개시했다. 아직은 영국 폭격기 주력 부대가 갑자기 기수를 틀어 라이프치히로 갈 것인지, 아니면 베를린으로 올 것인지를 알아맞힐 수 없다.

그러다가 베를린 도심 상공에 적기가 나타나 조명탄을 대량으로 투하하기 시작한다. 베를린 교외 여러 곳에서 대규모의 영국 폭격기들이 발견되었다. 독일 중대공포들은 영국 폭격기의 비행고도에 맞춰 HE탄(고폭탄)의 두터운 탄막 사격을 펼친다.

악화된 기상 조건에도 불구하고 독일 야간 전투기들은 영국 폭격기를 사냥한다. 탐조등의 불빛이 영국 폭격기를 뚜렷이 비춘다. 영국 폭격기들은 베를린의 공업 지대에 폭탄을 투하하자마자 즉시 도망치기 시작한다. 독일 야간 전투기들은 속도를 최대로 높여 추적, 가급적 많은 영국 폭격기를 격추하려고 한다.

폭격 선도기들로 시선을 옮겨 보자.

"항법사, 표적까지의 거리는 얼마인가?"

"약 25마일(45km)입니다."

"알았다. 표적 지시 표지탄(T.I.) 투하 준비."

"투하 준비."

상부 기관총 사수의 목소리가 들린다.

"기장님. 좌후방에서 적 대공포탄이 작렬합니다."

"알았다."

지상의 대공포대가 불을 뿜기 시작했다. 눈앞에는 베를린이 말없이 누워 있다. 마치 거대한 쥐가 누워 있는 것 같다. 그 쥐가 갑자기 놀라 깨어나 움직이려 한다. 베를린의 건물 옥상과 공원, 철도에까지 배치된 수백 문의 대공포가 일제히 사격을 개시한다. 무수한 포구 화염이 깜박인다.

항법사가 말한다.

"기장님, 절대 기수를 돌리지 마십시오. 앞으로 1분만 더 견디면 됩니다."

"알았다."

기장은 그리 많은 말을 하지 않는다. 양손으로 조종간을 잡고 있는 그의 시선은 여러 군데를 훑고 있다. 문제를 찾아내고자 하면서 문제가 없어 안도하는 양가적인 감정이 그 눈빛에 실려 있다. 그가 탄 항공기는 크지만, 누구의 도움도 받지 못하고 하늘에 외로이 떠 있는 것 같다. 지상의 모든 대공포가 자신의 항공기를 조준해 발포하는 것 같다. 그 포구 화염이 오늘따라 더욱 지독하고 악랄하게 느껴진다.

정작 지상의 독일인들 눈에 그 항공기는 천정 전구에 달라붙은 먼지 한 점 크기로밖에 안 보이지만 말이다. 독일 민간인들은 이미 오래 전에 방공호로 들어갔다. 그러나 독일 공습 감시대, 경찰, 소방대는 여전히 시내 지상에 남아서 폭격기의 엔진 소리를 듣고 있다. 그러다가 결국 기장이 듣고 싶던 말이 들려온다.

"조금만 더 기체 자세를 유지하십시오. 기장님! 조금만 더. 조금만 더. 지금입니다. T.I. 투하!"

잠시 후 공중 폭발한 T.I.가 지상에 빛나는 녹색 파편을 폭포처럼 뿌린다. 그 불빛으로 지면은 회전목마처럼 밝게 빛난다. 절대 놓칠 수 없는 표적이 되었다.

그럼 폭격 주력부대의 폭격기에서는 어떤 일이 벌어지고 있는가?

폭격수가 말한다.

"저기 T.I.가 있군요. 기장님. 계속 직진하십시오."

"잘 보인다. 폭격 선도기들이 시간에 딱 맞춰 주었군."

항법사는 시계를 보고 T.I.가 보인 시간을 기록한다. 폭격수는 스톱워치를 작동시키기 시작한다. 이제 3분 20초 더 비행하면 폭탄을 투하할 수 있다. 다른 모든 항공기에서도 지금 폭격수들이 똑같은 일을 하고 있다. 이제 독일군이 쏘아 대는 대공포탄 탄막을 뚫고 15마일(28km)을 더 비행해야 하는 것이다. 온 사방에서 대공포탄이 작렬한다. 터진 대공포탄이 남긴 검은색 연기구름이 놀라운 속도로 기체를 스쳐간다. 영국 폭격기를 찾는 탐조등의 불빛 줄기가 왔다 갔다 한다. 폭격수는 시간을 재서 알린다.

"기장님, 3분 남았습니다."

폭격기 부대는 마치 해군의 함대 마냥 진형을 유지하면서 비행한다. 위에는 적 야간 전투기들이 떨어뜨린 조명탄이 폭격기 대열을 대낮마냥 환하게 비추고 있다. 그 빛에 드러난 폭격기들을 향해 독일 야간 전투기 Ju88과 Me110이 불나방처럼 달려든다. 하늘은 위아래로 난무하는 기관총 예광탄 자국으로 가득하다. 가끔씩 지면과 평행하게 나가는 예광탄 자국도 보이는데, 그건 보통 영국 폭격기의 후방 기관총 사수가 적기를 제대로 맞추는 모습이다.

이제 2분 남았다.

더 많은 조명탄이 뿌려진다. 대낮보다도 더 밝다. 지상에서 비추는 탐조등도 무척 밝지만, 하늘에서 터지는 조명탄의 불빛 앞에서는 거의 명함을 못 내민다. 전투가 격화되면서 형형색색의 예광탄 줄기가 사방팔방으로 뻗어나간다. 어디로 고개를 돌려 봐도 직격탄을 맞아 느리게 대폭발을 일으키는 영국 폭격기가 보인다. 격추당한 영국 폭격기는 두터운 검은 연기를 뿜어내며 동쪽으로 날아가다가 공중분해된다. 떨어지는 기체에서 낙하산을 착용한 승무원이 튀어나올 때도 있다.

이제 1분 남았다. 폭탄창 도어가 열린다.

폭격수는 계속 시간을 측정하고 있다.

"50초."

"40초."

이제는 온 사방에서 대공포탄이 터진다. 폭격대 제1파는 일부 기체를 잃었을망정 편대와 기수 방향을 유지하고 있다. 이제 표적이 코앞이다. 그러나 폭격기 승무원들에게는 거기까지 남은 길이 마치 평생같이 길고 두렵게 느껴진다.

폭격수의 목소리가 또다시 들려온다.

"전방에 적색 T.I."

"좋아. 또 공중 표지탄이로군."

"30초."

폭격기는 완벽한 수평 직선 비행 상태를 유지하고 있다. 앞서 날아가는 다른 폭격기에서 먼저 폭탄을 투하하는 것이 보인다. T.I. 표지탄 위치에 X자 모양으로 투하된 소이탄들이 불탄다. X자의 폭은 1마일(1.85km)에 달한다. 그러나 고공을 비행하는 폭격기에서는 성냥개비만하게 보인다.

"20초."

"계속 기체 자세 유지하라."

그러다가 폭격수의 구령이 들린다.

"폭탄 투하!"

그의 목소리에서는 일말의 안도감마저 느껴진다.

폭탄을 투하한 랭커스터는 위로 솟구친다. 조종사는 기수를 아래로 꺾어 고도를 유지한다. 그러면서 불타는 도시 상공을 지나간다. 스로틀을 최대로 열어 최대 추력을 내면, 엔진은 귀가 멀 정도의 폭음을 질러 댄다.

지상의 모습은 그야말로 화산이 폭발한 것 같다. T.I.가 가리킨 표적 위치에는 아직도 다수의 소이탄들이 착탄하고 있다. 이제 검은 연기가 피어오르기 시작한다. 그러나 표지탄이 연소하면서 지상의 화재 속으로 착탄하기 때문에 나중에 오는 폭격기의 폭격수들도 조준점을 제대로 잡을 수 있다. 〈쿠키〉가 붉은 폭광을 일으키며 연이어 천천히 터진다. 모든 폭격기에서 사진을 찍기 위해 플래시를 터뜨린다. 마치 은하수를 연상케 하는 장면이지만, 지상에서는 지옥이 펼쳐진다.

폭격대의 마지막 파가 도착할 무렵이면, 첫 폭격기들이 일으킨 화재가 더 강해져 있다. 그 화재의 불빛이 제일 낮은 고도에서 비행하는 폭격기들을 뚜렷이 비춘다.

대공포 사격이 멈춰지기 시작한다. 탐조등도 하나둘씩 꺼진다. 베를린의 거대한 방공 체계는 또 한 번의 패배를 당했다.

영국 폭격기가 떨어뜨린 전단지가 푸르딩딩한 탐조등 불빛 속에 춤추며 떨어진다. 그러나 지상의 화재에 삼켜져 타 버리고 만다.

마지막 폭격기까지 폭탄을 다 투하하고, 베를린이 불바다가 되고 나면,

남은 영국 폭격기들은 집결 지점에 모여 귀환길에 오른다.

이렇게 또 한 번의 임무가 끝났다. 그리고 베를린 공업 지대는 지도에서 사라졌다.

베를린 대폭격은 이렇게 진행될 것이다. 대담하고 뛰어난 실력과 과학기술을 지닌 영국 젊은이들은 승리하고야 말 것이다. 독일은 전력을 다해 막으려 했으나 소용없었다. 방공에는 따져야 할 변수가 너무 많다. 적 폭격기의 양동 공격과 파상 공격을 늘 염두에 둬야 한다. 파상 공격 시 파간 간격이 1시간에 달하는 경우도 있다. 또 독일 전투기가 이륙할 수 없는 때에도 영국 폭격기가 폭격을 가할 수 있다. 그리고 영국 과학자들은 그야말로 출격 때마다 독일군의 방공망을 돌파할 신장비를 만들어 주었다.

우리 공군은 3년간의 악전고투를 끝내고, 이제 그동안 배운 교훈을 적용해 유리한 싸움을 벌이기 시작했다. 우리 공군은 드디어 정답을 찾아냈다. 그 덕분에 우리 폭격기들은 적에게 강력한 타격을 입힐 수 있게 되었다. 전술 표적도 전략 표적도 원하는 대로 골라서 공격할 수 있게 되었다. 독일인들은 이제 우리 폭격기를 보기만 해도 알레르기를 일으킬 정도가 되었다.[158]

---

158) 여기서 깁슨은 마치 영화 대본을 쓰듯이 뛰어난 필력으로 시나리오와 인물, 대화를 묘사하고 있다. 그가 이런 발상을 처음 해낸 것은 1943년 늦여름 워싱턴 주재 영국 공군 대표단의 일원으로 북미에 가서 현지에 파견된 영국 공군 대위 로알드 달(Roald Dahl, 1916~1990. 최종 계급 소령. 군 생활 중 소설가로 등단. 대표작으로는 〈찰리와 초콜릿 공장〉 등이 있다. – 역자주)의 숙소에 함께 머물던 때였다. 당시 깁슨은 본서의 마지막 부분의 원고를 집필하고 있었다. 그 원고는 1943년 12월 〈월간 대서양(Atlantic Monthly)〉지에 실렸다. 그 원고가 순전히 깁슨의 힘으로 집필된 것인지, 혹은 달이 써 준 초안을 깁슨이 손을 봐서 완성된 것인지는 판단하기 어렵다.

제16장
X비행대대

1943년 3월 중순이었다. 프랑스 상공의 적 대공포화는 그리 나쁘지 않았다. 항로를 잃어버린 항공기가 잘 방어된 곳으로 잘못 들어가도 산발적인 대공포화가 터지는 정도였다. 그런 일이 없으면 참 아름다운 밤이었다. 달은 3/4정도 차 있었다. 그 달이 뿜어내는 달빛이 내 랭커스터 조종석 안을 대낮처럼 환하게 밝히고 있었다. 우리 발아래에는 프랑스의 풍경이 회색으로 펼쳐져 있었고 흰 구름이 그 풍경을 군데군데 가리고 있었다.

기내는 더워지기 시작했다. 나는 통신사에게 소리쳤다.

"이봐, 허치. 난방을 끄라고."

그는 이렇게 답했다.

"그런 지시를 내려 주셔서 매우 감사합니다."

랭커스터의 난방기 송풍구 위치는 통신사 뒤편 어디쯤이다. 그는 나보다 더 오랫동안 뜨거운 바람 때문에 힘들었을 것이다. 그런 반응이 나오는 것도 이해는 갔다.

지금 내 위와 아래, 그리고 전후좌우 사방에는 고속으로 직진하며 표적으로 향하는 다른 랭커스터들이 있다. 그들의 두툼한 기수는 그 어느 때보다도 강인해 보였다.

이번 출격을 하고 나면 며칠간의 휴가를 즐긴다고 생각하니 더욱 기뻤다. 현재까지 나는 제대로 쉬지도 못하고 173회의 출격을 했다. 슈투트가르트에 대한 이번 공습이 끝나면 아내와 함께 콘월에 가서 쉴 수 있다고 생각하니 믿어지지 않을 만큼 기분이 좋았다. 이제 다시 파이프를 물고, 우리 강아지 〈니거〉를 데리고 세인트 이브스로 걸어갈 수 있다. 바닷가에 서서 북서풍을 받으며 거칠어지는 바다를 구경할 수 있다. 저녁이 되면 산소마스크를 쓴 채로 항공기 조종석에 앉는 대신, 팔걸이의자에 앉아 방 천정을 올려다보다가 〈니거〉의 등을 긁어 줄 수도 있다. 거기 가면 폭격도 없고, 무장 현황을 신경쓰지 않아도 된다.[159]

그런 생각에 잠겨 있는데 항공 기관사가 소리쳤다.

"좌현 외측 엔진에 이상 발생!"

분명히 좌현 외측 엔진이 멈추고 있었다. 스로틀 레버를 만지기만 해도 느낄 수 있었다. 그 엔진은 전혀 추력을 만들어 내지 못하고 있었다. 폭탄을 만재한 내 랭커스터는 곧 고도가 떨어지기 시작했다.

좋지 않은 일이었다. 지금 복귀하면 내일 또 출격해야 한다. 어쩌면 내일 날씨가 나빠서 출격을 못 할 수도 있다. 다음 출격을 하려면 4일간 더 기다려야 할지도 모른다. 그러면 내 휴가도 4일이 더 미뤄지는 것이다. 지금의 임무를 계속 진행하는 게 그나마 나은 선택이었다.

항법사인 스크리브는 자기 자리에서 머리를 긁으며 대기 속도계의 계측

---

159) 1943년 3월 11~12일 사이의 밤, 슈투트가르트를 폭격하러 깁슨을 포함해 314대의 폭격기가 출격했다. 깁슨의 로그북에는 이 출격이 "내 마지막 출격. 폭격기 출격 제71회차"로 적혀 있다. 그다음 페이지에 그는 "작전 비행 요약"이라는 글을 쓰면서 이렇게 적었다. "제1차 전투 파견: 햄덴 42소티, 제2차 전투 파견: 보파이터 99소티. 제3차 전투 파견: 맨체스터 및 랭커스터 합계 29소티" 공식 기록들조차도 내용이 제각각이지만, 종합해 보면 깁슨은 제1차 전투 파견 시 39소티, 제2차 전투 파견 시 79소티를 출격한 것 같다. 깁슨의 전기 작가인 리처드 모리스는 정확한 수치를 파악하기는 어렵지만, 댐 공습 작전은 깁슨이 폭격기로 한 69번째 출격일 가능성이 크다고 말하고 있다. 1944년에 실시한 후속 임무들을 계산할 경우 1944년 9월 19~20일 밤 라이트 상공에서 실시된 깁슨의 최후의 출격은 그가 폭격기로 한 74번째 출격일 것이다.

값이 급속히 떨어지는 것을 바라보았다.

나는 그에게 물어 봤다.

"어쩌지, 스크리브?"

"기장님이 결정하셔야 합니다."

"그래, 스크리브. 저공으로 가자. 표적에 도달하면 폭탄을 투하하고 나서 상승하자."

내 랭커스터는 편대에서 조용히 빠져나갔다. 그리고 상처 입은 새처럼 고도를 낮췄다. 만하임, 프랑크푸르트, 마인츠에서 쏴 댄 대공포탄들이 온 사방에서 터지고 있었다. 그 포격은 나보다 더 위쪽에 있는 랭커스터 항공기들을 조준한 것이었다. 지금 내 조종석은 그 모습을 매우 잘 볼 수 있는 특등석이었다. 그러나 훈족은 내 항공기를 조준해서는 대공포도 기관총도 쏘지 않았다. 아마도 그들은 내 랭커스터를 독일군 야간 전투기로 착각한 것 같았다. 나보다 4마일(7.4km) 더 높은 고도를 나는 한 대의 랭커스터가 눈에 들어왔다. 탐조등 불빛에 잡힌 그 항공기의 날개에서 비행등이 빛이 났다. 슈투트가르트를 불태우는 불길로부터 항공기 하나하나를 구분해 낼 수 있을 것 같은 느낌이 들 뻔했다.

8,000파운드(3.6톤) 폭탄 한 발이 내 항공기 날개 끝을 스치며 떨어졌다. 몇 초 후 크고 느리고 육중한 섬광이 그 탄착 지점에서 뿜어져 나왔다. 그 폭발의 위력 앞에 내 항공기는 마치 낙엽 마냥 흔들렸다. 내 항공기 전방 200야드(180m)도 안 되는 거리에서 소이탄이 비 오듯이 떨어지는 것도 보았다. 그런 엄청난 규모의 폭격 아래에 있었는데도 전혀 피해를 입지 않은 것이 신기했다.

우리도 폭탄을 투하했다. 엔진이 3개밖에 남지 않은 내 불쌍한 랭커스터 기는 폭탄이 한 발 투하될 때마다 하늘로 솟구쳐 올랐다. 나는 그때마다 날개를 흔들며 항공기의 고도를 도로 낮추었다.

이때는 다들 별 말이 없었다. 그러나 항공기가 표적 지대를 벗어나자 다들 말이 많아졌다.

"내일 드디어 휴가다."

"내일이면 나간다."

"난 낚시하러 갈 거야."

"난 밀린 잠이나 자야지."

"내일 드디어 가는군."

내 아내도 런던 근교의 공장에서 제대로 쉬지 못한 채 오랫동안 일하고 있었다. 이제 그녀와 함께 집에서 지내면서 숨을 돌리게 하고 콘월의 맑고 상쾌한 공기를 쐬게 할 수 있다.

적 야간 전투기들을 따돌리고 나서 얼마 지나지 않아 우리는 영국 본토 상공에 돌아왔다. 그리고 또 잠시 후 나는 내 방에 돌아와서 바쁘게 옷을 챙긴 다음 취침했다. 졸음에 빠져드는 내 머릿속에는 내일의 휴가 생각이 가득했다.

다음 날 아침 나는 늦게 일어났다. 귀에서는 여전히 귀울음이 들렸다. 눈은 마치 흙먼지를 잔뜩 먹은 것처럼 충혈되어 있고 뻑뻑했다. 따스하고 조용하고 평화로운 침대 위에 조금이라도 더 누워 있고 싶었다. 생각하고 싶었다. 혼자 있고 싶었다. 이런 생활을 1년이나 해 온 끝에 나는 지쳐 있었다. 전쟁에 품고 있는 열의의 크기와는 상관없이, 인간의 몸에는 나름의 한계가 있는 것 같았다.

대대 부관 찰스가 들어왔다. 나는 졸린 목소리로 먼저 말을 걸었다.

"부관, 중요한 일인가?"

"대대장님의 새 임지 관련입니다."

그의 목소리는 왠지 슬프게 들렸다. 그 느낌이 진심이 아니라면, 실로 뛰어난 연기력이었다.

"새... 임지라고? 갑자기 대체 어디로 가란 건가?"

"제5비행단 본부입니다."

나는 이제 휴가를 떠나게 될 줄로 알고 있었다. 비행단장도 내가 충분히 많은 임무를 해냈으므로 휴가를 가도 좋다고 말한 터였다. 그런데 난데없이 전속이라니. 정말 느닷없는 거대한 충격이었다. 그것도 하필이면 비행단 본부로!

나는 침대 옆의 전화기 송수화기를 집어 들고, 비행단에 이 건에 대해 문의했다. 찰스는 방 한 구석에 앉아 있었다. 벽난로 앞에서 슬리퍼 한 짝을 물어뜯고 있는 〈니거〉에게 시선을 주면서.

항공 참모장과 대화를 하고 나서 나는 진상을 파악할 수 있었다. 내일 오후 후임 대대장으로는 존 시어비가 오고, 나는 비행단 본부로 가야 했다. 그런 명령을 내린 사람은 비행단장이라는 게 참모장의 설명이었다. 폭격기 조종사 지망생들을 위한 책을 집필하는 데 내 도움이 필요하다는 것이었다.

"저더러 책을 쓰라고요?"

나는 평생 동안 살면서 그런 건 꿈도 꿔 본 적이 없었다. 게다가 하필이면 진짜 폭격 공세가 시작되는 이 마당에 그런 거나 하고 있으라니?

내가 가장 절실히 원하는 것은 공군 기지에 머물러 있는 것이었다. 아무리 못 해도 작전만을 다룰 수 있는 보직으로 가고 싶었다. 그러나 그렇게 될 것 같지는 않아 보였다. 게다가 내 휴가는 취소되어 버렸다. 그것이야말로 최악이었다.

나는 찰스에게 이브에게 전화를 연결해 달라고 부탁했다. 그리고 나를 제외한 우리 승무조의 나머지 승무원들은 휴가를 보낼 것도 지시했다. 필요한 지시를 마치자마자 찰스는 송수화기를 조용히 들어, 우리가 잘 다니던 현지의 펍인 〈브리지 호텔〉의 큰 방을 하나 예약해 두었다.

그날 밤 우리들은 거기서 파티를 벌였다. 취할 때까지 포도주를 마셨다. 나는 부하들과 친절한 말들을 많이 주고받았다. 나는 비틀거리며 서서 부하들에게 형편없는 작별 연설을 했다. 그러면서도 한쪽 눈으로는 술잔에 남은 술의 양을 신경질적으로 가늠하고 있었다. 부하들 역시 반쯤 정신이 빠진 채로 자리에 앉아 있었다.

나는 연설에서 내가 이 대대에 1년이 넘게 근무했다는 것, 그리고 떠나게 되어 아쉽다는 뜻을 밝혔다. 내가 떠난 후에 어떤 임무가 주어지더라도 행운을 빈다는 말도 했다. 우리 대대야말로 폭격기 사령부 최고의 부대라고 생각한다는 것도 얘기했다. 한 자리에서 이런 말들을 다 하는 것은 쉽지 않았다. 연설을 끝내고 자리에 앉자 여러 부하들이 내 이야기를 인정해 주었다.

그러고 나서 우리는 코가 비뚤어져라고 마셔 댔다.

다음 날 나는 그랜섬에 갔다. 모든 본부나 사령부가 다 그렇지만, 특히 비행단 본부는 재미있는 곳이다. 부지 전체에 걸쳐 조용하면서도 냉정하고 효율성을 중시하는 분위기가 흐른다. 공군 여성보조부대원들이 찻잔을 들고 끊임없이 들락날락댄다. 피로한 표정의 장병들이 빨간색 파일들을 옆구리에 끼고 복도를 걸어다닌다. 비행단장실과 항공참모장실의 방문에는 거의 언제나 노란 등이 켜져 있다. 그들에게 다른 용무가 있다는 뜻이다. 그들은 언제나 매우 중요한 결정을 내리고 있다. 이곳 사람들에게는 여유 시간이 그리 많지 않다. 나는 이런 분위기에 익숙해지기가 어려웠다.

나는 비행단 본부에 하루 이틀 정도 머무르며, 비행단장이 내게 준 서류 작성 작업을 해 보려 애를 썼다. 비행단장이던 공군 소장 코리턴은 이임했다. 비행단 장병 전원이 그 사실을 진심으로 애석해했다. 신임 비행단장은 귀족 출신의 공군 소장 랠프 코크란이었다. 그는 지력과 조직력이 매우 뛰어났다.[160] 그는 나를 만나자마자 내가 두 번째의 DSO를 받게 되었다며 축하해 주었다. 그다음에는 여전히 뜬금없는 어조로 이렇게 말했다.

"한 번 더 출격할 생각 없나?"

나는 침을 꿀꺽 삼켰다. 적의 대공포와 전투기들 앞에 또 한 번 머리를 들이밀라고? 그러나 내 입은 이렇게 크게 외치고 있었다.

"어떤 임무입니까?"

"대단히 중요한 임무라네. 아마 적에게 사상 최대의 타격을 입힐 수 있는 임무야. 현재로서는 더 이상은 말해 줄 수 없어. 하고 싶나?"

나는 하고 싶다고 말했다. 내 비행 장구를 어디에 뒀는지 생각하면서 말이다. 그가 이렇게 서둘러 말하는 걸 보니 오늘 당장 출격하나 보다 싶었다.

그러나 그 후 이틀이 지나도록 아무 일도 일어나지 않았다.

셋째 날 그는 나를 자신의 사무실로 다시 불렀다. 가 보니 또 다른 인물이 있었다. 우리 비행단의 최연소 기지 사령관인 공군 준장 찰스 휘트워스였다. 코리턴은 매우 친절한 사람이었다, 그는 나더러 앉으라고 하더니 체스터필드 담배를 한 대 권하며 입을 열었다.

---

160) 깁슨은 코리턴을 좋게 보고 있었다. 그러나 해리스는 코리턴을 싫어했고, 그를 제3비행단장 출신 공군 소장 혼 R. 코크란으로 교체했다. 코크란은 원래 해군 사관 후보생으로 군생활을 시작했다. 그는 임관 이후 해군의 비행선 조종사가 되었다. 1920년 중동에 파견되어 제70, 제45비행대대에서 복무했다. 그리고 당시 제45비행대장은 아더 해리스(당시 계급 소령)였다. 여러 지휘관과 참모 보직을 맡은 그는 뉴질랜드 공군 창설 작업에도 투입되었으며, 1937년 초대 뉴질랜드 공군 참모총장에 임명되었다. 1940년에는 제7폭격비행단장(OTU)을 맡았다. 그다음에는 비행훈련부장을 거친 다음 1942년 9월 제3비행단장에 임명되었다. 1943년 2월 28일에는 그랜섬 세인트 빈센트 주둔 제5비행단의 단장으로 임명되었다.

"예전에 또 출격할 생각이 있냐고 물었던 거 기억할 걸세. 그때 하겠다고 했지? 하지만 나는 그때 분명히 경고했어. 이건 절대 평범한 임무가 아니라는 점을 말야. 이 임무가 실행되려면 앞으로도 최소 2개월은 걸릴 거야."

그 말을 들은 나는 겁이 났다.

'세상에, 이거 분명히 독일 전함 〈티르피츠〉 폭격 임무일 거야. 난 대체 어쩌자고 이런 걸 맡겠다고 한 거지?'

비행단장의 말은 계속되었다.

"게다가 이번 임무를 위해서는 특별 훈련도 필요해. 그 정도로 중요한 임무이기 때문에 공군 참모총장께서는 이번 임무만을 전담할 별도의 비행대대를 창설하기로 하셨다네. 자네에게 그 비행대대의 창설 작업을 맡기고 싶네. 아다시피 내가 중시하는 건 효율이야. 나는 자네도 효율적으로 일하기를 바라네. 자네가 휘트워스의 스캠턴 기지를 사용했으면 하네.[161] 이 임무에 출격할 승무원들은 최고여야 해. 인선 작업도 자네에게 일임하겠네. SOA 공군 중령 스미스가 지상 근무자 인선을 도와줄 거야. 자네 부대에 필요한 사람이라면 얼마든지 빼다 쓰라고."

"그리고 이건 긴급한 임무야. 때문에 충분히 훈련할 시간이 없어. 하지만 훈련은 중요한 일이니 만치 제대로 실시해야 해. 자네는 이제부터 꽉 짜인 시간표대로 움직여야 되는 점을 명심하라고. 앞으로 4일 내에 자네 비행대대의 항공기가 첫 이륙하는 것을 보고 싶다네. 바로 위층에 올라가서 필요

---

161) 당시에도 스캠턴 기지는 풀밭으로 이루어진 비포장 활주로였다. 이 때문에 콘크리트 활주로를 설치하기 위해 잠시 기지를 폐쇄할 예정이었다. 따라서 제49비행대대는 이미 피스커턴으로 이전했고, 제57비행대대만 남아 있었다. 덕분에 새 비행대대를 수용할 공간이 있었고, 전시에 확장된 다른 공군 기지에 비하면 편의 시설도 더욱 충분했다. 이곳에서 제617비행대대가 창설되었다는 것은 새 활주로 공사가 1943년 8월 31일에야 실시되었다는 것을 의미한다. 이 날은 제617비행대대가 코닝스비 공군 기지로, 제57비행대대가 새로 건설된 동커크비 공군 기지로 이전한 날이다.

제5비행단장 공군 소장 R.A. 코크란
(M.J. 보이어)

한 장병들의 이름을 카트라이트에게 전달하게. 자네에게 필요한 건 그 사람이 다 줄 거야."

"하지만... 대체 무슨 훈련입니까? 표적은 뭡니까? 알지도 못하는 걸 폭격할 수는 없..."

"현재로서는 이 이상은 알려 줄 수 없는 게 나로서도 유감이라네. 지금은 일단 승무원 선발과 작전 준비만 해. 그게 다 되면 더 자세한 걸 알려 주지."

"항공기와 장비는 뭘 쓰게 됩니까?"

"비행단의 장비 장교인 메이 소령이 준비해 줄 거야. 아무 문제없을 거라고. 깁슨."

그는 갑자기 몸을 돌려, 내가 들어오기 전에 하던 일을 계속했다. 여기서 당장 나가라는 소리였다.

그날 밤 대공습이 기획되고 있는 것이었다. 내가 나가면서 문을 닫으려는데, 그가 나를 다시 바라보면서 이렇게 말했다.

"언제 준비가 완료될지 알려 주게. 그리고 기억해 둬. 누구에게도 아무 말도 해서는 안 돼. 이건 평범한 새 비행대 창설 임무일 뿐이야. 보안은 우리의 생명이다."

문을 닫자 찰스가 말했다.

"스캠턴에서 다시 보지. 며칠만 시간을 주면 필요한 것을 다 준비해 놓겠다. 병력은 몇 명 정도나 선발할 건가?"

"한 700명 정도요."

혼자 서 있던 나는 매우 당혹스러웠다. 찰스는 스캠턴으로 돌아갔고 나는 위층으로 가서 여러 사람들을 만났다. 그들은 일반인들에게는 잘 알려지지 않은 사람들이었지만, 영국 공군의 실세들이었다. 이들 중 대부분은 조종을 하기에는 너무 늙었다. 그래서 대신 그들은 장비와 항공기, 병력을 다루고 있었다.

내가 가장 먼저 만난 사람은 큰 책상 뒤에 앉아 있는 붉은 콧수염의 사나이였다. 그의 이름은 카트라이트였다. 나는 그를 통해 항공승무원들을 얻을 것이었다. 조종사 선발에만도 1시간이나 걸렸다. 나는 종이에 원하는 모든 사람의 이름을 적었다. 그리고 그 종이를 카트라이트에게 주었다. 조종사는 내가 직접 다 선발했다. 내가 아는 최상의 폭격기 조종사만을 선발했다. 1회 이상 전투 파견을 마치고, 현재 휴양 중인 인원만을 골랐다. 끝내 주는 작전이 있다고 알려 줘도, 그들은 이번 휴양만큼은 결코 포기하지 않을 거라는 점도 잘 알고 있었다. 카트라이트는 내가 잘 알지 못하던 승무원들도 많이 소개해 주었다. 우리는 그중에서도 정예 인원만을 신중히 엄선했다. 그는 이 일이 너무 급작스럽게 닥친 것 때문에, 또는 내가 너무 뛰어난 승무원들만을 갖고 싶어서 당황한 것 같았다. 어쩌면 둘 다였는지도 모른다.[162]

그 일이 끝나고 나서 나는 다른 사무실로 가서 장비 장교를 만났다. 우리는 우선 랭커스터 항공기 10대와 부속 장비 일체가 필요했다. 나중에 더 많

---

[162] 깁슨의 새 비행대대에 선발된 인원이라면 모두 많은 훈장을 받고, 깁슨과도 잘 아는 인원들이라는 잘못된 지식이 널리 퍼져 있다. 물론 실제로는 그렇지 않았다. 깁슨이 선발한 기장 21명 중 깁슨과 함께 제106비행대대에 근무한 인원은 3명뿐이었다. 그 외에 공군 대위 발로우가 깁슨의 시어스턴 기지 시절 제61비행대대에서 근무했다. 그 외의 기장들 중 일부에 대해서는 깁슨이 그들의 명성을 듣고 선발했을 수도 있다. 그러나 그 대부분은 제5비행단 예하 비행대대장들, 또는 깁슨이 신뢰하던 인물들이 추천한 인물들이었다. 물론 어떤 경우라도 깁슨의 조사와 최종 결정이 있어야 부대 편입이 이루어졌다.

은 장비가 필요해질 수도 있었다. 정말 큰일이었다. 발돋움대, 손수레, 예비 바퀴, 범블 모터 등이 필요했다. 그 외에도 필요한 것은 많았다. 그 모든 것을 여기에 다 적을 수 없을 지경이다. 물론 카트라이트는 자신이 해야 할 일을 속속들이 잘 알고 있었다. 그는 내일이면 필요한 물품을 스캠턴에 다 갖다 놓겠다고 약속했다.

그다음에는 또 다른 큰 책상 앞으로 갔다. 여기서는 항공기와 직접 상관은 없는 기타 장비들을 구해야 했다. 공구, 차량, 침대, 모포, 계류 기구, 타자기, 텐트, 수건, 맥주 등이다. 예비 엔진도 여러 개 있어야 했다. 이 모든 일에는 아주 긴 시간이 걸렸다. 솔직히 말해 하루 종일이 걸렸다.

다음 날 아침에는 인사 장교를 만나 지상 근무자들을 선발했다. 우리는 각 비행대대에서 여러 명씩 지상 근무자를 선발하고 싶었다. 그러나 하사관은 각 대대 최고의 인원이 아니면 안 되었다. 나는 그런 사람들을 찾아 선발했다. 그다음에는 공군 여성 보조 부대 장교를 만나 역시 중요한 인원들인 운전병과 조리병을 선발했다.

그다음 일은 슬슬 다른 사람들에게 맡기면 되었다. 나는 문구부에 가서 공책을 하나 구한 다음 거기에 해야 하는 일들을 잔뜩 적어 넣었다. 완료된 일에는 표시를 해 넣었다. 그러나 첫날 완료한 일은 그리 많지가 않았다. 그다음에는 비행단장의 부관이라 할 수 있는 항공 참모장을 찾아갔다. 항공 참모장의 관등성명은 공군 준장 해리 새털리였다. 덩치가 크고 무뚝뚝한 사람이었다. 뭐든 신속 정확하게 하기로 소문난 인물이었다. 그가 준 도움은 이루 따질 수 없이 컸다. 그 사람이 없었으면 지금쯤 어떻게 되었을지 모를 정도다.

그런 식으로 이틀을 보낸 끝에 새 비행대대가 창설되었다. 아직 부대 번호도 명칭도 없었다. 공군성에서 새 비행대대의 번호와 인식 문자를 정하기도 전에 너무 빨리 일을 끝마쳐 버린 것이다. 그래서 우리는 이름이 정해질 때까지는 새 비행대대를 X비행대대로 부르기로 했다.[163]

선발된 모든 인원들은 다음 날 아침까지 스캠턴 공군 기지에 도착, 그날 오후부터 훈련을 시작하기로 정했다. 비행단장은 우리에게 시간이 별로 없다고 말했다. 시작은 의외로 순탄했다. 그러나 앞으로 갈 길은 가시밭길인 게 분명했다.

한편, 같은 시간 런던의 모처에서는 우리보다 더욱 힘들게 일하는 사람들이 있었다. 그들 역시 시간이 없어 바쁘게 움직이고 있었다. 그들은 군복을 입거나 훈장을 패용하지도 않는다. 그들은 도표와 폭약, 금속, 강화 콘크리트 같은 것을 가지고 일한다. 그들은 거친 바람이 부는 3월의 웰쉬 언덕에 나가, 그들의 연구 성과를 조롱이라도 하듯이 불어오는 그 거친 바람을 온몸으로 맞았다. 그럼에도 그들은 노예처럼 열심히 일했다. 간절히 기도하는 마음으로 실험 결과를 기다리고 관찰했다.[164]

---

163) 해리스가 공군 소장 코크란에게 새 비행대대를 편성하라고 지시한 것은 3월 15일이었다. 그로부터 3일 후 깁슨은 코크란을 만났다. 이 비행대대의 스캠턴 편성이 확정된 것은 또 그다음 날이었다. 이 시점부터 이 비행대대는 X비행대대로 불리우게 되었다. 이것은 이 부대에만 한정된 일은 아니었고, 다른 부대의 경우에도 비슷한 사례가 있었다. 심지어 3개의 비행대대가 동시에 창설될 경우 부대 번호가 정해질 때까지는 각각 X, Y, Z비행대대로 호칭된 적도 있다. 깁슨이 스캠턴에 도착한 것은 3월 21일, 그리고 대부분의 승무원들이 도착한 것은 3월 24~25일이었다. 또한 제57비행대대 출신자들은 그 이전에 이미 도착해 있었다. 이 비행대대에 617이라는 번호가 공식 배정된 것은 1943년 3월 23일이었고, 실질적인 부대 창설 작업은 그 며칠 전부터 시작되었다.

164) 이 시기, 제617비행대대가 사용할 무기의 개발 작업은 잘 진행되고 있었다. 깁슨이 말한 '웰쉬 언덕'이라는 표현은 자세한 사정을 잘못 알고 쓴 것으로, 사실은 1942년 5월과 6월에 걸쳐 라이어더 인근 엘란 계곡의 난티그로 댐에 진행된 실험을 가리키는 것이다. 아직은 해야 할 일이 많이 남아 있었다. 당시까지로서는 축소 모형을 사용하여 뫼네 댐 등의 댐을 파괴하는 데 필요한 폭약의 양 정도만을 알아냈을 뿐이었다. 웰링턴 폭격기를 사용한 소형 시제품 폭탄 투하를 해보고 나서야 이 작전의 기본 개념이 타당하다는 점이 확증되었다. 당시 유사한 방식의 실물대 크기의 무기 검증 시험은 아직 시작되기 전이었다.

다음 날 밤 나는 니거를 데리고 스캠턴 기지 회관에 갔다. 내 발치를 따라오는 니거는 기분이 좋은 듯 연신 코를 킁킁거렸다. 파티의 냄새를 맡은 것 같았다. 그의 생각은 정확했다. 회관에는 승무원들이 있었다. 조종사, 항법사, 폭격수 등 대부분은 내가 아는 사람들이었다. 그러나 내가 처음 보는 기관총 사수들과 통신사들도 몇 명 돌아다니고 있었다.

들어가자마자 순식간에 내 손에 위스키 잔이 쥐어졌고, 목말라하는 것 같던 니거에게도 맥주가 주어졌다. 사람들 사이에 대화가 활발하게 오가자 회관의 분위기도 한층 즐거워졌다. 옛 전우들이 만나 기억 속의 이름과 표적, 기지와 폭탄을 언급하며 이야기꽃을 피웠으니 말이다. 진짜 승무원들이 아니면 할 수 없는 얘기들이 쏟아져 나왔다. 전쟁영화 속 승무원 캐릭터들의 입에서는 결코 들을 수 없는 말들이다. 여기 모인 이들은 자신들의 임무를 잘 해낸 진짜배기들이다. 그들의 눈빛만 봐도 그 사실을 알 수 있다. 그러나 이들은 더욱 힘든 임무를 해내기 위해 여기 왔다. 이들은 모두 폭격기 사령부가 자랑하는 에이스들이다.

여기 모인 이들은 전 세계의 그 어떤 폭격기 승무원들보다도 더욱 뛰어난 비행 기술을 보유했다.

이들은 국적도 제각각이었다. 영국인뿐 아니라 오스트레일리아인, 미국인, 캐나다인, 뉴질랜드인도 있었다. 이 모두는 스스로의 의지로 우리 공군에 왔다. 그리고 적을 격파하고 말겠다는 의지로 불타고 있었다. 내가 그런 그들 앞에 서서 연설을 하고, 맥주잔을 들어 건배한다는 사실이 자랑스러웠다. 이들은 분명 세계 최고의 폭격기 승무원들이다. 그런 그들이 더욱 강해질 수 있다면 나 또한 이들을 다시 봐야 할 것이다.

제106비행대대에서는 3명이 왔다. 호피, 데이브 섀넌(오스트레일리아 출신), 버피 원사(캐나다 출신)가 그들이었다. 버피 원사는 얼마 전 젊은 영국 여자와 결혼했다. 너무 멀지 않은 곳에 집을 구해 주려고 분주했다. 그게 그렇게 힘든 일일줄 몰랐다고 했다. 나머지 대원들도 여기 오고 싶어서 왔다고 들었다. 그러나 최고의 승무원만으로 비행대대를 채우는 것은 어려운 일이었다.

중동에서 온 고참 편대장도 있었다. 그의 이름은 멜빈 영. 별명은 〈딩기〉였다. 미국 캘리포니아 주 출신이고 캠브리지 대학을 나온 그는 65회 출격했다. 〈딩기〉라는 별명이 붙은 이유는 지중해 해상에 2번이나 착수했기 때문이다. 덩치 큰 멜빈은 부하들을 조직하는 능력도 뛰어났다. 나중에 알게 되었지만 그는 팔꿈치를 거의 수직으로 세우고 맥주 1파인트를 누구보다도 빠르게 마실 수 있었다.[165]

뉴질랜드 출신의 레스 먼로도 있었다. 그는 제97비행대대 출신이었다. 뉴질랜드 출신이 다 그렇듯이, 그 친구도 매우 매력적이었다. 또한 매우 뛰어난 복무 기록을 보유하고 있었다. 그는 언제나 꼭 필요한 때에 꼭 필요한 일을 해내는, 믿을 수 있는 사람이었다. 그는 서서 이런 저런 생각에 잠긴 채로 맥주를 천천히 비우고 있었다. 덩치가 크고 사려 깊은 뛰어난 조종사인 데이비드 몰트비도 있었다.

미국 브루클린 출신의 조 맥카시도 있었다. 그는 미국이 이 전쟁에 참전하기 전 영국 공군에 지원한 미국인이었다. 이후 그는 미군에 지원 입대할 기회도 주어졌다. 그러나 그는 영국 공군에 잔류하는 쪽을 택했다. 그 역시 레스 먼로와 함께 제97비행대대에 복무했으며, 둘은 단짝이었다. 그는 예

---

165) 깁슨의 부정확한 묘사 때문에 영의 실체는 여러 모로 잘못 알려졌다. 영의 이름 철자는 Melvyn이 아니라 Melvin이다. 그는 중동에서 복무했고, 제104비행대대에서 웰링턴 폭격기를 조종했다. 그리고 제617비행대대 편성 직전에는 스캠턴 주둔 제57비행대대의 C편대장이었다. 그는 소년 시절 일부를 캘리포니아에서 지냈다. 그러나 출생지는 런던이었고, 부모님은 영국계 미국인이었다. 그는 캠브리지 대학교 출신이 아니라 옥스퍼드 대학교 트리니티 칼리지 출신이었다. 그는 1938년 보트 경주 대회에서 청색상을 수상하기도 했다.

전에도 내가 있던 비행대대에 오려고 한 적이 있었다. 그러나 무슨 수를 써도 그때는 되지 않았다. 이제 그는 소원을 이루게 되어 행복했다. 회관에 모인 우리 모두는 자정에 술잔을 손에 들고, X비행대대의 대대혼으로 대대의 역사를 시작하기로 맹세했다. 벽에 걸린 베이브 리어로이드와 존 한나 상사의 초상이 우리를 내려다보고 있었다. 초상 속의 그들 역시 우리와 함께하고 싶어 하는 것 같았다. 그들은 스캠턴 기지가 제2차 세계대전 중 배출한 VC 수훈자였다. 스캠턴 기지는 그 외에도 다양한 훈장을 받은 전쟁영웅들을 다수 배출했다.

여기에는 이튼 학교 졸업생도 있었다. 편대장 헨리 모즐리였다. 이튼 학교가 자랑하는 육상 선수였던 그는 제50비행대대의 최정예 조종사였다. 그는 조용하고 얌전하게 서서, 술도 너무 많이 마시지 않으려 했다. 훗날 모즐리는 대대의 훈련 감독관이 되었다.

그 외에도 많은 사람들이 있었다. 오스트레일리아 출신의 미키 마틴이 있었다. 그 말고도 많은 오스트레일리아 출신이 있었다. 뛰어난 항법사인 잭 레고, 비행단 폭격과장 봅 헤이는 물론, 토비 폭슬리, 레스 나이트, 렌 챔버스 등이 오스트레일리아 출신이었다. 모두가 DFC를 수훈했다. 또한 언제나 사이가 좋았다.

대대원들 중 일부는 니거와 함께 놀아 주면서, 계속 맥주를 먹이고 있었다. 테리, 스팸, 트레버, 허치를 비롯한 나머지 대대원들은 이미 오래 전에 자러 갔다. 니거는 맥주를 4캔이나 마시고 결국 인사불성이 되었다. 니거는 꼬리를 다리 사이에 말아 넣고 오줌을 질질 싸면서 복도를 갈짓자로 걸어 자기 둥지로 갔다. 파티는 늦게까지 계속되었다. 찰스 휘트워스도 부사령관 브리기를 데리고 합석, 우리 대대원들의 사기를 높여 주었다.

평범한 관찰자 입장에서 봐도, 우리 부대는 결코 평범한 부대가 아니라는 점이 곧 분명해졌다. 회관의 웨이터들은 우리에게 호기심 어린 시선을 보내기 시작했다. 그들은 이런 장병들이 한 대대에 다 몰려 있는 걸 예전에 본 적이 없었다. 대부분의 대대원들이 DFC를 1회 수훈했다. 개중에는 DFC를 두 번씩 수훈한 인원도 꽤 되었다.[166] 음식을 들고 돌아다니는 그들의 표정을 보니, 무슨 일이 벌어지고 있는 건지 궁금해 하는 기색이 역력했다. 웨이터 중 한 명은 우리 대대가 창설된 지 불과 3시간 만에 회관에는 별의별 뜬소문이 나돌기 시작했다고 말해 주었다.

"새로 창설된 비행대대 얘기 들었나?"

"그 친구들은 소련으로 갈 거야!"

"북아프리카에서 왔다더군."

"뭔가 특별한 친구들 아닐까?"

"그래. 뭔가 특별한 게 있어."

대대원들도 그런 사실을 눈치챘다. 대대원들의 궁금증도 커져 갔다. 그들은 이런 정예 부대의 일원으로 선발되었다는 것을 자랑스럽게 생각했다. 그러나 그들은 자신들이 여기 모인 이유를 알고 싶어했다. 그들은 자신들에게 알 권리가 있다고 생각했다. 캐나다 출신의 항법사 콜스가 내게 걸어와서 그 이유를 물어보았다. 늦은 시간이었다. 그러나 나는 그때 내가 뭐라고 대답했는지 똑똑히 기억한다.

"친구, 나는 자네들만큼도 아는 게 없어. 하지만 내일 아침 9시 30분에 전원 집합하면 정보를 약간이나마 주겠네."

늦은 시간 우리는 한 사람씩 비틀거리며 침대로 갔다. 마지막까지 남은

---

166) 댐 공습 작전에 참가한 승무원 133명 중 작전 전 훈장을 수훈받은 인원은 31명이었다. 기장 19명 중 13명은 DSO, DFC, DFM 중 하나 이상을 수훈받았다. 나머지 승무원 120명 중 DFC와 DFM을 수훈한 인원이 각각 9명씩이다.

사람은 데이브 섀넌 항공기의 후방 기관총 사수인 잭 버클리였다. 그는 회관에 뻗어 쓰러졌다.

다음 날 나는 승무원 대기실에 전원을 집합시켰다. 21개 승무조 총 147명이었다. 1개 승무조는 조종사, 항법사, 통신사, 폭격수, 항공 기관사, 기관총 사수(2명) 등 총 7명으로 이루어진다. 그들 거의 전원의 나이가 23세 이하였다. 또한 그들 거의

공군 중령 가이 깁슨이 보이 스카우트들 앞에서 연설하고 있다. (M. 깁슨 소장 사진)

전원이 실전 참가 경력이 있었다. 그들을 오래된 승무원 대기실에 집합시켜 놓으니, 1939~1940년의 옛 추억이 떠올랐다. 이제 이곳은 젊고 튼튼해 보이는 승무원들로 가득 차 있었다. 그들의 푸른 눈은 열정으로 불타고 있었고, 정보에 대한 호기심이 가득했다. 그들 사이에 서 있으니 내가 엄청나게 나이를 많이 먹은 사람처럼 느껴졌다.

그들에게 한 내 연설은 간단했다.

"귀관들은 여기 최정예 비행대대의 일원이 되어 특수 임무를 수행하러 왔다. 귀관들이 수행할 독일 폭격은 엄청난 결과를 몰고 올 것이다. 누군가는 그 폭격으로 전쟁이 더 일찍 끝날 수도 있을 거라고 말한다. 표적이 어디인지는 말할 수 없다. 어디에 있는지도 말할 수 없다. 지금 말할 수 있는 것은 귀관들이 밤낮으로 저공 폭격을 훈련해야 한다는 것뿐이다. 눈 감고도 가능해질 때까지 말이다. 잉글랜드 한복판의 나무 한 그루를 폭격하라는 명령을 받더라도, 그 나무를 정확히 폭격할 수 있어야 한다. 폭격기를

비행시켜 격납고를 통과하라는 명령을 받더라도, 귀관들은 통과할 수 있어야 한다. 설령 양날개 끝이 격납고 벽에 부딪쳐 부러지는 한이 있더라도 해내야 한다. 군기는 그 무엇보다도 중요하다."

"우리에 대한 평은 구태여 말할 필요가 없을 것이다. 한 비행대대에 이렇게 뛰어난 승무원들이 많이 모이는 건 전례가 드물다. 우리에 대해 많은 소문이 나돌고 있다. 나도 그중 일부를 이미 들었다. 그런 소문에 기름을 끼얹어서는 안 된다. 외부인에게 아무 말도 해서는 안 된다. 밤에 펍에 갈 때도 입을 무겁게 하는 것을 잊으면 안 된다. 다른 사람들이 뭘 하냐고 물어봐도 너희 일이나 제대로 하라고 해주기 바란다. 이 일에서 제일 중요한 것은 보안이다."

"조직에는 며칠이 걸릴 것이다. 귀관들 모두가 도와주기를 바란다. 귀관들 대부분은 비행대대 근무 경력이 있을 것이다. 그러니 뭐가 필요한지도 잘 알 것이다. 가장 먼저 해야 하는 일은 기체를 점검하는 것이다. 그다음에 해야 할 일은… 빌!(여기서 말하는 빌은 빌 애스텔을 말한다. 더비셔 출신의 잉글랜드인인 그는 딩기 영 편대장의 부편대장이었다.) 승무원들과 함께 잉글랜드, 스코틀랜드, 웨일스의 모든 호수 상공을 날면서 그 사진을 촬영해 내게 주게. 36시간 내로 해 주게."

이건은 그날 아침 비행단장이 내게 전화로 지시한 것이었다. 물론 그 이유는 나도 짐작할 수조차 없었다. 대대원들의 표정에도 궁금해 하는 빛이 드러났다. 나는 계속 말을 지어내 이어갔다.

"좋아. 친구들. 섣부른 추측은 금물이야. 이건은 비행단장께서 전환부대의 크로스컨트리 비행 훈련을 위해 주문하신 거라네. 이걸 할 시간이 있는 부대가 우리 대대말고는 없거든."

이후로도 새하얀 거짓말은 계속 이어졌다. 너무 많은 거짓말을 해 대서 어떤 걸 했는지 일일이 기억하기도 힘들 정도다. 하지만 보통은 군기, 특히 비행군기, 근무 시간, 휴가 등에 관한 거짓말이었다. 물론 실제로는 작전 전까지 휴가는 전혀 주어진 바 없었다.

그다음에는 미국 출신 멜빈에게 남은 업무를 인계했다. 그는 헨리와 함께 승무원들의 편대 편성과 주특기 지정, 사물함과 승무원 대기실, 사무실 지정 등을 실시했다. 나는 위층으로 갔다.

내 텅 빈 사무실에는 의자, 전화, 테이블 하나 말고는 아무것도 없었다. 격납고용 난방장치가 작동되지 않으면 썰렁하고 습기 찬 방이었다. 그러나 이제 그 방에서 엄청나게 많은 일을 해내야 한다.

우선 나는 비행단에서 배정해 주었던 우리 대대 부관을 해임했다. 그는 제1차 세계대전 참전자였고 나보다 당연히 아는 것도 많았다. 그러나 그는 나를 보자마자 자기 아내와 함께 지내고 싶다며 이 대대에서는 근무할 수 없다고 했다. 그는 그날 오후 대대를 떠났다. 시어스톤에는 대대 부관 보좌관을 맡고 있던 험프리스라는 젊은이가 있었다. 그는 전쟁 전부터 영국 공군에 복무했고, 행정병부터 시작해 모든 일을 다 할 줄 알았다. 또한 그는 비행에 미친 사나이였다. 그러나 시력이 안 좋아 승무원은 될 수 없었다. 다행히도 그는 아직 젊고 열성적이었다. 그런 사람이야말로 대대 부관에 최적임자다. 기지 사령관 찰스도 비행단에 전화를 걸어, 그를 48시간 이내로 대대 부관에 임명해 주었다. 그러나 그동안은 당분간 대대 부관 없이 지내야 했다. 이 때문에 비행대대 창설 작업은 세 사람의 작은 어깨 위에 온전히 떨어졌다. 그 사람들이 누구인지는 특별히 언급할 필요가 있다.

그 세 사람 중 첫 번째로 소개할 인물은 파웰 원사다. 대대의 군기 반장이었던 그는 만 하루 동안 700명이나 되는 대대원들을 일일이 면담하고, 생활관과 부서를 배정했으며 장비 하역도 감독했다. 파웰 원사는 리더십이 뛰어났다. 키가 작고 날씬했으며, 공군 부대의 군기 반장 하면 떠오르는 목이 뻣뻣한 사나이는 아니었다. 그는 심리 분석가다운 면모도 있었다. 이 때문에 부하들을 잘 상담하고, 그들에게서 최대의 성과를 끌어낼 수 있었다. 그런데 정작 본인은 그 사실을 모르고 있었다. 그러나 그는 우리 대대의 대대혼의 기반을 닦고, 대대가 오늘날까지 잘 유지될 수 있도록 기여한 인물이었다. 작은 거인인 그는 맡겨진 일에 대해서만큼은 최고의 전문가였다.

두 번째 사람은 행정반장 헤브론 상사다. 비행단 본부는 매우 효율적으로 움직여, 우리가 원하던 장비와 승무원을 모두 주었다. 그러나 그들도 잊어먹고 주지 않은 게 있었다. 타자병, 문구류, 행정병이었다. 그래서 헤브론 상사는 수단과 방법을 가리지 않고 이것들을 획득해 왔다. 그 덕분에 대대 행정작업을 진행할 수 있었다. 이미 만들어 내야 할 문서는 산더미였건만, 대대 내에서 타자기를 사용할 수 있던 사람은 처음에는 그 하나뿐이었다. 이 때문에 한동안 그는 하루에 18시간씩 일하면서 도착 보고서와 개인 문서를 작성하고, 틈틈이 내게 도움을 달라고 하소연했다.

세 번째 사람은 어떤 공군 여성 보조 부대원이었다. 그녀의 진짜 이름은 모른다. 그러나 〈메리〉라는 이름으로 통했던 것 같다. 통통한 금발머리였던 그녀는 현모양처감이었다. 그녀는 우리 대대에 타자병이 모자란다는 얘기를 듣고, 위성 비행장에서 우리를 지원하러 왔다. 그녀가 민간인이었다면 엄청난 금액의 초과근무 수당을 지불해야 했을 것이다.

이 세 사람 덕택에 나는 텅 빈 사무실에서도 새로운 비행대대를 편성할 수 있었다. 그들이 일해 나가는 방식을 보면 어떨 때는 놀라울 정도였다.

새 비행대대의 첫 이틀 동안, 잭 레고와 봅 헤이는 지도를 획득하고, 폭격 조준기를 설정하고, 폭탄 재고량을 파악하느라 정신이 없었다. 그들은 앞으로 2개월간 우리가 오직 폭격 훈련에만 몰두하게 될 것을 눈치 채고 있었다. 편대장들도 부하 편대원들을 감독하느라 정신이 없었다. 우리가 해결해야 할 문제는 엄청나게 많았다. 너무 많아서 여기 일일이 다 적을 수가 없었다. 우리 비행대대에는 아직 낙하산도 없고, 메이 웨스트(구명복)도 없었다. 컴퍼스 키(compass key: 나침반의 정비에 쓰이는 작은 공구 - 역자 주)도 없었다. 그러나 불과 이틀 만에 새 비행대대를 창설하면서 필요한 모든 것이 다 제자리에 있기를 바랄 수도 없는 노릇이었다.

〈메리〉는 하루 종일 타자기를 두들기고 있었다. 파웰 원사는 대대원들을 면담하고 있었다. 새로 지급받은 항공기에는 지상 근무자들이 개미 떼처럼 잔뜩 들러붙어 있었다. 새로운 비행대대가 창설되었다는 소식을 들은 공군성에서는 느지막이 대대 번호를 부여해 주었다. 617이었다. 부대의 코드레터는 AJ로 정해졌다. 대대의 모든 항공기에 AJ 문자가 크고 붉은 글씨로 도장되었다.

위층에서 나는 우리 부대의 항공 승무원들을 면담했다. 한 승무조씩 들어왔다. 우선 기장들이 휘하 승무원들을 소개해 주었다. 그 이후 짧게나마 이야기를 나누면서 그들의 의견을 들을 수 있었다. 그들이 나가고 나면 또 다음 승무조를 면담하는 식이었다. 모든 승무조를 면담하고 나서, 그들 중 두 승무원의 기록이 마음에 들지 않는다는 것을 알았다. 물론 그 승무원들도 엄청난 경력을 갖고 있었지만, 인사 기록상 꺼림칙한 부분이 있었다.

나는 결국 그 두 승무원들을 다른 부대로 전속시켰다. 전쟁에서는 비정해져야 한다. 개인적인 느낌은 별 도움이 되지 않는다. 만약 도움이 된다면, 얼마나 도움이 되는지 효율을 따져 봐야 할 것이다.

다른 문제들도 있었다. 인사 문제부터 이야기해 보겠다. 항공 참모장은 여러 비행대대에게 최고의 인재를 우리 비행대대로 보내 달라고 했다. 그러나 그중에는 이를 부대 내의 골칫거리를 우리 부대로 보내 버릴 기회로 여긴 비행대대들도 있는 것 같았다. 내가 얼마 전까지 대대장으로 근무했던 제106비행대대에서도 우리 비행대대에 2명을 보냈는데, 둘 다 내가 다른 부대로 쫓아 버리려고 했던 인물들이었다. 나는 가급적 평정을 유지하려고 애쓰면서 제106비행대대 부관인 찰스에게 전화를 걸어 내 의견을 설명했다. 결국 그 2명은 제106비행대대로 돌아갔다. 다른 비행대대에서 보내 준 인물들 중에는 기혼에다 임신까지 한 공군 여성 보조 부대원 2명도 있었다. 그들 역시 내게는 도무지 쓸모가 없었다. 곧 출산 휴가를 받을 것이기 때문이다. 그 외에도 다른 비행대대들이 인사 문제를 둘러싸고 벌인 추잡한 짓들이 여러 가지 있지만, 다 적지는 않겠다.

세 번째 날, 모든 것이 다 준비되었다. 이제 언제라도 훈련을 시작할 수 있었다. 아무것도 부족한 것이 없었다. 이제 대대원들은 신뢰할 수 있는 사람들로만 채워졌다.

큰 격납고 한 동에 파웰이 지상 근무자 전원을 집합시켰다. 나는 〈험버〉 사제 군용 차량을 연단 삼아 그들에게 훈시를 시작했다. 훈시 내용은 공중 근무자들에게 했던 것과 거의 같았다. 보안이 제일 중요하다는 요지였다. 그 점에서만큼은 타협이 있을 수 없었다.

내 훈시가 끝나자 기지 사령관 찰스 휘트워스가 연단에 올라와서 제617비행대대의 스캠턴 기지 주둔을 환영한다는 말부터 시작했다. 그의 연설은 훌륭했다. 너무나 훌륭해, 그의 연설을 외워 두었다가 나중에 연설할 기회가 있으면 따라 하고픈 생각이 들 정도였다. 그러나 유감스럽게도 나는 그가 한 말을 거의 다 잊었다. 다만 다음 내용은 기억한다.

"여러분 중 많은 사람들은 노엘 코워드가 주연한 영화 〈토린호의 운명(원제 In Which We Serve)〉을 보았을 것입니다. 그 영화에서 구축함 함장으로 나온 코워드는 어느 수병에게 이렇게 묻습니다. '훌륭한 군함을 만드는 비결이 무엇인가?' 그러자 그 수병은 이렇게 대답합니다. '승조원들의 행복입니다.' 저 역시 여러분들이 행복하기를 바랍니다. 공군에 있는 여러분들은 모든 문장마다 '속박'이라는 동사를 넣어서 말합니다. 한 가지 약속하겠습니다. 여러분이 저를 속박하지 않는다면, 저 역시 여러분을 속박하지 않겠습니다!"

그날 오후 험프리스가 내게 왔다. 우리는 우리 부대의 첫 훈련 보고서를 작성했다. 한 일이 별로 없었기 때문에 보고서 내용은 짧았다. 그 내용은 다음과 같았다.

대대는 1943년 3월 20일 창설되었다. 그러나 훈련 시설은 동년 3월 25일에야 완비되었다. 그 사이 이틀 동안 제한적인 저공 크로스컨트리 훈련을 실시했다. 1943년 3월 22일 대대 내에 2개 편대를 편성했다. 그러나 시동용 배터리와 공구가 부족했다. 이 물품들이 제대로 갖춰진 것은 1943년 3월 26일이 되어서였다. 현재 대대에는 낙하산이 하나도 없다. 제57비행대대로부터 일부 낙하산을 대여해야 했다. 구명복도 없다. 그러나 우리 승무원들은 구명복 없이도 기꺼이 해상 비행을 한다. 대부분의 승무원들은 초저공 해상 비행 중 사고 발생 시 구명복이 있건 없건 마찬가지라는 것을 알고 있다. 대대의 보유 항공기는 모두 가동 상태다. 내일부터 전력 훈련이 가능할 것으로 예측된다.

최종 선발된 승무원 명단은 다음과 같다.

조종사	항공 기관사	항법사	통신사	폭격수	상부 기관총 사수	후방 기관총 사수
대대장기						
중령 깁슨 (DSO, DFC)	상사 풀포드	소위 태럼	대위 허치슨 (DFC)	소위 스패포드	대위 트레버 로퍼(DFM)	원사 디어링
A편대						
소령 영(DFC)	상사 호스팔	상사 로버츠	상사 니콜스	중위 맥코슬랜드	상사 요	상사 이보트슨
대위 애스텔 (DFC)	상사 키니어	소위 와일	상사 가쇼위츠	중위 홉킨슨	상사 가바스	상사 볼리토
대위 몰트비 (DFC)	상사 해튼	상사 니콜슨	상사 스톤	소위 포트	상사 힐	상사 시몬즈
대위 섀넌 (DFC)	상사 헨더슨	소위 워커 (DFC)	중위 굿데일 (DFC)	원사 섬터	상사 재거	소위 버클리
대위 발로우	상사 휠리스	소위 버지스	중위 윌리엄스	상사 길레스피	중위 글린즈	상사 리델
소위 라이스	상사 스미스	중위 맥팔레인	상사 고우리	원사 스레셔	상사 메이나드	상사 번즈
소위 오틀리	상사 마스덴	중위 바레트	상사 구터먼	원사 존슨	상사 티스	상사 스트레인지
소위 디발	상사 블레이크	중위 워릭	상사 심슨	상사 맥아더	상사 알라트슨	상사 머리
원사 브라운	상사 페네론	상사 힐	상사 휴스턴	상사 오언시아	상사 분테인	원사 맥도날드
상사 바이어스	상사 테일러	소위 워너	상사 윌킨슨	상사 휘테이커	상사 자비	상사 맥도웰
편대 폭격과장: 소위 포트, 편대 사격과장: 중위 글린즈, 편대 항법장교: 중위 맥팔레인						
B편대						
소령 모즐리 (DFC)	상사 마리오트	중위 어카트	상사 코탬	원사 풀러	중위 타이더리	상사 버로우스
대위 호프굿 (DFC)	상사 브로닌	중위 언쇼	상사 민친	원사 프레이저	소위 그레고리 (DFM)	소위 버처 (DFM)
대위 마틴 (DFC)	소위 휘테이커	대위 레고 (DFC)	중위 챔버스	대위 헤이 (DFC)	소위 폭슬리 (DFM)	원사 심슨
대위 먼로	상사 애플비	중위 럼블스	상사 피전	상사 클레이	상사 하워스	원사 위크스
대위 맥카시	상사 래트클리프	원사 맥린	상사 이튼	상사 존스턴	상사 바슨	중위 로저
대위 윌슨	상사 존슨	중위 로저	상사 미에트	소위 콜스	상사 페인	상사 혼비
소위 버피	상사 페글러	상사 제이	소위 웰러	상사 아더	상사 롱	원사 브래디
소위 나이트	상사 그레이스톤	중위 홉데이	상사 켈로우	중위 존슨	상사 서덜랜드	상사 오브라이언
원사 타운센드	상사 파웰	소위 하워드	원사 차머스	상사 프랭클린	상사 웹	상사 윌킨슨
원사 앤더슨	상사 패터슨	상사 누젠트	상사 비클	상사 그린	상사 이완	상사 벅
편대 폭격과장: 중위 존슨, 편대 사격과장: 중위 타이더리, 편대 항법장교: 중위 어카트						
대대 통신과장:	대위 허치슨 (DFC)					
대대 폭격과장:	대위 헤이 (DFC)					
대대 사격과장:	대위 트레버 로퍼(DFM)					
대대 항법장교:	대위 레고 (DFC)					
예비 승무원:	상사 윌리엄스 (상부 기관총 사수)					

다음 날 아침 일찍부터 우리는 훈련을 시작했다. 우선 대대장실에서 회의가 있었다. 이제는 대대장실에도 이런저런 물건들이 많이 들어왔다. 누군가가 카펫을 구해다가 바닥에 깔아 주었다. 딩기, 해리, 잭 레고, 봅 헤이가 각자 의자를 갖고 둥글게 모여 앉았다.

나는 이런 말부터 시작했다.

"비행단장께서는 우리가 할 저공비행 훈련 내용을 듣고 말도 안 되는 짓이라고 하셨지. 하지만 우선 고도 150피트(45m)부터 시작할 생각이다. 교외의 나무를 치면 안 되니까 말이지. 그다음 관측대를 귀찮게 하지 않도록 10개의 표준 항로로 가 볼 생각이다. 훈련하기 좋은 지역은 나중에 알려 주겠다. 어떤 항로부터 훈련해도 좋다. 하지만 3시간 이상 계속 훈련해서는 안 된다. 요즘처럼 난기류가 심한 계절에는 훈련하기가 매우 어려울 것이다. 나는 주야간을 막론한 작전 능력을 얻고자 한다. 따라서 이륙 후 황혼이 찾아오고, 승무원들에게 월광 비행 훈련을 시키는 식으로 시간표를 잡아도 된다. 또한 모든 항법사는 대대 차트에 자신들이 갈 항로와 항법사 이름을 기입하기 바란다. 그래야 대대에서 자네들의 훈련 일정을 알 수 있다."

나는 항법사 잭에게 뭔가 문제가 없는지 물었다. 잭은 문제가 있다고 대답했다. 그래서 우리들은 그 문제 해결을 위해 토론했다. 우선 지도에 문제가 있었다. 우리 항공기는 초저공 초고속 비행을 하게 된다. 이 때문에 대축척 지도가 필요했다. 하지만 그러면 항법사가 넘겨 보는 수고를 하게 된다. 그래서 낱장 지도가 아닌 두루마리 지도가 필요했다. 이건 따로 생산되는 게 없었으므로 우리가 직접 만들어야 했다. 잭은 모든 항법사에게 두루마리 지도를 만들게 하겠다고 말했다. 또한 저공 항법 기술도 다듬어야 했다. 잭은 이렇게 말했다.

"저공으로 비행해서 독일이나 다른 나라 영토로 깊숙이 들어갈 경우 전파를 통한 항법 지원은 받을 수 없습니다. 따라서 철저히 독도법으로만 항법을 해결해야 한다고 봅니다. 항공기 승무원 중 폭격수가 가장 지도와 실제 지형을 잘 대조할 수 있다고 생각합니다. 항법사는 지도만 열심히 보면 되고, 상부 기관총수와 항공 기관사가 필요시 항법을 도와주면 됩니다. 이렇게 하면 눈 8개가 표지물를 찾게 됩니다. 그러면 쉽게 항법을 할 수 있습니다."

나는 그의 의견에 동의했다. 그가 자신의 업무에 관해 제시한 다른 많은 의견에도 동의했다. 그다음 나는 딩기에게 잠시 추가 훈련 감독을 맡겼다. 내가 남쪽으로 출장을 가야 했기 때문이다.

나는 운전병을 대동하고 차를 타고 출발했다. 우선 그랜섬부터 들러 항공 참모장을 만났다. 그는 이렇게 말했다.

"남쪽으로 출장을 보낼 거야. 가서 이번 프로젝트를 위해 일하고 있는 어느 과학자를 만나라고. 그 사람이 필요한 것은 뭐든 거의 다 보여 줄 거야. 그러나 그것들에 대해 알고 있는 사람은 비행단장님, 나, 그 외에 5명뿐임을 명심하라고. 자네가 그것들을 세상에서 여덟 번째로 보는 사람이 될 거야. 보안의 중요성은 또 거듭 말할 필요가 없겠지. 우리의 생명이니까."

우리는 구절양장의 그레이트 노스 로드를 따라 남쪽으로 내려갔다. 북쪽으로 가는 군 호송대 빼고는 차량이 거의 다니지 않았다. 런던을 지나쳐 남부 지방까지 갔다. 그리고 어느 오래된 시골 기차역에 도착하자 운전병은 나를 내려 주었다. 나는 그 역에서 기차를 탔다. 내 최종 목적지는 철저한 비밀이었기에 운전병조차도 알지 못했고, 따라서 끝까지 태워 줄 수 없었던 것이다. 30분 후 나는 어느 키 큰 사나이를 만났다. 그 사나이의 이름은 〈무트〉라고 했다. 무트는 어느 유명한 항공기 제작 회사의 선임 시험비행 조종사였다. 그는 우리 공군의 가장 강력한 폭격기 여러 종의 시제품 시험

책임자이기도 했다. 우리는 그가 타고 온 피아트 차량을 타고 꽤 오래 달렸다. 우리 모두 차 안에서 한 마디도 말이 없었다.[167] 그는 나처럼 어린 사람이 나올 거라고는 생각하지 못한 것 같았다. 나도 군인이 아닌 민간인이 나올 줄은 몰랐다. 우리 둘 다 앞으로 어떤 일을 하게 될지 궁금해 하고 있을 거라고 생각했다. 우리는 어느 오래된 컨트리 하우스에 도착했다. 여기서 통행증 점검이 두 번이나 있었다. 나는 그날 아침 우리 항공 참모장이 준 연한 모래색의 특별 통행증(7호)을 꺼내 보여 주었다. 맨 마지막으로 2명의 다부진 체격의 경찰관이 3세 번째로 통행증 점검을 한 후에야 우리를 이 이상한 곳으로 들여보내 주었다. 어두운 조명의 긴 복도를 지나 역시 어두운 계단을 내려갔다. 계단을 계속 내려가 지하로 들어갔다. 무트는 길을 아는 것 같았다. 우리는 결국 어느 큰 철문에 다다랐다. 그 철문 앞에는 또 2명의 경비원이 서 있었다. 그들도 우리의 통행증 검사를 했다. 그들은 매우 주의깊었다. 두 경비원 중 한 사람이 철문을 열자 우리는 그 속의 연구실 비슷한 방으로 들어갔다. 그곳은 앞서의 어둑한 복도보다 훨씬 밝았다. 나는 그 밝은 조명에 적응하느라 눈을 깜박였다.[168]

---

167) 이날 깁슨이 중간에 들린 기차역은 웨이브리지 역이었다. 그리고 그곳에서 만난 조종사 〈무트〉의 정체는 영국 공군 예비역 대위 조셉 섬머즈였다. 섬머즈는 빅커스 암스트롱 사와 수퍼마린 사에서 선임 시험비행조종사를 지냈다. 당시에는 웨이브리지 역 인근에서 피아트 토폴리노 차량을 몰고 다니는 땅딸막한 덩치의 섬머즈를 쉽게 볼 수 있었다. 〈무트〉라는 별명으로 유명한 그는 1924년에 조종 면장을 획득했고, 공교롭게도 제29비행대대에 근무했다. 이후 그는 마틀스햄 히스 기지에서 군 소속 시험비행 조종사로 근무했다. 그는 1929년 군을 제대한 후 빅커스 사에 입사했고, 1936년에는 스피트파이어 시제품을 조종했다. 제2차 세계대전 전 그는 윌리스가 설계한 웰슬리, 웰링턴, 워릭, 윈저 등의 항공기를 조종해 보았다. 제2차 세계대전이 종결된 후 그는 바이킹, 바이카운트, 밸리언트 등 빅커스 사가 개발한 여러 민항기 및 군용기를 조종했다. 그는 1954년, 수술 후 합병증으로 50세를 일기로 타계했다. 그는 총 366개 기종 5,600시간을 비행했다.

168) 1940년 9월 4일 빅커스 사의 브루클랜드 공장이 폭격당해 많은 사상자가 발생했다. 이틀후 이 공장은 또 폭격을 당했다. 자동차 경기장을 사이에 두고 이웃한 호커 사의 공장을 독일 공군이 폭격했기 때문이었다. 이에 윌리스와 빅커스 사 설계과는 18세기 조지 왕조식 맨

거기서 만난 사람에 대해 자세히 묘사하지는 않겠다. 그 사람이 싫어할 테니까 말이다. 그 사람의 이름은 〈제프〉라고 부르겠다. 물론 가명이다. 그는 과학자였다. 또한 매우 현명한 항공기 설계사였다. 너무 젊지도 늙지도 않은 나이였지만 조용하고 성실하며 매우 열심히 일하는 사람이었다. 뒷방에서 연구만 한 그의 실체에 대해서는 전쟁이 끝날 때까지 거의 알려지지 않을 것이다. 솔직히 그런 사람들의 이야기가 완전히 밝혀지는 날이 올지도 의심스럽다. 그는 도수 높은 안경 너머로 주의깊게 주위를 둘러보았다. 그러다가 갑자기, 그러나 평온한 어조로 말을 시작했다.

"여기 오신 것을 환영합니다. 물론 여기 뭐가 있는지는 전혀 모르고 오셨겠지요?"[169]

"전혀 모릅니다. 좀 무섭기까지 하군요. 저희 항공 참모장께서는 여기 오면 거의 모든 것을 다 알게 될 거라고 하셨습니다. 뭐가 됐든 간에요."

그는 눈썹을 치켜올렸다.

"그렇다면, 설마 폭격하실 표적이 뭔지도 모르신다는 말씀입니까?"

"그것도 전혀 모릅니다."

"좀 이상하군요. 아니 많이 이상해요."

"하지만 항공 참모장께서..."

"나도 알아요. 하지만 이 임무에 대해 아는 사람은 극소수지요. 그리고 그 사람들도 이 명부에 이름이 없는 사람들에게는 임무에 대해 말할 수가

션인 버릴 골프 클럽 클럽하우스로 대피했다.

169) 월리스가 댐 파괴 폭탄을 설계했다는 사실은 전쟁이 끝날 때까지 보안상 일반에 공표되지 않았다. 이 사실이 드러난 것은 1951년 폴 브릭힐의 책 〈The Dam Busters〉가 출간되고 나서였다. 이 때문에 깁슨도 가명을 사용했다. 이미 앞에서 〈무트〉를 사용했으니, 〈제프〉를 사용하는 것이 잘 어울릴 거라고 생각했을 것이다. 〈무트〉와 〈제프〉는 미국 만화 〈무트와 제프〉의 주인공으로, 1917년부터 영국들에게도 잘 알려져 있었다.

없어요."

그러면서 그는 명부를 하나 집어 보여 주었다. 그 명부에 적혀 있는 이름은 정말 몇 개 되지 않았다.

무트가 끼어들었다.

"거 참 바보 같군요."

"저도 압니다. 하지만 어쩔 수 없어요. 아무튼 여기 오셨으니까, 가능한 만큼은 설명을 해 드리겠습니다. 제가 알려 드리지 않은 부분은 돌아가셔서 비행단장님께 여쭈어 보시기 바랍니다."

나는 그에게 알겠다고 말했다. 그리고 매우 호기심어린 마음가짐으로 그의 설명이 나오기를 기다렸다. 결국 그는 말을 다시 시작했다.

"적 영토의 주요 군사 표적 중에는 항공 공격에 매우 취약한 것이 있습니다. 하지만 그런 표적들도 대량의 폭약을 매우 정확히 명중시켜야 반파 또는 완파를 시킬 수 있습니다. 구체적으로 어떤 표적들을 말씀드리는지 더 잘 아실 거예요. 교량, 잠수함 방공호, 주력함 등이지요. 저는 그런 표적들을 오랫동안 연구해 왔습니다. 하지만 문제는 매우 심각했습니다. 정말 심각했어요. 무엇보다도, 그런 표적들을 파괴할 만큼 많은 폭탄을 싣고 충분한 속도를 낼 수 있는 항공기가 없었습니다. 다행히도 랭커스터 폭격기가 나온 덕택에 그 문제는 해결되었습니다. 하지만 또 다른 문제가 있었지요. 폭탄에 말입니다. 그런 표적을 파괴하려면 우선 탄약이 폭탄이 되었건 기뢰가 되었건 아주 커야 돼요. 그러나 또한 조준점으로부터 불과 몇 야드 이내에 정확하게 탄착시켜야 돼요. 여기서 세 가지 문제가 생기지요. 그런 정밀 폭격을 하려면 고도는 300피트(90m)가 넘으면 안 돼요. 그러나 그렇게 큰 폭탄을 그 정도 고도에서 떨어뜨리면, 폭탄의 폭발에 폭격기가 휘말려 파괴될 위험이 있어요. 그렇다고 폭격 고도를 높이자니 명중률이 떨어지게 되죠. 정말 지독한 악순환이에요. 나머지 두 가지 문제는 저공비행하는 우리 비행기를 노리는 적의 대공포화와 방공 기구 등 대공 설비, 그리고 저공 수상 비행의 어려움이지요."

"저공 수상 비행이요?"

"네. 수면이 잔잔하고 안개가 자욱이 낀 한밤중이나 이른 새벽에 하셔야 해요."

나는 그런 식으로 접근해야 할 표적이 뭔지 상상하기 시작했다. 전함 〈티르피츠〉일까? 아니면 U보트 방공호? 이렇게 위험하게 비행하다가는 내 목숨조차 장담할 수 없을 텐데. 제프의 설명은 계속 이어졌다.

"한두 달쯤 전에 전시 내각은 이러한 어려움을 무릅쓰고, 표적을 파괴할 방법을 찾으라는 명령을 내렸어요. 그래서 우리는 그 방법을 찾기 위해 열심히 연구했지요. 그 결과 무트와 나는 폭탄를 특수하게 사용하면 된다는 결론을 얻었어요. 하지만 그 구체적인 방법에 대해서는, 제가 설명하는 것보다는 직접 한 번 보시는 편이 나을 거예요."

실험실의 조명이 꺼졌다. 그리고 작은 화면이 켜지면서 영화가 상영되었다. 영화의 제목은 〈극비 실험 제1호〉라는 간단한 것이었다. 영화가 시작되자 항공기가 한 대 나왔다. 그 항공기는 무슨 강어귀 같은 곳에서 바다를 향해 빠르게 강하했다. 고도 200피트(60m) 정도가 되자 그 항공기는 수평 직선비행을 시작하더니 폭발물 같은 거대한 원통형 물체를 바다로 떨어뜨렸다. 나는 놀랐다. 그 원통형 물체가 착수하면서 일으킨 폭발로 항공기도 산산조각이 날 거라고 생각했기 때문이다. 그러나 바다에 떨어진 그 물체는 폭발하지 않고, 수면에 튕겨 날아갔다. 한 번 튕기고 날아갔다가, 수면에 닿자 또 한 번 튕겨 날아갔다. 마치 돌맹이가 물수제비를 뜨듯이 말이다. 그런 표현으로밖에는 설명할 길이 없다. 물체를 투하한 항공기는 차분히 제 갈 길을 갔다.170) 그다음에 비슷한 실험 장면이 더 많이 나왔다. 영화가 상영되면서 무트와 제프의 설명이 곁들여졌다. 그러나 내 눈에는 매번 모든 것이 완벽히 이루어지는 것처럼 보였다. 그리고 무엇보다도, 표적에 기가 막히게 정확히 명중했다. 영화가 끝나자 화면이 새하얘지면서 다시 실내 조명이 들어왔다. 제프의 말이 이어졌다.

"방금 보신 것은 앞서 말한 문제점을 극복하기 위한 특수 폭탄입니다. 그리고 보시다시피 정확하게 작동합니다. 그러나 유감스럽게도 이건 실전에 투입될 폭탄의 1/4 크기입니다. 폭탄의 크기를 키운다면 알지 못했던 새로운 문제들이 많이 드러날 거라고 생각합니다."

나는 끼어들었다.

"그럼, 실전용은 아직 만들지 않았다는 말인가요?"

"아직 없죠. 첫 실전용 폭탄은 앞으로 1주일 후에 완성될 것입니다. 그 물건을 투하할 개조형 랭커스터도 그때 완성됩니다. 아브로 항공기 제작사는 이런 특수한 개조를 엄청나게 단시간 내에 해냈어요. 그 회사 공장에서는 사람들이 24시간 근무하는 것 같아요. 저는 이제 중령님에게 한 가지 여쭙고 싶은 게 있습니다. 다음 조건에 맞춰서 비행이 가능하십니까? 이 물건을 제대로 사용하려면 시속 240마일(444km)의 속도, 고도 150피트(45m)를 유지해야 합니다. 그 상태로 수평직선비행을 계속하면서 표적 앞 2,000피트(600m) 지점에서 투하해야 합니다. 투하 지점이 거기서 몇 야드 이상만 차이가 나도 안 맞을 겁니다."

---

170) 깁슨이 본 기록 영화는 체실 해안, 그리고 아마도 테딩턴 시험 수조에서 진행된 초기 실험 장면이었을 것이다. '업키프' 폭탄의 작동 특성은 1954년 영화 〈댐버스터〉에서 묘사될 때까지 일반에 공표되지 않았다. 이 영화에서는 실제 실험 장면을 가져다 썼으나, 폭탄이 회전한다는 사실을 숨기기 위해 필름 속 폭탄에 따로 검은 칠을 했다. 폭탄의 모습도 실물은 유럽식 원통형 대형 치즈 모양인데, 영화 속에서는 영판 다르게 묘사되었다. 아브로 사가 이 작전을 위한 랭커스터 개조 설계도를 공개한 것은 1962년의 일이었다.

어려운 비행이지만 해 볼 만한 가치는 있다고 생각했다. 가급적 빨리 대답을 주겠다고 제프에게 말했다. 그리고 나는 그 자리를 떠났다. 그 이상한 실험실을 벗어나 탁 트인 하늘 아래 다시 섰다. 머트가 나를 기차역까지 태워다 주었다. 그리고 4시간 후 나는 스캠턴 기지에 돌아왔다.

돌아왔을 때 모든 대대원들은 비행 중이었다. 나는 니거를 데리고 오랫동안 산책을 하며 이런저런 생각을 했다. 사색을 하기에는 산책이 최고였다. 그러나 이번에는 아무리 걸으며 생각을 해도 문제를 해결할 수 없을 것 같았다. 토끼를 쫓는 니거는 세상에서 유일하게 행복한 존재 같았다.

다음 날 나는 부하들과 또 회의를 했다. 나는 이번 임무에 필요한 정확도와 비행 고도를 설명해 주었다. 그러나 내가 본 의문의 무장에 대해서는 말하지 않았다. 부하들은 문제점을 찾아냈다. 딩기가 말을 시작했다.

"가장 큰 문제는 그런 훈련을 야간에 해야 된다는 거예요. 실작전도 유월광 상태나 연무가 많이 낀 야간에 하게 되겠죠. 그렇지요?"

나는 나도 그렇게 될 거라고 생각한다고 말해 주었다.

"자네도 알다시피 그런 훈련을 하기에는 우리나라의 자연 조건이 문제가 많아. 야간 유월광 상태인 날이 그리 많지가 않아. 설령 월광이 있어도 비행기를 띄울 날씨가 안 되는 날도 많지. 때문에 그리 많은 훈련을 할 수가 없어. 일단 여건이 되는 날은 최대한 훈련하고, 그렇지 않은 날은 일종의

특수 폭탄을 탑재하도록 개조된 랭커스터 III ED825/G기(M. J. 보이어)

합성 야간 비행 훈련을 하는 수밖에."

헨리가 질문했다.

"항공 참모장께서 혹시 검은색 선글라스를 끼고 훈련하라고 하셨나요?"

"나도 그렇게 해 봤는데 별로 좋지가 않아. 계기가 잘 안 보여. 하지만 우리 공군이 특수한 합성 야간 비행 방법을 개발했다고 알고 있다네. 항공기의 모든 유리창을 파랗게 칠하고, 승무원들은 노란색 고글을 착용하는 거야. 파란색과 노란색은 보색 관계라든가, 아무튼 그렇기 때문에 그렇게 하고 주간 비행을 하면 야간에 달빛 아래에서 비행하는 것 같은 효과를 얻을 수 있다는군."

"괜찮은 방법 같군. 항공 참모장님께 필요한 물건을 달라고 해 보자고."

헨리는 나갔다가 잠시 후 들어왔다.

"항공 참모장님께 다녀왔습니다. 필요한 물자는 포드 기지에 있다고 합니다. 우리 대대가 최우선 보급 순위라고도 하셨습니다. 정비대 인원이 모이는 대로 일단 3대의 항공기를 개장한 다음 바로 훈련을 시작할 수 있습니다. 항공 참모장님은 물자를 확보하자마자 전화를 주시겠다고 하셨습니다."171)

그다음 잭 레고가 항법 문제를 다시 들고 나왔다. 어떤 항로를 타게 될지 잘 생각해 봐야 한다. 실 작전 시 수로 상공으로 가는 것과 호수 상공으로 가는 것 중 어느 것이 더 쉽겠는가? 훈련하는 항공기에 폭격수를 1명 더 태

---

171) 이 방식은 〈2단 청색〉이라고 불린다. 보색 필터를 이용한 방식이다. 랭커스터의 캐노피 안쪽에 청색 방풍유리를 끼우고, 조종사와 폭격수에게 노란색 고글을 씌우면 항공기 내부는 주황색조로 보이게 된다. 또한 실제 야간 비행 때와 마찬가지로 항공기 내부가 외부에 비해 더욱 뚜렷이 보이게 된다. 노란색 고글을 쓰지 않는 승무원 1명이 파란색 캐노피를 통해 조종석 밖을 관측하면서 '안전 조종사' 역할을 하게 된다. 이 방식은 효과가 좋았고, 유월광 상황을 잘 재현했다. 그러나 일부 조종사들은 이 방식으로 비행할 경우 실제 야간 비행 조건에 비해 여전히 밖이 너무 잘 보인다고 지적했다.

워서 더 많은 훈련 효과를 내도록 하면 어떨까? 이미 대대원들은 하루에 8시간씩 비행하고 있었다. 그 정도면 엄청나게 많은 비행량이었다.

그다음에는 봄 헤이가 말을 꺼냈다. 실 작전에 사용할 장비가 아직 없으므로, 많은 훈련을 해야 한다는 점은 그도 이해했다. 그러나 해상 항법에 필수적인 부양 조명탄이 없다. 그리고 폭격 훈련장에는 어떤 표적을 가져다 놔야 하는가? 그리고 새벽에서 황혼까지 중 어떤 시간대에 주로 훈련을 해야 하는가? 믿음직한 항공 참모장이 이 모든 문제를 해결해 주었다. 그는 마치 사무실에서 숙식을 해결하는 사람 같았다.

트레버 역시 문제를 토로했다. 그는 기관총 사수들의 기량을 최고로 높이고자 했다. 저공 폭격 시에는 지상의 적에게 기관총을 쏴서 명중시킬 수 있어야 한다. 그래서 그는 연소거리가 가장 긴 예광탄을 달라고 주문했다. 우리 항공기에서 쏘는 건 303구경 기관총탄이지만, 강력한 예광탄을 쓰면 적 대공포 사수들에게는 마치 기관포탄처럼 무섭게 보일 수 있다. 그가 요구한 예광탄은 구하기 어려웠다. 그러나 항공 참모장이 구해 주었다.

허치는 아직 이 작전에 대해 개념을 제대로 못 잡는 것 같았다. 그는 우리 대대의 통신사들이 뭘 어떻게 하면 되는지도 모르는 것 같았다. 그래서 나는 그에게 말해 주었다.

"괜찮아. 허치. 우선 통신사들의 기량을 최상으로 유지시키라고. 그러고 나면 자네 차례가 올 거야. 이제 중요한 사항을 전달하지. 정비사들과 이야기해 보니, 라디에이터에 나뭇잎과 나뭇가지가 박힌 채로 귀환하는 항공기들이 간혹 있다고 한다. 그건 그 항공기들이 너무 낮게 날았다는 얘기야. 쓸데없이 낮게 날지 않도록 해라. 그러다가 잘못하면 죽는다. 우리 기지의 헌병대장도 규정 이하 고도로 비행하는 항공기들을 단속하고 있다. 물론 이번 작전에서는 저공비행을 해야 하므로 그에 걸맞은 훈련은 해야 한다.

그러나 마을과 비행장 상공에서의 저공 훈련 비행은 안 된다. 들판에 있는 경찰관 등 민간인들의 머리 위로 저공 훈련 비행을 해서도 안 된다. 그런 행동을 하는 대대원이 있다면 엄벌에 처하겠다. 그리고 괜찮다면 저수지 상공에서 시험 비행을 해보고 싶다. 이번 작전이 과연 가능한지 알아보기 위해서 말이지."

30분 후, 우리는 믿음직한 〈조지〉 기에 몸을 싣고 셰필드 인근 더웬트 워터 저수지를 향해 날고 있었다. 이 저수지는 페닌스에 있었다. 고지로 둘러싸여 있었고, 인근 공업지대에서 오는 연무가 적당히 덮여 있어 훈련에 안성맞춤 같았다. 게다가 이 계곡에는 바람이 거의 불지 않고 평온했다. 제프가 한 말을 기억하면서, 우리는 정확한 대기 속도를 유지하면서 고도를 최대한 150피트(45m)에 가까이 유지하려고 애썼다. 호피가 내 옆에 앉아 있으면서 고도 제어에 도움을 주었다. 고도를 유지하면서 훈련탄을 투하했다. 그다음 기체를 돌려 양옆에 고지를 두고 계곡을 따라 날아갔다. 그다음 상승하고 나서, 같은 훈련을 또 했다. 그런 훈련을 여러 차례 한 결과 우리는 이 일이 매우 쉽다는 것을 알게 되었다.[172]

그러나 시간이 지나자 밤이 황혼을 앞세우고 다가오고 있었다. 계곡에는 안개가 들어차기 시작했다. 덕분에 시정이 1마일(1.85km) 정도로 줄어들었다. 우리는 환경이 바뀌어도 계속 같은 훈련을 했다. 이번에는 훈련하기가

---

172) 깁슨이 말한 더웬트 워터는 레이크 구에 위치한 같은 이름의 더웬트 워터와 헷갈려서는 안 된다. 깁슨의 훈련은 셰필드 동쪽의 더웬트 계곡에 있는 더웬트 저수지와 하우덴 저수지 상공에서 진행되었다. 두 댐에는 모두 댐 벽 꼭대기에 탑이 있다. 그러나 크기 면에서는 뫼네 댐과 에데르 댐에 비교가 되지 않는다. 1955년 영화 〈댐버스터〉에서도 더웬트 계곡에서 훈련이 진행되었다고 묘사하고 있다. 그러나 이 때문에 제617비행대대가 콜체스터의 아이브 루크 저수지, 상 어핑햄 저수지, 애버턴 저수지도 주요 훈련장으로 사용한 사실은 묻히고 말았다. 영화와 이 책에서 묘사된 바와는 달리, 제617비행대대는 훈련 중 저수지에 훈련탄을 투하한 적이 없다.

뫼네 댐과 주변 지역을 묘사한 브리핑용 축소 모형

그리 좋지 않았다. 낮에 청색으로 보이던 저수지의 물은 이제 흑색으로 보였다. 자칫하면 비행기를 수면에 충돌시킬 뻔했다. 스펨도 이렇게 말할 정도였다.

"세상에! 엄청 위험합니다."

이 때문에 나는 딩기에게, 고도를 정확히 측정할 수 있는 장비가 없다면 이런 공격은 거의 불가능하겠다고 말했다. 호피도 이렇게 반문했다.

"왜 하필 이런 저고도로 날아야 돼요?"

"사실 나도 그게 짜증난다네. 내가 만난 과학자 말로는 정해진 속도와 고도를 정확히 지켜야 신무기를 정확히 명중시킬 수 있다고 했어. 바로 그게 문제야."

다음 날 비행단장이 나를 호출했다. 그의 사무실로 들어가자 바닥에 3개의 큰 상자가 보였다. 비행단장은 내게 드라이버를 하나 쥐어 주며 이렇게 말했다.

"이 상자 속에 들어 있는 것들은 자네가 폭격할 표적들의 축소모형들이라네. 하지만 이 표적들의 위치가 어딘지, 표적들의 정체가 뭔지는 내가 설명하지 않을 거야. 뭐, 이거 봐도 솔직히 알아챌 수는 없겠지만. 제프는 나

한테 이렇게 거듭거듭 말했어. 자네는 표적에 대해서 제대로 알아야 부하들을 훈련시킬 수 있다고 말이지. 그래서 표적에 대한 자세한 설명은 제프한테 맡길 거야. 하지만 반드시 명심해 둘 사항이 있어. 공격 전날까지는 비행대대 내 누구에게도 표적에 대해 자세한 내용을 얘기해서는 안 된다는 점이야. 그럼 이제 이 상자들을 열어 보기로 하지."

그 상자에는 〈취급 주의-파손 주의〉라는 문구가 적혀 있었다. 나는 전문적인 목수는 아니었기 때문에 서툰 손놀림으로 드라이버를 돌려 상자를 열었다. 모든 나사를 다 풀고 묵직한 뚜껑을 제거해 내자, 그 속에 들어 있던 축소 모형들이 모습을 드러냈다. 작전 현장에 있는 가장 작은 나무 한 그루까지 정밀하게 재현된 모형들이었다. 그걸 본 내 첫 느낌은 이랬다.

"전함 〈티르피츠〉가 아니어서 다행이야!"

그 모형들은 내가 전혀 예상치 못했던 표적을 재현하고 있었다. 댐, 그것도 아주 큰 댐이었다.[173] 비행단장의 말이 다시 이어졌다.

"이제 뭘 공격하게 될지 알았지? 빨리 비행기를 타고 제프를 만나러 가게. 그리고 언제 복귀할 수 있는지도 말해 줘."

제프 교수는 자신의 사무실에 있었다. 그는 나를 다시 만나게 되어 기쁜 듯했다. 그는 이런 질문을 했다.

"시험을 해 보니 어떠셨습니까?"

나는 주간에는 매우 쉬웠지만, 야간에는 매우 어려웠다고 이야기해 주었

---

173) 깁슨이 코크란의 사무실에서 본 모형은 아마 뫼네 댐과 조르페 댐의 것뿐이었을 것이다. 승무원 브리핑 시점까지도 에데르 댐 모형은 완성되지 않았기 때문이다. 대신 에데르 댐의 정보는 표적 폴더를 통해 전달되었다. 이 폴더에는 표적과 인근 지역을 2도(흑백과 적색) 인쇄한 폭격수용 대축척 표적 지도, 댐의 지상 사진(전쟁 전 독일에서 발행한 사진 엽서에서 발췌), 최근 촬영한 정찰 사진 등이 수록되어 있었다.

다. 야간에 수면 상공 150피트(45m) 고도를 유지하면서 나는 건 거의 불가능해 보인다고 말했다.

"그래도 날개 끝은 보이지 않았습니까?"

"보였지요."

"좋습니다. 이제 일을 계속해 보지요. 무트, 〈다운우드〉 파일 좀 가져다주시겠어요?174)"

"〈다운우드〉가 뭡니까?"

"우리가 수행할 작전의 암호명이지요. 비행단장께서는 당신에게 표적을 알려 줘도 된다고 허가하셨습니다."

그때 든 내 기분을 간단하게 설명하기는 어려웠다. 나는 그 댐들이 어디 있는지도 몰랐기 때문이다. 비행단장은 연무와 공장의 연기가 작전 지역으로 흘러들어올 것이며, 작전 지역의 날씨는 너무 덥지는 않을 거라고 이야기했다. 무트는 내게 담배를 한 대 주었다. 제프는 파일을 열더니 말을 시작했다.

"비행단장님 사무실에서 보신 모형 속 댐은 루르 계곡에 위치한 대형 배리지 댐입니다. 예전에 저희 연구소에서 보신 무기의 암호명도 〈다운우드〉지요. 저는 그 무기를 매우 정확하게 사용하면 이 댐들을 격파할 수 있을 거라고 주장했지요."

----

174) 윌리스가 제시한 개념은 〈골프〉 기뢰라는 이름으로 잘 알려졌다. 1943년 봄 두 가지 버전이 동시에 개발 중이었다. 이 중 더 큰 버전에는 '업키프'라는 이름이 붙었다. '업키프'의 초기 중량은 11,000파운드(5톤), 직경 79인치(200cm)였다. 원통형인 이 폭탄은 목제 외피가 원통형 코어를 감싸고 있었다. 작은 버전인 〈하이볼〉은 중량 950파운드(431kg), 직경 35 인치(89cm)로, 드 하빌랜드 모스키토 항공기에 탑재가 가능한 대함 공격용이었다. 특히 독일 전함 〈티르피츠〉 공격을 염두에 두고 만들어졌다. 더욱 발전된 버전인 〈베이스볼〉은 어뢰정에서 발사하는 것이었다. 댐 공격 작전의 암호명은 〈응징(Chastise)〉, 〈티르피츠〉 공격 작전의 암호명은 〈하인(Servant)〉이었다. 그러나 〈하인〉 작전은 실행되지 않았다. 깁슨이 사용한 〈다운우드〉라는 이름은 사실 '업키프'의 위장 명칭으로 제안되었던 것이다.

"댐을 격파하려면 보여 주신 폭탄보다 더 작은 폭탄으로도 충분하지 않을까요?"

제프는 웃으면서 대답했다.

"절대 안 됩니다. 그런 생각을 하시는 분들이 의외로 많더군요. 그런 분들은 댐이 그 자체의 아치형 모양만으로 물을 가둬 놓을 수 있다고 알고 계시는 경우가 많아요. 물론 그런 댐들도 있기는 있죠. 볼트 댐들이 그렇습니다. 그러나 우리가 공격할 댐은 배리지 댐이에요. 중력 댐이라고도 하죠. 배리지 댐은 댐 자체의 무게로 물을 가둬 놓습니다. 이 댐들은 콘크리트와 벽돌로 이루어져 있고 두께는 140피트(42m), 높이는 150피트(45m)입니다. 그러니 이런 댐에 조그맣게라도 구멍을 내려면 실로 엄청난 부피의 벽체를 날려 버려야 합니다. 하지만 본격적인 이야기는 이제부터 시작입니다."

나는 주의깊게 그의 말을 들었다.

"아시다시피 루르 계곡은 독일 전국에서 가장 큰 공업 지역입니다. 독일의 주요 석탄 회사와 철강 회사들의 공장이 이곳에 몰려 있기 때문입니다. 물론 저도 독일의 공장 상당수가 다른 곳으로 분산 이전했다고는 들었습니다. 그러나 이곳 루르 공업지역에 있던 중공업 시설들은 그리 많이 옮기지 못했습니다. 이 때문에 루르 계곡은 아직 중요도가 높은 표적입니다. 그리고 이 루르 계곡에는 독일의 입장에서 볼 때 매우 중요한 약점이 있습니다. 바로 수자원이죠. 루르 강은 유량이 너무 작습니다. 그리고 라인 강은 너무 멀리 있어서 에센, 도르트문트 같은 대도시를 지원해 줄 수가 없습니다. 이 때문에 1911년 독일은 이 문제를 절감하고, 루르 강이 흐르는 뫼네 계곡을 막는 대형 배리지 댐을 건설했지요. 이걸로 강을 막고, 빗물을 받아서 루르 저수지를 만든다는 게 이 댐의 중심 개념이에요. 이렇게 모인 물을 여름에 점차적으로 방류하면서 예비 용수로 사용하는 거죠. 그러면 강의 수위도 늘 일정하게 유지할 수 있고, 이 일대 산업용수와 가정용수를 공급하는 지하수층도 보호할 수 있어요. 댐이 세워지기 전에는 그 지하수층은 고갈되기 직전까지 갔어요. 또한 루르 강 하류의 수상 교통도 개선해 주고, 겨울철의 범람도 막아 주고, 물을 언제나 일정하게 흐르게 해서 수력 발전도 가능해요."

그의 말 계속되었다.

"당연한 얘기지만 독일인들은 이 댐을 매우 자랑스러워해요. 제가 봐도 고딕 양식을 적용한 매우 아름다운 건축물이에요. 댐의 폭은 850야드(765m), 두께는 140피트(42m)입니다. 높이는 두께와 비슷해요. 그리고 이 댐으로 인해 생성된 저수지의 길이는 약 12마일(22km), 그 속에 갇혀 있는 물의 무게는 1억 4천만 톤입니다. 독일인들은 이 댐을 지으면서 근처에 다른 댐도 지었어요. 〈조르페〉 댐이에요. 〈조르페〉 댐은 〈뫼네〉 댐에 비해 크기가 훨씬 작아요. 그리고 일부 흙으로 만들어져 있어요. 이게 무슨 말이냐 하면, 댐의 양측이 길이 600피트(180m) 정도의 경사진 흙둑이고, 그 흙둑이 댐의 가운데 부분만 수밀 콘크리트 코어를 지지하고 있다는 얘기예요. 〈뫼네〉 댐과 〈조르페〉 댐 사이에는 루르 계곡에 흐르는 물의 양 중 75%가 저장되어 있어요. 이 댐들이 파괴되어 뚫릴 경우 이 지역의 음료수와 공업용수는 씨가 마르게 돼요. 또한 신속히 파괴될 경우 홍수가 일어나요. 그 홍수로 인한 피해는 이 전쟁 중에 이 지역이 입었던 모든 피해를 합친 것보다도 더욱 클 겁니다."

"얘기해야 할 댐이 하나 더 남았어요. 〈에데르〉 댐입니다. 〈뫼네〉 댐과 〈조르페〉 댐에서 약 60마일(111km) 정도 떨어져 있어요. 1914년에 건설된 이 댐은 겨울철 농지의 홍수를 막고, 베제르 강 하류의 수상 교통을 개선하는 것이 주목적이에요. 이 댐은 미텔란트 운하에도 물을 공급해 주고 있어요. 미텔란트 운하는 독일의 주요 운하 중 하나예요. 루르 강과 베를린을 잇는 주요 수상 교통로지요. 하지만 뫼네 댐과는 달리 에데르 댐에는 물 공급 기능은 없어요. 대신 엄청난 규모의 수력 발전을 하고 있어요. 이 댐의 규모는 뫼네 댐보다 조금 더 커요. 위치는 카셀에서 40마일(74km) 떨어져 있어요. 저장하고 있는 물의 양은 2억 200만 톤입니다. 이러한 댐들을 격파하는 것은 지극히 어려운 문제이지요."

"물론 댐 격파용 무기를 만들기 위해 많은 시도가 있었다는 점은 당신도 충분히 짐작하셨을 거예요. 그러나 말처럼 쉬운 일이 절대 아니에요. 영국의 콘크리트 방공호 벽도 두께가 3피트(90cm)밖에 안 돼요. 그 정도의 벽만 있어도 어지간한 폭탄 공격은 다 막을 수 있습니다. 그렇다면 대체 무슨 수로 두께가 150피트(45m)인 콘크리트 벽을 날려 버릴 수 있을까요?"

"생각해 보니 그 답이 어렴풋이 보이는 것 같군요."

"그래요. 우리도 그 답을 얻기 위해 수많은 실험을 했습니다. 그리고 우리가 얻어낸 답을 보여드리죠."

그는 책을 한 권 꺼내 펼쳤다. 책 속에는 작은 댐을 촬영한 사진이 있었다. 댐의 폭은 6피트(1.8m) 정도 되었다. 그 댐은 폭파되어 구멍이 나 있었다.

"이게 바로 우리가 얻어낸 답입니다. 우리는 더 큰 댐에도 이 답이 통하는지를 알아보기 위해, 더욱 큰 규모의 실험을 했지요. 정원에 폭 200피트(60m)짜리 댐을 지었습니다. 이 댐은 벽돌로 지어졌어요. 뫼네 댐과 같은 강도를 갖게 하기 위해서지요. 그리고 댐 뒤에 저수지를 만들었습니다. 그 다음 작은 댐으로 실험했던 이론이 통하는지 확인하기 위해 폭탄으로 폭파 실험을 했지요."

분명 재미있었을 거라는 생각이 들었다. 내 어린 시절이 생각났다. 그때 나는 콘월의 해안에 놀러가서, 삽으로 모래를 퍼서 댐을 만들어 화강암 절벽 사이로 흐르는 물을 막곤 했다. 그렇게 해서 꽤 커다란 저수지를 만들었던 것도 기억난다. 그리고 저녁식사를 하러 집에 돌아가야 할 때면, 삽 한 방으로 댐을 허물어 버렸다. 그러면 쏟아져 나온 물이 해안에 흘러넘쳤다. 우리 형은 내가 그런 짓을 하면 엄청나게 화를 냈었다. 나는 제프에게 질문했다.

"실험 결과는 어땠습니까?"

"뭐, 많은 어려움을 무릅쓰고 우리는 정확한 위치에 폭탄을 명중시키는 데 성공했지요. 물론 폭탄의 크기는 저 축척에 맞춰 작아진 랭커스터 폭격기가 나를 수 있는 크기로 줄였습니다. 폭탄 1발을 명중시키자 댐 벽에 금이 갔습니다. 댐 벽의 토대 부분에요. 그리고 같은 위치에 폭탄 여러 발을 더 명중시키자 결국 댐 벽이 무너지면서 저수지에 있던 물이 정원으로 범람하게 되었습니다. 하지만 이걸로는 충분치 않아요. 실물대 모형으로 실험을 해야 합니다. 마침 그때 미들랜즈 군 의회에서 물 공급용 새 댐을 건설했다는 얘기를 들었어요. 그래서 우리는 군 의회에 편지를 썼습니다. 새 댐의 건설로 필요 없어진 헌 댐을 우리가 철거해 주겠다고 했지요. 헌 댐을 없애야 새 댐 저수지에 물이 들어가거든요. 오랫동안 갑론을박이 오간 끝에 간신히 허가가 났습니다. 그 후에도 수많은 난관을 통과한 끝에, 우리는 폭격으로 그 헌 댐을 날려 버리는 데 성공했습니다. 여기 그 사진이 있습니다."[175]

---

175) 댐 공격용 폭탄 개발을 위한 월리스의 원 계산은 와트포드의 건축 연구소와 하몬스워스의 도로 연구소(현재 이 부지에는 콜른브루크 불법체류자 추방 센터가 입주해 있다)에서 만든 모형 댐을 이용한 실험에 기반한 것이었다. 이 모형 실험 결과는 버밍햄 시 교통공사 소유인 레이어더 인근 엘란 계곡의 난티그로 댐에서 더욱 대규모로 진행한 실험에서도 그대로 재현되었다.

나는 그의 어깨 너머로 몸을 굽혀 그 사진을 자세히 살펴보았다. 댐 벽의 토대까지 너비 3피트(90cm)의 틈이 나 있었다. 진흙으로 이루어진 둑 위에는 죽은 개구리 시체도 쓰러져 있었다.

제프의 설명은 계속되었다.

"이 실험을 통해 우리가 무엇을 할 수 있는지를 확실히 알게 되었습니다. 이제 다음 할 일은 실전에 쓸 수 있는 폭탄을 만드는 거죠. 그건 이미 중령님도 보셨겠지요. 하지만 아직 완성되지 않았습니다."

그는 잠시 말을 멈췄다가 조용히 다시 이어나갔다.

"작은 크기의 폭탄은 확실히 작동했어요. 하지만 실전에 사용할 더 큰 폭탄은 실험을 아직 못 해 봤습니다. 아직 준비되지 않았으니까요. 그러나 며칠만 더 있으면 준비될 거라고 생각합니다. 그래서 오는 16일이면 실험 준비가 완료될 것입니다. 대형 폭탄이 제대로 작동된다면, 아브로 항공기 제작사는 랭커스터 25대를 대형 폭탄을 탑재 가능하도록 개조할 것입니다.[176] 큰 일이지요. 우리가 만든 폭탄은 무게도 무겁고 직경도 11피트 (3.3m)나 되니까요. 그다음부터는 시간과의 싸움입니다. 무기 공장에서는 우리가 설계한 폭탄을 빨리 생산해야 됩니다. 중령님은 이 무기를 사용한 공격 계획을 짜야 합니다. 이 모든 것이 앞으로 1개월 내에 완료되어야 합니다."

"왜 그 시간 내에 끝내야 하죠?"

---

176) 윌리스가 도약 폭탄의 원리를 알아낸 계기는, 자기 집 정원에 물을 채운 욕조를 갖다 놓고, 새총으로 공기돌을 쏴서 물수제비 놀이를 하다가 알아냈다. 그는 같은 실험을 브루크랜즈 인근의 실버미어 호수는 물론, 테딩턴 국립 물리학 연구소의 윌리엄 프로우드 실험 수조에서까지 진행했다. 일단 개념이 실증되자, 도셋 주 체실 해안에서 개조된 빅커스 웰링턴 폭격기가 직경 46인치(약 117cm)의 도약 폭탄을 투하하는 실험을 한다. 깁슨이 윌리스를 만났을 시점에는 본격 실전용 업키프 폭탄이 이미 생산 중이었다. 그리고 이 폭탄들을 탑재할 랭커스터 폭격기 23대의 개조 작업도 진행 중이었다.

"댐 공격은 수위가 최대일 때 실시해야 합니다. 공군에서는 매일 정찰기를 보내 현지의 사진을 찍어 옵니다. 사진을 분석해 보니 수위가 오르고 있는 것을 알 수 있었습니다. 현재 댐 최정상부와 수면 사이의 간격은 12피트(3.6m)입니다. 하지만 이 간격이 4피트(1.2m)가 되었을 때 공격하는 것이 제일 좋습니다. 그때가 댐에 저장된 물의 양이 최대이기 때문입니다. 반대로 생각해 보면, 이때 공격하면 표적의 높이가 불과 4피트(1.2m)라는 말도 되죠. 그래서 정확한 공격이 필요하다는 것입니다. 저의 계산에 따르면 수위가 이 정도가 되는 시기는 5월 13~19일 사이입니다. 앞으로 약 6주 정도 남았습니다. 월주기입니다. 공격은 야간이나 새벽에 실시해야 할 것 같습니다. 주간에 루르 계곡 상공으로 비행할 수는 없을 테니까요. 혹시 가능하신가요?"

"오, 절대 안 되죠."

"그때 공격하시면 달빛을 잘 사용하실 수 있을 겁니다. 그러나 더 많은 광량이 필요하다면 새벽에 공격해야지요. 중령님의 판단에 달렸습니다. 귀환 확률을 높이기 위해서 표적인 댐들에 대해 더 설명을 드릴게요. 폭탄은 댐에 명중 후, 댐 벽에 달라붙어 수심 40피트(12m)로 들어갑니다. 댐 벽에 달라붙지 않으면 소용이 없습니다. 수심 40피트에서 정수 신관이 작동해 격발됩니다. 제 계산에 따르면, 그로 인해 실험과 마찬가지로 댐에 금이 생길 것입니다. 그리고 같은 자리에 이 폭탄 여러 발을 더 착탄시키면 댐을 수압으로 붕괴시킬 수 있습니다. 조르페 댐 공략에는 좀 다른 기술이 필요하지만, 그 얘기는 나중에 하지요."

"그렇다면 우리 표적은 이 3개인가요?"

"그렇습니다."

"어쩌다가 이런 작전을 고안해 냈는지 여쭤 봐도 되요?"

"무트, 제 대신 얘기해 주셔요. 제가 갑자기 목이 막혀서."

무트는 파일에 손을 뻗으며 대답했다.

"그래요. 제프는 언제나 이런저런 것들을 가지고 놀기를 좋아해요. 어린 아이였을 때부터 그랬어요. 이번 작전의 아이디어도 아이들과 함께 정원에서 놀다가 떠올랐다더군요."

"이런 무기로 표적을 확실히 부술 수 있다고 확신하시나요?"

"분명히 그렇게 될 것입니다. 이번 작전에는 총리 각하께서도 큰 관심을 기울이고 계십니다."

"총리께 이 특수 작전에 대해 직접 말씀드렸나요?"

"물론이지요. 표적을 때리려면 우선 표적 상공에 도달해야 하겠죠. 이 폭탄은 매우 무겁고 비행 거리는 멀기 때문에 연료를 최대한 많이 실어야 되요. 연비를 유지하기 위해서는 고도를 너무 높여서도 안 돼요. 이 부분은 중령님이 알아서 잘 할 거라고 봐요. 공격 고도는 150피트(45m)에서 1피트(30cm) 이상 벗어나서는 안 돼요. 그 부분이 매우 어려울 겁니다. 동시에 대기 속도도 일정하게 유지해야 해요. 일단 계곡 속으로 들어간 다음에는 정해진 속도와 고도에서 절대 벗어나면 안 됩니다."

"정말 어렵겠군요."

"저시정으로 아무것도 안 보이는 상태에서, 게다가 시커먼 수면 위에서 늘 같은 고도를 유지하라니요."

"정말 미친 짓이지요!"

"이것도 알아 두셔야 돼요. 폭탄은 댐 벽 거의 코앞까지 가서 정확한 위치에서 투하해야 돼요. 따라서 일반 폭격 조준기는 쓸모가 없어요. 정확한 폭격 지점을 지나쳐서 투하하면, 폭탄은 댐을 뛰어넘어 버릴 겁니다. 또는 폭탄이 댐 벽에 부딪치자마자 폭발할 수도 있어요. 저공비행하는 투하 항공기 바로 아래에서 말이죠. 그러면 대단히 좋지 않을 겁니다."

"모든 것이 제대로 작동할 경우에는요?"

"항공기와의 거리가 100야드(90m) 정도 벌어진 상태에서 수중 폭발합니다. 수중 폭발 시에는 그리 큰 화염이 나오지 않을 겁니다. 또한 댐 벽이 항공기를 보호해 줄 겁니다."

나는 천천히 대답했다.

"알겠습니다."

실은 전혀 못 알아먹었다. 나는 너무나 당혹스러웠다. 이번 임무의 조건들을 다 지키는 것은 불가능에 가까워 보였다. 우리가 할 수 있는 것은 시도해 보는 것뿐이었다. 제프는 3월 16일에 실험을 하러 오라고 했다. 그때까지의 2주일간은 자유롭게 훈련을 할 시간이었다. 30분 후 나는 여전히 뭐가 뭔지 헛갈리는 상태로 내 목마른 개를 데리고 연락기에 몸을 싣고 그랜섬으로 돌아갔다. 헛갈린다기보다는 당혹스러웠다는 말이 더 어울리는지도 모른다.

다음 며칠 동안은 빠르게 지나갔다. 합성 야간 비행 훈련용 항공기가 완성되었다. 우리 모두가 그 항공기를 이용해 훈련을 해 보고, 훈련 효과가 완벽하다는 것을 알았다. 그러나 주간에 야간 훈련 비행을 하는 것은 우스운 일이었다. 정말 졸렸다. 승무원들은 훈련에 익숙해지기 시작했다. 나 역시 독일에 있는 표적과 가급적 비슷하게 생긴 훈련 코스를 알게 되었다. 여러 호수 상공을 엄청나게 많이 비행했기에 가능한 일이었다. 그리고 그렇게 해야 하는 이유는 언제나 똑같았다. 호수는 항법 시 참조할 수 있는 좋은 표지물이었다. 우리는 실제 임무 시 독일 영공을 나무 높이로 비행해야 하므로, 항로 유지는 무엇보다도 중요했다. 항로를 유지하려면 정확한 항법을 해야 했다. 아직은 훈련 중 어떤 사고도 없었다. 그러나 우리 항공기 앞에는 언제나 새가 끼어들었다. 새들은 우리 항공기의 캐노피 앞에 나타나서 라디에이터를 들이받기도 했다. 나뭇가지, 심지어는 물과 스치기도 했다. 해상 훈련 중 영국 해군 군함의 대공포화를 당한 적도 많았다. 영국 해군의 대공포 사수들은 손가락이 가볍기로 악명이 높았다. 그러나 승무원들은 그런 것도 훈련의 일환으로 받아들였다. 미키 마틴은 이렇게 말했다.

"좋은 훈련이야. 이런 것도 당해 봐야 실전에서 대공포화 세례를 당해도 오히려 즐거워지지."

내 승무조에 속한 승무원들이 불쌍했다. 나는 낮에는 하루 종일 바빴다. 이 때문에 훈련은 늦은 저녁과 야간에만 실시해야 했다. 많은 경우 우리 승무조는 오후 6시에 이륙해서 잉글랜드 서해안으로 날아간 다음 거기서 스코틀랜드 북단까지 갔다. 잉글랜드와 스코틀랜드를 매일같이 오가니 재미

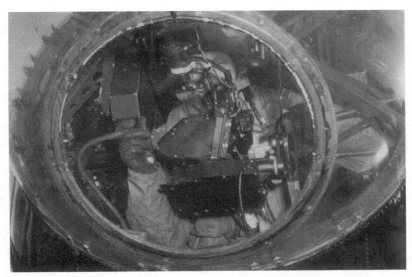

랭커스터 폭격기 기수의 폭격수석에 달린 마크 14 자동안정 폭격 조준기(브루스 로버트슨 제공)

도 있었다. 많은 사람들은 영국 본토는 너무 좁고, 너무 많은 인구가 산다고 생각한다. 하지만 하늘에서 보면 영국 본토는 의외로 텅텅 비어 있다. 예를 들어 웨스턴 아일스 주를 보면 수 마일 반경 내에 인가 하나 없는 곳이 얼마든지 있다.

이 길고 외로운 비행은 매일 밤마다 반복되었다. 나는 현장에서 작전을 지휘해야 한다. 그러면 내 승무조의 승무원들도 그만큼 훈련도가 높아야 한다. 재미있게도, 승무원들 역시 비행훈련을 좋아한다는 것을 알게 되었다. 한 번은 트레버가 이렇게 말했다.

"난 중령님이랑 비행하는 게 좋아. 술을 끊게 되잖아."

4월의 어느 화창한 날 항공기 생산성 소속이라는 어느 공군 중령이 나를 만나러 왔다. 나는 내 사무실에서 그와 독대했다. 그는 들어오자마자 에데르 댐과 뫼네 댐을 조준하기 힘들다는 점을 언급했다. 또한 이번 임무에는 최신형 대잠수함 폭격 조준기도 무용지물이라고 얘기했다. 나는 놀랐다.

나는 좀 건방진 어투로 물었다.

"대체 어디서 그런 정보를 다 들으셨나요?"

그는 설명하기 시작했다. 그는 공군의 조준 전문가로, 이번 임무 지원을 위해 이 비밀 정보를 전달받았다고 했다. 물론 이 건에 대해서는 다른 사람들에게는 철저히 함구했다고 했다. 나는 진정하고, 그의 의견에 따라 계획을 짜 보았다. 그는 종이 한 장을 꺼내 묘한 선들을 여러 개 그리면서 그 뜻을 설명했다. 그가 그려낸 선들은 결국 매우 간단한 폭격 조준기의 형태로 완성되었다. 그 조준기는 아주 오래된 거리 측정 원리를 이용하는 것이었다. 항공사진을 통해 댐 위에는 탑 2개가 있는 것이 드러났다. 측량 결과 두 탑 사이의 거리는 600피트(180m)로 추정되었다. 우리가 싣고 갈 폭탄의 투하 위치와 표적 간의 거리는 매우 정확해야 했다. 수학자이기도 한 그 중령은 필요한 모든 계산을 해냈고, 그 계산에 따라 아까 말한 폭격 조준기를 설계한 것이다. 우리는 안경을 쓴 한 공군 중사에게 그 설계도를 주며, 이대로 만들 것을 지시했다. 불과 30분 만에 장비부에서는 그 폭격 조준기의 시제품을 만들어 냈다. 제조 비용은 우표 가격의 절반도 채 안 되었다.

그날 오후 나는 그 중령을 우리 비행기에 태우고 이륙했다. 셰필드의 댐을 표적 삼아 그 조준기를 시험해 보았다. 그 조준기는 제대로 작동했다. 그는 우리에게 도움이 되어 매우 기뻐했다. 그리고 런던으로 돌아갔다. 뒷방에서 연구하던 또 다른 인물을 보게 되었다. 그 중령의 이름은 댄이었다.

나 역시 새로운 장비를 얻게 되어 기뻤다. 나는 봅 헤이에게 모든 폭격수들에게 이 조준기를 똑같이 따라 만들게 하라고 지시했다. 그걸 들고 웨인플리트 사격장에서 훈련탄을 투하해 보니, 명중률이 크게 높아진 사실을 알 수 있었다. 특히 클리포드 원사는 고도 150피트(45m)를 비행하면서, 조준점에서 불과 4야드(3.6m) 벗어난 거리에서 폭탄을 명중시키는 데 성공했다. 그는 상으로 그날 밤 공짜 맥주를 마셨다. 다음 날 레스 나이트는 이 거리를 3야드(2.7m)로 줄이는 데 성공했다. 그도 상으로 맥주를 지급받았으나, 마시지 않았다.[177]

곧 우리는 그 장비를 가지고 야간 훈련을 실시했다. 야간 훈련이 주간에

---

177) '업키프'는 반드시 표적인 댐에서 425~475야드(389~434m) 거리에서 투하해야 했다. 조준 전문가인 공군 중령 찰스 댄은 이 문제를 해결해낸 사람이다. 그 해결책은 다름 아닌 휴대형 조준기였다. 나무로 된 이 조준기에는 2개의 가늠쇠와 1개의 가늠자 구멍이 있었다. 폭격수는 이 조준기의 가늠자 구멍을 자기 눈앞에 댄다. 그 상태에서 표적인 댐을 보면, 항공기가 표적에 접근함에 따라 댐에 있는 두 탑이 사이의 거리가 벌어지면서 조준기의 두 가늠쇠 쪽으로 가는 것을 볼 수 있다. 두 탑이 두 가늠쇠와 일치하면, 항공기가 정확한 폭탄 투하 거리에 들어온 것이다. 이 조준기에는 변형도 있었다. 조준 마크를 그려 넣은 투명판, 그리고 폭격수의 눈 쪽으로 향하는 두 가닥의 끈을 잡아당기는 한 가닥의 끈으로 이루어진 제품이었다. 둘 중 폭격수의 취향에 따라 선택했다.

비해 매우 어렵다는 점을 새삼 느꼈다. 특히 아무리 표적이 잘 보여도 수면은 잘 보이지 않았다. 고도 150피트(45m)를 정확히 유지하는 것은 불가능해 보였다. 어떤 항공기는 너무 낮게 비행하다가 수면에 항공기 기체 하부를 쓸리기도 했다. 반대로 어떤 항공기는 너무 높게 비행하다가 정확한 폭탄 투하 위치를 벗어나기도 했다. 야간 훈련 2일째에 딩기는 식은땀을 흘리면서 착륙했다. 그러면서 이런 말을 했다.

"기존 고도계는 고도 유지에 전혀 도움이 되지 않아요. 무슨 수로 이번 임무를 해내라는 겁니까?"

나도 동의할 수밖에 없었다.

"전기식 고도계를 구할 수 없을까요? 기존의 고도계로는 50피트(15m) 이내의 고도 차이는 알 수 없어요. 왜 150피트(45m)에서 몇 피트 이상 벗어나면 안 된다는지 이해할 수 없군요. 10피트(3m) 이내로만 차이가 나면 괜찮지 않나요? 왜 2피트(0.6m) 이내로 좁히라는 거예요?"

다른 모든 승무원들과 마찬가지로 멜빈도 표적을 알지 못했다. 나는 그 표적이 U보트 방공호나 전함 〈티르피츠〉라도 되는 양 힌트를 주었다. 그러나 전기식 고도계는 공해상이나 만에서만 제대로 작동했다. 내륙의 계곡에서는 잘 작동하지 않았다. 주변에 산이 너무 많기 때문이다.

나는 그에게

"구해 보겠네."

라고 대답하고, 실제로는 구하지 않았다. 그러나 이 고도 문제는 한동안 가장 골치 아픈 문제였다. 물론 우리는 이 고도 문제도 해결하긴 했다. 그 높은 난이도만큼이나, 어이없을 만치 쉽게 말이다. 다만 그것은 나중의 일이었다.

제3주가 끝날 무렵 모든 승무원들이 20회의 야간 크로스컨트리 비행을 완료하게 되었다. 이제 그들은 나무 한 그루까지도 찾아낼 수 있었다. 항법 실력도 전문가급이었다. 우리 부대는 1,500발의 훈련탄을 투하했으며, 평균 오차범위는 이제 25야드(22.5m)로 줄어들었다. 이 정도의 기본 훈련을 마치고 나니 이제 표적으로 가는 항로를 짜야겠다고 생각했다. 그래야 영국 내에서도 비슷한 지형을 찾아내서 항법 훈련을 할 수 있다. 그래야 실전에 들어갔을 때 표적을 찾아갈 수 있다. 표적에 사격을 하는 것보다 거기까지 찾아가는 게 더 중요하다.

우리는 〈프레디〉(알파벳 F를 나타내는 영국 공군의 음성 기호) 기 승무원으로 유명한 찰스 피카드를 만나보러 갔다. 그는 아마도 현존하는 모든 사람들 중에서 네덜란드와 벨기에 해안의 경대공포 망에 대해 가장 많이 알고 있을 것이었다. 그는 자신의 금고에서 지도를 한 장 꺼내 주었다. 그 지도에는 해안의 위험 지역에 붉은색 표시가 되어 있었다. 위험 지역은 매우 많았다. 그러나 빈틈도 있었다. 그는 적 대공포로부터 1마일(1.85km) 이상 거리를 유지하면서 비행할 수 있는 구절양장의 안전 항로를 보여 주었다.[178] 이후 찰스 휘트워스와 나는 항공 참모장의 도움을 받아 잉글랜드 상공에서 그 항로를 재현할 수 있는 길을 찾아보았다. 의외로 쉬웠다. 북해를 건너는 항로의 훈련 항로는 역시 북해를 건너는 항로로 하면 되었다. 그리고 중간에 기수를 틀어서 잉글랜드 상공으로 들어오면 되었다. 훈련 항로는

---

178) 공군 중령(이후 대령으로 진급) 퍼시 찰스 '픽' 피카드는 DSO를 3회, DFC를 1회 수훈했다. 그는 영화 〈오늘밤의 표적(Target for Tonight)〉에 직접 출연, 영화 속에서 웰링턴 폭격기를 조종했다. 그때 그가 조종한 웰링턴 폭격기의 코드레터가 바로 〈프레디〉였다. 그는 1942년 2월, 독일의 뷔르츠부르크 레이더를 노획하기 위한 바이팅 작전에도 참가, 프랑스 브루네발에 휘틀리 항공기로 공정부대원을 낙하시켰다. 1943년 3월에는 템스포드 주둔 제161비행대대장으로 SOE(특수 작전 집행부)의 작전을 지원했다. 항공 작전 전문가였던 그는 깁슨에게 월광을 이용한 저공 항법 기술과 대공포화 회피 방법 등을 가르쳤다. 피카드는 1944년 2월 18일, 아미앙 교도소에 수감 중이던 프랑스 빨치산들을 구출하기 위해 모스키토 편대를 이끌고 저공 공격을 가하던 중 전사하고 말았다.

워쉬 상공 내륙 하천 상공을 통과한다. 네덜란드 섬들과 비슷한 지형이다. 거기에서 수로 분기점을 지나 강과 철로의 교차점을 통과하고, 수로 상공을 날아 도로교로 가는 식으로 훈련 항로를 정했다. 그 모든 표지물들은 월광 및 새벽의 조명 상태에도 잘 보이기 때문이다. 또한 우리가 훈련 항로에 설정한 모든 전환점들은 실물과 유사하게 생긴 것들이어야 했다. 네덜란드 상공에서 특정한 모양의 다리 위에서 기수를 틀어야 한다면, 노포크의 훈련 항로에도 비슷하게 생긴 다리가 있어야 했다. 훈련 항로상에서 라인 강은 트렌트 강으로, 루르 계곡의 언덕들은 코츠월즈 언덕들로, 뫼네 저수지는 어핑햄 저수지(뫼네 저수지와 비슷하게 생겼지만 크기는 작았다)로 대체되었다. 콜체스터 호수를 보고 에데르 저수지의 평온한 수면 상태가 어떤지 알 수 있었다. 훈련 항로에 있는 모든 것은 실물과 매우 비슷했다. 훈련 항로상의 잉글랜드 노포크 해안 역시, 후크 반 홀란드의 에그몬트에 있는 대공포화 안전지대와 정확히 닮아 있었다. 심지어 풍차와 무전 마스트 등의 인공물 위치 같은 것도 같았다. 더구나 훈련 항로는 총길이 역시 실제 항로와 닮았다. 매우 이상적이었다. 이렇게 이상적인 훈련 항로를 짤 수 있었던 것은 우리가 직접 해당 공역을 비행하며 답사해 봤기에 가능했다. 나는 이 훈련 항로를 잭 레고에게 주며, 전 대원이 눈감고도 이 항로에 맞춰 비행할 수 있게 하라고 했다.

"근데 웬 호수입니까? 호수를 표적으로 정밀 폭격을 할 수는 없지 않습니까?"

"괜찮아. 어디까지나 참조점이라고."

또 새하얀 거짓말을 했다.

그동안 독일군이 우리의 폭격 계획을 알아 낼 가능성도 염두에 둬야 했다. 만약 그렇다면 그들은 댐의 방어 시설을 확충했을 것이다. 그러나 우리가 아는 바로는 댐 방어 시설은 개전 시부터 현재까지 변한 게 없었다. 심지어 개전 때 있었던 이중 방뢰망도 녹슬어 가고 있었다. 우리 군의 보안은 대단히 철저했다. 우리 부대의 모든 전화는 감청되고 있었다. 모든 통화 내용이 조사되었다. 한 번은 어느 승무원이 애인과 통화하면서, 특수 훈련 때문에 그날 밤에 못 나간다고 얘기한 적이 있었다. 다음 날 나는 전 대대원을 집합시켰다. 그리고 그 승무원을 끌어내서, 이런 사건이 한 번만 더 발생하면 군사재판에 회부하겠다고 경고했다. 이후 누구도 전화 통화 시 부주의한 말을 하지 않았다. 우리 대대 주변에는 초병들이 배치되었고, 기지의 모든 인원들이 특별 보안 교육을 받았다. 편지도 모두 검열되었다. 보안상 문제가 있는 편지가 발견되면 내게 반송되었다. 기지 인근에는 사복 헌병이 배치되어 암행 순찰을 돌았다. 그들의 임무는 부주의한 언행을 하는 장병들을 적발하는 것이었다. 헌병은 그 임무를 매우 잘 수행했다. 누군가는 그 모습을 보고, 이제 기지 주변 술집 여종업원들은 3개월 동안 아무 할 일이 없겠다고 말하기까지 했다. 이 기지뿐 아니라 항공기 및 폭탄 제조공장, 시험장, 공군성 등 이번 작전에 관련된 모든 장소에서는 이와 같은 보안 조치가 취해졌다. 군인과 민간인을 막론하고, 이번 작전에 관련된 모든 이들이 잘 손발을 맞추고 있다는 생각이 들었다. 작전에 참가하는 대원 125명의 생사가 걸려 있다. 아무도 보안 사항을 누설하지 않았다.

그리고 3주가 지나자 모든 것이 잘 풀려 가기 시작했다. 작전 훈련과 보안은 서로 잘 진행되어 가고 있었다. 날씨까지 좋아졌다. 항공기들도 마치 알아서 척척 움직여 주는 것 같았다. 승무원들도 저공비행이라는 위험한 임무에 잘 숙달되어 가고 있었고, 훈련 중 사고로 죽은 사람은 아직 한 명도 없었다. 이제 조종사들은 야간 저공 편대 비행을 훈련하기 시작했다. 실전에서도 전투 대형을 유지하기 위해서였다. 폭격 정밀도도 높았고, 폭격기들의 속도도 빠르면서도 일정하게 유지되었다. 그러나 아직 두 가지 큰 문제가 남아 있었다. 폭탄과 고도였다. 우리 대대는 높은 수준의 부대혼을 갖추기 시작했다. 대대 부관은 4월 14일자 대대 일지에 이렇게 적었다.

"제617비행대대 전원은 이제 일체감을 갖게 되었다. 승무원은 장교와 하사관을 막론하고 비행뿐 아니라 격납고 및 사무실 청소와 재도색에도 높은 열의를 갖고 임하게 되었다. 이미 부대의 전통이 확립되어 가고 있다."

4월 15일, 작전 개시까지는 이제 한 달이 남은 시점이었다. 갑자기 항공참모장이 내게 전화를 걸었다. 그의 지시에 따라 봅 헤이와 나는 파크스톤에 비행기 편으로 갔다. 파크스톤은 영국 남해안의 도시로, 프랑스와도 가까운 곳이었다. 신무기의 첫 실험을 참관하기 위해서였다. 그리고 이 실험을 통해 해결해야 할 문제점들도 도출되기 시작했다.

제17장
시행착오

봅과 나는 파크스톤에 노곤하게 앉아 햇살을 받으며 기다리고 있었다. 모든 준비가 다 갖춰지지는 않았다는 이야기를 들었다. 그래서 차를 타고 마게이트 마을을 한 바퀴 돌며 그 마을의 전시 풍경을 살펴보았다. 해안을 거닐다 보니 정말 믿어지지 않는 풍경이 펼쳐져 있었다. 햇살이 눈부신 휴양지인 것은 전쟁 전과 같았다. 그러나 호텔들은 모두 문을 닫았고 대신 새로운 환상의 세계인 육군 주둔지가 생겼다. 철조망으로 둘러싸인 그곳은 병사들로 바글바글했다. 예전과 똑같은 것은 물고기뿐이었다. 우리는 방금 도버산 혀가자미를 배터지게 먹고, 이른 오후를 행복하고 게으르게 보내는 중이었다. 항구 위를 활공하는 갈매기들의 울음소리를 들으면서 말이다.

갑자기 소음이 들렸다. 압축공기가 뿜어져 나오는 것 같은 소리였다. 그 다음 기관포의 사격음, 그리고 폭탄의 폭발음이 연달아 들렸다. 태양 속에서 튀어나온 4대의 Fw190 항공기들이 문자 그대로 지면에 스칠 듯한 낮은 고도로 우리 머리 위를 지나쳐 프랑스로 날아갔다. 그 뒤를 타이푼 전투기 4대가 바짝 뒤쫓고 있었다. 우리 앞에 있던 여러 문의 보포스 기관포가 적기를 상대로 붉은 공처럼 보이는 대공포탄을 토해 냈다. 대공포탄은 곡선의 탄도를 그리며 적기와 아군기의 뒤를 쫓아갔다. 독일 공군의 유명한 치고 빠지기 식 폭격이었다. 봅은 음절마다 힘을 주어 가며 욕을 퍼부었다. 적기들이 한참 멀어지고 난 후에야 공습경보 사이렌이 울렸다. 그날 저녁

늦게, 적기 4대가 모두 〈티피〉들에게 격추당했다는 소식을 들었다.[179]

또한 내일 아침 7시가 되면 조수가 시험에 알맞은 상태가 된다는 얘기도 들었다. 이번 시험에서는 폭탄을 투하할 것이었다. 과학자들은 고속으로 비행하는 항공기에서 폭탄을 수면에 떨어뜨렸을 때, 폭탄이 착수 시 충격을 견딜 수 있는지를 알고 싶어 했다. 이를 위해 간조 시 폭탄을 해상에 투하한다는 것이었다. 그러면 우리는 폭탄을 회수하는 데 큰 힘을 기울이지 않고도 느긋하게 해안을 거닐면서 그 실험 결과를 알 수 있다.

다음 날 이른 아침, 봅과 제프 교수, 나는 바닷가에서 해상 시험장을 보면서 기다리고 있었다. 온 하늘에 구름이 고르게 퍼져 있는 하얀 아침이었다. 수면은 매우 고요했다. 기온은 으스스할 정도로 추워 우리는 옷의 칼라를 올릴 정도였다. 제프가 시계를 보고 이렇게 말했다.

"곧 쇼티가 올 시간입니다."

쇼티는 무트와 함께 일하는 시험비행 조종사로 키는 5피트 6인치(168cm)였다. 롱보텀이라는 이름으로도 불렸다.[180]

우리가 서 있는 시험장 주변에는 철조망이 쳐져 있었고, 그 철조망 밖에

179) '업키프', 〈하이볼〉의 본격 시험은 1943년 4월 리컬버에서 시작되었다. 켄트 주 북해안이다. 시험에 사용된 항공기는 맨스턴 기지에서 운용되었다. 이 시기 독일 공군은 영국 해안 지대의 표적에 치고 빠지는 식의 공습을 가하고 있었다. 그러나 깁슨이 이런 공격을 실제로 목격했다는 증거는 없다. 문학적 효과를 높이기 위해 꾸며진 내용일 가능성이 크다. 파크스톤(도셋 주 풀 인근)을 거명한 깁슨의 진술은 그 확실성이 떨어진다. 반면 리컬버와 맨스턴 인근의 지명인 마게이트는 언급했다. 이는 시험 장소를 숨기기 위한 시도일 수 없다.

180) 공군 소령 모리스 쇼티 롱보텀은 1935년에 영국 공군에 입대했다. 군 생활 초기에는 제202 비행대대에 배속되어 지중해에서 이탈리아 군을 정찰했다. 그는 이런 임무를 통해 소형 고속의 비무장기 운용에 자신을 갖게 되었다. 이는 영국 공군의 사진 정찰 부대 창설에도 영향을 주었다. 이후 롱보텀은 보스컴비 다운의 항공기 및 병기 실험 시설 소속 시험 비행 조종사로 근무했다. 1942년 섬머스 팀의 일원으로 빅커스 사로 전속한 그는 '업키프', 〈하이볼〉시험에도 참가했다. 그는 1945년 1월 6일 빅커스 워릭 항공기 시험 도중 사고로 사망했다. 워릭은 웰링턴의 후계 기종이었으나 성능은 보잘것없었다.

서는 헌병이 외부인을 차단하기 위해 순찰을 하고 있었다. 우리 말고 이 시험을 볼 사람은 아무도 없었다. 우리 근처에는 삼각대 위에 반듯이 세워진 슬로모션 무비 카메라가 있었다. 촬영 기사가 그 카메라의 렌즈를 동쪽으로 움직였다. 해안선에서 100야드(90m) 떨어진 해상에는 2개의 하얀 부이가 수면 위로 들락날락거렸다. 그 부이들은 조준 표지였다. 해안 위에는 작은 구명정이 있었다. 구명정 속에는 해군 대위 1명이 잠을 자고 있었고 그는 그 배의 자랑스러운 함장이었다. 부이가 손상되었을 경우 구명정을 타고 가서 부이를 고치는 것이 그의 임무였다.

태양 속에서 2대의 랭커스터가 나타났다. 두 항공기의 비행음은 모두 듣기 좋았다. 아침을 깨우는 엔진 소리였다. 두 항공기는 편대 비행을 하고 있었다. 1대는 활동 사진 촬영기였고, 나머지 1대가 폭탄을 달고 있었다. 입을 벌린 폭탄창 안에 있는, 검은색과 흰색으로 도색된 폭탄이 분명히 보였다. 랭커스터의 검고 거대한 기체에 비교해 봐도 꽤 큰 무장이었다. 고도를 낮추고 폭격 항정에 들어선 쇼티 롱보텀은 고도 150피트(45m), 속도 약 270노트(500km) 정도로 날고 있었다. 그의 항공기는 거의 완벽한 수평직선비행을 유지하고 있었다. 정확한 폭격 고도를 맞추기 위해 중간에 약간 상승했을 뿐이다. 그가 무척이나 긴장된 상태에서 항공기를 조종하며, 해안 절벽 정도의 높이에 고도를 맞추면서 항공기의 수평을 유지하고 있는 것을 알 수 있었다. 봅은 땅에 웅크려 앉아 있었고, 제프는 그 옆에 서 있었다. 무비 카메라가 돌아가기 시작했다. 나도 쌍안경을 빼 들었다. 잠시 있다가 항공기에서 폭탄이 느리게 떨어져 나왔다. 떨어지는 데 한참이 걸리는 것 같던 폭탄은 큰 물보라와 둔탁한 타격음을 일으키며 수면에 착수했다. 조금만 있으면 제프의 계산이 과연 옳은지를 알 수 있다. 그러나 항공기의 꼬리를 붙잡을 기세로 높이 튀어 오른 물보라부터 가라앉아야 가능했다.

물보라가 가라앉자 알 수 있었다. 항공기가 투하한 폭탄은 여섯 조각으로 깨져 버렸다.

제프가 말했다.

"깨졌군."

그러면서 그는 눈을 내리깔았다. 나는 아무 말도 하지 않았다. 나는 그 폭탄을 만들려고 그가 얼마나 고생을 했는지 알고 있었다. 계산자와 계산기를 가지고 책상 위에서 헤아릴 수 없는 시간을 보냈을 것이다. 그런데 그렇게 만든 작품이 산산조각이 나 버렸다. 이 제품은 더욱 개량을 해야 할 것인가? 또는 프로젝트가 엎어질 수도 있을 것인가? 이제 어떻게 될 것인가?

제프의 말이 이어졌다.

"모두가 다 실패할 거라고 말했죠. 무장이 너무 크고 무겁다고들 했어요. 하지만 반드시 성공해 보이겠어요. 격납고에는 새 폭탄이 또 있어요. 오후에 그걸 보강해서 저녁에 재시험을 해 보겠어요."

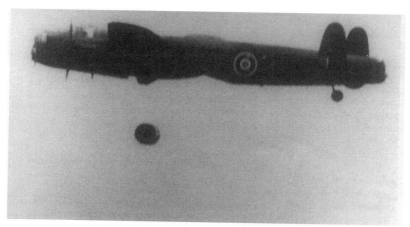

제617비행대대의 랭커스터 B Mk 1(특장기)이 훈련 중 업키프 특수폭탄을 투하하고 있다.

그날 오후 우리의 비밀 격납고에서는 폭탄에 철판을 덧대어 착수 시에도 깨지지 않게 하려는 보강 작업이 활발하게 진행되었다. 안경을 낀 소수의 민간인들이 공군 장병들과 힘든 작업을 함께했다. 그러나 그중 자신들이 무슨 일을 왜 하고 있는지 아는 사람은 없었다. 그들은 작업 도중 식사를 하지도 않았고, 공습경보가 울려도 멈추지 않고 일을 계속했다. 오후 5시가 되어서야 그들은 작업을 완료하고 일어섰다. 이제 다시 실험 준비가 되었다.

오후 늦게 우리는 해변에 나와서 다시 기다렸다. 제프는 기대가 가득했다. 새로 붙인 보강판이 제 임무를 잘 해 줘야 했다. 아침에 무장이 수면에 닿자마자 깨지는 것을 보았다. 무장이 수면에 착수할 때 받는 충격은 그 정도로 큰 것 같았다. 그래서 우리는 0.5인치(13mm) 두께의 철판을 외피에 덧댔다. 그 정도면 될 것 같았다.

다시 항공기들이 폭탄을 싣고 날아왔다. 모두가 긴장 속에 지켜보는 가운데 무장이 투하되었고, 큰 물보라를 일으키며 착수했다. 이번에 조종간을 잡은 사람은 무트였다. 그는 무장을 투하하자마자, 자신도 실험 결과를 보기 위해 날개를 급하게 기울였다. 그러나 우리의 시선은 그의 항공기를 향하지 않았다. 우리 모두는 이번에도 산산조각난 무기를 보았다. 무기의 파편이 마치 날치처럼 사방팔방으로 튀어 날아갔다. 물보라가 걷히자 누구도 한참동안 아무 말도 하지 않았다.

그러다가 제프가 갑자기 입을 열었다.

"세상에."

나는 그가 곧 엄청나게 화를 낼 거라고 생각했다. 그러나 그는 곧 평정을 되찾았다. 그는 결코 감정에 쉽게 좌우되는 사람은 아니었다. 그리고 우리가 해안을 따라 주차장으로 터벅터벅 걸어가는 동안 그는 이미 다음 계획을 짜기 시작했다. 그는 결코 포기하지 않는 강인한 인물이었다.

밥과 내가 단발 항공기를 타고 스캠턴으로 복귀할 때도 나쁜 일은 계속 일어났다. 마게이트 상공 300피트(90m)에서 엔진이 멈춰 버린 것이었다. 4발기에서 엔진 하나가 멈췄다면 별 걱정할 일이 아니다. 아직 엔진이 3개나 남아 있기 때문이다. 그러나 단발기에서 엔진 하나가 멈추면, 중력이 긴 손가락으로 항공기를 지면으로 무자비하게 끌어당긴다. 별 수 없이 우리 항공기는 떨어지기 시작했다. 물론 그래도 일반적인 평지에서는 안전하게 불시착할 수 있었다. 그러나 재수가 없으려면 뒤로 넘어져도 코가 깨지는 법이다. 우리 항공기가 불시착해야 하던 곳은 하필이면 독일 공정부대 글라이더를 저지하기 위해 철조망 등의 착륙 거부 기구가 잔뜩 들어찬 곳이었다. 그리고 우리 항공기는 그 덫 속으로 떨어지고 말았다.

착지한 항공기는 착륙 거부 기구에 걸려 한 바퀴 제대로 굴렀다. 우리 두 사람이 항공기 밖으로 걸어 나오자, 어떤 사나이가 우리 두 사람이 무사한지 살피기 위해 달려왔다. 나는 그의 말을 잊을 수가 없다.

"이렇게 어린 친구들도 조종을 할 줄 알아? 놀랍군."

그러고 나서 경찰관 한 명이 헉헉거리며 달려와서 한마디 더 보탰다.

"우리 착륙 거부 기구가 제대로 작동하는 것을 알게 되어 기쁘군요."

그의 어조에 우리에 대한 동정심은 전혀 없었다. 우리는 공군 기지까지 걸어서 복귀했다.[181]

---

181) 1943년 4월 13일 깁슨과 헤이는 마일스 매지스터 항공기를 몰고 맨스턴 기지를 이륙했다. 이 항공기는 남서쪽의 버칭턴에 착륙했다. 본문에서 깁슨은 자신과 헤이가 스캠턴으로 복귀하던 중에 사고를 당했다고 적고 있다. 그러나 사고 기록 카드에 따르면 사고는 현지 비행 중에 일어났다. 깁슨의 로그북에도 사고 날짜가 실수로 4월 11일로 적혀 있기는 하지만 "맨스턴 현지, 들판에 불시착. 아무 이상 없음."으로 적혀 있다. 정황상 깁슨과 헤이는 리컬버 탑(세인트 메리 교회의 잔해) 인근 시험장을 시찰하러 이륙했던 것 같다.

비행대대에 돌아와 보니 우리의 큰 문제가 더욱 커진 것을 알게 되었다. 이제 고도 150피트(45m)를 정확히 유지하지 못하면 이 작전은 취소할 수밖에 없음을 깨달았다. 정확한 고도 유지를 위해 여러 가지 방법들이 시도되었다. 그중에는 항공기 뒤에 무게추를 단 긴 와이어를 매달자는 의견도 있었다.

항공기 속도가 이번 작전에서 요구하는 일정 수준에 다다르면, 무게추의 위치는 정확히 항공기 아래 150피트(45m) 지점이 된다는 것이다. 그러면, 수상 비행을 할 때 이 무게추가 물에 닿게 비행하면 정확히 150피트 고도를 유지할 수 있다는 것이다. 무게추가 물에 닿으면 저항으로 와이어는 잡아당겨져 팽팽해지고, 조종사는 그 촉감으로 고도를 알 수 있다는 것이다. 그러나 실제로 실험해 보니 이 방법은 그리 좋지 않았다. 이론과는 달리 무게추는 항공기 아래로 처지지 않고, 항공기와 같은 고도를 유지하려는 경향이 강했던 것이다.

그래도 우리는 항공기에서 가급적 정확히 고도를 측정해 보려고 했다. 이를 위해 훈련장 호수를 굽어보는 고지 사면에 항공기 고도 측정 장비를 가진 인원 몇 명을 배치했다. 1대씩 호수로 강하, 폭격 훈련을 한 다음, 항공기에서 측정한 고도가 옳은지 여부를 전해 들었다. 이 방법은 주간에는 쓸 수 있었지만 야간에는 전혀 쓸 수 없었다. 그러나 이 문제도 어느 날 해결되고야 말았다. 항공기 생산성의 록스파이어라는 사람이 항공 참모장을 찾아와서 이렇게 말했다.

"제가 도움을 드릴 수 있을 것 같습니다."

그가 제시한 아이디어는 오래된 것이었다. 제1차 세계대전에 쓰인 것이었다. 항공기의 양 날개에 지면을 비추는 스포트라이트를 하나씩 달고, 두 스포트라이트에서 뿜어져 나오는 빛이 항공기 아래 150피트 지점에서 만나도록 스포트라이트의 각도를 조절하면 된다는 것이었다. 그러면 조종사는 그 빛을 보고 항공기의 정확한 고도를 알 수 있다는 것이었다. 너무 간단해 보였다. 나는 대대원들에게 그의 아이디어를 전파했다. 그러자 스팸은 가장 먼저 이런 반응을 보였다.

"그런 아이디어면 나도 얘기할 수 있어요. 마침 어제 밤 테리와 나는 〈시어터 로열〉에 쇼를 보러 갔어요. 스트립 쇼를 하는 여자를 2개의 스포트라이트가 비추고 있었지요. 그걸 본 순간 나도 비슷한 아이디어가 떠올랐지요."

나는 이렇게 답했다.

"스트립 쇼는 신경쓰지 마. 헨리. 항공기 1대를 판보로로 몰고 가. 지금은 주말이지만 그건 중요치 않아. 가서 앨디스 라이트 2대를 기수와 후미에 하나씩 장착해. 그렇게 준비된 항공기를 여기 몰고 돌아오면 공군 기지 상공에서 시험 비행을 해보자고."

판보로에서는 열심히 항공기 개조를 실시했다. 헨리는 개조된 항공기를 몰고 24시간 이내에 복귀했다. 시험 비행도 그가 맡았다. 나는 공군 기지 한복판에 서서 그의 항공기를 바라보았다. 시험 비행 시간은 황혼녘이었다. 항공기 엔진 소리가 울리면서 그의 항공기에서 뻗어 나온 스포트라이트 빛줄기가 지면을 비추었다. 그의 비행고도는 너무 낮았다. 선회를 위해 항공기 날개를 기울였다간 한쪽 날개가 지면에 부딪칠 정도였다. 옆에서 보면 정말 손에 땀을 쥐는 광경이었다. 그러나 착륙한 헨리는 그 비행이 매우 쉬웠다고 평했다. 항법사가 고도를 계산하는 동안 조종사는 계기 비행에만 집중하면 되었기 때문이라는 것이었다.

일단 유효한 것으로 입증되자 모든 항공기에 이 장비를 달기로 했다. 공방에 작업원들이 투입되었고 장착 작업에는 며칠이 걸렸다. 매일 밤과 새벽, 대대원들은 이 장비가 장착된 항공기를 몰고 워쉬, 인근 호수, 공군 기지 상공에서 고도 150피트를 유지하는 비행훈련을 했다. 비행하지 않는 인원들은 세오돌라이트를 들고 나가 항공기의 정확한 고도를 측정했다. 불과 1주일 만에 모두가 양호한 결과를 얻을 수 있었다. 고도 150피트에서 불과 2피트(60cm)의 오차범위 내로 비행할 수 있게 되었던 것이다. 놀라운 일이었다. 그러나 스포트라이트를 켜고 나는 항공기를 볼 때마다, 나는 저러면 폭탄을 투하해 보기도 전에 항공기들이 적에게 격추당할 수 있다는 생각을 떨쳐 버릴 수 없었다. 항공기에서 불빛이 나오면 독일군 대공포수들이 더 정확한 조준 사격을 가할 수 있지 않겠는가.[182]

남쪽에서도 작업은 계속 진행 중이었다. 매일같이 극적인 실험들이 진행되었다. 쇼티와 무트는 매일 아침 시험장 상공으로 비행해 폭탄을 투하했다. 그리고 제프는 어깨를 늘어뜨리고 코트 주머니에 양손을 넣은 채로 해안에 서서 실험 결과를 보았다. 실험은 매번 실패했다. 폭탄은 제대로 작동하지 않았다. 물가에 어떤 때는 제프 혼자서, 어떤 때는 다른 두세 사람과 함께 서서 거대한 랭커스터 폭격기들을 말없이 차갑게 응시하던 모습이 아직도 생생히 기억난다. 그가 서 있는 모습에서는 긴장감이 느껴졌다. 그는 양다리를 벌리고 턱을 내민 채로 모든 것에 두려우리만치 큰 기대를 걸고 있었다. 당시까지만 해도 이른 아침에는 가끔씩 땅에 서리가 생겼다. 그렇게 날씨가 추웠던 때문이었는지 모든 것이 밝고 선명하고 실감났다.

---

182) 이 장비가 제1차 세계대전 때부터 사용되었다는 깁슨의 기록은 옳다. 〈스포트라이트 고도 측정기로 불리는 이 장비는 1917년 8월 젠킨스 대위가 고안, B.E. 2c 항공기에 장착했다. 이 장비는 전간기에 수상기의 야간착륙 시 고도 측정용으로 부활했다. 1941년 9월 RAE 판보로 기지에서는 추가 시험이 실시되었다. 이번에는 웰링턴 폭격기를 사용해 표준 기압식 고도계의 정확성을 측정하고자 했다. 이 장비를 제617비행대대에서 사용하게 하자는 아이디어는 항공기 생산성의 벤 록스파이어 경이 냈다.

그들은 오랫동안 연구하고 비행했다. 제프는 설계를 개량하고, 개량한 설계를 실험했다. 대대원들은 맹훈련을 거듭했다. 나는 그 모든 것을 감독했다. 그러나 언제나 결말은 실패였다.

하루는 쇼티가 모스키토 항공기를 조종하여 나를 어딘가로 데려가러 왔다.

"중령님을 브루크랜즈로 모셔갈 겁니다. 거기 제프가 있어요. 제프는 중령님과 긴급회의를 하고 싶어 합니다."

쇼티가 조종하는 항공기를 타고 브루크랜즈의 기구 케이블을 요리조리 피해 비행하는 것은 엄청난 고역이었다. 제프를 만났을 때 그 역시 무척이나 피곤한 표정이었다. 그는 이렇게 말했다.

"항공기의 비행 고도와 속도를 조정하지 않으면 이대로 계속 실패만 거듭할 것입니다."

"구체적으로 무슨 뜻이죠?"

"간단히 설명드리죠. 투하 장면을 슬로우 모션으로 촬영한 동영상을 관찰한 결과 몇 가지 사실을 알아냈습니다. 그 사실들을 묘사한 도표를 그렸습니다. 이건 모두 속도와 고도의 조합이에요. 여기를 보시면, 150피트(45m) 고도에서는 이 속도를 유지해야 폭탄이 깨지지 않고 성공한다는 것을 알 수 있습니다. 한편 이 속도를 유지할 경우 40피트(12m) 고도에서 폭탄을 투하해야 성공하지요. 랭커스터 항공기에 가장 잘 맞는 고도는 60피트(18m), 속도는 시속 232마일(430km)입니다. 그러나 대단히 낮은 고도이지요. 그래서 중령님을 부른 것입니다. 수면 60피트(18m) 고도로 비행이 가능합니까? 만약 이게 안 된다면 이번 프로젝트는 취소할 수밖에 없습니다."

나는 잠시 동안 그게 과연 가능할지 생각해 보았다. 150피트도 낮았다. 그러나 60피트는 더더욱 낮았다. 그 정도 고도에서는 조종사가 딸꾹질만 해도 항공기가 수면에 들이받을 수 있다. 그러나 나는 분명히 말했다.

"오늘밤 될지 안 될지 시도해 보겠습니다."

당시 우리는 정찰기를 띄워 독일의 댐을 정찰하고 있었다. 마치 쥐를 노리는 고양이처럼 말이다. 정찰기들은 결코 수평직선 비행을 하지 않았다. 무엇을 정찰하고 있는지 들키지 않기 위해서였다. 이 때문에 늘 우회로로 선회 비행하며, 마치 실수로 그런 것처럼 댐 상공을 지나갔다. 정찰기들이 특히 세심히 살피는 것은 두 가지였다. 가장 중요한 첫 번째는 저수지의 수위였다. 천천히 올라가고 있었다. 두 번째는 댐의 방어 상태였다. 댐의 방어 상태가 강화된다면, 독일군은 댐 공습을 예측하고 있는 것이었다.

그 추운 봄날 저녁에, 독일 저수지의 수위가 오르는 것을 지켜보는 건 꽤 긴장되는 일이었다. 4월 17일, 수위는 댐 벽 맨 꼭대기에서 아래로 15피트(4.5m) 떨어진 지점까지 높아졌다. 5월 1일에는 10피트(3m) 지점까지 왔다. 그러고도 계속 높아지고 있었다. 수위가 4피트(1.2m)에 도달할 때까지는 모든 준비가 다 되어야 했다. 하지만 이대로라면 도저히 그 때까지 준비가 안 될 것 같았다.

스캠턴으로 돌아오자마자 우리는 스포트라이트 2개의 불빛이 기체 아래 60피트 지점에서 겹쳐지도록 조정했다. 그리고 워시 상공에서 첫 시험비행을 해 보았다. 그 첫 시험비행에 나섰던 조종사는 데이비드 몰트비였던 걸로 기억한다. 그는 시험비행에 성공했으나, 고도가 너무 낮은 것 같다는 의견을 말했다. 우리는 세오돌라이트로 항공기의 실고도를 측정하고, 정확히 고도 60피트임을 알았다. 그다음 나도 테리를 데리고 어핑햄 호수 상공에서 시험비행에 나섰다. 내게 60피트의 고도는 나무 높이보다 약간 높게 느껴졌다. 정말 낮은 고도였다. 그러나 위험하게 느껴지지는 않았다. 고도 측정이 매우 정확했기 때문이다. 고도를 낮출 때면 테리가 "하강, 하강" 하면서 고도를 더 낮추라고 지시했고, 거기에 맞춰서 고도를 조금씩 천천히 낮추었다. 그리고 고도가 60피트 이하로 떨어지면 테리가 "상승"이라고 지시했다. 조종간을 바로 잡아당기면 랭커스터는 바로 고도를 높여 주었다.

우리가 들은 바로는 스포트라이트는 약간의 물결이 있는 수면에서는 만족스럽게 작동하지만, 물결이 전혀 없는 수면에서는 수면 속까지 광선이 파고 들어가 수면 속에서 두 광선이 겹칠 수 있다고 했다. 그렇다면 우리는 뭐가 위험한 줄도 모르고 비행하다가 곧장 수면과 충돌할 수도 있는 것이다.

우리는 그런 부분을 확실히 짚고 넘어가기 위해 링컨셔의 고요한 수로 상공에서 한밤중에 시험비행을 했다. 그 때문에 선원들을 여러 차례 놀라게도 했지만 말이다. 실험 결과 이론가들이 틀렸다는 점을 알게 되었다. 스포트라이트의 불빛은 수면 아래까지 뚫고 들어가지는 않았다. 며칠 내로 전 대대원이 시험비행을 진행하고, 모두가 만족스러운 결과를 얻었다.

5월 1일 나는 제프에게 전화를 걸어, 이 작전을 실시 가능하다고 밝혔다. 그러자 그는 시험을 다시 진행하기 위해 와 달라고 요구했다.

5월 모일의 어느 이른 아침, 무트가 진행한 폭탄 투하 실험은 성공리에 끝났다. 지상에서 관측하던 제프는 춤을 추고, 손수건을 꺼내 마구 흔들어 댈 정도로 기뻐했다. 나도 쓰고 있던 모자를 벗어 하늘로 집어던졌다. 폭탄을 투하한 무트가 날개를 기울이자 조종석에 앉아 있는 그의 웃는 얼굴이 보였다. 나는 그에게 손을 흔들며 엔진 소리에 질세라 소리 질렀다. 뭐라고 말했는지는 잘 기억이 나지 않는다. 제프 역시 쓰고 있던 모자를 하늘로 던졌다. 정말 대단한 순간이었다.[183]

---

183) 깁슨은 또 날짜를 틀렸다. 리컬버에서 진행된 '업키프' 폭탄의 시험 일자는 4월 13일이었다. 시험 목적은 목제 외피의 강도를 측정하기 위한 것이었다. 폭탄의 목제 외피는 착수 시의 충

그 후로 여러 통의 긴급 전화와 암호문이 오갔다. 전령들도 여기저기 바쁘게 움직였다. 최우선순위 주문을 받은 공장 직원들은 뫼네 댐까지 가서 이 무장을 투할 수 있는 장비를 만들기 위해 밤낮으로 일했다. 모두가 크게 흥분되어 있었다. 어느 대대원이 좋은 소식을 전하자 모두의 얼굴에 미소가 가득했다. 그 좋은 소식이란 제프가 우리 맥주 파티에 오기로 했다는 것이었다. 파티에 온 제프가 맥주를 마시고 있는데, 폭격기 사령부의 고급 장교가 그를 찾아왔다. 나는 그 장교가 이렇게 말하는 것을 들었다.

"훌륭합니다. 개발하신 무장이 제대로 작동했다고 하더군요. 하지만 그 무장으로도 댐을 격파할 수는 없을 거예요. 절대 불가능한 일이지요."

그 말을 들은 제프는 미소를 지었다. 나는 얼굴을 찌푸렸다. 그 고급 장교가 바보 멍청이 같았다. 술집 직원도 듣고 있을 텐데, 그 사실을 정말 몰랐단 말인가?

그동안 아브로 항공기 제작사는 이번 임무를 위한 새 항공기를 만들어내기 시작했다. 그 항공기들은 특별한 조종사들에 의해 우리 기지에 인도되었다. 케이퍼블(capable: 유능한) 카펠이라는 별칭으로 불리던 기술 장교, 공군 대위 카펠이 이 새 기체들을 조사했다. 이 기체들은 우리가 기존에 쓰던 항공기들과는 매우 달랐다. 우선 상부 기관총좌가 없었다. 무게를 줄이기 위해서였다. 장갑판도 상당 부분 제거되었다. 그 대신 이번 임무를 성공리에 수행하기 위한 신장비들이 기체 전신에 부착되어 있었다.[184] 항공기

격을 견디지 못했다. 이 때문에 업키프는 직경 50인치(127cm), 중량 9,250파운드(4.2톤)의 원통형으로 변경되었다. 이렇게 변경된 폭탄의 첫 투하 실험은 4월 23일에 실시되었다. 그러나 이 폭탄은 착수하자마자 바로 가라앉았다. 깁슨은 투하 고도 감소를 논의하기 위해 4월 24일 웨이브리지 회의에 출석했다. 고도 60피트(18m)에서의 진행된 원통형 업키프 폭탄의 첫 투하 성공은 1943년 4월 29일 리컬버에서 있었다. 이 시험에는 깁슨과 윌리스도 지상 참관하고 있었다.

184) '업키프' 폭탄을 탑재하기 위해 랭커스터 폭격기는 매우 철저한 개조를 받았다. 상부 기관총

들을 배정받은 승무조는 항공기를 매우 아꼈다. 한 번은 어느 폭격수가 진흙투성이 신발을 신고 항공기 안으로 들어가자, 그 항공기의 기장이 얼굴이 시뻘개지며 욕을 하는 모습도 본 적이 있었다. 항공기가 도착한 날 이른 아침 차체가 기다란 8륜 트럭들이 방수포로 감싼 화물을 싣고 우리 기지에 왔다. 그 화물은 다름 아닌 우리가 사용할 특수 폭탄이었다. 공장에서 특수 폭약이 주입되어 완성된 지 얼마 되지 않은 그 폭탄들은 반짝반짝 윤이 났고, 아직도 제조 과정의 온기가 남아 있었다. 이 폭탄들은 매우 정밀한 데다가 안전장치를 해제하기도 매우 힘들었다. 이 때문에 우리 부대의 무장 장교 닥 와트슨은 이 폭탄을 취급할 시 마치 다이아몬드를 만지는 보석 세공사처럼 극도의 주의를 기울여야 했다. 그와 무장사들은 다음 시험비행을 위해 밤낮으로 일해 폭탄의 탑재 준비를 해냈다.

한편 대대원 전체는 약간씩 피로감을 느끼기 시작했다. 이미 이들은 지난 2개월간 새벽부터 저녁까지 매일 쉴 새 없이 훈련을 해 왔다. 대대 창설 이후 모든 대원들이 인당 약 100시간씩의 훈련 비행을 했다. 하지만 그들은 작전의 모든 사항을 정확히 알고 있지 못했다. 그 때문에 필요 이상으로 긴장감이 높아졌고, 이는 피로감으로 이어졌다. 이 때문에 나는 대대원들의 활력 충전을 위해 전원에게 3일간의 휴가를 명령했다. 물론 누구에게도 작전에 대해 발설해서는 안 된다는 주의를 주는 것도 잊지 않았다. 나조차도 몸이 여기저기 아프기 시작했다. 기분이 불안해지고 언짢아졌다. 게다가 무엇보다도 얼굴에 여드름이 덕지덕지 나기 시작했다. 나는 의사를 찾

좌와 폭탄창 문이 철거되었다. 폭탄창 전후방에는 페어링이 설치되었다. 전방 페어링 내부에는 유압 모터가 들어 있었다. 이 유압 모터는 구동 벨트를 통해 폭탄을 회전시킨다. 폭탄은 스프링의 장력을 받는 캘리퍼 암 2개를 통해 폭탄창에 탑재된다. 특장기 초도분 중에는 동체 하면에 기관총 1정을 장착한 기체도 1대 이상 있었다. 그러나 효과가 좋지 않았기 때문에 이 기관총은 곧 철거되었다. 상부 기관총좌 제거로 인해 '놀게 된' 상부 기관총 사수는 전방 기관총좌를 맡게 되었다.

아갔다. 그는 매우 친절하게 말했다.

"너무 과로하셨기 때문입니다. 즉시 2주간 휴가를 가실 것을 권합니다."

나는 그의 면전에서 웃고 말았다. 불쌍한 내 신세! 의사들은 가끔씩 지금이 전시라는 것을 잊는 것 같았다. 전시인 이상 개인의 건강 상태에도 불구하고 해야 하는 일도 있기 마련이다. 아무튼 나는 그의 충고를 일부는 받아들였다. 그리고 강장제를 복용하기 시작했다.

며칠 후 우리는 파크스톤에 다시 갔다. 마지막 인도 시험을 참관하기 위해서였다. 우리 폭탄이 제대로 폭발하는지를 확인하는 것이 목적이었다. 나는 촬영기에, 쇼티는 투하기에 탑승했다. 폭탄이 투하되는 순간은 정말 긴장되고 극적이었다. 폭탄은 착수되어서도 분해되지 않고 수면을 튕겨 나아갔다. 쇼티의 항공기가 폭탄을 100야드(90m) 정도 앞질러 나갔을 때, 폭탄이 폭발했다. 온 해면이 큰 지진이라도 난 듯이 뒤집어졌다. 그리고 5초후 거대한 흰 물보라가 느리게 솟아올랐다. 정말 아름다운 광경이었다. 물보라의 높이는 1,500피트(450m)에 달했다. 물보라는 15초 동안이나 유지되다가 봄 햇살을 받으며 천천히 녹아 사라졌다. 이제 우리의 무장도 준비가 완료되었다.

5월 6일 마지막 훈련 회의가 열렸다. 케이퍼블 카펠과 닥 와트슨도 출석

제617비행대대의 랭커스터 B 마크 I(특장기, 일련번호 ED825/G). 기체 하면에 업키프 도약 폭탄을 탑재하기 위해 개조된 부위가 보인다.

했다. 이번 작전에 매우 깊이 연관된 사람들이었기 때문이다. 기장들은 물론 모두 다 출석했다. 회의 출석자들이 지금쯤이면 표적에 대해 상상하기 시작했을 거라고 생각했다. 물론 그중 표적에 대해 제대로 아는 사람은 없지만 말이다. 그들은 내 사무실에 둥글게 모여 앉아 담배를 피우면서 이야기를 나누었다. 니거는 내 자리에 앉아 그들을 바라보았다. 나는 창턱에 앉아 이야기를 시작했다.

"좋아, 친구들. 모두가 다 알다시피, 우리는 지난 몇 주간 이 작전을 성공시키기 위해 정말 힘들게 훈련해 왔다. 그러나 아직 미흡한 부분이 있다는 생각이 든다. 그 부분이란 각 항공기 간의 조화다. 그게 이루어져야 이번 작전을 성공시킬 수 있다. 훈련을 시작할 당시 가장 큰 문제는 항법이었다. 현재 귀관들은 야간 월광 시 저공비행으로 표적까지 날아가기에 충분한 능력을 확보했다. 나는 그 점을 확인했고, 매우 만족스럽다. 귀관들도 알다시피, 이번 작전은 결코 평범하지 않다. 이 작전이 성공리에 원활히 진행되려면 무선 전화와 전파 통신을 통한 철저한 통제가 이루어져야 한다."

"이번 회의의 목적은 이번 특별 공격에 대한 논의를 통해 실 작전 계획을 도출하는 것이다."

딩기가 질문했다.

"작전일은 언제입니까?"

"앞으로 2주일 이내다. 그러나 누구에게도 발설해서는 절대 안 된다. 훈족에게 정보가 새어나갈 경우, 표적의 방어는 더욱 강력해질 것이기 때문이지. 매일 사진 정찰기를 표적 상공에 출격시키고는 있다. 현재까지는 방어 상태의 강화는 확인되지 않았다. 그걸 보면 아직 보안은 매우 잘 유지되고 있는 것 같다. 그러나 끝까지 잘 유지해야겠지."

"항법 문제를 해결하고 나니 3개의 다른 문제가 드러났지."

(1) 야간 수상 비행 문제

(2) 특수한 방식으로 정확하게 폭탄을 투하하는 문제

(3) 임무에 적합한 장비 확보 문제

(1)과 (2)번 문제는 제군들이 해결했다. (3)번 문제는 수많은 시험비행 조종사와 과학자들이 해결했다. 언젠가는 제군들에게 그분들을 만나 뵙게 해주고 싶군. 그리고 이번 작전을 성공시키는 데 필요한 매우 난이도 높은 훈련을 완료한 지금, 실제 작전이 임박했다. 항공 참모장께서는 어펑햄, 콜체스터의 저수지를 훈련장으로 내주셨다. 그는 영화사와 협력하여, 우리의 실제 표적과 매우 비슷하게 생긴 모의 표적을 그 훈련장에 만들었다. 그 표적은 U보트 방공호가 될 수도 있고, 다른 물체가 될 수도 있다."

"이제부터 한 번에 9대씩의 항공기를 일제히 투입해 모의 표적에 대한 공격 훈련을 실시할 것이다. 시작은 오늘밤부터다. 나는 편대당 3대의 항공기로 이루어진 3개 편대로 편대 비행을 실시하면서, 우리의 훈련 항로를 따라 야간에 모의 표적까지 비행시키고자 한다. 그리고 일단 첫 번째 저수지에 도착하면 한 번에 한 대씩의 항공기가 표적을 폭격한다. 폭격은 내 무전 지시에 따라 이루어져야 한다. 폭격 고도는 60피트(18m), 폭격 속도는 시속 232마일(430km)이다. 이러한 고도와 속도는 반드시 엄수해야 한다. 고도와 속도를 엄수하지 못할 경우 작전은 실패할 것이므로 그 중요성은 구태여 두 번 말하지 않겠다. 첫 번째 모의 표적을 파괴하고 나면, 두 번째 호수의 모의 표적으로 이동하여 전과 같은 방법으로 공격한다. 공격이 완료되고 나면 실제 독일 영토를 벗어나듯이 훈련 항로를 따라 기지로 복귀한다."

"이 훈련에 참가하지 않는 나머지 승무원들은 워시 상공에서 저공비행과 폭격을 훈련한다. 그 외에 6개 승무조가 다른 호수로 가서 특별 공격 훈련을 할 것이다."

케이퍼블이 질문했다.

"그러면 사실상 가동 기체 전부를 다 사용하자는 말씀인가요?"

"그렇다. 우리 부대 기체의 가동률을 최대로 높여야 한다. 이제부터 지상 근무자들은 하루에 24시간씩 일해야 한다. 물론 나도 걱정은 된다. 하지만 어쩔 수 없다. 그리고 그만한 가치가 있을 것이라고 전해라. 그리고 닥, 껌 좀 그만 씹고. 지급받은 폭탄을 12일까지 분배하라. 최종 훈련 때 사용해 봐야 하기 때문이지."

닥이 대답했다.

"그건 좀 곤란한 일이 될 겁니다. 아직 전량이 다 도착한 게 아니에요. 우리가 받은 건 개량품이고, 실사용 전 24시간 동안 준비 작업을 해야 합니다. 우리 부대에 무장사 별로 없는 거 아시잖아요. 이미 우리 무장사들은 그 폭탄 때문에 진땀 빼고 있습니다."[185]

"알았다. 그러면 항공 참모장께 무장사들을 더 보내 달라고 해야지. 한 주 동안은 사람들을 빌려와서 쓸 수 있을 거야. 그러나 새 무장사들이 오면 작전 때까지는 기지 밖으로 나가지 못하게 해야 해. 이번 작전의 비밀을 봐 버렸으니 말이지."

"그리고 다른 얘기로 넘어가면, 우리는 실전과 동일한 수준의 기체 중량 으로 훈련을 해야 돼. 그래야 실전에서의 연료 소모량을 알 수 있잖아? 실

---

185) '업키프' 폭탄은 그 자체의 무게 균형을 맞춰 줘야 했다. 그래야 이 폭탄이 회전할 때 필요 이 상의 진동이 발생하지 않고 제대로 회전할 수 있다. '업키프' 탑재 전 이를 장비에 올려 회 전, 폭탄 테두리 부위의 무거운 부분과 가벼운 부분을 확인했다. 그다음 스캠턴 기지의 정비 소에서 철판으로 만든 적절한 무게의 무게추를 폭탄 외피의 가벼운 곳에 볼트로 고정, 무게 균형을 맞추었다. 자동차 바퀴의 무게 균형을 맞추는 방법과 같다. 그렇지만 무게 균형을 완 벽하게 맞추는 것은 불가능했다. 이 때문에 업키프를 회전시킬 때면 항공기에 상당한 진동 이 왔다.

전 수준으로 기체 중량을 맞추려면 방탄판 일부는 제거해야 돼. 멜빈, 풀포드한테 현재 기체 중량이 얼마나 되는지 물어 봐. 그리고 다른 기체 항공기 관사들에게도 기체 중량을 측정하라고 해. 총중량이 63,000파운드(28.576톤)이 넘으면 이륙할 수 없으니 주의해야 돼."

딩기가 말했다.

"알겠습니다. 전방 기관총 사수는 비행 내내 자리를 지키면서 적 대공포 진지에 사격을 가하게 하자고 말씀하셨지요? 그런데 그렇게 하면 문제가 있습니다. 전방 기관총 사수의 양발이 폭격수의 얼굴 앞에 오게 됩니다. 전방 기관총 사수의 양발이 폭격수의 얼굴을 가리지 않도록 받침대를 만드는 것이 좋겠습니다. 그래야 전방 기관총 사수도 편안하게 근무를 볼 수 있고, 폭격수도 전방 기관총 사수의 발냄새를 맡지 않을 수 있을 테니까요."

좋은 아이디어였다. 이 받침대를 즉각 만드는 임무는 안 그래도 많은 일로 시달리던 카펠에게 떨어졌다.

누군가가 발언했다.

"또 다른 얘깁니다. 조종사 얼굴 앞 바람막이에 제2고도계를 설치하는 건 어떨까요? 그러면 조종사는 수면 저공비행을 하는 동안 고개를 숙이지 않고도 고도를 쉽게 읽을 수 있습니다."

이것 역시 좋은 아이디어였다. 정비사들에게 지시해 그날 오후까지 전 항공기에 제2고도계를 설치했다.

모든 출석자들이 한 사람씩 자신들의 의견을 이야기했다. 그중 대부분은 수락되었다. 자신들의 일에 통달한 사람들의 의견이었기 때문이다. 물론 이곳에 그 상세를 다 밝히지는 못한다. 아직까지도 비밀이기 때문이다. 이미 충분히 많은 민간인 노동자들이 격납고를 출입하며 자세계 등 항법과 폭격을 도와주는 장비를 우리 항공기에 설치하고 있었다.

데이브 섀넌이 질문했다.

"무선 전화 사용은 어떻습니까? 저는 전투기 조종은 해 본 적이 없어서 어떻게 해야 할지 감이 잘 안 오는군요."

나는 서랍에서 어젯밤에 준비한 문서를 꺼내 보며 답했다.

"내가 생각한 절차는 이렇다. 무선 전화는 간단한 암호문을 사용하되, 기본적으로는 평문이다. 그리고 무선 전화에 이상 발생 시 전파 통신을 사용한다. 이번 작전에 공군용 암호는 쓰지 않는다. 암호 해독에 너무 시간이 걸려 작전을 망칠 수도 있기 때문이지. 이번 작전에서는 간단한 암호 체계를 사용할 것이다. 이 암호는 매우 간단해서 외우는 데 큰 시간이 걸리지 않는다. 이 문서에 모든 정보가 들어 있다."

내가 그들에게 건넨 문서에는 우리가 사용할 간단한 암호들이 적혀 있었다. 예를 들어 〈딩기〉는 제2표적이 격파되었다는 뜻이었다. 〈니거〉는 제1표적이 격파되었다는 뜻이었다. 〈아티초크〉는 주파수 버튼 A를 누르라는 뜻, 〈비어〉는 주파수 버튼 B를 누르라는 뜻이었다. 그 외에도 암호가 여럿 있었다. 나는 대원들에게 이 암호를 다 외우라고 지시했다.

"다음은 통신 절차다. 허치가 승무원 대기실에 모의 헤드셋 20개를 가져다 놓았다. 바로 가서 그걸 가지고 통신 절차를 다 외울 때까지 훈련을 진행한다. 실전에는 내가 지휘관, 호피가 제1부지휘관, 미키 마틴이 제2부지휘관을 맡는다. 부지휘관을 2명씩이나 둔 건, 우리 중 누가 격추당할지 모르기 때문이다. 통신 절차 훈련은 하루에 30분씩 진행할 것이다. 그 정도면 실전 전까지 모두가 다 외울 수 있을 것이다."

다음 한 주 동안 우리는 총연습을 실시하고, 통신실에서 모의 공격 훈련도 진행했다. 이 기간 중에도 우리가 공격할 저수지의 수위는 꾸준히 높아지고 있었다. 이제 댐 벽 꼭대기로부터 5피트(1.5m) 지점까지 물이 찼다.

특별 공격 훈련을 완료한 우리는 총연습을 실시했고, 이 총연습은 몇몇 고급 장교들의 관심을 샀다. 그러나 총연습은 완벽한 실패였다. 항공기들은 길을 잃었고, 일부 항공기들은 충돌사고를 일으킬 뻔하기도 했다. 나머지 항공기 승무원들은 풀이 죽은 채로 귀환했다. 문제의 원인은 통신이었다. 이런 종류의 공격은 잘못될 여지를 하나라도 남겨놔서는 안 된다. 그 부분이 반드시 잘못될 것이기 때문이다. 당시 우리가 사용하던 무선 전화 체계는 좋지가 않았다. 전투기용 무선 전화를 사용해야 했다. 모든 승무원들이 복귀하자 나는 비행단장에게 VHF 통신기가 없으면 이번 작전은 실패라고 단언했다. 또한 예전에도 VHF 통신기를 구해달라고 했음을 상기시켰다. 그는

"내가 알아서 해결하겠네."

라고 말했다. 그리고 그는 그 약속을 지켰다. 그가 약속한 지 불과 몇 시간 만에 낯선 사람들이 비행기를 타고 우리 기지에 와서 작업을 하기 시작했다. 다음 날이 되자 대대의 모든 항공기에 영국 공군 최고 성능의 무선 전화가 장착되었다. 또한 내 항공기와 두 부지휘관의 항공기에는 무선 전화가 2대씩 설치되었다. 따라서 한 대가 망가지더라도 나머지 한 대로 통신을 할 수 있었다.[186]

다음 날 밤 우리는 두 번째의 총연습을 했다. 이번은 완벽히 성공했다. 모든 것이 무리 없이 진행되었고, 흠 잡을 데도 별로 없었다. 단 하나, 총연

---

186) 전파 통신(Wireless Telegraphy, W/T)는 모스 부호를 사용한다. 무선 전화(Radio Telephony)는 음성 통화가 가능하다. 랭커스터에 탑재된 표준 고주파(High Frequency, HF) TR9 R/T 통신기는 공군 기지와의 단거리 음성 통화에 쓰였다. 그러나 이 장비는 항공기간의 신뢰성 있는 통신에는 부적합했다. 이 때문에 VHF TR1143 통신기를 설치했다. 덕분에 깁슨은 음성 통화로 작전을 지휘할 수 있었다. 댐 공습에서 시범적으로 사용된 이 기술은 이후 폭격선도대에도 채용되었다. 여기서 〈행사의 지휘자〉로도 불리던 통제사는 이 기술을 사용해 폭격기 주력 부대를 지휘할 수 있었다.

습에 투입된 항공기 12대 중 6대가 폭탄 폭발 시 발생한 물보라로 인해 큰 손상을 입었다. 손상된 항공기들이 손상 없는 항공기들에 비해 조금 더 낮게 비행한 탓이었다. 대부분의 손상은 항공기 후방동체에 집중되었다. 승강기가 나무판처럼 부러졌고, 후방 기관총좌와 꼬리날개도 부서졌다. 어떤 항공기는 그 자리에서 바로 추락하지 않은 게 이상할 정도로 큰 손상을 입기도 했다. 훈련 중에 직면할 수 있는 문제는 이것 말고도 많았다. 어떻게 보면 실전에서는 이 정도도 큰 문제는 아니다. 폭탄을 정확히 투하하고 나면 무사히 퇴출만 하면 되기 때문이다. 항공기를 몰고 모두가 무사히 돌아올 수만 있다면, 항공기가 물, 또는 다른 이물질로 얼마나 큰 손상을 입건 문제될 것은 없다. 그리고 그보다도 더 중요한 것은 폭탄을 정확히 투하하는 것이고 말이다.

이제 며칠 내로 실전이 있을 것임은 분명해졌다. 어쩌면 2일 후에 가야 할 수도 있다. 수위가 공격의 최적 수준에 도달했다는 보고가 있었기 때문이다. 승무원 훈련도 이제 완료되었다. 승무원들은 실전에 투입될 준비를 끝냈다. 우리 대대는 창설 이래 총비행시간 2,000시간을 기록했고, 훈련탄 2,500발을 투하했다. 공중 근무자들은 마치 출발점에 선 경주마들마냥 명령만 떨어지면 바로 하늘로 날아오를 수 있었다. 지상 근무자들 역시 훈련 중에 항공기에 생긴 손상 부위를 고치느라 노예처럼 열심히 일했다.

그리고 나는 기상 담당관을 만났다. 우리 공군은 대서양 원양은 물론 노르웨이 이북까지 기상 관측 항공기를 보내 전선의 움직임을 파악하고 있었다. 행운의 여신은 우리에게 미소 지었다. 기상 조건은 완벽했다. 이 마지막 조건까지도 현실이라 믿을 수 없을 만치 너무나 잘 풀려 주었다. 경력이 오래된 기상 담당관조차 고개를 갸웃거릴 정도였다.

비행단장이 5월 15일에 우리 대대에 와서, 16일에 출격할 거라고 말해 주었다. 그가 우리 대대를 떠나자마자 웬 하얀 비행기가 우리 기지에 내렸다. 격납고까지 택싱(taxiing)해서 온 그 비행기에서는 제프와 무트가 내렸다. 그들은 이 모든 일의 결말을 보러 온 것이었다.

그날 밤 우리는 밤늦게까지 작전 명령서를 작성했다. 이것 역시 중요한 일이었다. 최악의 경우 우리 모두가 돌아오지 못할 수도 있다. 그럴 경우 작전 명령서가 없으면 아군의 누구도 우리의 작전계획에 대해 자세히 알 수 없기 때문이다.

이제 호피, 딩기, 헨리, 봅에게 표적에 대해 통보해 주었다. 그리고 그날 밤 호피는 우리의 목숨을 살렸다. 항공 참모장과 내가 구상한 항로는 홀스 상공을 통과하고 있었다. 그런데 홀스는 루르 공업 지대의 변두리에 있는 도시로서, 대형 고무 공장이 있었기 때문에 방공망이 매우 철저했다. 그러나 이 사실은 독일 방공망 지도에는 나와 있지 않았다. 호피는 이 사실을 알아차리고 우리에게 홀스보다는 좀 더 이북으로 가자고 주장했다. 만약 호피가 그 얘기를 안 했더라면 우리는 홀스 상공을 지나갔을 것이다. 그리고 거기서 살아남기는 매우 힘들었을 것이다. 우리는 12시에 취침했다. 일을 다 마치고 사무실을 나서려는데 찰스가 얼굴이 창백해져서 달려왔다.

"가이, 큰일 났어. 이를 어째. 〈니거〉가 잘못되었어. 기지 밖에서 차에 치였어. 즉사하고 말았어."

대작전의 전날 밤 내 반려견이자 대대견이던 〈니거〉는 이렇게 세상을 떠나고 말았다. 나는 그 소식을 듣고 내 방으로 들어갔다.

닥은 대대원들에게 수면제를 지급했다. 내일의 출격을 앞두고 숙면을 취하게 하기 위해서였다. 내 방 안에서 나는 문에 있던 긁힌 자국을 바라보았다. 〈니거〉가 나가고 싶을 때 발로 긁어서 낸 자국이었다. 내 기분은 한없이 우울했다.

다음 날인 5월 16일, 정찰기는 댐의 대공 방어 시설의 변화가 없으며 수위는 공격에 최적 수준이라고 보고했다. 이 중대한 시간, 기지의 구내 안내 방송에서는 이런 말이 나왔다.

"제617비행대대의 모든 공중 근무자들은 지금 즉시 브리핑실로 집합하십시오."

승무원들이 두 달 반 동안 기다려왔던 순간이었다. 그들은 폭격 목표물이 무엇인지 알기 위해 헐레벌떡 달려왔다. 브리핑실에 모인 승무원은 총 133명이었다. 헝클어진 머리와 약간은 꾀죄죄한 차림새를 한 이 젊은이들은 실제 나이에 비해 약간은 더 나이 들어 보였다. 그러나 이들은 우리 공군의 폭격 전문가들이다. 전원이 높은 수준의 훈련을 받았고, 이 세상에 태어났던 그 어떤 사람들보다도 자신의 일을 확실히 알고 있었다.

나는 제프에게 모든 내용을 다 설명하게 했다. 그는 점잖고 온순한 어조로, 예전에 내게 했던 이야기를 여기서도 거의 똑같이 풀어 놓았다. 표적 댐들의 건설 목적과 재료, 두께는 물론 파괴 난이도가 매우 높다는 점도 이야기했다. 그리고 우리가 쓸 무장의 작동 원리도 이야기해 주었다. 이번 임무가 결코 쉽지 않다는 점도 알려 주었다. 이 설명은 모든 승무원이 다 이해할 수 있게 진행되었다. 동시에 공격 표적을 알고 안도감을 느꼈다. 이 정도면 생각만큼 지독하지는 않다고 그들은 생각했다. 뭔가 위험한 임무를 위해 힘든 훈련을 하는데 정작 그 표적은 모를 때는 심한 긴장감이 든다. 별로 좋은 느낌이 들지 않기 때문이다.

그날의 남은 일과는 바쁘게 지나갔다. 항공기와 장비의 점검과 시험이 필요했다. 트랙터들이 항공기에 탑재될 폭탄을 실어 왔다. 닥 와트슨도 걱정스런 표정으로 모터사이클을 타고 여기저기 돌아다녔다. 기술진들은 항공기에 마지막 손질을 했다. 훈련 중 손상된 항공기에는 새 기관총좌를 붙여 주고 꼬리날개를 고쳐 주었다. 항공기 정비 및 수리가 완료된 것은 오후 5시였다. 이후 제프와 무트가 모든 항공기를 직접 점검한 후, 모든 것이 완벽하다며 만족스러워 했다. 그래도 아직 할 일은 많았고 시간은 적었다. 파웰 원사에게 〈니거〉의 처분을 지시하려 내 항공기 있는 쪽으로 가려다가 나는 멈칫했다. 이건 왠지 매우 불길한 징조 같았다. 나는 파웰에게 니거의 시신을 해 진 후까지 보관해 두었다가, 그날 자정에 매장해 달라고 지시했다. 그 시점이면 우리는 적 해안을 횡단해 적 영토로 들어가고 있을 것이었다. 니거의 장례가 치러지는 바로 그 시간, 비행 중이던 나는 니거의 영혼이 우리와 함께하기를 바랐다.[187)]

그날 점심식사는 지급되지 않았다. 출격 직전 제프가 달려와서 묘한 목소리로 크게 말했다.

"오일을 잘못 받았어요. 저장소에도 제 오일이 없다고 합니다. 다른 곳에서 오일을 구해야 할 것 같아요. 정확한 오일을 안 쓰면 폭격을 못 할지도 모릅니다."

나는 그의 말을 이해할 수 없었다. 그러나 그 외에 다른 얘기는 없었기 때문에, 그에게 항공기 1대를 주어 오일을 수배해 오도록 했다.

지글지글 끓는 더운 날이었다. 그러나 모든 공중 근무자들은 오후 3시간

---

187) 깁슨의 반려견 〈니거〉가 교통사고로 현장에서 즉사한 시점은 1943년 5월 15일 저녁이었다. 당시 깁슨은 공군 대령 휘트워스의 집에서 휘하 편대장들과 분대장들에게 브리핑 중이었다. 절대 1955년 영화 〈댐 버스터〉에 묘사된 대로 최종 브리핑 시에 죽은 것이 아니다. 깁슨은 파웰 원사에게 〈니거〉의 시신을 5월 16일과 17일 사이의 자정에 자기 사무실 밖 제2격납고 옆에 매장해 달라고 지시했다. 그리고 기지 정비대에 〈니거〉의 시신을 담을 관도 만들어 달라고 했으나 정비대는 관을 만들어 주지 않았다. 파웰 원사가 깁슨의 지시를 무시했을 가능성은 거의 없다. 그러나 〈니거〉의 매장이 제대로 실시되었는지는 다소 확실치 않다. 스캠턴 기지에서 실시된 영화 〈댐 버스터〉의 현지 촬영 당시에는 〈니거〉의 묘비가 임시 철거되기도 했다. 그러나 영화에서 〈니거〉의 역할을 맡았던 영국 육군 소속 폭탄 탐지견은 〈니거〉의 무덤 근처에도 가려 하지 않았다.

동안 댐 모형을 보며 표적과 주변 지형을 숙지하고 있었다. 그들은 댐 모형을 보고 또 보면서 그 생김새를 마음속에 정확히 새기고 익혔다. 그리고 자신이 외운 내용을 바탕으로 대공포의 위치, 수심, 기타 중요 사항에 대해 질문을 했다.

기온이 내려가자 우리는 자체 브리핑을 했다. 나는 그 브리핑을 영원히 잊을 수 없을 것이다. 브리핑실 밖에는 헌병 2명이 경비를 서고 있었다. 출입문은 잠겼다. 이번 임무에 비행하는 승무원, 그 외에 대대원 4명을 제외하면 외부인의 출입은 일절 금지되었다. 심지어 전투기 사령부의 사령관도 들어올 수 없었고, 우리 비행단의 본부 인원도 들어올 수 없었다. 비행단에서는 오늘밤의 임무가 단순한 훈련 임무인줄로만 알고 있었다.

나는 제프를 승무원들에게 소개했다. 그는 그날 아침에 했던 이야기를 거의 똑같이 되풀이했다. 다만 이번에는 무장 개발의 어려움도 설명했다. 그는 매우 걱정하고 있었다. 내가 보기에도, 그는 자신이 개발한 무장을 가지고 그 표적을 공격하러 가는 사람들 한 사람 한 사람의 생명에 상당한 책임감을 느끼고 있었다. 그는 내게 이렇게 말했다.

"전 대원들의 무사 귀환을 바랍니다."[188]

그러자 나는 이렇게 대답했다.

"인명 피해가 발생하더라도, 그건 당신 탓이 아닙니다."

---

188) 당시 53세이던 월리스는 상당수 대대원의 아버지뻘이었다. 그는 무장의 개발에만 주안점을 두었지 이 작전의 인적 측면에 대해서는 크게 생각해 보지 않았다. 이 작전이 끝나고, 56명의 승무원이 돌아오지 못했다는 사실을 안 그는 큰 충격을 받았다. 그는 다시는 항공 승무원들의 생명을 위태롭게 하지 않겠다고 맹세했다. 1940년대 후반~1950년대에 이르는 동안 그는 자신이 설계한 가변익 설계인 〈스왈로우〉와 〈와일드 구스〉의 비행 특성 연구에 실물대 유인 시제기보다는, 무선 조종 항공기를 사용했다. 1951년, 그는 전시의 연구 업적으로 받은 상금 중 10,000파운드(2019년 화폐 가치로 340,000파운드)를 영국 공군 군인 자녀 장학 재단에 기부했다.

"아시겠지만, 저는 이걸 작전 임무로 생각해 본 적이 거의 없어요. 내 일은 댐을 무너뜨릴 무장을 개발하는 것뿐이었습니다. 저는 이번 공습을 내 계산의 타당성을 입증하는 내 인생 마지막 대 실험으로 생각해 왔습니다."

우리가 이야기하고 있는 중에, 비행단장이 승무원들을 격려했다. 그는 멋진 이야기를 했다. 그가 한 이야기를 나는 평생 잊지 못할 것이다.

"이제 제군들이 실시할 공습은 적에게 엄청난 피해를 입힐 것이다. 이 공습은 역사에 길이 남을 것이다. 모두가 이 공습 방법을 알려고 할 것이다. 그리고 그들에게 알려 주지 않기도 어려워질 것이다. 하지만 제군들은 비밀을 유지해야 한다. 이 무장은 이번 공습 외에도 쓸 곳이 많기 때문이다. 이제 와서 이런 주의를 하는 이유는 간단하다. 내가 자네들의 훈련을 처음부터 관찰해 본 결과, 이번 공습은 반드시 성공할 거라고 확신했기 때문이다."[189]

그다음 내가 일어나서, 이번 공습에 사용할 공격 방식을 설명했다. 물론 매일 같은 훈련으로 전원이 다 알고 있는 부분이었지만 말이다. 그래도 나는 1시간 이상에 걸쳐 최종 계획을 자세히 설명했다. 그 내용은 대략 다음과 같다.

공격 부대는 3개 편대로 나뉜다. 제1편대는 다음 기장들로 이루어진다.

나

호피

미키

---

189) 브리핑은 여러 단계에 걸쳐 실시되었다. 아침에는 조종사, 항법사, 통신사에게 브리핑이 실시되었다. 비행 계획을 준비하고 암호와 통신 절차를 외우고 지형에 숙달될 시간이 필요하기 때문이다. 1955년 영화 〈댐 버스터〉에서 나온 것처럼, 주 브리핑은 오후 늦게 전원이 모인 상태에서 실시되었다.

딩기

빌 애스텔

데이비드 몰트비

헨리

레스 나이트

데이브 섀넌

이들 기장들에게 대대 최고의 승무조를 배속시킨다. 뫼네 댐을 우선 공격한 다음, 뫼네 댐이 붕괴하면 에데르 댐을 공격하는 것이 제1편대의 임무였다. 제1편대가 두 댐을 격파하는 데 성공하면 공격은 그 시점에서 끝난다. 그러나 우리가 원하는 것은 작은 틈이 아니라는 게 중요했다. 우리는 두 댐에 아주 큰 구멍을 낼 것이었다. 이 때문에 우리는 보유한 모든 폭탄을 다 투하할 것이었다. 구체적으로 말해 직경 100야드(90m)짜리 구멍을 댐에 내는 것이 우리 목표였다.

제2편대 소속 기장은 다음과 같다.

조 맥카시

공군 원사 바이어스

공군 대위 발로우

공군 소위 라이스

레스 먼로

이 편대는 조르페 댐에 양동 공격을 가할 것이었다. 이들은 본대와는 한참 떨어진 곳에서 적지 해안을 건넌다. 적의 전투기 부대를 분산시키기 위함이었다. 이들이 조르페 댐 상공에 도착하고 나면 베리 조명탄을 발사하고, 적에게 혼란을 일으키며 적 전투기들을 출격시켜 본대로부터 적의 시선을 돌린다. 이들의 공격 방식은 매우 특수했다. 그들은 그 특수한 공격 방식을 훈련했다. 왜냐하면 조르페 댐은 뫼네, 에데르 댐과는 달랐기 때문에 공격 방식도 완전히 달라야 했다.[190]

나머지 항공기들의 기장은 다음과 같았다.

공군 소위 타운센드
공군 원사 앤더슨
공군 원사 브라운
공군 소위 오틀리

이들은 후속의 제3편대를 이룬다. 제1편대와 제2편대에 공백이 생길 경우 메꾸는 예비대 역할을 한다. 이게 쉽게 가능했던 것은 모든 항공기가 무선 통신이 가능하기 때문이다. 이제까지 말하지 않았던 기장 2명은 질병으로 인해 비행할 수 없었다. 이번 공습은 결국 19개 승무조와 항공기로 실시할 것이었다.

---

190) 이 댐들 중 뫼네 댐과 조르페 댐이 루르 강의 수자원 중 75%를 보유하고 있었다. 두 댐 중 하나를 격파하는 것보다는, 둘 다 격파하는 쪽이 훨씬 더 큰 타격을 가할 수 있었다. 그러나 '업키프'는 석조 댐 타격에 최적화되어 설계되었는데, 조르페 댐은 흙댐이었다. 이 때문에 조르페 댐 공격 편대원들은 호수 편에서 댐 벽을 따라 시속 180마일(333km)로 날면서 30피트(9m) 고도에서 폭탄을 투하하는 훈련을 받았다. 이때 '업키프'는 회전시키지 않는다. 그 상태로 댐 벽 정중앙에 직격시키는 것이다. 월리스는 이런 식으로 탄착군 좁게 5발의 '업키프'를 명중시키면 흙으로 된 둑을 깎아 먹고 콘크리트 중앙부에도 충분한 크기의 금을 가게 할 수 있다고 생각했다. 그러면 이 금을 통해서 빠져나온 물이 주변의 흙을 깎아 먹으면서 댐의 손상 부위를 확대시킨다는 것이다. 조르페 댐 공격 편대 중 표적 상공에 도착한 항공기는 1대뿐이었다. 그 외에 예비대 소속 항공기 1대도 조르페 댐에 도착했다. 두 항공기 모두 폭탄을 명중시켰다. 그러나 댐을 붕괴시킬 만큼의 타격을 입히는 데는 실패했다.

이렇게 브리핑은 완료되었다. 모두가 자신이 해야 할 일을 확실히 전달받았고, 모두가 작전 계획도 알고 있었다. 우리는 회관에 가서 베이컨과 계란을 먹었다.

딩기가 내게 말했다.

"중령님이 만약 돌아오지 않으면, 내가 중령님 계란까지 먹어도 되요?"

모르는 사람이 드문 시덥잖은 농담이었다. 작전이 성공하면 전 승무원에게 계란이 하나씩 지급되기 때문이다. 당시는 계란이 귀했기 때문에 민감하게 취급되었다. 나는 그에게 말했다.

"그렇게 될 것 같아?"

그러고 나서 아주 어려운 일을 해내 보라고 말했다. 그러나 시간이 많지 않았다. 우리는 옷을 갈아입으러 갔다.

이후 이륙 전까지 1시간 반을 대기하는 동안 모두가 긴장되어 있었고 말을 많이 하지 않았다. 우리는 오랜 시간 동안 훈련과 대기, 야간 비행으로 점철된 삶을 살아왔다. 그러다 보니 결국 우리는 발끝으로 서서 춤추며 있는 대로 소리 질러야 거기서 오는 긴장을 떨쳐 버릴 수 있는 정도가 되었다. 그러나 지금은 모두가 손을 주머니 속에 넣고 얘기도 거의 하지 않은 채로 담배를 피울 뿐이었다.

나는 호피에게 말했다.

"호피. 오늘밤이다. 갔다 온 다음에 실컷 마시자고."

호피와 내가 임무를 떠나기 전에 언제나 하던 말이었다. 그러고 나서 호피는 밴에 타고 자기 항공기로 떠났다.

나는 결코 이런 순간을 묘사하고 싶지 않았다. 그래서 그 일은 대대 부관인 험프리스에게 맡겼다. 험프리스는 대대 일지에 이런 글을 남겼다.

"오늘은 제617비행대대의 역사적인 날이다. 공중 근무자를 제외하면 표적을 아는 사람은 사실상 없다. 대대원들 외에 이 작전을 아는 사람은 극소수다. 공군 여성 보조 부대원들도 모른다. 이제 오후 8시 이후, 승무원 대기실 밖에서 벌어지는 일은 역사에 길이 남을 것이다. 이번 작전은 결코 평범하지 않다. 이번에 출격하는 모든 승무원들은 이 임무가 매우 가혹하다는 것을 알고 있다. 그들의 감정 표현 방식은 다양하다. '쓸데없는 건 신경 쓰고 싶지 않아.' 하는 사람도 있고, 결의를 다지며 마음을 굳게 먹는 사람도 있다. 그 모든 것에서 나는 십자군 원정과도 같은 분위기를 느꼈다."

"데이브가 늦었다. 휘하의 모든 승무원이 이미 항공기에 탑승한 지 한참이 지난 후에야 승무원 대기실을 나왔다. 평소에는 언제나 쾌활하던 데이비드가, 이번에는 그런 쾌활함을 모두 잃어버린 게 아닌가 무척 궁금했다. 대대장은 자기 차에 자기 승무조 승무원들을 모두 태우고 나타났다. 그 차에 그 많은 사람들이 끼어 탄 걸 보니 놀라웠다. 오늘도 대대장은 최상의 체력과 정신력, 평정심을 유지하고 있었다(실제로는 전혀 아니었다.). 우리 대대의 인기인인 미국 출신 공군 대위 맥카시는 좀 불안한 것 같았다. 자기 항공기에 간 그는 유압 문제가 있음을 발견하고, 대대 유일의 예비 기체로 옮겨 탔다. 그 항공기 내부를 점검하던 그는 나침반 지침면이 없는 것을 알았다. 그는 지침면을 달라며 편대 사무실로 헐레벌떡 뛰어갔다. 그러다가 그는 실수로 낙하산을 개산하고 말았다. 흰 실크로 된 낙하산이 만개하며 그의 등 뒤로 질질 끌려갔다. 맥카시 대위는 얼굴에서 땀을 뻘뻘 흘리며 자기 항공기로 뛰어 돌아갔다. 나침반 지침면을 든 동료 장병들이 그를 부지런히 쫓아갔고 말이다. 그래도 그는 정시에 이륙하는 데 성공했다. 이제까지 적은 기록은 작전 전에 있었던 일들의 지극히 일부에 불과하다. 그러나 아무리 철저히 준비를 해도, 사소한 일로 긴장감은 크게 오를 수 있다는 점은 보여 주고 있다."

정시에 허치가 적색 베리 조명탄을 발사했다. 그리고 모든 항공기가 엔진을 시동했다. 적 영토 해안을 건널 때까지 무선 전화 사용은 금지되었다.

비행단장이 내 비행기 안에 들어와, 내게 행운을 기원해 주었다. 나는 그에게 불편한 미소로 화답해 주었다. 영국 공군 사진병이 달려와서 사진 촬영을 위해 포즈를 잡아 달라고 요청했다. 하필이면 가장 기묘한 순간에 사진을 찍겠다고 하는 것이었다. 그래서 일단 우리는 줄지어 활주로로 나와서 이륙을 기다리는 듯한 포즈를 취해 주었다. 통제 차량에 타고 있던 누군가가 깃발을 흔들자 나는 스로틀을 열었다. 우리 항공기들은 독일을 향해 날아가기 시작했다. 부관의 기록은 이렇게 이어진다.

"거대한 폭격기들이 폭탄을 싣고 편대를 지어 풀밭을 박차고 날아오른다. 사람들은 숨도 제대로 못 쉬고 그 장면을 보고 있다. 순식간에 모든 항공기들이 정상적으로 이륙, 체공했다. 그러나 왠지 아주 오랜 활주 끝에 간신히 날아오른 듯한 느낌이다. 이들의 모습이 사라지자 링컨은 다시 한 번 정적에 휩싸였다. 비행장은 저녁 안개로 뒤덮이기 시작했다. 대대원들은 삼삼오오 모여앉아 잠시 동안 이야기를 나누었다. 그리고 나서 다들 숙소로 들어갔다. 폭격기들이 귀환해야 이들은 다시 나올 것이다. 모든 것이 매우 고요해 보였다. 우리는 임무에 나선 승무원들의 행운과 임무 성공을 기원했다."

1943년 5월 16일, 가이 깁슨과 승무원들이 댐 버스터 공습 임무를 위해 랭커스터 폭격기(코드레터 AJ–G, 일련번호 ED932/G)에 탑승하고 있다. 좌로부터 우로 공군 대위 R.D. 트레버 로퍼, 공군 상사 J. 풀포드, 공군 원사 G.A. 디어링(캐나다), 공군 소위 F.M. 스패포드, 공군 대위 R.E.G. 허치슨, 깁슨, 공군 소위 H.T. 태럼.

댐 버스터 공습이 완료된 이후, 영국 국왕 조지 6세가 작전 지도를 보고 있다. 좌로부터 공군 소장 코크란, 공군 중령 G.P. 깁슨, 조지 6세, 공군 대령 휘트워스, 공군 소장 사운드비(ⓒ헨든 영국 공군 박물관)

제18장
불운한 사람들

우리는 완벽한 침묵 속에 1시간 10분가량 비행하고 있었다. 전 대원의 머릿속은 이런저런 생각으로 바빴다. 우리 발 바로 아래에서는 단조로울 만큼 반복적으로 파도가 치고 있었다. 그 파도에 비친 달은 마치 최면술에 사용하는 수정처럼 보였다. 테리가 한 말은 우리를 움직였다.

"기장님. 네덜란드 해안까지 앞으로 5분 남았습니다."

나는

"알았다."

하고 전방을 보았다. 풀포드가 스포트라이트를 켠 다음, 고도를 좀 더 낮추라고 내게 지시했다. 우리는 수면으로부터 100피트(30m) 고도에 있었다. 전방 기관총좌의 짐 디어링은 기관총 총열을 좌우로 돌려 보면서 적의 대공 초계함과 맞서 싸울 준비를 했다. 적은 아군의 폭탄 부설 항공기를 막기 위해 바다에 대공 초계함을 띄워 놓고 있었다. 허치는 통신사석에 앉아서 나를 따르는 전 대원에게 만약의 경우 대공포 발사 경보를 발령할 준비를 갖추고 있었다. 트레버는 구명복을 벗고 후방 기관총좌에 들어갔다. 내 항공기 양편에서도 모두 두툼한 기수의 랭커스터 폭격기들이 날고 있었다. 항공기 간의 간격은 그 어느 때보다도 좁았다. 다른 항공기 안에서도 지금 내 항공기와 똑같은 일이 벌어지고 있을 것이다. 누군가가 인터컴에다 대고 시끄러운 휘파람 소리를 냈다. 그러자 또 다른 사람이 말했다.

"조용히 해."

그러자 스팸의 목소리가 들렸다.

"저기 네덜란드 해안이 보입니다."

나는 그에게 이렇게 말해 주었다.

"아냐. 저건 저공 구름이 달빛을 받아 바다에 드리우는 그림자라고."

그러나 스팸이 옳았고 나는 틀렸다. 얼마 안 있어 네덜란드의 섬들이 다가오는 게 보였기 때문이다. 보름달 아래 보인 그 섬들은 낮고 평평하면서도 을씨년스러운 느낌을 주었다. 그 섬들에 배치된 독일 대공포는 사방팔방으로 포탄을 날려 대고 있었다. 적 레이더가 우리의 접근을 알아챘다는 뜻이었다. 그러나 우리는 독일의 방공망에 대해 모르는 것이 없었다. 우리의 접근을 싫어하는 그 낮은 섬들로 다가가면서, 대공포화망을 피하는 데 필요한 참조점을 찾으려 했다. 우리는 마치 기뢰원 속을 항해하는 배들과도 같았다. 여차하면 기뢰와 촉뢰하여 침몰할지 모른다. 그러나 충분한 행운이 따라 주고, 제대로 된 길을 간다면 무사할 것이었다. 테리가 스팸의 말을 확인하러 내 옆에 왔다. 그는 항공기 창문을 열고 야간용 망원경을 쓰고 네덜란드 해안을 살펴보았다. 그는 이렇게 말했다.

"잘 안 보입니다. 우리 고도가 너무 낮아요. 하지만 우리 항로가 정확하다는 것만큼은 확신해요. 바람이 매우 적기 때문이지요."

"자네 말이 옳기를 바라네."

"전방 기관총 사수. 준비하라. 현재 네덜란드 해안을 넘는 중이다."

"알았다. 모든 라이트 소등하라. 무선 침묵 유지하라. 간다!"

엔진 소음을 내며 우리는 독일의 서부 장벽을 넘었다. 적의 방어선 주위를 둘러 가며 매우 좁은 안전지대로 항공기를 몰아 갔다. 잠시 동안 우리는 모두 숨을 죽였다. 그러고 나서 나는 안도감을 느꼈다. 누구도 우리 항공기

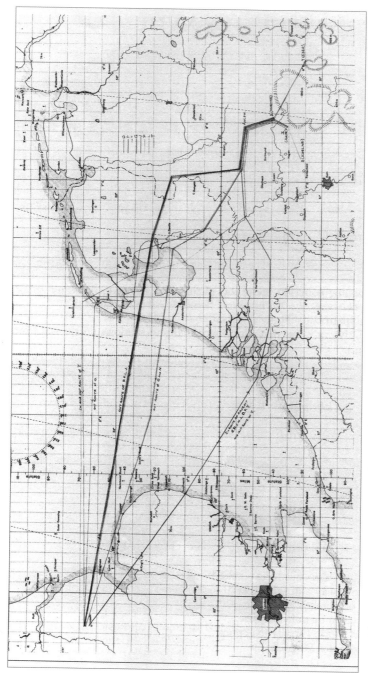

댐 버스터 공습 작전의 진입 및 퇴출 항로가 그려진 지도.(영국 공문서 보관국)

에 발포를 하지 않았다. 놀라운 일이었다.

"잘 했다, 테리. 다음 항로는?"

"자기 나침반 방위로 105도."

새 항로로 2분여 정도 날아가니 다시 바다가 눈앞에 펼쳐졌다. 우리가 조금 전 지나쳐 온 육지는 사실 작은 섬이었다. 우리는 잘못 들어왔다. 원래 대공포가 충실히 갖춰진 두 섬 사이의 안전지대로 가야 했다. 그러나 신의 은총으로, 우리가 지나쳐 온 섬의 대공포 사수들은 모두 잠에 빠져 있었다. 우리는 지형과 현 위치를 살피기 위해 고도를 300피트(90m)로 높였다. 테리가 이렇게 말하자마자 다시 고도를 낮췄다.

"풍차와 무선 마스트가 보인다. 원래 항로보다 우현으로 좀 치우쳤던 것 같다. 자기 나침반 방위로 095도로 기수를 돌려라. 전방에 다가오는 작은 마을에 주의하라."

"알았다, 테리. 그 마을은 피해 가겠다."

우리는 좌선회로 그 마을을 피해 갔다. 그리고 호피, 미키가 완벽한 편대를 유지하고 있는 것을 보고 만족스러웠다.

우리는 저공으로 날고 있었다. 너무 고도가 낮았던 탓에 스팸이 여러 차례 내게 급상승을 지시했을 정도다. 고압선과 나무를 피하기 위해서였다. 오른편 저 멀리 조금 전 작은 마을이 아직 보였다. 밤하늘과의 공제선에 마을 건물들의 굴뚝이 튀어나와 있었다. 그 마을에서 누군가가 발광 신호로 'V'라는 문자를 보내는 것이 보였다. 그러나 그건 제대로 된 발광 신호가 아니라, 우리 항공기의 엔진 소음 때문에 잠을 깬 여관 주인이 자기 방 불을 켠 것에 지나지 않을지도 몰랐다.

새 항로를 따라가면 매우 곧은 수로가 나올 것이다. 그 수로를 따라가면 T자형 수로 교차로가 나온다. 그 교차로를 넘어가면 네덜란드-독일 국경이 나온다. 모든 대원들이 주변을 살피며 우리가 제대로 된 항로를 날고 있는지를 확인했다. 지금의 우리에게는 잘못된 항로로 가도 될 여유가 없기 때문이었다. 역시 오른쪽 날개 아래로 수로가 천천히 다가왔다. 그리고 우리는 주의 깊게 그 수로를 따라갔다. 이제 우리는 에인트호번에 가까워질 것이다. 그곳은 독일군의 대공망이 매우 철저하기로 유명한 곳이었다. 그러고 나서 몇 분 후, 에인트호번도 지나쳤다. 우리 바로 앞에는 은색의 가느다란 빛이 나타났다. 그곳이 T자형 수로 교차로였다. 두 번째 방향 전환 지점이었다.

스팸은 얼마 못 가 우리의 위치를 알아내었다. 이제 우리는 정상 항로를 정확히 타고 있었다. 테리는 라인 강으로 가는 새 항로로 가라고 지시했다. 몇 분 후 우리는 네덜란드-독일 국경을 건넜다. 테리는 건조하게 말했다.

"1시간 반 후면 목표에 도착합니다. 다음 참조점은 라인 강입니다."

그러나 이 지점까지 모든 항공기가 무사히 통과한 것은 아니었다. 공군 소위 라이스의 항공기는 해수면에 충돌, 외측 엔진 2대가 망가지고 무장도 분실했다. 그 항공기는 내측 엔진 2대로 비행을 계속, 기지로 복귀했다. 그 잠시 후 레스 먼로의 항공기가 대공포화에 피격되었다. 너무 큰 피해를 입어 기지로 복귀해야 했다. 그 항공기들의 승무원들 심정이 어떨지는 짐작이 가고도 남았다. 몇 주 동안 힘든 훈련을 벌였는데 마지막 순간에 터진 문제 때문에 아무 성과도 올리지 못하고 돌아갈 수밖에 없었다. 그들에게 매우 깊은 유감을 느꼈다. 이제 남은 항공기는 16대, 승무원은 112명이었다.

루르 계곡으로 들어가는 비행은 무척이나 흥분되었다. 그들은 당연히 우리가 오는 것을 반기지 않았다. 그리고 우리가 오는 것도 잘 알고 있었다. 그날 그 공역에서 작전하는 항공기는 우리뿐이었다. 그리고 그날 밤은 월

비행 중인 깁슨의 AJ-G 랭커스터 항공기(M. J. 보이어)

광이 너무 밝았다. 독일 공군의 지하 작전실 깊숙한 곳에서 통제사들은 우리의 접근 상황을 꾸준히 관찰하고 있었다. 독일 공군의 업무 방식은 우리도 대강은 알고 있었다. 통제사들이 전투 비행대대를 영국 폭격기 앞에 보내고, 여러 곳에 공습경보를 울리고, 영국 폭격기의 항로에 대공포를 겨누고, 이른바 〈해피 밸리〉로 가는 우리 영국 폭격기 승무원들을 매우 불편하게 하는 방법 말이다. 그러나 아직 그들은 우리가 어디로 가는지는 모를 수도 있었다. 우리 항로는 진짜 목표를 속이도록 설계되어 있었기 때문이다. 브레멘 이남의 모든 독일 도시에 공습경보를 울려 대는 것 말고는 방법이 없었을 것이다. 또한 독일 전투기 역시 우리를 요격할 수 없었다. 우리가 너무 낮게 날고 있었기 때문이다. 그러나 우리가 독일 영공에 너무 오래 머물러 있다면 독일 전투기 역시 우리를 요격할 기회를 얻을 수 있다.

우리는 비행을 계속했다. 온 독일은 죽은 듯 고요했다. 움직이는 물체도 없고 불빛도 보이지 않았다. 땅 위에는 쥐새끼 한 마리 얼씬거리지 않았다. 대공포화도 없었다. 움직이는 것은 오직 우리뿐이었다.

그렇게 우리는 라인 강까지 도착했다. 이곳은 루르 계곡의 입구다. 이곳을 넘어야 에센, 도르트문트 등의 대도시로 갈 수 있다. 달빛에 비친 라인 강은 희고 고요하고 불길하게 빛나고 있었다. 그러나 우리의 비행을 막을 수는 없었다. 라인 강이 다가오자 스팸은 이렇게 말했다.

"우리 위치는 남쪽으로 6마일(11km) 벗어나 있습니다. 우선회하는 것이 좋겠습니다. 두이스부르크가 그리 멀지 않습니다."

그의 입에서 두이스부르크의 이름을 듣자 난 생각도 하지 않고 조종간부터 움직였다. 예전에도 자주 그랬듯이 말이다. 랭커스터 항공기는 날개를 깊숙이 기울여 라인 강을 따라 횡단 지점으로 향했다. 두이스부르크는 고도 100피트(30m)로 비행해도 괜찮은 곳이 아니었다. 수백 문의 경대공포 및 중대공포가 있었고, 또한 다수의 탐조등이 있었다. 이곳의 방공망에 배치된 독일 장병들 역시 매우 숙련되어 있었다.

아무튼 우리는 계속 비행했다.

"어쩌다가 그리 된 거지?"

"잘 모르겠습니다. 기장님. 나침반이 고장이라도 났던 것일까요?"

"설마 그럴 리가."

"계속 전진하십시오, 계산을 재검토해 봐야겠습니다."

잠시 후 그의 목소리가 들렸다.

"이런, 제가 계산해 놓고도 계산 결과를 잘못 읽었습니다. 제가 알려 드렸던 항로에서 좌현으로 10도 더 꺾었어야 했습니다."

"알았다. 테리. 하마터면 큰일 날 뻔했군."

급선회를 하면서 편대가 잠시 망가졌지만, 얼마 못 가 우리는 서로의 위치를 알아내고 다시 편대를 유지했다. 너무 급선회를 한 것은 내 잘못이었다. 그러나 두이스부르크건 에센이건, 독일 도시들은 내가 봐도 늘 그게 그거 같았다. 라인 강을 따라 비행하고 있으려니 기관포를 탑재한 바지선들이 강 위에 보였다. 그들은 우리를 향해 사격을 개시했다. 우리 폭격기의 기관총 사수들도 그들에게 반격했다. 그러다가 우리는 원하던 중요한 참조점인 내륙의 작은 만을 찾아냈다. 우리는 거기서 천천히 동쪽으로 선회했다. 테리가 단조로운 목소리로 말했다.

"목표까지 30분 남았습니다."

루르 계곡 안으로 들어가자 상황은 더욱 복잡해졌다. 일단 외곽에 경대공포 방어망이 있었다. 그들의 사격은 매우 화끈했다. 그러나 우리는 기체를 이리저리 돌리고 비틀어 대부분의 포탄을 피해 냈다. 적의 탐조등은 우리를 계속해서 비추었다. 그러나 우리는 매우 낮게 날고 있었다. 덕택에 우리는 문자 그대로 나무 뒤에 숨어 탐조등 불빛을 떨쳐 낼 수 있을 정도였다. 바보 같고 믿을 수 없는 소리로 들리겠지만 사실이었다. 비행하던 우리는 새로 지어진 비행장 상공을 지나쳤다. 건설된 지 얼마 안 된 거라 작전지도에도 없었다. 그 비행장의 방어 태세는 매우 철저했다. 순식간에 우리 항공기 3대는 적의 탐조등 세례를 받았고, 그 불빛에서 빠져 나올 수 없었다. 갑자기 후방 기관총좌의 트레버가 적들에게 사격을 가했다. 사격을 당한 적들은 놀라 탐조등을 끄고 말았다. 트레버는 적들이 키 큰 나무 뒤로 숨어 버렸다고 소리쳤다. 동시에 스팸은 이대로 가다간 옥수수밭 옥수수잎에 기체가 스칠 것 같다고 말했다. 허치는 뒤따라오는 전 대원에게 대공포경보를 보냈다. 다른 기체들이 이 좋지 않은 곳으로 날아오는 것을 막기 위해서였다. 내 양옆에서 좀 더 높이 비행하던 미키와 호피는 눈부신 탐조등 불빛 세례를 받고 환하게 빛나고 있었다. 그들의 항공기 옆구리에 적힌 코드레터 AJ-T와 AJ-M이 브로드웨이 간판만큼이나 잘 보였다. 그러다가 호피 항공기의 후방 기관총좌에서 예광탄들이 길게 뿜어져 나왔다. 탐조등들이 꺼지면서 어둠이 찾아오자 호피의 항공기는 일순간 보이지 않게 되었다. 잉글랜드 더비셔 출신의 다른 훌륭한 조종사는 그만큼 운이 좋지 못했다. 그는 편대 왼편에서 잘 날고 있었다. 그러나 탐조등 불빛 때문에 순간

적으로 시력을 잃고, 조종도 제대로 하지 못하게 되고 말았다. 그의 항공기는 고통스러워하는 말처럼 기수를 크게 들어올렸다가, 땅으로 처박혀 불길에 휩싸였다. 5초 후 탑재된 폭탄의 연쇄폭발로 대폭발을 일으켰다. 그것이 빌 애스텔의 최후였다.[191]

시간은 천천히 흘렀고 우리 모두는 그 여름밤을 견디며 땀을 흘리고 있었다. 공포에 맞서 항공기를 조종해 나가고 있었다. 우리가 스쳐 지나가는 모든 철도와 기차, 마을과 교량은 잠재적인 위험이었다. 이 정도밖에 안 되는 고도와 속도로 비행하는 우리 랭커스터 항공기는 이동 표적이나 다를 바가 없었기 때문이었다. 계속 싸우며 도르트문트를, 함을 지나갔다. 함은 예전에도 많은 폭격을 얻어맞은 곳이었다. 이번에는 그 도시를 매우 뚜렷이 볼 수 있었다. 그곳의 높은 굴뚝과 공장, 대공 기구, 그 기구들을 뒤덮고 있는 크리스마스 트리 불빛 같은 대공포화, 그 모든 것이 우리 오른쪽 불과 5마일(약 9km) 거리에 있었다. 그다음 우리는 함과 조에스트 소읍 사이에서 우선회를 시작했다. 1940년 내가 격추당할 뻔했던 곳이었다. 조에스트는 모두가 잠들어 있었고, 누구도 우리에게 총을 쏘지 않았다. 그리고 안개 너머 전방에 루르 언덕들이 보였다.

스팸이 말했다.

"드디어 도착했다."

---

191) 공군 대위 애스텔은 공군 소령 모즐리, 공군 소위 나이트와 함께 깁슨 편대로부터 20분의 시차를 두고 비행하고 있었다. 애스텔이 탄 항공기는 보르켄 남쪽 바르베크에 추락했으며, 탑승자 전원이 사망했다. 깁슨의 기록에 따르면 추락 지점은 둘멘 호수 인근 대공포 방어 지역으로부터 서쪽으로 12마일(22km) 떨어진 곳이다. 본문과는 달리 애스텔은 탐조등 때문에 실명하지 않았다. 그 지역에는 대공포가 없었기 때문이다. 애스텔은 전기 철탑 꼭대기에 충돌했다. 레스 나이트 휘하 승무원 1명은 예광탄이 애스텔의 랭커스터에 명중하는 것을 보았다고 보고서에 기록했다. 그러나 그가 본 것은 전력선이 단락을 일으키면서 생긴 불꽃일 가능성이 높다.

나도 진심을 담아 말했다.

"하나님, 감사합니다."

그 언덕들을 넘자 뫼네 호수가 보였다. 그러고 나서 댐도 보였다. 달빛 아래 무게감 있게 서 있는 땅딸막한 뫼네 댐은 난공불락처럼 보였다. 단단한 회색으로 보이던 뫼네 댐은 마치 누구도 옮길 수 없는 자연의 일부처럼 보였다. 뫼네 댐은 마치 전함처럼 전신에서 대공포탄을 뿜어대기 시작했다. 근처의 발전소에서도 우리에게 대공포 사격을 가했다. 그러나 탐조등 불빛은 보이지 않았다. 대공포는 경대공포였다. 대부분의 예광탄 색은 녹색이었다. 그러나 황색과 적색 예광탄도 있었다. 그 예광탄 불빛이 호수 수면에 반사되어 보였다. 지독히도 잔잔한 호수 수면에 비치는 예광탄 불빛 때문에 적의 화력이 실제보다 2배는 되어 보였다.

스팸이 비꼬는 투로 질문했다.

"누가 저 포수들이 훈련이 부족하다고 했던가?"

테리가 말했다.

"저들은 지금 잠에서 깬 모양이야."

그들은 분명 잠에서 깨어 정신이 멀쩡했다. 누가 뭐래건 독일의 경보 체계는 뛰어났다. 나는 한 시간 전에 대대원들에게 이곳의 독일군은 영국 향토 방위대 수준의 전투력만 갖고 있으며, 그나마도 이 시간이면 모두 취침 중일 거라고 이야기했었다. 그때의 나 자신에게 짜증이 났다.

당시 그곳에 적 대공포가 얼마나 있었는지는 확실히 알 수 없다. 그러나 예광탄이 5개 방향에서 날아오고 있었다. 그렇다면 적의 대공포 문수는 총 12문이었던 것 같다. 처음에는 적 대공포의 구경도 알 수 없었다. 그러나 한 대의 아군기가 대공포화에 피격당하자, 무선 전화를 통해 그 내용이 전 대원에게 전파되었다. 그 포탄은 20mm 또는 37mm인 것 같다고 했다. 어느 쪽이건 재수 없는 작은 물건들이었다.

우리는 은밀하게 선회하면서, 공격 방법을 계획했을 때 봐 둔 여러 참조점들을 확인했다. 그중 일부는 참조하고, 일부는 무시했다. 시간이 갈수록 우리는 악착같이 우리에게 명중탄을 날리려고 하는 적 대공포 사수들에게 가까이 다가가고 있었다.[192]

트레버가 말했다.

"오늘은 훨씬 화끈하군요. 안 그렇습니까?"

"이래야 독일놈들 답지."

나는 테리에게 이렇게 말했다.

"너무 대공포화가 심해서 소름이 돋는 걸."

누가 이렇게 말했다.

"저도 그렇습니다."

한동안 전 승무원이 적 대공포화를 주제로 이야기를 나누었다. 그러나 허치만은 아무 말도 하지 않았다. 그의 자리에서는 대공포화가 보이지 않았기 때문에 그는 아무 얘기도 할 수 없었던 것이다. 그러나 지금은 수다시간이 아니었다. 나는 공격대의 모든 기장들을 호출했고, 다행히도 빌 애스텔을 제외한 전원이 살아남아 여기까지 온 것을 확인했다. 남쪽에서는 조 맥카시가 조르페 댐에 양동 공격을 막 시작한 참이었다. 그러나 그 편대에서도 모두가 댐까지 간 것은 아니었다. 바이어스와 발로우가 해안을 건넌 직후에 경대공포에 피격되어 격추되었던 것이다. 그들은 예비대의 항공기로 교체되었다. 운수 없는 녀석들 같으니. 누구나 그들처럼 해안을 건넌

---

192) 뫼네 댐 자체에는 3문의 20mm 경대공포가 있었다. 두 탑에 20mm가 1문씩 있었고, 오른쪽 탑 북쪽의 고지 정상에도 1문이 있었다. 그 외에 댐 뒤의 보상 유역 너머 귀네 마을 인근에도 3문의 20mm가 있었다.

직후에 격추당할 수 있다. 그들은 사전에 정한 항로에서 고작 1마일 (1.85km) 정도밖에 벗어나지 않은 채로 날다가 대공포화에 피격된 것이다. 그것이 공중 근무자들의 숙명이었다. 누구나 승패와 생사는 운에 맡겨야 했다. 우리 역시 틀린 항로로 날다가 대공포화에 격추당했을 수도 있었다. 그러나 이번에 행운의 여신은 우리 편을 들어 주었다.

우리 아래에는 시커멓고 속 깊은 뫼네 호수가 말없이 누워 있었다. 나는 휘하 승무원들에게 말했다.

"자, 친구들. 이번 볼링 게임은 초장부터 느낌이 좋군."

그러나 나는 그 말에 열의는 전혀 담지 않았다. 그리고 말을 이어나갔다.

"〈쿨러〉모든 편조는 들어라. 내가 제일 먼저 공격하겠다. 나머지 항공기들은 대기하다가 내 지시에 따라 순서대로 공격하라."

그리고 나서 호피에게 말했다.

"마더(알파벳 M을 나타내는 영국군의 음성 기호) 기, 대기하다가 내게 무슨 일이 생기면 지휘권을 인계받으라."

호피는 감정을 싣지 않은 명확한 목소리로 답했다.

"알았다. 대장. 행운을 빈다."

이후 항공기들은 편대를 해체하여 사전에 정해 놓은 언덕 사이의 공간으로 들어가 숨었다. 그곳은 지상에서도 공중에서도 관측할 수 없는 곳이었다. 그리고 우리는 공격 대형을 갖추었다. 우리는 호수 동쪽 끝의 높은 언덕 상공에서 달빛을 받으며 완만한 선회를 하고 있었다. 그러다가 우리는 직선을 그리며 2마일(3.7km) 떨어진 잔잔하고 불길한 수면을 향해 내리꽂 혔다. 루르 계곡의 안개를 뚫고, 폭격기의 전방 기관총좌 위로 댐의 실루엣이 보였다. 댐의 탑도 보였다. 수문도 보였다. 댐의 모든 것이 다 보였다. 폭격수 스팸이 말했다.

"훌륭하군요. 마치 마법 같아요."

폭격수라면 누구나 그렇겠지만, 그 역시 조준점이 보이지 않는 것을 두려워하고 있었다. 그러나 우리가 높은 전나무 위로 올라가자 그의 목소리는 다시금 눈에 띄게 높아졌다.

"이런, 까딱 잘못하면 비행기가 나무를 치겠어요."

"괜찮아. 스팸. 정확한 고도를 맞추고 있으니까 말이지."

그러고 나서 테리에게는 이렇게 말했다.

"테리, 고도를 확인하라."

풀포드에게는 이렇게 말했다.

"항공기관사, 속도를 제어하라."

트레버에게는 이렇게 말했다.

"기관총 사수들, 전 기관총 발사 준비."

스팸에게는 이렇게 말했다.

"표적이 다가오고 있다, 스팸."

테리는 항공기에 달린 탐조등을 켜고, 내게 지시하기 시작했다.

"하강, 하강, 하강. 천천히, 천천히."

그의 지시대로 하니 고도가 정확히 60피트(18m)가 되었다.

풀포드는 속도를 조절하고 있었다. 우선 그는 작은 플랩을 전개해 항공기의 속도를 낮추었다. 그다음에는 스로틀을 열어서 대기 속도계 바늘이 붉은 색 위험 표시까지 갈 때까지 속도를 높였다. 스팸은 폭격 조준기로 댐 위의 탑을 겨누기 시작했다. 또한 폭탄의 안전장치를 해제했다. 나는 계속 비행에만 열중했다.[193]

---

193) 이 작전 당시 통신사는 빅커스 사 제품 변속 유압 모터도 조작해야 했다. 이 모터는 업키프 폭탄에 분당 500회의 역회전을 건다. 이 모터는 공격 10분 전부터 작동되어야 한다. 통신사

독일군 대공포수들도 우리가 오는 것을 보았다. 우리 항공기는 탐조등을 켜고 있었기 때문에 무려 2마일(3.7km) 밖에서도 보였다. 적들은 사격을 개시했고 예광탄 줄기가 우리 항공기 쪽으로 날아오기 시작했다. 예광탄 중 일부는 고요한 호수 수면에 맞아 튕겼다. 정말 두려운 순간이었다. 지금 우리는 좋건 싫건 간에 표적을 향해 분당 4마일(7.4km)씩 나아가고 있다. 그때 나는 휘하 부대원들이 진심으로는 가기 싫었을 거라고 생각했다. 나역시 표적으로 나아가기 싫었다. 이대로는 1분도 더 버티지 못하고 다 죽을 것 같다는 생각이 들었다. 지금 느끼는 감정이 공포라면, 실로 지독한 공포라는 생각도 했다. 이제 우리와 표적 간의 거리는 불과 수백 야드밖에 안 남았다. 나는 풀포드에게 아주 작은 소리로 빠르게 말했다.

"이제 스로틀은 그만 만지고, 내 옆에 와서 대기하라고. 만약 내가 대공포화를 맞게 되면, 날 조종석에서 끄집어낼 수 있게 말이지."

그러고 나서 풀포드의 얼굴을 흘깃 보았다. 그의 표정이 살짝 우울해져 있었다. 그는 내 말을 알아들은 것 같았다.

그 순간에도 랭커스터는 계속 앞으로 나아가고 있었다. 나는 전방 캐노피에 달린 특제 조준기로 표적을 보았다. 스팸의 시선 역시 그의 폭격 조준기에 못박혀 있었다. 그의 손은 폭탄 투하 버튼을 꽉 붙들고 있었다. 폭탄 투하 버튼 역시 이번 임무를 위해 항공기에 실린 특수 장비의 일부였다. 그 장비는 이미 작동을 시작하고 있었다. 폭탄을 원하는 위치에서 정확히 투하하기 위해서였다. 테리는 여전히 고도를 점검하고 있었다. 조와 트레버는 총구를 들어올렸다. 적 대공포는 우리 항공기를 예전보다 더욱 똑똑히 볼 수 있었다. 사실 이 정도의 대공포화라면 지옥불과도 같이 지독하다고

는 항법사용 책상 끄트머리에 붙은 회전수 지시계를 보면서 모터로 들어가는 유압유 흐름제어용 밸브를 열거나 닫아 회전수를 조절한다.

는 말할 수 없었다. 나는 더욱 지독한 대공포화 속에서도 비행해 본 적이 있기 때문이었다. 그러나 지금 우리 항공기의 고도는 너무 낮았다. 이번 임무 전체에 대해 불길한 느낌이 들었다. 그리고 조금씩 전의가 사라져 갔다. 우리 항공기는 너무 작은 것 같았고 댐은 너무 크게 느껴졌다. 매우 두텁고 단단한 그 댐이 전신으로 우리에게 분노를 드러내고 있었다. 우리를 태운 작은 항공기는 수면 위를 스치듯 낮게 날고 있었다. 우리 기관총 사수들은 적 대공포를 향해 반격하고 있었다. 그러자 적 대공포들은 더욱 강렬하게 우리에게 불을 뿜어 댔다. 그들의 포탄이 휘파람 소리를 내며 우리 항공기를 스쳐 지나갔다. 그러나 이유는 알 수 없었지만, 우리 항공기는 단 한 발도 맞지 않았다.

내게 방향을 지시하는 스팸의 목소리가 들렸다.

"왼쪽, 조금만 더 왼쪽. 천천히, 천천히, 천천히, 계속."

그 후 몇 초간 있었던 일들은 일련의 매우 인상적인 장면들로만 내 머릿속에 남아 있다.

조의 전방 기관총이 요란한 총성과 함께 뿜어낸 예광탄들이 왼쪽의 대공포탑에 맞고 튕겨 나갔다.

풀포드는 내 옆에 앉아 있었다.

코르다이트 화약의 연소 냄새가 났다.

산소마스크 안에는 식은땀이 고여 있었다.

적이 쏘아대는 예광탄이 항공기 캐노피를 스쳐갔다. 이제는 예광탄 색이 모두 통일되었다. 그러나 발전소 인근의 대공포들은 정확한 사격을 하지 못했다. 그들은 엉뚱한 방향으로 쏘고 있었다.

댐의 벽은 이제 숨이 막힐 만큼 가까워졌다.

스팸이 의기양양하게 소리쳤다.

"폭탄 투하!"

허치는 적 대공포수들의 눈을 멀게 하기 위해 적색 베리 조명탄을 쏘았다.[194]

모든 것은 순식간에 이루어졌다.

누군가가 무선 전화로 말했다.

"대단합니다. 대대장님. 잘 하셨어요."

모든 것은 그렇게 끝이 났다. 우리가 적 대공포의 사거리 밖으로 나가자 갑자기 엄청난 안도감과 자신감이 해일처럼 몰려왔다.

트레버가 말했다.

"저 개자식들을 다 죽일 거야."

그러면서 그는 댐이 기관총 사거리 밖으로 멀어질 때까지 댐에 쉬지 않고 총알을 날려 댔다. 선회하면서 보니 우리 폭탄이 폭발한 곳에 높이 1,000피트(300m)에 달하는 하얀 물보라가 아직도 사그라들지 않고 걸려 있었다. 스팸이 자기 일을 잘 해 주었고 폭탄도 정확히 격발되어서 우리는 매우 만족스러웠다. 좀 더 가까이 가서 보니 폭탄의 폭발이 수면을 온통 뒤흔들어 놓았고, 물이 마치 폭풍을 만난 것처럼 크고 거칠게 밀려난 것을 알 수 있었다. 처음에 우리는 댐이 이미 무너졌다고 생각했다. 엄청난 부피의 물이 댐 벽 위로 넘치고 있었기 때문이었다. 그러나 댐은 무너지지 않았다. 후속 공격은 좀 더 기다려야 했다. 우리 폭탄은 수면이 고요해야 제 효과를 발휘할 수 있었기 때문이다. 이 때문에 수면이 잠잠해질 때까지 기다려야 했다.

---

194) 폭격수가 인터컴으로 폭탄 투하 구령을 전달하면, 통신사가 적색 베리 조명탄을 발사한다. 항공기가 댐을 통과하기 직전이다. 이는 다른 항공기 승무원들에게 폭탄 투하 사실을 알리는 신호. 동시에 적 대공포 사수들의 주의를 분산시켜 항공기의 생존성을 높이기 위한 목적이기도 하다. 항공기가 댐에서 가장 가까이 있는 위험한 시기이기 때문이다.

우리는 대기했다.

10분 동안 대기했다. 마치 수 시간이 지난 느낌이었다. 특히 다음번 공격을 맡은 호피에게는 더욱 기다리기 어려웠을 것이다. 그 사이에, 주변의 모든 독일 전투기들이 표적 상공으로 집결하고 있었다. 그들도 우리의 표적이 뭔지 이제 알게 된 것이다. 그러나 우리의 고도는 너무 낮았다. 이 때문에 그들은 우리를 볼 수도 없었다. 따라서 전투기에 의한 공격은 없었다.

결국 수면이 잠잠해지자 나는 이런 무전을 보냈다.

"〈마더〉 기 나오라. 공격을 허가한다. 행운을 빈다."

"알았다. 공격하겠다."

잉글랜드 출신의 호피는 제멋대로였지만 매우 뛰어난 조종사였다. 그의 머릿속에는 이제 전쟁 하나 말고는 없었다. 그는 공격을 시작했다.

그는 내가 아까 전에 있었던 나무 위로 하강을 시작했다. 그의 항공기 탐조등이 똑똑히 보였다. 항공기가 수면을 날며 고도를 낮추자 두 탐조등 불빛이 천천히 하나로 모아지기 시작했다. 그런데 적 대공포들이 이제는 어느 방향에서 우리 항공기가 날아오는지 알아차리게 된 것 같았다. 그리고 한층 정확한 사격을 가하기 시작했다. 그가 표적에서 100야드 거리까지 왔을 때 누군가의 거친 목소리가 무선 전화로 들려왔다.

"이런! 호피가 당했다!"

〈마더〉 기에 화재가 발생했다. 대공포탄 한 발이 기내 연료 탱크에 명중, 화재를 발생시켰고, 불타는 연료가 긴 화염 꼬리를 만들어 내고 있었다. 〈마더〉 기의 폭탄이 투하되는 것이 보였다. 그러나 〈마더〉 기의 폭격수는 부상을 당했음이 분명했다. 그 폭탄은 댐 반대편의 발전소를 향해 떨어졌기 때문이다. 그러나 호피는 승무원들이 비상 탈출할 시간을 벌려고 어떻게든 항공기 고도를 높였다. 항공기 고도가 500피트(150m)가 되었을 때 눈부신 섬광과 함께 〈마더〉 기의 한쪽 날개가 떨어져 나갔다. 그의 항공기는 공중 분해되어 지면에 추락했다. 항공기는 착지하자마자 기분 나쁜 화염을 뿜어내며 비교적 약한 기세로 불타기 시작했다. 댐 너머 3마일(5.5km) 떨어진 들판이었다.

누군가가 말했다.

"불쌍한 늙은 호피!"

또 다른 사람이 말했다.

"모조리 죽여서 복수를 해 주자고."

우리 항공기 승무원들 사이에도 분노가 퍼져 갔다. 트레버가 말했다.

"어서 가서 적 대공포 사수들을 죽입시다."

그렇게 말하는 동안 호피의 폭탄이 튕겨 발전소를 넘어가 눈부신 황색 섬광과 함께 폭발했다. 허공에 검고 둥그런 연기구름을 남겼다. 그러고 나서 모든 것이 잠잠해질 때까지 또 한참을 기다렸다. 현장에는 바람이 거의 불지 않았기 때문에 연기가 걷히기까지는 많은 시간이 걸렸다.[195]

좀 시간이 지난 다음에 나는 미키에게 공격을 지시했다. 그는 상당히 자신감이 커 보였다. 우리 항공기는 미키 항공기의 옆에 붙어 약간 앞서 날았다. 우리가 선회할 때 트레버는 아까 한 말대로 독일군 대공포수들에게 기관총탄을 아낌없이 퍼부어 주었다.

미키 항공기의 폭격수인 봅 헤이는 폭격을 제대로 했다. 그의 폭탄은 정

---

195) 공군 대위 호프굿의 항공기에서는 폭격수와 후방 기관총 사수가 생존해 전쟁 포로가 되었다. 폭격수는 낙하산이 개산되는 것과 동시에 발이 나무 꼭대기에 닿았다고 한다. 이 때문에 그는 아마도 자신이 사상 최저 고도에서 낙하산 탈출을 한 사람일 거라고 주장했다. 후방 기관총 사수는 항공기를 탈출하려고 승무원 출입구로 나갔다. 그가 항공기를 이탈하려는 순간 항공기는 폭발했다. 폭발 충격으로 튕겨나간 그는 항공기 꼬리날개와 충돌했고, 충격으로 등뼈가 부러졌다. 그는 배수로에 누워 있던 중 추락 현장을 조사하러 온 독일인들에 의해 발견되었다. 중상을 입었음에도 그는 완쾌되어 전쟁 후 다시 항공기 승무원으로 근무했다.

확한 위치에서 투하되었다. 그 폭탄이 대폭발을 일으키자 호수 전체가 들썩이며 하얀 물보라를 솟구쳐 올렸다. 미키는 무사했고 물보라를 뚫고 나왔다.

그러나 그의 항공기는 여러 발의 대공포탄을 맞았다. 한쪽 주익 연료탱크는 연료가 거의 남지 않았다. 미키 항공기의 후방 기관총좌에서 독일군 대공포좌를 향해 마구 퍼붓는 예광탄 줄기가 보였다. 그리고 나서 미키의 목소리가 들렸다.

"공격 완료."

나는 이번 공격으로 드디어 댐이 무너지기 시작할 거라고 생각했다. 물론 아직 댐은 꼼짝도 하지 않았다. 그러나 제프의 이론이 타당하다면 지금쯤은 금이 가기 시작해야 한다. 이제 몇 발만 더 폭탄을 명중시킨다면 댐의 벽이 밀려나 무너지게 될 것이다.[196]

다시 한 번 우리는 수면이 잠잠해지는 것을 기다렸다. 이제는 멜빈 영이 조종하는 〈도그〉(알파벳 D를 가리키는 영국군의 음성 기호) 기의 공격 차례였다. 나는 그에게 무선 전화로 이야기했다.

"대공포화에 주의하라. 정말 무섭다."

"알았다."

나는 이 말도 해 줬다.

"내 항공기의 트레버가 한쪽 편의 대공포에다가 사격을 가할 거야. 적 대

---

196) 공군 대위 마틴이 투하한 '업키프' 폭탄은 왼쪽으로 엇나가 호수가 근처에서 폭발했다. 댐의 구조에는 큰 타격을 주지 못했다. 그러나 이 폭발로 인해 좌측 탑의 대공포가 무력화되었다. 리컬버에서 진행된 투하 실험을 기록한 동영상을 보면, '업키프'는 주행 말기가 되면 좌현으로 탄도가 휘는 경향이 있음을 알 수 있다. 아마도 자이로스코프 효과 때문인 것으로 추측된다. 마틴의 항공기는 폭탄 투하 순간에 우측 날개에 피탄되었으므로, 항공기가 아주 약간 횡전했을 것이다. 이 때문에 '업키프'도 좌현이 먼저 수면에 착수했을 것이고, 따라서 좌측으로 탄도가 엇나갔을 것이다.

공포 대부분을 제압해 줄 거야."

멜빈의 목소리가 들렸다.

"알았다. 고맙다."

그러고 나서 〈도그〉 기는 표적으로 돌입했다. 우리 항공기는 안전거리를 유지하면서 〈도그〉 기의 옆을 따라 날아갔다. 우리 항공기의 모든 기관총이 적 대공포를 향해 불을 뿜었다. 적 대공포들도 마치 성난 군중처럼 우리에게 사격을 해댔다. 우리 항공기와 적 대공포 간 거리는 서로의 유효사거리 밖이었다. 그러나 이 계략은 먹혀 들어가는 것 같았다. 우리는 적 대공포 사수들의 눈에 더 잘 보이도록 식별등도 깜박거렸다. 멜빈이 투하한 폭탄은 올바른 궤도로 움직여 정확한 자리에서 폭발했다. 이번에도 커다란 물보라가 댐 밖으로 터져 나왔고 한동안 멈추지 않았다. 멜빈이 말했다.

"댐이 무너진 것 같다! 내 차례에 해낸 것 같다!"

그러나 댐은 멜빈의 위치보다는 내 위치에서 더 잘 보였다. 댐은 아직 무너지지 않았다. 그래도 우리 모두는 매우 흥분해 있었다. 그리고 나는 무선전화를 통해 멜빈에게 학생처럼 소리쳤다.

"훌륭한 폭격이었다. 멜빈. 그러나 댐은 다음 사람이 무너뜨릴 것 같군."197)

우리는 뫼네 댐 상공에 꽤 오래 떠 있었다. 그동안 나는 스캠턴 기지와 계속 통신을 유지하고 있었다. 우리는 우리 비행단장은 물론 폭격기 사령부 사령관과도 직접 통화할 수 있었다. 또한 제프와도 통화가 가능했다. 그

---

197) 영의 항공기는 〈애플〉(알파벳 A를 가리키는 영국 공군의 음성 기호) 기였다. 깁슨이 본문에 쓴 것처럼 〈도그〉 기가 아니었다. 투하된 4발의 폭탄 중 깁슨의 폭탄은 방뢰망과 댐 사이에서 폭발했으나 댐에 타격을 주지 못했다. 호프굿의 폭탄은 댐을 넘어가 버렸고 마틴의 폭탄은 한쪽으로 치우친 데다가 멀리 가지도 못했다. 영의 폭탄은 월리스가 의도하고 예측한 대로 정확히 작동한 최초의 폭탄인 것 같다. 또한 댐 벽을 직격한 후 폭발, 댐에 타격을 주었다.

는 이제까지 살면서 가장 큰 규모의 댐 공학 실험을 참관하는 중인 것이었다. 그는 지금 작전실에 있었다. 양손으로 머리를 받치고 우리의 작전 교신 내용을 무전기로 다 듣고 있었다. 작전실의 한쪽 구석에는 폭격기 사령부 사령관이 쓸데없이 어슬렁거리고 있었다. 하염없이 작전 결과를 기다려야 하는 그들의 임무는 어찌 보면 우리의 임무보다도 더욱 가혹했다. 그들과 우리와의 유일한 차이는, 우리는 댐의 상태를 두 눈으로 확실히 보고 있는데, 그들은 그럴 수 없다는 것이었다.

물보라가 가라앉고 수면이 잠잠해지자 나는 다섯 번째 공격기 조종사인 데이비드 몰트비에게 공격 지시를 내렸다. 그는 빠르게 표적으로 접근했다. 폭탄도 정확한 지점에서 불과 1피트도 떨어지지 않은 곳에 투하했다. 또다시 적은 대공포탄 세례를 가했다. 폭탄이 폭발하고 물보라가 일었다. 그러나 이번에 내 비행기는 댐이 보이지 않는 위치에 있었기 때문에 폭격 결과를 확인할 수 없었다. 5분간 기다렸지만 아무것도 보이지 않았다. 여전히 하늘은 폭발로 일어난 물보라에 뒤덮여 있었다. 그 물보라는 우리 항공기의 캐노피에도 물방울을 잔뜩 뿌려 댔다. 여기 머물 수 있는 시간은 계속 줄어들고 있었다. 나는 다음번 공격기 조종사인 데이비드 섀넌에게 공격 지시를 내렸다.

그가 선회하는 동안 나는 댐으로 접근해 폭격 결과를 보았다. 댐은 무너져 있었다. 그러나 나는 내 눈을 믿을 수 없었다. 누군가의 외침 소리가 들렸다.

"표적이 완파된 것 같아! 완파된 것 같다고!"

다른 승무원들도 떠들어 댔고 나는 신속하게 지시를 내렸다.

"내가 정찰을 완료할 때까지 대기하라."

나는 데이브에게 공격 지시를 내린 걸 기억하고, 그에게도 기체를 돌려 표적에 더 이상 접근하지 말라고 지시했다. 나는 좀 더 가까이 가서 보았다. 그러니 댐이 무너진 게 더욱 확실히 보였다. 대충 100야드(90m) 폭의 틈이 생겨 있었다. 그리고 달빛 아래 휘저어진 죽처럼 보이는 물이 그 틈을 통해 루르 계곡으로 쏟아져 나가 제3제국의 공업 중심지를 덮치는 모습을 보았다.[198]

이제 거의 모든 대공포가 사격을 멈췄다. 그리고 나머지 항공기들이 표적의 상태를 가까이서 보러 고지에서 나왔다. 폭격 결과는 이제 의심의 여지가 없었다. 뫼네 댐은 완파되었고, 댐 위에 있던 대공포 사수들은 한 사람만 제외하면 땅으로 도망치고 있었다. 남아 있는 한 사람은 정말 용감한 사람이었다. 그러나 우리 폭격기는 잘 조준한 기관총 사격으로 그의 대공포를 침묵시켰다. 이제는 아무 소리도 들리지 않았다. 150피트(45m) 높이의 무너진 댐 벽에서 쏟아져 나오는 거대한 물 덩어리의 포효를 제외하면 말이다. 우리는 모두 미친 듯이 무선 전화에 대고 환호성을 질러 댔다. 앞으로 어떤 사람도 이만한 장관을 다시 볼 수는 없을 것이다.

나는 신속히 허치에게 암호명 〈니거〉를 타전할 것을 지시했다. 나중에 들은 얘기지만 이 메시지가 비행단장에 전달되자 작전실에는 엄청난 흥분이 일었다. 제프도 어린애처럼 춤추고 날뛰었다.

그다음 나는 댐과 저수지를 다시 보았다. 나뿐 아니라 모든 대대원들이 같은 동작을 했다. 이제까지 살면서 본 가장 놀라운 광경이었다. 루르 계곡 전체가 쏟아지는 물에서 피어오르는 물안개로 차오르기 시작했다. 계곡 하류를 보니 이 거대한 파도를 피하려 도로 위에서 속도를 높이는 차들이 보

---

198) 몰트비는 공격 도중 댐의 최상층부가 균열되는 것을 보았다고 했다. 그래서 정중앙보다는 정중앙에서 조금 벗어난 곳을 조준하면 균열을 더 확대시킬 수 있을 것 같다고 생각하고, 그대로 실행했다. 그의 폭격 항정은 거의 완벽했고, 댐 벽의 붕괴를 일으켰다.

공군 중령 G.P. 깁슨이 사진 속 붕괴된 뫼네 댐을 가리키고 있다.(©헨든 영국 공군 박물관)

였다. 그러나 물은 자동차의 최대 속도보다도 더욱 빠르게 그들을 쫓아가고 있었다. 자동차의 전조등 불빛도 보였다. 결국 물은 자동차들을 덮쳤다. 그 위로 물결이 계속 이어졌다. 물에 덮쳐진 자동차의 전조등 색은 처음에는 밝은 청색으로 보였다가, 녹색으로 변했고, 그다음에는 짙은 자주색으로 변하다가 보이지 않게 되었다. 그 위로는 오직 거칠게 범람하는 물결들만 보일 뿐이었다. 물은 계속 달려 나가며, 눈앞에 있는 모든 것을 먹어치웠다. 육교건, 철도건, 교량이건 가리지 않았다. 댐 너머 3마일(5.5km) 거리에는 아직도 어두운 붉은색 불꽃을 뿜으며 불타고 있는 호피의 항공기 잔해가 보였다. 호피를 죽인 복수다.

그런 와중에 나는 랭커스터의 따스한 조종석에 앉아서, 우리가 해방한 이 엄청난 힘을 보고 있다. 이 모든 것과는 거리를 두고 있는 것이다. 왠지

폭격 다음 날 아침 지상에서 본 뫼네 댐의 사진

비현실적인 느낌마저 들었다. 그러나 동시에 기뻤다. 지금 수몰된 곳은 독일의, 독일 공업의 심장부다. 온 세계를 불행의 나락으로 빠뜨리고 있는 나라의 심장부인 것이다.

그 광경을 보던 우리는 잘 알고 있었다. 이 한 번의 공격만으로는 전쟁에 이길 수 없다는 것을 말이다. 턱도 없는 일이었다. 그러나 독일에게는 재앙이 될 것이었다.

나는 3분간 더 선회 비행을 한 다음, 잔존 항공기 편조 전부를 소집했다. 미키와 데이비드 몰트비에게는 귀환을 명령했다. 그리고 나머지 항공기들은 나를 따라 에데르 댐을 폭격하도록 명령했다.

우리는 이미 눈에 띄게 빠르게 비어가고 있던 뫼네 호수 남단 상공에서 항로를 정했다. 이른 새벽 동트는 햇빛을 받으며 남동쪽으로 날아갔다. 루르 산맥 속 계곡의 작은 마을들을 지나쳤다. 영국으로 치면 엑세터와 바스 같은 지역이었다. 5월 17일 아침을 맞은 그 그림 같은 마을들은 누구에게도 방해받지 않고 조용히 잠에 빠져 있었다. 그 모습을 보니 독일 공군 승무원들의 이해할 수 없을 만큼 놀라운 정신 자세가 생각나지 않을 수 없었다. 어떻게 저런 무방비 상태의 외국 마을들을 폭격할 수 있단 말인가. 지금 우리가 저 마을들에 폭탄 한두 발을 떨어뜨린다 해도, 독일의 만행에 대해 만 분의 일도 갚아 줄 수 없을 것이다.

조르페 댐에 간 조 맥카시와 조 브라운은 이미 임무를 종료했다. 그들은 각각 12번씩 표적에 접근을 시도한 끝에, 가져간 폭탄을 투하했다. 그들의 폭탄은 댐의 콘크리트 벽 가장자리에 정확히 명중했다. 그러나 그들은 댐의 장엄한 붕괴 장면을 볼 수 없었다. 흙 댐은 콘크리트 댐보다 더 무너뜨리기 어려웠다. 그걸 무너뜨리려면 더 많은 폭탄이 필요했다. 독일로 들어가다가 손실을 입었기 때문에, 남은 전력으로는 임무를 완수할 수 없을 것 같았다. 그러나 조르페 댐은 우선순위가 높은 표적은 아니었다. 그리고 루르 계곡 저수지들 중 저수한 물의 양도 비교적 적었다.

나무를 스칠 듯 낮게 비행하면서 계곡을 들락날락한 다음, 우리는 결국 에데르 호수에 도착했다. 그리고 호수를 따라 5분 더 비행하니 에데르 댐이 나왔다. 댐을 알아보는 데는 좀 시간이 걸렸다. 계곡에 이미 안개가 끼고 있었기 때문이었다. 그리고 안개가 낀 다른 계곡에서는 에데르 저수지의 어느 부분이 물이 찼는지도 알아보기 매우 힘들었다. 우리는 헨리, 데이브, 레스의 합류를 기다리면서 몇 분간 계속 선회 비행을 했다. 오는 길에 그들을 잃어버렸기 때문이다. 그러고 나서 나는 무선 전화로 말을 걸었다.

"〈쿨러〉 기 응답하라. 표적이 보이는가?"

데이브의 목소리가 희미하게 들려왔다.

"표적 주변에 온 것 같기는 하다. 그러나 아무것도 보이지 않는다. 댐을 찾을 수 없다."

"대기하라. 댐 바로 위에서 적색 베리 조명탄을 발사하겠다."

허치가 조명탄을 발사하자마자 데이브의 목소리가 들려왔다.

"확인했다. 나는 댐에서 남쪽으로 좀 떨어진 곳에 있다. 지금 가겠다."

물론 다른 모든 항공기에서도 이 조명탄을 보았다. 그리고 몇 분 만에 우리는 모두 재집합한 다음 표적 상공에서 시계 반대방향으로 선회 비행을 했다. 그러나 공격할 시간은 갈수록 줄어들고 있었다. 북쪽에서 터오는 먼동은 갈수록 밝아지고 있었다. 새벽이 오는 것을 알리고 있었다. 얼마 안 있으면 해가 뜰 것이다. 그렇게 되면 무장과 장갑이 빈약한 우리 랭커스터는 견뎌내기 힘들었다.

나는 지시를 내렸다.

"알았다. 데이브. 공격을 시작하라."

에데르 댐 주변에는 어디를 봐도 고지뿐이었다. 전나무가 빼곡이 심어진 높은 고지들 사이의 계곡에 자리 잡은 에데르 댐의 모습은 아름답기까지 해 보였다. 저 끝에는 댐을 굽어보는 멋진 고딕 양식의 성과 넓은 부지가 있었다. 표적 접근에 성공하려면 우리 항공기들은 그 성 상공에서 급강하, 저수지 물 위로 올라가 1,000피트(300m)던 고도를 60피트(18m)로 줄여야 했다. 그다음에 수평 비행을 한 다음 폭탄을 투하한다. 그리고 나면 댐 너머 1마일(1.8km) 거리에 있는 바위산과의 충돌을 피하기 위해 우선회하면서 급상승해야 한다. 이곳은 뫼네 계곡보다 훨씬 더 들어가기 어려웠다. 그리고 더욱 높은 비행 실력이 필요했다. 적의 대공화기 징후는 보이지 않았다. 아마도 이곳은 외진 곳이라 대공포수들이 경보를 받지 못한 것 같았다. 어쩌면 경보를 발령받아 지금쯤이면 근처 마을 숙소에서 기상한 다음 자전거를 타고 높은 산을 올라 부대로 출근하느라 낑낑대고 있을지도 모른다. 완만하게 선회 비행을 하던 데이브는 급하게 기수를 틀며 공격을 시작했다. 그런데 너무 강하가 너무 급했다. 엔진에서도 스파크가 나오고 있었다. 그는 결국 북쪽의 산에 충돌하는 것을 피하기 위해 전속력으로 급상승할 수밖에 없었다. 그러면서 그는 이렇게 말했다.

"미안하다, 편대장. 실수를 저질렀던 것 같다. 다시 한 번 해보겠다."

그는 또 시도하고 또 시도했다. 총 5번을 시도했다. 그러나 단 한 번도 만족하지 못했다. 폭격수에게 폭탄 투하를 지시하지 않았다. 그의 목소리가 무선 전화에서 또 들려왔다.

"조금만 더 기다려 달라. 조금만 더 비행하면 이곳의 지형을 숙지하고 제대로 할 수 있을 거 같다."

"알았다. 데이브. 잠시 주위를 돌면서 대기하라. 다른 항공기를 먼저 보내겠다. 〈제브라〉(알파벳 Z를 의미하는 영국 공군의 음성 기호, 조종사는 헨리였다) 기 나오라. 공격하라."

헨리는 2번 시도했다. 그 역시 이 공격이 매우 어렵다고 말했다. 그러면서 다른 대원들에게 잘 하는 요령을 알려 주었다. 요령 전파가 끝나자 한

번만 더 시도해 보겠다고 했다. 우리는 그가 표적으로 접근하는 모습을 보았다. 그런데 중간에 기수를 틀었다. 뭔가가 잘못된 것 같았다. 그러나 그는 바로 기수를 원위치하고 산 위를 넘은 다음 하강, 계곡 속으로 뛰어들었다. 이번에 그는 댐 중앙을 향해 곧장 직진했다. 그의 항공기에 달린 탐조등 불빛이 수면에서 겹치는 것이 보였다. 고도가 60피트(18m)라는 증거였다. 그의 항공기 후미에서 적색 베리 조명탄이 발사되었다. 폭탄 투하 신호였다. 그러나 그 직후에 펼쳐진 장면은 누구도 예상하지 못한 것이었다. 헨리 모즐리는 폭탄을 너무 늦게 떨어뜨렸다. 그 폭탄은 댐 벽 난간에 맞고 폭발했다. 폭발하며 천천히 뿜어낸 눈부시고 강렬한 노란색 섬광은 계곡 전체를 몇 초간 대낮같이 환하게 밝혀 놓았다. 우리는 헨리의 항공기가 그 불덩어리 위 불과 몇 피트 지점에서 급하게 횡전하는 것을 보았다. 그 폭발에 손상을 입은 것이 틀림없었다. 폭발은 매우 급작스럽고 지독했다. 누군가가 이렇게 말했다.

"헨리... 자기 폭탄에 자기가 당했군."

트레버가 말했다.

"폭격수가 부상을 입었던 게 틀림없어."

헨리는 우리 모두가 했던 일을 무사히 해내기에는 운이 없었던 것 같았다.

나는 신속히 그를 호출했다.

"헨리, 헨리! 제브라, 제브라! 무사한가?"

응답은 없었다. 나는 다시 호출했다. 그러나 모두의 귀에 아주 희미하고 지친 목소리가 들려왔다.

"괜찮은 것 같다. 대기."

넋 나간 사람의 목소리 같았다. 도저히 정상으로 들리지 않았다. 그러나 헨리의 항공기는 보이지 않았다. 지상에도 불탄 잔해는 보이지 않았다. 하늘에도 화재를 일으키는 항공기는 보이지 않았다. 아무것도 없었다. 헨리는 사라졌다. 그는 귀환하지 않았다.[199]

그의 폭탄에서 뿜어져 나온 검은 연기가 모두 걷힐 때까지 우리는 몇 분을 기다렸다. 북쪽 하늘은 더욱더 밝아졌다. 살아서 영국에 돌아가려면 서둘러야 했다.

우리는 연기가 걷힐 때까지 끈기 있게 기다렸다.

결국 데이브에게 지시했다.

"지금 공격하라. 데이빗, 행운을 빈다."

데이브는 한 번 모의 공격을 해본 다음에, 폭탄을 댐 중앙에 명중시키는 데 성공했다. 그는 기수를 꺾으면서 착륙등을 켰다. 우리는 그가 거대한 랭커스터 폭격기를 수직에 가깝게 들어 올려 산을 넘을 때 착륙등 불빛이 산을 훑는 것을 볼 수 있었다. 그리고 내 뒤에서 대폭발이 있었다. 이제는 익숙해진 폭발이었다. 그러나 에데르 댐은 미동도 하지 않았다.

그동안 레스 나이트는 아무 말도 없이 참을성 있게 선회 비행 중이었다. 나는 그에게 공격을 준비하라고 지시했다. 그리고 물이 고요해지자 그는 공격을 개시했다. 오스트레일리아 출신의 레스도 공격에 어려움을 겪었다. 그리고 잠시 후 데이브는 공격 요령을 알려 주었다. 우리 모두 무선 전화를 통해 그 내용을 들었다. 공격하는 레스에게 계속 훈수를 두었다.

---

199) 섀넌과 모즐리가 여러 차례 공격 시도했지만 허탕을 친 탓에, 에데르 댐 공격 기록은 매우 혼란스럽다. 1955년 영화 〈댐 버스터〉에서는 〈제브라〉 기가 멀리 있는 산에 충돌해 폭발한 것으로 묘사된다. 그러나 사실 모즐리 기의 승무원들은 업키프 폭탄의 공중 폭발에서도 살아남았다. 그들의 항공기는 손상을 입었겠지만, 그래도 스캠턴으로 돌아가려 했다. 살짝 항로를 벗어난 그 항공기는 저공으로 비행하며 라인 강에 접근했다. 그러다가 라인 강의 에머리히 항구에 있던 경대공포의 사격을 받았다. 화재를 일으킨 〈제브라〉 기는 네테르덴 마을 북동쪽에 추락했다. 생존자는 없었다.

"자, 레스. 달이 지듯이 사뿐히 목표 지점으로 하강한 다음에 좌선회하라고."

"좋아, 디거. 원래 정말 어려운 일이야."

"딕, 그렇게 하면 안 돼. 이렇게 해야지."

"너무 힘들다, 일단 상승하고 다음 차례에 공격하겠다."

잠시 후 나는 참을성을 잃고 전 대원들에게 이렇게 말했다. 농담은 농담일 뿐이고, 우리는 빨리 돌아가야 한다고 말이다. 그러고 나서 레스는 마지막 공격 시도를 위해 하강했다. 그의 항공기에 탑재된 폭탄은 우리 대대원들이 가져온 것 중 마지막 남은 것이었다. 이번 공격으로 에데르 댐을 무너뜨리지 못한다면, 적어도 오늘은 더 이상 기회가 없다.

그가 표적으로 접근하는 모습을 보면서 나는 두 손가락을 교차했다. 그러나 레스는 뛰어난 조종사였다. 그리고 그날 밤 공격에 참여했던 누구보다도 더 완벽한 폭격 항정을 해냈다. 나머지 대원들은 그보다 더 높은 고도로, 그의 오른쪽 400야드(360m) 거리에서 날고 있었다. 그의 폭탄이 물 위에 착수, 튕기다가 댐 벽에 맞고 물 속으로 들어가는 것이 보였다. 다음 순간 댐의 기반을 뒤흔드는 엄청난 지진이 느껴졌다. 그러고 나서 댐은 마치 거인의 주먹에 얻어맞은 종이장마냥 무너져 버리고 말았다. 엄청난 물이 빠져나와 계곡을 통해 달려가 카셀을 덮쳤다. 레스는 매우 흥분해 있었다. 그는 실수로 무선 전화 스위치를 한동안 켜 놓고 있었다. 그 덕분에 그의 탑승기 승무원들의 얘기가 전 대원에게 다 들렸다. 그러나 그 말들을 이 지면에 다 옮길 수는 없다. 데이브도 매우 흥분해서 말했다.

"훌륭해, 딕!"

나는 전 대원에게 즉시 부대 복귀를 지시했다. 돌아가고 나면 전원을 집합시켜서 사상 최대의 파티를 열어 줄 참이었다.

에데르 댐 하류 계곡의 경사는 루르 계곡보다 급했다. 우리는 붕괴된 댐에서 나오는 물을 한동안 따라갔다. 그 물은 30피트(9m) 높이의 파도가 되어 강 주위의 마을을 덮쳤다. 6개의 파도로 나뉘어 발전소와 도로를 먹어치웠다. 마치 땅 위에 거대한 검은 그림자가 덮이기라도 하듯이, 물에 잠긴 곳에서는 모든 불빛이 차례차례 꺼져 버렸다. 마치 거대한 기차의 움직임과도 같았다. 그리고 여기서 몇 마일 떨어진 곳에는 독일 공군 최대의 훈련 기지가 있다는 것도 알고 있었다. 그곳은 편의 시설을 완비한 현대적인 비행장이었다. 지하 격납고와 지하 숙소도 있다고 한다. 우리는 영국으로 기수를 돌렸다.

데이브와 레스도 계속 무선 전화로 떠들고 있었다. 그러나 뫼네 호수의 물빠짐을 확인하고자 그 호수 방향으로 항로를 설정하자, 두 사람은 말이 없어졌다. 허치는 기지에 암호문 〈딩기〉를 발신했다. 작전 성공을 의미하는 암호였다. 그러자 기지에서는 세 번째의 댐을 공격할 전력이 남아 있냐고 질문했다. 나는 허치에게 말했다.

"그런 거 없다고 해."

당시 우리는 기지와 너무 멀리 떨어져 있었기 때문에 기지와 무선 전화로 통신할 수는 없었고, 전파 통신만 쓸 수 있었다. 우리는 암호문을 사용해 다른 항공기의 움직임도 전달받고 있었다. 예비대의 피터 타운센드와 앤더슨은 조르페 댐을 공격했다. 피터는 자신의 공격이 성공했다고 말했다. 그러나 앤더슨은 아무 말이 없었다.[200]

---

200) 이것 역시 원 원고의 편집 오류다. 응징 작전에 참가한 타운센드의 정확한 관등성명은 공군 원사 윌리엄 타운센드이다. 원고에 나온 피터 타운센드는 별개의 인물로, 전투기 조종사였으며, 조지 6세 국왕의 시종무관이자 마가레트 공주의 애인이었다. 응징 작전에서 기동 예비대에 속해 있던 타운센드는 조르페 댐을 폭격하라는 지시를 받았다. 그는 댐을 발견하고 폭격을 가했다. 그러나 전쟁 후의 연구에 따르면 타운센드가 폭격한 댐은 베페르 댐이었다. 업키프 폭탄이 타격을 주기 어려운 흙 댐이었다. 역시 기동예비대에 속해 있던 공군 원사 시

스팸이 말했다.

"기지에 우리는 복귀 중이니 파티나 준비해 놓으라고 하는 게 어때요?"

우리는 그대로 기지에 전달하고 귀환길에 올랐다.

뫼네 댐 상공에 들른 우리는 두 바퀴의 선회 비행을 했다. 뫼네 호수의 수위를 확인했다. 낮아진 수면 위로 수몰지에 잠겨 있던 다리가 튀어나와 있었다. 진흙 물가에는 유람선들이 옆구리를 땅에 대고 누워 있었다. 댐 아래에는 방뢰망이 계곡 한편으로 쓸려가 있었다. 발전소는 사라져 있었다. 새로운 은빛의 호수가 생기면서 지도를 다시 그려야 할 판이었다. 그 호수도 가만히 있지 않았다. 서서히 서쪽으로 옮겨가고 있었다.

기지에서도 전과가 믿어지지 않는 분위기였을 것이다. 그래서 허치는 전과 내용이 틀림없다는 메시지를 보냈다. 우리는 폭격한 곳을 마지막으로 한 번 더 보고 북쪽으로 기수를 틀어 자위더르 해를 향했다.

트레버가 질문을 하나 했다. 그는 지난 2시간 동안 약 12,000발을 사격했다.

"지금 탄약이 거의 다 떨어졌습니다. 하지만 아직 제 뒤쪽에 소이탄이 1~2상자 정도 있습니다. 만약 스팸이 독일 마을이 가까워 온다고 알려 주면, 그 마을에다가 소이탄을 갈겨 줘도 되나요? 호피와 헨리, 빌의 복수를 하고 싶습니다."

나는 이렇게 답했다.

"허락하지."

릴 앤더슨에게는 조르페 댐 폭격 임무가 주어졌다. 그는 이미 적의 맹렬한 대공포 사격에 직면했으며, 항법 문제도 겪고 있었다. 그의 항공기 후방 기관총좌는 고장이 났고 해가 뜨려면 몇 시간 밖에 남지 않았다. 이 때문에 그는 임무를 포기하고 기지로 돌아왔다. 깁슨은 이러한 행동을 불쾌해 했고, 앤더슨과 휘하 승무원들을 전 소속부대로 복귀시켰다. 그들은 1943년 9월 23~24일 밤에 실시된 만하임 공습에 참가했다가 전사하고 말았다.

우리는 아침의 정적 속에 북쪽으로 날았다. 고도는 땅에 달라붙을 듯이 낮았다. 우리가 원하는 것은 무사 귀환뿐이었다. 이제 꽤 햇빛이 밝아졌다. 그리고 올 때는 볼 수 없었던 것들이 보였다. 들판에 있던 가축과 닭들이 우리 항공기가 다가가자 놀라 날뛰었다. 왼쪽을 보니 고도 500피트(150m)로 함 상공을 날다가 추락하는 항공기가 보였다. 누구도 그 항공기의 소속과 탑승자를 알 수 없었다. 스팸은 그 항공기가 우리를 추적해 온 독일 야간 전투기인 것 같다고 말했다.[201]

나도 그들이 우리를 계속 추적해 올 거라고 간주하고 있었다. 이제 우리는 곧 해안으로 가는 항로를 날고 있었다. 적 전투기 통제사들은 우리 때문에 초과 근무를 하고 있을 것이었다. 독일 총통 히틀러가

"무슨 일이 있어도 그 항공 해적들을 전멸시켜라!"

하고 명령하는 모습이 상상되었다. 어찌되었든, 우리는 이제껏 그 누구도 해내지 못한 일을 해냈다. 지진과 마찬가지로, 가둬 놓은 물도 세상에서 가장 강력한 힘을 발휘한다. 루르 계곡에는 이제까지 지진이 없었다. 그러나 우리가 일으켰다.

기내의 누군가가 이런 말을 했다. 두이스부르크가 어젯밤 공습을 얻어맞았지만, 우리가 일으킨 홍수로 그 불은 다 꺼졌겠다고 말이다.

또 다른 누군가는 이렇게 말했다. 그 어조는 내게는 냉담하게 들렸다.

---

201) 이 작전에 투입된 랭커스터 항공기의 기관총에는 100% 주간용 예광탄이 장전되어 있었다. 이 탄은 총열을 빨리 상하게 했다. 또한 항공기 기관총 사수의 야간 시야에도 악영향을 준다. 그러나 사격을 당하는 입장에서 보면 붉은색 불줄기가 끊임없이 날아오게 보이는 효과가 있었다. 격추된 항공기는 퇴출 중이던 예비대의 공군 소위 오틀리의 기체인 것 같다. 그의 항공기는 함 인근에서 경대공포에 피격, 격추당했다. 후방 기관총 사수인 공군 원사 프레드 티스를 제외한 모든 탑승자가 전사했다. 추락 시 충격으로 그가 타고 있던 후방 기관총좌가 통째로 분리되어 나온 것이다. 그는 화상을 입었지만 생존했고, 생포되어 전쟁포로가 되었다.

"놈들을 불태워 죽이지 못했다면, 익사시키기라도 해야지!"

그러나 우리는 독일인을 익사시키기 위해 댐을 부순 것이 아니었다. 우리가 파괴한 것은 군수 산업 시설로서 적법한 군사적 목표이다. 그것을 파괴함으로써 적의 군수 물자 생산을 방해한 것이다. 그 과정에서 독일인이 죽은 것은 우연하고도 부수적인 피해에 불과하다. 이 작전을 통해 독일인이 물에 빠져 죽을 수도 있다는 생각은 우리 중 누구도 진지하게 하지 않았다. 그러나 댐 관리 당국이 하류에 경고를 보냈기를 바랐다. 설령 거기 사는 사람들이 독일인이라고 해도 말이다. 누구도 대량 학살을 좋아하지 않는다. 그리고 우리 역시 대량 학살자가 되고 싶지 않았다. 대량 학살을 하면 히틀러 및 그 부하들과 똑같은 사람이 될 뿐이다.[202]

지도를 보던 테리는 고개를 들고 말했다.

"이제 해안까지 1시간 남았습니다."

나는 풀포드에게 말했다.

"속도를 최대 항속속도로 높여. 연료 소비율은 신경쓰지 말고."

그리고 테리에게 말했다.

"지름길로 복귀하는 게 좋을 것 같아. 에드몬트에서 바다로 나가자고. 자네도 거기에 적 방공망의 틈새가 있다는 걸 알거야. 우리 항공기는 우리 부대의 최후미에 있어. 그리고 대열에서 너무 뒤처지게 되면 독일군은 우리

---

202) 응징 작전으로 사망한 인원은 약 1,400명이다. 그중 대부분은 네하임 외곽의 수용소에 있던 강제노동자들이었다. 뫼네 댐에서 하류 방향으로 5마일(9.3km) 떨어진 곳이다. 그들 외에도 폭격으로 죽은 민간인은 많았다. 루르 공업 지대 자체에 대한 폭격에서도 이런 노동자들이 사망자의 다수를 차지했다. 오늘날의 기준에서 보면, 군사 표적 공격 과정에서 사상당한 민간인들은 부수 피해로 분류된다. 또한 1977년 제네바 협약 제1의정서에 따르면, 응징 작전은 금지될 가능성이 있다. 그 의정서에서는 댐 등 "공격이 위험한 물리력을 방출하고 그것으로 인하여 민간 주민에 대해 극심한 손상을 야기하게 되는(제56조 1항 일부)" 작업장이나 시설물에 대한 공격을 불법으로 규정하고 있기 때문이다. 그러나 지난 일을 현대의 기준으로 봐봤자 아무 의미 없다. 1943년 당시에는 이런 공격을 제약하는 규정은 전혀 없었다.

를 격추하려고 할 거야."

테리는 미소를 지으며 대기속도계의 바늘 움직임을 보았다. 항공기 속도는 가뿐히 240마일(444km)을 찍고 있었다. 엔진 추력이 높아지면서 배기관에서는 뜨거운 붉은 화염이 나왔다. 그때 계기판에 트레버의 경고등이 켜졌다. 그의 목소리가 들렸다.

"후방에 기종불명 적기."

"그럼 서쪽으로 기수를 돌리겠네. 그쪽은 아직 어두우니까."

선회하고 나서 트레버가 말했다.

"적기 소실."

"잘 했다. 원래 항로로 돌아간다. 테리. 저공비행하는 쪽이 좋겠어."

적 전투기가 오면 귀찮아진다. 그러나 이른 아침의 광량 상태 때문에 우리를 제대로 발견할 수 없었다. 우리는 적보다 먼저 볼 수 있었다.

랭커스터의 고도를 지면 위 몇 피트까지 낮췄다. 그것만이 살 길이었다. 그리고 우리는 살아남고 싶었다. 2시간 전에는 댐을 파괴하고 싶었다. 이제 우리는 무사히, 그리고 한 시라도 빨리 복귀하고 싶었다. 가서 파티도 하고 싶었다.

잠시 후 테리가 말했다.

"해안까지 30분."

"좋아. 속도를 더 높여라."

속도계의 바늘이 춤을 추었다. 엔진 소리도 더욱 시끄러워졌다.

우리는 모두가 알다시피 귀환하고 있었다. 하지만 우리가 안전한지는 몰랐다. 다른 항공기들이 어디까지 갔는지도 몰랐다. 빌, 호피, 헨리, 발로우, 바이어스, 오틀리의 항공기는 격추당했다. 그 대부분이 적의 경대공포에 당했다. 경대공포는 저공비행하는 아군기의 천적이었다. 격추당한 친구들은 불운했다. 그들 모두 순식간에 당했다. 헨리는 거기서 예외일지도 모르 겠지만 말이다. 그는 타고난 지휘관이었는데. 엄청난 손실이었다. 그러나 그는 자랑스러운 대의를 위해 목숨을 바쳤다. 헨리와 같은 젊은이들은 영 국의 최고였다. 그들은 젊은 나이에 용감하게 싸우다 죽었다.

버피는 캐나다인이었다. 아내는 곧 출산을 앞두고 있다. 버피의 아버지 는 오타와에서 큰 가게를 운영하고 있다. 버피 역시 격추당해 전사했다. 함 과 표적 사이에서였다. 버피는 말도 행동도 느렸지만 좋은 조종사였다. 그 는 테리와 동향이었고, 버피의 승무원들도 캐나다인들이었다. 나는 캐나다 인들의 방식과 태도를 좋아했다. 그들의 자유롭고 편안한 사고방식, 개방 성도 좋아했다. 그들은 껌을 너무 좋아하긴 했지만, 그래도 나는 그들이 무 척이나 그리울 것이다.[203]

나는 무선 전화로 멜빈을 불렀다. 그는 미키가 연료 탱크 누설로 먼저 복 귀한 다음부터 우리 공격대의 부대장을 맡았다. 그는 에데르 강 폭격도 매 우 잘 해 주었다. 그러나 멜빈의 응답은 없었다. 우리는 그가 어떻게 되었 는지 궁금해 했다.

테리가 말했다.

"해안까지 15분 남았습니다."

15분이라. 아직 많이 남았군. 어쩌면 해안까지 못 갈지도 모른다. 아직

---

203) 공군 대위 바이어스는 귀환길에 바덴체를 건너다가 대공포에 격추당했다. 공군 대위 발로우 는 라인 강 레스 동쪽에서 고압선과 충돌해 추락했다. 두 항공기의 생존자는 없었다. 예비대 에 있던 공군 소위 버피는 항로를 북쪽으로 조금 벗어나 에인트호번을 향했다. 그리고 길체 리인에 위치한 독일 공군 야간 전투기 기지 상공으로 날아갔다. 목격자 증언은 제각각이다. 어떤 사람은 대공포 사격이 있었다고 주장하기도 하고, 어떤 사람은 대공포 사격이 없었다 고도 주장한다. 그러나 랭커스터는 독일군의 탐조등에 걸렸다. 버피의 항공기가 대공포화에 피격되었는지, 아니면 탐조등 불빛 때문에 버피가 시력을 잃었는지는 알 수 없다. 그러나 그 의 항공기는 독일 공군 기지에 추락했고, 전 승무원이 전사했다.

여기는 적지다. 적들은 성문을 닫으려 하고 있고, 우리는 그 속에 아직 갇혀 있다. 그러나 우리는 개구멍을 알고 있다. 에그몬트에는 무선 마스트가 있기 때문에 대공포가 없다. 그것만 찾아내면 안전하게 나갈 수 있다.

기지로 돌아가면 전우들이 우리를 기다리고 있을 것이다. 〈딩기〉라는 암호문을 들은 작전실의 WAAF 대원들, 작전과 사무원들이 어떤 반응을 보였는지 그때는 알지 못했다. 비행단장은 자리에서 발딱 일어나 방방 뛰다가 제프의 손을 덥석 잡았다. 거의 끌어안을 기세였다. 폭격기 사령부 사령관은 워싱턴에 전화를 걸었다. 당시 워싱턴에서는 영미 회담이 진행 중이었다. 그곳에서는 영국 공군 참모총장 찰스 포털 경이 디너 파티를 열고 있었다. 폭격기 사령부 사령관은 공군 참모총장을 바꿔 달라고 했다. 그리고는 소리쳤다.

"〈다운우드〉가 성공했습니다!"

워싱턴의 공군 참모총장은 처음에는 그게 무슨 말인지 바로 알아듣지 못했다. 그러나 결국 디너 파티에 왔던 사람들 중 일부는 공군 참모총장이 "잘 했네." 하고 조용히 말하는 소리를 들었다. 그 순간 디너 파티장도 승리를 축하하는 환호성이 가득 찼다.

우리는 이 난리에 대해 전혀 알 수 없었다. 그러나 전 세계의 모든 언론들이 우리가 한 일을 보도했다. 그리고 이후 우리 비행대대에는 포상이 주어졌고, 부대원들은 미국과 캐나다로 출장을 가게 되었다. 또 우리 비행대대에 높으신 분들이 찾아왔다. 하지만 우리는 앞으로 일어날 그 모든 것들을 전혀 신경쓰지 않았다. 당시 우리가 원하는 것은 빨리 귀환하는 것뿐이었다. 물론 우리가 대단한 일을 해냈다는 것은 알고 있었다. 그러나 그것은 우리가 지닌 큰 야망의 승리였다. 평범한 항공기를 가진, 평범한 사나이들이 두둑한 배짱으로 이룬 승리였다. 그 외에 또 무슨 말이 더 필요한가?

그때 우리는 항공 역사의 새 장을 연 사실을 알지 못했다. 우리 비행대대가 영국 공군 전체에 정밀 폭격 부대의 대명사로 알려지게 된 사실도 알지 못했다. 저공에서건 고공에서건, 밤이건 낮이건, 고가교부터 포좌까지 무엇이든 폭격해 파괴할 수 있는 부대로 이름을 날리게 된 것이다. 우리 부대는 최고의 승무원들은 물론 최신 장비, 그리고 지진 폭탄을 포함한 가장 강력한 폭탄들을 보유하고 있다. 또한 최신예 항공기를 가지고 있으며, 비행실력 또한 세계 최고급이다.[204]

테리의 목소리가 들려왔다.

"좌전방 20마일(37km)에 로테르담. 5분 후에 방공망 틈새에 들어갑니다."

이제 그들은 우리가 어디로 가는지 알게 될 것이다. 네덜란드 전역을 누비고 다니던 독일 전투기들은 방공망 틈새를 막으려 할 것이다. 그리고 우리를 격추하려 할 것이다.

나는 멜빈을 다시 불렀지만 이번에도 응답이 없었다. 멜빈이 내 앞 몇 마일 거리의 해상에 추락한 사실을 그때는 알지 못했다. 그는 이 전쟁에 참전

---

204) 이러한 깁슨의 말은 당시의 현실에 대한 매우 정확한 말이면서 또한 미래에 대한 매우 정확한 예언이었다. 댐 공습 작전 이후 제617비행대대는 특수 임무 부대로 남았다. 그들은 정밀 저공 표적 지시 및 고공 폭격 기술의 선구자가 되었다. 이들은 반스 윌리스가 이후 개발한 12,000파운드(5.4톤)급 〈톨보이〉 폭탄과 22,000파운드(9.9톤)급 〈그랜드 슬램〉 고관통 폭탄을 사용해 V병기 관련 시설, U보트 및 E보트용 방공호, 철도 고가교를 공격했고, 심지어는 독일 전함 〈티르피츠〉도 격침했다. 대전 후 이들은 〈블루 스틸〉 항공기 발사 핵미사일의 첫 운용 부대가 되었다. 또한 혁신적인 공격기 〈토네이도〉를 두 번째로 지급받은 영국 공군 부대가 되었다. 〈토네이도〉 항공기는 가변익이 달려 있다. 반스 윌리스는 가변익 기술 분야에서도 선구자였다. 제617비행대대는 〈시 이글〉 대함 미사일의 첫 운용부대이기도 하다. 1990년의 걸프 전쟁 당시 이들은 열영상 표적 지시(Thermal Imaging And Laser Designation: TIALD) 포드를 지급받았다. 이 포드는 레이저 유도 폭탄을 매우 정확히 유도해 주는 장비다. 2003년 이라크 전쟁 때에는 〈스톰 섀도우〉 순항 미사일을 최초로 사용해 보았다. 2019년 이 비행대대는 항공모함 HMS 〈퀸 엘리자베스〉 함에서 F-35 라이트닝 스텔스 다목적 전투기를 운용 가능한 최초의 부대가 되었다. 이로서 비행대대의 영광스러운 역사에 또 하나의 최초 기록이 들어갔다.

하려고 캘리포니아에서 왔다. 영국 본토와 중동에서 60번의 전투 출격을 했고, 두 번의 수상 착수까지 했지만 살아남았다. 이번이 그의 세 번째이자 마지막 수상 착수였다. 잘 훈련된 조종사인 멜빈 덕택에 이번 공습이 성공할 수 있었다. 그는 대대원들이 좋아하는 조종사였다. 그러나 이제 그도 죽고 말았다.[205]

이 임무를 수행하기 위해 유럽 대륙에 상륙한 16대의 항공기 중 8대가 격추당했다. 격추당한 항공기들 중에는 편대장기도 2대 포함되어 있었다. 이 항공기들의 승무원들 중 비상 탈출해 전쟁 포로가 된 인원은 2명뿐이다. 56명 중에 단 2명만이 살아남은 것이다. 하긴 고도 50피트(15m)에서는 비상 탈출하기도 힘들다.[206]

나머지 54명은 다 죽었다. 이번 임무는 그들의 생명을 희생할 가치가 있었는가? 아니면 헛된 생명의 낭비일 뿐이었나? 군사적인 관점에서 볼 때는, 이 정도 인명 손실이면 싼 편이었다. 우리가 독일의 전쟁 수행 능력에 준 타격은 어마어마했다. 그러나 다른 부분도 생각해 봐야 했다. 얼마 안 있으면 이 전쟁이 시작된 지 4주년이 된다. 물론 아직까지 이번 세계대전에서는 지난 세계대전에 비해 영국인의 인명 손실이 적었다. 그러나 공군 폭격기 사령부에 한해서는 엄청난 인명 손실을 당했다. 그 인명 손실에는

---

205) 딩기 영은 카스트리쿰 인근의 네덜란드 해안에 도달했다. 그러나 항로는 남쪽으로 약간 벗어나 있었고, 비행고도도 좀 높았다. 영의 항공기가 해안을 벗어나 북해로 나가는 순간 마지막 대공포 연사가 그의 항공기 후방동체에 명중했다. 랭커스터는 그 사격을 견디지 못하고 추락하고 말았다. 영은 이미 이전에도 두 번의 수상 착수 경력이 있었다. 암스트롱 휘트워스 휘틀리를 조종할 때였다. 그때는 두 번 모두 구조정에 의해 구조되었다. 그러나 이번에 항공기가 착수하면서 받은 충격은 너무 갑작스럽고 컸다. 이번에 바다는 자비를 베풀지 않았다. 전 승무원이 전사하고 말았다.

206) 응징 작전에 투입된 19대의 항공기 중 귀환한 것은 11대뿐이다. 스캠턴 기지를 이륙한 승무원 133명 중 77명만이 귀환한 것이다. 귀환하지 못한 항공기들에서는 총 53명이 전사하고, 나머지 3명은 극적으로 생존해 전쟁포로가 되었다. 깁슨은 기록에서 프레드 티스를 생존자로 계산하지 않는 실수를 저질렀다.

이번 작전에서 전사한 54명도 포함된다. 매우 탐욕스런 전쟁의 신은 폭격기 사령부 대원들의 생명을 게걸스럽게 탐식했다. 네덜란드의 저지대 상공을 날며 수로와 도랑들을 지나쳐 가던 우리의 머릿속에는 이런 생각이 떠나지 않았다. 왜 우리는 25년마다 한 번씩 전쟁을 해야 하는 걸까? 왜 인간은 전쟁을 해야 할까? 전쟁을 멈출 방법은 없을까? 모든 나라들이 평화롭고 정상적인 생활을 할 방법은 없는 것일까? 그러나 누구도 그 해답을 알지 못했다.

어쩌면 그 답은 강력한 힘 속에 있을지도 모른다. 강력한 전략 폭격기 부대가 전 세계의 주요 수로를 통제할 수 있다면, 아무리 호전적인 국가라도 전쟁을 할 엄두를 내지 못할 것이다. 하지만 또 어떻게 보면, 그 답은 인간 자체에 있는지도 모른다. 인간은 망각의 동물이다. 이 전쟁이 끝나고 나서 오랜 시간이 지나면 사람들은 또 전쟁의 교훈을 잊고, 감세와 생활 수준 향상을 위해 무장 해제를 요구할지도 모른다. 그러다가 또 다음번 전쟁을 일으키고 마는 것이다. 그렇게 되면 그건 인간 스스로의 잘못이다. 다른 누구도 탓할 수 없다.

그래서 세계의 선한 사람들은 전쟁을 기억해야 한다. 영화와 라디오, 레코드를 통해 1936년부터 1942년 사이에 어떤 일이 일어났는지를 현대인들과 다음 세대들에게 상기시켜야 한다. 전쟁의 위험을 모두의 마음속에 각인시킴으로써 다시는 잘못된 선택을 하지 않게끔 해야 한다. 그래야 우리 아이들에게 삶을 줄 수 있다. 무엇보다도 우리 모두는 살기 위해 태어났지, 죽기 위해 태어난 게 아니지 않은가.

그러나 우리 자신부터 배워야 한다. 승리의 기회를 열어 준 우리의 동맹국들을 배우고, 그들을 인정해야 한다. 그럼으로써 그 나라 사람들은 물론 그들의 방식과 관습을 이해해야 한다. 우리 영국인들은 스스로를 세계의 표준으로 착각하는 경향이 있다. 그런 착각에서 벗어나야 한다. 우리는 아직도 배울 것이 많다.

정치를 배워야 하고 올바른 쪽에 투표할 줄 알아야 한다. 전통에 쓸데없이 집착하지 않아야 한다. 우리는 앞으로도 영원히 영국이 오늘날과 같은 강대국으로 남아 있기를 바란다. 그것은 우리 스스로에게 달려 있다. 우리의 상식과 기억에 달려 있다.

우리는 그런 소망을 품어도 될까? 그 모든 것을 이룰 수 있을까? 미래 세대에게 평화로운 세계를 물려줄 방법을 확실히 찾을 수 있을까? 그 모든 답은 이 임무에서 돌아오지 못한 사람들만이 알고 있을 것이다. 그리고 그들은 이 세계가 어찌되든 신경쓰지 않는다.

미래에 대한 생각은 쓸데없는 일이다. 혼란 속에서 사색하는 것과 같다. 언제나 자기 보호 본능이 제일 먼저다.

스팸이 말했다.

"여러분, 전방에 북해가 보입니다."

정말이었다. 방공망의 틈새를 통해, 고요하게 은빛으로 빛나는 북해, 그리고 자유가 보였다. 그 모습은 아름다웠다. 세계에서 제일 경이로워 보이기까지 했다. 북해는 새벽의 회색 어스름 속에서 바르샤바 협주곡의 여는 마디처럼 갑자기 나타났다. 그 모습은 잡을 수 없지만 잡힐 듯이 선명했다.

우리는 고도 300피트(90m)까지 상승했다.

그리고 나는 지시했다.

"풀포드, 회전수 최대로 하고, 가속하라."

그가 내 지시대로 조작하는 동안 나는 더 높은 속도를 내기 위해 항공기 기수를 숙였다. 우리 모두는 앉은 채로 시속 260마일(481km)로 날아가고 있었다.

테리가 지도를 손에 쥔 채로 말했다.

"저 작은 호수의 왼쪽으로 가야 합니다."

그대로 비행했다.

"이제 저 철교 위로 갑니다."

속도는 더 빨라졌다."

"이 수로를 따라서..."

우리는 그때처럼 낮게 수로를 따라 날았다. 항공기 하부가 물에 스치고, 항공기 날개가 우마차길로 지나가던 말들을 들이받을 정도로 고도를 낮추었다.

"저 무선 마스트 보입니까?"

"보인다."

"마스트 우측 약 200야드(180m) 지점으로 가십시오."

바다가 더욱 가까이 왔다. 가까이 갈수록 다가오는 속도는 빨라졌다. 기내의 긴장감이 갑자기 높아졌다.

"계속 진행하십시오. 좋습니다."

"알았다. 전방 기관총 사수, 발사 준비하라."

"기관총 발사 준비 완료."

그러고 나서 우리는 서부 장벽에 도달했다. 우리는 대전차호와 해안 장애물 상공을 날았다. 창백한 아침 햇살을 받아 노랗게 빛나는 모래 언덕이 우리 아래로 소리 없이 미끄러지는 모습도 보았다.

그리고 우리는 바다에 도달했다. 큰 파도가 해안을 때리며 부서지고 있었다. 달이 우리 앞 수면에 긴 반사광을 남기고 있었다. 이 바다만 건너면 영국이 나온다.

이제는 자유다. 방공망의 틈새를 빠져나온 것이다. 엄청난 안도감이 들었다. 이제 착륙하면 파티만 남았다.

트레버가 뒤에서 말했다.

"모두들 수고하셨습니다."

나는 그에게 반문했다.

"이제 집에 가야지?"

우리 뒤에는 네딜란드 해안이 놓여 있었다. 낮고 황량한 그 해안에서는 대공포탄이 여기저기로 뿜어져 나오고 있었다.

우리는 돌아가고야 말 것이다.

부록 1
작전 직후 전투보고서

즉각 해석 보고서 No. K.1559.
(더욱 자세한 평가를 통한 수정 증보 대상)

1943년 5월 17일 제542비행대대의 촬영 사진

소티	촬영시각	축척
D/578	0900시	1/9,800
D/581	1045시	1/10,300
D/585	1630시	1/9,800

촬영 장소: 뫼네 댐, 조르페 댐, 에데르 댐

촬영 범위와 화질

소티 D/578은 뫼네 계곡 댐 전체, 저수지의 대부분, 하류 20마일(37km)에 이르는 루르 계곡을 뛰어난 화질로 대축척 촬영했다. 조르페 호수의 북단과 조르페 댐, 해당 유역도 촬영했다. 이 소티에서는 에데르 댐은 촬영하지 않았으나, 에데르 호수의 일부, 브링하우젠 저수 발전소, 아폴데른 유수 발전소, 하류 방향으로 약 6마일(11km) 길이에 달하는 범람 지역은 촬영했다.

소티 D/581은 뫼네 저수지의 상류 부위, 주 호수의 일부, 에데르 댐으로부터 하류 방향으로 16마일(30km)에 달하는 범람 지역을 뛰어난 화질과 좋은 축척으로 촬영했다.

소티 D/585는 아폴데른 인근의 에데르 계곡 2마일(3.7km) 구간을 좋은 화질로 대축척 촬영했다. 에데르 댐은 촬영하지 않았다.

검토 기간

이 사진들은 1943년 5월 16~17일 사이의 밤에 폭격기 사령부의 항공기들이 실시한 공격 이후에 촬영되었다. 이 지역이 입은 피해를 다룬 보고서는 아직 발행되지 않았다.

잠정 피해 규모

2개 댐이 붕괴되었다고 판단되며, 나머지 1개 댐은 손상을 입었다. 뫼네 댐에 생긴 큰 틈으로 대량의 물이 계곡으로 쏟아져 나오면서 넓은 지역에 피해를 입혔다. 2개 마을이 침수되었으며 다수의 교량이 떠내려갔다. 다수의 발전소와 급수 시설이 고립되었으며 철도 교통이 마비되었다.

이번 사진들에서 에데르 댐은 촬영되지 못했지만, 유사한 규모의 홍수가 조르페 계곡보다도 더 큰 면적에 피해를 입혔다는 증거가 있다.

조르페 댐은 작은 규모의 피해만을 입었다.

A. 댐

(i) 뫼네 계곡 댐

두 밸브 하우스 사이의 중앙부가 붕괴되었다. 붕괴부 최상부의 폭은 약 230피트(69m), 아래로 갈수록 좁아져 기저부의 폭은 130피트(39m)다. 붕괴부를 통해 쏟아진 물은 보상 유역으로 흘러들어갔다. 사진 촬영 시기는 수압이 가장 강하던 때가 아니었다. 그러나 사진 촬영 시점에도 다량의 물이 붕괴부를 통해 빠져나가고 있었다.

/주 발전소

　　댐 기저부에 있던 주 발전소는 사라져 버렸다. 댐 붕괴 직후에 나온 물과 댐의 잔해에 의해 떠밀려 가버렸을 것이다.

　　물은 여전히 보상 유역으로 흘러들고 있고 북쪽 제방은 완파되었다. 남쪽 제방은 여러 곳이 부서졌다. 그러나 보조 발전소는 아직 서 있다.

　　상류 호수는 0900시 현재(D/578/5109), 댐 쪽은 부분적으로 배수되었다. 1045시 현지 슈토쿰 제방 서쪽과 수문 쪽은 완전 배수되었다. 그러나 이 제방 동쪽에는 아직 물이 보인다.(D/581/5070)

(ii) 조르페 댐

　　댐 중앙부에 피해를 입었다. 댐 위를 가로지르는 도로의 상류 측 흉벽 200피트(60m) 구간이 부서졌다. 하류 측 흉벽 역시 손상되었으며 물이 보상 유역으로 흘러나갔다. 원인은 물이 흉벽 위로 튀어나갔거나, 댐에 생긴 틈으로 새어 나간 것으로 짐작된다.

　　손상부의 동쪽 끝에서는 댐 벽 최상단 쪽에 길이 40피트(12m), 폭 25피트(7.5m)의 솟아오른 물체가 도로를 막고 있다. 그 물체가 있는 곳은 균열이 매우 두드러지게 잘 보이는 곳이다. 손상 부위의 양측 200피트 구간의 도로가 변색되어 있다. 호수의 수위는 변하지 않은 것으로 보인다.

　　사진 촬영 당시 발전소는 가동되지 않았다. 그러나 물은 보조 수로를 통해 보상 유역으로 흘러나가고 있는 것으로 보인다.(D/578/5137)

(iii) 에데르 댐

　　이 댐은 이전의 소티에서 촬영되지 않았다. 그러나 댐 하류에 홍수가 일어났고, 댐 상류의 호수가 일부 배수된 것으로 볼 때, 댐이 붕괴된 것은 확실하다.

B. 홍수 피해

(i) 뫼네 계곡

뫼네 마을의 댐 쪽 부분은 완전히 쓸려 나갔다.(D/578 프린트 5109)

이 댐과 네하임 사이에는 물이 비교적 잘 갇혀 있는 것 같다. 그러나 루르 계곡 베케데 서쪽의 평평한 지형에는 넓은 지역이 침수되었고, 다수의 농가가 고립되었다. 베스트리크 마을과 델비히 마을은 전체가 침수되었다.(D/578 프린트 5048, 5034)

특히 프뢴덴베르크의 피해가 심했다. 수로의 제방 대부분이 파괴되었으며 발전소는 고립되었다. 철교와 도로교가 쓸려가 버렸으며 그 잔해는 하류에서 발견되었다. 철도역과 측선이 침수되었으며 다수의 객차가 탈선했다. 작은 공장의 일부가 침수되었다.(D/578 프린트 5045)

랑쉐데에서는 교량의 일부가 침수되었으며 급수 시설이 완전 침수되었다.(D/578 프린트 5040)

네하임-프뢴덴베르크, 네하임-니더렌세 구간의 철도 일부가 침수되었으며, 일부는 쓸려 나갔다.(D/578 프린트 5074, 5068)

뫼슈페르데 방향으로 진행된 침수는 소형 하천 회네 강 계곡까지 이어졌다.(D/578 프린트 5045)

2급 비밀
3페이지

해석 보고서 No. K. 1559(계속)

(ii) 에데르 계곡

0900시 발전동과 개폐동, 변압동 등을 포함하고 있는 브링하우젠 저수 발전소가 침수된 것으로 보인다.(D/578/5162) 1630시에는 물 대부분이 배수되었으나 개폐동과 변압동에는 퇴적물이 들어차 있었다. 그리고 북쪽 일부는 쓸려 나갔다.(D/585/5028)

헨푸르트와 아폴데른 사이의 보상 유역 북단을 구성하는 제방은 0900시 현재 여러 부분이 완파되었으며 계곡 전체가 침수되었다. (D/578/5162)

아폴데른 마을 일부가 침수되었다. 발전소 역시 침수되었으며 제방 역시 파괴되었다.(D/578/5219) 1630시 현재 이 마을의 가옥 다수가 파괴된 것으로 보이며 교량으로 가는 길 역시 쓸려나갔다.(D/585/5015)

에데르 댐에서 하류 방향으로 16마일(30km) 지점에 있는 바베른-펠스베르크 간 지역 전체가 완전 침수되었다. 바베른의 철도역과 측선이 침수되었으며 제방은 파괴되었다. 침수를 면하고 고립된 농가와 소읍들도 보이기는 하지만 철도, 도로, 교량은 완전 침수되었다.(D/581/5032 ~5042)

남쪽으로는 우터샤우젠까지 침수되었다.

배부된 프린트물의 주석 설명

(i) 아폴데른(D/578/5219. Neg. No. 24690)

A. 일부 침수된 아폴데른 마을

B. 발전소

C. 대로 남쪽까지 퍼져나간 물

(ii) 프뢴덴베르크/뵈스페르데의 루르 계곡(D/578/5044. Neg. No. 24688)

1. 침수된 도로

2. 고립된 전력 시설

3. 파괴된 도로교

4. 파괴된 철교

5. 파괴된 철도 객차

6. 침수된 측선

기타 배부된 프린트물

(iii) 뫼네 댐(공격 전) (D/366/5078) Neg. No. 24685

(iv) 뫼네 댐(공격 후) (D/578/5109) Neg. No. 24686

(v) 뫼네 댐(공격 전) (D/578/5108) 스테레오 페어

(vi) 에데르 댐(공격 전) (D/517/5145) Neg. No. 24687

(vii) 조르페 댐(공격 후) (D/578/5137) Neg. No. 24689

2급 비밀   배포 번호 23

영국 공군 기지   +A.D.I.(Ph)   7

메드메넘   +S. of S.   1

                        E: 246

RAG)ESN/G.   I: 24

D'A-S)   N: 8

                            278

부록 2
독일의 인명손실

부록 1
  수신: 부사령관 IX, A.K. Az. 41 a 17 – Iz/IS – P1
  1943년 6월 3일 No. 4071/43

인명 및 가축 손실

a) 인명 손실:
  에데르 지역　　　　　　　　　: 사망 31명
  프리츨라르 지역　　　　　　　: 사망 15명
  멜숭겐 지역　　　　　　　　　: 사망 3명
  카셀 마을과 그 주변 지역　　　: 사망 2명
  　　　　　　　　　　　　　　　 사망 51명

b) 가축 손실:
  1) 말
    에데르 지역　　　　　　　　: 50두
    프리츨라르 지역　　　　　　: 5두
    멜숭겐 지역　　　　　　　　: 0두
    카셀 마을과 그 주변 지역　 : 1두
    　　　　　　　　　　　　　　 56두

  2) 소
    에데르 지역　　　　　　　　: 338두
    프리츨라르 지역　　　　　　: 74두
    멜숭겐 지역　　　　　　　　: 0두
    카셀 마을과 그 주변 지역　 : 1두
    　　　　　　　　　　　　　　 413두

3) 돼지

에데르 지역	: 350두
프리츨라르 지역	: 346두
멜숭겐 지역 ·	: 5두
카셀 마을과 그 주변 지역	: <u>3두</u>
	<u>704두</u>

더 작은 소형 가축의 익사 개체수는 특정할 수 없다.

프라츨라르 지역의 소형 가축 실종 개체수: 3,820

추가: 양과 염소 605두

벌통 67군

여기 나온 가축 손실 수치는 확정된 것이 아니다.

<u>부록 2</u>

수신: 부사령관 IX, A.K. Az. 41 a 17 – Iz/IS – P1

1943년 6월 3일 No. 4071/43

손상 및 완파된 가옥 수

	손상 가옥 수	완파 가옥 수
에데르제	0	6
헴푸르트	4	25
아폴데른	71	8
멜렌	4	20
기플리츠	6	15
베르그하임	7	7
안라프	1	20
벨렌	0	7
프라츨라르	8	74
체네른	0	11

바베른	2	50
하를레	0	6
니더몰리히	1	8
알텐부르크	7	7
겐숭겐	0	43
펠스베르크	1	131
보디거	0	52
안텐브룬슬라르	0	42
노이넨브룬슬라르	0	41
볼퍼샤우젠	0	59
그리프테	1	2
국스하벤	0	19
디터샤우젠	0	17
카셀	0	385
계	113	1,055

주: 경미한 손상만을 입은 가옥도 손상 가옥으로 집계했다.

부록 3
    수신: 부사령관 IX, A.K. Az. 41 a 17 – Iz/IS – P1
    1943년 6월 3일 No. 4071/43

손상 및 완파된 교량

1) 도로교
    a) 완파:
        헴푸르트 도로교(재건 중)
        아폴데른 도로교(재건 중)
        멜렌 도로교(재건 중)

기플리츠–베르그하임 도로교(재건 중)

베가–벨렌 도로교(재건 중)

렝거샤우젠–디터샤우젠간 도로교(재건 중)

한 문덴의 한 문덴–알트문덴 간 도로교

프리츨라르 인도교

아폴데른, 헴푸르트의 산업용 인도교

한 문덴의 한 문덴–알트문덴 간 인도교(재건 완료)

b) 손상:

체네른–오버몰리히 간 도로교(재건 완료)

알텐브룬슬라르–노이브룬슬라르 간 도로교(재건 완료)

볼퍼샤우젠 도로교(재건 완료)

그리프테 도로교(재건 완료)

2) 철도교

a) 완파:

카셀–프랑크푸르트/M 간선 그리프테 남쪽 최고 수위 교(재건 중)

카셀–프랑크푸르트/M 간선 에데르 횡단 그리프테 남쪽 잠수교(재건 중)

카셀–프랑크푸르트/M 간선 룬다 슈발름 교(재건 중)

바트 빌둥겐 발덱 코르바흐 철도의 베르그하임 강상교

헴푸르트 산업 측선교

b) 손상:

카셀–프랑크푸르트/M 간선 룬다 슈발름 강상교

카셀 베브라 간선 군터샤우젠 교(1.5일 후 재건 완료)

부록 3
영원히 남을 응징 작전의 모습

글: 로버트 오웬(제617비행대대 협회 공식 사가)

어둠이 내리는 '링컨셔 모처의' 공군 기지. 7명의 승무원들이 랭커스터 폭격기에 타려고 서 있다. 제2차 세계대전의 후반 3년간 수십 군데의 공군 기지에서 그야말로 매일같이 볼 수 있던 장면이다. 그만큼 흔하기에 뇌리에 별로 남지 않는 장면이다. 그러나 이 사진은 영국 공군 폭격기 사령부가 실시한 가장 대담한 작전의 시작 장면을 담고 있다. 그 작전은 제617비행대대 〈댐 버스터즈〉가 독일 서부 대형 댐들에 대해 벌인 공습 작전이다.

댐 공습 작전 이륙을 앞두고 항공기에 탑승하려는 공군 중령 깁슨과 그의 승무원들. 좌로부터 우로 공군 대위 트레버 로퍼, 공군 상사 풀포드, 공군 원사 디어링, 공군 소위 스패포드, 공군 대위 허치슨, 공군 중령 깁슨, 공군 소위 태럼

응징 작전 항공기 탑승 전의 공군 대위 허치슨, 공군 중령 깁슨

　한 장의 사진은 천 마디 말만큼의 가치가 있다. 이 작전에 대해서는 엄청나게 많은 글이 나왔다. 그러나 이 사진을 비롯해 그날 밤에 촬영된 여러 사진들에서 우리는 무엇을 배울 수 있을 것인가? 사진 이면의 진실 중 어떤 것을 알 수 있을 것인가?

　이 사진의 촬영 일시와 촬영 장소, 촬영자는 알려져 있다. 촬영 일시는 1943년 5월 16일 일요일 오후 9시가 조금 넘은 시각. 촬영 장소는 제5비행단의 스캠턴 기지이다. 링컨에서 북쪽으로 몇 마일 떨어진 곳이다. 촬영자는 공군 사진사 벨라미 중위이다.

　사진 속에 촬영된 승무원들은 누구인가? 우선 항공기 출입구에 연결된 짧은 사다리 맨 위에 서 있는 사람부터 보자. 그의 관등 성명은 공군 중령 가이 깁슨(당시 만 24세, 이하 나이는 모두 당시 만 나이)이다. 그의 뒤에는 나머지 승무원들이 좁은 기체 내로 들어가려 서 있다. 발을 사다리 맨 아랫단에 댄 사람은 리버풀 출신의 통신사 공군 대위 로버트 허치슨(25세), 그 뒤에는 전방 기관총 사수인 공군 원사 조지 디어링(23세)이 서 있다. 그 뒤에는 폭격수 공군 소위 프레드 스패포드(24세)가 있다. 그는 깁슨이 조종석에 앉은 다음 바로 폭격수석으로 들어갈 준비를 하고 있다. 그 뒤에는 항공기관사인 헐 출신 공군 상사 존 풀포드(23세)가 있다. 그는 항공기에 탑승하면 조종석 옆자리에 접이식 의자를 펴고 앉을 것이다. 풀포드 다음으로 항공기에 탑승할 사람은 항법사 공군 소위 토저 태럼(22세)이다. 태럼은 항공기의 일련번호(ED932) 바로 밑에 있다. 맨 마지막으로, 이들 중 최연장자인 와이트 섬 섀클린 출신 후방 기관총 사수 공군 대위 리처드 트레버 로퍼(28세)가 있다. 그는 일단 탑승하면 다른 승무원들과는 달리 항공기 꼬리날개 보를 통과해 후방 기관총좌로 가야 한다.

이들의 출신지는 영국 본토와 영연방 자치령 각지가 망라되어 있다. 마치 이들이 몸담은 영국군의 출신지 구성을 그대로 축소해 놓기라도 한 것 같다. 대부분의 승무원들은 모두 영국 공군 특유의 청색 제복을 입고 있다. 그러나 스코틀랜드에서 출생한 후 토론토에서 성장한 디어링, 캘거리 출신

공군 중령 깁슨의 랭커스터(일련번호 ED932, 코드레터 AJ-G) 하부에 탑재된 반스 월리스의 '업키프' 특수 폭탄

의 태럼은 더 색이 짙은 캐나다 공군의 제복을 입고 있다. 그리고 아들레이드 출신의 오스트레일리아 공군 장교 스패포드의 제복은 네이비블루 색이다. 지는 저녁 햇살 덕택에 이 사진에는 승무원들 제복의 색조 차이가 분명하게 드러나 있다. 이 임무에서는 고공의 추위를 막아 주는 두꺼운 비행 재킷이 필요 없었다. 계절은 늦봄이고, 비행 고도도 저공이라 비행복만으로도 충분했다. 대부분의 승무원들은 단화를 신고 있다. 그러나 풀포드, 트레버 로퍼는 늘 신던 양가죽 내피가 들어간 장화를 신고 있다. 이 작전에 많은 체력이 요구될 것으로 예상한 깁슨은 셔츠 바람으로 비행했다.

그들은 임무에 필요한 장비들도 가지고 있다. 깁슨과 스패포드는 낙하산의 캔버스 끈으로 된 손잡이를 잡고 있다. 실수로 낙하산 개산용 D링이 당겨지지 않게 주의하면서 말이다. 실제로 그날 저녁 이 대대의 조종사인 공군 대위 존 맥카시는 고장난 항공기에서 내려 예비기로 갈아타려다가 그런 사고를 일으켰다. 풀포드가 든 캔버스제 상자 속에는 기본 수리에 필요한 공구와 재료가 들어 있다. 이 상자 속에는 비행 중 엔진 온도와 설정, 윤활유 및 연료 소비량을 기록하는 로그 시트도 들어 있다. 오직 저공에서만 이루어질 이 작전 동안 스패포드는 육안으로 독도를 실시해 태럼을 도울 것이다. 많은 폭격수들은 계획된 항로에서 몇 마일 정도의 범위까지만 보여주는 두루 마리 지도를 만든 다음, 이를 접어 옆구리에 붙이고 있다. 그러나 스패포드는 더 넓은 범위를 보여 주는 지도가 필요했던 것 같다. 이번 임무에서는 정해진 항로에서 벗어날 경우 그 사실을 깨닫고 항로로 돌아갈 시간이 많지 않기 때문이다.

이 사진이 촬영되기 약간 전, 이들이 소산 지점에 온 직후 벨라미는 탑승 준비를 하고, 탑승 전 항공기 외부 점검을 하는 깁슨과 허치슨의 모습도 촬영했다. 이번은 이 승무조 최초의 실전 출격이었다. 1955년작 영화 〈댐 버

공군 중령 깁슨의 〈조지〉 기를 앞에서 본 모습

스터〉에서 묘사된 것과는 달리, 깁슨의 승무조는 엄선된 인재들이었다. 또한 50시간의 훈련 비행을 실시했다. 그러나 이 작전 이전에 깁슨과 함께 실전을 뛰어 본 사람은 허치슨뿐이었다. 깁슨이 시어스톤에서 제106비행대대장으로 근무할 때 깁슨의 승무조 중에 허치슨이 있었다.

그 사진의 공식 설명문은 다음과 같다.

"공군 중령 깁슨이 이륙 전 부하 승무원의 도움을 받아 낙하산 하네스를 착용하고 있다."

그러나 잘 보면 깁슨은 가슴형 낙하산 하네스의 크기를 조정하고 있다. 4개의 낙하산 끈을 신속 해체 박스 속에 끼워 넣고 있다. 필요시 낙하산을 연결하는, 스프링이 달린 2개의 대형 고리도 뚜렷이 볼 수 있다. 또한 공기 주입구가 위로 난 독일 공군용 〈슈빔베스테〉 구명 조끼를 입은 것도 볼 수 있다. 깁슨은 영국 공군의 지급품 〈메이 웨스트〉 구명 조끼보다 이걸 더 좋아했다. 이 독일 공군용 구명 조끼는 깁슨이 1941년 제29비행대대(보파이터 장비)에서 야간 전투기 조종사로 근무하던 때 격추시킨 독일기에서 노획한 것이다. 이 사진을 좀 더 자세히 보면 깁슨의 시선이 허치슨의 주먹 쥔 손을 향하고 있는 것을 알 수 있다. 어디까지나 추측이지만, 허치슨은 동전 던지기 놀이를 하려던 것이 아니었을까? 승무원들 중에는 이륙 전 긴장감을 해소하기 위해 간단한 놀이를 하는 사람들이 있었다.

승무원들은 그날 일과의 대부분을 최종 준비를 하며 보냈다. 개인적인 일 따위는 미뤄 두었다. 그러나 그 와중에도 예외는 있었다. 이륙 불과 몇 시간 전 존 풀포드는 아버지의 장례식에 참석했다. 물론 보안을 유지하기 위해 헌병의 호송을 받았다. 깁슨 중령 역시 반려견인 블랙 래브라도종 〈니거〉의 죽음을 슬퍼하고 있었다. 니거는 작전 전날 자동차에 치어 죽고 말았다. 그러나 니거의 이름은 이 작전에서 뫼네 댐 완파를 알리는 암호명으로 영원히 남게 된다. 또한 지독한 통풍에 시달리던 깁슨은 작전 당일 아침에야 군의관을 만나 진료를 받았다. 트레버 로퍼는 언제나 죽을 가능성을 안고 살면서도, 새 생명을 볼 기대 또한 안고 살았다. 몇 주만 있으면 아내가 아들을 낳을 것이기 때문이었다.

11시 정각 편대장들이 브리핑을 실시했다. 통신사들은 공격 결과를 알리는 데 쓰이는 수많은 암호문과 알파벳과 숫자 조합을 외워야 했다. 항법사들은 항로와 시간표에 맞춰 개별 비행 계획을 준비했다. 이 사진이 촬영되기 불과 3시간 전, 작전에 참가하는 승무원 133명이 스캠턴 기지의 브리핑실에 집합해 다양한 요소와 작전 계획 전반에 대한 최종 브리핑을 받았다.

승무원들은 표적이 뭔지도 모른 채 8주간 훈련했다. 그러나 훈련이 시작된 이후 이번 작전이 결코 평범한 작전은 아니라는 것을 눈치채기는 했다. 훈련 처음부터 이들은 장거리 크로스컨트리 항법 훈련을 실시했다. 수면 위에서 저공 폭격 항정 훈련도 실시했다. 처음에 150피트(45m)던 비행 고도는 60피트(18m)로 내려갔다. 주간에 비행 훈련을 할 때도 유월광 야간

비행 중인 랭커스터(코드레터 AJ-C)

비행과 비슷한 조건을 만들기 위해 퍼스펙스 캐노피 안쪽을 파랗게 하고, 노란색 보안경을 써야 했다. 물론 진짜 야간 비행 훈련도 했다.

작전 실시 며칠 전부터야 이들은 자신들이 운용할 무기를 알게 되었다. 그 무기는 항공공학자 반스 윌리스가 개발한 특수 폭탄이었다. 그러나 그들이 사용할 개조 항공기는 4월 초에 도착했다. 그 항공기를 잘 뜯어 봐도 그 신무기가 무엇인지 눈치챌 수 있었다. 그 개조 항공기의 일련번호 뒤에는 /G라는 문자가 붙어 있었다. 그 항공기에 특수 장비가 설치되었다는 뜻이었다. 그리고 주기해 있을 때는 늘 헌병이 항공기 주변에서 경계 근무를 서면서, 외부인이 항공기 근처에 오는 것을 막았다.

항공기에 탑승하려던 승무원들을 담은 사진으로 돌아가 보자. 이 사진에 나온 랭커스터 항공기의 기체는 일부분에 지나지 않는다. 이 사진에도 항공기의 일련번호가 나와 있다. 그러나 일련번호 뒤에 붙어 있던 /G문자는 작전 직전에 지워져 버렸다. 그리고 이 사진의 구도도 항공기의 개조 부위가 전혀 잡히지 않게끔 짜여져 있다. 이 항공기는 상부 기관총좌가 없어졌다. 폭탄창 부분에 큰 개조가 가해졌고, 반즈 윌리스가 설계한 암호명 '업키프', 통칭 도약 폭탄도 탑재되어 있지만 이 사진에는 그 사실이 전혀 나와 있지 않다.

　벨라미가 카메라를 오른쪽으로 더 돌려서 찍었다면, 같은 날 좀 더 이른 사진에 촬영된 같은 항공기의 사진과 비슷한 사진이 나왔을 것이다. 이 항공기는 '업키프' 폭탄을 탑재하기 위해 폭탄창의 문이 제거되었고, 폭탄창 전후방에는 페어링이 설치되었다. '업키프' 폭탄은 직경 50인치(127cm), 너비 60인치(152cm) 크기다. 폭탄창을 가로질러 탑재된다. 이 폭탄을 지지해 주는 것은 2개의 커다란 V자형 캘리퍼 암이다. 이 캘리퍼 암의 끄트머리에는 '업키프' 폭탄의 양옆 홈과 연결되는 회전식 디스크가 있다. 우측의 디스크는 페너 V벨트 구동장치로 돌아가는데, 이 구동장치는 전방 페어링 안에 있는 빅커스 재니 변속 유압 모터(원래는 잠수함 조향용)로 돌아가는 더 작은 풀리에 연결되어 움직인다. 공격 10분 전에 이 모터의 시동을 걸어 줘야 한다. 그러면 '업키프' 도약 폭탄이 분당 회전수 500회로 역회전한다. 이렇게 역회전을 걸어줘야 투하 후 착수했을 때 수면에 튕기면서 물수제비를 뜨는 것이다. 그리고 그렇게 물수제비를 떠야 이 폭탄이 댐 벽까지 가서 댐 벽에 착 붙어서 물속으로 가라앉을 수 있다. 캘리퍼 암은 스프링의 장력으로 폭탄을 붙든다. 그리고 폭격수가 폭탄 투하 버튼을 누르면 장력이 해제되면서 두 캘리퍼 암이 양쪽 바깥으로 벌어지면서 도약폭탄을 투하하게 된다.

　이 항공기의 기수를 촬영한 다른 사진을 보면 또 다른 개조 부위를 볼 수 있다. 무기 관련된 것을 제외하면 가장 눈에 뜨이는 개조 부위는 60피트(18m)의 투하 고도를 알아보기 위해 설치된 2개의 탐조등이다. 이 중 기수에 부착된 탐조등은 원래 폭격 카메라가 붙어 있던 곳에 있다. 그리고 지상에서 이 탐조등이 잘 보이지 않게 하기 위해 원통형의 가리개가 붙어 있다. 기수 부분 탐조등이 빛을 비추는 방향은 항공기 우현, 그리고 살짝 전방이다. 그래야 항법사가 조종실 우현에 있는 물집형 캐노피를 통해, 수면에 비친 탐조등 불빛을 볼 수 있다. 항공기 기수 우현 하부에는 VHF 무전기용 회초리 모양 안테나가 있다. 이 안테나는 깁슨 중령의 지시를 송수신해 작전을 수행하는 데 필요한 것이다. 날개의 선단을 보면 또 다른 개조점이 보인다. 작은 직사각형 판들이 보이는데 이건 추가로 설치된 적 대공 기구 케이블 절단기다. 허치슨과 깁슨을 촬영한 사진에서 만약 초점이 다른 곳에 맞았다면 이 절단기들이 보였을 것이다. 마지막으로 캘리퍼 암에서 뻗어나와 날개 후단 바로 아래에서 보이는, 스프링이 들어간 지주대가 보인다. 이것도 폭탄 투하 장치의 일부이다. 사진의 배경에는 비행대대의 격납고가 나와 있다. 일각에서는 이 사진들이 영국 공군 맨스톤 기지에서 실시된 폭격 시험 중에 촬영되었다는 주장도 있다. 항공기 아래의 콘크리트 포장 도로를 보면 G라는 문자의 외곽선이 희미하게 그려져 있다. 전방 페어링이 동체 중심선을 따라 쪼개져 있고, 페어링의 양쪽이 모터 구동장치 연결을 위해 원래의 폭탄창 도어와 마찬가지 방식으로 기체 양 옆에 연결되어 있는지는 이들 사진을 통해서는 확실히 알 수 없다. 좌현 수직꼬리날개 너머에는 영국 공군 기지라면 어디에나 있던 외부 전원 공급 장비 〈트롤리 애크〉가 있다. 엔진 시동을 걸기 전에 이 장비를 좌현 내측 엔진 뒤의 착륙장치 수납부 안의 소켓에 연결해야 한다. 그래야 외부에서 전원이 공급되어 항공기 배터리에 가는 부하를 줄여 줄 수 있다.

벨라미가 탑승하는 승무원들을 촬영한 지 30여 분이 지난 21시 39분. 일련 번호 ED932, 코드 레터 〈조지〉 기는 이륙해 기수를 독일로 향했다. 벨라미는 그날 저녁 이륙하는 랭커스터 항공기 중 한 대도 촬영하였으나, 그 항공기의 세부 정보는 알 수 없다.

그로부터 7시간여 후인 다음 날 아침 4시 25분, 깁슨은 승무조와 함께 복귀했다. 승무원들이 누구도 상상할 수 없는 장면을 보고 나서 항공기에서 뻣뻣하게 내리던 현장에 벨라미는 없었다.

대신 당시 그는 브리핑실에 있었다. 그래서 그는 전날 저녁 이륙 전과 착륙 후 달라진 승무원들의 모습을 촬영해 후대에 남길 수 있었다.

그 사진들 속에는 2층의 방 안 테이블에 둘러앉아 스캠턴 기지의 정보장교인 공군 소령 타운슨에게 자신들이 경험한 내용을 보고하는 승무원들이 나와 있다. 그 배경에는 연단이 있다. 그 연단에서 깁슨, 코크란, 월리스는 출격 전 133명의 승무원들에게 연설했다. 이제는 그들 중 53명이 죽고 말았다. 그리고 큰 부상을 입었으나 살아남아, 전쟁포로라는 불확실한 운명을 맞은 사람도 3명 있었다.

서서 그들을 보는 사람들은 폭격기 사령부 사령관 공군 대장 아더 해리스 경, 제5폭격비행단장 공군 소장 랠프 코크란이다. 두 사람은 그랜섬 외곽의 대형 빅토리안 하우스 지하실에 설치된 제5비행단 작전실에서 승무원들의 무선 통신을 듣고 작전 진행 상황을 파악하다가, 귀환하는 승무원들을 마중 나오기 위해 차량으로 스캠턴 기지에 달려온 것이다. 그리고 공

공군 중위 벨라미가 촬영한 '업키프' 탑재 랭커스터 항공기(기체 정보 미상)의 댐 공습 작전 이륙 모습.

격대의 지휘관 깁슨으로부터 공격 작전에 대해 직접 보고를 받고 있다.

두툼한 등화관제용 커튼은 아직 열리지 않았다. 그리고 벨라미가 스트로보를 터뜨린 탓에, 사람들의 그림자가 간소한 디자인의 목제 테이블 위는 물론 작전 자료가 붙어 있는 벽에까지 드리워져 있다. 강렬한 스트로보 불빛에 노출된 승무원들의 표정은 제각각이다. 스패포드의 얼굴에서는 가장 큰 활기와 함께, 살아 돌아온 데서 느끼는 안도감이 드러나 있다. 그의 옆에서 테이블 끝에 앉아 있는 사람은 테리 태럼이다. 그의 시선은 방을 가로질러 있고 그의 마음도 다른 곳에 있는 듯하다. 테이블 너머 오른편에는 디어링이 있다. 디어링은 머리카락만 나와 있다. 그러나 오른쪽 가르마를 타서 알아보기 쉽다. 디어링의 옆에는 깁슨의 얼굴이 보인다. 그의 이마에 패인 주름과 푹 꺼진 눈을 보면, 완전 무장한 랭커스터 폭격기를 몰고 표적까지 다녀오는 것은 물론, 부하들의 항공기 2대, 어쩌면 3대가 화염을 뿜으며 격추당하는 모습을 보는 게 신체적 및 정신적으로 얼마나 괴로운 일인지를 잘 알 수 있다. 깁슨의 왼편에는 봅 허치슨이 있다. 허치슨은 장교 정모만 나와 있다. 허치슨의 얼굴은 후방 기관총 사수 트레버 로퍼의 선 굵은 옆얼굴에 가려 보이지 않는다. 트레버 로퍼는 담배를 들고 무릎 근처에는 럼 주가 들어간 차를 담은 머그잔을 놓은 다음, 살아 돌아와 이제 이틀 후면 29번째 생일을 맞을 수 있다는 데 안도하고 있다.

테이블 위에는 보고용 자료가 있다. 에데르 댐 표적 폴더에는 전쟁 전에 독일에서 직접 촬영한 댐 사진이 있다. 발덱 성에서 본 에데르 댐의 모습으로 승무원들에게 공격 항로를 알려 주기 위해 활용되었다. 또한 흑백과 보라색의 2도로 인쇄된 표적 지도도 보인다. 이 지도 내에서는 흰색의 구불구불한 저수지가 주변의 짙은 색 지형과 좋은 대비를 이루고 있다. 정보 장교는 공책을 넘기고 있다. 이 작전을 위해 미리 준비해 두었던 질문지를 다

서 있는 사람은 폭격기 사령부 사령관 공군 대장 아더 해리스 경, 제5 폭격비행단장 공군 소장 랠프 코크란이다. 앉아 있는 사람들은 좌에 서 우 순서로 공군 소령 타운슨, 공군 소위 스패포드, 공군 소위 태럼, 공군 원사 디어링(머리카락만 보인다), 공군 중령 깁슨, 공군 대위 허치슨(모자만 보인다), 공군 대위 트레버 로퍼다.

시 펼쳐보고 있는 것일지도 모른다.

　이 작전 내용 보고 기록은 문서로 간명하게 남겨져 있다. 깁슨은 폭격 항정 중의 시정이 매우 좋아 모든 것이 다 보였다고 했다. 표적도 3~4마일 (5.5~7.4km) 밖에서 식별 가능했다고 한다. 투하한 '업키프' 폭탄은 수면 위에 3번을 튕긴 다음 엄청난 물기둥과 함께 폭발했다고 증언했다. 승무원 들은 댐에 2개의 구멍이 났다고 증언했다. 그러나 작전 직후 촬영한 댐에 는 구멍이 1개만 나 있었다. 그리고 작전 이후 1년 후에 집필된 본서에서 깁슨은 100야드(90m) 폭의 틈이 하나 나 있었다고 말했다. VHF 통신기로 작전을 지휘하던 깁슨은 "완벽하군."이라는 한 마디로 그 성능에 대한 감정을 표현했다. 그의 기관총 사수들도 기관총에 100% 주간용 예광탄을 쓰기로 한 결정에 대해 이렇게 칭송했다. "적의 대공포좌에 대한 효과가 매우 만족스러우며, 눈부심이 없다. 이번 임무에 매우 이상적이다." 물론 이러한 견해에 모든 기관총 사수가 동의하는 것은 아니었다. 어떤 기관총 사수는 계속 뿜어져 나가는 예광탄의 불줄기가 너무 밝아 야간 시력을 약화시킨다고 주장했다. 에데르 댐 공격에 대한 묘사 역시 간단했다.

"댐에 큰 구멍이 나 대량의 물이 빠져나가는 게 보였다."

다른 부분에 대해서도 기록되었다. 항로 계획 및 항법 상세, 항로에서 만난 대공포의 위치 등이 기록되었다. 깁슨은 공군 대위 존 호프굿의 전사 장면을 보았다. 호프굿은 깁슨이 제106비행대대장이던 시절부터 깁슨의 절친한 전우였으며, 깁슨에게 랭커스터 기종 전환 교육을 시킨 인물이기도 했다. 호프굿의 항공기는 뫼네 댐에 대해 두 번째 공격을 시도하던 중 대공포화에 피격되어 화재를 일으켰다. 그가 투하한 폭탄은 댐을 넘어간 다음 발전소에서 폭발했다. 동시에 호프굿의 랭커스터도 댐에서 3마일(5.5km) 떨어진 곳에서 공중 폭발했다. 깁슨의 승무원들은 헨리 모즐리가 투하한 폭탄이 에데르 댐 흉벽 위에서 폭발하는 것도 보았다. 모즐리가 탑승한 랭커스터 항공기의 후미 바로 뒤였다. 그들은 그것이 모즐리의 마지막 모습이라고 생각했다. 물론 실제로는 모즐리의 항공기는 이 폭발에서도 살아남아 에머리히 인근까지 날아갔다가 그곳에서 경대공포에 격추당해 전 승무원이 전사했다. 함 인근에서 그들은 또 다른 항공기가 불길에 싸여 추락하는 것을 보았다. 영 소령의 랭커스터의 행방에 대해서도 의문이 일었다. 영 소령은 깁슨과 함께 에데르 댐으로 날아갔다. 그는 깁슨과 거의 동시에 귀환했어야 하는데, 누구도 영 소령과 휘하 승무조의 행방을 보지도 듣지도 못했다.

그로부터 몇 시간 내로, 스캠턴 기지를 이륙한 19대의 랭커스터 중 11대만이 귀환했다는 사실이 확인되었다. 살아남아 작전 후 보고까지 마친 승무원들은 스캠턴 기지에 퍼지기 시작한 묘한 분위기 속에 휘말렸다. 기쁨과 슬픔이 뒤섞인 분위기였다. 기지의 조정 위원회는 기지 회관과 생활관을 돌아다니며 미귀환자의 유품을 수거하기 시작했다. 대대 부관인 공군대위 해리 험프리스는 미귀환자 가족들에게 보낼 전보를 준비하는, 누구도 원하지 않는 임무를 시작했다. 그는 앞으로 며칠 동안은 그 임무를 계속해야 할 것이다. 또한 깁슨이 서명할 확인서도 작성해야 할 것이다.

댐 공습 작전의 성공으로 인해 제617비행대대는 그 능력을 인정받은 것은 물론, 크나큰 찬사를 받았다. 응징 작전에 참가한 승무원 중 34명이 훈장을 받았다. 공군 중령 깁슨은 빅토리아 십자 훈장을, 허치슨은 두 번째의 우수 비행 십자 훈장을, 스패포드, 태럼, 트레버 로퍼, 디어링도 처음으로 우수 비행 십자 훈장을 받았다. 하사관이었던 디어링은 이 작전에서의 전공으로 장교 임관까지 했다. 그러나 유감스럽게도 이 중 종전까지 살아남은 사람은 아무도 없었다.

스패포드, 태럼, 디어링, 허치슨은 1943년 9월 15~16일 사이의 밤 도르트문트 엠스 운하에 저공 공격을 가하다가 전사했다. 풀포드는 1944년 2월 12일, 탑승하고 있던 랭커스터가 서섹스의 구름 덮인 산에 충돌하면서 순직하고 말았다. 트레버 로퍼는 폭격선도대로 전속한 후 1944년 3월 30~31일 사이의 밤에 실시된 뉘른베르크 공습 작전에서 전사하고 말았다. 이 작전에서 영국 공군 폭격기 사령부는 무려 96대의 항공기를 손실했다. 공군 중령 깁슨은 댐 공습작전 직후 전투 임무에서 해제되어 북미로 출장을 갔다. 이후 영국으로 돌아온 그는 계속 지상 근무를 하다가 1944년 9월

19~20일 사이의 밤에 실시된 묀헨글라드바흐 및 라이트 공습 작전에 폭격 유도기 조종사로 지원했다. 폭격을 유도한 후 그는 귀환을 시도했다. 그러나 그의 모스키토 항공기는 네덜란드 스텐베르겐 외곽에 추락했다. 그를 포함한 모스키토 승무원 2명 전원이 전사하고 말았다.

부록 4
명예의 전당

글: 로버트 오웬(제617비행대대 협회 공식 사가)

원서에 있는 이 지면에는 귀환하지 못한 인원들의 명단이 적혀 있다. 모두 깁슨이 알고 지내던 승무원들이나 기억, 또는 기타 제한된 자료의 도움을 받아 떠올려낸 사람들이다. 따라서 어쩔 수 없이 불완전하고, 오류와 누락도 있었다. 이 개정된 목록에서는 발견된 오류를 바로잡아, 제83, 29, 106, 617비행대대에서 깁슨과 함께 복무하고 조국을 위해 목숨을 바친 이들을 모두 담고자 했다.

관등 성명에 별도의 국적 표기가 없는 인원은 영국군 소속이다.

DFC: 우수 비행 십자 훈장, DFM: 우수 비행 훈장, GC: 성 조지 십자 훈장, VC: 빅토리아 십자 훈장, DSO: 우수 복무 훈장

제83비행대대의 손실		
승무원	항공기, 일련 번호 및 일자	비고
공군 소위 J.P.S. 패커 공군 중사 P.F. 파커	하인드 K6634, 1937년 4월 7일	스코틀랜드 퀸스베리 고지에 추락
공군 대위 A.J.F. 크레이그 공군 중사 W.H. 퀘인	하인드 K6636, 1938년 8월 12일	체셔 버클리 고지에 추락
공군 소위 K. 브루크 테일러 공군 소위 W. 로버츠 공군 상사 A. 맥니콜 공군 병장 D.W. 샤프	햄덴 L4054, 1940년 4월 7일	연료 부족으로 해상 추락

공군 중위 K.R.H. 실베스터 공군 상사 E.R. 클라크 공군 상사 G.C. 페리 공군 병장 J.H. 에드워즈	햄덴 L4152 'S', 1940년 4월 14일	해상 실종
공군 중위 N. 존슨 공군 중위 E.A. 배그 공군 상사 D. 울스텐홈 공군 일등병 J.G. 피카드	햄덴 L4069 'O', 1940년 5월 15일	루스 인근에 추락
공군 상사 S.W. 젠킨스 공군 상사 P. W. 조시 공군 상사 A. 마쉬 공군 이등병 W. 손튼	햄덴 L4055, 1940년 5월 23일	귀환 중 홀프머스 인근 고지에 충돌
공군 중위 F.J. 헤이든 공군 소위 C.E. 그린웰 공군 상사 D.R.I. 토머스 공군 상사 J.L. 페리	햄덴 P1178 'H', 1940년 6월 4일	아헨 인근에 추락
공군 소령 D.B.D. 필드 공군 상사 E.H. 폴 공군 상사 R. 이디 공군 상사 L.L. 커	햄덴 P1348, 1940년 6월 6일	대공포화에 피격, 바른크루크에 추락
공군 소위 D. 레드메인 공군 상사 C. 리 공군 상사 O.S. 갠더 공군 상사 G.E. 리틀	햄덴 P1171 'P', 1940년 7월 2일	대공포화에 피격, 표적에 추락
공군 소위 O.H. 론더스 공군 상사 C.R. 할레트 공군 상사 L. 하워드(DOI) 공군 상사 B. 킨튼	햄덴 L4066, 1940년 7월 8일	클랙턴 북동쪽 3마일 지점에 추락
공군 대위 J.C. 보먼(전쟁포로)	햄덴 P4392 'P', 1940년 7월 21일	표적 상공에서 비상 탈출
공군 소위 W.O.D. 트위들(DFC 수훈자) 공군 상사 G.W. 존스 공군 상사 D.G.J. 타운센드 공군 상사 P.J. 포인튼(전쟁포로)	햄덴 L4094 'R', 1940년 7월 26일	베젤 북서쪽 플뤼렌 인근에 추락
공군 상사 R. 빌스 공군 상사 E.J. 클라크	햄덴 P4376 'E', 1940년 8월 2일	귀환 중 스캠턴에서 3마일 거리에 추락
공군 상사 T.F. 뉴튼(전쟁포로)	햄덴 L4051 'M', 1940년 8월 8일	표적 상공에서 비상 탈출
공군 소위 I. 뮤어(전쟁포로) 공군 준위 W. 바버(전쟁포로) 공군 상사 J. 리키(전쟁포로) 공군 상사 F.A. 스톤(전쟁포로)	햄덴 L4053 'N', 1940년 8월 8일	만하임 인근에 추락

공군 대위 E.H. 로스(DFC 수훈자) 공군 상사 J.H. 듀허스트 공군 상사 K.A. 세이어(DFM 수훈자) 공군 상사 R.J. 버클리	햄덴 P4410 'H', 1940년 8월 12일	도르트문트 엠스 운하 공습 중 실종
공군 대위 A.R. 뮬링건(DFC 수훈자, 전쟁포로) 공군 상사 S.D. 힐 공군 상사 W.G.W. 영거(전쟁포로) 공군 상사 R. 아벨	햄덴 P4340, 1940년 8월 12일	도르트문트 엠스 운하 공습 중 대공포화에 격추
공군 상사 D. 헤이허스트(DFM 수훈 자, 전쟁포로)	햄덴 P1355 'L', 1940년 9월 15일	항공기 화재로 비상 탈출
공군 소령 J. 피트케언 힐(DSO, DFC 수훈자) 공군 소위 A.P. 린델 공군 소위 V.A. 렌델 공군 상사 C.G. 맥카시	햄덴 P1183 'K', 1940년 9월 18일	대공포화에 피격되어 자이 네 강어귀에 추락
공군 소령 A.O. 브리지먼(DFC 수훈 자, 전쟁포로) 공군 소위 F.J. 와트슨(DFC 수훈자) 공군 상사 J.E. 고우드(DFM 수훈자) 뉴질랜드 공군 상사 A.F. 블래치	햄덴 L4049 'A', 1940년 9월 23일	대공포화에 피격되어 베텐 에 추락
공군 소위 D.D.C. 스누크	햄덴 P4392 'P', 1940년 9월 27일	스캠턴 상공에서 전원 비상 탈출. 스누크는 낙하산이 항공기에 걸려 탈출 실패
공군 상사 C.A. 셔우드	햄덴 X2977, 1940년 10월 5일	기상 악화 속에서 착륙 시 도 중 헴스웰 인근에 추락 (나머지 승무원들은 생존)
공군 상사 J.G. 러브럭 공군 상사 K.E. 영 공군 상사 J.M. 달 공군 상사 G.L. 미들턴	햄덴 X2900 'Z', 1940년 10월 26일	지롱드 강어귀에 기뢰 부설 임무 중 실종
제29비행대대의 손실		
공군 상사 S. 스토코 공군 상사 E. 존스 공군 상사 J. 윌스던 공군 상사 I.W. 왓킨스	블레넘 If L6612, 1940년 12월 19일	링컨셔 리든햄 인근에서 저 공비행 중 항공기가 나무에 충돌해 전원 사망
공군 소위 J. 뷰캐넌	보파이터 R2150, 1941년 2월 15일	링컨셔 스코프윅에서 추락
공군 상사 V.H. 스킬렌	블레넘 If L1340 YP-X, 제23비행대대, 1941년 3 월 11일	아미엥-길시에서 침투 임 무 도중 He111 항공기와 충돌해 사망

공군 상사 B. 라이알	보파이터 R2260, 1941년 5월 7일	공군 소령 위도우스의 항공기에서 비상 탈출한 이후 발견되지 않음
공군 상사 P.F. 프리어 공군 상사 V.J. 윙필드	보파이터 R2445, 1941년 5월 11일	전투 후 웨스트 말링으로 접근 중 추락
공군 대위 D.T. 패럿 공군 상사 S. 부스	보파이터 R2240, 1941년 6월 22일	강제 착륙 중 추락
공군 소위 A. 그로우트 공군 상사 D. 그레이엄	보파이터 R2141, 1941년 7월 21일	스테이플허스트에서 야간 비행 중 추락
공군 소위 L.G.H. 켈스	A&AEE 소속 허리케인 Z2398, 1941년 2월 21일	시험 비행 중 실종
공군 중위 C.R. 마일스 공군 원사 R. 홀	보파이터 T3355, 1941년 10월 7일	켄트 웨스트필드 솔에서 안개 속에서 비행 중 고지에 충돌
공군 소위 E.B. 그레이엄 리틀	모스키토 II DD603, 제157비행대대, 1942년 6월 10일	에섹스 스탠스테드 마운트 피체트 상공에서 공중분해
공군 소위 J.D. 험프리스	해복 BJ489 UP-L 제605비행대대, 1942년 8월 1~2일 사이의 밤	보베에 대한 침투 임무 중 전사. 전사 당시 계급은 소령. DFC 수훈자
공군 소위 E.D.J. 파커(GC 수훈자)	랭커스터 ED332 QR-D, 제61비행대대, 1943년 1월 16~17일 사이의 밤	폭격기 사령부로 전속 이후 베를린 작전 중 실종. 실종 당시 계급은 소령. GC, DFC 수훈자
공군 상사 J. 프렌치	선더랜드 ML760, 제201비행대대, 1944년 6월 12일	해안 사령부로 전속 이후 기관총 사수로 근무. 비스케이 만 초계 중 실종
제106비행대대의 손실		
공군 대위 R.J. 던롭 맥켄지 공군 소위 P.N. 캔 공군 상사 R.B. 버로우스 공군 상사 K. 힐 공군 원사 W.D. 웰햄 공군 상사 W.G. 맥도널드 공군 상사 J.J. 스튜어트	맨체스터 I L7390, 1942년 3월 25~26일 사이의 밤	독일 공군 제2야간전투비행단 제6중대 소속 루드비히 베커 중위에 의해 격추
공군 원사 E.R. 디몬드 뉴질랜드 공군 원사 H.C. 부셀 공군 소위 H.C. 브로우 공군 원사 J. 시리 공군 상사 D. 스웨인 공군 상사 A. 큐리 공군 상사 F.A. 프라이	맨체스터 I L7394, 1942년 3월 29~30일 사이의 밤	

공군 소위 C. 스캐처드 공군 상사 T.H. 파워 공군 상사 R. 로버트슨 공군 상사 D.N. 스토러 공군 상사 D. 와이트먼 공군 상사 W.V. 로저슨 공군 중위 G.W. 워드	맨체스터 I L7485, 1942년 4월 16~17일 사이의 밤	
공군 소위 H.M. 스토퍼 공군 대위 T. 프레스코트 데시 캐나다 공군 소위 J.H. 파톤 공군 상사 I. 해밀턴 공군 상사 N.S. 루이스 공군 중위 J.C. 폴락 공군 상사 J.C. 조지	맨체스터 I L7463, 1942년 4월 23~24일 사이의 밤	엔진 화재로 비상 탈출. 스토퍼 소위를 제외한 전원이 전쟁포로가 됨
공군 원사 L.O. 허드 공군 원사 W.H. 픽스터 공군 소위 A.W. 심슨 공군 원사 D. 맥컬럼 공군 상사 R.L. 도트리스 공군 상사 T.B. 모리스 공군 상사 W.S. 스티븐	맨체스터 I R5840, 1942년 5월 2~3일 사이의 밤	격추당해 전 승무원이 전쟁포로가 됨
공군 원사 W.L.J. 영 공군 상사 G. 웨일 공군 준위 A.C. 브라이스 공군 상사 R.G. 데이비스 공군 상사 H. 켄달(전쟁포로) 공군 상사 A.E. 행크스(전쟁포로) 공군 상사 H. 맥클린	맨체스터 I L7399 'X', 1942년 5월 2~3일 사이의 밤	덴마크에 추락
공군 상사 A.J. 맥하디 공군 상사 F. 채프먼 공군 상사 K.J. 길 캐나다 공군 원사 R.A. 포스트 오스트레일리아 공군 상사 R.E. 워렌	맨체스터 I L7418, 1942년 5월 19일	항법 훈련 중 영국 본토 앞 바다 해상에서 실종
공군 소위 J.A. 워스윅(DFC 수훈자) 공군 상사 R.I. 하트 공군 준위 G. 롭슨(DFM 수훈자) 공군 소위 A.G. 베이크(DFM 수훈자) 공군 상사 J.D. 브라운 공군 상사 T.E. 호지슨 공군 상사 W.L. 램버트	랭커스터 I R5844, 1942년 6월 2일	에센 상공
공군 소위 K.J. 브로데릭 공군 상사 O.F. 로지 캐나다 공군 원사 R.W. 울너 오스트레일리아 공군 상사 K.E. 데어	랭커스터 I R5861, 1942년 7월 9일	빌헬름스하펜 공습 중 격추당해 북해에 추락

공군 상사 W.L.S.리스 공군 상사 S.A. 로버츠 공군 상사 W.H. 커티스		
캐나다 공군 소위 W.B. 칼라일 캐나다 공군 소위 G.R. 한나 공군 상사 A.M. 블리스 오스트레일리아 공군 상사 J.K. 마쉬맨 공군 상사 R.M. 매티슨 캐나다 공군 원사 A.G. 깁슨 캐나다 공군 원사 J.E.S. 워커 공군 상사 J. 티빈 공군 병장 H.R. 포스터 공군 일등병 G.E. 스미스	랭커스터 I R5576, 1942년 7월 21일	폭격 훈련을 위해 코닝스비를 이륙한 후 고도 200피트에서 실속을 일으켜 공군기지 인근에 추락
공군 원사 G. 애플야드(DFM 수훈자) 공군 상사 R.L. 비디 공군 원사 M. 다빌(DFM 수훈자) 캐나다 공군 소위 R.B. 스미스 오스트레일리아 공군 상사 J.W. 그림웨이드 공군 상사 L.W. 영 공군 상사 J.D. 다비	랭커스터 I R5683, 1942년 7월 25일	표적으로 비행 도중 공중폭발
공군 원사 H.A. 처치(전쟁포로) 공군 상사 R.W. 버틀러 공군 상사 W. McP 새뮤엘 오스트레일리아 공군 상사 G.J. 베일리 공군 상사 E. 브래들리 공군 상사 A.E. 애덤스(전쟁포로) 공군 상사 D. 프리먼	랭커스터 I R5068, 1942년 7월 26일	텃밭 농사 소티 중 손실
공군 소령 F.H. 로버트슨(DFC 수훈자) 공군 상사 J.J 쿠퍼 오스트레일리아 공군 상사 J.C. 헨리 (전쟁포로) 공군 소위 W.A.J. 풀러 공군 상사 M.J. 뎀브리 캐나다 공군 소위 H.F.C. 험프리스 (전쟁포로) 공군 상사 R. 스트로커(전쟁포로)	랭커스터 I R5748 'R', 1942년 7월 26~27일 사이의 밤	독일 공군 제1야간전투비행단 제2대대 소속 링케 소위에 의해 격추
공군 준위 O.E. 메랄스(DFC, DFM 수훈자) 오스트레일리아 공군 상사 H.E. 가스켈	랭커스터 I R5604, 1942년 8월 1일	쾰른 인근

공군 상사 K.J. 쿠퍼 공군 원사 A.G. 스미스(DFM 수훈자) 공군 상사 E.F. 홈즈 공군 상사 B.L. 엘리스 벅스튼 공군 상사 L.T. 그림쇼		
공군 소위 B.E. 그레인 공군 상사 D.H. 글로버 공군 상사 H. 제임스 공군 원사 H.W. 세퍼드 뉴질랜드 공군 원사 R.W. 캐스키 공군 상사 S.A. 카터 뉴질랜드 공군 상사 J.W. 배들리	랭커스터 I W4109, 1942년 8월 11~12일 사 이의 밤	코블렌츠 인근
오스트레일리아 공군 중위 J.E. 코츠 공군 상사 T.A. 레이드 공군 소위 A. 맥스웰 캐나다 공군 상사 J.D. 올쿠니 공군 원사 J.A. 윌리엄스 공군 상사 C.A. 홈즈 공군 상사 J.D. 디키 공군 상사 S. 토팸	랭커스터 I R5678, 1942 년 8월 15~16일 사이의 밤	뒤셀도르프
공군 준위 R.F.H. 영(DFM 수훈자) 공군 상사 J. 캐니프 공군 중위 C.F. 아이작스 공군 상사 E. 콜링우드 공군 상사 N.F. 존슨 공군 상사 S.J. 리빙스턴(전쟁포로) 공군 소위 S. 로젠버그	랭커스터 I R5684, 1942 년 8월 24~25일 사이의 밤	해상 추락
오스트레일리아 공군 상사 A.G. 스 미스 공군 상사 J. 러셀 캐나다 공군 소위 J.F. 니콜 오스트레일리아 공군 상사 R.D. 맥 퍼슨 캐나다 공군 상사 W.M. 앤드류스 공군 상사 A.P. 제이미슨 공군 상사 G.C. 차머스	랭커스터 I R5638, 1942 년 9월 10~11일 사이의 밤	뒤셀도르프
공군 소위 W.O. 윌리엄스 공군 상사 J.R. 로버츠 공군 중위 F.C. 스미스 오스트레일리아 공군 상사 E.H. 헨 더슨 공군 상사 F.T.P. 존스 공군 상사 P. 위트콤 공군 상사 B.W. 윌리엄스	랭커스터 I R5861, 1942 년 9월 16~17일 사이의 밤	에센 북동쪽 30km 거리에 서 격추

공군 소위 D.J. 다우너 공군 상사 L.A. 크로슬리 공군 상사 F.A. 디그비 캐나다 공군 상사 H.C. 존스톤 공군 상사 R. 벨 공군 상사 A. 윌리엄스 캐나다 공군 소위 R.F. 체이스	랭커스터 I W4178, 1942년 9월 16~17일 사 이의 밤	네덜란드 앞바다에 추락
공군 소령 C.M. 하웰 공군 상사 L. 테이트 공군 소위 H.W. 롱 공군 상사 J.S. 밸포어 캐나다 공군 소위 M.H. 오설리반 뉴질랜드 공군 원사 T.G. 클라크 캐나다 공군 소위 J.D. 맥클리어드	랭커스터 I W4179, 1942년 9월 16~17일 사 이의 밤	아헨 교외에 추락
공군 상사 E.H. 스탬프(전쟁포로) 공군 상사 H.J. 캠벨(전쟁포로) 공군 소위 F.S. 맥휘터(전쟁포로) 캐나다 공군 상사 G.S. 햅커크(전쟁 포로) 공군 상사 F.M. 맥그리거(전쟁포로) 공군 상사 A.E. 히스콕 공군 상사 R. 페인	랭커스터 I R5899, 1942 년 9월 18일	대공포화에 피격되어 단치 히 앞바다에 추락
공군 소위 E.R. 버터워스 공군 상사 A.S. 하트(전쟁포로) 공군 소위 C.J. 오스몬드 공군 상사 E.J. 마쉬(전쟁포로) 공군 상사 P.J. 피치포드(전쟁포로) 공군 소위 H.J. 헨리(전쟁포로) 공군 상사 A. 키니어(전쟁포로)	랭커스터 I W4768, 1942년 10월 2~3일 사 이의 밤	보훔 인근에서 대공포화에 격추
캐나다 공군 소위 E.F. 화이트(전쟁 포로) 캐나다 공군 상사 W.R. 피어시(전쟁 포로) 뉴질랜드 공군 소위 R.K. 마샬 공군 상사 J. 가프니(전쟁포로) 캐나다 공군 상사 J.P. 윌슨(전쟁포 로) 공군 상사 D.D 가베트 공군 상사 T.L. 피독	랭커스터 I W4195 'W', 1942년 10월 15~16일 사이의 밤	독일 야간전투기에 의해 아 른헴 남서쪽에서 격추
공군 소령 C.E. 힐(DFC 수훈자) 공군 상사 C.B. 혼 공군 원사 J.H. 브룩스 공군 원사 B.G. 스트레치	랭커스터 I W4302, 1942년 10월 15~16일 사이의 밤	쾰른

공군 상사 J.E. 벨라미 공군 상사 R.J. 엠스 공군 상사 E.A. 블레이크		
공군 소위 T.B. 크로우풋(DFC 수훈자) 공군 상사 E.J.C. 하이(전쟁포로) 공군 소위 A.S. 미아라(전쟁포로) 공군 소위 A.L. 디킨슨(전쟁포로) 공군 중위 P.D. 스몰 공군 상사 R.E. 크리스티(전쟁포로) 공군 상사 D.C. 워드	랭커스터 I W4771, 1942년 10월 15~16일 사이의 밤	쾰른의 표적 폭격 후 대공 포화에 격추
공군 상사 G.S 앤더슨 공군 상사 F.N. 스키너 캐나다 공군 상사 J. 가드너 공군 상사 F.V. 램 캐나다 공군 상사 R.D. 위버그 공군 상사 E.J.D. 와트 공군 상사 매클 패터슨	랭커스터 I R5697, 1942 년 12월 20~21일 사이 의 밤	두이스부르크
공군 대위 G.C. 쿡(DFC, DFM 수훈자) 공군 상사 F. 모렐 공군 소위 B.C. 무어(전쟁포로) 공군 소위 A.M. 캠플린 공군 원사 B.G. 루크(DFM 수훈자) 공군 소위 B.C. 굿윈(DFM 수훈자) 공군 상사 M. 레이놀즈	랭커스터 I R5574, 1942 년 12월 21~22일 사이 의 밤	보포르 앙 아르공에 추락
공군 상사 J.D. 브링크허스트(DFM 수훈자) 공군 상사 N.J. 엘솜(전쟁포로) 뉴질랜드 공군 원사 J.A. 셰퍼드(전쟁포로) 공군 원사 S.P. 리드햄(전쟁포로) 공군 상사 T. 멜러스 공군 상사 C. 워드(전쟁포로) 공군 원사 V. 그린우드	랭커스터 I R5914, 1942 년 12월 21~22일 사이 의 밤	독일 야간전투기에 의해 뮌 헨에서 격추
공군 대위 E.F.G. 힐리(DFC, DFM 수훈자) 공군 상사 A. 던바 공군 소위 J.R. 페닝튼(DFC 수훈자) 캐나다 공군 소위 D. 맥클 크로지어 (DFM 수훈자) 공군 소위 M.H. 럼리 공군 상사 C.H. 주르겐센 공군 상사 F.J. 에드워즈	랭커스터 R5680, 1943 년 1월 13~14일 사이의 밤	에센

캐나다 공군 원사 M.A. 페어 공군 원사 L.W. 크롱크 캐나다 공군 소위 D.H.A. 디워 캐나다 공군 원사 J. 알레오 공군 상사 G.E.P. 오코너 캐나다 공군 원사 R.C. 자비츠 캐나다 공군 원사 J.E. 퀸	랭커스터 W4261 'C', 1943년 1월 13~14일 사 이의 밤	에센
공군 상사 J.B. 후드	랭커스터 R5700 1943년 1월 13~14일 사이의 밤	공군 상사 P.N. 리드가 조 종하던 랭커스터 폭격기의 상부 기관총 사수로 탑승 후 독일 야간전투기에 격추 당해 전사
뉴질랜드 공군 상사 G.B. 마쉬 공군 상사 R.W. 시어론 공군 상사 R.B. 맥윌리엄 공군 상사 R. 쇼 공군 상사 A.E. 홀랜드 공군 상사 J. 커비 공군 상사 E. 하틀리	랭커스터 R5637 'D' 1943년 1월 27~28일 사 이의 밤	뒤셀도르프
공군 상사 H.E. 존슨 공군 상사 N. 마샬 공군 소위 C.J.J. 길 공군 상사 L. 랑그렐 공군 상사 W. 코튼 공군 상사 D. 코이 공군 상사 R. 스톤	랭커스터 W4826 'D' 1943년 1월 30~31일 사 이의 밤	함부르크
공군 상사 P.N. 리드 공군 상사 F. 맥닐 공군 소위 C.G. 존스 공군 상사 R.E. 쿡 캐나다 공군 상사 J.R.A.R. 쿨롬브 공군 상사 A.W. 토머스 공군 상사 K. 로치	랭커스터 W4770 'O' 1943년 2월 3~4일 사이 의 밤	함부르크
캐나다 공군 상사 D.L. 톰슨(전쟁포 로) 공군 상사 N.B. 존스톤 캐나다 공군 상사 F.L. 달링턴 공군 소위 G.E. 파웰 공군 상사 P. 워드(전쟁포로) 공군 상사 W.E. 베이커 공군 상사 R.P. 서튼(전쟁포로) 공군 상사 J. 피켄	랭커스터 W4118 'Y' 1943년 2월 4~5일 사이 의 밤	토리노로 가던 중 디종 상 공에서 엔진 고장으로 추락

캐나다 공군 원사 V.C. 헤이워드 공군 상사 F.C. 켈리 공군 소위 W. 헨리 캐나다 공군 상사 R.M. 애그뉴 공군 상사 K.R. 리스 공군 상사 J. 리 공군 원사 J.T. 헌트	랭커스터 LM303 'M' 1943년 2월 11~12일 사 이의 밤	빌헬름스하펜
뉴질랜드 공군 상사 E.R. 마크랜드 캐나다 공군 상사 J.B. 프로스트 공군 중위 P.R.V. 마이어스 공군 상사 M. 드랜스필드 공군 상사 D.W. 페니 공군 상사 R.S. 그리프(DFM 수훈 자) 공군 상사 E. 패리	랭커스터 R5750, 1943 년 2월 18~19일 사이의 밤	빌헬름스하펜
캐나다 공군 대위 D.J. 커틴(DFM 수훈자) 공군 중위 R.J.F. 윈저 공군 소위 A.F. 리어 해군 의용 예비군 소위 P.M. 맥그래 스 공군 상사 V.E. 잭 공군 상사 H. 릭비 공군 상사 K.O. 코트	랭커스터 W4886, 1943 년 2월 25~26일 사이의 밤	뉘른베르크
캐나다 공군 중위 R.E. 웨슬리 공군 상사 J.H.B. 라이트 공군 상사 G.E. 그린 공군 소위 K.H. 엘리스 공군 상사 R.G. 와트슨 공군 상사 K.V. 존스 공군 상사 W.G. 루드브루크	랭커스터 R5731 'M', 1943년 3월 3~4일 사이 의 밤	함부르크
공군 대위 W.J. 피켄(DFC 수훈자) 공군 상사 J.F.L. 윌슨 공군 상사 L.G. 허드슨 공군 상사 J.E. 본슨 캐나다 공군 상사 J.C. 델라 공군 상사 L.A. 리드비터 공군 상사 G.C. 파웰	랭커스터 W4918 'D', 1943년 3월 5~6일 사이 의 밤	에센
캐나다 공군 원사 A.L. 맥도널드 공군 상사 K.R.J. 영 공군 상사 H.S.F. 비쉘 오스트레일리아 공군 원사 R.N. 린 지(전쟁포로) 공군 상사 B.J. 에케트	랭커스터 R5749 'G', 1943년 3월 12~13일 사 이의 밤	에센

공군 상사 R.C.C. 오웬 캐나다 공군 상사 E.B. 클램피트		
공군 소령 E.L. 헤이워드(DFC 수훈자) 공군 상사 G.W.F. 베이커 공군 중위 J.O. 영(DFC 수훈자) 공군 소위 A. 어카트 공군 소위 E.H. 맨틀(DFM 수훈자) 공군 원사 G.V. 프라이어(DFM 수훈자) 공군 상사 D. 브라운	랭커스터 ED596, 1943년 3월 29~30일 사이의 밤	베를린
공군 상사 T.J. 리드 공군 상사 R.C.H. 웹 공군 소위 J.W. 심슨 공군 소위 A.C. 파머 공군 상사 A. 버슨 공군 상사 R.S. 사벨 공군 상사 E. 윌리엄스	랭커스터 ED542, 1943년 4월 3~4일 사이의 밤	에센
공군 상사 J.L. 어빈 공군 상사 S. 코더리 공군 상사 F.A. 스미스 공군 상사 L.J. 테이트 오스트레일리아 공군 원사 F.W.G. 림브릭 공군 상사 L.J. 히무스 공군 상사 W.G. 하비	랭커스터 W4156, 1943년 4월 8~9일 사이의 밤	두이스부르크
공군 대위 L.C.J. 브로드릭(전쟁포로) 공군 소령 J. 라티머(DFC 수훈자) 공군 상사 G.W. 행콕 캐나다 공군 소위 J.A. 번스(전쟁포로) 해군 의용 예비군 대위 G. 머트리 공군 상사 H. 벅스튼 공군 상사 W.T. 맥클린 공군 상사 H. 존스(전쟁포로)	랭커스터 ED752 'P', 1943년 4월 14~15일 사이의 밤	슈투트가르트
공군 상사 S. 아벨 캐나다 공군 상사 J.G. 앨더슨 공군 소위 V.A. 노노 공군 상사 S. 플라스켓 공군 상사 C.M. 해로워 공군 상사 A.L. 바버 공군 상사 D. 브라운	랭커스터 ED451, 1943년 4월 30일~5월 1일 사이의 밤	에센

공군 상사 F.J. 하웰 공군 상사 D. 그레이 캐나다 공군 상사 W.H. 힐 공군 상사 E.G. 비챔 공군 상사 R.W. 리틀페어 공군 상사 L.A. 던모어 캐나다 공군 원사 D.S. 미첼	랭커스터 R5611, 1943 년 5월 13~14일 사이의 밤	필첸
공군 소위 P.J. 페이지 공군 상사 E.E. 타일러 공군 원사 J. 행콕 공군 상사 J. 맥밀란 공군 원사 J. 패스(DFM 수훈자) 공군 원사 H.E. 데이비스 공군 원사 J.C. 웰치	랭커스터 W4367, 1943 년 6월 25~26일 사이의 밤	겔젠키르헨 공습 작전 중 네덜란드 해안에 추락

제617비행대대의 손실

공군 대위 W. 애스텔(DFC 수훈자) 공군 상사 J. 키니어 캐나다 공군 소위 F. 월 공군 중위 D. 홉킨슨 캐나다 공군 준위 A. 가쇼위츠 캐나다 공군 원사 F. 가바스 공군 상사 R. 볼리토	랭커스터 ED864, AJ-B 1943년 5월 16~17일 사 이의 밤	뫼네 댐으로 가던 중 철탑 과 충돌
캐나다 공군 소위 J. 버피(DFM 수훈 자) 공군 상사 G. 페글러 공군 상사 T. 제이 캐나다 공군 원사 J.L. 아더 공군 소위 L.G. 웰러 공군 상사 W.C.A. 롱 캐나다 공군 준위 J.G.-브래디	랭커스터 ED865, AJ-S 1943년 5월 16~17일 사 이의 밤	길체 리인 공군 기지에 추 락
공군 소령 H.M. 영(DFC 수훈자) 공군 상사 D.T. 호스폴 공군 원사 C.W. 로버츠 캐나다 공군 중위 V.S. 맥코슬랜드 공군 상사 L.W. 니콜스 공군 상사 G.A. 요 공군 상사 W. 이보트슨	랭커스터 ED887, AJ-A 1943년 5월 16~17일 사 이의 밤	네덜란드 카스트리쿰 앞바 다에 추락
공군 소위 W. 오틀리(DFC 수훈자) 공군 상사 R. 마스덴 공군 중위 J.K. 바레트(DFC 수훈자) 공군 원사 T.B. 존스턴 공군 상사 J. 구터먼(DFM 수훈자) 공군 상사 H.J. 스트레인지 공군 상사 F. 티스(전쟁포로)	랭커스터 ED910, AJ-C 1943년 5월 16~17일 사 이의 밤	함 인근에서 대공포화에 격 추

공군 대위 J.V. 호프굿(DFC 수훈자) 공군 상사 C. 브레넌 공군 중위 K. 언쇼 캐나다 공군 소위 J.W. 프레이저(전쟁포로) 공군 상사 J.W. 민친 공군 소위 G.H.F.G. 그레고리(DFM 수훈자) 공군 소위 A. 버처(DFM 수훈자, 전쟁포로)	랭커스터 ED925, AJ-M 1943년 5월 16~17일 사이의 밤	뫼네 댐 공격 중 격추
오스트레일리아 공군 대위 R.N.G. 발로우(DFC 수훈자) 공군 소위 S.L. 휠리스 공군 중위 P.S. 버지스 공군 소위 A. 길레스피(DFM 수훈자) 공군 중위 C.R. 윌리엄스(DFC 수훈자) 캐나다 공군 중위 H.S. 글린즈 공군 상사 J.R.G. 리델	랭커스터 ED927, AJ-E 1943년 5월 16~17일 사이의 밤	할데른 인근에서 전력선과 충돌
캐나다 공군 소위 V.W. 바이어스 공군 상사 A.J. 테일러 공군 중위 J.H. 워너 공군 소위 A.N. 휘테이커 공군 상사 J. 윌킨슨 공군 상사 C. 맥아 자비 캐나다 공군 원사 J. 맥도웰	랭커스터 ED934, AJ-K 1943년 5월 16~17일 사이의 밤	텍셀 상공에서 대공포화에 격추
공군 소령 H.E. 모즐리 공군 상사 J. 마리오트 캐나다 공군 중위 R.A. 어카트 공군 소위 M.J.D. 풀러 캐나다 공군 준위 A.P. 코탬 공군 중위 W.J. 타이더리 공군 상사 N.R. 버로우스	랭커스터 ED937, AJ-Z 1943년 5월 16~17일 사이의 밤	에머리히 상공에서 대공포화에 격추

응징 작전 당시 깁슨의 승무조 중 4명(* 표시)은 1943년 9월 15~16일 사이의 밤 기장 공군 소령 홀덴의 항공기를 타고 도르트문트 엠스 운하 폭격 도중 전사하고 말았다.

공군 소령 G.W. 홀덴(DSO, DFC 수훈자) 공군 상사 D.J.D. 파웰 캐나다 공군 대위 H.T. 태럼(DFC 수훈자)* 오스트레일리아 공군 중위 F.M. 스패포드(DFM 수훈자)*	랭커스터 E1144, AJ-S	라트베르겐의 도르트문트 엠스 운하를 폭격하기 위해 비행하던 중 노르트호른에서 대공포화에 격추

공군 대위 R.E.G. 허치슨(DFC 수훈자)* 공군 소위 G.A. 디어링(DFC 수훈자)* 공군 중위 H.J. 프링글(DFC 수훈자) 공군 소위 T.A. 메이키(DFM 수훈자)		

응징 작전 당시 깁슨의 항공기관사였던 풀포드는 1944년 2월 13일 제617비행대대의 기장 공군 소령 서기트(DFC 수훈자)의 항공기에 탑승했다가 전사하고 말았다.

공군 원사 J. 풀포드(DFM 수훈자)	랭커스터 DV385, KC-J	치체스터 인근에서 구름에 싸인 고지에 충돌

응징 작전 당시 깁슨의 후방 기관총 사수였던 트레버 로퍼는 1944년 3월 30~31일 사이의 밤에 제97비행대대 소속으로 출격했다가 전사하고 말았다.

공군 대위 R.D. 트레버 로퍼(DFC, DFM 수훈자)	랭커스터 ND390, OF-S	뉘른베르크 공습 중 야간전투기에 의해 격추
공군 중령 G.P. 깁슨(VC, DSO, DFC 수훈) 공군 소령 J.B. 워윅(DFC 수훈)	모스키토 XX KB267 AZ-E, 제627비행대대, 1944년 9월 19~20일	묀헨글라드바흐 및 라이트 공습 작전 이후 귀환 중 네덜란드 스텐베르겐에 추락

부록 5
제2차 세계대전 당시 영국 공군 음성 기호

해설: 이동훈

전시 군대의 무선 통신은 상당한 악조건 속에서 이루어진다. 아군의 준비가 부실하거나 자연 환경이 안 좋은 경우도 많고, 적의 전파 방해도 감수해야 한다. 이러한 상황하에서 라틴 알파벳의 원 이름을 부를 경우 쉽게 혼동될 수 있다. 예를 들어 A를 H 또는 J와 혼동한다거나, C를 D 또는 G로 혼동하는 것이다. 이는 굳이 전시까지 가지 않더라도, 평시 민간인들 간의 전화 통화에서도 쉽게 벌어지는 일이다.

이 때문에 군대의 무선 통신에서는 알파벳 이름 혼동을 막기 위해 알파벳에 혼동 가능성이 적은 새로운 이름을 붙여 주고, 이를 사용하고 있다. 이것이 음성 기호다. 책의 본문에 나오는 영국 공군의 항공기들도, 기체 옆구리에 소속부대와 개별 기체를 뜻하는 등록 문자(코드레터)를 적어 놓고 (예를 들어 깁슨이 응징 작전에서 탔던 AJ-G 기체의 경우 AJ는 소속부대, G는 개별 기체를 의미한다), 무선 통신에서는 이 중 개별 기체를 의미하는 맨 마지막 자리의 알파벳을 음성 기호로 부르고 있다. AJ-G는 따라서 G에 해당하는 음성 기호인 〈조지〉기로 불린다.

다만 제2차 세계대전 당시의 영국 공군의 음성 기호는 현재 쓰이고 있는 NATO 공용 음성 기호와는 달랐다. 이는 영국만 그랬던 것은 아니다.

NATO라는 집단 안전보장 체제가 나타나기 이전 유럽 거의 모든 나라가 독자적인 음성 기호를 쓰고 있었다. 심지어 제2차 세계대전의 영국군에서는 육군과 해군, 공군이 서로 다른 음성 기호 체계를 썼다.

이 지면에서는 그중 영국 공군의 음성 기호 체계만을 알아보기로 하겠다. 참고로 본문을 보면 이 표에 나온 것과는 다른 음성 기호도 사용됨을 알 수 있다. 이는 해당 부대의 전통이나 관행에 따른 것으로, 오늘날에도 드물잖게 볼 수 있는 부분이다.

	1921~1942년	1942~1955년	1956년~현재(NATO 공용)
A	Apple(애플)	Able/Affirm(에이블/어펌)	Alfa(알파)
B	Beer(비어)	Baker(베이커)	Bravo(브라보)
C	Charlie(찰리)	Charlie(찰리)	Charlie(찰리)
D	Don(던)	Dog(도그)	Delta(델타)
E	Edward(에드워드)	Easy(이지)	Echo(에코)
F	Freddie(프레디)	Fox(폭스)	Foxtrot(폭스트로트)
G	George(조지)	George(조지)	Golf(골프)
H	Harry(해리)	How(하우)	Hotel(호텔)
I	Ink(잉크)	Item/Interrogatory(아이템/인터로거토리)	India(인디아)
J	Jug/Johnnie(저그/조니)	Jig/Johnny(지그/조니)	Juliet(줄리엣)
K	King(킹)	King(킹)	Kilo(킬로)
L	London(런던)	Love(러브)	Lima(리마)
M	Monkey(몽키)	Mike(마이크)	Mike(마이크)
N	Nuts(넛츠)	Nan/Nab/Negat/Nectar(난/냅/네가트/넥타)	November(노벰버)
O	Orange(오렌지)	Oboe(오보에)	Oscar(오스카)
P	Pip(핍)	Peter/Prep(피터/프렙)	Papa(파파)
Q	Queen(퀸)	Queen(퀸)	Quebec(퀘벡)
R	Robert(로버트)	Roger(로저)	Romeo(로미오)
S	Sugar(슈가)	Sugar(슈가)	Sierra(시에라)
T	Toc(톡)	Tare(테어)	Tango(탱고)
U	Uncle(엉클)	Uncle(엉클)	Uniform(유니폼)
V	Vic(빅)	Victor(빅터)	Victor(빅터)
W	William(윌리엄)	William(윌리엄)	Whiskey(위스키)
X	X-ray(엑스레이)	X-ray(엑스레이)	X-ray(엑스레이)
Y	Yorker(요커)	Yoke(요크)	Yankee(양키)
Z	Zebra(제브라)	Zebra(제브라)	Zulu(줄루)

작품 해설 겸
역자 후기

　제2차 세계대전은 명실공히 인류 역사상 가장 거대한 전쟁이었다. 그런 만큼 이 전쟁에서 세운 신기록들도 많다. 그중 하나는 기체 내에 대량의 폭탄을 탑재하고 긴 항속거리로 적국 후방의 표적까지 날아가 폭탄을 투하하는 것을 주임무로 하는 군용기, 즉 폭격기를 이용한 적 후방 전략 폭격이 대규모로 벌어진 사실상 유일한 전쟁이라는 것이다.

　이미 개전 이전부터 독일 공군은 스페인 내전에서 전략 폭격의 잠재성을 세계 만방에 알렸다. 그들은 대전 초기 서유럽 전격전 및 영국 전투에서도 연합국들을 상대로 한 전략 폭격으로 세계를 공포에 몰아넣었다. 그러나 이 전쟁에서 전략 폭격의 매운 맛을 제대로 보여 준 나라는 다름 아닌 영국과 미국이었다. 이 두 나라의 폭격기 부대는 전쟁 중반 이후부터 추축국 전토를 문자 그대로 폭탄으로 도배하다시피 했다. 제2차 세계대전 이전 공군 전략가들의 예견과는 달리, 이러한 대규모의 전략 폭격에도 불구하고 적국 국민의 사기와 전의는 전혀 떨어지지 않았다. 그러나 적국의 전쟁수행 능력을 크게 약화시키는 효과는 분명히 있었다. 누군가가 말했듯이, 전투기는 영화를 만들지만, 폭격기는 역사를 만들었던 셈이다.

　이러한 전략 폭격전은 공격자 측에도 인원과 기재의 천문학적인 손실을 요구했다. 적의 강력한 방공망을 뚫고 폭격기라는 다인승 유인 플랫폼을 적 후방에 들여보내야 했기 때문이다. 대전 중반 미군 폭격기 승무원의 평균 수명이 14소티에 불과했을 정도였다. 이 때문에 영화 〈멤피스 벨〉에서도 나타나 있듯이, 미군은 폭격기 승무원이 25소티만 출격하면 즉각 전투 임무에서 해제시켜 주는 특혜를 주면서까지 사기를 높여야 했다(전투기 조종사는 전투 임무에서 해제되려면 60소티를 출격해야 했다). 이러한 미군 폭격기 부대의 악전고투는 군사사(軍事史)에 대해 어두운 우리나라에서도 비교적 잘 알려져 있을 정도다. 그러나 당장 본토가 독일 공군의 폭격으로 불바다가 되었던 영국 폭격기 부대의 희생도 미군보다 더하면 더했지 덜하지는 않았다. 전사자 수만 보더라도 미국 폭격기 부대의 전사자는 49,000명이었는데 비해, 영국 폭격기 부대의 전사자는 55,000명에 달했다. 부대 정원에 대한 전사자 수의 비율이 500%가 넘는 비행대대도 있었다고 하니 알아볼 만하다. 제1차 세계대전으로 막대한 인명 및 재산 손실을 입은 영국이, 전간기 내내 군축에 매달리면서 비용이 많이 드는 폭격기 부대에 투자를 많이 하지 못한 것도 이러한 큰 피해의 원인 중 하나였다.

하지만 그들의 희생은 헛되지 않았다. 부단한 신전술과 신장비 개발에 힘입은 영국 공군 폭격기 부대는 여러 난이도 높은 폭격 작전을 훌륭하게 성공시켜, 세계 항공전사에 그 이름을 날렸다. 1943년 5월 16~17일 밤(공교롭게도 17일은, 앞서 말한 미군의 B-17 〈멤피스 벨〉이 25소티를 무사히 완료한 날이기도 했다)에 벌어졌던 영국 공군의 독일 댐 공습 작전인 응징 작전의 총지휘관, 가이 펜로즈 깁슨 중령이 해당 작전은 물론, 그 이전의 전쟁 체험을 담아 쓴 이 책은, 제2차 세계대전 당시 영국 폭격기 부대의 현실을 생생하게 보여 주는 귀중한 기록이다. 또한 1944년 주간지 〈선데이 익스프레스〉지의 연재를 통해 세상에 처음 공개된 이후(단행본 첫 출간은 1946년) 80년이 다 되어 가는 지금까지도 영국 현지에서 꾸준히 인쇄되어 팔리고 있는 스테디셀러이자, 전쟁 문학의 고전이기도 하다.

글쟁이로서 사람과 글감 사이에도 뭔가 인연이 있지 않나 하는 생각을 자주 하게 된다. 역자가 응징 작전에 대해 처음 알게 된 것은 중학생이던 1993년, 〈월간 항공〉 지에서였다. 식견이 부족하던 그때는 "참 특이한 작전도 다 있었구나." 하고 넘어가는 정도였다.

그러나 그로부터 10여 년 후, 졸저인 영화평론집 〈전쟁영화로 마스터하는 2차세계대전〉을 집필하면서 이 작전을 극화한 영화 〈댐 버스터〉(1955년 작, 이 책과 Paul Brickhill이 지은 책 〈The Dam Busters〉를 원작으로 하고 있다)를 평론하게 되었다. 신혼여행지인 런던에서 제국 전쟁 박물관에 간 역자는 그 박물관에서도 응징 작전이 매우 중요하게 다루어지고 있는 것을 알고 놀랐다. 전시실에는 랭커스터 폭격기의 기수가 전시되어 있었고, 박물관 구내 매점에는 응징 작전과 랭커스터 폭격기를 소개하는 책이 수십 종이나 팔리고 있었다. 응징 작전과 랭커스터 폭격기, 가이 깁슨을 비롯한 승무원들이 영국인들의 군사적 자부심의 근원들 중 하나로 소중하게 다루어지고 있다는 사실을 두 눈으로 확인했다.

신혼여행을 마치고 돌아온 역자가 프라모델 카탈로그를 보고 있으려니까, 아내가 "나도 당신이랑 같이 이거 한 번 만들어 보고 싶다."면서 손으로 짚은 키트 역시 공교롭게도 랭커스터 폭격기 키트였다. 역자가 매우 재미있게 하고 있는, 영국 폭격기 부대를 소재로 한 게임 〈봄버 크루(Bomber Crew)〉에서도 이 응징 작전은 빠짐없이 묘사되어 있다. 결국 역자는 이 책까지 번역하게 됨으로써 응징 작전과 지울 수 없는 인연을 맺게 되었다.

응징 작전을 실시하던 당시, 저자 깁슨은 불과 만 24세의 새파란 청년이었다. 평시 같았으면 대학교를 졸업하고 직장의 막내에 불과했을 나이였지만, 전쟁이라는 특수 상황은 그런 젊은이에게도 부하 장병 수백 명의 생명과 고가의 전투 장비(폭격기) 수십 대를 책임지는 대대장이라는 중책을 부여했다. 물론 깁슨의 뛰어난 능력, 그리고 영국 폭격기 부대의 엄청난 사상률이 맞아 떨어진 결과였겠지만, 그 와중에서 아직 어린 깁슨이 얼마만큼 큰 압박감을 느꼈을지는 상상하기 어렵지 않다. 그리고 그러한 압박감은 이 책의 행간 곳곳에도 배어 있다. 그런 압박감을 느낀 것은 깁슨 혼자만이 아니었다. 영국 폭격기 부대원들, 더 나아가서 영국인들 모두였다. 이 책은 제2차 세계대전이라는 수렁을 헤쳐나간 영국인들의 모습을 당사자의 시점에서 소개한 귀중한 자료다. 또한 개전 시부터 1943년까지의 영국 폭격기 부대의 처절한 사투의 기록이기도 하다. 앞서도 말했듯이, 그 사투는 수많은 생명을 집어삼켰다. 그렇게 스러진 사람들 중에는 저자 깁슨도 있었다.

제2차 세계대전이 종전되고 나서, 전략폭격기의 운명에도 황혼이 드리워졌다. 더욱 저렴하고 효율적이며, 사람이 타지 않아 이론상 공격자의 생명의 위험이 없는 새로운 플랫폼 ICBM(대륙간 탄도탄)과 최종 병기 핵의 조합은, 한때 한 나라의 존립마저도 위태롭게 하던 전략폭격기의 위엄과 입지를 인정사정없이 갉아먹었다. 제2차 세계대전의 전승연합국 5개국의 전략폭격기 전력은 갈수록 줄어들어만 갔다. 그중 2021년 현재 전략폭격기 전력을 유지하는 나라는 미국과 중국, 러시아뿐이다. 그나마도 항공기 대수로만 보면 제2차 세계대전 때에 비해 한 줌도 안 된다. 프랑스는 모든 전략폭격기를 퇴역시켰다. 저자의 나라 영국도 마찬가지다. 원래 폭격기가 강국만이 가질 수 있는 공세용 무기체계이기는 했지만, 이쯤 되면 '최'강국만이 가질 수 있는 '매우 비싼 사치품'으로까지 격상된 느낌이다. 그러나 이 책을 번역한 역자는 이제부터는 '폭격기'라는 단어에서 다른 것을 떠올릴 수밖에 없다. 항공기 승무가 가능한 고급 인재들이 날개 달린 관(棺)에

바글바글 끼어 타고, 맑고 푸른 하늘을 새까맣게 메우며 적국 후방으로 날아가 도시 하나를 초토화시키고, 그 자신들도 적의 전투기와 대공포에 떼거지로 몰살당해야 했던, 당대의 최첨단 항공기술과 인간 깊숙한 곳의 야만성과 비합리성이 극한으로 발휘된 장렬하고도 끔찍했던 제2차 세계대전이라는 시대를 말이다.

영국은 폭격기 승무원들을 포함한 각계의 고급 인재들을 아낌없이 총알받이로 내모는 희생을 치른 끝에, 결국 본토를 방어하고 나치 독일을 붕괴시킨다는 전쟁 목표는 달성했다. 그러나 국력의 소진으로 인해 한때 세계 최대의 제국이었던 대영제국은 전후 붕괴되고 말았다. 미국 역시 영국과 비슷한 인명 희생을 치렀지만 그들에게는 그 희생을 충분히 감당할 만한 많은 인구와 전화를 입지 않은 방대한 본토, 그리고 거기에서 오는 강력한 생산력이 있었다. 대영제국이 사라진 이후, 미국은 세계를 주무르는 사실상의 최강 제국으로 부상했다. 걸작 전쟁 드라마 〈밴드 오브 브라더스〉, 〈퍼시픽〉을 만들었던 할리우드 제작자 스티븐 스필버그·톰 행크스 콤비는 현재 그 후속작으로 제2차 세계대전 미국 폭격기 승무원들을 주인공으로 한 〈마스터스 오브 디 에어〉(2022년 공개 예상)를 제작하고 있다. 반면 오늘날 영국 폭격기 부대를 소재로 한 새 영상 작품은 찾아보기 힘들다. 같은 싸움을 하고, 같은 규모의 피해를 입고, 같은 승리를 얻어냈더라도, 조국의 몰락을 늦추었을 뿐인 군대와 조국의 전성기를 열어젖힌 군대에 대한 세상의 시각은 결코 같지 않다. 이 책은 그러한 부분에까지도 저절로 생각이 가게 만든다.

앞서도 비추었듯이 제2차 세계대전의 전략폭격에 대해서는 이것 말고도 엄청나게 많은 책이 나와 있다. 기회만 된다면 그 책들의 번역에도 미력한 실력으로나마 참여하고 싶다. 그럼으로써 우리의 인식과 사고의 지평을 한 치라도 넓힐 수 있다면 역자는 더 이상 바랄 것이 없다.

이 책의 출간에는 많은 분들의 노고가 있었다. 그중에서도 어려운 출판 환경 하에서도 선뜻 출간을 결정해 주시고 많은 수고를 아끼지 않은 책미래 대표님 이하 임직원 여러분, 역자의 졸고를 손봐 주시느라 고생하신 감수자 김연환 준장님, 글쟁이인 역자의 모험을 늘 지지하고 격려해 주는 사랑하는 아내 정숙 씨와 한나 · 한결 · 한솔 세 아이들. 책의 완성을 보지 못하고 깁슨과 니거를 만나러 서둘러 떠난 나의 큰 아이 강생이에게 각별한 감사를 표한다.

마지막으로, 이 책을 깁슨을 비롯한 영국 공군 폭격기 사령부의 모든 전사자들의 영전에 바친다. 인류의 자유와 평화를 위해 목숨을 버린 그들이 명복을 누리기를 진심으로 기원한다.

2022년 4월
역자 이동훈

찾아보기